insel taschenbuch 1550
Die Briefe von
Goethes Mutter

W0073525

Catharina Elisabeth Goethe (1731-1808). Silhouette.

Ich habe die Menschen sehr lieb [. . .] bemoralisire niemand –
suche immer die gute seite aus zuspähen [. . .] und bey dieser
Medote befinde ich mich wohl, glücklich und vergnügt.

Die Briefe von Goethes Mutter

Nach der Ausgabe von Albert Köster
Herausgegeben von Mario Leis,
Karl Riha und Carsten Zelle
Insel Verlag

insel taschenbuch 1550
Erste Auflage 1996
© Insel Verlag Frankfurt am Main und Leipzig 1996
Alle Rechte vorbehalten
Hinweise zu dieser Ausgabe im editorischen Nachbericht
Vertrieb durch den Suhrkamp Taschenbuch Verlag
Umschlag nach Entwürfen von Willy Fleckhaus
Druck: Nomos Verlagsgesellschaft, Baden-Baden
Printed in Germany

1 2 3 4 5 6 – 01 00 99 98 97 96

Inhalt

Frau Aja und ihre Briefe 9
Vorwort von Karl Riha, Mario Leis und
   Carsten Zelle

Die Briefe 31

Anhang

Anmerkungen 598
Register 634
Verzeichnis der Briefe 675
Editorischer Nachbericht 693
Literaturverzeichnis 700
Zeittafel zum Leben
   Catharina Elisabeth Goethes 709
Abbildungsnachweis 715

Frau Aja und ihre Briefe

Natürlich interessiert uns Catharina Elisabeth Goethe (1731-1808) als die Mutter unseres Klassikers, hat er doch selbst von sich bekannt, er habe »die Statur« – also die Körpergröße – und des »Lebens ernstes Führen« von seinem Vater, von seiner Mutter aber »die Frohnatur / Und Lust zu fabulieren.«[1] Und so soll denn auch hier – im Vorwort zu unserer Ausgabe der Briefe Catharina Elisabeths – der Sohn das erste Wort haben. Er kommt in seiner Autobiographie *Dichtung und Wahrheit* und in seinen Briefen des öfteren auf seine Mutter zu sprechen und liefert in den auf diese Weise fixierten Momentaufnahmen ein höchst anschauliches Bild dieser Frau; so etwa – anderthalb Jahrzehnte nach ihrem Tod im Jahre 1808 und doch ganz erinnerungsfrisch – in einem Schreiben an C. F. Zelter (1758-1832), dem er einen Brief der Mutter aus dem Jahre 1802 beifügte: »Hier liegt auch ein Brief von meiner Mutter bei, den Du wünschtest; darin, wie in jeder ihrer Zeilen, spricht sich der Charakter einer Frau aus, die in alttestamentlicher Gottesfurcht ein tüchtiges Leben voll Zuversicht auf den unwandelbaren Volks- und Familiengott zubrachte und, als sie sich ihren Tod selbst ankündigte, ihr Leichenbegängnis so pünktlich anordnete, daß die Weinsorte und die Größe der Bretzeln, womit die Begleiter erquickt werden sollten, genau bestimmt war.«[2]

---

[1] Johann Wolfgang Goethe: Gedichte in zeitlicher Folge. Eine Lebensgeschichte Goethes in seinen Gedichten. 2 Bde. Hrsg. von Heinz Nicolai. Wiesbaden: Insel 1958; Frankfurt/Main: Insel ²1981 (= insel taschenbuch, 350), hier: Bd. 2, S. 430.

[2] Briefwechsel zwischen Goethe und Zelter (1799-1832). 3 Bde. Hrsg. von Max Hecker. Frankfurt/Main: Insel 1987 (= insel taschenbuch, 950), hier: Bd. 2 (1819-1827), S. 280.

Sie selbst stellte sich als etwa Fünfzigjährige – unter Beigabe einer Scherenschnitt-Silhouette – in einem ihrer Briefe an Fritz (d.i. Friedrich Gottlob Constantin) von Stein (1772-1844) wie folgt vor: »Von Person bin ich ziemlich groß und ziemlich korpulent, – habe braune Augen und Haar, – und getraute mir die Mutter von Prinz Hamlet nicht übel vorzustellen. Viele Personen, wozu auch die Fürstin von Dessau gehört, behaupten, es wäre gar nicht zu verkennen, daß Goethe mein Sohn wäre. Ich kann das nun eben nicht finden, – doch muß etwas daran seyn, weil es schon so oft ist behauptet worden. Ordnung und Ruhe sind Hauptzüge meines Charakters, – daher thu' ich Alles gleich frisch von der Hand weg, – das Unangenehmste immer zuerst, – und verschlucke den Teufel [. . .] ohne ihn erst lange zu bekucken; liegt denn Alles wieder in den alten Falten, – ist Alles unebene wieder gleich, dann biete ich dem Trotz, der mich in gutem Humor übertreffen wollte.«[3] An anderer Stelle inszeniert sie in Sturm-und-Drang-Manier die unverstellte Natur ihres Wesens gegen das Allerlei gesellschaftlicher Konventionen: »Doch da mir Gott die Gnade gethan, daß meine Seele von Jugend auf keine Schnürbrust angekriegt hat, sondern daß Sie nach Hertzens lust hat wachsen und gedeihen, Ihre Äste weit ausbreiten können u.s.w. und nicht wie die Bäume in den langweiligen Zier Gärten zum Sonnenfächer ist verschnitten und verstümmelt worden; so fühle ich *alles* was wahr gut und brav ist, mehr als villeicht Tausend andre meines Ge-

---

3 Die Briefe der Frau Rath Goethe. Gesammelt und herausgegeben von Albert Köster. Leipzig: Carl Ernst Poeschel 1904, achte Auflage. Leipzig: Insel 1968, an Fritz von Stein, 9. Sept. 1784, S. 193 f. (im folgenden zitiert nach unserer Ausgabe).

schlechts«.[4] Oder sie präsentiert sich – noch einmal
an anderem Ort – als ›vergnügte Seele‹ wie folgt:
»Zwar habe ich die Gnade von Gott, daß noch keine
Menschenseele mißvergnügt von mir weggegangen
ist – weß Standes, alters, und Geschlecht sie auch
geweßen ist – Ich habe die Menschen sehr lieb – und
das fühlt alt und jung gehe ohne pretention durch
diese Welt und das behagt allen Evens Söhnen und
Töchtern – bemoralisire niemand – suche immer die
gute seite aus zuspähen – überlaße die schlimme dem
der den Menschen schufe und der es am besten versteht, die scharffen Ecken abzuschleifen, und bey
dieser Medote befinde ich mich wohl, glücklich und
vergnügt.«[5]

Am 19. Februar 1731 zur Welt gekommen, stammte
Catharina Elisabeth aus einer alteingesessenen, ange-
sehenen Frankfurter Juristenfamilie. Der Großvater
Johann Wolfgang Textor (1638-1701) war Professor
und Rektor an der Heidelberger Universität, ehe er
1689, als die Franzosen die Stadt eroberten, flüchten
mußte; ein Jahr später avancierte er zum Syndicus
des Frankfurter Magistrats. Der Vater Johann Wolfgang Textor (1693-1771), verehelicht mit Anna Margaretha Lindheimer (1711-1783), ihrerseits Tochter eines
Juristen, dessen Vater allerdings ein Frankfurter Metzger und Viehhändler gewesen war, bekleidete ab 1747
als Reichs-, Stadt- und Gerichtsschultheiß das höchste Amt der alten Kaiserstadt am Main. Nur eben mit
den nötigsten Kenntnissen im Schreiben und Rechnen zur Hausfrau tüchtig gemacht, war Catharina
Elisabeth gerade siebzehnjährig, als sie am 20. August

---

4 An Großmann, 19. Mai 1780, unsere Ausgabe, S. 126.
5 An Charlotte von Stein, 14. Nov. 1785, unsere Ausgabe,
S. 209 f.

1748 dem einundzwanzig Jahre älteren Kaiserlichen
Rath Johann Caspar Goethe (1710-1782) verehelicht
wurde, dem sie bereits ein Jahr später – am 28. August 1749 – mit Johann Wolfgang ihr erstes von sieben
Kindern schenkte: außer der Schwester Cornelia
Friederike Christine, die 1750 zur Welt kam, starben
jedoch alle weiteren Geschwister bereits im ersten
oder zweiten Lebensjahr. Der Gatte übernahm, was
die Schule an seiner Frau versäumt hatte – in *Dichtung und Wahrheit* lesen wir dazu: »Auch sang der Alte
nicht übel, und meine Mutter mußte sich bequemen,
ihn und sich selbst mit dem Klaviere täglich zu ak-
kompagnieren [. . .]. Mein Vater war überhaupt lehr-
hafter Natur, und bei seiner Entfernung von Geschäf-
ten wollte er gern dasjenige, was er wußte und
vermochte, auf andere übertragen. So hatte er meine
Mutter in den ersten Jahren ihrer Verheiratung zum
fleißigen Schreiben angehalten, wie zum Klavierspie-
len und Singen; wobei sie sich genötigt sah, auch in
der italienischen Sprache einige Kenntnis und not-
dürftige Fertigkeit zu erwerben.«[6] Sie behielt zeitlebens die richtige Einschätzung für die Fähigkeiten,
die ihr auf solche Weise zuteil wurden; noch in einem
Brief aus ihrem vorletzten Lebensjahre merkte sie an:
»Daß das Bustawiren und gerade Schreiben nicht zu
meinen sonstigen Talenten gehört – müßt Ihr verzeihen – der Fehler lage am Schulmeister.«[7]

    Der vermeintliche Defekt einer Schreibfertigkeit,
die weniger der Grammatik als der Phonetik folgt,

6 Johann Wolfgang Goethe: Dichtung und Wahrheit. 3 Bde.
Frankfurt/Main: Insel 1975 (= insel taschenbuch, 149), hier: Bd. 1,
S. 19 f.
    7 An Christiane von Goethe, 16. Mai 1807, unsere Ausgabe,
S. 554.

entpuppt sich jedoch für den heutigen Leser der Briefe Catharina Elisabeth Goethes als rechter Glücksfall: sich zur eigenen, wildwüchsigen Orthographie, zum Tonfall ihrer gesprochenen Sprache wie zu ihrem Aussehen bekennend, das ihr die Natur gegeben hatte – sie sprach auch schon einmal von ihrem »Affengesicht«[8] –, entzog sich die Briefschreiberin den artifiziellen Stilschablonen der Zeit und konnte zu jenem eigenen Ausdruck finden, der die Lektüre ihrer an ihre unterschiedlichen Briefpartner gerichteten Mitteilungen so lebendig und so lesenswert macht. Sie überrascht durch ihre Lebhaftigkeit und ihren Witz, das ›Geradeheraus‹ ihrer Alltagssprache, die sich an Dialekt und Volkstümliches anlehnt, durch ihren Verzicht auf das schützende Formelwerk der Etikette und durch die Fülle ihrer spontan beim Schreiben entwickelten Einfälle – so etwa der Fall, wenn sie dem Sohn im fernen Weimar das Aufziehen der Frankfurter Wachsoldaten draußen auf der Straße durch eine Reihe ebenfalls ums Eck marschierender Ausrufezeichen illustriert. So per Nachschrift unter einem Brief vom 16. Oktober 1795, der ansonsten militärische Ernsthaftigkeiten anderer Art – etwa die Frankfurt drohende Kanonade des Koalitionskrieges – thematisiert: »Daß alle deinen Freunden Zeit und weile lang wird bist du kommst – kanst du aufs wort glauben. Auch habe ich dir ein Theatralisch Donnerwetter bestelt – das dich hoch gaudiren wird. So eben zieht die Preußische Wachtparade auf – kuckstest du doch mit mir dem Fenster herraus!!!/‹‹[9]

---

8 An Unzelmann, 13. Nov. 1788, unsere Ausgabe, S. 262.
9 An Goethe, 16. Okt. 1795, unsere Ausgabe, S. 373.

Gerade solche Momente, in denen die Sprache aus ihren materialen Möglichkeiten heraus ganz eigenwillig instrumentalisiert wird, sind es, die dem Etikett einer ›bedeutenden Briefschreiberin‹ ihrer Zeit seine Berechtigung und seinen richtigen Stellenwert geben. Fast selbstverständlich ist es deshalb, daß sie ihrem Sohn – bei allem generellen Interesse, das sie an seinen Veröffentlichungen nimmt – gute Ratschläge speziell auch hinsichtlich der Drucktype zu geben versucht, in denen seine Schriften unter die Leute kommen: »froh bin ich über allen Ausdruck, daß deine Schrieften alte und neue nicht mit den mir so fatalen Lateinischen Lettern das Licht der Welt erblickt haben – beym Römischen Carneval da mags noch hingehen – aber sonst im übrigen bitte ich dich bleibe deusch auch in den Buchstaben – «[10]. Den Schaden, den die ›lateinischen Lettern‹ – im Gegensatz zur gewohnten Fraktur-Schrift – anzurichten drohen, illustriert die Dichter-Mutter dabei wie folgt: »Sie sind wie ein Lustgarten der Aristokraten gehört wo niemandt als Nobeleße – und Leute mit Stern und Bändern hineindürfen – unsere deusche Buchstaben sind wie der Prater in Winn wo der Kayser Josephs drüber schreiben ließe Vor alle Menschen«[11].

Im übrigen wußte die Briefschreiberin ihre unterschiedlichen Briefpartner sehr wohl von ihrer je eigenen Seite zu nehmen – Johann Caspar Lavater (1741-1801) mit Anklängen an die Empfindsamkeit Klopstocks, Karl Wilhelm Ferdinand Unzelmann (1753-1832) im Tonfall der Theaterwelt vor und hinter den Kulissen, Bettina Brentano (spätere von Arnim,

---

10 An Goethe, 15. Juni 1794, unsere Ausgabe, S. 342.

11 An Goethe und die Seinen, 12. März 1798, unsere Ausgabe, S. 427.

1785-1859) im ›schwärmerischen Tonfall‹ dieses noch
ganz jungen Mädchens, die Enkelkinder in großmüt-
terlicher Manier – und variierte ihren Briefstil je nach
Adressat bzw. entwickelte im Kontakt mit einzelnen
Adressaten bestimmte Eigenheiten, an denen sie fest-
hielt – so etwa in der Korrespondenz mit der Weimarer Hoffrau Louise von Göchhausen (genannt
Thusnelde, 1747-1807) der Hang zu längeren und kür-
zeren Reimereien, darunter Verse, die wie folgt über
das ›Machen von Versen‹ reflektieren:

Mein Theures Freulein!

Des Danckes viel,
Vor deinen Brief im gereimten Stiel
Wolte mich freuen mit Hertz u Muth
Wen mirs gerithe auch so gut.
Aber als mich meine Mutter gebahr,
Kein Poeten Gestirn am Himmel war;
Doch – will ichs machen so wie ichs kan
Ein kleiner Mann, ist auch ein Mann,
Wir können nicht alle Wielande seyn
Der macht dir den Reim so nett u rein
Keiner kans beßer in Prosa sagen
Das thut einem freylich dann wohl behagen.
Auch habt Ihr der großen Leute so viel
Daß beßer wär, unsereins schwieg still.
Doch lirum larum Dudelein,
Laßen wir die großen Männer seyn:
Und reden jetzt zu dieser frist,
Wie uns der Schnabel gewachsen ist.[12]

---

12 An Louise von Göchhausen [Ende Febr. 1785], unsere Ausgabe, S. 200.

Albert Köster, auf dessen Herausgeber-Verdienste später separat hingewiesen wird, resümierte in dieser Hinsicht:»Ihre Briefe haben wahrhaft künstlerischen Reiz; sie ging sicherlich oft erst lange mit sich zu Rate, ehe sie sich zum Schreiben setzte. Und so ist denn auch ohne die kleinen äußeren Hilfsmittel der Reimprosa oder der Knittelverse Frau Aja in Wahrheit eine Dichterin. Wie sie ein urwüchsiges mimisch-deklamatorisches Talent besaß, so hatte sie auch die Fähigkeit und Kraft, schriftstellerisch zu gestalten. Dramata freilich schrieb sie nicht; aber einzelne Szenen wußte sie prächtig zu dialogisieren und aus einem Einfall ein Dutzend neuer überraschend hervorzuspinnen. Eine Anekdoten- und Märchenerzählerin war sie, der auch das Greisenalter nichts von ihrer Lebhaftigkeit rauben konnte.«[13] – Sie selbst fürchtete, ihre Briefe könnten nun »erbärmlich höltzern« werden, als sie »die große Resingnation keinen Taback mehr zu schnupfen glücklich ausgeführt«[14] hatte, was doch wohl heißt, daß sie ihren ›furor poeticus‹ zumindest zeitweise auch auf diese Weise zu stimulieren wußte.

Gerade solcher und ähnlicher Charakteristika wegen interessieren aber unter den Briefen Catharina Elisabeths nicht nur jene, die sie an ihren Sohn Johann Wolfgang richtete, sondern das gesamte Corpus ihrer brieflichen Mitteilungen, soweit es sich erhalten hat. Als Adressaten stoßen wir auf die diversen Mitglieder der Familie, den Schwiegersohn Johann Georg Schlosser (1739-1799), die Enkel, Kinder der Tochter Cornelia – Louise Maria Anna (1774-1811)

---

13 Albert Köster: Einleitung des Herausgebers. In: Die Briefe der Frau Rath Goethe, a.a.O (= Anm. 3), S. 9-27, hier: 25.

14 An Goethe, 9. und 10. [Nov. 1804], unsere Ausgabe, S. 518.

und Julie Katharina Elisabeth (1777-1793) – , auf Christiane Vulpius (1765-1816) selbstverständlich, die sie als »Bettschatz«[15] ihres Sohnes titulierte und als »liebes, herrliches, unverdorbenes Geschöpf«, das ihn vor einer »fatalen Ehe« bewahrt habe, willkommen hieß: »Tantzen Sie immer, liebes Weibgen Tantzen Sie – frölige Menschen die mag ich gar zu gern – und wenn sie zu meiner Familie gehören habe ich sie doppelt und dreyfach lieb – Wäre ich eine Regirende Fürstin, so machte ich es wie Julius Cäsar lauter fröliche Gesichter müßten an meinem Hof zu sehen seyn denn das sind der Regel nach gute Menschen, die ihr Bewußtsein froh macht«[16]. Daneben treten mit Johann Caspar Lavater, Christoph Martin Wieland (1733-1813) Freunde auf, die ihr durch den Sohn ins Haus gebracht und wie an Sohnes statt ans Herz genommen wurden. Außerdem gab es da Freundschaften, die sie nach dem Tod ihres Mannes, fürs Theater enthusiasmiert, mit dem Schauspieldirektor Gustav Friedrich Wilhelm Großmann (1746-1796) und – von wilder Leidenschaftlichkeit geprägt – mit dem Schauspieler Karl Wilhelm Unzelmann (1753-1832) knüpfte. Über die späteren Jahre der Ehe hat uns Johann Heinrich Merck (1741-1791) die folgende aufschlußreiche Notiz hinterlassen: »Meine einzige Resource ist hier die treue Frau Aja, mit der ich zuweilen, wenn mirs wehe ist, einen Humpen Alten Weines ausleere, indeß daß der HE. Rath seinen Frankfurter trinkt. Dieser alte Mensch ist ganz incorrigibile, u. die Filzerey ist so arg, daß wenn der Herzog vier Wochen in seinem Hause logirt, Er der

---

15 An Goethe, 25. Mai 1794, unsere Ausgabe, S. 340 und öfter.
16 An Goethe und die Seinen, 18. Jan. 1802, unsere Ausgabe, S. 482.

Frau nicht Einen Thaler Wochen Geld mehr giebt. Dieser Mensch ist Goethes Vater, u. Frau Aja Eheliebster. Neulich hat er sich sehr gefreut, daß Ers nicht war, der das Geld für des Herzogs Mahlereyen auszulegen hatte; ich glaube, er hatte dafür nicht schlaffen können. Warum nun Gott solche Menschen läßt, das mag ich nicht verantworten«[17].

Die Herzogin Anna Amalia (1739-1807) stattete Juni/Juli 1778 einen ersten Besuch im Frankfurter Hirschgraben ab und meldete sich fortan regelmäßig mit freundlichen Zeilen und kleinen Präsenten aus Weimar, die bald die Einrichtung eines eigenen ›Weimarer Zimmers‹ im Hirschgraben-Haus notwendig machten: zu Beginn des Jahres 1787 tauchte der Herzog Carl August (1757-1828) persönlich hier auf; im Mai 1789 machte Charlotte Albertine Ernestine von Stein (1742-1844) ihre Visite. Mit deren Sohn Fritz führte Catharina Elisabeth – oder eben ›Frau Aja‹, wie sie nach dem literarischen Vorbild der ›Vier Haimonskinder‹[18] von Freunden des Sohnes, den beiden Grafen Stolberg (Graf Christian zu, 1748-1821, und Graf Friedrich Leopold zu, 1750-1819) und dem Baron Christian August von Haugwitz (1752-1831), benamst wurde und sich auch selbst so benamste – bereits seit 1784 einen regen Briefwechsel, zu dem sie wie folgt ermuntert hatte: »[. . .] wie wäre es, wenn Sie so ein kleines Tagebuch hielten, und schickten es mir alle Monath, – viele Arbeit soll das Ihnen gerade nicht machen, nur ohngefähr auf diese Weise; ›Gestern war

---

17 Johann Heinrich Merck: Briefe. Hrsg. von Herbert Kraft. Frankfurt/Main: Insel 1968, S. 242 f.

18 Vgl. das entsprechende Volksbuch, in: Volksbücher vom sterbenden Rittertum. Hrsg. von Heinz Kindermann. Darmstadt: Wiss. Buchges. 1974, S. 262-283.

Goethe im Schauspiel, Abends zu Gaste, – Heut hatten wir Gesellschaft‹, u.s.w.«[19].

Im Frühjahr 1807, also kurz vor ihrem Tod, nistete sich Bettina Brentano bei Goethes Mutter ein, kauerte zu ihren Füßen nieder und ließ sich von der Kindheit ihres Sohnes erzählen, den sie in ihren nach Weimar gerichteten Briefen zur Abfassung seiner Autobiographie ermunterte; sie selbst veröffentlichte bekanntlich 1835 ihren *Briefwechsel Goethes mit einem Kinde*, der auf diesen Gesprächen und der persönlichen Begegnung mit Goethe basierte, zu der sie, wie Frau Aja zu berichten weiß, kein Risiko gescheut hätte und sogar, als Knabe verkleidet, zu Fuß nach Weimar gezogen wäre. Durch sie ist die Erinnerung an eine gesellige Abendveranstaltung erhalten, bei der auch eine italienische Tänzerin mit Castagnetten auftrat, was nach dem Abendessen unter den geladenen Gästen zu allerlei Nachahmungen führte: »Die Göthe blieb bis Nachts 1 Uhr, welches ein Wunder zu nennen; Göthes Gesundheit wurde getrunken, dies machte sie so lustig, daß sie gleichsam wie in einem Paradies von Seligkeit war und uns alle versicherte, sie könne nicht älter sein als 20 Jahr, ihre 77 seien nur fingirt, sie fühle, daß sie noch Kraft habe, 30 und mehr Jahre zu leben.«[20] In einem ihrer Briefe, den sie nach ihrer Abreise zurück an ihre Frankfurter Gesprächspartnerin richtete, hielt »die kleine Brentano« fest: »Seitdem ich aus ihrem Abrahamsschoß, als dem Hafen stiller Erwartung, abgesegelt bin, hat der Sturm-

---

19 An Fritz von Stein, 9. Jan. 1784, unsere Ausgabe, S. 181.

20 Bettina von Arnim: Briefe der Freundschaft und Liebe. 2 Bde. Hrsg., eingeführt und kommentiert von Otto Betz und Veronika Straub. Frankfurt/Main: Josef Knecht Verlag 1986, hier: Bd. 1 (1806-1808), S. 156.

wind noch immer den Atem angehalten, [. . .]. Wie sehr bejammere ich die angenehme Aussicht, die ich auf der Schawell zu ihren Füßen hatte, nicht die auf den Knopf des Katharinenturms, noch auf die Feueresse der rußigen Zyklopen, die den goldnen Brunnen bewachen; nein! die Aussicht in Ihren vielsagenden feurigen Blick, der ausspricht, was der Mund nicht sagen kann.«[21]

Catharina Elisabeth Goethe hatte zu diesem Zeitpunkt – angeregt durch den Sohn – das Haus am Hirschgraben längst verkauft und war 1795 in eine Wohnung im Haus ›Zum Goldenen Brunnen‹ am Frankfurter Roßmarkt verzogen, zu deren Lage und Ausblick sie festhält: »da ists ohne allen streit das erste Hauß in Franckfurth – die Hauptwache gantz nahe – die Zeil da sehe ich biß an Darmstädter Hof – alles was der Catharinenporte hinein und heraus kommt so mit der Bockenheimerstraße u.s.w. und denn« – unter Anspielung auf die bereits drohende Besetzung der Stadt durch die Franzosen – »das jetzige Soldaten weßen! So eben werden die Anspacher auf dem Paradeplatz gestelt – um 11 uhr die Wachtparade mit treflicher Kriegerischer Musick alles an mir vorbey – und Sontags wenn die Catharinenkirche aus ist – und die Wachtparade dazu kommt so siehts auf dem großen Platz aus wie am Krönungstag – sogar an Regentagen ist es lustig die vielen hundtert Paraplü vormiren ein so buntes tach – das lustig anzuschauen ist«[22]. Vom Inventar des Hirschgraben-Hauses wurde veräußert, was sich losschlagen ließ, darunter der Weinkeller mit den seltenen Sorten der Jahrgänge

---

21 Bettine von Arnim: Goethes Briefwechsel mit einem Kinde. Hrsg. von Waldemar Oehlke. Frankfurt/Main: Insel 1985, S. 29.
22 An Goethe, 24. Aug. 1795, unsere Ausgabe, S. 369.

1706, 1719, 1726 und – für dreihundertzweiundneun-
zig Gulden und vierundzwanzig Kreuzer – auch die
Bibliothek des verstorbenen Gatten, die 1700 Bände
umfaßte. Die Gelder flossen zumindest teilweise
nach Weimar; jedenfalls ist in den Briefen jener Jahre
immer wieder auch von finanziellen Transaktionen
die Rede und haben sich kleine Notizzettel erhalten,
welche die Verrechnung beträchtlicher Summen auf
den Sohn festhalten. Daß die Mutter zu ebendiesem
Zeitpunkt Lotterielose auf den Sohn zu ziehen be-
gann, auf die sie sogar gelegentliche Gewinne erziel-
te, gehört trotz seiner Merkwürdigkeit mit in diesen
Zusammenhang.

Im August 1797 besuchte Johann Wolfgang Goethe – gemeinsam mit Christiane Vulpius und dem
gemeinsamen Sohn August – die Mutter zum letzten Mal; mit der Ablehnung einer ihm angebotenen
Ratsherrenstelle in Frankfurt hatte er sich bereits
1792 gegen eine Rückkehr in seine Geburtsstadt und
für den Verbleib in Weimar entschieden, wo er
durch Herzog Carl August das Haus am Frauenplan
erhielt, das 1794 sein Eigentum wurde. In mehr-
fachen Autodafés trennte sich Goethe von privaten
Dokumenten: diesen Vernichtungsaktionen fielen
1792 u.a. die Briefe zum Opfer, die Catharina Elisabeth in den Jahren 1762 bis 1768 ihrem in Leipzig und
Straßburg studierenden Sohn geschrieben hatte,
1797, kurz vor dem Aufbruch zu der geplanten dritten Italienreise, folgten die Briefe der Jahre 1772 bis
1792. Das ist der Grund dafür, daß auch in unserer
Ausgabe – bis auf vier aus früherer Zeit – lediglich
einhunderteinundsechzig Briefe aus den Jahren 1792
bis 1808 an den Sohn erhalten sind. Die Goethe-For-
schung schließt nicht aus, daß dieses Auslöschen der

Korrespondenz mit selektiven Ausnahmen einem
fixen Kalkül folgte; so sei es wohl kein Zufall, mut-
maßt Ernst Beutler, daß der erste denn doch erhal-
tene Brief vom 23. März 1780 »eine Fanfare, ein
Freuden- und Jubelton war. Und so sollte die Nachwelt die Mutter sehen, froh und dankbar für das
Glück des Lebens, und dieses besonders unter dem
Stern von Weimar.«[23] Alles, was sich gegen diese Sti-
lisierung sperrte, sei dann eben ein Opfer der Flam-
me geworden.

Da sie keinen Hang zum Reisen hatte, konnte sich
Catharina Elisabeth – trotz entsprechender Einladung – zu keinem Besuch Weimars entschließen;
Goethe seinerseits machte sich in den späteren und
späten Lebensjahren seiner Mutter in seiner Geburtsstadt rar und sandte allenfalls Christiane Vulpius, die
er zum Wohlgefallen der Mutter am 19. Oktober 1806
ehelichen sollte, und den Sohn August nach Frankfurt, dem sie daraufhin spaßhaft in parodistischer
Manier beurkundete: »Ich endes unterzeichnete bekenne öffendlich mit diesem Brief, daß Vorzeiger
dieses Julius Augst von Goethe Sich währendt seines
hiesigen Aufenthalt brav und Musterhaft aufgeführt«[24]. Die ab 1792/93 in kontinuierlicher Folge
gewechselten Briefe hatten also die Funktion, sich
gegenseitig in lebendiger Erinnerung zu halten und
den Zusammenhang der Familie zu wahren. Zu kleinen Geschenken für ihren »Lieben Sohn« und »ihren

23 Ernst Beutler: Drei Einführungen. In: Johann Caspar Goethe, Cornelia Goethe, Catharina Elisabeth Goethe: Briefe aus dem
Elternhaus. Hrsg. von Wolfgang Pfeiffer-Belli. Zürich, Stuttgart:
Artemis 1960, ²1973 (= Goethe-Gedenkausgabe, Erster Ergänzungsband), Catharina Elisabeth Goethe, S. 247-300, hier: 250.

24 An Goethe, 2. Mai 1805, unsere Ausgabe, S. 528.

Häschelhanß«[25], für ihre »Liebe Freundin« und »Liebe Tochter«[26] Christiane und als »kleinen Correßpond-tenten«[27] ihren Enkel »Augst« – und nie vergessen das Paket Eßkastanien – war alljährlich zu Weihnachten Gelegenheit. Nebenbei interessant: die Mutter versorgte den Sohn mit Frankfurter Klatsch- und Tratsch-Nachrichten und besonders regelmäßig mit Frankfurter Theater-Zetteln; sie ihrerseits ließ sich aus Weimar »Mercure und Modejournahle«, also Wielands *Teutschen Merkur* und Bertuchs *Journal des Luxus und der Moden*, zuschicken – blieb einmal ein Heft aus, mahnte sie es prompt an; sagte es aber auch gerade heraus, wenn sich bei einem Blatt die Leselust in eine Leselast verwandelt hatte. Sie verwandte sich wohl auch für die eine und andere Schauspielerin, den einen oder anderen Schauspieler, denen sie von Frankfurt aus den Weg nach Weimar und an das dortige Theater zu öffnen versuchte.

Seit der Mitte des neunzehnten Jahrhunderts ist es – in großer Dichte – immer wieder zu Einzel- und Sammelausgaben der Briefe der ›Mutter Goethes‹, der ›Frau Rath Goethe‹ oder – liebevoller: weil aus dem Märchen genommen, die besondere Gabe zum Märchenerzählen herausstellend – der ›Frau Aja‹ gekommen. Sobald man wieder einmal einen ihrer Briefe entdeckte, war dies allemal eine kleine Meldung in den Zeitungen wert – etwa von dieser Art:

25 An die Herzogin Anna Amalia, 30. Nov. 1778, unsere Ausgabe, S. 76 und öfter. Schreibweise variiert.

26 Der erste Brief, der in der Anrede von der ›lieben Freundin‹ zur ›lieben Tochter‹ umspringt, ist auf den 15ten Februar 1798 datiert; an Christiane Vulpius, 12. Jan. 1798 bzw. 15. Febr. 1798, unsere Ausgabe, S. 421 bzw. 425.

27 An Goethe, 5. Juni 1797, unsere Ausgabe, S. 408.

»*Ein wertvolles Schriftstück aus dem Hause Goethe gefunden.* Im Thüringer Staatsarchiv in Weimar ist ein bisher unbekannter Brief der Mutter Goethes gefunden worden, der beweist, daß Frau Aja entgegen der bislang vorherrschenden Meinung doch mit Großherzog August korrespondiert hat. In dem Briefe, der vom 27. Juli 1787 datiert ist, bittet Frau Aja Carl August, ihrem Vetter Starke den Hofratstitel verleihen zu wollen, da sie von den Eltern Starkes viel Gutes erfahren habe. Dieser Bitte hat Carl August auch Rechnung getragen.«[28] Ein besonderes Verdienst um eine sorgfältige und auf Vollständigkeit abzielende Edition hat sich Albert Köster mit seiner Ausgabe von 1904 erworben, die zahlreiche Neuauflagen erlebte – bis hin zu den Ausgaben des Insel-Verlags von 1956 bzw. 1968, denen auch unsere Taschenbuchausgabe hier folgt. Für die Ausgabe von 1968 konnte ein Textabgleich mit der zu diesem Zeitpunkt im Rahmen der Goethe-Gedenkausgabe erschienenen Artemis-Edition Ernst Beutlers angestellt werden. Der erneute Vergleich (siehe dazu den ›Editorischen Nachbericht‹ am Schluß des Bandes) ergibt, daß Köster u. a. eine Urkunde unberücksichtigt ließ, die dem Brief an Goethe vom 17. Juni 1797 beilag, eine Art testamentarische Regelung, die jedoch hier nicht fehlen soll; sie hat folgenden Wortlaut[29]:

Da ich mich entschlossen habe, meinem Sohne, dem Herzogl: Sachsen Weimarl: Geheimen Rath, Herrn Johann Wolfgang von Goethe, auch dadurch einen Beweiß meiner sorgfältigen Theilnehmung an seiner häuslichen Verfas-

---

28 Anonymer Zeitungsausriß, undatiert, Antiquariatsfund.
29 Briefe aus dem Elternhaus, a.a.O. (= Anm. 23), S. 724f.

sung und meiner mütterlichen Liebe zu geben, daß ich mit ihm einig worden bin, ihn auf den Fall, wenn er, des großen Unterschiedes der Jahre unerachtet, vor mir vorsterben sollte, über die Folgen dieser Möglichkeit in Ansehung seines Nachlasses völlig zu beruhigen: So erkläre ich hierdurch mit freyer Überlegung, daß, wenn ich auch gegen den Lauf der Natur meinen obgenannten Sohn überleben sollte, ich dennoch sein Vermögen an Immobilien, Mobilien, Activen und worin es irgend nur bestehen möchte, ganz zu seiner eigenen Disposition überlassen, und jede Anordnung, die er unter den Lebenden oder auf den Todesfall darüber treffen möchte, es sey auf eine rechtsförmliche Weise, oder ohne alle Feierlichkeit der Rechte, vollkommen anerkennen und als gültig bestehen lassen will, ohne mich irgend einiger zur Schwächung oder Vernichtung seiner gemachten Dispositionen abzielenden Rechtsmittel zu bedienen. Zu dem Ende entsage ich, wohlbedächtig, dem in den Gesetzen geordneten Pflichttheil und überhaupt allem Beerbungsrecht, das mir auf den Nachlaß meines Sohnes bey Überlebung desselben zustehen möchte; ich begebe mich auch aller Exzeptionen, die etwa zu Entkräfftung dieser meiner freywilligen Anerklärung und Entsagung ersonnen werden könnten, besonders der Verletzung der Überredung und der Wiedereinsetzung in den vorigen Stand, und wünsche übrigens meinem Sohne die längste und zufriedenste Lebenszeit. Zur Beglaubigung dieser Renunciation habe ich meinem Sohne gegenwärtige Urkunde ausgestellt und solche eigenhändig unterschrieben. So geschehen Frankfurth am Main den 17. Junii 1797

Catharina Elisabetha Goethe. Wittib.

Johann Ludwig Hetzler Sen. als Zeuge

Jakob Stock Sen. als Zeuge

Sicher handelt es sich bei diesem Schriftstück – da
Geld und Lebenserwartung angesprochen sind – um
ein wichtiges biographisches Dokument für Mutter
wie Sohn, und doch dürfte man guten Gewissens
eine Ausgabe der Briefe der Wittib Goethe davon
entlasten, geht doch der eigene Ton der Briefschreiberin, den sie sonst so sicher zu wahren wußte, völlig
verloren und tritt an seine Stelle eine kühl-kalte, ver-
schnörkelt-juristische Diktion, die wohl mit Hilfe
einer fremden Amtsperson oder durch Diktat zustande gekommen ist.

Noch einmal sei es deshalb gesagt – wir lesen diese
Briefe der Catharina Elisabeth Goethe nicht so sehr
ihrer biographischen Zuordnung auf ihren Sohn wegen, als eine Art erweiterte Biographie, sondern lesen
sie, gerade auch in ihrem Bezug auf Johann Wolfgang
Goethe, als ein eigenständiges Dokument jener Epoche, in der die Verfasserin dieser Briefe lebte: Sie
repräsentieren für uns einen Hauch Leben aus jenen
vergessenen Zeiten, der uns heute noch anweht, und
sei es der Courage zur kruden Orthographie wegen,
die aus dem grassierenden ›Patriotismus‹ jener Jahre einen eigenwillig-rätselhaften »pradiodißmuß«[30]
macht, ›Manuskripte‹ zu »Manusprickten«[31] abwan-
delt oder das durch Lavaters Schriften, die sie ja
kannte, weil sie mit dem Verfasser korrespondierte,
wie durch die zeitgenössische Mode der Scheren-
schnitte populär gemachte Stichwort der ›Physiogno-
mik‹ zu »Phisioknomick« oder gar »Phisionokmick«[32]

---

30 An Goethe, 23. Dez. 1793, unsere Ausgabe, S. 322.

31 An Christiane von Goethe, 14. [Dez.] 1807, unsere Ausgabe,
S. 574.

32 An Lavater, 26. Juni 1778 bzw. 13. Juni 1777, unsere Ausgabe,
S. 62 und 53.

abwandelte. Auf ihre Weise hat die Frankfurter
Schultheißtochter selbst etwas von diesem Separatin-
teresse, das sie zu Recht auf sich zieht, gewußt – man
muß ihr nur genau auf die Feder schauen und der
Spur der Tinte folgen, die sie in ihren Briefen zu
Papier gebracht hat. So etwa der Fall in folgender
Einlassung eines Briefes an ihren Sohn vom 6. Oktober 1807, gut ein Jahr vor ihrem Lebensende: »Da nun
ein großer theil deines Ruhmes und Rufens auf mich
zurück fält, und die Menschen sich einbilden ich hätte was zu dem großen Talendt beygetragen; so kommen sie denn um mich zu beschauen – da stelle ich
denn mein Licht nicht unter den Scheffel sondern auf
den Leuchter versichre zwar die Menschen daß ich
zu dem was dich zum großen Mann und Tichter
gemacht hat nicht das aller mindeste beygetragen
hätte /: denn das Lob das mir nicht gebühret nehme
ich nie an :/ zudem weiß ich ja gar wohl wem das Lob
und der Danck gebührt, denn zu deiner Bildung in
Mutterleibe da alles schon im Keim in dich gelegt
wurde dazu habe ich warlich nichts gethan – Villeicht
ein Gran Hirn mehr oder weniger und du wärstes ein
gantz ordinerer Mensch geworden und wo nichts
drinnen ist da kan nichts raus kommen«[33].

Man tut deshalb gut, bei der Lektüre der hier erneut vorgelegten Briefe der Catharina Elisabeth Goethe nicht nur – wie gebannt – auf das Verhältnis zu
ihrem Sohn zu schauen, sondern sich von ihr selbst in
den Bann ziehen zu lassen: Durch sie hindurch tritt
dann auch eine Fülle anderer Gestalten der Zeit ins
Blickfeld, die durch ihre Auffassungsgabe eine eigene
Authentizität erhalten: so in ihrem Sterbebericht,

---

[33] An Goethe, 6. Okt. 1807, unsere Ausgabe, S. 567 f.

den sie Lavater gibt, Goethes ›schöne Seele‹, Susanna Catharina von Klettenberg (1723-1774), der sie in religiöser Freundschaft viele Jahre verbunden war; so Jakob Michael Reinhold Lenz (1751-1792), der sie im Frankfurter Hirschgraben besuchte und um dessen Unterstützung sie sich bemühte, nachdem dieser am ›Weimarer Musenhof‹ in Ungnade gefallen und ausgewiesen worden war: »Mit dem allen ists aber doch ein armer Teufel und es ist doch auch so eine sache Ihn gantz zu verlaßen«[34].

Zu den Merkwürdigkeiten, die sich ihrer Feder bedienten, gehören aber auch ganz alltägliche Mitteilungen, die ihrem Frankfurter Lebenslauf entsprangen – wichtig für sie, die ihnen ihr Ohr, ihre Augen und eben ihre Feder lieh! Darunter – als jüngstes »Geträsche in Frankckfurt« ausgegeben – der folgende, an den Sohn gerichtete Bericht über die große Spätsommerhitze im September des Jahres 1807, der in seiner ›bunten Mischung‹ aus partizipierender Zeitgenossenschaft, kursierendem Stadtklatsch (gelegentlich auf gut frankfurterisch auch ›Babelen‹ genannt), untermischter Familiennachricht, offenem Räsonnement, zeitkritisch-moralisierendem Reflex, verdecktem und offenem Selbstporträt so charakteristisch für diese Briefe ist, daß er hier stellvertretend noch einmal für das Ganze stehen soll: »Ich vor meine Persohn schreibe nun alle Narrheiten die sich in kurtzer Zeit hir gehäuft haben der erstaunlichen Hitze zu, in Rom sind 60 Menschen Närrisch worden – so arg ists nun freylich bey uns nicht – aber auch Rom und Franckfurth!!! Der Herr Geheimde Rath von Gerning hat einen Geistigen

---

Umgang mit einer empfindsamen wittwe – verspricht sich mit ihr – wird in der Kirche dem Gebrauch nach aufgeboten – wird aber so offte das wort Coupolation ausgesprochen wird ohnmächtig – sie scheiden in Pace von einander u.s.w. Demoiselle Busmann Enckelin von Frau Bethmann Schaff hat einen Bräutigam – soll nur noch etwas warten läßt sich aber von Clemens Brentano entführen – die Hitze ist gantz einlein Schuld – denn wenn es schlechte Menschen wären ja da wäre es ein anders anders – aber es sind allezusammen edle Seelen die schwatzen von Grundsätzen – Pflichten – Moralischen Ausübungen der Pflichten gegen Eltern Verwanden u.s.w. Da lobe ich mir das Stockische Hauß da lieben die Eltern die Kinder – die Kinder die Eltern da ist einem so wohl alles was in dem Circkel lebt freut sich des Lebens – Was habe ich diesen Sommer wieder vor vergnügte Tage mit Ihnen in Ihrem Garten verlebt – da habe ich Mährgen erzählen müßen /: denn unter uns :/ das ist meine Briliante Seite – da wurde von dir gesprochen – von deiner Lieben Frau – von allem was das Hertz froh und das Angesicht frölig machte – alles ohne Chrien und Brühen.«[35]

Natürlich wäre es interessant gewesen, die hier vorliegenden Briefe Catharina Elisabeths um Auslöser-, Antwort- und Parallelschreiben ihrer Korrespondenzpartner zu erweitern, so daß man wirklich das Hin und Her der Post beobachten und mit ihm manche Eigenbeobachtung anstellen könnte. Das hätte freilich seine Schwierigkeit, und besonders dann, wenn man auf Vollständigkeit abzielte – vor allem

---

35 An Goethe und Christiane, 8. Sept. 1807, unsere Ausgabe, S. 564f.

aber: eine solche Erweiterung würde das gesetzte, ohnedies stattliche Buchvolumen sprengen und wohl auch in problematischer Weise von der Geschlossenheit ablenken, in der Frau Ajas Briefe in der hier vorgelegten Form erscheinen, also auch unser ›geschlossenes Interesse‹ fordern dürfen. Um zumindest anzudeuten, in welcher Weise die Brieflücken gefüllt werden könnten, hier Goethes briefliche Reaktion auf den Tod seiner Mutter aus dem an Jakob Stock gerichteten Schreiben vom 19. September 1808, zugleich Hinweis darauf, daß er selbst dem Frankfurter Begräbnis fernblieb: »Nur die Überzeugung, daß unsere teure Mutter von trefflichen und teilnehmenden Freunden umgeben sei, konnte uns in der letzten Zeit beruhigen, in der wir menschlicherweise bei ihrem hohen Alter ein herannahendes Ende befürchten mußten. Nehmen Sie deshalb den aufrichtigen Dank, daß Sie unsre Stelle vertreten und eine liebevolle Vorsorge für die Abgeschiedene bis ans Ende fortsetzen wollen. Tragen Sie diese Gesinnungen auf uns über und haben Sie die Güte bei den vorkommenden Angelegenheiten uns zu leiten. Sobald wir erfahren, daß es Zeit sei, wird meine Frau sich auf den Weg machen und bei diesem traurigen Anlaß des Vergnügens und Trostes so werte Freunde wiederzusehen, genießen.«[36]

Karl Riha, Mario Leis und Carsten Zelle

---

[36] Johann Wolfgang Goethe: Briefe. Auswahl von Rudolf Bach. Nachwort von Heinrich Borcherdt. München: Hanser 1958, S. 611.

Die Briefe

1. An Lavater

Dinstags d 2ten Aug 1774

Tausendt Danck nochmahls, lieber, bester Sohn, vor euren Auffenthalt bey uns – – abschied konte ich nicht nehmen, mein Hertz war zu voll – – niemahls, niemahls, verliere ich euer Bild aus meiner Seele – – lebt wohl Gott der allmächtige Segne euch, begleite euch auf allen euren Wegen, bringe euch gesund und wohl an ort und stelle – – O vergesset uns nicht besfer, bester Lavater – – ich muß aufhören, und muß weinen – – mein Haus ist mir so einsam, wie ausgestorben – noch einmahl lebt wohl

Catharina Elisabetha Goethe.

2. An Lavater

Frankfurt, d. 26 Xbr. 74.

Meine theüern Freünde!

Ihr wollt den ganzen Umfang von der Krankheit u. dem Tode unserer Fraülein Klettenberg wissen? Ein schmerzlicher Auftrag! Dies kann ich euch versichern. Mein Gemüth ist so ganz in Traurigkeit verlohren, daß ich mir nicht zu rathen noch zu helfen weiß. Ich weiß, ich werde sie wieder sehen; aber izt, izt fehlt sie mir! Meine Rathgeberin, in deren Schooß ich alles ausschütten konnte, ist in die Herrlichkeit eingegangen, wovon sie so oft mit Entzüken sprach. Ihr seyd noch hier, ich bin noch hier – aber es wird ein Tag kommen, dann wird sie auferstehn! Dann werden wir auferstehen, u. uns freüen mit unaussprechlich herrlicher Freüde! Amen.

Am 7 Xbr. waren wir sehr vergnügt beisammen, ich habe sie lange nicht so munter gesehen, nicht der

kleinste Gedanke von Krankheit fiel mir ein. Um 8 Uhr
gingen wir von einander. In der Nacht bekam sie einen
heftigen Frost, hernach Hize. Am 8ten erfuhr ich
nichts davon, am 9 früh ließ sie mir sagen, sie wäre
krank; wie ich zu ihr komme, fand ich sie ganz leident-
lich, sie selbst glaubte, es werde nichts zu sagen haben;
den 10. wurde sie schlimmer, aber in der Nacht wurde
es dem Anschein nach wieder besser, ich verließ sie
nicht. Als am 11. der Medicus in die Stube kam, lief
ich voller Freüde ihm entgegen – »sie ist besser!« sagte
ich. »Das gebe Gott, sagte Er, aber wir sind noch nicht
über den Berg.« Am 12ten, sobald ich früh Morgens
zu ihr kam, sagte Sie: »Gute Nacht, Räthin, ich sterbe!«
Vor Weinen konnte ich kein Wort reden. Sie winkte,
ich sollte näher kommen, drückte mir die Hand u.
sagte: »wandle vor ihm und sey fromm!« – sahe mich
mit unaussprechlich heiterm Gesichte an, u. war sehr
ruhig u. vergnügt.

Nachmittag kamen einige christliche Freünde zu
ihr. Wir fragten: »ob sie leiden könnte, wenn wir einige
christliche Verse sängen?« »O ja« sagte sie. Wir sangen:
Komm! ist die Stimme deiner Braut u. Sie verlangte
das Lied: Die Seele Christi heilige mich. Ein Freünd
fragte sie: »Wie ihr beym Anblik des Todes zu Muthe
sey?« »Ich bin so voll Seligkeit, daß die arme Hütte es
nicht aushält, sie muß davon zerbrechen«, sagte sie.
Ich sagte aus einem Lied: Hier ist nichts als die Tods-
gestalt u. den Stachel hat er verlohren! Hallelu-
jah.

Des Abends, da die andern Freünde weg waren, u.
ich allein bei ihr saß, sagte sie: »Der Doctor!« Ich bilde-
te mir ein, sie meine den Medicus, u. sagte: »Er ist
weggegangen.« »Nein, sagte sie u. deütete auf mich.
»Meinen Doctor meinen Sie?« Sie nikte mit dem Kopfe.

»Ach, sagte ich, der glaubt so wenig, daß sie sterben,
daß er mir aufgetragen hat, Ihnen zu sagen, wie er
morgen mit dem Prinzen von Weimar nach Mainz
reisen werde – dreymal hab ich schon angefangen, ihn
auf Ihren Tod vorzubereiten, es ist aber alles vergebens. »Sie stirbt nicht! sagt er immer, das kann
nicht seyn, Sie stirbt nicht.« Sie lachte. »Sag ihm Adieu,
ich hab ihn sehr lieb gehabt.« »Ach meine Beste, sagte
ich, Sie gehen izt in die Ewigkeit, auf die Sie sich schon
so oft im Geist gefreüt haben – ich gönne Ihnen Ihre
Ruhe u. Seligkeit von Herzen – aber ich bleibe noch zurük. Wenn die Seligvollendeten noch an Ihre zurükge-
bliebenen Freünde denken – o so denke an Deine treüe
Räthinn.« Sie gab mir ein Zeichen mit dem Kopf, daß
sie es thun wolle. Ich blieb die Nacht bei ihr. Thee,
den sie in ihren gesunden Tagen am liebsten trank,
war auch in diesen lezten noch ihre beste Erfrischung;
überhaupt war diese Nacht sehr erträglich. Sie hatte
keinen grossen Schmerzen, u. wenn man die Freünd-
lichkeit in ihrem Gesichte sah, konnte man nicht glauben, daß sie so krank, u. ihrem Ende so nahe sey.
Mein lieber Sohn, Lavater! hat ihren freündlichen
Blik gesehen, u. kann sich einen Begrif davon machen.
Morgens, als am 13 kamen die Freündinnen wieder,
wir sezten uns ums Bette herum, um bis auf die Lezte
bei unserer lieben Freündinn auszuhalten. Sie sahe
uns an, u. lächelte. »Habt eüch unter einander lieb« –
war ihr lezter liebevoller Befehl. Wie sie das Singen
überaus liebte, sangen wir etliche Verse aus dem Lied :
Christi Blut u. Gerechtigkeit ꝛc.

Um sie nicht zu ermüden, redeten wir nicht viel,
dann u. wann einen schiklichen Spruch, oder aus
schönen Liedern einen schönen Vers. Um 8 Uhr kam
der Medicus, D. Metz, ein rechtschaffener Mann, u.

einer ihrer besten Freünde, der sein Vermögen darum gegeben hätte, sie beym Leben zu erhalten; ich sagte zu ihm: »Lieber Herr D. ist es dann gewiß, daß unsere Freündinn stirbt? Haben Sie gar nichts mehr, Ihr zu helfen?« »Frau Räthinn, sagte er mit seiner gewohnten Ernsthaftigkeit: da Elias sollte gen Himmel fahren, kamen die Propheten Kinder zu Elisa u. sprachen: Weissest du auch, daß der Herr wird deinen Herrn heute von deinen Haüptern nehmen. Er aber sprach: Ich weiß es wohl, schweiget nur stille.« – Hierauf ging er ans Bett, u. nahm einen solchen christlichen Abschied, der uns allen durch die Seele ging; doch versprach er Nachmittag wieder zu kommen, nicht als Arzt, weil seine Kunst am Ende war, sondern als Freünd. Um 11 Uhr kam der Chirurgus, u. wollte nach der Ader sehen, die Fraülein hielte das für unnöthig, bath ihn aber, ihr zu sagen, ob ihre Augen nicht gebrochen wären? Der gute Mann, dem das in seinem Leben villeicht nicht vorgekommen, wußte nicht, was er sagen sollte. Nach einigem Besinnen sagte er: »Die Augen sind noch helle, aber der Puls geht schwach.« Die Frl. schüttelte den Kopf, und lachte. Um $\frac{1}{2}$ 12 Uhr sagte sie, »nun ists besser, ich habe keinen Schmerzen mehr –« rükte sich im Bette zurecht, u. sagte mit halbgebrochener Stimme: »Gute Nacht!« Darauf lag sie stille, redte nichts mehr, der Othem wurde kürzer, blieb manchmal aus, kam wieder, um 12 Uhr nahm endlich der erlöste Geist von seinem Körper Abschied.

Meine Seele sterbe des Todes dieser Gerechten!! – Einige Minuten blieben wir ganz stille. Eine Freündinn, die vom Schmerz weniger betaübt war, als die andern, that ein herrliches Gebeth, dankte Gott für alle, der seligen Frl. von Klettenberg erwiesne Wohlthaten an

Seele u. Leib, munterte uns auf immer mehr dem
Ziele nachzujagen, immer mehr auf Jesum, den An-
fänger und Vollender des Glaubens zu sehen, u. Fleiß
anzuwenden, daß unser Keiner dahinten bleibe. Noch
muß ich sagen, daß das 17 Kap. Johannis, u. die Sprüche: Wer an mich glaubt, der wird den Tod nicht
sehen ewiglich! – Ich bin die Auferstehung u. das
Leben – u. dgl. ihr ganz besonders lieb waren....

Den 16. wurde sie zur Erde bestattet.

> Ich seh im Geiste Gottes Sohn
> Holdselig ihr entgegen eilen,
> um seinen höchst glorreichen Thron
> mit ihr als seiner Braut zu theilen.
> Willkomm, Willkomm, Willkomm – erklingt,
> das durch den ganzen Himmel dringt.
> Von den verklärten Geistersphären
> da wird sie ihren Namen hören –
> und was sie hier im Herrn gekannt,
> beut ihr frolokend Mund und Hand.

Hier habt ihr, liebe Freünde, die ganze traurige Geschichte. Gönnt mir einen Plaz in Eürem freünd-
schaftlichen Herzen, u. seyd versichert, daß ich bis
ins Grab u. noch drüber hinaus seyn werde,

> Eüre treüe Freündinn
> E. Goethe.

3. An Lavater

> Franckfurth d 28ten Juni [1775.]

Hir kommt die versprochne Musick, wünsche viele
Freude daran zu haben. Meinen Brief vom 26ten werden Sie bekommen haben, und ich erwarte sehnlich
eine Antwort. Grüßen Sie die Herrn Grafen, und den
lieben Baron und sagen Ihnen, ich hätte meinen
Wolfgang Ihnen anvertraut, und danckte vor alle

liebe so Sie ihm erwießen hätten, doch bätte ich, sie solten ihn jetzt wieder zu uns schicken, Dann der Frau Aja würde Zeit und Weile sehr lang. Viele Grüße von uns an alle Freunde Vale:

4. An Hans Buff

Franckfurt d. 2ten Februar 1776.

Mein lieber Herr Buff! Die Mutter von Ihrem Freund, dem Doctor Goethe, hätte eine Bitte an Sie. Ich weiß, daß Sie meinen Sohn lieb haben. Um desto getroster darf ich Ihnen einen Auftrag geben, da Sie des Sohnes wegen, der Mutter gewiß einen Gefallen thun. Den 9ten November vorigen Jahres, schickte ich an Hr. Cammerrichter ein Päckchen mit 44 f 10 xr. Dagegen bekam wie gewöhnlich einen Postschein, der ein $^1/_4$ Jahr gültig ist; den 9ten Februar wäre also die Zeit vorbey, inzwischen habe von Hrn. Cammerrichter nicht die geringste Nachricht, ob das Geld glücklich angekommen ist. Nun ist die Frage, ob Sie mir wollen den Gefallen thun und sich bey seiner Excellenz Haushofmeister, oder wen Sie sonst von seinem Hofstaat kennen, erkundigen wollen, ob das Geld richtig überliefert worden seye, denn im entgegenstehenden Falle habe noch 8 Tage Zeit mich beym Postamt zu melden. Haben Sie die Güte mir vor Ablauf der 8 Tage zu antworten, damit ich weiß, woran ich bin.

Sie werden sich ohne Zweifel wundern, warum der Doctor nicht selber schreibt. Aber der ist nicht hier, schon $^1/_4$ Jahr ist er in Weimar beym Herzog, und Gott weiß wenn er wieder kömmt. Aber freuen thut er sich gewiß, wenn ich ihm schreibe; daß ich an seinen lieben alten Bekannten und guten Freund geschrieben habe, denn wie viel er immer von Ihnen und Ihrem

ganzen Haus erzählt hat, kann ich Ihnen nicht sagen.
Für seinen vergnügtesten Zeitpunkt hat er es immer gehalten. Ihr lieber Herr Vater, Brüder und Schwestern,
besonders Herr und Frau Kestner sind doch, hoffe ich,
alle wohl? Grüssen Sie alles von mir, und seyd versichert, daß ich jederzeit seye

Ihre Freundin Goethe.

Wenn Sie die Güte haben an mich zu schreiben, so
ist meine Adresse An Frau Rath Goethe, auf dem
grossen Hirschgraben.

5. An J. G. Zimmermann

Franckfurth d 16ten Febr. 1776

Lieber Herr Leibmedicus! Ihr lieber Brief machte
mir von der einen seite viel Freude: Aber, aber, das
was ich an Ihnen in Spaß schrieb, ist also nicht gantz
ohne grundt, Sie sind nicht gesundt, glauben Sie mir,
ich bin von Hertzen drüber erschrocken. Gott im
Himmel! Wie kommt ein so Vortrefflicher, geschickter, Freundlicher, herrlicher, Lieber Mann zu der Ver-
damten Kranckheit? Warum just an die brauchbar-
sten Menschen, ich kenne eine menge Schurcken, die
solten Kranck seyn, die sind ja doch der Welt nichts
nütze, und mann hat von ihrem Wachen oder Schlaffen nicht den geringsten nutzen. Lieber bester Freund!
Wollen Sie von einer Frau einen Rath annehmen, die
zwar von der gantzen Medicin nicht das mindeste
versteht, die aber doch Gelegenheit gehabt hat, mit
vielen Menschen in genauer Verbindung zu stehn,
welche von diesem Übel geplagt wurden. Die Veränder-
rung der gegenstände War immer die beste Cur, da

braucht mann nun nicht eben 30 Meilen zu reißen, wenn man nur aus seinen vier Mauren komt, nur nicht zu Hauß geblieben, so sauer es gemeinilich denen Krancken ankomt, in die freye Luft, aufs Landt, unter Menschen gegangen die man leiden kan, und alle schwartze Gedancken dem Teufel vor die Füsse geschmissen, dieses Mittel hat Docter Luther schon probatum gefunden, und in seinen herrlichen trost Briefen dem Spaladinus seinem Vertrauten Freund angerathen. Folgen Sie also bester Mann dem Rath einer Frau, das thut Ihrer großen Gelehrsamkeit keinen schaden, gab doch ehmals ein Esel einem Propheten einen guten Rath. Den Ducaten habe richtig erhalten, aber Lieber Freund Sie haben mir zu viel geschickt, ich habe ja nur 3 f 24 x. ausgelegt, ich wills aufheben, es wird sich schon eine Gelegenheit finden daß ichs Ihnen verrechnen Kan. Gott lob daß die Schlossern sich besser befindet: Wer war aber ihr Helfer? Wem hat sies zu dancken? nechst Gott gewiß niemandt als unserm theuren *Zimmermann*. Das Zeugnüß von Wielandt Liebe gegen meinen Sohn, das Sie die Freundschafft hatten, mir mitzutheilen freute mich hertzlich; das ist nun einmahl das glückliche Looß von Docter Wolf, daß ihn alle Leute lieben denen er nahe kommt, das ist nun freylich gantz natürlich, er hat ein gutes Hertz, liebt seine mitmenschen, sucht wo er hinkommt Freude zu bereiten, mann sieht in der Nähe nur den Menschen Freund, und vergießt gerne den Satiren schreiber. Daß Ihre Liebenswürdige Jungfer Tochter noch an uns denckt, und sich wohl und vergnügt befindet, war auch eine Nachricht nach meinem Hertzen: erlauben Sie, daß ich mir die Freude mache und die Zahl meiner Kinder durch dieselbe vermehre, dieses süße liebe Mägdgen kommt in gute

Gesellschafft, auser denen Zwey die unter meinem Hertzen gelegen, habe ich das Glück noch viele Söhne und Töchter zu haben, als da sind, die zwey Graffen Christian und Friedrich von Stollberg, Lavater, Wieland, von Knebel, von Kalb, Demoiselle Fahlmer, Delph, von Wreden u.s.w. und da meine liebe Tochter Zimmermann den Seel und Leib erfreuenden *Mutter* Nahmen leyder schon lange nicht mehr nent, so hoffe ich Sie nimbt meinen Vorschlag an, um nur den Nahmen nicht gantz zu verlernen. Mein Lieber Mann Empfiehlt sich Ihnen und meiner Lieben Tochter aufs beste. Behalten Sie uns in gutem Andencken und seyn versichert daß wir sind, biß ins Grab, ja noch drüber hinaus Ihre wahre und Auffrichtige Freunde

C. E. Goethe.

N. S. Claus kinemundt wird nun bald ankommen, die Wege sind freylich jetzt schlimm aber gemach kommt mann auch weit.

Noch eins, es ist wieder aus dem Gehirn des Docter Fausts etwas in der Welt erschienen, ist gedruckt zu haben, und heist Stella.

6. An Klinger

[23. (?) Mai 1776.]

Der Doctor ist Vergnügt u Wohl in seinem Weimar, hat gleich vor der Stadt einen herrlichen Garten welcher dem Hertzog gehört bezogen, Lenz hat den selbigen poetisch beschrieben, und mir zum Durchlesen zugeschickt. Der Poet sizt auch dort als wenn er angenagelt wäre, Weimar muß Vors Wiedergehn ein gefährlicher Ort seyn, alles bleibt dort, nun wenns dem Völklein wohl ist, so gesegnes ihnen Gott. – Nun lieber Freund leben Sie wohl, so wohl sichs in Gießen leben läßt. Ich meine immer das wäre vor Euch Dichter eine Kleinigkeit alle, auch die schlechtesten Orte zu Idealisiren, könnt ihr aus nichts etwas machen, so müßt es doch mit dem sey bey uns zugehen, wenn aus Gießen nicht eine Feen Stadt zu machen wäre. Darinen habe ich zum wenigsten eine große Stärcke, Jammer Schade! daß ich keine Dramata schreibe, da sollte die Welt ihren blauen Wunder sehn, aber in Prosa müßte es seyn, von Versen bin ich keine Liebhaberin, das hat freylich seine Ursachen, der poetische Kannengießer hatte den nemlichen Haß gegen die Lateinische Sprache. Grüßen Sie Schleierm. von uns u sagen Ihm, er würde künftige Messe Ihnen doch nicht allein hirher Reißen laßen, u dann versteht sich das andre von selbst, daß wir Ihn u Sie bey uns sehen, manch Stündchen vergnügt verschwazen, allerley schöne Geschichten erzählen u.s.w.

7. An J. D. Salzmann

Franckfurt, den 24. July 1776.

Lieber Herr und Freund! Tausend Danck für Ihr gütiges Andencken an uns, für die überschickte, herrliche moralische Abhandlung. Mein Mann /: welcher sich Ihnen gehorsamst empfiehlt :/ und ich haben die Früchte Ihres Geistes mit Erbauung und Vergnügen durchgelesen. Gott erhalte Sie, Ihren Mitmenschen zum besten, fahren Sie fort, die Geschöpfe Gottes zu belehren, zu bessern, und Ihre Wercke werden Ihnen in die Ewigkeit nachfolgen. Bester Mann! dürfen wir Sie nun ersuchen beikommendes Päckgen mit sichrer Gelegenheit nach Marseille zu schicken, damit es von da weiter an unsern Freund Schönborn nach Algier übermacht werden könnte. Sie können Sich unmöglich vorstellen, was für Freude der ehrliche Schönborn fühlt, wenn von Zeit zu Zeit etwas von teutschem Genie den Eingang in seine Barbarey findet

Daß unser Sohn beym Herzog von Weimar als geheimer Legationsrath in Diensten ist, werden Sie längst wissen. Gestern hörten wir sehr viel schönes und gutes von ihm erzählen. Ein Curier vom Herrn Herzog, der in Carlsruh wegen glücklicher Entbindung der jungen Frau Markgräfin seines Hofes Glückwünsche überbringen mußte, kam, als er hier durchging, zu uns. Ich bin überzeugt Sie freuen Sich unsrer Freuden, Sie, ein so alter Freund und Bekannter vom Doctor, nehmen allen Antheil an seinem Glück, können als Menschenfreund fühlen, wenn der Psalmist sagt: »Wohl dem, der Freude an seinen Kindern erlebt!« – wie wohl das Eltern thun muß. Gott regiere ihn ferner und lasse ihn in den Weimarschen Landen viel Gutes stiften, ich bin überzeugt Sie sagen mit Uns: Amen.

Leben Sie wohl und vergnügt, behalten uns und die uns angehören in gutem freundschaftlichem Andencken und seyn versichert, daß wir alle /: in's besondere aber ich :/ mit Grund der Wahrheit uns nennen werden, Ihre ganz eignen Freunde.

C. E. Goethe.

8. An Schönborn

[24. Juli 1776.]

Lieber bester Freund! Sie müßen doch auch ein Wörtgen von mir hören, doch auch erfahren, daß ich noch lebe, oft oft an Ihnen dencke, immer gern wissen mögte was unser Freund Schönborn in Alschier betriebe u.d.m. Sie erinern Sich doch daß beynahe 3 Jahr verfloßen sind, da wir so vergnügt beysammen waren und Weintrauben assen. Ich dächte Sie wären lang genung in der Barbarey gewesen, hätten lang genung Verschleierte Menschen gesehen, mein rath den Ihnen mein Freundschafftliches Hertz gibt, ist also der, kommen Sie bald wieder zu uns, es war vor mich jederzeit eine Wolust große Menschen um und bey mir zu haben, aber in meiner jetzigen lage, /: Da meine beyde Kinder weit weit von mir entfernt sind :/ ists Himmel Freude. Folgen Sie mir und kommen je ehender je besser, es soll Ihnen wohl thun, was wollen wir einander erzählen, vor langerweile dürfen wir uns nicht fürchten, ich besitze einen schatz von Anecdoten, Geschichten u.s.w. daß ich mich anheischig mache 8 Tage in einem fort zu plaudern, und wenn *Sie* nun gar anfangen werden ‒ ‒ Von Seen und Meeren, Städtten und Dörffern, Menschen und Mißgeburten, Elevanten, und Schlangen. Das soll ein gaudium werden. Leben Sie wohl. Dieses wünscht Ihre gantz eigne Freundin

C. E. Goethe.

Antwortten Sie uns doch ja bald, damit wir erfahren ob die 4 piesen glücklich in Ihre Hände gekommen sind.

9. An Lavater

[Frankfurt, den 1. November 1776.]

Lieber Sohn! Gott segne Euch, Eurer liebes Weib, Kinder, und alles was Euch theuer ist. Grüßet von mir Pfenniger, Frau Schultz Mademoiselle Muraldt, und behaltet in gutem Andencken, die sich unterschreibt Frau Aja.

10. An J. B. Crespel

Franckfurth, den 5. Jenner 1777.

Lieber Sohn! Einen mächtigen großen Lobstrich
soll ich Euch im Nahmen des Papas schreiben, wegen
der geschwinden Bestellung des Briefs an Herrn Herrich. Nun hat der Vater noch eine Bitte, Ihr solt nehmlich die Güte haben, und Euch von ihm in Zeiten die
versprochne Anweissung hier in Loco das Geld zu
erheben geben lassen, wann das geschieht, so schickt
sie gleich her, daß wir erfahren ob uns der hiesige Be-
zahler ansteht. Ich weiß Ihr nehmt die viele Mühe
so Euch das Ding macht nicht übel, Ihr solt auch davor
am runden Tisch sitzen, und über Euer Haupt soll
ein gantzes Füllhorn vom guten ausgeschüttet werden.
Gestern wäre es vor Euch ein Hauptspaß gewesen,
Jammerschade daß Ihr in Regenspurg sitzt! 8 junge
Mädels waren bey mir, zwei Demoisellen Clermondt,
die Mingen Starck u.s.w. wir spielten, stirbt der Fuchs
so gielt sein Balg und da gabs Euch Pfänder daß es eine
Lust war. Auch wurden Mährgen erzählt, Rätzel auf-
gegeben, es war mit einem Wort ein groß Gaudium.
Eure Grüße an die *Max*, Tante, Gerocks habe wohl
ausgerichtet, Sie haben Euch alle sampt und sonders
lieb und werth, und wünscheten daß Ihr wieder da
wäret. Nur vor einen gewissen Peter ist Eure Abwesenheit ein groß Labsal, es ist überhaupt ein wunderlicher
Heiliger. Bis die arme Max ins neue Hauß kommt,
wirds vermuthlich noch manchen Tantz absetzen.
Neues giebts hier auf der Gottes Welt gar nichts, als
daß ein großer Schnee gefallen, und die Leute wacker
im Schlitten fahren. Lebt wohl mein Lieber! Behaltet
uns in gutem Angedencken, und seydt versichert, daß
wir alle, besonders aber ich bin und seyn werde Eure
wahre Freundin und treue Mutter   C. E. Goethe.

11. An Ph. Seidel

Franckfurth den 17 Jenner 1777

Den 3$\underline{\text{ten}}$ Jenner ist der Kasten mit dem Tuch vor Herrn von Herr von Kalb, und den 7$\underline{\text{ten}}$ ditto ein Brief von Herrn Rath nach Weimar abgegangen. Heut als am 17 Jenner ist weder auf das eine noch auf das andre Nachricht eingelauffen, ob alles richtig bey euch angekommen ist. Zumahl da etwas dabey war, daß euer Herr unterschreiben sollte, so bin ich desto mehr in Sorgen. Es ist doch alles Gesundt und wohl bey euch? Vielleicht ist ein Brief an uns unterwegs, Dann ists schon gut, weil ich das aber nicht wissen kan, und heut Post Tag ist, so schreibe dieses, welches wohl ohnnöthig seyn mag, Das hat aber nichts zu bedeuten. Die herrlichen Handschu habe erhalten, in einem Brief an Herrn Wielandt den ich am 13 Jenner abschickte, stehn eure Verhaltungs Befehle wegen des Herrn Oberstallmeisters von Stein. Lebt wohl und schreibt bald. grüßt den Docter und alles.

Goethe.

Mein Brief war schon zugesiegelt, als das unterzeichnete Schreiben ankam. aber ob das Kästgen glücklich in euren Händen ist; und ob die Hembten, das Tuch u.s.w. recht aus gefallen, davon finde kein wort. Berichtet mir es bald. In großer Eil.

12. An J. B. Crespel

Franckfurth d. 18. Jan. 1777.

Ohne ein paar Worte von mir darf der Brief nicht abgehen. Lieber Crespel! Werde Er ja bald wieder recht gesundt, ich werde nicht ehender ruhig, biß Ihr uns von Euch bessere Nachrichten zuschickt. Es kann Niemandt mehr theil an allem nehmen, was Euch mein Bester angeht, als Eure treue Freundin und Mutter

                           C.E.Goethe.

13. An J.B.Crespel

               Franckfurth d 1ten Febr. 1777.

Lieber Sohn! Auf der einen seite hat mir Ihr Brief große Freude und Wonne gemacht, dann alles was von Ihnen mein Bester kommt vergnügt mich. Aber um Gottes willen sagen Sie nur was das vor ein trauriger Thon ist, der Ihrem Brief das Ansehen vom Propheten Jeremia in seinen Klagliedern gibt. Auf das Regenspurg habe ich nun Zeit meines Lebens einen unversöhnlichen Haß, das muß ein garstiger Ort seyn wo man unsern lieben Braven Crespel kräncken, und seinen trefflichen Carater verkennen kan. Eine Stange Gold von 40 Pfundt ohne allen Stemppel ist doch warlich besser als ein 1/4 Ducägen welches noch so schön geprägt und von Juden und Christen vor gäng und gäbe gehalten wird. Verdinste bleiben Verdinste, und werden von allen Rechtschaffenen Leuten gefühlt und hochgeschätzt, um der andern seidnen Buben ihren Beyfall oder Thadel braucht sich ein ehrlicher Kerl nicht zu bekümmern. Denckt durch was alles Euer Bruder der Docter sich hat durchschlagen müssen was vor gewäsch, dedräscht Lügen u.s.w. bloß weil die Leute nicht begreifen konnten, wie man ohne von Adel zu seyn Verstandt haben könte. Fasset also Eure Seele in Geduldt, machtet daß Ihr Euer geschäffte bald in ordnung bringt, als dann flieget zu uns. Mit aller Freundschafftlichen Wärme solt Ihr empfangen werden drauf verlaßt Euch. Wir kennen Euren inern

Werth und was Ihr wiegt, und wir nicht allein sondern andre gute Menschen wissens auch, unter denen grüßt Euch besonders Jungfer Fahlmern, die Frau Residentin, und die Gerocks. Alle Samstag reden wir vom Bruder Crespel, und bedauren daß Ihr uns nicht lachen helft. Wir haben jetzt ein Steckenpferd welches uns ein groß gaudium macht, das ist die neue Deutsche Opera von Herrn Profeßer Klein in Mahnheim, *Günther von Schwartzburg*. Sie ist von der löblichen Samstags Gesellschaft mit Noten, Anmerkungen, ja so gar mit Handzeichnungen verbessert und vermehrt worden. Ferner hat uns Phillipp ein Verzeichnüß von den weimarer Carnevals Lustbarkeiten zugeschickt, wo unterandern eine Tragedia mit vorkommt welche den Tittel führt, Leben und Thaten, Tod und Elisium der weylandt berühmten Königen Dido von Carthago. Eine noch nie gesehne Tragedia in 31 Aufzügen. So ein Specktackel ists unter dem Mond weder gesehn noch gehört worden. Unterandern ist Hanß-wurst Carthaigscher Burgemeister, und nebenbuhler des Aeneas. Ferner ist die Scene in den ersten 15 Aufzügen auf der Erde und noch in dieser Zeitlichkeit; bald zu Carthago, bald im Walde, bald auf dem Marcke bald im Zimmer u.s.w. Die folgenden 10 Aufzüge werden in der Hölle tragirt. Die 6 letzen aber spielen im schönen Elisium. Mit einem Wort, das ding muß mann lesen wen der Unterleib verstopt ist und vor die Cur bin ich Bürge. Nun noch ein Wort von Herrn Herrich: Der ehrliche Mann soll nur entweder Euch die 18 gulden /: als welches seine Schuld beträgt :/ geben, oder den Freund in Franckfurth nennen und eine Anweißung geben wo wir das Geld empfangen sollen, weiter brauchts in der Gottes Welt nichts. Ich und Herr Rath bedauern nur die viele Mühe die Euch das Ding ver-

uhrsacht. Lebt wohl! guter bester! seyd versichert, daß
ich bin Eure wahre Freundin und Mutter C. E. Goethe.

14. An J. B. Crespel

Franckfurth den 10ten Februar 1777.

Lieber Sohn! Glauben Sie ja nicht mein Bester; daß
Ihr lieber Brief meine muntere Farbenmischung in
Unordnung gebracht hat: nein lieber Crespel ich habe
Ihm nur sagen wollen wie mir die Dinge durch mein
Glas /: welches Rosenfarb und weiß ist :/ Vorkommen:
findet Er also erleichterung in ergießung Seines Her-
tzes, in Den treuen Schoß seiner Mutter; so soll es an
Trost nicht manglen. O! wie freue ich mich auf die
Ankunft meines Freundes, was wollen wir da alles
schwatzen, uns Vergnügen, und die gántze Welt S. V.
zu gaste bitten. Den 2ten Febuar ist Herr Weinnacht
hier angekommen, die arme Frau Weinnacht hat
einen hohen Gradt von Melancoley, welcher freylich
von Hypocontrischen /: Der Teufel hole das Ver-
fluchte Wort, ich kans nicht einmahl schreiben :/ umständen herkommt. Warum ich die Brave Frau hertzlich bedaure, ist, Daß sie keine lebendige Seele um
sich hat die nur im geringsten einen solchen Zustandt
einzusehen im Stande wäre, denn die Frau Massin, die
Gänse Jungfern Hoppe genandt, die Ihr im spaziren
fahren Gesellschaft leisten, sind warlich die Leute
nicht, eine solche Krankheit einzusehen, und folglich
auch nicht Capabel die rechten Mittel zur Genessung
anzubringen. Im Gegentheil bringt das dume Volk mit
dem ewigen Geträsch und Gewäsche die gute Frau
noch mehr aus aller Fassung. Mein einziger Trost ist,
daß Ihr Mann Sie mit nach Paris nehmen will da dann

die Bewegung, die Veränderte Oppjecte u.s.w. hoffent-
lich das Beste bei der sache thun würden. Die gantze
Samstags Geschellschaft nebst Frau Residentin grüßt
Euch hertzlich, der Papa desgleichen, und ich bin wie
immer meines guten, lieben, Braven Crispels, wahr
Freundin und

                         treue Mutter Goethe.

15. An Ph. Seidel

                         7. März 1777.

Der Brief, wo Ihr die Aufführung des Schauspiels
ohne Namen so schön beschrieben habt, hat uns ein
groß Gaudium gemacht; fahret immer fort, uns von
Weimar aus gute, neue Mähre zu überschreiben, besonders was es bei Herzog Ferdinands Dortsein vor
Spectakel gegeben hat. – –

16. An J. B. Crespel

              Franckfurth d 7$^{\underline{ten}}$ Mertz 1777

Lieber Sohn! Nun werdet Ihr die Musick von Herrn
Hanß Andre haben, er hatte sie wenigstens als Euer
letzer Brief ankam schon auf dem Postwagen zu Euch
geschickt. Aber lieber Crespel! was in aller welt macht
Ihr dann so lang in Regenspurg? Das ist ja Dumm, daß
wir Euch /: Gott weiß wie viel wochen :/ schon ent-
behrt haben. Allerley habt Ihr versäumt, auch ein
herrlich Concert daß Mademoiselle Danzi zweymahl
hir gab. Auch hat uns Hoffrath Schlosser besucht der
hätte sich auch gefreut Euch zu sehen. Suma Sumarum
macht dem Ding einmahl ein Ende, Eure Freunde
sind des wartens satt – Denckt einmahl! Das liebe
Fräntzgen, und der Jungfraun Flohr, haben sich auch

zu unserer Samstags Gesellschaft eingefunden: und
wir waren miteinander herrlich und Vergnügt. Herr
Weynnacht ist noch hir, seine Frau ist aber fast immer
noch in einem, nur daß sie einen bessern Schlaff wie
sonst hat. Das sind alle Franckfurther Neuigkeiten, was
es übrigens gibt ist wenigstens vor Euch nicht Intre-
sant. Lebt wohl! macht mir bald die Freude Euch
mündlich Versichern zu können, daß ich bin bis an
das Ende meiner Tage, Eure wahre Freundin u treue
Mutter

C. E. Goethe.

N. S. Der Vater grüßt hertzlich, wie sich so was von
selbst versteht.

17. An J. B. Crespel

Franckfurth d 17ten Mertz 1777

Lieber Sohn! nun die 6 oder 8 wochen werden sich
also noch erleben laßen, was wird das vor ein gaudium
seyn!!!!!! Gott soll denen alsdann gnädig beystehen
die auf unsern mist kommen. Schwärmer, Ragetten,
Feuer-Räder wollen wir unter die Kerls werffen; Die
Kleider sollen ihnen zum wenisten verbrant werden,
wenn sie auch schon die Haut zu schonen davon lauf-
fen. Daß Er keinen Brief an die Max geschrieben, darann hat Er sehr weißlich gethann; was ich von Ihr
weiß ist folgendes. Ihre große Jugendt und Leichter-
sinn hielft Ihr freylich schwere Lasten tragen. Peter
ist immer noch Peter, seine Standts erhöung ist auf
der einen Seite betrachtet von Mama la Roche ein guter Einfall gewesen, den da er sich erstaunlich viel
drauf Einbildet, und es doch niemandt als seinen
Schwiegereltern zu verdancken hat; so hat das einen

großen Einfluß auf seine Frau. Auf der andern Ecke
aber hat das Ding wieder seine verteuffelte Mucken.
Sein Hauß will er /: weil die la Roche ihm in Kopf ge-
henckt hat, der Churfürst würde bey ihm einkehren :/
unterst zu oberst wenden, als Resident muß er einen
Bedienten hinter sich her gehen haben, Das viele zu
Fuße gehen sagt er schicke sich auch vor die Max nicht
mehr. Nun denckt Euch bey dieser angenommen
größe den Peter, der jetzt fürcherliche Ausgaben,
und sich zu einem vornehmen Mann wie der Esel zum
Lautenschlagen schickt – – – So viel rathe ich Euch ihn
nicht anders als Herr Residendt zu Tituliren. Neulich
war er beym Papa, der im Discurs Herr Brentano sagte, wissen sie nicht daß ich Churfürstlich Thrirscher
Residendt bin? Ha Ha Ha, darnach könt ihr Euch also
richten, und vor Schimpf und Schaden hüten. Wieviel
nun die gute Max bey der Historia gewonnen oder verlohren hat, weiß ich nicht. Eure Schwestern sind herrliche Geschöppe, Tante und ich haben sie recht lieb.
Ich vor mein theil weiß doch keine größre Glückseligkeit als mit guten Menschen umzugehn. Kommt also
bald wieder und helft die Zahl der Braven Leute vermehren, mit offnen Armen solt Ihr empfangen werden. Der Papa, und die Samstags Gesellschafft grüßt
Euch von Hertzen, und von mir seydt versichert, daß
ich bin, meines lieben Sohns

wahre Freundin und treue Mutter

C. E. Goethe.

N. S. Vor die Nachricht daß ich die Briefe an Euch
nicht Frankiren soll, dancke die Galgen Vögel auf der
Post haben mich aus gelacht, daß ich es bißher gethan
habe.

18. An J.B.Crespel

Franckfurth, den 16.Aprill 1777.

Lieber Sohn! Beschuldigt mich keiner Faulheit weil
ich Euren lezten Brief jetzt erst beantworte, die Meße
und was dran hengt ist einzig schuld. Hier ein Fremder
der einem über dem Hals sitzt, da einer den mann
Ehrenhalber zu Gaste haben muß u.s.w. Jammer schade mein Bester! daß Ihr nicht hier seydt. Affen und
Katzen, Narren und Fratzen sind in menge zu sehen.
Das kan ich ohne Geld überall haben, werdet Ihr
sagen, ja, aber die Narren die auf die Meße kommen,
sind eben so gantz aparte Narren. Da tantzt z.E. eine
Frau auf einem trat gegen die, die Jungfer Boltz ein
Wickelkindt ist. Nur ein Wort vom Peter – kein
Mensch kann begreifen warum er nicht ins neue Hauß
zieht, Bauen thut er auch nicht, da doch jetzt die
schönste Zeit dazu wäre, die Max darf nichts davon
Reden, sonst ergrimt er im Geist, es ist ihr himmel
angst, Daß das bissgen Verstandt so noch in seinem
Hirn wohnt, nicht auf einmahl mit Extra Post in
Mondt reißt. Tante /: welche Euch vielmahl grüßen
läßt :/ und ich haben jetzt ein groß gaudium am
Schach-spiel, lachen was rechts über den Matz-Bumbes
von König, den jeder laffe Schach machen kan, verstehen nun auch die Rede des Olearius im Götzt von
Berlichingen vollkommen, wenn er sagt! das Spiel
spielt ich nicht wann ich ein großer Herr wär u.s.w.
Der Bruder in Weimar ist Gott sey Dank Gesundt,
baut pflantz, gräbt in seinem Garten, daß es Art und
schik hat. Die Schlossern liegt noch nicht in Wochen,
auf Pfingsten können wir gute neue Mähr hören. Lieber Crespel! bald, bald, hoffe ich Euch nun wieder zu
sehen, Da wollen wir guter Dinge seyn, alte Historien
auf neue art erzehlen, in unserm Cirkul vergnügt

Leben und Sonne und Mondt sampt allen Planeten
ihre Wirthschafft ruhig treiben lassen.

Heut ist Mittwoch in der Zahl Woche, und wir hörn
und sehen keine Bezahlung, keine Anweißung von
Herrn Herrich, glauben auch nicht daß er sich in denen noch übrigen 3 Tagen einstellen wird. Ihr mein Bester! könt also wens Euch beliebig ist Eure maßreglen
darnach nehmen. Der Papa bedauert nur die viele Mühe, die Euch das Zeug macht und läßt schönstens grüßen. Lebt wohl! komt bald zu uns zurück seyd versichert daß niemandt mehr Antheil an Euern Wohlergehen nimbt als Eure treue Mutter u wahr Freundin

C. E. Goethe.

19. An Lavater

Franckfurth den 13ten Juni 1777.

Lieber Sohn! Gottes Seegen über Euch und die Euch
angehören – – Hier ein Büchelein, das ich von Weimar
aus Order habe Euch zuzustellen. Wer der Verfasser
ist weiß Gott – – Aber lieber Sohn! was macht Ihr
denn? mann hört und sieht ja nichts vom lieben *mir*
so theuren Lavater – – bey uns gehts wies geschrieben
steht, des Menschen Hertz ist trotzig und verzagt. Da
meine Kinder nicht bey mir sind; so beruht alles auf
das Schreiben so wir erhalten. Von Weimar haben
wir gute neue Mähr, von Emmedingen aber – – ist die
Schlossern kranck vielleicht gefährlich – – Gott weiß
es – ginge nicht der Postwagen; so könte ich Euch mehr
schreiben, das Büchlein ist aber ohndem länger hier
als es solte. Lasset uns in allem dem Herrn vertrauen
Er ist die Liebe – – – folglich gcht alles gut. Grüßet
Weib und Kinder, seydt versichert daß ich bin Eure
treue Mutter, und wahre Freundin   Goethe.

1. Catharina Elisabeth Goethe.
Tuschezeichnung 1774.

gelt Ihr habt die Kupperstiche [...] zum theil
gehören sie in den ersten Versuch
der Phisionokmick.

N. S. gelt Ihr habt die Kupperstiche die vor uns sollen vergessen, zum theil gehören sie in den ersten Versuch der Phisionokmick und dann, die von des Herrn Raths und meinen Gesicht. Ihr könt sie gelegenheitlich aufsuchen und uns herschicken. Noch einmahl lebet wohl! grüßet auch Pfeninger, die Frau Schultz, Demoiselle Muraldt, mit einem Wort, die gantze unsichbahre Kirche in Zürch, und dencket zuweilen an Eure Mutter Aja.

20. An Lavater

Franckfurth den 23ten Juni 1777.

Er gibt den müden Kraft und Stärcke genung den ohnvermögenden – was Er zusagt hält Er gewiß. Ein neuer, lebendiger, dastehnender Zeuge sind wir, die wir unsre Cornelia unsere eintzige Tochter nun im Grabe wissen – – und zwar gantz ohnvermuthet, Blitz und Schlag war eins. O lieber Lavater! die arme Mutter hatte viel viel zu tragen, mein Mann war den gantzen Winter kranck, das harte zuschlagen einer Stubenthüre erschröckte ihn, und dem Mann muste ich der Todes Bote seyn von seiner Tochter die er über alles liebte – mein Hertz war wie zermahlt, aber der Gedancke, ist auch ein Unglück in der Stadt, das der Herr nicht thut hielte mich daß ich dem Schmertz nicht erlag. Ohne den Felsenfesten Glauben an Gott – an den Gott, der die Haare zehlet dem kein Sperling fehlet – der nicht schläfft noch schlummert, der nicht verreißt ist – der den Gedancken meines Hertzens kent ehe er noch da ist – der mich hört ohne daß ich nöthig habe mich mit messern u Pfriemen blutig zu ritzen, der mit einem Wort die Liebe ist – ohne Glauben an den wäre so etwas ohnmöglich auszuhalten – – freylich fühlt

sich der Mensch Paulus sagt: alle Anfechtung wenn
sie da ist, düncket uns nicht Freude zu seyn – aber ein
anders ist fühlen, ein anders ist mit Gottes führung
unzufrieden seyn – und sich denen gleich stellen die
keine Hoffnung haben – – aber wir! die wir wissen daß
über den Gräbern unsterblichkeit wohnet, und daß
unser spannenlanges Leben auch gar bald am Ziel
seyn kan – uns ziemt die Handt zu küssen die uns
schlägt, und zu sagen /: zwar mit 1000 thränen :/ der
Herr hats gegeben, der Herr hats genommen, sein
Nahme sey gelobet. Lieber Sohn! Euer Brief hat mir
sehr wohl gethann, Ihr seyd böße auf Euch daß Ihr
nicht trösten könt – wenn ich Euch aber sage daß er
mir Labsahl war, daß ich Euer gantzes warmes, ge-
fühlvolles, Freundschafftliches Hertz offen vor mir
hatte, da wenn ich nur eine Zeile von Euch sehe mir
alle die seeligen Augenblicke einfallen, da wir zusammen an einem Tisch assen, da Ihr unter meinem Dach
ward, da Ihr Abends um 9 Uhr in meine Stube kamt,
da ich Euch kaum eine minute sahe, und doch gleich
wuste, auf welche Staffel von der großen Leiter worauf meine Söhne stehen ich Euch stellen solte, daß
ich mich nicht geirret – wie ich bey Eurer Abreiße einen gantzen Tag geweint habe – – alles das komt mir
ins Gedächnüß wann ich nur Eure Handt auf einer
Adresse sehe. Verzeiht mir lieber Sohn, daß ich Euch
so eins geschreibe daher schreibe – – wißt es ist jetzt
eins meiner liebsten Beschäftiungen an die Freunde
so meinen Hertzen nahe sind die Schmertz u Vergnügen mit mir theilen Briefe zu schreiben, ich lebe
in dieser großen Stadt wie in einer Wüste, Von meinem Geschlecht habe ich nur eine Fahlmern die mich
versteht /: und die ist jetzt zum Unglück in Düsseldorf :/ Nun mein Bester! Lebt wohl! grüßt Eure liebe

2. Porträtbüste von Cornelia Goethe (1750-1777) auf einem Korrekturbogen zu Götz von Berlichingen (3. Akt). Bleistiftzeichnung von Goethe, um 1773.

Ein neuer, lebendiger, dastehnender Zeuge sind wir, die wir unsre Cornelia unsere eintzige Tochter nun im Grabe wissen — und zwar gantz ohnvermuthet, Blitz und Schlag war eins.

Frau, Pfenniger /: ach der singt auch nicht mehr mit
dem Engel :/ Frau Schultz, Lentz und alle gute Seelen
– – noch eins, ich habe zwey herrliche Briefe von meinem lieben Sohn Schlosser bekommen Er duldet wie
ein Christ u Mann und – – glaubt an Gott. nun der Allmächtige seegne Euch und die Euch angehören, behaltet mir Eure Liebe, die meinige soll währen, biß an
Grab ja drüber hinaus, solches sagt und wills halten
Eure treue
                                              Mutter Aja.

N. S. Das päcklein mit einem Buch werdet Ihr mit
dem Postwagen erhalten haben.

21. An Großmann
                        den 27ᵗᵉⁿ September 1777
Lieber Gevatter! daß Ihnen mein Brief Freude gemacht ist mir lieb, daß Sie den sehr braven Schauspieler Opitz angenommen haben davor wird Ihnen unser
publikum gantz besonders verbunden seyn, denn jedermann freut sich wenn Er mitspielt, ich selbst
/: was sagen Sie dazu :/ habe Ihn im Hamlet den Laer-
thes mit großem Vergnügen machen sehn, den Auftritt mit der Wahnsinnigen Ophelia machte Er meister-
hafft – Lieber Gevatter! Sie müßen von mir längst
überzeugt seyn, daß ich Ihnen und den Ihrigen wohl
will, also will ich freylich alles thun was möglich ist,
daß wir Ihnen bald wieder hir sehen – Eins thut mir
leid – Opitzen kan ich das Geld nicht geben, meine
Casse hat diese Meße gar einen großen Riß gekriegt,
den Herr Rath kennen Sie zu gut als daß mit dem so
was anzufangen wäre – glauben Sie mir daß mirs wehe
thut, könte ich wie ich wolte!!! Wer kan aber in dieser

Welt alles zusammen begehren – Mit einem Wort
Sie kennen mich, und sind überzeugt daß das was ich
sage, keine Fratzen sind. Der Herzog wird etwan in
3 wochen wieder kommen – Zu der Corpulentz der
Frau gevatterin gratulire von Hertzen – Berichten Sie
mirs ja gleich, obs der Lotte gleich sieht. Im übrigen
verlassen Sie Sich drauf, Himmel und Erde soll bewegt werden, Ihnen die Ostern hir zu sehen – Noch
eins Sprenckel gibt sich vor einen gewissen Schauspieler
aus Böhmen viele mühe – Da mann Ihnen aber hir
schon kent, und von andern gar nichts weiß, so wird
die Wage gantz gewiß zu Ihrem Vortheil sincken. Leben Sie wohl! Ich bin wie immer Ihre Freundin

Goethe.

N. S. daß Sie alles schön grüßen Sollen, versteht sich
am rande.

22. An Ph. Seidel

Franckfurth, 10. October 1777.

Euer Brief vom 5 October hat uns sehr gefreut, insbesondre daß der Dokter gesundt und guten Houmors
ist – Wann Ihr so was schreibt sollen euch vor jetzt und
künfftig alle Vagabundereyen verziehen seyn, zumahl
der Herr Merck viel guts von euch erzählt hat, und
wie hübsch ihr alle sachen von eurem Herrn besorgt
und in obacht nehmet – als ein braver Pursch dörft
ihr auch Freude haben, und ich wünsche euch recht
viele. Die Reiße von eurem Herrn mag gehen wo hin
sie will; so werdet ihr uns doch als im Vertrauen sagen
wo Er ist, denn mann kann nicht wissen was als vorfält, daß doch ein Brief zu euch gelangen kan. Von
Herrn Wielandt habe gar ein liebes Briefgen erhalten,

3. Johann Georg Schlosser (1739-1799). Nach einem Kupferstich, vermutlich von Georg Friedrich Schmoll. Aus Lavaters Physiognomischen Fragmenten (1775-1778).

*– noch eins, ich habe zwey herrliche Briefe von meinem lieben
Sohn Schlosser bekommen Er duldet wie ein Christ u Mann und –
glaubt an Gott.*

wo Er mir sagt, daß Er das Christkindgen bey uns
holen will, wir freuen uns sehr auf seine Ankunfft.
Sagt dem Docter, daß Herr Merck ehestens wegen
einer bewusten Angelegenheit schreiben würde, und
wie alles gemacht und gehalten werden solle. Der
Herr Rath ist immer noch nicht recht wohl, wir brauchen Medicin, laufen spaziren u.s.w. Die Jahre kommen freylich heran, von denen es heißt, sie gefallen
mir nicht. Was aber mich anbelangt so bin ich Gott
sey Danck frisch und gesundt auch gutes Humors zumahl wenn ich als gute neue Mähr von euch geschrieben bekomme, macht mir also öffters so einen spaß,
davor solt ihr auch gelobt und gepriesen werden von
allen besonders aber von eurer euch steht gewogenen

C. E. Goethe.

23. An Wieland

[November 1777?]

Eben da ich meinen Brief zusieglen wolte, erhalte
inliegendes von Schlosser nebst einem schreiben an
mich, weil nun verschiednes in meinem Brief Lentzen
betrift und von Ihm handelt das im pro memoia nicht
steht; so wills hir beyfügen. 1.) ob die weimarer gegen
Neu Jahr etwas geben wollen? 2.) daß Lentz wöchentlich 3 f also das Jahr 156 f kostet, doch daß darunter
3.) keine Kleider begriffen sind.
Es ist sehr unverantwortlich von Lentzens Vater
seinen Sohn so zu verlassen und dessen Freunden mit
Moralischen Brühen und Chrien aufzuwarten. Auch
ists schlecht von Lentz daß Er lieber Faulentzt und
seinen Freunden beschwerlich wird, als daß Er zu seinem Vater nach Hauß ginge. Mit dem allen ists aber
doch ein armer Teufel und es ist doch auch so eine
sache Ihn gantz zu verlaßen: Merck und ich wollen

hertzlich gern auch was beytragen. In der Eil fält mir nur nachfolgendes ein, wißt Ihr was bessers so thut als hätte ich nichts gesagt. Die woche 3 gulden N. B. schlecht Geld thut alle ¼ Jahr oder alle 13 wochen 39 gulden rechnet daß das in 6 Persohnen getheilt wird trägt jedem alle ¼ Jahr 2 f: 10 xr. finden sich mehere so verstehts sichs von selbst daß es noch weniger macht. Wie gesagt Merck und ich sind dabey – überlegts und sagt mir Eure meinung nur mit ein paar Zeilen, damit ich Schlossern Nachricht geben kan.

Inliegenden Brief gebt dem Docter, und sagt Ihm, daß Er ehestens eine lange schöne freundliche Epistel von Frau Aja erhalten soll, bißher haben es gewisse umstände verhindert.

24. An Caroline Großmann

Liebe Freundin!

Das Vertrauen so Sie zu mir haben freut mich ungemein, ich würde es Ihnen in einer langen Epistel noch deutlicher Vorlegen, wann nicht mein Hauß von oben biß unten mit schönen Geistern vollgepfropft wäre. Wielandt ist schon einige Tage da, auch Freund Merck. Herr Docter Wagner wirds Ihnen sagen, daß von Morgens biß in die liebe Nacht alles drunter und drüber geht, denn liebe Frau Gevatterin da Sie selbst einen Poeten zum Mann haben, und also aus Erfahrung wissen daß die Gattung Menschen in einem Tag mehr unfug anrichtet, als wir andern arme Erdenwürmer in einem Jahr; so können Sie Sich leicht meine dermahlige Häußliche unordnung und Verwirrung vorstellen. Dieses schreibe ich Ihnen früh Morgens um 6 uhr da alles noch in tieffen Schlaf begraben liegt.

Sonst stehe ich freylich auch bey so dunckeler Jahrzeit
so frühe nicht auf, aber Ihre Niderkunfft jagte mich
aus den Federn. Tausendt Element dachte ich wenn
die liebe Frau ins Kindbett käme und wüßte unsre
nahmen nicht und sie Taufften das arme Kind in der
Angst Ursula, Angnes, oder wohl gar Tristmegistus,
Diesem allen Vorzukommen berichte dann, daß ich
Catharina Elisabetha, mein Sohn aber Johann Wolfgang heisset. Nun liebe Frau Gevatterin! Gott seegne
Ihre Niderkunfft ich werde mich auf alle guten Nachrichten von Ihnen freuen. Leben Sie wohl! grüßen den
Herrn Gevatter, und küssen mein Goldiges Lottgen
Tausendtmahl von mir und dem großpapa, Behalten
Sie uns in gutem Angedencken, biß wir uns wieder
von Angesicht sehen und seyn Versichert daß ich bin

Ihre
aufrichtige Freundin
C. E. Goethe.

Franckfurth d 19ten Decembr 1777.

N. S. Mein Mann empfiehlt sich Ihnen aufs Beste.

25. An Ph. Seidel

Eure Neujahrs Briefe waren uns sehr angenehm,
Herr Wieland soll euch auch davor einen heiligencrist
mitbringen. Jetzt aber mögte ich gar gern wissen, ob
die zwey Körbe Champanger wein bey Herrn von
Kalb glücklich angekommen sind, ich schriebe schon
neulich drum, aber ihr habts vielleicht vergessen.
Ferner daß ihr dem Herrn Rath einen Weimarer Hoff
und Adreß Callender besorgt. Vor Leylaken werde
sorge tragen, und sie ehesstens schicken. Wenn das

Festein von der Regierenden Frau Herzogin vorbey
ist so gebt uns auch Nachricht, wie alles zugegangen,
denn eure Beschreibungen lesen wir sehr gern. Am
26ten December ist eine Schachtel an den Docter abgegangen, Er wird sie doch wohl erhalten haben? Hat
der junge Herr Willmern die Manschetten überlieffert?
Zuletzt vergeßt die Phisionokmik nicht.

Ich weiß noch gar zu gut wie ihr am runden Tisch
den Götz v. B. abschriebet, und wie ihr das Lachen
verbeißen woldet, da der junge Officier nichts bey der
sache zu dancken fand. Ich freute mich damals schon
über euch daß ihr das so alles fühlen kondet Meine
liebe und das Vertrauen zu euch hat nun immer
zugenommen, weil ich mich nicht betrogen und
ihr täglich Braver worden seyd. Fahrt fort ein guter
Mensch zu seyn, das wird euch in Zeit und Ewigkeit
wohlthun. Von mir und dem Herrn Rath könt ihr
versichert sein, daß wir euch auch in diesem Jahr in
gutem Andencken haben werden, und solches be-
stättige ich mit meiner Unterschrifft, als eure euch
gewogne

C. E. Goethe

den 2ten Jenner 1778

N. S. Antwortet auf obigen Anfragen gleich und
besorgt mir auch meine 32 f auslagen, vor Herrn
v. Kalb.

26. An Lavater

Franckfurth den 20ten Mertz 1778

Lieber Sohn! Der Papa hat ein großes Anliegen an
Euch das Ihr aus inliegendem Zettel ersehen könt.
Bruder Wolf ist wie bekandt ein Poet und hat das
fehlende muthmaßlich verzettelt, wenn Ihr könt so

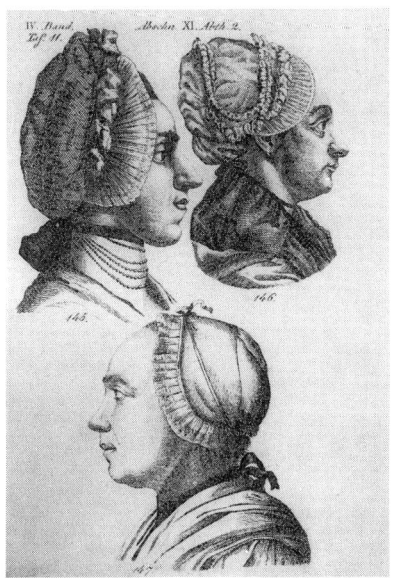

4. Cornelia Goethe, verh. Schlosser, Catharina Elisabeth Goethe und Barbara Schulthess (1745-1818). Aus Lavaters Physiognomischen Fragmenten (1775-1778).

Zuletzt vergeßt die Phisionokmik nicht.

helft daß das arme Exemplar nicht defect bleibt. Lieber Sohn! wie gehts Euch denn in dieser werckeltags-welt? was machen Frau und Kinder, alles ist doch noch hübsch gesund und wohl? Wann mir doch der liebe Gott noch eineinzigmahl, nur die Freude machen wolte Euch an meinem runden Tisch zu sehen. Euch noch einmahl bey uns zu haben, ist und bleibt eine meiner Lieblings jdeen wovon ich mir oft die herrlichsten Mährgen erzähle. Diesen Winter haben wir nun auch Freund Wieland kennen lernen, wer diesen Mann sieht, und Ihn nicht lieb kriegt, über den sage ich mein Urtheil einmahl nicht. Er war nebst Freund Merck 8 Tage bey uns. O was war das wieder einmahl vor eine herrliche Zeit! Ihr wüßt das nicht so, denn bey Euch gibts der guten Menschen doch immer einige, aber bey uns!!!!!!! mir ist nur immer vor dem verrosten bange, wenn mann genöthigt ist mit lauter schlechten Leuten umzugehen, so ist 1000 gegen 1 zu wetten daß wenn mann nicht genau auf sich acht gibt – auch schlecht wird. Was macht denn Kauffman und sein liebes Weib? ich mögte Ihn doch als Haußvater sehn es muß Ihm recht gut zum Gesicht stehn Bruder Wolf befindet sich Gott sey danck wohl, ist in seinem Gartenhäußgen recht vergnügt, hat auf der Regierenden Frau Herzogin Geburths Tag ein schön stück Arbeit von einem Drama verfertig, wovon das Monodrama Proserpina einen theil aus macht. Er hat es uns zum durchlesen zugeschickt, denn es wird schwerlich gedruckt werden. Schlosser befindet sich nebst seinen Kindern gesundt, Klinger ist jetzt bey Ihm.

Lebt wohl lieber Sohn! grüßt Euer gantzes Hauß, auch alle lieben und Freunde, von uns seyd versichert daß wir sind und bleiben Eure wahre u treue Freunde.

                                        C. E. Goethe.

N. S. Wan es Euch möglich uns von des Docters seinem in Kupper gestochenen gesicht noch einige Ab-
drücke zu kommen zu lassen; so würden wir hertzlichen Danck davor sagen, die Leute plagen uns beständig und wollen so was zum Andencken haben.

27. An Lavater

Franckfurth d 26ten Juni 1778

Lieber Sohn! Der Docter hat uns von Weimar aus
den 4ten theil der Phisioknomick zugeschickt, aber
ohne kupperstich, wir sollen uns deswegen /: wie Er
sagt :/ an Euch wenden. Also lieber Lavater die kupperstiche zum 4ten theil. Es ist uns leid daß wir Euch
so oft beschwerlich fallen müßen, aber defecte Bücher
hat man doch nicht gerne, und Phisioknomick ohne
kupper was wäre das – Gerne schriebe ich Euch viel
und mancherley – aber vor heut ists nicht möglich –
nur so viel, daß wir wieder einmahl in diesem Erdeleben frohe Tage gehabt haben, die Herzogin Mutter
war bey uns. Ich halte nichts vom loben u preisen
mann muß allemahl die sache selbst sehen, alles andre
ist leidiges gewäsch – also sage ich Euch weiter nichts
als daß wir froh waren. Der Docter ist Gott sey Danck
wohl und vergnügt. Dancket doch ja Kauffmans Frau
vor Ihr liebes Briefelein, ich werde Ihr auch bald schreiben. Eure liebe Frau von der mir noch heute ein gewißer Herr Reinwald so viel guts gesagt hat, grüßt Sie
doch Tausendmahl das liebe gute weib, Küsset Eure
Kinder, bleibt unser Freund, so wie Ihr wißt, daß wir
sind biß ans Ende unsere Tage Eure wahre Freunde.

C. E. Goethe.

28. An die Herzogin Anna Amalia

Franckfurth d 17ᵗᵉⁿ August 1778.

Theureste Fürstin! Tausend und aber Tausend
Danck vor alle uns erzeigte Gnade, und Liebe. O! wie
seelig waren wir in dem Umgang einer Fürstin, Die
die Menschen liebt, Ihres hohen standes Sich so ent-
äusserte, Sich herab läßt und wird wie unser einer, und
da solte sich nicht alles alles freuen eine solche vortreffliche Dame wiederzusehn? wäre es möglich daß
es solche Unholden in der Natur gäbe; so müsten sie
mir Stafache des Bergs Caukasus seyn, und das biß an
den jüngsten Tag. Meine Freude daß ich einen Höllen
Bregel zu selbst eigenem besitz haben soll, können
Ihro Durchlaucht Sich ohnmöglich vorstellen, da darf
ich doch auf meine eigne Hand lachen, ohne Herrn
Krauße böße zu machen – nur schade daß die *gnädige*
Freulein Thusnelde nicht dabey ist, wir wolten ein
solches gekickerre verführen, wie über die Moppelger
bey Herrn Ettling. Ich statte also meinen Unterthäni-
gen Danck zum Voraus davor ab. Es hat mich biß zu
Thränen gerührt daß meine gnädige Fürstin so gar
auf der Reiße an Mutter Aja denckt und ihr Freude zu
machen sucht. So bald der Höllen-Bregel ankommt
wird er in die kleine Stube meinem Wohnzimmer
gegenüber aufgestellt, sonst hieß sie *gelbe,* jetzt heißt
sie die *Weimarer Stube,* und alles was ich von Weimar
schon besitze, und wils Gott noch besitzen werde
/: Denn Herr Krauße hat mir auch etwas versprochen :/
soll als ein *Heiligthum* drinnen aufbewahrt werden
und wenn mir meine Einsamkeit und die schlechten
Menschen um mich herum zur Last fallen, daß mirs
in dem Luft Creiß zu schwer wird zum Odem zu
kommen; so will ich in diese liebe Stube gehn, mich

zuerst erinnern daß die Beste aller Fürstinnin auch hir
auf und abgegangen ist, hernach alle meine sachen
eins nach dem andern andächtig beschauen. Flugs wird
mich meine Einbildungskrafft nach Weimar versetzen
und aller Druck – üble Laune – lange weile – und wie
die bößen Geister alle heißen, werden über Hals und
Kopf den reißaus nehmen. Der Vater hat eine solche
Freude daß Ihro Durchlaucht sich seiner *so gnädig* erinnert haben und rechnet es unter den glücklichsten
Zeitpunckt seines Lebens, daß er eine solche vortreffliche Fürstin die gnade gehabt hat kennen zu lernen:
Er wird es ewig nicht vergeßen, und läßt sich Ihro
Durchlaucht zu fernern Hulde und gnade unterthänigs empfehlen.

Freund Mercken habe ich seit seinem Abschied im
rothen Hauß mit keinem Auge gesehen, aber ein gar
herrlich Briefelein, worin unsere liebe Fürstin den Anfang und das Ende ausmachen, habe vorige woche von
ihm erhalten. Diese woche hoffe ich ihn zu sehen –
wie wird er sich freuen wann ich ihn versichere daß
die herrlichste Fürstin und die vortrefflichste unter
dem Menschengeschlecht noch mit wohlgefallen an
ihn denckt und Sich seiner Gesellschafft so gnädig erinnert. Johann Caspar Bölling begreift biß diese Stunde nicht wie er als Kornhändler aller der großen See-
ligkeiten hat theilhafftig werden können – danckt mit
innigem Freuden gefühl vor das gnädige Andencken –
und wird es biß an den letzten seiner Tage nicht vergeßen wie wohl es ihm vom 15ᵗᵉⁿ biß den 20ᵗᵉⁿ Juni
/: wo er die Römergläßer ins Schiff besorgte :/ und
vom 18ᵗᵉⁿ biß den 27 Juli /: da er die gnade hatte Abschied zu nehmen :/ in seiner Seele geworden ist. Ich
weiß Ihro Durchlaucht halten mir dieses lange geschreibe zu gnaden, den so lang ich von *Ihnen* rede

oder dencke so könte ich 10 Jahre in einem fort machen und schreiben. Vor diesesmahl aber will ich doch
nur noch das thun – den Vater, mich und den Docter
Wolf zu fernerern gnaden Unterthänigst zu empfehlen. Ich verharre Ew. Durchlaucht

Unterthänige und gehorsamste Dienerin

Frau *Aja*.

29. An Ph. Seidel

den 7<u>ten</u> September 1778

Euer Herr schreibt mir daß Herr Wieland gern einen Bratenwender oder wie wir es hir nennen einen
Brätter haben mögte, ich soll ihn kauffen u.s.w. Das
will ich nun auch gar gerne thun nur muß erinnern
daß so ein ding 25 biß 30 gulden komt, ferner daß vors
zerspringen der Feder kein Mensch was kan an dem
meinigen ist die Feder so oft gesprungen daß ich die
Feder gantz und gar heraus gethan habe und ihn jetzt
durch gewicht steine treiben laße – ob diese Medote
in Weimar bekandt ist weiß ich nun nicht mann müßte einen Uhrmacher fragen – Auf alle fälle will einen
guten tüchtigen aussuchen – aber ihn nicht ehender
kauffen als biß ich von euch Nachricht habe, das muß
aber bald geschehen, dann sonst verkauffen die Frembden ihre wahre. Wegen des Metzger Knecht dint zu
Nachricht, daß unsere hiesige Metzger keinen einzigen
die rechte kunst Schwartemägen zu verfertigen lehren – das hat mir mein eigner Metzger gantz aufrichtig gesagt – und es ist auch gantz nathtürlich denn aus
der halben welt kommen Knechte hieher und wens
die nun gelernt hätten, so könten die Schwartemagen überall verfertigt werden, welches nun doch
nicht ist. Also das Ende vom Lied ist, daß Franckfurth

die Ehre allein behalten will rechte Schwatemägen zu machen. Ihro Durchlaucht können sie aber alle woche mit dem Postwagen bekommen, und von der besten Fabrick das verspreche ich. Mein Bruder der Docter Textor hat den einfall gehabt euren Herrn um Verse auf Docter Schlossers Hochzeit zu bitten. Da ich nun nicht glaube daß euer Herr dazu Zeit und laune hat, so tragt entweder einem andern dortigen Poeten auf, oder macht ihr euch dran – wenn aber das alles nicht anginge, so meldet es bey Zeit, damit die hiesige Poeten ihren Pegasus besteigen können. Lebt wohl! grüßt alles, ich bin

Eure euch gewogne

C. E. Goethe

30. An die Herzogin Anna Amalia

Franckfurth den 11$^{\underline{ten}}$ September 1778

Theureste Fürstin! Der 8$^{\underline{te}}$ September war vor mich ein Tag des jubels und der Freude. Zwey päcklein vom Eissenacher Postwagen wohl und schön behalten kammen bey Frau Aja Morgens um 10 Uhr richtig an, der herrliche Höllenpregel in dem einen, ein gantzer Berg voll vortrefflicher Handschu in dem andern machte mich so singend springend und wohlgemuth daß ich 20 Jahre auf der stelle jünger wurde das unvergleichliche Geschenck erfreute mein Hertz aus mehr als einer Ursach. Erstlich ist es an sich kostbahr und schön zum andern komt es von einer Fürstin vor die ich mein Leben ließe Wüsten Ihro Durchlaucht was ich fühle indem ich das schreibe so hätten Sie doch wenigstens einen kleinen Begrief von Mutter Ajas Hertzen da das aber nicht möglich ist und man gemeiniglich durch das viele Reden und Schreiben die

beste sache verdirbt; so ist mein inniger, hertzlicher,
heisser, warmer Danck das einzige was ich davor geben und sagen kan. Die seeligen Tage da ich die gnade
hatte Tag täglich um Ihro Durchlaucht zu seyn machen mir wenn ich dran dencke auf der einen seite
Freude die fülle, was sie mir aber auf der andern
machen mag ich gar nicht sagen zumahl jetzt da wir
Meße haben da erinnert mich alles an meine vorige
Glückseligkeit Das gantze Rothe Hauß voll Durchlauchten /: worundter auch die Gemahlin vom Printz
Ferdinand sich befindet :/ was geht mich das aber
alles an Frau Aja sahe einmahl eine Fürstin und wird
außer *Dieser* schwerlich wieder so was zu sehen kriegen. Daß Docter Wolf die Gnade gehabt hat unserer
besten Fürstin im Stern eine kleine Freude zu machen
ergötze mich sehr, Wieland hat an Bölling auch ein
sehr liebes Briefelein über das Festein im Stern geschrieben, das geht aber alles gantz nathürlich und
ohne Hexereyen zu Ihro Durchlaucht bringen zu
großen und kleinen Festeins die Freude selbst mit,
und an der sache liegt es also gar nicht, wann Bölling
Merck die Tante und ich auf den punkt /: den Vater
mit eingeschlossen :/ kommen; so werden wir in
einem Tag nicht fertig, bekennen aber auch mit Mund
und Hertzen daß Ihro Durchlaucht davon das eintzige
Exempel auf Gottes weitem Erdboden Seyn. Aber
Theureste Fürstin! Sie haben uns verwöhnt, es
schmeckts uns nichts mehr, Frau Aja befindet sich
insbesondre vorjetzo in einer solchen dummen lage,
daß wann ihr Houmor nicht gantz Rosenfarb wäre;
so kriegte sie gantz gewiß das kalte Fieber. Ihro Durchlaucht kennen nachstehende Personen nicht, können
Sich also von meiner peinlichen Verfaßung keine jdee
machen: aber der Herr geheimdte Legations Rath

Goethe dem dürffte ich nur sagen, dem Pfarrer Starck
sein käthgen heurathet den dummen Buben Fritz
Hoffmann, und Hironimus Peter Schlosser die älste
Jungfer Steitz – und mit allen den Philistern soll ich
jetzt Essen, Trincken u.s.w. auch so gar pretendiren
die Fratzen daß man sie Amusiren soll – aber ich hoffe
zu Gott, Er wird mich auch einmahl von dem verkehrten Geschlecht befreyen, und nach überstandenem
Leiden nach Weimar führen, da würde ich verjüngt
wie ein Adler wenn ich der Besten Fürstin die Hand
küssen und sagen könte, ich bin und bleibe biß in
Ewigkeit

Ihro Durchlaucht
unterthänigste und treuste Dienerin
C. E. Goethe.

N. S. der Vater empfiehlt sich zu fernerm hohen
und gnädisten Andencken.

N. S. So eben wie ich im Begrief war diese Briefe auf
die Post zu schicken, läßt mir Herr Rath Tabor die
Ankunfft der neumodischen Lüster melden. Ich mache
mich noch denselben Abend mit Tante Fahlmer auf,
und fahre um 8 Uhr hin die selltenheit zu beschauen.
Wir fanden ein zimmlich großes Zimmer, wo eine
Taffel von 20 und mehr Couvert platz genug hätte,
dieses Zimmer fanden wir so hell daß mann in der
entferntsten Ecke bequem lesen konnte. Die Neue
Maschine hing wie nathürlich in der mitte, was aber
das herrlichste dran ist, ist das ich niemahls einen
schönern Efekt von Licht gesehen habe, dann um die
gantze Maschine geht ein weißer Flohr herum, und
dadurch kriegt das gantze ein so Feen mäßiges An-

sehn, daß wir einige Minutten glaubten in einem be-
zauberten Saal zu seyn. In den Lamppen brent vom
besten Baumöhl, die Tochte aber sind von etwas gantz
besorndern, da bekomt man eine zimmliche menge
mit, wohl auf 2. 3 Jahre, und sind sie verbraucht; so
kan mann mehrere bekommen, sowohl hir bey Tabor, als bey dem Pariser erfinder dessen Adreße Ihro
Durchlaucht zugeschickt werden soll. Ihro Durchlaucht hatten bey Ihrem hirseyn die gnade zu sagen,
wenn der Lüster mir gefiehle solchen gleich vor Ihnen
zu kauffen, da er mir nun sehr gefält, und der preiß
wegen der nutzbarkeit auch nicht zu theuer scheint,
Herr Tabor glaubt daß mit Transport und allem es
ohngefähr 40 f schlecht Geld kommen mögte. Kost-
bahres ist an dem ding freylich nichts, es ist von wei-
ßem Blech, da man es aber zum leuchten brauchen
will und überhaubt der weiße Flohr alles verdeckt,
so ists nach meiner Meinung einerley, von was vor
einer Masse das ding ist. Ihro Durchlaucht bekommen
also die Zauber Laterne ehestens. Die Erbprintzseß
von Braunschweig hatt auch gleich eine gekaufft. Ich
hoffe daß Ihro Durchlaucht damit zufrieden seyn
werden und empfehle mich nochmahls zu fernerer
Huld u gnade.

31. An die Herzogin Anna Amalia

Franckfurth d 16ten October 1778

Theureste Fürstin! Tausendt Danck vor das gnädige
Anden[ken] an Mutter Aja Die überschickten Lieder
werden von mir gesungen und gespielt daß es eine
art und schick hat, doch über das von Ihro Durchlaucht Componierte Sieh mich Heiliger – geht nun

eben gar nichts, das bleibt nun Tag täglich auf dem
Clavier Pult und wird allemahl zu erst und zuletzt
gesungen. Vor 14 Tage ist Schlosser mit seinem Weib
von hir weg, ich begleidete Sie biß nach Darmstadt
und hatte bey der Gelegenheit auch wieder einmahl
einige frohe Tage mit Mercken, daß das Andencken
an Unsere Beste Fürstin den Haubtinhalt unseres Gesprächs und unserer Freude ausmachten, das versteht
sich von selbst. Ich hatte das Vergnügen wieder Menschenkinder von Weimar bey mir zu sehen, nehmlich
Herrn von Stubenvoll nebst seiner Frau Gemahlin
Ferner Herrn von Staff – die musten dann wie billig
mir viel viel von Weimar erzählen. Gestern war Weinlese hir, es war noch zimmlich Wetter und alles war
frölich, mir aber fiel der Herbst von 1772 ein da der
Docter und Hoffrath Schlosser mit wachs lichtern auf
den Hüten wie geister im neuen weg herum gingen,
da waren noch viel andre und bessre Zeiten vor Frau
Aja. doch wirds vielleicht einmahl wieder Lustiger und
munterer um und neben mir: wollen das Beste hoffen. Merck besteht drauf daß ichs Frühjahr mit Ihm
nach Weimar müßte – vor der Hand kan ich die möglichkeit noch nicht so recht einsehen, wollens also
einstweilen bey dem goldnen spruch: Sorget nicht
vor den andern Morgen, beruhen lassen. Das Jahr-
marcks-Fest von Plundersweiler möchte wohl mit
anschauen, und die austheilung der Rollen wissen –
die gnädige Freulein Thusnelde ist wohl so gnädig
mir eine getreue Relation davon abzustatten, ich
werde *Dieselbe* in einem eigenen Schreiben auf das
höfflichste drum ersuchen. Bölling legt sich Ihro
Durchlaucht zu Füßen, und wenn Er nur Dero Nahmen hört ist Er ein gantz anderer Mensch, auch
scheints Ihm nicht glaublich wieder so einen herr-

lichen Sommer zu erleben, wie der von 1778. Ich
hoffe daß die Laterne nunmehro bey der Hand seyn
und alle Sterne überleuchten wird. Der Vater danckt
mit gerührtem Hertzen vor das gnädige Andencken
und freut sich hertzinniglich daß unsere beste Fürstin
seiner noch immer in gnaden denckt. Dieses ist nun
auch was Frau Aja vor ihre Person Unterthänigst
bittet und begehret und in der vesten Zuversicht, daß
dieses mein gesuche in gnaden erhört werden wird,
unterzeichne ich mich als

　　　　Ihro Durchlaucht
　　Unterthänigste und treugehorsamste Dienerin
　　　　　C. E. Goethe.

32. An die Herzogin Anna Amalia

Theureste Fürstin! Gottes reichen seegen über Ew.
Durchlaucht und über gantz Weimar! Das war einmahl wieder ein Freytag der Mutter Aja Leib und
Seele erfreut hat. Ich hatte so ein Gaudium daß ich gar
nicht wuste ob ich erst lesen oder kucken, kucken
oder lesen solte, mit einem wort Frau Aja geberdete
sich wunderlich endlich fiel mir der Brief von unserer
besten Fürstin in die Augen und nun wars entschieden.
Alles übrige /: so schön und erfreulich es auch war :/
muste zurückstehn und in dieser Ordnung solls auch
jetzt gehn. Wie herrlich mir nun zu muthe ward als
ich das schreiben von Ihro Durchlaucht gelesen hatte,
das ist nicht in meiner gewalt aufs papier zu übertragen, nein so was ist nicht möglich – ich wils in einem
feinen guten Hertzen bewahren *Amen*. Die Reiße nach
dem lieben lieben Weimar kan noch gar wohl aufs
Frühjahr zu stande kommen – Merck besteht steif

und fest drauf, und Ihro Durchlaucht können Sich
leicht vorstellen daß das vor Frau Aja der höchste grad
von irdischer Glückseeligkeit wäre – Der Vater /: welcher sich Ew. Durchlaucht zu fernerem gnädigen Andencken unterthänig empfehlen läßt :/ nahm das
gnädige anerbieten Krantzen in meiner abwesenheit
zu Ihm zu schicken in gantzem ernst auf und freute
Sich sehr daß Er so dievertirt werden solte. Ihro Durchlaucht sehen daraus daß sich die sache wohl wird
machen laßen und so gantz ohnmöglich nicht scheint
– Indessen biß die Stunde schlägt erzähle ich mir die
herrlichsten Mährlein davon und bin seelig in der
Hoffnung. Daß uns das Jahrmarcks Fest wieder auf
lange Zeit vergnügt und froh gemacht hat werden
Ihro Durchlaucht leicht glauben. Über Ahasverus,
Haman, und Mardochai, Ester u.s.w. konten wir mit
lachen gar nicht fertig werden, besonders gefiehlen
uns die 10000 galgen – Herr Krauße soll ein apartes
Dancksagungs schreiben von mir erhalten – die
3 Zeichnungen kan man gar nicht genung ansehen, und
ich glaube wenn einer halb todt wäre er müßte lachen.
Auch die Bänckelsängers Verse und die gemahlten
geschichten dazu sind gar nicht zu bezahlen. Alles
kriegt Rahmen und gläßer und wird in die Weimarrer
Stube zum ewigen Andencken aufgestellt. Bey der gnädigen Freulein Thusnelde werde meinen ergebensten
Danck wegen der herrlichen Beschreibung und dem
Verzeichnuß der spielenden Persohnen abzustatten
nicht ermanglen. Überhaubt haben mir die lieben
und Braven Weimarrer in Zeit von 8 Tagen so große
Freude und Wonne gemacht, daß wenn ich alles ge-
hörig beantworten und in richtigkeit bringen will,
mann mir wenigstens 8 Tage Respiro verstatten muß:
Dann stellen sich Ew. Durchlaucht nur einmahl die

sache vor!!! Eine Beschreibung der Fete von Freulein
Thusnelde, einen Brief nebst present von Herrn Krauß,
ein Brief von Wieland, ein ditto von der lieben Caroline Herder, noch ein ditto nebst einschlag von Meister
Phillipp u.s.w. Nun die kurtzen Tage – nun daß biß
Mittwoch Catharinen Tag ist, da mir Herr Crespel
ein Concert und Soupée gibt – ferner daß Freund
Merck da ist, über das alles daß Madamm la Roche
hir ist; so kommt Suma Sumarum das Facit heraus
daß mann mit mir gedult tragen und daß ich ohnmöglich das alles auf einen Posttag bestreitten kan.
Was ich thun kan ist; daß niemand zu kurtz bey der
sache komen, sondern jeder, nach standts gebühr und
würden bedint werden soll. Ihro Durchlaucht können
aus meiner Laune schließen, wie glücklich Sie mich
wieder gemacht haben – Erhalten Sie mir Theureste
Fürstin diese Unschätzbahre gnade, es ist vor mich
immer ein sichrer und fester Stab worann ich mich
halte wenn der Weg meiner Wallfahrt schon über
Dorn und Distlen geht. So weit hatte ich geschrieben
als die Ku[t]sche vor der Thür stand mich in meine
Montags gesellschafft abzuholen, da ich nach Hauße
kam /: nehmlich Abens um 9 Uhr :/ fande einen Brief
von Freulein Thusnelde /: das ist doch ein liebes gutes
Mädelein die Mutter Aja vor falschem geträsch zu
bewahren :/ Der von Ew. Durchlaucht Kranckheit,
aber Gott sey Milioenmahl Danck gesagt auch von
Dero völligen geneßung einen sehr guten Bericht abgestattet hat. Noch einmahl, und abermahl, *Nun dancket alle Gott Mit Hertzen, Mund, und Händen.* Montags
Abens um 11 Uhr.

Dinstags früh. Diese gantze Nacht träumte ich von
Weimar besonders aber von Ihro Durchlaucht, da

kams mir vor als ginge ich über die Zeil und Ihro
Durchlaucht säßen auf dem Balcon im Rothen Hauß,
riefen mir zu ich solte herauf kommen ich hatte auch
großen lusten, es musten aber vorher noch allerley
Dinge gethann und bestritten werden, die mir im
Traum sehr wichtig vorkammen, das wolte ich nun
alles geschwind abthun, arbeitete mit so großer unruhe daß ich drüber wach wurde – So gantz ohne
bedeutung dürfte der Traum nun wohl nicht seyn
indem ich es einmahl vor ohnmöglig halte den Vater
allein zu laßen – es ist gar zu abwechslend mit Ihm
in der einen stunde glaubt Er selbst daß es anginge
und in der andern macht Ihn der bloße gedancke
meines fortgehns kranck – müßen es eben abwarten
bis der Frühling komt und als dann sehen was in
der sache zu thun ist. Mit mir mags werden wie
es will ich mag reißen oder daheim bleiben, wenn
ich nur immer höre und erfahre daß Unsere beste
Fürstin /: mir und noch so vielen Tausend Menschen zum trost :/ im höchsten wohlseyn Sich befindet, und zuweilen mit Huld und gnade an Mutter Aja denck.

Theureste Fürstin! Solten Sie nur einmahl zuhören
wan Merck und ich von Ihnen anfangen zu erzählen,
und wie wir uns einander Glück wünschen und freuen
und frölig sind daß wir Unsere herrliche und beste
Fürstin von Angesicht zu Angesicht zu kennen die
gnade gehabt haben. So könte ich nun noch 10 Bögen hintereinander fortschreiben, aber da der Brief
ohnehin aussieht als wann ihn Henriette Byron
gestelt hätte; so will ich Ew. Durchlaucht Gedult
nicht länger mißbrauchen, sondern nur noch mich
und die so mir angehören zu ferneren gnade unterthänigst empfohlen haben – Ich aber unterzeichne

mich mit einer solchen Freude die ihres gleichen nicht
hat

> Ew. Durchlaucht
>> Unterthänig gehorsamste Dienerin
>> *C. E. Goethe.*

Franckfurth d 24ten November 1778

33. An Wieland

Lieber Sohn! Merck war 3 Tage bey uns, da Er fort
ist suche ich im Zimmer nach, raume auf, wie das bey
Poeten ein sehr nöthiges werck ist, wie Ihr aus vor-
gehendem Brief zu gnüge ersehen könt. Den der arme
Brief hätte gewiß gelegen und wäre niemahls an ort
und stelle gekommen hätte Frau Aja weniger Einsicht in das Poeten wesen. Aber die ist Gott sey danck
noch nicht aus der übung obgleich Herr Wolfgang
Goethe schon 3 Jahr Ihr Hauß nicht mehr erfreut,
sondern sein Licht in Weimar leuchten läßt. Lieber
Sohn! Habt die Güte und bestelt innliegende Briefe
auf beste – bey dem Anti-Pope ist auch alles besorgt,
jeder hat so seine Art und Kunst. Bald wünsche ich
gute neue Mähr von Eurem lieben Weib u Euch zu
hören. Ich bin, wiewohl in großer Eil

> Eure wahre Freundin

den 24ten Novembr 1778   C. E. Goethe.

34. An die Herzogin Anna Amalia

> Franckfurth d. 30ten November 1778

Ihro Durchlaucht Legens recht drauf an Goetheens
Vater und Mutter in ihrer Einsamkeit zu erfreuen.

Kaum haben wir uns über den Jahrmarckt und alles
was dabey war herrlich ergötzt; so bringt der Postwagen wieder etwas in schönem grünem Wachstuch
wohl verwahrt mit – wie der Blitz ist Frau Aja dahinter
her macht in einer geschwindigkeit die Cordel ab und
will nun sehen was es ist – da waren aber so viele
Nägel herauszuziehen daß Frau Aja eben alle ihre
gedult zusammen nehmen und warten mußte biß die
Zange und der Hammer das ihrige gethann und der
Deckel vom Kästgen in die Höhe ging: nun lag noch
ein papier drauf, rischs war das auch weg, und Frau
Aja that einen großen schrei als sie ihren Häschelhanß erblickte. Wir finden viele gleichheit drinnen,
und haben eine große herrlichkeit damit wie das Ihro
Durchlaucht Sich leicht vorstellen können, da wir ihn
selbst in 3 Jahren nicht gesehen haben, zumahl da er
im Frack gemahlt ist worin ich ihn immer am liebsten
so um mich herum hatte, und es auch seine gewöhnliche tracht war. Jetzt wird eine Rahm drum gemacht
und es wird in die Weimarrer Stube aufgestellt, so wie
auch die 3 Zeichnungen aus dem Jahrmarckt. Nun
Theureste Fürstin! nehmen Sie den innigsten wärmsten und hertzlichsten Danck von Vater und Mutter
davor an, und erhalten uns und Docter Wolfen Dero
Unschatzbahre gnade, wir glauben auch vestiglich
daß Ihro Durchlaucht unsere Bitte erhören, und immer
vor uns /: und Gott gebe :/ und unsere Nachkommen
die Huldreichste und gnädigste Fürstin seyn und bleiben werden. Vor den Musicalischen Jahrmarck dancke auch unterthänigst, und werde so bald ich alles
durchgespielt habe Ihro Durchlaucht schreiben wie
mir dabey zu muthe war, von aussen sieht mann
schon daß es von einer Fürstin kommt, der prächtige
Band, die vortreflich geschriebenen Noten u.s.w. So gro-

ßen lusten ich hatte alles stehn und liegen zu lassen
um zu Singen und zu spielen; so glaubte ich doch daß
es schöner wäre unsere Besten Fürstin gleich zu dancken und keinen Posttag vorbey gehen zu laßen. Daß
Ihro Durchlaucht spinnen freut mich sehr, Frau Aja
hats auch einmahl starck getrieben, und kans noch so
zimmlich. An der Spinnerey vom Docter habe so
meine Freude daß ich ihm ehestens 25 ℔ schönen
feinen Flachs zum geschenck überschicken will. Wann
es nicht beynahe 5 uhr wäre so schriebe ich so wahr
ich lebe einen andern Brief, ich begreife gar nicht wie
ich so entsetzlich gehudelt habe, die Federn tauchten
nichts, das papier floße. Ihro Durchlaucht verzeihen
nur, auf einandermahl sols schöner werden. Beste
Fürstin! nehmen Sie nochmals unsern hertzlichen
Danck vor *alles alles* an und glauben daß ich bin biß
ans grab ja noch drüber hinaus

> Ihro Durchlaucht
> unterthänige und treugehorsambste Dienerin
> C. E. Goethe.

35. An die Herzogin Anna Amalia

> Franckfurth den 4ten Jenner 1779

Theureste Fürstin! Den ersten gebrauch den ich von
meinem /: Gott sey Danck :/ wieder gesundem Auge
mache, ist, daß ich Ihro Durchlaucht vor Dero letzen
Brief, und vor das gnädige Andencken an Frau Aja den
Unterthänigsten, hertzlichsten und wärmsten Danck
abstatte, ja Große und Beste Fürstin! ich habe in meinem Leben manches gute genoßen, manches Jahr vergnügt zurückgelegt, aber vor dem 1778 müßen die
vorigen alle die Seegel streichen – wahr ists, ich habe

große und edle Seelen gekandt, eine Klettenbergern
zum Exempel, aber – – – die war doch so zu sagen
Fleisch von meinem Fleisch, und Bein von meinem
Bein, mit einem Wort meines gleichen – Aber Eine
Amalia kennen zu lehrnen!!! Gott! Gott! das ist kein
gepappel, oder geschwätzt, oder erdachte Empfind-
samkeiten, sondern so wahres gefühl, daß mir die
Thränen anfangen zu laufen, daß ich etwas aufhören
muß, denn das weinen ist mir verbotten. Gnädigste
und Beste Fürstin! laßen Sie Dero gnade ferner über
mich und alles was mir angehört walten; so wird auch
dieses Jahr, froh und glücklich vor Frau Aja dahin-
fliesen. Die vortreffliche Mucick vom Jahrmarck kan
ich jetzt gantz vollkommen, alle Welt ist drüber entzückt – Das Porträt des Docters ist unsere und aller
seiner Freunde Augenweide jedermann erkent ihn.
Der Brief der lieben Freulein Thusnelde, die herrliche
Zeichnungen von Herrn Krauße das Bänckelsänger
Gemählde, hat uns so viel Freude gemacht, daß ich
allen denen die nah oder fern theil daran haben 1000
heil und seegen zum Neuen Jahr wünsche. Wann
Ihro Durchlaucht jetzt meine Weimarrer Stube sehen
solten! Da Paradirt das döckergen als Herr geheimdter
Legations Rath mit einem Schattenriß in der Hand,
als Anderson, Hamann, Mardochai – Herr Krauße
hätte uns gewiß keine größre Freude machen können,
überhaubt um mein Schifflein flott zu machen, müßen die Seegel von Weimar aus geschwelt werden,
die gantze übrige welt liegt bey mir im argen und
kümmert mich nicht ein Haar, das weiß so gar der
Briefträger, hat er einen Brief von Weimar zuüber-
bringen so reißt er die klingel bald ab, bey andern
gehts nur ping ping, davor habe ich ihm auch ein
doppelt Neujahrs geschencks gegeben, weil er der

Frau Aja ihres Hertzens gedancken so gut versteht.
Durchlauchdigste Fürstin! Erhören Sie meine oben
gethane Bitte und schencken uns und unserm Sohn
ferner Dero Huld und gnade; so wird auch dieses
Jahr ein Jahr der Freude und Wonne vor uns seyn.
Gott erhalte Ihro Durchlaucht biß an das spättste Ziel
des Menschlichen alters. Dieses ist der Wunsch und das
Gebet von denjenigen so mit tieffter Ehrfurcht sich
unterzeichnen.

Euer Durchlaucht
unterthänige gehorsambste
Johann Caspar Goethe. m.p. Catharina Elisabetha
Goethe.

36. An Louise von Göchhausen

[Anfang Januar 1779.]

Dein guter Wunsch auf grün papier
Hat mir gemacht sehr viel pläsir,
Im Verse machen habe nicht viel gethan
Das sieht mann diesen Warlich an
Doch hab ich gebohren ein Knäbelein schön
Das thut das alles gar trefflich verstehn
Schreibt Puppenspiele kutterbunt
Tausend Allexandriner in einer Stund
Doch da derselbe zu dieser frist
Geheimdter Legations Rath in Weimar ist
So kan Er bey bewandten sachen
Keine Verse vor Frau Aja machen
Sonst solldest du wohl was bessers kriegen
jetzt mußt du dich hieran begnügen
Es mag also dabey verbleiben
Ich will meinen Danck in prosa schreiben.

36a. An?

Frankfurth 28. Jenner 1779.

Wir haben uns freylich über die neue Ehrenstelle
von unserm Sohn gefreut, das könnt Ihr leicht glauben. – Gott erhalte Ihn nur gesund und vergnügt.
Amen. *[Ferner empfiehlt sie ihren Vetter Georg Adolph
Melber, Goethes Onkel.]* .... da unser Sohn vielleicht Geschäfte halber nicht immer um Ihn seyn könnte, so
thut Ihr was Ihr könt und vermögt, um Herrn Melbert seinen aufenthalt angenehm zu machen: besonders ist Er ein Meister im Schlittschu Schleifen und
möchte sich darin gern sehen lassen. Das wird sich
schon machen lassen, denke ich.

37. An die Herzogin Anna Amalia

Den 9ten Februar 1779

Durchlauchtigste Fürstin!

Aller Seegen Gottes über Ihro Durchlaucht, über
unsern besten Fürsten und Herzog, über seine Durchlauchtigste Gemahlin, über Den Theuren Printz Constantin, und über Die Liebe kleine Printzeß Amalia.
Gott vermehre die Zahl solcher vortrefflichen Fürsten
und Fürstinnen: Er laße biß ans Ende der Tage, zum
trost und zur Ehre des Menschen geschlechts Dem
Lande Sachsen Weimar und Eissenach es nie an solchen Regenten und Regentinen fehlen, die Einen Carl
August und Einer Amalia /: Diesen großen Vorgän-
gern :/ nacheiffern, um Ihre Unterthanen eben so
glücklich zu machen als diese vortreffliche Fürsten-
Seelen es in der that und Wahrheit gethan haben, *und
alles Volck soll sprechen Amen.*

Die liebe Freulein Thusnelde /: Die auch ehestens
ein Briefelein von Mutter Aja empfangen soll :/ hatte
die güte mir die Reiße von Ihro Durchlaucht nach
Leipsig zu berichten, und da die großen dieser Welt
zu merckwürdig sind und die andern unbedeutende
Erdensöhne von großen Herrn gar gern reden und
schreiben; so stunde die Reiße von Ihro Durchlaucht
in allen hisigen Zeitungen. Ich freute mich von Hertzen daß unsere Theureste Fürstin Vergnügen und
Wonne fühlte Diesen vortrefflichen Printzen Leopold
einmahl wieder zu sehen und an Ihr großes und edles
Hertz zu drücken. Ihro Durchlaucht haben die gnade
zu sagen, ich würde Ihn lieben wenn ich Ihn kente –
das thue ich von gantzem Hertzen, ist Er nicht der Bruder von unserer gnädigen, Besten Fürstin Amalia?
Ihro Durchlaucht sind überzeugt, daß Frau Aja ihr
höchstes Ideal ihr größter Wunsch der ist, das holdselige und freundliche Angesicht von meiner Theuren
Fürstin in diesem Leibes Leben nur noch einmahl
/: mehreres wäre zu viel gewünscht :/ zu sehen – auch
sagt mir mein Hertz, daß es geschehen werde, wie
bald aber und ob Frau Aja und der Frühling zusammen in Weimar eintreffen werden, das weiß Gott. So
oft der Vater etwas von Ihro Durchlaucht sieht oder
höret, so wird Er jung wie ein Adler – nun können Ihro
Durchlaucht leicht dencken wie Dero gnädiges Andencken in Dero letzem schreiben sein Hertz ergötzt
hat – Die fortdauernde Gnade von Ihro Durchlaucht
ists warum er bittet – Daß der Herr geheimde Legations Rath Häschelhanß sich wohlbefindet hat uns
sehr gefreut, auch daß er brav Schlittschu gelaufen
ist. Seine in dieser kunst hir zurück gelaßne Schüler,
als Bölling, Rieße, Metzler u.s.w. haben diesmahl die
sache in einen rechten schwung gebracht, zumahl da

der Mayn zu war. Den Brief an Bölling habe so gleich
bestelt; was wird der vor ein gejauchze verführen!
Ohngeachtet mein Brief schon eine schöne länge hat,
muß ich doch noch eins sagen. Das überschickte Porträt vom Docter macht uns Tag täglich viele Freude,
alle Welt kent ihn beym ersten Anblick – Wir dancken nochmahl davor, wie vor alle andre gnaden und
Wohlthaten, und sind biß auf den letzen pulps schlag

Ew. Durchlaucht
unterthänige gehorsamste
Goethe.

38. An Ph. Seidel

[Mitte Februar 1779.]

Es mag ohngefähr ein $^1/_4$ Jahr seyn daß ich durch
Euch einem Brief an Herrn Bertuch überschickte, es
betrafe Herrn Schauspieler Großmans seiner Kinder-
wärterin hinterlaßenes geringes vermögen – da nun
biß dato keine rückantwort von Herrn Bertuch er-
folgt ist, und Großmann doch gerne wißen mögte wie
es um die sache steht; so bittet Er nur um ein paar
Zeilen.

Ich schicke Euch auch hiebey ein stück von einem
Brief daraus Sein anders Anliegen ersichtlich ist – Ich
sähe gern daß der Coffer durch einen Fuhrman hieher gebracht würde – Aus dem offenen Brief an den
Silberarbeiter in Eissenberg erhelt daß nur der Fuhr-
lohn von Eissenberg nach Weimar zu bezahlen wäre,
ich hoffe nicht daß der Coffer etwa Schulden halber
ist in Verwahrung stehen geblieben, in dem fall wasche
ich mir die Hände – und mag er meinetwegen biß an
jüngsten tag stehen – ist es aber alles in seiner gehöri-
gen Ordnung, und kostet nur das porto, so schickt ihn
wie schon gesagt mit Fuhrleuten an mich. Jetzt wirds

bey Euch wieder herrlich im Garten seyn, wen ichs
nur einmahl mit genißen köte! Mit jedem Postwagen
warte ich auf mein liebes unterschälgen, ich sage Euch
schafft es mir.

39. An die Herzogin Anna Amalia

Franckfurth den 19 Februar 1779

Durchlauchtigste Fürstin! Was soll ich zu erst, was
soll ich zu letzt sagen! Mein Hertz ist zu voll alle Ausdrücke gefallen mir nicht, sagen das nicht was ich
fühle – so gern sagen wolte – Aber Theureste Fürstin
Sie kennen mein Hertz und werden leicht begreifen
wie mir zu muthe war als ich die Schachtel eröffnete,
und das Liebreiche, Holdselige, Freundliche Anglitz
meiner Großen Verehrungwürdigen *Amalia* erblickte,
und zwar mit einer solchen erstaunlichen gleichheit,
daß ich in meinem gantzen Leben so keine Sihlouette
gesehen habe – Von der übrigen kostbahrkeit, Pracht
und Schönheit der Dose kan ich weiter gar nichts
sagen als daß es ein würcklich Fürstliches Geschenck
ist. O! was können die großen, die Götter dieser Welt,
wenn Sie Einer Amalia gleichen vor Freuden um Sich
her verbreiten! So habe ich noch keinen Geburthtag
gefeyert – nein warlich noch keinen! Was wird mir
das herrliche Geschenck noch alles vor Freude bereiten!
was werden meine Freunde Merck, Bölling, die Samstags Mädel sagen – Morgen, Gott lob schon Morgen
ist Sambstag! was soll das vor ein Festtag seyn! Das
was jetzt kommt hätte ich nur wünschen mögen daß
Ihro Durchlaucht Davon ein Augenzeuge gewesen
wären. Als der Vater herunter zum Essen kam fand
er das Futteral auf seinem Teller, er machte es auf,
fuhr vor Erstaunen zusammen – großer Gott das ist

ja unsere Frau Herzogin mit Leib und Seele, und was
ist das vor eine prächtige Dose – als ich ihm die sache
erklährt hatte war er eben so erfreut und erstaunt wie
ich. Mit einem Wort es war ein Tag der Freude und
des Wohllebens, ein Geburths tag wie noch keiner
war. Nun Durchlauchtigste Fürstin! was soll ich weiter
sagen oder schreiben – ich bin über dieses neue und
große Kennzeichen von Dero Gnade so gerührt so im
innersten grund der Seelen bewegt daß alle dankbahre
Ausdrücke zu schwach, und alle Worte zu wenig sagen würden – nur eins kan Frau Aja – So lange es noch
der Göttlichen Vorsehung gefält mich hienieden herum wandlen zu laßen, Tagtäglich das herrliche Ideal
von Einer Fürstin mit Knie-Beugung zu verehren,
und mit stillen Freudenthränen vor dieses neue Zeichen Dero Gnade, als vor alle vorhergende, meinen
innigen, hertzlichen und wärmsten Danck vor dem
Theuren Bildnüß abzustatten, und mich ewig der
glücklichen Tage zu erinnern, daß das Original hir
unter uns war, und meinem Hauß *besonders* dadurch
groß Heil wiederfahren ist. Der Vater und ich empfehlen uns zu fernerer Gnade, und sind mit Danck-
erfülltem Hertzen

Ew. Durchlaucht

unterthänig gehorsambste

C. E. Goethe.

40. An Großmann

Franckfurth d 19ten Februar 1779

Lieber Herr Gevatter! Dancke gar schön in unserm
und der Welt nahmen daß durch Ihnen abermahls ein
schönes Geschöppf mehr bey der Hand ist, die liebe
Frau Gevatterin soll auch /: und zwar den größten
theil :/ dran haben – Es ist keine geringe wohlthat vor

das Menschengeschlecht, daß noch Leute da sind die
die Welt mit schönen Gestalten versehen, den warlich
Fratzen und Affengesichter sieht mann die menge,
also nocheinmahl einen schönen großen Danck. Wie
gehts Ihnen den in Bonn? sind Sie zufrieden? Haben
die Leute geschmack? Vielleicht mehr als die Franckfurther. Die güngstige aufnahme des Hamlets hatte
mir beynahe unser Publicum ehrwürdiggemacht,
aber beym Licht besehen, war es nichts gar nichts als
neugirde – etliche wenige ausgenommen resoniren sie
wie die Pferde. Vor einigen Tagen trafe ich in einer
Gesellschafft eine Dame von der so genandten großen
Welt an, die vom Hamlet das Urtheil fällte es wäre
nichts als eine Farse – O!!! Gevatter! Gevatter! Hamlet eine Farse!!!!! Ich dachte ich kriegte auf der stelle
eine Ohnmacht – Ein anderer behaubtete /: noch obendrauf mit dem ausdruck :/ Daß ihn der Teufel holen
solte, wo er nicht eben so ein Ding voll unsinn schreiben könte, und das war ein Dicker Vierschröderischer
Weinhändler. Da ist nun als ein Gekreische von unserm Jahrhundtert, von erleuchten Zeiten u.s.w. und
doch ist, /: eine kleine Zahl ausgenommen die freylich das Saltz der Erden sind :/ bey denen Herrn und
Damen alles so schal, so elend, so verschoben, so ver-
schrumpft, daß sie kein stück Rindfleisch kauen und
verdauen können – Milchbrey – gefrohrne sachen –
Zuckerpletzger – hogout das ist ihr Labsahl, freylich
verderben sie sich den Magen dadurch noch immer
mehr, aber wer kan helfen – Wen ich Schauspiel
Director wäre, /: so will ich schippen Dame seyn :/
wen sie nicht den Hermann von Frau Gottsched zu
genießen kriegen solten, es ist ein feines stück, regelmäßig, moralisch, mit einem wort nicht schwer zu
verdauen – Der Schauplatz stelt einen Wald vor, an

den Bäumen hängen Bildnüße von alten Helden, Herrmann und sein Vater tretten auf – Vater. Nun Herman höre zu, und mercke mit bedacht, warum dein
Vater dich in diesen Hayn gebracht – Sohn!!! wo dich
Muth und Glück zu edlen Thaten tragen; so laß dir
deine pflicht /: Er wendet Sich gegen die Bäume :/ von
diesen Bildern sagen u.s.w. Was Herman drauf zur
Antwort gibt habe ich vergeßen, den ich war 10 Jahr
alt als es hir gegeben wurde. Halt – ho, ho – es war
mein steckenpfferd gemeint, das gar zu gern im Ga-
lopp geht, der spaß pasirt ihm eben nicht oft – Wenn
ich in eine honette Companie gehe wirds vernageld.
Darum thut ihm die Freyheit so wohl, aber jetzt
Punctum Die Commision nach Weimar so wohl wegen der guten Muhme als auch wegen des Coffers sind
aufs Beste besorgt, und erwarte ich von Phillipp Herrn
Goethens Blitz pagen ehestens antwort die Sie so gleich
vernehmen sollen. Die liebe Frau Gevatterin ist doch
wieder recht wohl? grüßen Sie Sie ja recht schön – und
die goldne Lotte, und das Hänßgen, Vergeßt auch die
Flittnern nicht, und zwar das alles von Herr Rath und
von mir, die ich bin, lieber Herr Gevatter! Eure wahre
Freundin.

C.E.Goethe.

41. An Lavater

Lieber Sohn! Lange schon sehr lange ist es daß wir
von Euch mein Bester nichts gesehn und vernommen
haben, aber was schadet daß Ihr Seyd in unser Hertz
so tief eingeprägt – Euer Andencken ist so im Seegen
unter uns – Euer Liebevolles, freundliches Angesicht
steht so gegenwärtig vor unsern Augen, daß keine
Briefe, keine tode Buchstaben nöthig sind uns zu er-

rinnern daß der herrliche Mensch Lavater in unserm
mitte war und unter uns gewandelt hat. Was mir in
dieser Werckeltags Welt am wenigsten ansteht, ist,
daß die besten Menschen einander gar wenig seyn
können – Der plan Gottes erfordert daß der eine in
Osten und der andre in Westen die Welt einsaltzen
und vor der Fäulnüß bewahren muß – Meine Lieben
und Freunde sind alle weit weit von mir weg – meine
ewig geliebte Klettenbergern in einer bessern Welt,
meine Fahlmern in Emmedingen. Es mögen wohl
noch gute Menschen in Franckfurth seyn, villeicht verwundre ich mich einmahl in der Ewigkeit daß ich sie
hir verkandt habe – aber vor der Hand, geht doch Frau
Aja ihren pfad allein fort.

Was macht Ihr denn lieber bester Sohn? was Eure
liebe Frau, sambst Kindern und Freunden? ich hoffe
daß alles vergnügt und wohl ist, Gott erhalte Euch
dabey *Amen.*

Mein Mann welcher Sich Euch bestens empfiehlet
bedaurert daß Er durch nachstehendes Euch wieder
mühe machen muß – aber wenn Ihr die große Ordnung des Herrn Raths bedenckt; so werdet Ihr leicht
einsehn was ein defecktes Buch /: zu mahl ein solches
wie die Phisioknomick :/ vor einen übelstand in seiner
Büchersammlung machen muß, und Ihm also nicht
übel nehmen wenn Er Euch ersucht nachfolgende
stücke etwann einem von den Zürcher Herrn Kauff-
leuten mit anhero auf die Ostermeße zu geben. Erstlich, die durch Herrn Nüschelern bald möglichst versprochne Kupper zum 4ten theil der Phisioknogmick –
zweytens den abgängigen Text zum 3ten theil, welchen
Herr Kriegs Rath Merck Ihnen zugesandt, wie auch
drittens, noch einige von des Herrn Raths Gesichter,
die Herr Schmoll gezeichnet hat.

Noch einmahl, verzeiht die viele mühe und plage.

Euer Bruder Wolf befindet sich Gott sey Danck in
Weimar recht wohl – Die Herzogin Mutter war vorigen Somer hir, eine vortreffliche Frau das glaubt mir
auf mein Wort – großes edeles Menschengefühl belebt Ihre gantze Seele, aber Sie schwätz und prahlt
nicht, wie das so viele falsch empfindsame zu thun gewohnt sind. Nun bester Lavater Gottes Seegen über
Euch und alle die Eürigen. Grüßt alles was noch an
uns denckt, und Seyd versichert, daß ich biß an das
Ende meiner Wallfahrt bin

Eure wahre Freundin u treue Mutter
C. E. Goethe.

Franckfurth den 23ten Februar 1779

42. An Großmann

Franckfurth d 7ten [4.] Mertz 1779

Lieber Herr Gevatter! Innliegendes ist mir von
Weimar aus zugeschickt worden, mit dem bedeuten,
daß die Acten bey Gelegenheit nachgeschickt werden
solten. Ich hoffe daß meine liebe Frau Gevatterin und
alles was Ihnen zugehört sich wohlbefinden wird.
Wären Sie noch bey Herrn Seiler; so würde ich mich
auf die annährung der Ostermeße viel mehr freuen –
aber so gehts in der Welt! alles ding eine weil ein
Sprüchwort ist, mein lieber Christ u.s.w. Jetzt gibts
nicht morgens um 10 uhr Schachspiel zu vieren – Jetzt
sehe ich die goldige Lotte nicht als Milchmädgen mehr
– Jetzt ist der spaß mit den kleinen Büßquittger am
Ende, es ist doch eine lumpenwirtschafft unter diesem
Mond. Aber trost ists doch allemahl wenn die Leute
die mann lieb hat noch mit uns von einer Sonne be-

5. Die Herzogin von Weimar: Anna Amalia (1739-1807), (rechts). Getuschte Silhouette.

Die Herzogin Mutter war vorigen Somer hir, eine vortreffliche Frau das glaubt mir auf mein Wort – großes edeles Menschengefühl belebt Ihre gantze Seele.

schienen werden, wenn sie nur nicht gar in die Elisä-
ischen Felder Marschiren, der gute Docter Wagner
steht nah dran, ich glaube nicht daß Er noch 3 wochen
lebt – Er ist so ausgezehrt, daß nichts als Haut und
Knochen an Ihm ist – Ich bedaure Ihn sehr. Leben Sie
wohl! und laßen mich von zeit zu zeit immer gute
nachrichten von Ihnen und den lieben Ihrigen hören,
dieses wird jederzeit sehr vergnügen

Ihre wahre Freundin
C. E. Goethe.

N. S. Der Herr Rath grüßt Sie alle besonders aber
seine Lotte.

43. An Großmann

Lieber Herr Gevatter! Ich hoffe daß der Brief mit
Geld /: welchen ich schon am 5$^{\underline{ten}}$ Mertz an Ihnen abgeschickt, und welches der guten Muhme zugehörte :/
wird richtig überlieffert worden seyn. Der Coffer von
dem Herrn Schauspieler Dietzel ist mir nebst einen
Brief an ebendenselben von Eissenberg aus wohlüber-
lieffert worden, und wartet nun auf gute gelegenheit
ferner nach Bonn Transporttirt zu werden – Es wäre
am besten, wenn Sie lieber Herr gevatter einen Schiffer ausmachten der ihn biß Bonn überbrächte – ich
habe hir keinen ausfindig machen können – Ich werde
den Coffer und Brief so lange verwahren, biß Sie ihn
abholen laßen – aber ein paar Zeilen von *Ihrer Hand*
muß der abholer alle mahl mitbringen, daß ich sicher
bin – sonst kriegt ihn kein Mensch.

Das wäre nun so weit besorgt – Was macht denn
aber die liebe Frau gevatterin? Was Ihre gantze Fa-

milie überhaubt – besonders aber unsere goldige
Lotte? noch zur Zeit habe ich noch kein Kind gesehen
das würdig wäre Ihr die Schuriehmen aufzulösen –
grüßen Sie Sie ja recht schön von uns – Jetzt eben fält
mir ein den Brief an Herrn Ditzel mit zu schicken –
hir ist er also. Die Post will fort ich kan also weiter
nichts beyfügen als daß ich bin –

Ihre wahre Freundin
C. E. Goethe

Franckfurth d 8<u>ten</u> Mertz 1779

44. An Wieland

Den 12ten Mertz 1779

Lieber Sohn und Gevatter! Die Sünde der Undanck-
bahrkeit liegt schwer auf mir – Sechs Briefger liegen
mir vor Augen, eben so viel Mercure und Frau Aja
hat eben ihrem lieben Wieland lange lange nichts gesagt ohngeachtet Er ihr so manche Freude mit Seinem
Mercur gemacht hat, zu meiner Entschuldigung kan
ich weiter nichts sagen als daß unserm Lieben Herr
Gott Sein prächtig Wetter die größte Ursach meiner
Faulheit im schreiben ist, Tag täglich Marschire ich
durch Feld und Wald und Fluhr u.s.w. Gestern Abend
als ich von einem herrlichen Spazirgang nach Hauße
kam lasse ich Pervonte oder die Wünsche, hatte darob
eine solche Freude, fühlte so gantz was Ihr vor ein
herrlicher Mensch, vor ein lieber Wieland Seyd, und
daß keiner vor Euch und schwerlich einer nach Euch
seyn wird der in solcher Art von Gedichten und Erzählungen den grad erreichen wird den Ihr von Gottes
gnaden, und der Mutter Natur empfangen habt. Da
mir nun bey den leßen so wohl ward daß ichs Euch
gar nicht beschreiben kan, ergrimmte mein Geist Daß

ein Mann wie Ihr sich nothgedrungen sicht einem
solchen Schuft von Buchhändler nur eine Zeile zu antworten. Bunckel wird immer und in Ewigkeit ein abscheuliches Buch; so wie Eure Recention ein Meisterstück bleiben und hirmit Gott befohlen. Laßen wir
den fatalen Menschen fahren, und suchen auf andre
Gedancken zu kommen. Ihr wißt doch lieber Sohn
was mir unsere Liebe Frau Herzogin vor eine Freude
gemacht hat? O wenn Ihr Frau Aja gesehen hättet!
das war ein Geburths Tag! Ich habe zwar gleich auf
der stelle meine Freude und Danckbahrkeit in einem
Brief an Ihro Durchlaucht darzulegen gesucht, allein
es sind nachher zu großem Vergnügen der Frau Aja
noch solche Dinge mit der herrlichen Dose pasirt, daß
ich ein Tagbuch drüber schreiben könte. Bölling
kommt alle Tage um seine Andacht vor dem Liebevollen Anglitz unserer Theuren Fürstin zu halten –
manchmahl reißt Ihn sein entzücken so hin daß Er
sich gantz vergißt – So soll mich der Teufel holen
/: ruft Er dann aus :/ wenn ich begreife wie mann so einen Schattenriß machen kan – liebe Frau Aja fragen
sie doch die weimarer wer das gemacht und ausge-
schnitten hat, je mehr mans ansieht je unbegreiflicher
kommts einem vor – es ist unsere Beste Fürstin mit
Geist Seele und Leib – ich werde noch ein Narr drüber,
und so ist Er im stande eine glocken-stunde immer in
einem fortzureden. Freund Merck den ich seit dem
vorigen November weder gesehen noch das geringste
von Ihm gehört habe ist vermuthlich in seine Car-
tofflen, seinen Fuchs und dessen Füllen so verscham-
merirt daß Er alles drüber vergißt – Sanct Velden wird
Ihn doch diese Meße herführen – O! was wird der erst
zu meiner Dose sagen! Empfehlet mich ja unsere[r]
Theuren Herzogin zu fernerer Gnade – die liebe Freu-

lein Thusnelde versichert meiner aufrichtigen Freundschaft und Hochachtung – Freulein von Stein – Herrn
von Einsidel – Herrn Krauße alles alles grüßt von Frau
Aja den Papa mit eingeschlossen. Euer Weib das ein
rechter Fruchtbahrer Weinstock ist, und Eure Öhl-
zweige, besonders meinen lieben Paten küßt und grüßt
von uns 1000 mahl. Von mir wißt Ihr längst daß ich
ewig bin, Eure wahre Freundin

Frau Aja.

45. An die Herzogin Anna Amalia

Franckfurth, den 25ten Mertz 1779

Durchlauchdigste Fürstin! Die Freude und den Jubel
wenn nun so ein Brief ankommt wo Hand und Pett-
schafft gleich verkündigen, daß, daß er von unserer
Besten Fürstin ist, die Freude und den Jubel /: ich muß
es noch einmahl sagen :/ Sollten Ihro Durchlaucht nur
einmahl mit ansehn. Tausendt Danck Theureste Fürstin vor jede Zeile vor jedes Wort – Es ist vor Mutter
Aja jederzeit eine erquickung in ihrer Wallfahrt durch
die Sandwüste dieser Werckeltags Welt. Ja Große
Fürstin! Erhalten Sie uns Dero Gnädiges Andencken,
und Senden uns von Zeit zu Zeit – nur eine Lienie –
nur den Theuren Nahmen Amalia – und unser Hertz
wird voll Freude, und unsere Seele voll Jubel seyn.
Dem Herrn geheimdten Legations Rath wünsche von
Hertzen eine glückliche Entbindung und freue mich
im voraus auf das liebe Enckelein, in der guten Hoffnung daß es seinen übrigen Kindern gleich sehen und
wir daran /: wie an den vorigen :/ große Freude und
Wonne erleben mögen. Wer doch den dritten Feyertag in Weimar wäre!!!! Wen die Büsquittger guten
abgang finden, so stehen sie zu gantzen Schaaren zu

befehl. Es hat mich unendlich gefreut daß doch nur
etwas mir vergönt worden ist an Ihro Durchlaucht zu
überschicken, Den wer unterstünde sich sonst so was!
So oft ich nach Weimar schreibe, es sey nun an Ihro
Durchlaucht, oder an sonst jemandt, so muß ich von
meiner herrlichen Dose reden – ich wüste nun in der
Welt nicht was mich mehr hätte freuen können – O
Beste Fürstin! Den Jubel hätten Sie hören sollen! Wie
die Dose auf einem Sillbern presenttier Teller in der
Samstags Gesellschafft herum ging, und was noch Tag
täglich mit vorgenommen wird, und was noch alles
mit vorgenommen werden soll. Da Sie vortreffliche
Fürstin, nun als ein wahrer abglantz der Gottheit,
Sich der Freude der Menschen freuen; so haben Sie
Sich dadurch Selbst eine Freude zubereittet – Wenn
mann den Schattenriß ansieht mögte mann gleich
niederfallen – Wer hats nur gemacht? Wer hats nur
gemacht?? Wolten Ihro Durchlaucht die gnade haben,
und der gnädigen Freulein Thusnelde meinen besten
und schönsten gruß vermelden, wenn wir doch nur
einmahl wieder zusammen lachen könnten, nun –
wer weiß was Gott weiß – der Vater empfiehlt sich zu
fernern Hohen gnaden und Frau Aja ist und bleibt
biß der Vohrhang fält

> Ihro Durchlaucht
> Unterthänigste
> treugehorsambste Dienerin
> C. E. Goethe.

46. An Ph. Seidel

Gestern erhielte die Musick, sagt unserer besten
Fürstin den unterthänigsten Danck davor – Auch
Herrn Krantz versichert unserer liebe und Freund-

schafft – billig hätte ich Ihm schon lange auf Seine
Freundschafftliche Briefe antworten sollen – aber wies
so geht mann verschiebts von einer Zeit zur andern
u.s.w. Daß ich meine schöne Tasse wieder habe freut
mich gar sehr – Ihr solt vor die gute Besorgung meinen
großen Danck haben, auch bey erster gelegenheit, den
großen Thaler den sie gekostet hat, ferner die auslage
wegen des Koffers – Mit dem ehesten wird Euer Herr
durch einen Fuhrmann wieder 6 Krüge alten Wein –
und ein gantzes dutzendt nagelneue Strümpfe von
mir erhalten – sie sind alle von einer Hand gestrickt,
und werden dem Herrn Docter sehr wohl behagen.
Jetzt Phillippus habe ich einen auftrag der zum kranck-
lachen ist – stelt Euch vor! es betrieft die Schulmeister
stelle in Umpferstedt – Der ehrliche Mann der sie
gerne hätte ist Schulmeister zu Zillbach, und heißt
Johann Valentin Hartmann, Er hat seine hiesige Freunde an mich geschickt die mich dann sehr gebeten
haben, ein Vorwort beym Docter einzulegen – Ich
dachte aber es wäre beßer Euch davon nachricht zu
geben Ihr könts Eurem Herrn vortragen – und wens
angeht so würde es mir lieb seyn – Ihr habt Eure sachen bißhie her so gut ausgericht, daß ich an dieser
Commision auch nicht im geringsten zweifle. Wünsche von Hertzen daß das Ostereyer fest möge gut abgelaufen seyn ı könte ich aber nur den 3$^{\underline{ten}}$ Feyertag
bey Euch seyn! Nun ich werde doch das neue stück
auch zu lesen bekommen – das soll einstweilen mein
trost seyn. Lebt wohl! grüßt alles von mir besonders
gevatter Wieland und sagt Ihm ich ließe mich vor den
letzen Mercur bedancken – aber von Pervonte hätte
ich die Vortsetzung vergeblich gesucht. Nun Gott befohlen! Es ist Ostersambstag und Frau Aja hat noch
viel zu schaffen – und der Brief muß heut fort – ge-

habt Euch wohl ich bin wie immer Eure Euch gewogne

C. E. Goethe

den 3$^{\underline{ten}}$ Aprill 1779

N. S. Zu mehrerer Deutlichkeit, kommt hir des
Schulmeister Brief in Natur mit.

47. An die Herzogin Anna Amalia

Franckfurth den 11$^{\underline{ten}}$ Aprill 1779

Durchlauchdigte Fürstin! Nach dem Appetitt meiner Samstags mädel zu rechnen müßen die kleine
büßqüttiger längst alle seyn – Ich nehme mir hir die
große Freyheit, Ew: Durchlaucht noch eine kleine
Provision zu übersenden, nehmen Sie Beste Fürstin
meine Freyheit ja nicht ungnädig. Bey uns ists Meße!!!
Weitmäuligte Laffen, Feilschen und gaffen, Gaffen
und kauffen, Bestienhauffen, Kinder und Fratzen, Affen und Katzen u. s. w. – Doch mit Respeckt geredt
Frau Aja, Madamm la Roche ist auch da!!!! Theureste
Fürstin! Könte Docter Wolf den Tochtermann sehen,
den die Verfasserin der Sternheim Ihrer zweyten
Tochter Louise aufhengen will; so würde Er nach
seiner sonst löblichen Gewohnheit mit den Zähnen
knirschen, und gantz Gottloß fluchen. Gestern stellte
Sie mir das Ungeheur vor – Großer Gott!!! Wenn mich
der zur Königin der Erden /: Americka mit eingeschloßen :/ machen wolte; so – ja so – gebe ich Ihm
einen Korb – Er sieht aus – wie der Teufel in der 7$^{\underline{ten}}$
Bitte in Luthers kleinem Catesichmus – ist so dumm
wie ein Heu Pferd – und zu allem seinem seinem Un-

glück ist Er *Hoffrath* – Wann ich von all dem Zeug was
begreife; so will ich zur Auster werden. Eine Frau wie
die la Roche von einem gewiß nicht gemeinem Verstand, von zimlichen Glücksgütern, von Ansehn, Rang
u.s.w. die es recht drauf anfängt Ihre Töchter unglücklich zu machen – und doch Sternheime und Frauenzimmer Briefe schreibt – mit einem Wort, mein Kopf
ist wie in einer Mühle. Verzeihen Ihro Durchlaucht,
daß ich Ihnen so was vor erzähle, ich habe aber eben
das Awentheuer vor Augen – und die Thränen der
guten Louise kan ich nicht ausstehn – Der 3te Feyertag
ist doch glücklich vorbey gegangen, ich hoffe – auch
etwas davon zu vernehmen? Die Freulein Thusnelde
hat eine gar schöne gabe solche Festiviteten zu beschreiben, und ich glaube Sie wird Ihren Ruhm behaupten, und Frau Aja was davon zukommen laßen,
dann das Jahrmarcksfest hat Sie gantz herrlich beschrieben – thut Sies – So haben Ihro Durchlaucht die
gnade Ihr von den Büsquittger auch Ihren antheil zu
überreichen. Der Vater empfiehlt sich zu ferneren
Hohen gnaden, und Frau Aja der es nie so wohl ist,
als wenn sie, an die Vortrefflichste, Größte, Lieben-
würdigste, Beste Fürstin denckt, küßt in Anbethung
und Demuth die Hand Ihrer Theuresten Fürstin und
bleibt biß ins Grab

Ihro Durchlaucht
Unterthänige Dienerin
C. E. Goethe.

48. An die Herzogin Anna Amalia

den 30ten Aprill 1779

Ihro Durchlaucht haben Mutter Aja immer noch in
gnädigstem Andencken davon ist Dero letztes Schrei-

ben ein neuer beweiß – Wie wohl mirs ums Hertz wird,
wenn ich das große Siegel und unserer Theuren Fürstin Handschrifft sehe, das läßt sich nur fühlen, sagen
kan mann eben drüber gantz und gar nichts – O! könte ich mich dieser gnade nur recht würdig machen!
doch das bestreben darnach ist auch That dieses muß
mich trösten. Der lieben Freulein Thusnelde werde
meinen warmen Danck vor die Beschreibung des 3<u>ten</u>
Feyertags in einem Briefelein abstatten. Wenn aber
auch die lieben lieben Weimarrer nicht wären! So
würde mein armes Leben gar traurig hinschleichen –
aber Gott sey Danck! daß ein Weimar in der Welt ist.
Heut ist die la Roche mit der armen Braut und dem
Noblen Herrn Hochzeiter wieder nach Coblentz, das
Unthier heiß Möhn und ist würcklicher Hoffrath vom
Curfürsten von Trier. Haben Ihro Durchlaucht nur
die gnade und fragen Merck was der von der sache
denck und wie Er die la Roche drüber ausgeputzt hat
– Ich habe närische Heurathen genung erlebt, aber
warlich was zu viel ist, ist zu viel. Merck wird seine
Reiße nach dem gelobtenland *Weimar* auf seinem ge-
treuen Fuchs ehestens antretten, daß Er sich wie ein
Kind aufs Christkindgen freut können Ihro Durchlaucht leicht dencken, wäre der Vater gesünder, so
käme gewiß noch jemandt mit – Aber wie will ich
mich auf Mercks Rückreiße freuen, was soll der mir
alles erzählen, unter 8 tage laße ich Ihn nicht aus meinem Hauße, und da soll mirs wohl seyn. Der Docter
hat viele Dinge schon in der Welt gemacht die Frau
Aja sehr vergnügt haben – Aber über den Schattenriß von Ihro Durchlaucht geht nichts – auch Phillipp
hat sein Verdinst bey mir dadurch ungemein vergrößert. Der Vater danckt vor das gnädige Andencken Unterthänigst und mit gerührtem Hertzen – und

ich erbitte mir die einzige Gnade ewig seyn zu dürffen   Ihro Durchlaucht
                    Unterthänigste und treuste Dienerin
                         C. E. Goethe.

49. An die Herzogin Anna Amalia

Durchlauchdigste Fürstin!

Mittwochs als den 21 Juli Mittags 12 uhr sassen die
wackern Ritter von Einsiedel und Merck an der berühmten Taffelrunde – Speißten Welschhanen Paßtete
und trancken echten 26 – Frau Aja war frölig und
wohlgemuth über alle die guten Nachrichten die diese
Brave Menschenkinder von Weimar erzählten. Noch-
mehr aber wurde ihr Hertz mit Freude und Wonne
erfühlt, da Herr von Einsiedel einen sehr schönen Geldbeutel hervor brachte und ihn mir zum Andencken
von Unserer Besten Fürstin überreichte – Wäre ich
im stande Ihro Durchlaucht es recht lebendig darzustellen, was da alles in meiner Seele vorgeht, wenn
durch so ein äusserliches gnadenzeichen mein Hertz
die Versicherung empfängt – daß die Theureste Fürstin Amalia noch in Liebe an Mutter Aja denckt – ich
weiß Sie freuten Sich meiner Freuden – aber so was
aufs papier zu stellen vermag ich nicht – nur den
größten und hertzlichsten Danck hieher zu schreiben,
das vermag ich –––– Mit dem Postwagen haben wir
auch zwey kostbahre Bücher die Beschreibung des
Vesuvus von Hammilton erhalten, Merck sagte /: da
kein wort dabey geschrieben war und wir also fragten
was das mit den Büchern vor eine Bewandtnüß hätte :/
Ihro Durchlaucht der Herr Herzog schickten solche
dem Papa zum ansehen weil Sie glaubten ihm dadurch
eine Freude zu machen – Dürffen wir Ihro Durchlaucht

Unterthänigst bitten Ihro Durchlaucht dem Herrn
Herzog vor dieses gnädigste Andencken unsern größten und besten Danck abzustatten. Der Vater sitzt
tagtäglich drüber und bewundert die erstaunliche und
herrliche Arbeit, sobald er sich satt gesehen hat, sollen
sie mit unterthänigstem Danck und wohl behalten
zurück geschickt werden – Ferner haben wir einen
Schattenriß vons Docters gantzer gestalt erhalten so
was ähnliches ist noch gar nicht gesehn worden – das
machte uns nun wieder ein groß gaudium – es wird
ein glaß drüber gemacht und in die Weimarrer Stube
gehengt – Mit einem Wort, alle Freuden derer ich
mich nun bald an die 4 Jahr besinnen kan kommen
aus dem gebenedeyten Weimar. Eya wär Mutter Aja
auch nur einmahl da ——————— Ihro Durchlaucht!
haben die gnade Freulein Thusnelde und Gevatter
Wieland hertzlich von mir zu grüßen, mit der Versicherung daß ich Ihre liebe Briefger ehestens beantworten werde vor heut aber ists ohnmöglich – Künff-
tigen Mittwoch ist bey einer meiner Freundinnen
große gesellschafft da wird Frau Aja prangen, mit der
herrlichen Dose, mit dem vortrefflichen geldbeutel
/: den es wird starck in der Carte gespielt :/ und endlich
mit den Eissenacher Handschuen die außer mir keine
lebendige Seele hat – Es ist immer ein großer spaß, wie
mich die Baasen um das alles befragen. Durchlauchdigste Fürstin! Erhalten Sie *mir*, dem *Vater* und dem *Häschelhanß* Dero unschatzbare Gnade – und wir alle verlangen kein größers Glück, als uns ewig nennen zu dürffen
Ihro Durchlaucht

unterthänige
treugehorsambste Diener und Dienerin
C. E. Goethe.

Franckfurth den 26ten Juli 1779

50. An die Herzogin Anna Amalia

Den 3ten September 1779

Durchlauchdigste Fürstin!

Frau Aja – die glückliche Frau Aja! ist also noch immer bey der Besten Fürstin in gnädigstem Andencken. Theureste Fürstin! Erhalten Sie mir dieses unschätzbare Glück, es verbreitet Leben und Wonne auf meine Tage, und macht meinen gang durch diese Welt heiter und voller Freuden. Die 4 Höllen Bregel sind glücklich angelangt und haben uns große Freude gemacht besonders haben wir uns über des Mannes seine Einbildungskrafft erstaunt – Solche Carikaturen sind doch so lang die Welt steht in keines Menschen Hertz und Sinn gekommen, aber ebendeswegen ist mirs so lieb, das ist vor Mutter Ajas Lunge allemahl ein herrlicher spaß – Ich habe über alle die Teufel und Menschen die so kutterbunt durcheinander krablen so gelacht, daß ich es endlich gar weglegen mußte, weil leicht ein schade daraus hätte entstehen können – Vor diese mir geschenckte neue Freuden, dancke Ihro Durchlaucht von gantzem Hertzen. /: wo nehme ich aber auch Freude her, wenn kein Weimar in der Welt wär? :/ Freund Merck steckte das in Ettersburg geführte herrliche Leben noch in allen Gliedern, und wann Er darann dachte daß Er über die Sachsenhäußer Brücke in seine Heimmath reiten müßte, so überfiel Ihn Kopf, Hertz und Magen weh – vordießmal war Er also nicht sehr genißbar vielleicht gehts beßer wann Er die Meße herkommt. Herr von Einsidel hat Sich aber Brav aufgeführt, Wir hatten an der Taffel runde in Gesellschafft Caspar Böllings einen vergnügten Tag. Merck ist an Wielands Kinder Fabrick /: so wahr ich lebe :/ viel schuld, wenigstens von 1776 angerechnet –

Hören Ihro Durchlaucht nur so schreibt Er dem guten
Wieland.

> Lieber Herr und Bruder mein,
> Hier ein Stük ächten Reihnischen Wein.
> Ihr solt dabey frölich zechen u lachen,
> Kinder wohl – aber nicht Verse machen
>   u.s.w.

das befolgt nun der gute Mann so, und hat dabey
kein arg in Seinem Hertzen – Nun wohl bekomme es
Ihm – Darf Ich Ihro Durchlaucht unterthänigst ersuchen, Ihn von Frau Aja recht schön zu grüßen, denn
ich habe Ihn recht sehr lieb. Was macht den meine
Liebe Freulein Thusnelde? Sie wird doch nicht böße
seyn, daß ich Ihr so lange nicht geschrieben habe?
Mutter Aja hat sich eben diesen Sommer hübsch zu
nutz gemacht – War keinen Tag zu Hauß – Haben
Ihro Durchlaucht die gnade und sagen /: nebst meinem hertzlichen gruß :/ der Lieben Freulein, wann
die trüben Tage kämen wolt ich fleisiger seyn. Der
Vater empfiehlt sich zu gnädigstem Andencken –
Frau Aja bittet sich ferner Dero Hohe Huld, Gnade
und Wohlwollen unterthänigst aus und daß ihr erlaubt
seyn möge sich ewig zu nennen

> Unserer Durchlauchdigsten Fürstin
> treugehorsambste Dienerin.
> *C. E. Goethe.*

51. An Großmann

Frankfurt 22. Sept. 1779.

...... Diesen Brief hätten Sie ehender gekriegt, wenn
ich nicht die Gnade gehabt hätte, Ihro Durchlaucht,
den Herzog von Weimar, 5 Tage in meinem Haußse zu
bewirthen; daß mein Sohn auch dabey war, versteht sich
und da können Sie Sich leicht den Jubel dencken ......

52. An die Herzogin Anna Amalia

Durchlauchdigste Fürstin.

Der 18te September war der große Tag da der alte Vater und Frau Aja, denen seeligen Göttern weder Ihre Wohnung im hohen Olymp, weder Ihr Ambrosia noch Nectar, weder Ihre Vocal noch Instrumentthal Mucick beneideten, sondern glücklich, so gantz glücklich waren, daß schwerlich ein sterblicher Mensch jemahls größre und reinere Freuden geschmeckt hat als wir beyde glückliche Eltern an diesem Jubel und Freuden Tag – Niemahl hat mich mein Unvermögen eine sache gut und anschaulich vor zutragen mehr belästig als jetzt da ich der Besten Fürstin /: von Der doch eigendtlich alle diese Freude ausgeht, die doch eigendlich die erste Ursach aller dieser Wonne ist :/ so recht aus dem Hertzen heraus unsere Freude mittheilen mögte – Es gerade nun wie es wolle, gesagt muß es nun einmahl seyn.

Ihro Durchlaucht unser gnädigster und Bester Fürst, stiegen /: um uns recht zu überraschen :/ eine strecke von unserm Hauße ab kamen also gantz ohne geräusch an die Thüre, klingelten, traten in die blaue Stube u.s.w. Nun stellen Sich Ihro Durchlaucht vor, wie Frau Aja am runden Tisch sitzt, wie die Stubenthüre aufgeht, wie in dem Augenblick der Häschelhanß ihr um den Hals fält, wie der Herzog in einiger Entfernung der Mütterlichen Freude eine weile zusieht, wie Frau Aja endlich wie betruncken auf den besten Fürsten zuläuft halb greint halb lacht gar nicht weiß was sie thun soll wie der schöne Cammerherr von Wedel auch allen antheil an der erstaunlichen Freude nimbt – Endlich der Auftritt mit dem Vater, das läßt sich nun gar nicht beschreiben – mir war Angst er stürbe

6. Herzog Karl August von Sachsen-Weimar (1757-1828).
Nach einem Gemälde von Jens Juel, 1779.

*wie Frau Aja endlich wie betruncken auf den besten Fürsten
zuläuft halb greint halb lacht gar nicht weiß was sie thun soll.*

auf der stelle, noch an dem heutigen Tag, daß Ihro
Durchlaucht schon eine zimmliche Weile von uns weg
Sind, ist er noch nicht recht bey sich, und Frau Aja
gehts nicht ein Haar beßer – Ihro Durchlaucht können
Sich leicht vorstellen wie vergnügt und seelig wir diese
5 tage über geweßen sind. Merck kam auch und führte
sich so zimmlich gut auf, den Mephisthoviles kan Er
nun freylich niemahls gantz zu Hauß laßen, das ist
mann nun schon so gewohnt. Wieder alle Gewohnheit
waren dieses mahl gar keine Fürsten und Fürstinnen
auf der Meße, das war nach Unsers Theuresten Herzogs Wunsch, Sie waren also gar nicht genirt – Am
Sontag gingen Sie in ein großes Concert das im Rothen
Hauß gehalten wurde, nachdem in die Adliche Ge-
schellschafft ins so genandte Braunenfels, Montags und
Dinstags gingen Sie in die Comme͂die, Mittwochs um
12 uhr Mittags ritten Sie in bestem wohlseyn der Berg-
straße zu, Merck begleidtete Sie bis Eberstadt. Was
sich nun alles mit dem schönen Cammerherrn von
Wedel, mit dem Herrn Geheimdten Rath Goethe zu
getragen hat, wie sich unsere Hochadliche Freulein
gänßger brüsteten und Eroberungen machen wolten,
wie es aber nicht zu stande kam u.d.m. das verdiente
nun freylich hübsch dramatisirt zu werden. Theureste
Fürstin! Sie verzeihen diesen kalten Brief der gegen
die Sache sehr zu kurtz fält – es ist mir jetzt gantz ohnmöglich es beßer zu machen – ich bin den gantzen
Tag vor Freude und Wonne wie betruncken, wen sichs
etwas zu Boden gesetzt hat wird meine Vernunfft auch
wieder zu Hauße kommen – biß dahin Bittet Frau
Aja daß Ihro Durchlaucht Gedult mit ihr haben mögten. Uns ist jetzt nichts im Sinne, als die Freude des
wieder Zurückkomens, da soll der jubel von neuem
angehn. Gott bringe Sie glücklich und gesund zurück,

dann soll dem alten Reihnwein in prächtigen Pocalen
mächtig zugesprochen werden. Wüsten Ihro Durchlaucht wie oft wir mit Freudenthränen an Ihnen dachten, von Ihnen redeten, wie Frau Aja den Tag seegnete
da die Beste Fürstin Ihrem glücklichen Land einen
Carl August gebohren hat, *Der* wie es nun am Tage
ist, nicht Seinem Land allein zum Heil gebohren worden, sondern auch dazu um auf unsere Tage Wonne
Leben und seeligkeit zu verbreiten – Wie dann ferner
Frau Aja sich nicht mehr halten konte, sondern in ein
Eckelgen ging und ihrem Hertzen Luft machen mußte;
so weiß ich gantz gewiß die Beste Fürstin hätte Sich
unserer Freuden gefreut – dann das war kein Mondschein im Kasten, sondern wahres Hertzens gefühl.
Dieses wäre nun so ein kleiner abriß von denen Tagen
wie sie Gott /: mit dem seeligen Werther zu reden :/
seinen Heiligen aufspart, mann kan hernach immer
wieder was auf den Rücken nehmen und durch diese
Werckeltag Welt durchtraben und sein Tagewerck
mit Freuden thun, wenn einem solche erquickungs
stunden zu theil worden sind. Nun Durchlauchdigste
Fürstin! Behalten Sie uns in gnädigstem Angedencken
– der Vater empfiehlt sich gantz besonders – und Frau
Aja Lebt und stirbt als

Ihro Durchlaucht
unterthänigste treugehorsambste Dienerin
C. E. Goethe.

Franckfurth d 24ten September 1779

53. An die Herzogin Anna Amalia

Durchlauchdigste Fürstin!

Alles alles legt es drauf an, Frau Aja gantz glücklich
zu machen – Dero letztes gnädiges schreiben an mich,

das so vortrefflich, so herrlich, so liebevoll, so gantz
dem Hertzen Der größten und Besten Fürstin ähnlich
ist, machte mich so vergnügt, daß jedermann, besonders meine Montags Gesellschafft meinen Rosenfarben
Humor bewunderten und große Freude ob meinem
thun und wesen hatten, dieses geschahe Montags.
Dinstags kam die Post aus der Schweitz, und brachte
mir einen Brief /: von wem glauben wohl Ihro Durchlaucht? :/ von Unserm gnädigsten und Besten Fürsten
selbst eigenhändig geschrieben an Frau Aja – und was
vor ein Brief, und in was vor ausdrücken! Glückliche!
und abermahls Glückliche Fürstin! die der im argen
liegenden Welt einen solchen Fürsten Sohn gegeben
und geschenkt hat. Gott erhalte und seegne Ihn, und
Die die Ihn gebohren – und alles Volck soll sagen
Amen.

Der Brief von Unserm Besten Herrn Herzog ist den
2ten Oktober in Basel geschrieben – Sie waren die
gantze Reiße über gesundt und überaus vergnügt –
Wie wir uns auf die Rückkunfft freuen kan ich nicht
beschreiben Zeit und weile wird mir unendlich lang
biß ich den Besten Fürsten wieder in meinem Hauße
auf und nieder wandlen sehe. O! Hauß! was ist dir vor
Heil wiederfahren!!! Von Emmedingen habe ich von
Schlosser und seinem Weib auch einen Brief erhalten
der uns Leib und Seele erfreut hat – der Anfang und
das Ende ist aber immer unser gnädigster Fürst, der
meinen Emmedinger Kindern auch die gnade erzeigt
hat unter ihrem Tach einzukehren und mit ihrem
Bürgerlichen thun und wesen vor liebt zu nehmen.
Häschelhanß habe ich zu seinem vortheil sehr verändert gefunden Er sieht gesunder aus und ist in allem
betracht Männlicher geworden, seyn Moralischer Carackter hat sich aber zu großer Freude seiner alten

Bekandten nicht im geringsten verschoben – alle fanden in Ihm den alten Freund wieder – mich hats in der
Seele gefreut wie lieb Ihn alles gleich wieder hatte –
den Jubel unter den Samstags Mädel, unter meiner
Verwandt und Bekandschafft, die Freude meiner
alten Mutter u.s.w. wie alle Welt nun auch des Goethe
Seinen Herzog sehen wolte, wie meine Wohnstube
immer voll Menschen war, die mit Schmertzen war-
teten biß Ihro Durchlaucht die Treppe herunter kammen – wie der Beste Fürst voll Freundlichkeit in die
Stube tratt, Sich von allen beschauen ließ, mit einem
und dem andern redete, wie alle Anwesende froh und
frölig waren u.s.f. Eine Chronick müßte ich schreiben
und keinen Brief, wenn ich Ihro Durchlaucht das alles
berichten wolte, was sich in den 5 glücklichen Tagen
bey uns zugetragen hat – es waren eben Feyer und
Freuden Tage deren uns Gott mehrere gönnen wolle.
So sehr ich mich auf die Rückkunfft freue, so komt
der fatale gedancke des Abschieds nehmen wie ein
Pfeil ins Hertz geflogen – ich will aber gar nicht dran
dencken und mir meine Freude nicht verderben –
Auch wäre es Undanck garstiger schwartzer Undanck
wenn mann nur noch das geringste verlangen wolte.
Diese große Freude kam so von ohngefähr – wer weiß
was uns übers Jahr blühet – Erfahrung bringt Hoffnung
– Hoffnung läßt nicht zu schanden werden. Johann
Caspar Bölling danckt unterthänig vor das gnädigste
Andencken – findet Sich übrigens wohl und hat an der
Erscheinung seines Freundes Goethe sich weidlich ge-
labet. Den Brief an unsern Herrn Herzog habe so
gleich nach Basel spedirt. So wie die Hoffrath Schlossern schreibt, zeichnet Herr Geheimde Rath Goethe
mächtig schöne gegenstände, Er wird also viel gutes
mitbringen. Die Rückreiße und alles was ich sonst

7. Goethe seiner Mutter vorlesend.
Ölbild von Mayntz 1779.

*Häschelhanß habe ich zu seinem vortheil sehr verändert
gefunden Er sieht gesunder aus und ist in allem
betracht Männlicher geworden.*

erfahre, werde immer so gleich an Ihro Durchlaucht einberichten. Der Vater /: dems gar wohl und sonderbahr zu muthe ist :/ empfiehlet sich zu gnaden – Was die glückliche Frau Aja betrieft, so hofft sie in aller Unterthänigkeit sich ferner des gnädigsten Andenckens von der Größten und Besten Fürstin rühmen zu dürffen – In dieser Hoffnung habe die gnade mich ewig zu nennen

Ew: Durchlaucht

unterthänigste

treugehorsamste Dienerin

C. E. Goethe.

Franckfurth den 8<u>ten</u> October 1779

N. S. Wollten Ew: Durchlaucht die gnade haben, und Freulein Thusnelde freundlich grüßen – Desgleichen auch den Lieben gevatter Wieland.

54. An die Herzogin Anna Amalia

Den 29<u>ten</u> Oktober 1779

Durchlauchdigste Fürstin!

Die Commision wegen der Wandleuchter habe so gleich damahls als Herr von Einsidel mir sie auftruge besorgt – Tabor ließe sagen wenn ich noch etwas warten könte, so hätte ich hernach die aus wahl, denn Er bekäme einen neuen Transport – Gestern als ich Dero gnädigstes schreiben erhielte schickte den Augenblick hin – da die Wandleuchter nun von verschiedner höhe und breite sind, so hat Er mir versprochen noch heute das maß wie auch die preiße zu zuschiken – erhalte ich alles zu rechter Zeit, so sols mit der heutigen Post noch fort, wo nicht so komts doch mit nächstem Posttag – Denn die Befehle und Aufträge von *Unserer*

Größten, Besten Fürstin sind mir zu heilig und zu
theuer um sie nicht mit der äussersten Geschwindigkeit zu vollziehen. Unser Sohn hat an Mercken einen
gar guten Brief geschrieben, welchen Er uns zum
durchlesen zuschickte. Himmel! Was vor Städte,
Dörfer, Flecken – Berge, Thäler, Gründe u.s.w. haben
Sie in denen 5 wochen nicht schon alles bereißt und
gesehn, das wird eine herrliche Erzählung werden –
Was aber über alles geht, ist, daß der Häschelhanß
schreibt, das Wetter wäre wie im hohen Sommer, und
nur einen einzigen Tag hätte es geregnet – Auch be-
fänden Sich unser Theurester Fürst überaus vergnügt
und wohl – desgleichen die gantze Reiße gesellschafft
– Gott sey Tausendtmahl Danck davor. Daß es uns
auf die Rückreiße gantz unendlich verlangt werden
Ihro Durchlaucht gerne glauben. Niemahls habe ich
denen Feen ihre Macht und Gewalt beneidet als jetzt,
da wir den Besten Fürsten zurück erwarten – Himmel
und Erde! wenn ich nur auf diese Zeit die Fee Urgande
wäre – was solte mein Hauß vor ein Palast seyn! Gold,
Demandten Perlen alles wolte ich mit dem besten
gusto anwenden, auch solten Sänger und Sängerinnen
bey der Hand seyn wogegen sich die Mara verkriechen müßte. Doch die Götter im hohen Olimp laßen
sich den guten willen wohlgefallen und die Götter auf
Erden /: zumahl wenn Sie Carl Augste sind :/ thun
des gleichen, dieses beruhigt Frau Aja gantz und gar.
Tabor schickte mir 3erley sorten Wandleuchter von
unterschiedner größe und also auch von verschiedenen
preißen, sie haben in der mitte spiegel und sind zumahl der 9 gulden das stück kostest sehr schön – ich
hätte gern Zeichnungen davon gehabt, um sie Eurer
Durchlaucht zum ansehen zu überschicken, da er mir
das aber als eine ohnmöglichkeit vorstellte; so bleiben

zwey wege übrig – der erste, daß ich die 3 Wandleuchter auf dem Postwagen Ihro Durchlaucht zum ansehn
schicke, oder ob ich sie dem Herrn Herzog zur auswahl vorstellen soll – denn da sie sehr verschieden
sind z. E. einer mit Farbigem gold mit einem Blumen
körbgen – der 2 und 3 wieder anders; so kan ich sie
vor mich ohnmöglich wählen. Ihro Durchlaucht befehlen mir also wie ichs machen soll, so soll alles mit
dem größten eifer betrieben werden, von

Dero treugehorsamten Dienerin

C. E. Goethe.

55. An die Herzogin Anna Amalia

Durchlauchdigste Fürstin!

Hier überschicke ich auf order und Befehl eines gewißen Herrn geheimdten Raths, Goethe benamset,
eine schöne und über die maßen anmuthige Reiße
beschreibung – Ich wünsche von Hertzen daß Ihro
Durchlaucht Sich recht sehr dran ergötzen mögten –
Frau Aja sahe im geiste all die herrlichen Gegenden,
kletterte mit auf die Felsen, und erfreute sich von gantzer Seele über der Reißenden Glückseeligkeit und
wohlbefinden: ob ich Ihnen nun das alles gleich von
Hertzen gönne; so kann ich doch nicht in abrede seyn,
daß Ihre Rückkunfft mit sehnlichem verlangen von
uns erwartet wird – Unter den vielen Ursachen /: die
sich wie ein Pater noster herzehlen ließen :/ ist mein
in Kammern und Stuben aufgespeichertet Herbst
nicht die kleinste – Denn da ich wuste daß Unser gnädigster Herzog die Weintrauben sehr liebten, auch bey
Ihrem hirseyn sie Sich recht gut schmecken ließen; so
lasse ich nicht allein aus unserm Garten die schönsten
und besten aus, sondern alle meine Baasen und Ge-

vatterinnen /: die auch ihr Scherflein zur Bewirtung des Besten Fürsten beytragen wollten :/ machten es mir nach, mit dem anerbieten, daß sobald Ihro Durchlaucht ankämen ich drüber zu disponiren haben solte – die eine hälffte haben wir aber leider schon selbst verzehren müßen – und der andern wirds vermuthlich nicht beßer gehn – mein einziger Trost ist, daß Sie unterwegs weit beßre Trauben gekostet haben, und es eine frage wäre, ob die hiesigen jetzt drauf schmeckten. Die Nachricht wegen der Wandleuchter werden Ihro Durchlaucht nunmehro erhalten haben, und ich erwarte Dero befehl hierüber. Daß in Franckfurth der Witz sehr starck floriret hat der Häschelhanß schon 1773 in reimme gebracht »Franckfurth am Mayn des Witzes Flohr, nicht weit vom Eschenheimerthor u.s.w.« und daß Docter Faust hirinnen die Wahrheit gesagt, soll eine kleine Handarbeit /: welche ich mir die Freyheit nehmen werde Ihro Durchlaucht zu überschicken :/ sattsam beweisen. Ich weiß Ihro Durchlaucht nehmen so was nicht ungenädig auf, sonst würde ichs mich nicht unterfangen – Mit einem Wort mir ists zu muthe mit der Besten Fürstin, wies Hanß Schickenbrod mit unserm lieben Herr Gott war, Die Grabschrifft des guten Mannes hat Herr Hübner der Geographf in sehr schöne Verse verfaßt und gestelt. Ihro Durchlaucht! Erhalten mir und allem was mich angeht Dero Gnade und Wohlwollen, Dieses ist der einzige Wunsch von

Eurer Durchlaucht
unterthäniggehorsambsten
Dienerin C. E. Goethe.

N. S. Der Vater empfiehlt sich zu beharrlicher Gnade. Die Briefe die Eurer Durchlaucht mir zuzuschicken

die Gnade haben, werden immer so gleich auf beste
bestelt.

Franckfurth den 5ten Novbr 1779

56. An die Herzogin Anna Amalia

Franckfurth den 12 November 1779

Durchlauchdigste Fürstin!

Ohnerachtet es sehr schmeichelhafft vor mich ist,
daß Ihro Durchlaucht meinem geschmack so viel
gutes zutrauen, und mir die kauffung der Wandleuchter völlig überlaßen haben; so traute ich meiner Einsicht doch nicht so viel zu, und bin daher auf ein mittel
gefallen wodurch ich hoffe Ihro Durchlaucht zu vergnügen und mich aus der Verlegenheit zu ziehen meine
sachen nicht recht gemacht zu haben. Zu dem Ende
ist heut mit dem Eissenacher Postwagen einer von
denen Wandleuchter zu 9 gulden an Ihro Durchlaucht abgegangen – ohnerachtet das Spiegel glaß
drinen fehlt, so kan mann sich das leicht dazu dencken
– Gefält er Ihro Durchlaucht, so sollen mit dem nächsten Postwagen, die andern 7 mit Spiegelglaß gantz
fertig /: auch das fehlende glaß :/ nachgeschickt werden. Im fall nun der Leuchter Ihro Durchlaucht nicht
gefiehle, so mag er wieder herreißen, ich habe das mit
Tabor ausgemacht. Nun noch was – Tabor hat zu
diesen 8 Wandleuchter einen gantz vortrefflichen
Spiegel den Er eigendlich dazu hat verfertigen laßen,
damit Spiegel und Wandleuchter eine vollkommene
garnitur ausmachten, diesen schickte Er mir nun, damit ich bey Ihro Durchlaucht anfragen solte, ob Sie
denselben etwa brauchen könten – Die goldne Rahm

acordirt nun zu den Wandleuchtern und ist von
einem erstaunlichen pracht, aber aus beyliegender
Nota können Ihro Durchlaucht auch abnehmen daß
es ein kostbar stück ist, den 10 Carlolinen ist gantz
hübsches Geld – Es steht nun alles in Ihro Durchlaucht
gnädigstem wollen oder nicht wollen es war nur bloß
eine Anfrage von Tabor an mich und diesen gefallen
konte ich ihm nun wohl thun da er allemahl bereit
und willig ist, die 8 Wandleuchter ohne den Spiegel
wegzugeben. Diesesmahl hat das sonst so wahre und
richtige Gefühl meiner Besten Fürstin /: vielleicht
zum erstenmahl :/ doch gefehlt – Ich solte die Briefe
/: von der Größten und Vortrefflichsten Fürstin die
ich verehre wie mann eine Gottheit verehrt – da wann
ich nur den kostbahren Nahmen Amalia leße ein Jubiliren und Freudenfest in meines Hertzens-Schrein
gehalten wird :/ überdrüßig werden – Nein Theureste
Fürstin! der kleinsten Buchstaben von Dero Lieben-
würdigen Hand /: die ich so gern die gnade haben
mögte noch einmahl in dieser Zeitlichkeit mit tieff-
stem Respeckt zu küssen :/ ist mir Freude und Wonne.
Ihro Durchlaucht laßen also dem Gedancken von
überlast ja keinen Raum sondern Begnadigen Frau
Aja ferner mit Dero gnädigsten Zuschrifft. Die Briefe
habe wohl besorgt – Die Handarbeit wird ehestens
erscheinen – und hoft eine gnädige aufnahme. Durchlauchdigste Fürstin! erhalten Sie Dero Gnade und
Wohlwollen Derjenigen die ewig ist und bleibt

Durchlaudigste Fürstin
Dero
Unterthänige treue und gehorsamste Dienerin
C. E. Goethe.

N. S. Der alte Vatter empfiehlt sich zu gnaden.

57. An die Herzogin Anna Amalia

                    den 29ten November 1779
    Durchlauchtigste Fürstin!

Am 26ten dieses sind die Wandleuchter mit einem
Frachtbrief an Wieland abgeschickt worden. Tabor
fand es beßer sie einem Fuhrman und nicht dem
Eissenacher Postwagen mitzugeben, ich wünsche daß
alles wohl behalten anlanden möge. Das Buch vom
schönen Wedel hat mir ein groß gaudium gemacht –
und bey der Rückkunfft unserer Reißenden soll das
ein haubtspaß werden, auf so was versteht sich Frau
Aja Meisterlich, darauf können Sich Ihro Durchlaucht
verlaßen. Gott sey ewig Danck daß ich nun weiß daß
unser Bester Fürst sich unserer Hütte wieder allge-
mach nähert, und daß Sie vermuthlich zu Ende dieser
oder Anfangs der andern woche bey uns Seyn werden,
dann gestern erhielte einen Brief vom Häschelhanß
daß Sie alle wohlbehalten in Zürch angekommen
wären, und nun ohngesäumt Ihren Weg verfolgen
würden, ich solte Ihnen eine gute Stätte bereiten
u.s.w. Ihro Durchlaucht können Sich leicht vorstellen
wie geschäfftig Frau Aja seyn wird, und wie alles an
mir lebt und webt diese große Freude recht recht zu
genießen. So bald ich nähre Nachrichten bekomme
sollens Ihro Durchlaucht immer so gleich erfahren.
Das Kleidt vor unsern Lieben Fürsten das Herr Bertuch die order hatte hieher zu schicken, ist glücklich
ankommen, und von mir in die beste Verwahrung
genommen worden. Daß mein Beutelein Gnade vor
Dero Augen gefunden hat macht mir eine große
Freude – Doch kenne ich nicht die Beste Fürstin schon!
Die den Göttern gleich, nicht die gabe, sondern das
Hertz ansieht. Merck hat mir einen auszug aus einem

Brief seines Schwiegervaters und Schwagers zugeschickt worinnen sie Ihm sehr dancken daß Er ihnen
solche Reißende zugeschickt – Einen Fürsten dessen
Politesse und Menschenfreundlichkeit gar Seines gleichen nicht habe, in den schönen Wedel sind sie alle
sterblich verliebt, und der Herr Geheimdte Rath kriegt
auch sein gebührendes theil. So viel vor diesesmahl –
meine Neuigkeiten sind am Ende – meine alte Bitte
aber mich ewig nennen zu dürfen

Durchlauchdigste Fürstin
Dero
unterthänige treugehorsambste Dienerin
Goethe

bleibt der wärmste Wunsch meines Hertzens und
Ihro Durchlaucht sagen gewiß Amen dazu.

N. S. Der Vater empfiehlt sich zu gnaden.

58. An die Herzogin Anna Amalia

Durchlauchdigste Fürstin!

Jetzt sitzt Mutter Aja gantz allein in den Hütten
Kedar und ihre Harpfe hengt an den Weiden – Einsam
wie im Grabe, und verlaßen wie ein Käutzlein in ver-
stöhrten Städten. Alle die von Hertzen frölich waren
seuffzen, die Freude der Paucken feyert, und die Herrlichkeit hat /: wenigstens vor diesmahl :/ ein Ende.
Dieses Theureste Fürstin ist meine aufrichtigte Beichte
und die lage meiner Seele – Mein sonst rosenfarber
Houmor ist etwas floh-farb geworden, und ich muß
alle Kräffte anspannen, damit Sauls unruhiger Geist
mich nicht beym Schoppf erwische. Wundern würde
ich mich nun freylich nicht, wenn in meinem Hertzen

und gemüthe noch viel wunderliche dinge entstünden
– Denn meine *glorie* war fast groß, und meine *Freude*
ohne alle gräntzen. Biß ich mich nun wieder in den
ordentlichen Cammerthon hinein stimme dazu gehört Zeit. Den Besten Fürsten Tag täglich zu sehen
war herrlich, aber Ihn reden zu hören ging über alles.
Wie oft saße ich gantz ohnbemerckt in einem eckelgen,
und hörte Dinge darüber mann erstauen mußte –
Eine solche Weißheit und Klugheit, eine solche tiefe
kentnüß der Menschen biß in die innersten kleinsten
Falten und Winckel des Hertzens – Mit dem allen die
gantz erstaunliche entäuserung als wenn das alles gar
nicht da wäre – und das in einem Alter von 22 Jahren!
Wenn Er noch länger hir geblieben wäre, hätten mir
die Leute mein Hauß gestürmt, den jedes das einmahl
die gnade gehabt hatte Ihn zu sehen wolte das Glück
mehr haben – Jedem sagte Er was verbindliches, jedem
was ihm Freude machte, besonders unsere Damen
Frauen und Jungfrauen sind so entzückt, haben in
ihrem Leben noch so gar nicht gesehn – So *einen Her-*
zog! Diejenigen die das unglück gehabt haben Ihn
nicht zu sehen oder zu sprechen werden von den
andern glücklichern vor halb unehrlich gehalten. Der
schöne Wedel hat auch überall Lob und preiß einge-
ärndet. Herr Geheimdte Rath Goethe hat nicht minder
bey seinen Landsleuten, Freunden und Bekandten
einen guten geruch zurückgelaßen. Durchlauchdigste
Fürstin! Es war mit einem Wort das plus Ultra; und
wir, und unsere Freunde, und unsere Stadt, und die
Höffe Darmstadt, Homburg und Hanau werden diesen Zeitpunckt gewiß so leicht nicht vergeßen. Gott
seegne die Fürstin die der Welt einen solchen Fürsten
Sohn gebohren hat! Amen Amen.   Dieses wäre
nun so eine kleine unvollkommene Relation, was der

Vater und ich in diesen Tagen vor glückliche Leute
geweßen sind. Alles gefühl unserer danckbahren Hertzen auszudrücken ist gantz ohnmöglich – Aber wir
wißen und sind überzeugt, daß *Unsere* gnädigste
Fürstin Freundlich Sind, und Ihre Güte ewiglich währet.

In die güte gnade und Freundlichkeit empfehlen wir
uns nebst den unserigen auf neue, und sind und bleiben, biß ans Ende dieser Wallfarth

Durchlauchdigste Fürstin
Dero
unterthanigste treugehorsamste
Diener und Dienerin
Johann Caspar Goethe mppr. *C.E.Goethe*

Franckfurth d 18 Jenner 1780

59. An die Herzogin Anna Amalia

[Anfang Februar 1780.]
Durchlauchtigste Fürstin.

Die Gnade die Ew: Durchlaucht vor den alten Vater
und Frau Aja haben, ist in unsern danckbahren Hertzen tief, tief eingeschrieben. Wir hoffen zu Gott, daß
die nächsten Briefe die Besserung unsers *einzigen* uns
versichern werden. Von uns soll seine unpäßlichkeit
keine Seele erfahren, denn ich weiß aus Erfahrung was
so ein geträsche einem vor unruhe machen kann. Also
noch einmal Danck, Theureste Fürstin vor die Nachricht und daß es sich bessert. Der Vater hat große
Freude daß sein Porträi gnade vor Dero Augen funden
hat – Ich weiß *Sie große würdige Fürstin* erhalten uns
diese Gnade, dieses ist unser Wunsch, unser verlangen
und begehren. Unser Durchlauchtigster Fürst be-

findet Sich doch auch wieder recht wohl? Darf ich
mich unterfangen, an den Besten Vortrefflichsten
Fürsten Tausend seegens wünsche von uns, Durch
Ihro Durchlaucht ausrichten zu laßen? Aber um alles
in der Welt, was macht und treibt Freulein Thusnelde?
in 1000 Jahren habe ich nichts von Ihr gehört noch
gesehn. Diesen Sommer hoffe ich gantz gewiß Sie
wieder einmahl zu sehen, denn Ihro Durchlaucht
werden doch Franckfurth nicht gantz vergessen haben.
Frau Aja glaubt steif und fest bald wieder das große
Glück zu erleben unsere Theureste Fürstin hir die
Hände küssen zu dörffen. Da Ihro Durchlaucht die
Gnade hatten mich zu versichern, daß ich mit ehester
Post, weitere nachricht von unserm Sohn erhalten
solle; so erwarte sie mit verlangen. Die hir zurück
gebliebne Gemälde von Ihro Durchlaucht unsern
besten Herzog sind nun auch eingepackt und gehen
mit dem ersten Fuhrmann ab. Dörffen wir noch um
eine gnade bitten, so wäre es Häschelhanß recht schön
von uns zu grüßen und ihm zu sagen er mögte ja bald
wieder hübsch gesund werden, damit die große Freude die wir gehabt haben uns ja nicht verdorben würde
– Doch ich traue es dem lieben Gott zu, daß wir bald
gute Nachricht von Weimar hören werden *Amen*. Nun
Theureste Fürstin! Wir und die uns angehören, empfehlen wir zu ferner gnade, und ich verharre

Durchlauchdigste Fürstin
Dero
unterthänigste treugehorsamste
Dienerin
C. E. Goethe

N. S. Der Vater danckt vor das gnädige Anden[ken],
und empfiehlt sich *unser Besten Fürstin* auf das neue.

60. An die Herzogin Anna Amalia

den 19 Februar 1780

Durchlauchdigste Fürstin

Die Freude von Frau Aja in ihrem vollen glantze zu
beschreiben, daß weiß ich nun eigenthlich nicht wer
so was könte, ich kans einmahl gantz gewiß nicht.
Was muß gesagt seyn, kalt wirds allemahl gegen das
innere Gefühl des Hertzens ausfallen. Theureste Fürstin! was war das wieder vor ein gnädiges Andencken!
vor ein herrliches geschenck! So vortrefflich hat Frau
Aja ihren Nahmen noch nie gesehen, alles ist erschöpft,
was von gousto, Elegantz, und Schönheit nur möglich
war – Ich bin eine glückliche Frau!!! In der gnade
Einer Fürstin zu stehen, die so wie der Liebe Gott alles
vergnügt und glücklich macht, Die immer Freude
bereitet – Die eben mit einem Wort, eine wahre Fürsten Seele hat. Ja Vortreffliche, Große, Beste Fürstin
ich erkenne im innersten und tiefften grund des Hertzens dieses neue Zeichen von Dero Huld und Gnade,
und mein einziger, eiffrigster wärmster Wunsch ist
der, mich Dieser gnade diesen hohen Andencken, nur
einiger maßen würdig zu machen. Alle meine Seegens-
wünsche über Diejenigen Die den herrlichen Gedancken haben uns unsere Fürstin wieder her zu bringen.
Ihro Durchlaucht bedencken doch, daß es beynahe
zwey Jahre sind, daß das vor Mutter Aja eine Ewigkeit
ist – in der ich unsere Theureste Fürstin nicht gesehen
habe. Ihro Durchlaucht haben also die Gnade, alle
Anschläge die Reiße betreffend zu unterstützen und
zu befördern, damit Frau Aja *mündlich* vor alle, besonders vor die letzte am 19 Feb: erzeigte Gnade dancken und einmahl wieder ein rechtes Freudenleben
gelebt werden mögte. Diese Hoffnung soll mich dann

von nun an beleben, soll mit mir aufstehn, mit mir schlaffen gehn, nichts, nichts als das will ich mir vorerzählen, und dem seeligen Augenblick mit großen Freuden entgegen sehn – und als dann mit Hertz Mund und Hand bekennen, daß ich kein ander Glück weiß und kenne, als der Theuren Fürstin Amalia ewig unterthan und gantz eigen zu seyn. Indeß biß diese herrliche Zeit heran kommt, kan ichs freylich nicht anders als auf diese weiße thun – daß ich schriefflich sage, wie ich ewig bin

Durchlauchdigste Fürstin

Dero

Unterthanigste treugehorsamste

Dienerin

C. E. Goethe.

N. S. Der Vater empfiehlt sich gleichfalls zu fernerer gnade.

61. An Goethe

den 23 ten Mertz 1780

Lieber Sohn! Diesen Augenblick bringt mir Herr Paulsen zwey Briefe, die mich so in einen Freuden und Jubelthon gestimt haben, daß es gar nicht ausgesprochen werden kan. Unser Bester Fürst! hat mich mit einem gantz herrlichen schreiben begnadig, und unsere Theureste Fürstin Amalia that des gleichen. O thue mir die einzige liebe und dancke unterthänigst auch vor diese der Frau Aja gemachte Freude. Wenn es aber auch kein Weimar und keine solche herrliche Menschen drinne gäbe – ferner keinen Häschelhanß – So würde ich Catholisch und machts wie Mahler Müller.

Da uns aber Gott so begnadig hat, so freuen wir uns
auch dieses Erdeleben /: nach unserer Fason und wie
wirs eben haben können :/ sehen den 3$\underline{\text{ten}}$ Feyertag
den Julius von Tarendt u.s.w. In deinem Garten muß
es jetzt wieder schön seyn, wiewohl heut bey uns noch
garstig kalt wetter im Schwang geht. Der Vater und
alle Auserwählte grüßen dich – Der Postwagen will
fort, lebe wohl! Ich bin ewig

deine treue Mutter *Aja.*

N.S. Viele hertzliche grüße an Wieland – Seinen
Oberon erwarte ich und mehr gute Seelen mit Schmertzen.

62. An die Herzogin Anna Amalia

Durchlauchdigste Fürstin!
Ja wohl ist mir alles was von Weimar kommt, ein
Bote und Herold der Freude und des Vergnügens.
Was kümmerts michs wie er gestaltet, was kümmerts
michs was er treibt und was sonst seines thuns und
Wesens ist; kriegt Frau Aja doch Nachricht, wies in
dem Lieben lieben *Weimar* geht und steht – kriegt
Nachricht wie die wahren großen Fürsten seelen Sich
befinden – wird überzeugt daß noch, noch in allen
gnaden an Mutter Aja gedacht wird. Ja Gnädigste
Fürstin Dero liebevolles gnädiges Schreiben und der
gantz vortreffliche Brief *unsers* Gnägigsten und Besten
Fürsten, haben mir Feyertage gemacht, die nur Gott
und ich weiß. Freylich hätte ich nur eine einzige Freundin, eine einzige theilnehmende Seele, so hätte meine
Wonne und Freude den höchsten giepfel erreicht, denn
ein Vergnügen das mann niemand sagen kan, bleibt

allemahl nur halb. Was kan ich aber machen – vor
der Hand ist das nun jetzt eben Frau Aja ihr trauriges
Looß – doch Gedult, es hat sich in meinem Leben schon
so manches wunderbahre zu getragen, das am Ende
immer gut war, daß ich gewiß hoffe, mann spielt jetzt
am 4$^{\underline{ten}}$ Ackt, der 5$^{\underline{te}}$ ist nahe, es entwickelt sich und
geht alles brav und gut. Wielands trefliches Werck
genandt Oberon, habe zum erstenmahle verschlungen,
hernach wie ein vernünfftiger Mensch mich dabey
geberdet und es langsam und ordendtlich gelesen.
Sohn, Freund und Gevatter Wieland, soll so bald sich
nur die Meße ein wenig verlaufen hat /: denn jetzt
habe ich manchen Tag keine halbe stunde frey :/ ein
eigenhändiges Schreiben von mir erhalten: worinnen
nebst dem wärmsten Danck eine Beurthteilung in
Frau Aja manir erfolgen soll. Theureste Fürstin! So
eben konmt die Büste von unserm Besten Fürsten bey
wohlbehalten an. Die Freude und Wonne den Jubel,
über dieses so gnädigste Fürstliche Andencken nur
einiger maßen zu beschreiben, das ist mir platerdings
ohnmöglich. Weimar ist eben dazu erkohren, uns mit
Freude und Wonne zu überschütten – da ists nun freylich kein Wunder alles was von Weimar komt, und
nur einem Menschen gleich sieht, mit einem freundlichen Anglitz anzublicken – zumahl wenn es noch
obendrauf, so höfflich und dinstfertig wie Herr Com-
merien Rath Paulsen ist. Ich habe den braven Mann
nicht so betrüben wollen diesen Brief auf die Post zu
geben, damit Er mich gar angelegenlich bate, durch
Ihn die Rückantwort an Ihro Durchlaucht gelangen zu
laßen, sonst hätte ich gewiß ehender auf Dero gnädiges
schreiben geantwortet.

Das Schweitzer Drama von Bruder Wolf mögte ich
wohl aufführen sehen, besonders den schönen Wedel

als Bauer, da mag Er einem gar hübschen pursch gleich sehen. Wir haben diese Meße die Chur Cöllischen Hofschauspieler hir, Großmann, und der alte Hellmuth sind die Direckter: den Julius von Tarent machten sie gar brav, besonders Großmann als Fürst, Opitz als Julius, und Steiger als Guido verdienten allen Beyfall. Darf ich Ihro Durchlaucht unterthänigst bitten unsern Sohn vielmahls zu grüßen, desgleichen auch Freulein Thusnelde und Ihr zu sagen, daß Ihr Machwerck in gantz Franckfurth herum Marschiren muß, und überall Lob und Ruhm davon trägt. Ihro Durchlaucht verzeihen, daß ich Ihnen mit so einer langen Epistel beschwerlich geweßen bin, jetzt nur noch die alte Bitte, daß Unsere Beste Fürstin, Frau Aja und alles wer ihr angehört, beständig in gnaden gewogen bleiben wollen, ich an meinem geringen theil, bin mit Leib, Seele, und Geist

Unserer Besten Fürstin

Unterthänigste treugehorsamste

Dienerin

C. E. Goethe.

Franckfurth d 31ten Mertz 1780

N. S. der Vater empfiehlt sich zu ferneren hohen gnaden.

63. An die Herzogin Anna Amalia

Durchlauchdigste Fürstin!

Den Todtesfall von Dero Hochseeligen Herrn Vater habe ich von Hertzen beklagt – Alters wegen hätten Hochdieselben noch lange Sich auf diesem Erdenrund aufhalten, und Ihrer Theuren Gemahlin und allen

Ihren Fürstlichen Söhnen und Töchtern zur Freude
noch viele Jahre leben mögen – doch in keinem, am
wenigsten in diesem stück läßt sich das Schicksal in
die Karte gucken, es spielt nun so sein spiel im Ver-
borgnen fort, und 1000 gegen 1 gewettet am Ende
müßen wir doch gestehen, daß es das spiel aus dem
grunde versteht. Wenn ich meine eigne Erfahrung
zur Hand nehme, und dencke, was ich alles, diesen
punckt betreffend vor Narrens poßen gewünscht und
nicht gewünscht, und wie wann es so gekommen wäre,
die herrliche Epoche meines jetzigen Lebens gar nicht
hätte erscheinen können, im gegentheil alles alles
wäre verdorben und verhuntzt geworden; so habe
ich heilig geschworren, mich mit meinem Maulwurfs
Gesicht in gar nichts mehr zu meliren, und zu mengen,
es immer einen Tag, dem andern sagen laßen, alle
kleine Freuden aufzuhaschen, aber sie ja nicht zu ana-
tomiren – Mit einem Wort – täglich mehr in den
Kindersinn hineingehn, denn das ist Summa Sumarum
doch das wahre, wozu mir dann Gott seine gnade verleihen wolle *Amen*. Hoffendlich werden Ihro Durchlaucht jetzt in Gottes freyer Welt seyn, den Balsam
der Blüthen, Blumen und Kräuter einathmen, und
dadurch neues Leben, neue Wonne und Seeligkeit
empfinden. O! wie freue ich mich Theureste Fürstin,
Ihrer Freuden! Auch Frau Aja hat im sinn sich diesen
Sommer hübsch zu nutzen zu machen – freylich muß
ich Abens allemahl wieder in mein Häußlein zurück
kehren – kan also die Sonne wenn sie geschmückt wie
ein Bräutigam hervor tritt nicht sehen, habe sie /: solten das Ihro Durchlaucht wohl glauben :/ nie aufgehn
sehen – davor will ich oft bey ihrem Untergang mich
einfinden, um doch etwas zu genießen. Künftige
woche habe vor Freund Merck zu besuchen, die fahrt

ist jetzt wegen dem frischen grün in denen Wäldern
gantz herrlich – da nehme ich ein paar brave Mädels
mit, und einen wackern Bursch der uns gegen die
Räuber verdeigigt, und dann singen wir den gantzen
weg allerley, was wir aus Operetten und andern Liedern wißen, z. E. Es lebe der Herzog mein Töffel und
ich, der Herzog vor alle mein Töffel vor mich u. s. w.
Von dem lieben Gevatter Wieland, habe am Samstag
einen Brief bekommen – Einen Brief! der gar nicht
zu bezahlen ist, davor ist Er aber auch *Wieland*. Was
mir sein Oberon vor seelige Tage gemacht hat, und
noch macht, das belohne Ihm Gott. Auch vom schönen Wedel habe gar ein liebes Briefelein gekriegt –
Wollen Ihro Durchlaucht die gnade haben, und Ihm
sagen, Er solle mit den gläßern im Sack, den Bruder
Wolf besuchen und diesem andeuten, wie daß es der
Mutter Aja ihr ausdrücklicher Wille wäre, daß besagte gläßer von dem wahren ist, est angefühlet und
unter dreymahligen hoch auf meine Gesundheit aus-
gelehrt werden solten. Daß Unser Bester Fürst /: Dessen Andencken bey uns immer im Seegen grünt und
blüht :/ den Häschelhanß wieder mit nach Leipsig genommen haben, hat mir eine große Freude gemacht,
so was Circulirt allzeit biß zu uns, da sind die Franckfurther Kaufleuthe, die, die Leipsiger Meße besuchen,
da wird nun das dem gantzen Abdera erzählt wie der
Herr Geheimdte Rath mit seinem Fürsten auf der
Meße war – das gibt dann unter meinen Basen, Gevatterinnen u. s. w. große Discurse, darob dann Frau
Aja eine große Freude hat. Ihro Durchlaucht verzeihen allem diesem Geschwätze – Wann ich die gnade
habe, an unsere Beste Fürstin schreiben zu dürfen; so
übertreibe ichs allemahl, und weiß weder Ziehl noch
maß. Vorjetzt erlauben Ihro Durchlaucht, mir nur

noch, vor mich und die so mir angehören die fortdauer von Dero Huld und Gnade auf neue zu erbitten.
Ich bin, bleibe, Lebe und ersterbe

Durchlauchdigste Fürstin
Dero
unterthänigste, treugehorsamste Dienerin
C. E. Goethe

Franckfurth d 16 May 1780

N.S. Der Vater empfiehlt sich zu hohen gnaden.
Freuleins Thusneldens Briefgen war mir lieb und her
– O! wären wir doch wieder einmahl beysammen!!!!
Schreiben – ja schreiben thuts freylich nicht.

64. An Großmann

Franckfurth d 19ten May 1780

Lieber Herr Gevatter! Sehr, recht sehr hat es mich
gefreut daß Sie glücklich in Bonn angelangt auch Ihre
lieben Kinder wieder hübsch frisch und munter an-
getroffen haben – Halten Sie ja Ihr versprechen künfftige Meße mich wieder eins dieser lieben geschöpfe
sehen zu laßen, doch /: verstehts sichs :/ der Lotte ohnbeschadet, den die ist und bleibt nun einmahl mein
Ideal. Küßen und grüßen Sie das herrliche Mädgen,
und sagen Ihr, daß ich, und die kleinen Büßquitger
mit schmertzen auf Ihre Rückkunft warten. Nochmahls vielen Danck vor alle die Freuden und vergnügten Tage die Sie mir vier hübsche Wochen lang tag
täglich verursacht und gemacht haben. Bey meiner
Lage, bey der stille die um mich herum herscht ists
nöthig, ists Wohlthat wenn mir was vor die Seele
gestelt wird das sie aufzieht, in die höhe spant, daß

sie ihre anziehende kraft nicht verliehrt. Doch da mir
Gott die Gnade gethan, daß meine Seele von Jugend
auf keine Schnürbrust angekriegt hat, sondern daß
Sie nach Hertzens lust hat wachsen und gedeihen, Ihre
Äste weit ausbreiten können u.s.w. und nicht wie die
Bäume in den langweiligen Zier Gärten zum Sonnenfächer ist verschnitten und verstümmelt worden; so
fühle ich *alles* was wahr gut und brav ist, mehr als villeicht Tausend andre meines Geschlechts – und wenn
ich im Sturm und Drang meines Hertzens im
Hamlet vor innerlichem Gefühl und Gewühl nach
Luft und Odem schnappe, so kan eine andre die neben
mir sitzt, mich angaffen, und sagen, es ist ja nicht
wahr, sie spielens ja nur so – Nun eben dieses unver-
fälschte und starcke Nathur gefühl bewahrt meine
Seele /: Gott sey ewig Danck :/ vor Rost und Fäulniß.
Den letzen Tag Ihres hirseyns ware ich zum Beschluß
noch recht vergnügt – Henriette hat mir gantz auserordentlich behagt, bittens uns auf künfftige Meße
zum Regal und Hertzens weide wieder aus. Heut ist
mit Schiffer Frantz Matheus mein und meines Sohns
Gibs Gesicht, wie auch die Nackäsche an Ihnen abgegangen – Wünsche viele Freude dran zu erleben. Leben Sie recht wohl! Grüßen vielmahls von mir /: besonders aber vom Papa :/ Ihre liebe Frau, Lotte,
Hänßgen, Fritze, Fräntzgen und Antonette /: Sie sehen
doch daß ich die nahmen hübsch behalten kan :/
Kommen Sie die Meße gesund und vergnügt wieder
zu uns – Laßen Sie Ihre Herrn Schauspieler nebst
Frauen und Jungfrauen ihre Rollen recht schön einstudiren – damit ich und andre brave Menschen in
der herrlichen Täuschung erhalten werden, Im Hamlet und andern ihm ähnlichen stücken, von gantzer
Seele flennen – In den 6 Schüßlen, in der Jagdt von

gantzer Seele lachen – In Trau schau wem – bald über
das unglückliche paar hertziniglich betrübt sind –
bald über den drolligen pips tränen lachen. Summa
Summarum – daß alles hübsch klapt und paßt. Nun
nocheinmahl leben Sie wohl! Und glauben daß ich
bin

Ihre

wahre Freundin

C. E. Goethe

65. An die Herzogin Anna Amalia

Durchlauchdigste Fürstin!

Die gnädige Vorsorge so Ihro Durchlaucht vor das
Leben der Frau Aja bezeugt, und das freundschafftliche Anerbieten in dem unerschütterten Weimar
mein junges Blut in Salvo zu bringen, und nicht vor
der Zeit in die Grube zu fahren hat mich auserordentlich gerüht und erfreut. Ferne seye es von mir, mit
den neuen Propheten spaß zu treiben, diese gattung
Leute können einem auch noch im Tode Schabernack
und Hertzeleid anthun. Ich werde also drauf bedacht
seyn, meine besten Habseligkeiten besonders die alten
Weine dem untergang zu entreißen und alles unter
sicherm geleit nach Weimar spediren. Die neuen
und minder guten Weine aber, zu ersparung des
Transports biß auf den letzen tropfen austrincken.
Den Frachtbrief werde ich an Den Hochwohlgebohr-
nen Herr Baron und Cammerherrn von Einsidel adresiren, mit Bitte Sich dieser armen vertriebenen und
verjagten Emigranten anzunehmen, und ihrer in einem hübschen trockenen Keller, best möglichst zu
pflegen. Freund Bölling dem ich aus Menschenliebe

diese Schreckenspost auch mitgetheilt habe, bittet um die gnädige Erlaubnüß mit 50 Fäßer Caffe und etlich 100 Kisten Zucker seinen Einzug in Weimar halten zu dürfen – Überhaubt solte das eine gantz hübsche Emigration werden, den das Sündhaffte Darmstadt, das sich untersteht Presidenten abzusetzen geht gewiß am ersten Cabut – Merck mit seinem Fuchs wird auch schlechten Lusten haben, Sich in der hälfte seiner Tage Lebendig begraben zu laßen, den bringen wir dann auch mit. Ihro Durchlaucht haben die Gnade einstweilen davor zu sorgen, daß uns ein hübscher Romantischer platz zu auferbauung eines Dörfgens angewißen werde, damit wir da, in Ruhe und Frieden, wies guten und treuen Untherthanen zusteht, unser Leben in Zucht und Erbarkeit führen mögen. Das Dörfelein soll Zoar, und wir Colonisten die flüchtigen Franckfurther benamset werden. Ach! wie mirs so wohl ums Hertz ist, daß meine Häußliche Angelegenheiten so vortrefflich besorgt sind, nun kan ich mich freuen und fröhlich seyn! Auf die Weimarer Vögel bin ich auserordentlich neugirig, und mich verlangt mit Schmertzen, den Dialog zu hören zwischen einem Spatzen und einen Reihger. Daß Ihro Durchlaucht in Ihrem Etterburg Gesund und vergnügt Sind, hat mich unendlich erfreut – Aber – aber eine große Kluft ists doch alle mahl vor Frau Aja!!! Dieser Sommer geht also leider wieder vorbey, ohne daß ich die Seeligkeit genüße meiner Theuren, Besten und Holdseligen Fürstin Liebevolles Angesicht zu sehen – O! was muß mann doch alles in dieser Werckeltag welt entbehren! Mein einziger Trost ist, daß Ihro Durchlaucht mir auch in der entfernung Dero Gnädigstes Andencken nicht entziehen – Vortrefflichste Fürstin! Erhalten Sies uns – Wir, der

Vater /: der sich zu gnaden empfiehlt :/ und ich
ersterben

Ihro Durchlaucht

Unterthänigste, treugehorsamste Diener

Goethe

den 14<u>ten</u> Juli 1780

66. An Großmann

Lieber Herr Gevatter! Schon wieder eine Angelegenheit! Es wird nehmlich um die Loge No. 9 weidlich
gezanckt – Die Streitenten Parteien sind, Frau Bettmann Metzler, Frau Bernus, und Frau Rath Goethe
eines theils, Contra Herrn Behrnhard von Offenbach
andern theils. Frau Bettmann behaubtet, daß Sie diese
Loge schon vorige Meße bey Herrn Helmuth, und dem
Scheideweiler bestelt habe – In dieser gewißen Zuversicht suchte Sie nun Abonenten, und Frau Bernus und
ich sagtens Ihr gleich zu. Nun kommt Bernhard und
will die nehmliche Loge auch haben – Frau Bettmann
beruft sich auf Ihr älteres Recht und will weil Ihre
Schwägerin, die Bettmann Schaffin die Loge No. 8.
hat absulut keine andre nehmen – Ferner führt Sie
zum besten Ihrer sache an, daß Sie, und die gantze
Bettmannische Familie vor und nach der Meße niemahls fehlen, da hingegen Bernhardt nur die Meße
käme, und Sie überhaupt die Loge gleich nach der
Ostermeße, bey Herrn Helmuth bestelt hätte. Ich bin
in der Sache unparteiisch, ich werde wohl zum Lachen
und Greinen ein Eckelgen finden, und die Bernus
mögte auch zusehen, wie Sie zurecht käme – Aber
Lieber Herr Gevatter! Um Ihnen ists mir zu thun –
Die Bettmänner haben großen einfluß in hisiger Stadt,
und die vielen Fremden die die Meße über bey Ihnen

aus und eingehen, macht auch etwas aus, die den doch
allemahl auch einigen einfluß haben. Da nun noch
überdiß Nr. 10 nicht vergeben ist; so könte Herr Bernhardt meiner Meinung nach wohl damit zufrieden
seyn. Herr Helmuth dürfte nur bezeugen, daß die
Loge No. 9. an Frau Bettmann durch Ihn schon wäre
versprochen gewesen, daß aber Scheideweiler nichts
davon gewußt hätte. Jetzts überlegts lieber Herr Gevatter! Antwortet nur mit zwey Zeilen – denn die
Bettmännin ist so krittlich wie ein Kind das zahnt.
Übrigens freue ich mich recht sehr Sie und alles was
Sie mitbringen wieder zu sehen. Leben Sie wohl! Ich
bin immer

Ihre wahre Freundin
C. E. Goethe.

den 27ten August 1780

67. An die Herzogin Anna Amalia

den 12 September 1780

Durchlauchdigste Fürstin!

Zwey Briefe! Zwey Briefe von unserer Besten Fürstin und Frau Aja solte nicht alles stehn und liegen
laßen um gleich den Augenblick vor dieses neue Geschenck, vor dieses immerfort daurente Gnädigste
Andencken den Untherthänigsten größten wärmsten
Danck abzustatten. Ja Theureste Fürstin! Ich dancke
Ihnen mit gerührtem Hertzen vor diesen neuen Beweiß von Dero Gnade. Wolt Gott! Frau Aja wäre nicht
so stümpperin in der Musick, könte das herrliche das
drin liegt, gleich faßen und packen damit ich im stande
wäre Ihro Durchlaucht schon in diesem schreiben
meine Lieblings Arien vorzutragen, und das Exelente
in dieser oder jener stelle anzumercken – Aber da

brauchts Zeit – Zumahl jetzt in der Meße, da mann
vor Trommlen, Posaunen, Leyern, Geigen den gantzen Tag nicht zum besinnen komt vielweniger Musick studiren kan. Zumahl diese Meße – Wir haben
Großmann und seine Truppe, Opera Buffa, Zwey Gesellschafften Seiltäntzer, ein ditto Luftspringer u.s.w.
Nun stellen Sichs Ihro Durchlaucht vor, daß die Kerls
den gantzen Tag in der Stadt herum reiten, und vor
sich her Trommlen und pfeiffen laßen – alle der andern specktackel nicht zu gedencken: Die nähre Beschauung der Compositztion wie auch des Textes Worte, behalte ich mir auf ruherige Zeiten vor, nur mein
Danck konte so lang nicht warten. Die Frau Margräffin von Bareuth kommen erst den 15 dieses hir an.
Ihro Durchlaucht sollen die Abreiße den Augenblick
erfahren, gewöhnlich halten sich die Frau Marckgräffin immer biß gegen das Ende der Meße hir auf – dem
seye wie ihm wolle ich erfahrs durch Dick und berichte
es gleich. Freulein Thusnelde soll Tausend Danck
haben, es ist gar brav und schön von Ihr daß Sie einem
solche Freude und Wonne bereittet Sie soll auch davor
– Erstlich in meines Hertzens schrein wohl verwahrt
bleiben – Zweitens /: nach der Meße versteht sich :/
einen langen, vortrefflichen Brief von mir empfahen.
Ihro Durchlaucht haben die Gnade Ihr einstweilen
in meinem Nahmen zu dancken. Merck hat die Sünde
des Caricaturs Portrait auf seinem Gewißen, da schickt
Er mir den Fratzen übern Hals, ich muß mich so ver-
zerren laßen, und noch obendrauf 18 gulden bezahlen – Aber geschworen seys, komt mir noch einer –
Ich weiß was thue. Was übrigens meinen Schönheits
kram anbelangt so haben Ihro Durchlaucht vollkommen recht – etwas stickt gantz gewiß darhinter – Ja
ja es sind sonderbahre sachen, und die Welt liegt

schon so lang im argen daß ihre beßerung freylich schwer hält. Doch darf ich mich nur mit dieser Hoffnung trösten, daß unsere Theure Fürstin! Frau Aja in allen gestalten mit Gnade zugethan bleibt; so ist alles recht und gut. In dieser süßen Hoffnung leb und stirb

Durchlauchdigste Fürstin
Dero
Unterthänige treugehorsambste Dienern
C. E. Goethe

N. S. Der Vater empfielt sich zu Gnaden.

67a. An Großmann

Lieber Herr Gevatter! Zu Ihrem Briefgen von voriger Woche wolten Sie wißen wann ich eigendtlich mein Geld brauchte – Das ist dann zu Ende dieser Woche Freytags – ich habe meine zu bezahlende Contos biß dahin verspart – Gerne sehr gerne wolte ichs Ihnen länger laßen, aber da ich nicht Herr und Meister bin; so muß ich mich nach meinen Einnahmen richten, und meiner Ehre liegt dran nichts schuldig zu bleiben – bin ich einandermahl wieder im stande Ihnen auszuhelfen; so werde mir immer die größte Freude daraus machen.

Übrigens seyn Sie versichert, daß ich ewig bin
Ihre

wahre Freundin
C. E. Goethe

V H den 27ten
September 1780

N. S. Diesen Abend komme ich ins Schauspiel – da kan ich Ihnen etwa einen Augenblick sehen.

68. An die Herzogin Anna Amalia

Durchlauchdigste Fürstin!

Die glückliche Ankunft von Ihro Durchlaucht in
dem lieben Weimar, hat Frau Aja hoch und hertziniglich erfreut. Freylich wäre es vor mich Freude und
Wonne geweßen, wenn unsere Beste Fürstin Sich
noch länger in dem so Weltberühmten Franckfurth
zum trost oben benamter Frau Aja hätten aufhalten
mögen; so aber war leider, diese Herrlichkeit, dieser
Sonnenschein von gar kurtzer Dauer – und des Vaters
Kranckheit hätte zu keiner ungelegnern Zeit kommen
können – dann das gab meiner Glückseligkeit einen
sehr harten stoß. Das Schicksal hat von je her vor gut
gefunden mich in etwas kurtz, und die Flügel unter
der Scheere zu halten, mag auch bey dem allen, so gar
unrecht nicht haben. Zu Ende dieser Woche, gehen
auch meine Kinder und Kindes Kinder wieder fort,
und da mag ich dann zusehen, wie ich mich zu
Hauße in der duncklen blauen Stube, und außer dem
selben in den Noblen Companigen der Frau Baaßen
und andern hübschen Leuten zurecht kome. Mein
einziger Trost sind die 12 Spiegel im Rothen Hauß
Saal, und so ohngefähr in der mitte des Novembers
hebt sich diese große Epoche des Vergnügens an –
Haben Ihro Durchlaucht die gnade manchmahl des
Freytags Abens um 6 uhr an mich zu dencken – ich
werde es nie unterlaßen, und zwar immer mit dem
inbrünstigstem Wunsche, daß Ihro Durchlaucht und
Dero gantze Reiße-Gesellschafft auch da seyn, und
diese übergroße Herrlichkeiten mit anschauen und
genißen könten: Dann etwas dem neuen Jerusalem
ähnliches muß doch allemahl dabey heraus komen –
und Tausend gegen eins gewettet, so sind die 12 Spie-

gel unsern Damen erbaulicher, als die 12 Perlen-Thore. Ich werde mir die Freyheit nehmen, wann die sache in ihrem gantzen Lüster ist, Ihro Durchlaucht eine genaue Beschreibung von allem zu überschreiben, zumahl da Dieselben unsere vortrefliche Nobleße von Angesicht zu Angesicht haben kennen lernen – Insonderheit werde nicht ermanglen, der lieben Freulein Thusnelde, von Ihrer Hertzens Freundin der Frau von Vrintz, getreuliche und wahrhafftige nachrichten mitzutheilen. Was Merck treibt, das mögen die großen Götter wißen, ich höre und sehe nichts von Ihm. Der Vater ist immer noch wie Er war – der Himmel verleihe uns nur Gedult Amen. Theureste Fürstin! jetzo noch meinen wärmsten und besten Danck, vor alle mir bey Dero hirseyn erzeigte gnade, bitte in untherthänigkeit, um die fortdauer Derselben, und bin, so lange dieses Leibes Leben dauert

Durchlauchdigste Fürstin
Dero
unterthänigste treugehorsambste Dienerin
C. E. Goethe

den 30ten October 1780

69. An Großmann

Franckfurth den 16ten November 1780

Lieber Herr Gevatter! Schon längst hätte ich Ihnen erzählen können warum die Rahmen noch nicht fertig sind, und worans hangt und langt; nehmlich jede soll 10 gulden kosten, weil wegen dem Ovalen sehr viel Holtz verschnieden werden müßte. Da mir das nun verwünscht theuer schien; so wolte es Ihnen erst berichten, und warum dieses nicht geschehen, sollen

Sie jetzt gleich hören. Erstlich war der Herr Rath auf
den Todt kranck, und das biß jetzt vor ein paar tagen,
da sichs wieder sehr gebeßert hat. Zweytens war zu
gleicher Zeit die Herzogin Mutter auf 12 Tage hir,
noch überdiß kam auch noch drittens mein Schwiegersohn Schlosser mit Frau und Kindern angemarschirt
– da ging es nun freylich etwas bunt durcheinander,
und ans Schreiben war kein Gedancke. Auch muß ich
bekennen, daß ich eine kleine Schadenfreude habe,
den Herrn Minister als Haußaresttant unter meinem
Beschlag zu haben. Es mag ein gantz guter Mann seyn,
aber daß Er bey Ihrem letzten hirseyn, alles zur unzeit that läßt sich nicht leugnen; da geht Er dem Maximilian entgegen, und mein guter Herr Gevatter
schickt die stafette ohne allen nutzen in die weite
Welt. Jetzt hat Ihn der Geyer wieder nicht an Ort und
stelle: mit einem wort ich habe einen pick auf die Exzelentz, und Er kan in Gottes nahmen Sich noch in
meiner Commodeschublade amusiren wie Er mag
und will. Daß die Ge[se]llschafft deuscher Schauspieler in Deobalds Saal noch tag täglich ihre Bühne er-
öffenen und Trauer und Lustspiele nach Hertzens
gelust aufführen, wird Ihnen durch die Fama wohl
zu Ohren gekommen seyn. Am vergangenen Samstag
war ich zum erstenmahl auch drinnen; es wurde ein
Moralisch Ding Armuth und Tugend aufgeführt, und
ohngeachtet es Hundekalt im Saal war, so kriegte ich
doch vor Angst so rothe Backen, als wenn fingers dick
der Der Carmin drauf läge. Die armen Leute Heulten
und Greinten so erschröcklich, als wenn sie die Daumen schrauben an Händen und Füßen hätten – Besonders war das auf die Knie fallen vor einem Wohl-
thäter u.s.w. ausnehmend ängstlich, und that allemahl einen solchen plotz, daß ich alle Kniescheiben

vor verlohren gab – der Vorhang fiel endlich zu meiner großen erquickung – drauf wurde die Weinlese gegeben, und das gerithe nicht übel, der Prinzipal der Fischer heißt, ist ein guter Comischer Schauspieler und die andern waren auch alle beßer in ihrem Fach – Mann konte doch vor seine 30 xr sich satt lachen, und das war doch allemahl das Geld unter Brüdern werth – zumahl da wir auch noch mit einem Balet Regalirt wurden. Einen jungen Mann haben sie, der, wenn Er gute Muster vor sich sähe, zu Liebhaber Rollen, gut werden könte weil Er auf dem Theater sehr gut aussieht, vorjetzt merckt mans ihm aber noch zu viel an, daß es nur gespielt ist. Die Weiber machens doch im Schreiben wie im Reden ists einmahl im gang klipp klapp gehts wie eine Mühle – Gott seye dem gnädig der mit vielen Correspondite! Jetzt nur noch viele grüße an Weib und Kinder, und dann Gott befohlen. Ich bin wie Sie längst wißen, Ihre wahre Freundin Goethe.

N. S. Wegen der bewußten Geld sache bin ich überzeugt, daß es Ihnen selbst wehe gethan hat, daß Sie nicht den versprochenen Termin einhalten konten. Eben so überzeugt bin ich, daß Sie alles anwenden werden Ihre Frau Gevatterin nicht stecken zu laßen – Indem ich mir wenigstens einbilde daß Ihnen an meinem Credit etwas gelegen ist; also kein wort mehr Punctum

70. An die Herzogin Anna Amalia

Durchlauchdigste Fürstin!
Die unvermuthete Erscheinung des Herrn Krantzens, hat uns sehr gefreut – Seine Reiße wird gewiß

von großem Nutzen seyn – Er wird seine Musicalische
Thalende erweitern und als ein herrlicher Virtuoso
nach Weimar zurück kehren. Mir ist das vor den
guten geschickten Menschen überaus lieb; Gott seegne Ihro Durchlaucht und unsern Besten Herzog vor
diß alles – Krantz hat uns mit gerührtem Hertzen die
große Gnade so Ihro Durchlaucht vor Ihn haben der
länge nach vorerzält. Dero hohen Befehl zu folge
habe ich Ihn gütig aufgenommen, und am Runden-
tisch meine Protection Ihm angedeihen laßen. Wir
waren recht vergnügt zusammen, und trancken in
uhralten Reihnwein auf das Wohlseyn des Hochfürstlichen Haußes Weimar und Eissenach die Gläßer
wacker lehr. Der alte Vater wurde so gar von Freude
belebt, druckte Krantzen einmahl über das andre die
Hände, weinte aber bey seinem Abschied die bitter-
sten Thränen – Ich habe den Mann in langer Zeit nicht
so gerührt gesehn. Daß Schlosser und sein Weib wieder hir sind, werden Ihro Durchlaucht wohl gehört
haben, kaum waren sie 10 Tage fort, so starb die alte,
und sie musten die herreiße wieder antretten. Mit dem
sehen der Iphigenie, des Jahrmarckts und den übrigen
schönen sachen des Herren Häschelhanßens, wirds wohl
noch Zeit haben: Frau Aja muß noch im glauben leben,
das schauen muß sie mit Gedult erwarten. Von dem
berühmten Herrn Generahl Supprindtenten Herder
habe ich zwey Predigten gelesen, auf die Geburth und
Taufhandlung der Printzseß von Weimar – Wan ich
Sontags immer so was hören könte, würde mein Kir-
chengehen auch in beßerer Ordnung seyn, als leyder
jetzt, da des Herrn Pfarrers Starcks seine Gemein-
plätze, und Wieder-geburthen mein warmes Bett in
keine Wege ersetzen. Aber Gnädigste Fürstin! was
treibt denn das gnädige Fräulein Thusnelde? macht

Sie Verse, oder spint Sie Ihr Braut Hembt? so etwas
muß es doch seyn – noch keine Zeile habe ich von Ihr
gesehn, und wenn Ihro Durchlaucht nicht die Gnade
gehabt hätten, viele grüße von Ihr an mich auszu-
richten; so würde gewiß geglaubt haben, Sie wäre in
das Reich der Schatten hinüber marschirt. Klinger hat
aus Petersburg an Schlossern geschrieben, daß er
glücklich angelangt, und bald sein Glück zu machen
gedächte – Lentz lebt noch, ist noch närrisch – ist Hoffmeister geworden, wo, habe ich vergeßen. Da Ihro
Durchlaucht diese zwey Menschen kennen; so wolte
doch von ihrem thun und laßen etwas berichten.
Theureste Fürstin! Haben Sie die Gnade, und behalten
Frau Aja immer in Dero gnädigstem Andencken. Ich
lebe und sterbe

Durchlauchdigste Fürstin

Dero

Unterthänigste treugehorsambste Dienerin Goethe

Franckfurth d 15<u>ten</u> December 1780

71. An Großmann

Lieber Herr Gevatter! Die Nachricht daß Sie künfftige Ostermeße wieder zu uns kommen, hat mich ungemein erfreut – Wollen wünschen und hoffen, daß
es beßer wie vorige Meße geht. Dießmahl Herr Gevatter greifen Sie Sich aus allen kräfften an, den jetzt
liegen die würfel auf dem Tisch – das neue Schauspiel
hauß wird gantz gewiß zur Herbmeß fertig, und es
wäre ein großer spaß wen Sies einweihten!!!! Aber
lieber Herr Gevatter! nichts vor ungut – Haben Sie
denn die stelle von Opitz wieder ersetzt? kriegen wir
einen rechten Blainville, Dormin, Tadler, Hamlet,

Beaumarchais? Herrn Steiger sehe und höre ich recht
gern, Er ist ein braver Schauspieler, aber Er kan doch
nicht zwey rollen in einem Stücke übernehmen. Sie
sind überzeugt daß das gesagte aus Freundschafft vor
Ihnen so hin geschrieben ist, das neue Schauspielhauß
steckt mir eben im Kopf, also nichts vor ungut. Wegen
unserer Geldgeschichte dint so viel zur Nachricht, daß
ich bloß mit Ihnen zu thun haben will, und weder die
Bettmänner noch sonst jemandt mag, Zudem würden mich ja diese weiße Herrn vor eine dumme Ganß
gehalten haben einen Wechsel, der weil er schon lang
verfallen nur noch als Handschrift gilt, doch als Wechsel zu presentiren – Mit einem Wort – Können Sie es
möglich machen, mir noch vor Ihrer Herkunft einen
theil abzutragen; so wäre mirs Lieb, wo es aber gar
nicht thulich ist; so mags dann biß zur Ostermeße 1781
seyn bewenden haben, nur Lieber Herr Gevatte daß
es als dann gewiß ist, und zwar in der zweyten woche
– Sie Sind überzeugt daß ich keine Grimaßen mache –
Sie kennen mich zu gut dazu – aber verschiedne noth-
wendigkeiten zwingen mich, daß ichs da haben muß.
Wir hoffen ja noch lange in dieser Werckeltags Welt
zusammen zu Leben, und da kan noch oft eine Hand
die andre waschen, sagt der weiße Sancho. Nun viel
Glück und Segen zum neuen Jahr -- Langes Leben,
gute Gesundheit, ein Schauspielhauß jedesmahl voll-
gepropft voll Menschen u. d. g. Leben Sie wohl! Grüßen Ihr liebes Weib – Fritze, Lotte Hans Wolf und wie
die andern alle heißen. Ich bin wie immer

Ihre
wahre Freundin Goethe

Franckfurth d 23ten Decembr 1780

72. An Großmann

Lieber Herr Gevatter! Längst hätte ich Ihren mir
so angenehmen Brief beantwortet, wäre nicht beykommende Theater Zeitung /: die ich doch gern mitt-
schicken wolte :/ bey Buchbinder geweßen. Ja lieber
Herr Gevatter Ihr Brief hat mich recht gefreut! Das
wird ja die Meße recht hübsch werden, da Sie so gute
Leute mitbringen – vor mich wirds ein groß gaudium
seyn, meine Leibstücker mir vortragiren und vor Co-
misiren zu laßen – Als da sind Hennriette, trau schau
wem, die Schwiegermütter, der Schmuck, und wenn
die Nobleße eine glatte Haut hätte – die 6 Schüßlen
aber aber das Stück ist vor die art Menschen zu starcker Taback – den Berlinern verdirbts den Magen
nicht – das ist unerhört wie ofts Döbelin aufgeführt hat
– und ich habe eine Berliner Dame gesprochen, die
mich versicherte, das Hauß seye jedesmahl zum erdrücken voll geweßen. Emilia Galotti, Hammlet, Clavigo, Ariadne – und beynahe hätte ich meine Minna
von Barnhelm vergeßen – wan ich noch an *das* Stück
dencke, und wie alle rollen so gut besetzt waren; so
ist mirs immer noch ein Jubel. Vorstehendes und
was ihm ähnlich ist währe nun so ohngefähr mein
geschmack – Was aber Franckfurth überhaubt betrieft, so mag der liebe Gott wißen was sie wollen –
Schon vor 40 Jahren /: sagte mir mein alter Agend
Schneider :/ hätte Madam Neuberin beynahne eben
das gesagt und geklagt. Solte ich aber in Erfahrung
bringen was dieser oder jener gern sähe und wolte;
so will ichs Ihnen /: verlaßen Sie Sich drauf :/ redlich
melden. Von dem schönen Geleße des Königlichen
Verfaßers habe mir gar viel erzählen laßen – Aber
sonderbahr ists doch, daß so gar unsere Philister sagen

– Ihro Könignichkeiten hätten Sich damit, doch etwas
prostituirt. Ich laße neulich eine Anneckdotte von der
großen Königin der Britten Elisabeth, die die Auf-
schrift hatte – Die größte Königin ist doch nur ein
Weib – Hier mögte ich sagen, der größte König ist
doch nur – ein Mensch! Meinem Sohn ist es nicht im
Traum eingefallen seinen Götz vor die Bühne zu
schreiben – Er fand etliche spuren dieses vortrefflichen
Mannes in einem Juristischen Buch – ließ sich Götzens
Lebens Beschreibung von Nürmberg kommen, glaubte daß es anschaulicher wäre in der Gestalt wies vor
Augen liegt, webte einige Episoden hinein, und ließ
es aus gehn in alle Welt.

Meiner lieben Frau Gevatterin, wünsche Heil und
Seegen ins Wochenbett – Hoffen doch daß es wieder
was hübsches geben wird – so ohngefähr wie Lotte
und Hanß Wolf. Frau Bettmann Metzler und ich haben unsere Loge No. 9 schon beym Kopfe gekriegt,
andre Leute mögen auch zusehn, wie sie zurechte
kommen. Nun leben Sie recht wohl! Grüßen Ihr gantzes Hauß – Bald sage ich Ihnen mündlich, daß ich bin
– Ihre wahre Freundin.

C.E.Goethe.

Franckfurth den 4ten Februar 1781

N.S. Bringen Sie die Theater Zeitung nur auf die
Meße wieder mit, ich brauche sie nicht ehender –
und ich weiß daß Sie mir hübsch drauf achtung geben – weil eine Kranckheit meines Buchbinders
schuld ist, daß sie nur geheft, und nicht einmahl
planirt ist.

73. An die Herzogin Anna Amalia

Durchlauchdigste Fürstin!

Die Büste ist glücklich angekommen, und steht in der Weimarer Stube neben des Herrn Herzogs Seiner. Aber ist es möglich einem Stein so viele ähnlichkeit und Wahrheit zu geben! Alle meine Bekandten die die gnade haben Ihro Durchlaucht zu kennen, stunden alle vor Erstaunen mit offenen Mäulern da, konten sich gar nicht satt sehen – ja bey der Brentano gings gar so weit, daß Sie sich anfing zu fürchten – Mir ist Himmelangst der Stein fängt an zu reden sagte Sie – Mit einem Wort, es ist ein Meisterwerck wo die /: ohne all ihr Verdinst und würdigkeit :/ glückliche Frau Aja Besitzerin davon ist. Ja Theureste Fürstin! Dieser neue und große Beweiß von Dero Huld und Gnade gegen mich thut meinem Hertzen so wohl, erfült mich so mit Freude, Leben und Wonne, daß das alles, so wie *ichs* fühle auszudrucken oder an den Tag zu geben platterdings ohnmöglich ist. Nehmen Ihro Durchlaucht! den wärmsten und innigsten Danck von Mutter Aja in Gnaden auf und an – Und ich glaube, Unsere Beste Fürstin können doch so etwas ahnden, wie glücklich und selig mich dieses herrliche und über alles gehende Geschenck gemacht hat. Unser Freytags Concert ist sehr Briliant würde es aber noch weit mehr seyn, wenn die Spiegel vom Fürst Razevill aufgehengt wären, da sind sie schon lange – aber die Rahmen kommen zu theuer, da wartet den der alte Dick auf beßre Zeiten – und 200 Frauen und Jungfrauen müßen sich einstweilen mit einem Spiegel behelfen. Das liebe Frühjahr komt freylich heran aber ich habe weder Ahndung noch Freude – Gebe mann einem Menschen alle Herrlichkeiten der Welt was hielfts ihm wen er

keinen Freund hat dem ers sagen kan – Eine Glückseligkeit die wir allein genüßen bleibt ewig nur halb –
und das ist so ohngefähr mein fall – weder in noch
außer dem Hauß habe ich jemand mit dem ich so ein
Hertzens gesp[r]ächsel führen könte. Wissen Ihro
Durchlaucht so etwas Freudenbringendes; so haben
Sie die Gnade michs gantz in der stille mercken zu
laßen niemand sols erfahren, und die vor-freuden
haben auch einen großen Werth. Der lieben Freulein
Thusnelde Brief habe erhalten und werde Pflicht-
schuldiger maßen ehestens antworten – Auch Gevatter Wieland soll eine Epistel voll Ruhm und Lob
seiner guten Auführung wegen von mir zu theilwer-
den. Der alte Vater empfielt sich zu Gnaden, hatte
große Freude über die Büste erkente Sie gleich, und
wallfahrtete den gantzen Tag nach der Weimarer
Stube. Auch Frau Aja empfielt sich zu ferreren Gnaden, und ist und bleibt ewig

Durchlauchdigste Fürstin!
Dero
Unterthänigste treugehorsambste Dienerin *Goethe*.

den 19ten Februar 1781

74. An Goethe

Sontag den 17 Juni 1781.
Morgens 9 uhr

Noch ist Printz Constantin nicht hir – Ich werde Ihn
nach meiner gewohnlichen art – freundlich und hold-
selig empfangen, und am Ende dieses, dir den ferneren Verlauf erzählen. Von Kalb und von Seckendorf
waren bey mir, und schienen vergnügt zu seyn, da ich
aber wuste daß erster dein so gar guter Freund nicht

mehr ist; so war ich Ihm zwar überaus höfflich, nahm
mich aber übrigens sehr in acht, um nicht nach Frau
Aja ihrer sonstigen Gewohnheit gleich vor Freude
aufzufahren wenn mann deinen Nahmen nent – Ich
machte im gegentheil meine sachen so fein, als wenn
der größte Hof meine Säugamme gewesen wäre – Sie
waren aber kaum 10 oder 12 Tage nach Düsseldorf
gegangen so kamen Sie schon wieder hir an – da ließen
Sie mir ein Commpliment sagen – gingen nach Darmstadt, und versprachen in der Rückreiße mich nocheinmahl zu sehen. Das was ich hätte zuerst schreiben
sollen, komt jetzt, nehmlich, Tausend Danck vor deinen Brief, der hat mir einen herrlichen Donnerstag
gemacht, daher auch dieser gute Tag mit einigen meiner Freunde, auf dem Sandhof mit Essen Trincken
Tantzen und Jubel fröhlig beschloßen wurde. Da du
aber ohnmöglich rathen kanst, warum gerade dieser
Brief mir so viele Wonne verursacht hat; so ließ weiter,
und du wirsts verstehen. Am vergangen Montag den 11
dieses kam ich aus meiner Montags Gesellschafft nach
Hauß, die Mägdte sagten daß Merck da gewesen und
morgen wieder komen wolte – Ich kleidete mich aus,
wolte mich eben zu Tische setzen /: es war gleich 10
Uhr:/ als Merck schon wieder da war – Dieses späte kommen befremdtete mich schon etwas – noch unruhiger
wurde ich als Er fragte, ob ich keine *gute* Nachrichten
von Weimar hätte – weiter erzählte Er daß von Kalb
und von Seckendorf wieder hir wären, Er mit Ihnen
gesprochen, und auch noch diesen Abend mit Ihnen
speiste – Ich habe gar keine Nachrichten von Weimar,
Sie wißen Herr Merck daß die Leute dort, so oft nicht
schreiben – Wenn Sie aber was wißen so sagen Sies   –
Der Docter ist doch nicht kranck – Nein sagte Er davon weiß ich nichts – aber allemahl und auf alle fälle

solten Sie suchen Ihn wieder her zu kriegen, das dortige Infame Clima ist Ihm gewiß nicht zuträglich – Die
Haupsache hat Er zu stande gebracht – der Herzog
ist nun wie Er sein soll, das andre Dreckwesen – kan
ein anderer thun, dazu ist Goethe zu gut u.s.w. Nun
stelle dir vor wie mir zu muthe war, zumahl da ich
fest glaubte – daß von Kalb oder Seckendorf etwa
schlimme Nachrichten von Weimar gekriegt und sie
Mercken erzählt hätten. So bald ich allein war stiegen
mir die grillen mächtig zu kopf. Bald wolte ich an den
Herzog, bald an die Herzogin Mutter, bald an dich
schreiben – und hätte ich Dinstags nicht meine Haut
voll zu thun gehabt; so wäre gewiß was pasirt, nun aber
war der Postag versäumt Aber Freytags solte es drauf loß
gehen, mit Briefen ohne Zahl – Donnerstags kam nun
dein lieber Brief meinem geschreibe zu vor – und da
du schreibst daß du wohl wärst, waren meine Schrup-
pel vor das mahl gehoben. Lieber Sohn! Ein wort vor
Tausend! Du mußt am besten wißen was dir nutzt –
da meine Verfaßung jetzt so ist, daß ich Herr und Meister bin, und dir also ungehindert gute und ruhige
Tage verschaffen könte; so kanst du leicht dencken,
wie sehr mich das schmertzen würde – wenn du Gesundheit und kräffte in deinem dinste zusetzen, das
schaale bedauern hintennach, würde mich zuverläßig
nicht fett machen. Ich bin keine Heldin, sondern halte
mit Chilian das Leben vor gar eine hübsche sache.
Doch dich ohne Noth aus deinem Würckungs-Kreiß
heraus reißen, wäre auf der andern seite eben so thö-
rig – Also du bist Herr von deinem Schicksahl – prüfe
alles und erwähle das beste – ich will in Zukunft keinen Vorwurf weder so, noch so haben – jetzt weiß du
meine Gedancken – und hiermit punctum. Freylich
wäre es hübsch wenn du auf die Herbstmeße kom-

men könstes, und ich einmahl über all das mit dir
reden könte – doch auch das überlaß ich dir. Der Vater ist ein armer Mann Cörpperliche Kräffte noch so
zimmlich – aber am Geiste sehr schwach – im übrigen
so zimmlich zufrieden, nur wan Ihn die langeweile
plagt – dann ists gar Fatal – An der Reparatur des
untern Stocks hat Er noch große Freude – meine wohnstube die jetzt gantz fertig ist, weißt Er allen Leuten –
dabey sagt Er, die Frau Aja hats gemacht, gelt das ist
hübsch – nun wird die Küche gemacht, das ammusirt
auch gar sehr, und ich dancke Gott vor den glücklichen einfall den ich da hatte – wenigstens geht der
Sommer dabey herum /: denn vor Angst werd ich
nicht fertig :/ vor den winter mag die Zukunft sorgen.
Wen die Herzogin einen Sohn bekommt; so stelle ich
mich vor Freude ungeberdig – laße es mich ums Himmels willen gleich erfahren. Der Kayser Joseph hat
unserer Stadt ein groß gaudium gemacht, Er kam
zwar im strengsten Inconito – aber das half alles
nichts – die Franckfurther als echte Reichbürger stunden zu Tausenden auf der Zeil am Römischen Kayser
/: wo das Quartir bestelt war :/ Drey Kuschen kamen,
alles hatte schon das Maul zum Vivat rufen aufgespert
– aber vergebens – Endlich kam Er in einer schäße mit
4 pferden – Himmel und Erde was vor ein Lermen!
Es Lebe der Kayser! Es lebe unser Kayser – nun komt
aber das beste – nachdem Er gespeißt /: um 4 uhr :/
ging er zu Fuß in sein Werbhauß im rothen Ochsen
auf der Schäffer gaß – vor Freude ihren Kayser zu Fuß
gehen zu sehen hätten Ihn die Menschen bald erdrückt.
Die Soldaten wolten zuschmeisen um platz zu machen
– loßt sie holter gehn – schlagt ja nit – sagte Er sahe
alle freundlig an, zog den Hut vor jedem ab – Als Er
zurück kam stelte Er Sich in ein Fenster /: nicht auf

den Balcon :/ und der Lermen ging mit Vivat rufen
von neuen an. So groß aber die Freude der gantzen
Stadt war; so übel machte die Ankunft des Monarchen
dem Herrn von Schmauß, du wirst dich des dicken
Kerls noch wohl erinnern – Als Kriegs Commisair
hatte Er alle Liefferungen – betrog aber so, daß so wie
der Kayser hir an kam – aus Furcht zur Rechenschafft
gezogen zu werden – Sich in Mayn stürtze und ersoff.
Du fragst, wie der Kayser aussieht – Er ist gut gewachsen, sehr mager, von der Sonne verbrant – hat einen
sehr gütigen Blick im Auge – Sein Anzug war, ein
grauer überrock die Haare in einem Zopf – Stiefflen –
Bastienne Mancheten – Jetzt wartes alles auf Seine
Zurück kunft den es ist ein spaß, und eine halbe Krönung. Franckfurth ist ein curioser Ort, alles was durch-
pasirt muß den nehmlichen weg wieder zurück – Vivat Franckfurth!!!

Dienstag d 19<u>ten</u> Juni Morgens 10 uhr

So eben erschiene Printz Constantin mit Seinem Begleiter – Frisch, gesund, und über unsere Gegenden
und lage besonders den Maynstrohm sehr vergnügt.
Wir waren ungemein aufgeräumt und behaglich zusammen, Frau Aja, Ajate das kanst du leicht dencken,
doch alles hübsch mit Maß und Ziel – Sie wird ja
einmahl gescheid werden – Unserer lieben Frau Herzogin dancke zum voraus vor Ihren Brief – Ehestens
komt die Antwort – In optima Forma – So viel vor
dießmahl – Lebe wohl! Vergieß die Herbstmeß nicht –
Gott befohlen.

Frau Aja.

den 19 Juni 1781

75. An die Herzogin Anna Amalia

Durchlauchdigste Fürstin!

Heut vor 8 Tagen war ich so glücklich den Printz Constantin in meinem Hauße zu haben, freylich nur auf kurtze Zeit, doch lange genung um zu sehen, daß Er von unserer Theuren! Besten! und Holdseligen Fürstin ein wahrer Abkömmlich ist. Leutselig und Freundlich besprachen Sie Sich mit mir – und wir wurden gantz warm und vertraut: auch ist Herr Rath Alberti ein wackerer und würdiger Mann, Der mir sehr wohl gefallen hat. Gott begleite Sie auf Ihrer Reiße und bringe Sie gesund und vergnügt zurück Amen. So weit schriebe ich gestern und glaubte gewiß den Brief fortschicken zu können, aber es war gantz ohnmöglich, es war als hätten sich alle Feen und Zauberer verabredet mich unter allerley gestalten zu plagen, und zu verhindern – zum Glück sahen sie noch so zimmlich hübsch aus – waren auch höfflich und Invitirten mich zu Abendschmäußen und Lustfahrten welches dann eben so gar schreckhaft nicht war – Frau Aja fand auch große Behaglichkeit, auf des einen seinen Lustrevier, und übermorgen sols in dem berühmten Willhelms-Baad auch gar nicht trübselig hergehen. Unser Franckfurth ist diesen Sommer so lebhaft, so mit hohen Herschafften angefült, als wens Meße wäre. Der Herzog von Teschen nebst Seiner Gemahlin – Printz Maximilian – Der Erbprintz von Hanau, und alle Printzen 10 meilen in die Runde – was aber denen Franckfurther Reichs Bürgern über alles ging, war die Ankunft Kaysers Josephs, das hieß ein gaudium! Ihro Durchlaucht können so ohngefähr mercken, was Frau Aja mit dem allem sagen will – »Es ist diesen Sommer vor Hohe Herschafften sehr gut und heilsam zu reißen.« So was muß zuverläßig in allen Hof Calendern stehn – Auch in dem Weimarer, den Printz Constantin beweißts ja – Haben Ihro Durchlaucht die gnade, und überlegen *diese sache* einmahl ernstlich. Einen Herbst kriegen wir, als bey Menschen gedencken lange keiner war – Trauben wie die im Lande Canan, es verlohnt sich schon der mühe 30 meilen drum zu reißen. Ich werde wenigstens nicht ermanglen, mir gar ein herrliches Mährgen von diesem allen zu fabriziren – Den so was erhält mich, und macht meine Sele wonnevoll. Ja Theureste Fürstin! der gedancke, daß ich immer noch Dero Gnade und Huld besitze, hat mir schon manche trübe stunde helle gemacht. Erhalten Ihro Durchlaucht mir und den meinigen diese unschätzbahre Glückseligkeit, Ich bin davor biß an Ende meiner Laufbahn

Durchlauchdigste Fürstin
Dero
treue und unthertänigste Dinerin
C. E. Goethe.

Franckfurth d 29 Juni 1781

76. An Großmann

Den 10ten Juli 1781

Lieber Herr Gevatter! Daß wir uns die Herbstmeße nicht sehen sollen ärgert mich recht sehr. Gott weiß wie das ding zugegangen ist – Ihre Wiedersacher wusten just das Temmpo in acht zu nehmen, da Ihr Patron Glauburg die Cur tranck, und mein Bruder abwesend war. Doch die sache beym Lichte besehn; so ists vielleicht auch so schlimm nicht. Böhms Truppe soll von Hertzen schlecht seyn, das wißen viele von

unserer Obrigkeit selbst – aber sie sprechen, man
hätte dem Churfürst von Mäntz doch einmahl einen
gefallen erweißen müßen. Nun glaube ich gantz gewiß, daß Ihn die Franckfurther bald satt kriegen –
und werden dann gezwungen seyn zu bekennen, daß
Ihre Truppe weit beßer seye – daß ich dazu aus allen
kräfften helfen werde, darauf verlaßen Sie Sich. Die
Nahmen Schmidt, Steiger, Viala, Großman, Hellmuth
– will ich dem verkehrten geschlecht so in die Ohren
kreischen – darob sie sich männiglich verwundern
sollen. Auch kommt der glückliche umstand noch dazu, daß vor dem Jahr Christe 1782 N.B. erst in der
Herbstmeße, /: und wans da erst wahr ist :/ das neue
Schauspiel Hauß gar nicht zu genießen seyn wird noch
kan – Drum nur getrost Herr Gevatter, denn ich sehe
im Geiste bey aufziehung des Vorhangs im neuen
Hauße, Herrn Schmidt hervortretten, und an uns
sampt und sonders eine gar herrliche Rede halten,
Amen. Da ich aber mit all meinen guten Aussichten,
Ihnen doch künfftige Meße nicht sprechen kan; so
muß ich eben holter schreiben – dieses betrieft unser
Geld Commertz – Sie wißen daß das darley von 500 f
in der Ostermeße 1780 geschahe – Sie versprachen die
Herbstmeße zu zahlen, Sie mußten über hals und
Kopf fort also unterbliebe es – Die Ostermeße war
schlecht ich gab Ihnen noch 52 Conrenthaler – Sie versprachen mir eine Anweißung auf Herrn Tabor – dieses
ist Ihnen vermuthlich in dem wir war vergeßen und ent-
fallen. An allen diesen Händlen, die Ihnen und mich
behelligen, ist doch im Grunde Ihr Herr Minister
schuld – dannenhero habe ich großen Lusten an Ihro
Exzelentz ein schreiben in meinem Stieler gehen zu
laßen, worinn ich Ihm sagen werde – daß die Curkölli-
sche Schauspieler Gesellschafft zu brave Leute wären,

um sie stecken zu laßen, daß aber auch ein particulier
kein Curfürst sey um aus allen Nöthen helfen zu können – Ich will das ding schon fein machen verlaßen
Sie Sich drauf – denn das ist doch unausstehlich daß der
Mann solche Ratten hat – doch vorher noch einen
Brief mit Ihrer genehmigung erwarten – weil Sie aber
Geschäffte haben könten; so soll ein stillschweigen
von 8 biß 10 Tagen das Singnahl seyn daß Sie meinen
Plann billigen. Berichten Sie mir auch wie das Inoku-
liren abgelaufen, und ob Lotte und Hans Wölfgen
ihre schöne gesichtergen noch haben. Grüßen Sie Frau
und Kinder, und seyn versichert, daß ich bin

Ihre

wahre Freundin.
Goethe.

77. An die Herzogin Anna Amalia

Durchlauchtigste Fürstin!

Alle Kayser, Könige, Churfürsten, Fürsten im gantzen heiligen Römischen Reich – können meinetwegen
kommen und gehen bleiben und nicht bleiben, wies
die Majestetten und Hoheitten vor gut finden, das
kümmert Frau Aja nicht das geringste, macht ihr
Hertzs nicht schwer – Essen, Trincken, schlaffen geht
bey der guten Frau so ordendtlich seinen gang, als ob
gar nichts vorgefallen wäre. Aber dann geht es aus
einem gantz andern thon, wenn so eine Freudenpost
aus dem rothen Hauß komt – ja da klopfts Hertz ein
bißgen anders, da bleibt alles liegen und stehen – und
nun geschwind zu der Besten aller Fürstinnen Der ich
eine ewige Untherthanigkeit – und Anbethung geschworen habe. Ja Theureste Fürstin! Ein einziger
gütiger Blick der mich fest überzeugt ich stehe noch

in gnädigstem Andencken bey unserer Holden Fürstin macht mir mehr Freude und Wonne als alles
übrige in der gantzen weiten Welt. Vor die Strumpfbänder dancke unterthänig – So vornehm war ich in
meinem Leben nicht – werde sie aber auch alle Morgen und Abende mit gehöigem Respect und Devo-
tion an und aus ziehen – Ihro Durchlaucht müßen aber
eine große Idee von meiner Corpulentz gehabt haben
den eins gibt gerade zwey, vor mich freylich desto
beßer, denn eine solche Ehre wird meinem Leichnam
wohl schwerlich mehr wiederfahren, dahero werde
ich diese 2 paare so in Ehren halten, daß meine morgen und abend Andacht ununterbrochen viele Zeiten
hindurch dauren soll. Bey der lieben Freulein Thusnelde komme ich in eine solche erstaunliche Schulden-
last, daß mir bey meiner angebohrnen Faulheit angst
und bange wird – So ein prächtiges machwerck, brächte ich biß an jüngsten tag nicht zu stande – und doch
kommt mein Stoltz und weibliche Eitelkeit ins ge-
dränge – Da weiß ich nun freylich nicht so recht, wie
ich mich geberden soll – Doch da nur gegen den Tod
einzig und allein kein mittel ist; so hoffe ich mich doch
noch mit Ehren aus dieser Verlegenheit zu ziehen und
bitte Ihro Durchlaucht daß Sie die Gnade haben mögten, einstweilen biß mein Meisterwerck erscheint
/: den Spott und Schande wäre ein simpler Brief :/
meiner Lieben besten Fräulein Tausend Danck in
meinem Nahmen zu sagen und Sie zu versichern, wie
Ihr gütiges und liebes Andencken mir Freude und
Wonne in großem maße gemacht hat. Ferner wie das
herrliche Porteföille mich überall all überall hinbe-
gleiten soll – in große und kleine Gesellschafften und
wie Frau Aja so /: als geschehe es von ohngefähr :/
einen Brief oder ein Liedgen sucht – wie das nun alles

die Augen aufspert – Ey Frau Räthin, ums Himmels
willen! was haben sie da? und wie ich mich dann in
Positur zurechte rücke, mich räuspre, mir ein Ansehn
gebe, und nun die Geschichte beginne – und wie da,
zu meinem großen gaudium, Lob, Preiß, Ehre und
Ruhm, auf meine liebe Freulein herabträufflen wird –
Ich weiß zuverläßig daß unsere beste Fürstin die Gnade haben wird, diß alles wohl zu besorgen. Ich empfehle mich zu ferener Gnade und Hulde und lebe und
sterbe

Durchlauchdigste Fürstin

Dero

Unterthänigste treu gehorsamste Dienerin *Goethe*.

den 17 Juli 1781

78. An Großmann

Franckfurth d 19 Juli 1781

Lieber Herr Gevatter! Habe die 52 Stück Convthaler
von Herr Tabors Contor richtig empfangen, und dancke vor gute Zahlung. Mit den übrigen 500 f dächte
ich so; /: voraus gesetzt daß es Ihnen so behagt :/ Herr
Tabor gebe mir zwey Wechsel auf Sich die hälfte
nehmlich 250 f in der zweyten Herbstmeß woche 1781
– den andern in der zweyten Ostermeß woche 1782
zahlbar – den die gantze Summa auf einmahl mögte
Herrn Tabor vielleicht nicht gelegenseyn – das machen Sie nun wie Sies am schiklichsten glauben – denn
Sie müßen längst überzeugt seyn – wie viel Zutrauen
ich in Ihnen und Ihren Verstands-Kasten habe – Haben Sie die Güte mir nur zwey Worte über diesen
meinen Vorschlag zu schreiben, damit ich mich darnach richten kan. Ich gebe Ihnen meinen vollkome-

nen Beyfall, daß Sie die kommende Meße wieder keine Seide gesponnen haben würden – obs Böhme beßer
geht, darann zweifle ich sehr, die ersten 8 Tage ja das
mag wohl gehen, aber das ewige gesinge und gesprin-
ge kriegen meine Lands Leuthe zuverlässig bald satt.
Ein großer Haubt und Ritterspaß ereignet sich vor
jetzo schon – kein Teufel weiß wo Comedie gespielt
wird – Ergo kan sich auch niemand Aboniren – Böhme hat den Sprengkel angenommen, und von Bienenthal schwört Stein und Bein, daß Er den kerl nicht
in seinem Hofe leidet – Bienenthal hat nun auch /: wie
Sie wohl wißen :/ viele Feinde, die rathen also zu einer
Bretternen-Hütte – Meine Schauspiel Gesellschafterin
die Bettmännin ist in Embs – Sie hat mir aufgetragen
unsere bekannte Loge am Kopf zu kriegen – nun sitze
ich wies Kind bey dreck /: mit Respekt zu sagen :/
niemand weiß wer Koch oder Keller ist – was mich
am meisten gaudirt ist, daß Bienenthal gar nicht hir
sondern in Zweybrücken ist, und erst kurtz vor der
Meße zurük kommt – Wens Ihen Freude macht, mein
lieber Herr Gevatter; so sollen Sie allen specktakel,
groß und klein, dick und dinn – gut und böß – von mir
treu fleisig vor gedramatisirt kriegen – denn alle die
Zeit da ich mit Lotte und Hans wölfgen Ballete ge-
tantzt Ariadne gespiel, kartenhäußer gebaut – will ich
diese meße zum schreiben anwenden – und da sollen
Sie denn /: wie billig :/ auch ihren partikul davon genießen. Aber ums Himmels willen wie ist dann die
Inokulation abgelaufen??? ich hoffe gut – da Sie mir
nichts bößes schreiben, Gott gebe es!!! Lotte muß ihr
hübsches gesichtgen behalten, und ich hoffe noch so
lang zu leben, Sie als erste Liebhaberin auf dem Theater zu sehen – und Hans wolf gibt ein Theseus als noch
keiner auf Gotteswelt war – Grüßen Sie mir ja diese

8. Gustav Friedrich Großmann (1743-1796),
Schauspieler und Schauspieldichter. Kupferstich.
Gestochen von Goepffert.

*Sie müßen längst überzeugt seyn – wie viel Zutrauen ich in
Ihnen und ihren Verstands-Kasten habe.*

lieben Geschöppfe – Die Frau gevatterin und demoiselle Flittner nicht zu vergeßen. Vordiesmahl Gottbefohlen. Ich bin wie immer

Ihre

wahre Freundin C. E. Goethe

79. An Lavater

Den 20ten Augst 1781.

Lieber Sohn! Einige fehlende Kupperstiche von dem 4ten theil Eurer Phisioknomischen Fragmenten nöthigt mich Euch mein Bester zu incomodiren – Villeicht könt Ihr mir damit aushelfen – und dann meinen schönsten Danck dafür. Daß alles bey Euch wohl ist, habe ich zu meiner innigen Freude von dem jungen Kayser vernommen – Bey uns gehts – so – so. Ich vor mein theil befinde mich Gott sey Danck, noch immer wie ich war, gesund, munter, und guten Houmors – aber der arme Herr Rath, ist schon seit Jahr und Tag sehr im abnehmen – vornehmlich sind seine Geistest kräffte gantz dahin – Gedächnüß, Besinnlichkeit, eben alles ist weg. Das Leben das Er jetzt führt ist ein wahres Pflantzenleben – Die Vorsehung findet eben vor gut, mich durch allerley Wege zum Ziel zu führen – denn daß ich dabey was rechts leide – brauche ich einer so gefühlvollen Sele wie Ihr seyd – nicht lange vorzuerzählen – Zumahl da ich keinen Ersatz an meinen Kindern habe – Alles ist ja von der armen Frau Aja weit weit weg – Ich hatte mir mit der Hoffnung geschmeichelt mein Sohn würde die Herbmeße herkommen, aber da wird auch nichts draus – Er hat so viele Geschäffte, so viel durcheinander zu thun – hat mir aber zu einer kleinen entschädigung einen gar herrlichen Brief geschrieben – Ich muß nun auch darüber meine Sele in Gedult faßen. Vor jetzt wärens

nun der Klaglieder genung – Behaltet mich in guten
liebevollen Andencken, so wie ich Euch Zeitlebens
nicht vergeßen werde /: ob Ihr gleich mein Gesicht
nicht gewürdigt habt etwas in Euren 4 großen Büchern
drüber zu sagen :/ Grüßt alles! Ich bin ewig – Eure
treue Mutter 　　　　　　　　　　　　C. E. Goethe.

Die fehlende Kupper zum 4 theil sind
　　　　　pag: 437. A Christus mit einer Hand
　　pag: 439. B Christus von einem andern Meister
　　　　　pag: 445. G Ein schattirtes Voll Gesicht.
　　　　　pag: 397. Vollgesicht und provill. a. b.

Villeicht könte es ein Meß Kaufmann mitbringen,
wo aber nicht, so habt die güte es mit dem Postwagen
zu schicken – denn keine große eile hats nicht – Be-
sorgts nach Eurer gemächlichkeit. –

80. An die Herzogin Anna Amalia

　　　　Durchlauchdigste Fürstin!
Also haben Sie, Beste und vortrefflichste Fürstin!
meinen Sohn an seinem Geburths tag so hoch geehret:
wie schmeichelhafft Der gantze Plann die gantze Ide
auch vor Frau Aja ist können Ihro Durchlaucht Sich
leicht vorstellen. Aber so was, gedeihet auch nur in
Weimar, wird auch da nur reif wo Fürstinnen, wie
unsere Amalia die Hand mit im Spiele haben. O könte
ich nur so glücklich seyn, eine solche Haupt Freude
mit anzusehen! Theureste Fürstin! Desto wärmer,
inniger und größer ist mein Danck, daß Ihro Durchlaucht die gnade haben, mich doch immer auch was
davon genißen zu laßen – wäre ich nur im stande dagegen auch mit etwas Hertzerfreunenden aufzuwarten

– Aber du lieber Gott! So gut Wein und Früchte /: besonders in diesem Jahr :/ bey uns gedeihen, desto stu-
pider werden die Menschen um mich herum – Ich
habe diese Meße die deutlichsten proben davon –
Unsere vorige Schauspieler konten mit Hammlet,
Emilia Galotti, Minna von Barnhelm u.s.w. auf keinen
grünen Zweig kommen, und nur noch Gestern trug
dem jetzigen Nahmens Böhm, ein hertzlich dumes
Ballet über 1000 gulden ein – Besonders aplaudirten
meine Lands Leute die Teufel, die mit dem brenen-
den Werg so gut umzugehen wusten, daß kein Unglück damit geschahe – Auch waren die Furien gar
schön frisirt – und Satan und Adamelech sahen auch
gar nicht bitter aus – Mit einem Wort, es war eine
Hölle die sich gewaschen hatte. Tante Fahlmer, hat
mich mit einem Mädelein abermahlen zur Großmutter gemacht – es solte über alle gewalt ein Knabe
werden und Henrich heißen – ging aber vordießmahl
nicht an – Gibt nur Gott der Frau Herzogin von Weimar einen Printzen – So mag die Schlossern meintet-
wegen noch 10 Töchter bekommen, es sterben keine
Lehen aus. Es ist jetzt wieder ein solches Gewirre und
Geschwire in Franckfurth, daß einem der Kopf Sumst
– unter den vielen Fremden, war auch die berühmte
Herzogin von Kinston – Sie wiegt zuverläßig ihre
300 ℔. Ich habe mein gantzes unterstes Stockwerck
besonders meine Wohnstube; so schön aufgetackelt
und ausgeziehrt, daß der prächtige Tisch welchen mir
Ihro Durchlaucht verehrten ohne schamroth zu werden drinnen paradiren darf und auch wircklich als
mein Arbeitstisch sitz und stimme an meinem gewöhnlichen platz genommen hat – was Basen und
Gevatterinnen alles drüber fragen und Resoniren, wäre
freylich werth nach gevatter Wielands Manier erzählt

und dagestelt zu werden – Dieser Brief ist ein wahres
Quotlibet, dran ist die verdamte Meße schuld – Da
komt nun gar die politica Delphin – glaubte gantz
gewiß Herrn Goethe hir zu finden – fande Ihn aber
nicht – macht darob ein Gesicht wie eine Nachteule
u.s.w. Heute wird Agamenon – Clyremnestra – und
Gott weiß wer noch alles mehr ermordet – und das
hübsch nach dem Tackt – es mag wohl lustig werden –
wollens beschauen. Nun der Himmel laße mich bald
gute Nachrichten von Weimar hören! Niemand, auch
nicht der getreuste Unterthan soll in der Freude und
in dem Jubel Diejenige übertreffen die mit tiefster
Erfurcht sich unterzeichnet

Durchlauchdigste Fürstin

Dero

Unterthänigste treu gehorsambste Dienerin Goethe.

den 14 September 1781

NS. Den Augenblick erhalte die Nachricht von meinem Sohn – von der Niederkunft der Herzogin – Das
ist ein gutes Unglück das – allein kommt. Wo zwey
Prinßinnen hergekommen sind – kommen wohl auch
Printzen nach – zumahl in einem alter von 22 Jahren.
Gantz anders war die Probe von dem alten 70jähigen
Herzog von Meinungen – eins – zwey – drey Printzeßinnen und doch noch zwey Söhne – – Indeßen bin ich
verstimt – so verstimt – daß ich kein Wort mehr schreiben kan.

81. An die Herzogin Anna Amalia

Durchlauchdigste Fürstin!

Zwey Schachtelen mit Trauben werden ehestens
bei Ihnen eintreffen – Der Himmel verhüte nur daß

es keinen Most gibt – Auf die, so heut mit dem Eissenacher Postwagen abgegangen – verlangt michs am
meisten zu erfahren, ob sie glücklich angelandet ist –
dann wenn das wäre wann das anginge; so könten
Ihro Durchlaucht alle Woche Trauben haben, so lang
sie dauren. Die andre Schachtel hat Herr Streuber von
Eißenach mit genommen und will sie von Eissenach
aus, durch einen Amts boten biß nach Weimar tragen
laßen – aus der Ursach durfte die Schachtel auch nicht
so gar groß sein. – Weil wir nun nicht immer einen
Herrn Streuber und einen boten bey der Hand haben;
so wünschte gar sehr, daß der Postwagen sich gut aufführen mögte. Noch ein umstand macht mich vor die
armen Trauben fürchten – Wir haben hir seit 12 tagen
nichts wie Regenwetter, und zwar güße wie Wolcken-
brüche – also konten sie nicht gantz trocken seyn –
Ich wils abwarten, und das beste hoffen. Ihro Durchlaucht sehen wenigstens meine bereitwilligkeit Dero
Order immer auf das geschwindeste zu befolgen. Daß
die Durchlauchdigste Frau Kindbetterin Sich wieder
in hohem Wohlseyn befinden – davor dancke ich Gott
von Hertzen – Es wird schon alles noch gut gehen –
und mein Festein das ich zu geben willens war – wird
doch noch in großer Pracht vollzogen werden Amen.
Daß Herr Goethe gut und lieb ist, freut mich sehr –
wollen Ihro Durchlaucht die gnade haben, Ihn recht
hübsch von Frau Aja zu grüßen. Dieße Meße brachte
außer den verschiedenen gauckelern Commediandten
u.s.w. auch schöne Geister in unser Franckfurth. Der
vornehmste drunter war ohne allen Zweifel, Herr
Sebaldus Nothancker – Er machte mir eine Visite
nebst Herrn Merck – Wer diese zwey nicht beysammen gesehen hat, hat nichts gesehen – das behaubte
ich. Sie scheinen überaus gute Freunde zu seyn – O

Jemine! O Jemine!!! Vergangenen Montag war ich in Gesellschafft Herrn Streubers, seiner Frau und übrigen Familie, bey Demoiselle Schmidt zum Abendeßen – daß Weimar unser Anfang Mittel und Ende war, können Ihro Durchlaucht leich dencken – Ich empfhele mich, unserer Besten Theuresten Fürstin zu fortdauenter Gnade und Liebe und verharre

Durchlauchdigste Fürstin
Dero
Unterthänigste treugehorsamste Dienerin
C. E. Goethe.

Franckfurth d 28ten September 1781

82. An Hieronymus Peter Schlosser

den 4ten Novembr 1781

Lieber Herr Sohn! Diß ist in meinem Leben die erste Bitte, die ich mir die Freyheit nehme an Ihnen zu thun – Ich bin von Ihrer Freundschafft zu sehr überzeugt, als daß ich eine abschlägliche Antwort befürchten solte. Herr Großmann komt biß Dinstag um künftige Ostermeße hir halten zu dürfen bey Einem Hochedlen Rath ein – Also, Lieber Herr Sohn! Ihr ja wort – dieses ist, warum Ihnen recht sehr ersucht

Ihre
wahre Freundin
Goethe.

83. An die Herzogin Anna Amalia

Durchlauchdigste Fürstin!

Schon längst würde ich Dero gnädiges Schreiben vom 20 October beantwortet haben, aber viele Geschäffte die sonst der Vater besorgte, und die mir nun allein über dem Hals liegen, haben mich dran gehindert. Dem Himmel sey Danck! Daß doch ein Transport von Trauben glücklich angelandet ist – Ich wäre sonst gantz untröstlich gewesen – es bleibt eben immer eine böße Frucht zum verschicken – Ewig schade ists, daß Ihro Durchlaucht diesen Herbst nicht hir waren, denn so einen Seegen haben die älsten Menschen sich nicht erinnert. Aber es ist ebenfals schade, daß Frau Aja nicht bey dem herrlichen Chinesischen Fest, das der Frau Marckgräffin von Bareyth zu Ehren gegeben worden gegenwärtig war. Philippus hat mir eine solche entzückende und anschauliche Beschreibung da von gemacht, Daß die bloße Erzählung, mich mit Freude und Wonne erfült hat – In dieser Werckeltags Welt, kan mann freylich nicht alles beysammen haben, und ein jeder muß schon mit seinem Looß zufrieden seyn – den mit murren, und knurren bringts niemand um ein Haar weiter, und das Schicksahl dreht seine Maschine, ob wir lachen, oder greinen – Darum wollen wirs mit unserm bißgen Leben auch noch gantz gut betreiben, uns ohne die größte Noth keinen trüben Tag machen – hübsch in Zucht und Ehren lustig seyn – ins Freytags und Mittwochs Concert gehen – und sonst den Winter über manchen gespaß haben. Freylich hat Weimar auf unsere Freud und Leid den größten Einfluß – Haben doch Ihro Durchlaucht die gnade und helfen mitdazu daß mein Sohn den Winter in der Stadt eine Wohnung bekomt – So oft wir hir schlimme Witterung haben /: wie eben jetzt der Fall ist, da des Regens kein Ende werden will :/ so fält mirs schwer aufs Hertz, daß der Docter Wolf in seinen Garten gehn muß, daß allerley übels draus entstehen kan u.s.w. Ihro Durchlaucht! werden Frau Aja unendlich verbinden, wenn Sie ihr diesen Hertzen-

druck helfen wegnehmen. So eben erhalte den Mercur vom Lieben Gevatter Wieland – Haben doch Ihro
Durchlaucht die Gnade, und grüßen Ihn rechthertz-
lich von mir – den Er ist nun einmahl mein Bester Gevatter, Freund, und Sohn – und das Vergnügen das ich
im Winter 1777 von Seinem hirseyn hatte – wird keine
Zeit aus meinem Hertzen auslöschen. Der Lieben
Freulein Thusnelde bitte doch auch in meinem Nahmen, viel schönes und gutes sagen, unter anderm, daß
meinem Machwerck nur noch die Blicker, und der
Schlagschatten fehlt – so dann ists fertig – und macht
zuverläßig noch in diesem Jahr seine Aufwartung, bey
meinem werthgeschätzten Freulein. Ich empfehle
mich unserer Besten Fürstin, zu fortdauernder Gnade,
und verbleibe

Durchlauchdigste Fürstin!
Dero
Unterthänige treugehorsambste Dienerin
C. E. Goethe.

Franckfurth d 16 Novembr 1781

N. S. Den Augenblick erhalte Freulein Thusneldens
Brief nebst einlage – Tausend Danck davor, und bald
von Frau Aja ein mehreres.

84. An die Herzogin Anna Amalia

Durchlauchdigste Fürstin!
  Es hat mich sehr gefreut, daß mein Sohn sich ins
künftige wie andre Christenmenschen geberden und
auf führen will – Daß Ihro Durchlaucht die Gnade
haben wollen, dem guten Wolf, sein neues Hauß aus-

schmücken zu helfen – davor statte den Unterthänig
sten Danck ab. Die Muster nebst denen Preißen sollen
ehestens erscheinen – Der Cathun Händler sind viele
in Franckfurth – um die sache nun recht zu betreiben,
will ich selbst aus marschiren – und bald möglichst
den besten Bericht erstatten. Wenn Gevatter Wieland
auf ein Hertz Stoltz ist, das mit wahrer Freundschaffts
und Mutter Liebe an Ihm hengt, und keine Zeit anders machen wird und kan; so läßt Er mir Gerechtigkeit wiederfahren. Auf das tiefurther Journal freue ich
mich von Hertzens Grund – den Frau Aja sitzt in einer
Sand-wüste, wo die frischen Quellen rahr sind, und
mein armes bißgen Witz und Verstand, ist dem ver-
schmachten oft schon nahe geweßen. Häschelhanß hat
mich auch mit verschiednen herrlichen sachen erquickt – davor Ihm ein eignes Dancksagungs schreiben
zu theile werden soll. Theureste Fürstin! Leben Sie
jederzeit so vergnügt und wohl, als es wünschet und
Hoffet

Durchlauchdigste Fürstin
Dero
Unterthänigste treugehorsambste Dienerin
Goethe

den 30ten November 1781

85. An Louise von Göchhausen

Geliebtes Freulein!
    Die Mode es ist,
Daß frommen Kindern der heilige Christ
Wann sie das Jahr hübsch brav gewesen,
manch schöne Gabe hat auserlesen.
Torten, Rosinen, Gärten mit Lichtern,

Herrn und Dammen mit höltzern Gesichtern,
Äpffel und Birn, Geigen, u Flöten,
Zuckerwerck, Ruthen, Mandlen, Pasteten
Reuter mit Pferden, gut ausstaffirt
nachdem ein jedes sich aufgeführt.
Da nun Frau Aja wohlgemuth –
Den alten Gebräuchen ist hertzlich gut
und Freulein Thusnelde in diesem Jahr
gantz auserordtenlich artig war
So schickt sie hier ein Bildnüß fein,
Das Ihnen wohl mögte kentlich seyn;
und bittet es zum Angedencken,
An Ihren Schwannen Hals zu hencken.
Dadurch ihm dann große Ehre geschicht
s ists aber auch drauf eingericht!
Eitel Gold von vornen von hinten,
Das müßen Sie freylich treflich finden.
Dafür verlang ich ohn Ihr beschweren
Daß Sie mir eine Bitte gewähren.
Mit Ihnen mein Freulein zu discuriren
thu ich oft großen Lusten verspühren
Doch ist der Weg verteufelt weit
Zum Reißen ists jetz garstige Zeit
Drum thu ich Ihnen zu Gemüthe führen,
mit meinem Gesicht eins zu parliren
Antworten wirds Ihnen wohl freylich nie
Allein wer läugnet Simpatie!
Da wird sich mein Hertzlein vor Freude bewegen
Daß mein Gedächnüß blüht im Segen
Bey Menschen die Bieder, gut und treu,
Voll waarer Freundschafft ohn Heucheley
Den heut zu Tag sind Freundschafftthaten
so rahr wie unbeschnittne Ducaten –
Doch ist Frau Aja auserkohrn

9. Hofdame Luise von Göchhausen (1747-1807), (links)
und die Herzogin Luise von Weimar (1757-1830), (rechts).
Getuschte Silhouette.

So schickt sie hier ein Bildnüß fein,
Das Ihnen wohl mögte kentlich seyn;
und bittet es zum Angedencken,
An Ihren Schwannen Hals zu hencken.

in einem guten Zeichen gebohrn
kent brave Leute deß ist sie froh,
und singt In dulci Jubilo.
Auch freut sie sich Hertzinniglich
Daß sie kan unterschreiben sich
Dero wahre Freund und Dienerin,
Die ich gewiß von Hertzen bin.

C. E. Goethe

86. An die Herzogin Anna Amalia

Durchlauchdigste Fürstin!
Den Augenblick komt Der berühmte Flecken von
Plunderweiler gut und wohlbehalten an. Ich halte es
vor meine Pflicht, solches Ihro Durchlaucht /: da zum
Glück eben Posttag ist :/ auf das geschwindeste einzu-
berichten. Mehr bin ich aber auch bey Gott nicht im
stande! Kucken, Lesen, Lesen Kucken, in die Hände
klaschen, Lachen u.s.w. Das wird nun freylich wenigsten so ein paar Tage fortdauren – Wegen des Mercurs
und meinem Liebling mit dem Lilienstengel in den
Wolcken, davor hätt ich meinen Sohn Küßen mögen –
Alles soll aufs heiligste beobachtet werden – Mercken
will ich schon im Respeckt erhalten, darauf können
Ihro Durchlaucht Sich verlaßen. Auch soll eine treue
Relation von Merckens und meiner Freude eingeschickt
werden, nur heute bittet um Gnade und Verschonen
Diejenige, die ewig sich in Demuth unterzeichnet

Durchlauchdigste Fürstin
Dero
Unterthänigste treugehorsambste Dienerin
Goethe.

den 26ten Februar 1782

87. An die Herzogin Anna Amalia

      Durchlauchdigste Fürstin!

Mit unterthenigstem Danck, komt hir das große Meisterwerck zurück. Die Freude und den Jubel welches es mir und andern guten Selen gemacht hat, ist gantz ohnmöglich zu beschreiben; nur von dem gaudium des 5ten Mertzens muß ich doch etwas sagen. Merck war punct 12 Mittags in unserm Hauß, zur Gesellschaft hatte Freund Bölling und Rieße auch eingeladen. Wir speißten mit großer Behaglichkeit, und der 26ger versetzte alle in sehr gute Laune. Nach Tisch holte ich eine Staffeley, stelte sodann das Opus drauf, führte Mercken davor, ohne ein einziges Wort zu reden, hatte auch den andern verboten keinen thon von sich zu geben. Merck stand eine Weile, mit verschränckten Armen, gantz betäubt ob all der Wunder – auf einmahl fuhr Er in die höhe – Um Gottes willen! da bin ich auch – seht Ihr den Kerl der die alten Kleider aus klopft – bey meiner Seele das bin ich! Das ist Nicolai der sägt an den Steltzen – die in der Laube, sind die göttinger – das ist der Werther – den Mann im Talar hielt Er vor Lavater – die gruppe wo in die Steine gebißen und lauter grimiges Zeugs betrieben wird behagte Ihm gar sehr – Nach langem beschauen von oben und unten, von rechts und lincks – fragte Er endlich, ob dann gar keine Beschreibung dabey wäre daß das alles noch anschaulicher würde. Jetzt rückte ich mit den Versen heraus, und Declamirte mit solcher Kraft und Wärme daß es eine Lust war es anzuhören. Alle die Freude die uns /: das gewiß in seiner art unschätzbahre Werck, und wodurch auch Herr Krauße einen großen Ruhm erworben hat :/ in dem allen zu theil ward – kan ich, ich sags noch einmahl

nicht ausdrücken. Mercks Hände haben wir auch vor
Misethat bewahrt, Er kriegte Papier und bleystift aus
der Tasche, und wolt, ich glaube gar was von der
Zeichnung abstelen – aber flugs truge ichs fort, und
Er bekam es nicht wieder zu Gesicht. Freylich was Er
davon in seinen Hirnkasten eingesteckt hat, Davor
kan ich nun nicht stehen. Theureste Fürstin! Noch
einmahl meinen innigsten, wärmsten, und hertzlichsten Danck vor die Erquickung in meiner Einsamkeit. Freulein Thusnelde auch alles gebührende Lob,
vor die schöne Abschrieft der Verse – Dieses Opus
darf ich doch behalten, und als mein Eigenthum ansehn? So oft ich etwas von Weimar erhalte, freut sich
mein Geist, sambt Seele und Leib; es ist mir immer
ein sicherer Beweiß, daß mein Gedächnüß noch im
Segen grünt und blüht, um die Fortdauer dieser Gnade bittet mit gerührtem Hertzen

Durchlauchdigste Fürstin
Dero
unterthanigste treugehorsambste Dienerin
Goethe.

Franckfurth d 10ᵗᵉⁿ Mertz 1782

88. An die Herzogin Anna Amalia

Durchlauchdigste Fürstin!
Fest überzeugt, daß Unsere Theureste Herzogin
Amalia noch immer mit Huld und gnade an Frau Aja
denckt, wage ich es, Ihro Durchlaucht eine Bitte in
Unterthänigkeit vor zu tragen. Der Curmäntzische
Cammer Virtuoso Schick wird in ohngefähr 3 wochen
durch Weimar kommen Er mögte gern die gnade

haben, sich vor den Durchlauchdigsten Herrschafften hören zu laßen. Da ich nun gewiß weiß, daß Er auf seinem Instrument der Violin Ehre einlegen wird indem wir Ihn 3 Winter im Rothenhauß mit Enzücken gehört haben; so habe um so weniger unterlaßen können Ihn in seinem verlangen zu unterstützen, und gegenwärtiges Empfehlungs Schreiben an Ihro Durchlaucht voraus zu schicken. Es komt noch ein überaus geschickte Violin spieler nahmens Triklir mit Ihm, und ich hoffe diese beyde braven Männer werden Ihro Durchlaucht gewiß erfreuen.

Das Meister werck von meinem Sohn und Herrn Krauße wird doch wohlbehalten wieder in Weimar angelandet seyn? ich habe Phillipp schon lange drum befragt, aber der macht einmahl wieder den Gott Baal – Die Meße ist nun auch zu Ende, in 10 Jahren war keine so schlecht, und das üble Wetter thut auch noch das seine dabey – das ist alles was sich dermahlen von unserm berühmten Franckfurth sagen läßt. Ich empfehle mich zu gnädigem Andencken, und verbleibe zeitlebens

Durchlauchdigste Fürstin

Dero

Unterthänigste treugehorsambste Dienerin

Goethe.

Franckfurth d 19ten Aprill 1782

N. S. Was die Leute doch nicht alles mit mir vor streiche beginnen! Da schickt mir ein auswärtiger Freund, ein gantz vortrefliches Damen Kleidt – Hell blau der grund, so hell daß es mit grün streittet eine sehr schöne Farbe – Durchaus nach dem neusten gousto gestickt Die Stickerey hat in Wienn 25 neue Louidor gekostet – davor soll ichs auch weggeben, Der

gantze Zeug dicker prächtiger grodetur will mann
gar nicht rechnen – Daß alles noch ungemacht ist versteht sich von selbst – es ist neu von der Nadel weg –
Solten Ihro Durchlaucht es etwa in Dero garderobe
brauchen können – so wolte ein stück davon zum Anschauen auf dem Postwagen überschicken – Ihro
Durchlaucht halten mir die genomne Freyheit zu
gnaden – Doch beste Fürstin wenn Ihro Durchlaucht
wüsten von wem es käme – Sie könten gewiß über mich
nicht Ungenädig werden.

89. An die Herzogin Anna Amalia

Franckfurth d 11 Juni 1782

Durchlauchdigste Fürstin!

Den Antheil den Ihro Durchlaucht an dem Ableben
meines Mannes zu nehmen die Gnade gehabt, hat
mich sehr gerührt – Freylich war eine Beßerung ohnmöglich, vilmehr mußte man das was am 25 May er-
folgte täglich erwarten – Doch so schnell vermuthete
ich mirs doch nicht – Ihm ist wohl, den so ein Leben
wie die letzten zwey Jahre, davor bewahre Gott einen
jeden in Gnaden! Mit Herrn Krauße, und dem sehr
gesprächigen Herrn Paulsen habe ich mich schon sehr
ergötzt – Ihro Durchlaucht können leicht dencken
wovon wir reden – Ich Catechisire die guten Leute so
arg, daß Ihren Lungenflügeln so lang Sie hir bleiben,
eine sehr starcke Bewegung bevorsteht. Theureste
Fürstin! Aus einem Schreiben von meinem Sohn ersehe mit Erstaunen, daß Unser Bester und Gnädigster
Fürst, zu allen, nun bald an die 7 Jahre erzeigten Gnaden und Wohlthaten, noch eine mir gantz ohnerwarte-
te hinzugefügt hat – Über so was kan ich nun gar nichts
sagen, denn der größte Danck ist stumm – Gott segne

und erhalte unsern Liebens würdigen Fürsten – Unsere Vortrefliche Fürstin Amalia, Die uns diesen wahren
Fürsten-Sohn gebohren hat – Das gantze Hochfürstliche
Hauß müße grünen und blühen biß ans Ende der
Tage – dieß ist der heißeste, eifrigste und hertzinnig-
lichste Wunsch, von Mutter Aja Amen. Durchlauchdigste Fürstin! Jetzt verzält sich Frau Aja die präch-
tigsten Mährgen, von einer Reiße nach Weimar – Ich
hoffe zuverläßig, daß mir der Himmel diese auserordentliche Freude gewähren wird – so geschwind kan
es aber freylich noch nicht seyn – Doch Gedult! Wollen schon unsere sieben sachen suchen in Ordnung zu
bringen, und dann auf Flüglen des Windes an den
Ort eilen, der vor mich alles enthält, was mir auf diesem Erdenrund hoch, theuer und werth ist. In diesen
süßen Gedancken will ich einstweilen Leben, und
mich unserer Besten Fürstin zu fernern Gnaden empfehlen biß der angenehme Zeitpunct herbey komt,
da ich mündlich versichern kan, daß ich ewig seyn und
bleiben werde

Durchlauchdigste Fürstin
Dero
unterthänigste treugehorsambste Dienerin
Goethe.

N.S. An meine liebe Freulein Thusnelde 1000 emp-
fehlungen.

90. An die Herzogin Anna Amalia

Durchlauchdigste Fürstin!

Was dem müden Wanderer ein ruhe plätzgen,
Dem Durstigen eine klahre Quelle und alles was sich
nun noch dahin zählen läßt; was die armen Sterb-

lichen stärckt und erlabt, war das gnädige Andencken
unserer Besten Fürstin! Du bist also noch nicht in
Vergeßenheit gerathen – Die Theureste Fürstin denckt
noch an Dich – fragt nach Deinem Befinden – Tausend
facher Danck sey Ihro Durchlaucht davor dargebracht!
Ihro Durchlaucht haben die Gnade zu fragen was ich
mache? O beym Jupiter so wenig als möglich! und das
wenige noch obendrauf von Hertzen schlecht – Wie
ists aber auch anders möglich! Einsam, gantz allein
mir selbst überlaßen – wen die Quellen abgeleitet
oder verstopft sind, wird der tiefste Brunnen lehr –
ich grabe zwar als nach frischen – aber entweder geben sie gar kein Wasser – oder sind gar trübe, und
beydes ist dann freylich sehr schlimm. Die Noble all-
gerorie könte ich nun bis ins Unendliche fortführen –
könte sagen, daß um nicht Durst zu sterben ich jetzt
Mineralisch Wasser träncke – welches sonst eigentlich
nur vor Krancke gehört u.s.w. Gewiß viele schöne
sachen ließen sich hir noch anbringen – aber der Witz,
der Witz! den habe ich imer vor Zugluft gehalten –
er kühlt wohl – aber man bekommt einen steifen Hals
davon. Also ohne alle den schnick schnack – Alle Freuden die ich jetzt genüßen will, muß ich bey Fremden,
muß ich außer meinem Hauß suchen – Den da ists so
still und öde, wie auf dem Kirchhoff – sonst wars freylich gantz umgekehrt – Doch da in der gantzen Natur
nichts an seiner stelle bleibt, sondern sich in ewigem
Kreislauf herum dreht – wie könte ich mich da zur
Ausnahme machen – nein so absurd denck Frau Aja
nicht – Wer wird sich grämen daß nicht imer voll-
mond ist, und daß die Sonne jetzt nicht so warm macht
wie im Julius – nur das gegenwärtige gut gebraucht
und gar nicht dran gedacht daß es anders seyn könte;
so komt mann am besten durch die Welt – und das

durchkommen ist doch /: alles wohl überlegt :/ die
Hauptsache. Ihro Durchlaucht könen nun so ohngefähr aus obigem ersehen, daß Frau Aja imer noch –
so ohngefähr Frau Aja ist, ihren guten Houmor bey-
behält, und alles thut, um bey guter Laune zu bleiben
– auch das mittel das weiland König Saul gegen den
bößen Feind so probat fand, fleißig gebraucht; und so
hats menschlichem Ansehn nach noch lange keine
Noth mit der guten Frau. Zumahl da Herr Tabor
/: den Ihro Durchlaucht wenigstens dem Nahmen
nach kennen :/ vor unser Vergnügen so stattlich gesorgt hat. Den gantzen Winter Schauspiel! Da wird
gegeigt, da wird trompett – Ha! den Teufel mögte ich
sehen, ders Currage hätte einem mit schwartzem Blut
zu Incomodiren – Ein einziger Sir John Fallstaff treibt
ihn zu paaren – das war ein gaudium mit dem dicken
Kerl – Christen und Juden alles lachte sich die Galle
vom Hertzen. Diese Woche sehen wir auch Clavigo –
da geht gantz Franckfurth hinein, alle Logen sind
schon bestelt – Das ist vor so eine Reichsstadt, allemahl ein großer spaß. Ich habe nun Ihro Durchlaucht
befehl in Unterthanigkeit befolgt – von meinem Seyn
oder nicht Seyn wahrhaften und aufrichtigen Bericht
erstattet – Empfehle mich nun zur fernrer Huld und
Gnade, und bin ewig

Durchlauchdigste Fürstin
Dero
unterthänigste treugehorsambste
Dienerin Goethe.

Franckfurth d 22 October 1782

91. An Lavater

Franckfurth den 5ten Jenner 1783

Lieber Sohn! Inliegendes eröffnet nicht ehender biß Ihr diese Epistel geleßen habt. Schattenriße befinden sich drinnen worüber mann gern Eure Gedancken wißen mögte – Findet Ihrs nicht vor rathsamm; so schickts unerbrochen zurück – Ich weiß nicht woher sie sind – noch weniger wen sie vorstellen – Doch sind sie mir von Persohnen zugestelt worden, denen ichs nicht abschlagen konte – So geht einem, wen die Menschen wißen daß solche Lichter der Welt unsere Freunde sind – Auch stehe ich bey Euren Glaubens genoßen in großem Ansehn – freylich ohne all *mein* Verdinst und Würdigkeit – doch was thut das! Der Mond prangt ja auch mit geborgtem Licht, und mitalledem weiß ich keinen Dichter von Kloppstock bis zum Neukirch der ihn nicht besungen und beklimppert hat. Vor das überschickte Buch dancke hertzlich – Es macht mir mache erquickende und gute Stunde – eben wie alles was von Euch kommt – Den das betheure ich, daß von *allen* die ich kenne /: sind doch auch viele gute Menschen drunter :/ keiner so in meinem Hertzen angeschrieben steht wie Ihr. Gottes reichen Seegen zum Neuen Jahr, vor Euch und alles was Euch angehört – Behaltet mich Lieb und glaubt daß ich ewig bin

Eure wahre Freundin u treue Mutter
Goethe.

N.S. Daß ich das Kleid noch nicht habe anbringen können, thut mir sehr leid, ich gebe mir alle Mühe – Das letzte was ich noch probiren will ist, es einem Kaufmann, der mit solchen Waaren handelt in Comision zu geben – thun will ich wenigstens alles, was gethan werden kan.

92. An die Herzogin Anna Amalia

Durchlauchdigste Fürstin!

Ich habe Gott sey danck in meinem Leben viele Freuden gehabt – Das Schicksahl hat mir manchen frohen Tag geschenckt – aber niehmahls kam mir eine Freude so unvermuthet – niemahls bin ich so von Wonne truncken gewesen – als über die Geburth des Printzen von Sachsen Weimar. Da ich kein Wort von der Schwangerschafft der Herzogin wußte; so stellen Sich Ihro Durchlaucht mein Erstaunen über die gantz unerwartete glückliche nachricht vor! Als ich an die Worte in Freuleins Thusneldens Brief kam »Wenn ich den Printzen selbst gemacht hätte u.s.w.« so zitterte ich am gantzen Leibe, ließ den Brief aus der Hand fallen – bliebe eine Zeit starr und gleichsam ohne Empfindung stehen – auf einmahl wurde mein gantzer Cöpper siedend heiß, mein Gesicht sahe aus, als wens doppelt mit Carmin belegt wäre – nun mußte ich Luft haben – Ein Printz! ein Printz! schriehe ich meinen Wänden zu – O wer mich in dem Augenblick gesehen hätte! Ich war gerade gantz allein, zum Glück bliebe ich es nicht lange, Frau Bethmann kame mich ins Schauspiel abzuholen, nun konte ich, Gott sey Danck! meinem Hertzen Luft machen – Alle meine Bekandten, wer mir vors Gesicht kam, mußte die frohe Neuigkeit hören. Abens hatte ich ein paar Freunde zum Nachteßen und wir sungen Corus – Fröliger, Seliger, Herrlicher Tag. Voll von diesen Ideen, wars kein Wunder, daß mirs träumte ich ich seye in Weimar – Was hatte ich da alles vor Freude! nur Schade, daß Morgens beym Erwachen, die gantze Seligkeit dahin war. Theureste Fürstin! Gott Erhalte den neu gebohrnen P[r]intzen – Laße Ihn zu nehmen an Alter

I Petri IV. 10, 11.

10. Johann Caspar Lavater (1741-1801). Profil 1775,
von Georg Friedrich Schmoll gezeichnet,
von Johann Heinrich Lips gestochen.

*Den das betheure ich, daß von allen die ich kenne [. . .] keiner
so in meinem Hertzen angeschrieben steht wie Ihr.*

und Gnade bey Gott und den Menschen – die Zukunft
müße dem glücklichen 2<u>ten</u> Februar noch Jubellieder
Singen Amen. Mich empfele zu fererer Hulde und
Gnade, und bin ewig

Durchlauchdigste Fürstin

Dero

Unterthänigste treugehorsamste Dienerin

Goethe.

Franckfurth d 7<u>ten</u> Februar 1783

93. An Merck

Den 21<u>ten</u> Februar 1783

Nun Lieber Sohn! Ihr werdet doch auch an der großen Freude theil genommen haben die jetzt gantz
Weimar belebt. Ich vor mein theil war wie Närisch –
Denn überlegt nur – kein wort von der Schwangerschafft zu wissen – und auf einmahl so eine fröhlige
Bottschafft – das kan ich schwören lange lange war mir
nicht so seelig wohl. Aber lieber Freund! warum
schickt Ihr mir denn die Iphigenie nicht – vor länger
als 4 wochen bate ich Euch drum – auch nicht einmahl
eine Zeile Antwort – Ich will nicht hoffen daß Ihr
Kranck seyd – eben so wenig daß Ihr mich vergeßen
habt – Laßt bald was von Euch hören, das wird hertzlich freuen – Diejenige, die ist und bleibt

Eure

wahre Freundin. C. E. Goethe.

94. An die Herzogin Anna Amalia

Den 1<u>ten</u> Mertz 1783

Durchlauchdigste Fürstin!
Ich bin ja wohl eine recht glückliche und beneidungs
würdige Frau! In dem Andencken, in der Gnade Einer
Amalia zu stehn! Einer Fürstin die in allem betrachtet,

würcklich Fürstin ist – *Die* der Welt gezeigt hat, daß
Sie Regiren kan – *Die* die große Kunst versteht alle
Hertzen anzuziehn – *Die* Liebe und Freude um Sich
her verbreitet – *Die* – Mit einem Wort zum Seegen vor
die Menschen gebohren wurde. Ja Große und vortreffliche Frau! Ich schwöre bey allem was heilig ist,
daß, die Fortdauer von Höchst Dero Gnade und Güte,
mir mehr werth ist, als der Beyfall einer gantzen
Welt. Theureste Fürstin! Erhalten Sie mir diesen Unaussprechlich großen Schatz! Der nun einmahl zu
einem Wesentlichen theil von mir gehört, ohne den
meine Exsißtentz so wenig ein gantzes wäre, als der
Leib ohne Seele. Unser Theurer Erbprintz befindet
Sich also wohl – Gott sey Taußend Danck davor gesagt! nach Dero Beschreibung, gibt das ja einen zweyten Reinhold – und da ich zuverläßig weiß, daß Er die
beste Erziehung nach Leib und Seele bekommen wird;
so kan auch der Wachsthum an beyden nicht fehlen –
und alles Volck soll sagen Amen. Wieland und meinem Sohn würde ich es ewig nicht verzeihen, wenn Sie
bey dieser frohen Begebenheit Ihren Pegasus nicht
weidlich tummeltten, und mich verlangt recht hertzlich, Ihre Gebuhrten zu sehen. Freylich komt es mir
vor als ob mein Sohn, sich in etwas mit den Musen
Brouliert hätte – doch alte Liebe Rostest nicht – sie
werden auf seinen Ruf, schon bald wieder bey der
Hand seyn. Mit Wieland – ja das ist gantz was anders,
Das ist ein gar beständiger Liebhaber – die 9 Mädger
mögen lachen oder sauer sehen – Er schickt sich in alle
Ihre Launen – und ich weiß von sichrer Hand, daß so
was, die Damen überaus gut aufnehmen. Ihro Durchlaucht haben die Gnade Sich zu erkundigen was ich
mache – Ich befinde mich Gott sey Danck, gesund,
vergnügt, und fröliges Hertzens – suche mir mein biß-

gen Leben noch so angenehm zu machen als möglich
Doch liebe ich keine Freude, die mit unruhe, wirrwarr
und beschwerlichkeit verknüpft ist – Den die Ruhe
liebte ich von jeher – und meinem Leichnam thue ich
gar gern seine ihm gebührendte Ehre. Morgens besorge ich meine kleine Haußhaltung und übrigen Geschäffte, auch werden da Briefe geschrieben – Eine
solche lächerliche Correßpontentz hat nicht leicht jemandt außer mir. Alle Monath raume ich meinen
Schreibpult auf – aber ohne lachen kan ich das nieh-
mals thun – Es sieht drinnen aus, wie im Himmel. Alle
Rangordnung aufgehoben – Hohe und geringe, From-
me und Zöllner und Sünder, alle auf einem Haufen –
Der Brief vom frommen Lavater liegt gantz ohne groll,
beym Schauspieler Großmann u.s.w. Nachmittags
haben meine Freunde das Recht mich zu besuchen,
aber um 4 uhr, muß alles wieder fort – dann kleide ich
mich an – fahre entweder ins Schauspiel oder mache
Besuche – komme um 9 uhr nach Hauß – das ist es nun
so ungefähr was ich treibe. Doch das beste hätte ich
bald vergeßen. Ich wohne in der langen gaßen, die
mann vor Leßer erbauen laßen u.s.w. Nehmen Ihro
Durchlaucht mit der Beschreibung meines gering-
haltigen Lebens Wandel vor lieb, und erhalten mir
Dero unschätzbare Gnade, diß ist die einzige Bitte von

> Ihrer Durchlaucht
> > unterthänigst und treusten Dienern
> > Goethe.

95. An die Herzogin Anna Amalia

> Franckfurth d. 24ten Mertz 1783

Durchlauchdigste Fürstin!
Vor die übersendung der zwey vortrefflichen Cantaten, dancke unterthänigst; sie haben mir sehr wohl

gefallen – doch wenn auch in dem beglückten Weimar nichts von Geistes producten zum Vorschein käme, wo den sonst??? Sind den weit und breit so viele herrliche Menschen beysammen? Wo find mann denn die Höffe, die von solchen Herschafften Regirt werden – Wo trieft den das just eben so zu, daß Mutter und Sohn einerley Fürstliche und wahre große Gesinnungen haben – *Die* das Verdinst wo *Sie* es finden emphor heben – auf den Leuchter stecken – ists also ein Wunder wen das Licht leuchtet! Theureste Fürstin! Diß ist das wahre Bild, aller der glücklichen Menschen, die die Gnade haben in Dero und Unseres Besten Fürsten Dinsten zu stehen. Mich verlangt sehr auf meines Sohns Darma – Der Himmel gebe sein Gedeihen, daß auch Er, zur Verherrlichung dieser frohen Zeit, etwas Leib und Seele erfreundendes hervor bringen möge! Seidel hat mir die Weimarer Zeitung überschickt, wo der Kirchgang von der Durchlauchdigsten Frau Herzogin gar schön und feyerlich beschrieben ist – Auch habe ich das Versprechen, alles was sonst noch merckwürdiges pasirt ist zu erfahren, worauf ich mich zum voraus freue. Ich empfehle mich meiner Theuresten Fürstin zu fernerem Gnädigstem Andencken, und verbleibe

Durchlauchdigste Fürstin
Dero
unterthänigste treugehorsambste Dienerin
Goethe.

96. An die Herzogin Anna Amalia

Durchlauchdigste Fürstin!
Das schrieftliche Zeugnüß das Ihro Durchlaucht mich noch immerfort mit Dero gnädigem Andencken

begnadigen erfreute mich über allen ausdruck. Mitten in der großen Welt – in dem kreiß Dero Hohen und Vortrefflichen Anverwandten – unterm Genuß der herrlichsten Freuden denckt Unsere Beste Fürstin an die so gantz im stillen dahinlebende Frau Aja! Gnädigste Fürstin! Mein gantzes Verlangen, begehren und wünschen geht einzig dahin, mich dieser großen Gnade nur in *etwas* würdig zu machen – Aber was kan eine Frau wie ich anders thun, als aus der fülle ihres Hertzens dancken, und um die Fortdauer solcher Gnade Demüthist ansuchen – In vollem Glauben, daß diese Bitte gnädige Erhörung finden wird – will ich mit frohem Muthe und fröligem Hertzen das was Ihro Durchlaucht zu wißen verlangen, auf das treulichste und bestmöglichste vortragen und berichtigen. So tief wird mich doch der liebe Gott nicht herabsincken laßen um an einem Journal zu schreiben – Behüte und bewahre! Ich weiß dem Himmel sey Danck, die langeweile beßer zu verjagen – und ohne mich zu prostituiren meine Tage vergnügt durchzuleben – Überhaubt wüßte ich von dem gantzen dummen gezeugs nichts – wenn nicht Frau Max Brentano mir den Plan zugeschickt hätte – Ich würde die gantze sache vor eine Satire halten, wen es nicht der Printzseß Elisabeth zugeeignet – und alle Postämter mit geplagt würden. Wir haben hir so etliche arme Schlukker, die wird der böße Feind und ihr Magen wohl zu so einem geschreibe verführt haben – das ist alles was ich von der schönen Rarität weiß. Daß mein Sohn dem Durchlauchdigsten Herzog von Braunschweig wohlgefallen – thate mir gar sanfte an meinem Mütterlichen Hertzen – Beynahe gehts mir wie dem alten Ritter, den Geron der Adelich in einer Höle antraf, und der mitunter bloß davon lebte, weil ihm die

Geister so viel gute Nachrichten von seinem Enckel
Hecktor überbrachten – Was habe ich nur dieße Meße
über wieder vor Lebens Balsam gekriegt. Nun Gott
sey ewig davor geprießen!

Da Ihro Durchlaucht die Gnade haben mich zu fragen, was ich mache, wie ich mich befinde? so gehts
bey mir immer den alten gang fort – Gesund, vergnügt, lustig und fröhlich – zumahl bey dem herrlichen
Herbst und vortrefflichen Wetter den 3ten war das
große Bachus Fest – Es war ein Jubel, eine Lust, ein
gejauze – Trauben! wie in Canaan – und noch obendrein, die Hüll und Füll – in meinem kleinen Wein-
berg weit über ein Stück – Aber da gabs auch unendlichen Schweinebraten!!! Phillipp war so glücklich die
gantze Lust mitzugenüßen u.s.w. Aus dieser Relation,
können Ihro Durchlaucht ersehen, daß es mir gantz
behaglich zu muthe ist. Zum vollen Maß meiner
Glückseligkeit – erbitte von Ihro Durchlaucht unserer
Besten Fürstin, die Fortdauer Dero Huld und Gnade
vor diejenige, die zeitlebens ist

Durchlauchdigste Fürstin
Dero
Unterthänige, treugehorsambste Dienerin
Goethe.

Franckfurth d 5ten October 1783

97. An Fritz von Stein

Frankfurt, den 9. Jenner 1784.

Lieber Sohn!

Vielen Danck vor Ihren lieben Brief, er hat mir
große Freude gemacht, – es geht Ihnen also recht gut
bei meinem Sohne, – o, das kann ich mir gar wohl vor-

stellen. Goethe war von jeher ein Freund von braven jungen Leuten und es vergnügt mich ungemein, daß Sie sein Umgang glücklich macht. Aber je lieber Sie ihn haben, und also gewiß ihn nicht gern entbehren, je zuverläßiger werden Sie mir glauben, wenn ich Ihnen sage, daß die Abwesenheit von ihm mir ofte trübe Stunden macht. Sie, mein kleiner Freund, könnten nun da ein großes gutes Werk thun, – zumahl da Sie mich lieb haben, so wird es Ihnen gewiß nicht sauer ankommen, hören Sie, lieber Freund, meinen Vorschlag, – da Sie beständig um meinen Sohn sind, also mehr von ihm wissen, als Jeder andere, wie wäre es, wenn Sie so ein kleines Tagebuch hielten, und schickten es mir alle Monath, – viele Arbeit soll das Ihnen gerade nicht machen, nur ohngefähr auf diese Weise; »Gestern war Goethe im Schauspiel, Abends zu Gaste, – Heut hatten wir Gesellschaft«, u.s.w. Auf diese Weise lebte ich gleichsam mitten unter Euch, – freute mich eurer Freuden, – und die Abwesenheit verlöre viel von ihrer Unbehaglichkeit, – eine kleine Zeile Morgens oder Abends geschrieben, – macht Ihnen wenig Mühe, mir aber würde es unbeschreiblich wohl thun, – überlegen Sie die Sache einmahl, ich glaube, es geht.

Wenn mein Sohn einmahl nach Frankfurt kommt, müssen Sie mitkommen, an Vergnügen soll es dann nicht fehlen, wenigstens wollte ich Alles zur Freude stimmen. Nun, das kann ja wohl einmahl geschehn, – Inzwischen behalten Sie mich lieb, ich verspreche Ihnen desgleichen, Grüßen Sie meinen Sohn, und seyn versichert, daß ich ewig bin

      Ihre
           wahre Freundin und treue Mutter
           Elisabeth Goethe.

98. An Fritz von Stein

Fr. den 12 Februar 1784.

Lieber Sohn!

Das ist ja recht brav, daß Sie so Wort gehalten haben – das Tagebuch ist so ganz recht, und hat mich außerordentlich gefreut, machen Sie mir das Vergnügen und schicken alle Monath so eine Beschreibung Ihres Lebens und Ihrer Beschäftigungen – die Entfernung von meinem Sohne wird mir dadurch unendlich leichter, weil ich im Geiste Alles das mitgenieße, was in Weimar gethan und gemacht wird, – ich bitte, fahren Sie so fort, und Sie sollen mein lieber, lieber Sohn seyn. Die Zeichnung von Ihrer Stube hat sich recht gut conservirt, – sie liegt auf meinem Arbeitstisch und in Gedanken bin ich gar öfters bei Ihnen. Hier giebts nicht viel Neues, das interessant wäre, wir haben diesen Winter nur alle Dienstage Schauspiel. Die Schauspieler sind in Maynz und Schnee und Eis machen die Wege überaus schlimm, – grüßen Sie meinen Sohn vielmahls, und glauben, daß ich ewig bin

Ihre treue Mutter
E. Goethe.

99. An Louise von Göchhausen

Eine alte sage sagt recht fein,
Poeten dichten nur beym Wein.
Beym Wasser sollen die Verselein,
Durchaus nicht zu genüßen seyn.
Das drückt mich nun am Hertzen schwer
Der Wein ist rahr zu kriegen her.
Wir leben wie mitten auf dem Meer
Es geht drunter drüber kreutz und querr!
Die Keller sind von Wasser voll

11. Johann Wolfgang Goethe (1749-1832) und Fritz von Stein (1772-1844). Schattenriß (anonym) um 1783.

hören Sie, lieber Freund, meinen Vorschlag, – da Sie beständig um meinen Sohn sind, also mehr von ihm wissen, als Jeder andere, wie wäre es, wenn Sie so ein kleines Tagebuch hielten, und schickten es mir alle Monath.

Wir singen jetzt aus dem CMoll*
Nun! Herr Nepptun nur nicht zu doll
Was schirt ihn denn der Reihn und Mayn
Er soll ja Engeländer seyn?**
Geh Er in seyn Gebieth hinein
Da laß Ers Wasser aus und ein.
Er wär ein Gott? und ist so blind
Weiß nicht daß Menschen Menschen sind
und keine Fisch – Drum schaff Er Wind
Doch säum Er nicht und mach geschwindt
und trockne unsere Keller aus –
und macht Ers gut so steht ein Schmauß
Zu Dinst – doch räht ihm Mann und Mauß
Einandermahl bleib Er zu Hauß u.s.w.
Genung davon – trotz Noth und Pein –
mein Brief soll dennoch werden fein –
und fehlet mir auch gleich der Wein
mein Danck soll doch in Versen seyn.
Danck! Tausend Danck vor deinen Strauß
Warhaftig der lacht Flohren aus,
Die Kunst erhebt sich zur Natur
und folgt getreulich ihrer Spur –
Man glaubt sich unter Blumen Flohr
Das Hertz schlägt freudiger empor –
Denck an den Frühling und vergießt,
Daß der, so nah noch gar nicht ist.
O Täuschung! Du, des Lebens Glück!
oft hast Du meinem Mißgeschick
Die hellste Colorit gegeben –
Verlaß mich nicht in diesem Leben
Bleib bey mir! Andern gönn ich gern
Die Nackte Wahrheit. In der Fern

* In der bekandten Melodie, Das alte Jahr vergangen ist.
** Siehe den Teuschen Mercur 1783 pag. 274.

Will ich sie sehn, doch nicht zu nah,
ist sie vor blöde Augen da?
Ein Adler Auge thuts verstehn,
Doch damit bin ich nicht versehn.
Halt Steckenpferd! Steh still, kom her –
Das purtzelt in die kreutz und quer –
Der Brief der fängt sich an vom Strauß,
Der Schöppfs macht eine Predigt draus,
so wässerich wie zu dieser frist,
Es hir in Franckfurth Mode ist.
Nun gönn mir noch ein gnädig Ohr,
und merck was deiner Blumen Flohr,
Vor Ehre wiederfahren soll,
Ich bitte dich! Gib Achtung wohl.
Bey Hochzeit, Kindtaufs Schmausereyen
Concerte, Bälle, Gasterereien –
Bei Caffe, Thee, Bon Bon Gelagen –
An allen großen Galla Tagen –
Zu Kusch, zu Fuß, auf Promenaden
Im Glück von volten und geladen –
Bey Schwestern, Vettern, Nichten, Tanten –
Gevattern Baaßen Anverwandten –
Und in das neue Schauspiel Hauß,
geh ich geschmückt mit deinem Strauß.
Und endlich dann nun zum Beschluß –
An lieben Wieland meinen Gruß –
Danck Ihm vor den Mercuius –
Ich bitt dich, lieb Freundin thuts!
Und dann – Behalt in Hertz und Sinn
Mich deine Freund und Dienerin

                                        Goethe.

den 1 ten Mertz 1784

100. An die Herzogin Anna Amalia

den 2$^{\underline{ten}}$ Mertz 1784

Durchlauchdigste Fürstin!

Ich vermag nichts als Danck zu stammlen – Die
Gefühle meines inniggerührten Hertzens bin ich nicht
im stande auszudrucken – nur das kan sagen, daß kein
Ordens Band so lang die Welt steht mit mehr Freude,
Stoltz und tieffem Gefühl unverdienter Gnade ist umgethan worden als das so trefende Bild meiner Vortrefflichen und Gnädigen Fürstin Amalia. Nie soll bey
allen Festlichen Gelegenheiten ein anderer Schmuck
mich zieren – schon zweymahl habe ich mir diese Wonne gemacht – Ihro Durchlaucht müßten doch lächeln,
wen Sie sähen wie Frau Aja sich in die Brust wirft –
daher rauscht in einem weißen seidnen Kleid – das
mir ewig Theure Bild an einem breiten schwartzen
Band auf der Brust – und ein Ausdruck in gang und
mienen, daß alles meine gantze Selbstzufriedenheit
aus den Augen leßen kan – und nun das gucken, das
fragen ohne Ende wer die schöne Dame seye – nun
das Dickthun Derjenigen die die Gnade haben Ihro
Durchlaucht zu kennen – wo immer eins stärcker als
das andre schreit – Bey Gott! das ist die Herzogin
Amalia, wie aus dem Spiegel gestohlen! Ihro Durchlaucht! würden lächeln /: noch einmahl seye es gesagt :/ und empfinden, wie so gantz glücklich Sie mich
gemacht haben. Der Blumen-korb ist ein solches Meisterwerck, das gar nicht genung bewundert werden
kan – Er steht in meinem besten Zimmer auf einem
Marmor Tisch, und wer ihn noch gesehen hat, be-
kent, daß Franckreichs und Italiens Blumen steifes
Papier gemächte dagegen ist – Beym aufmachen des
Kastens stunde ich wie bezaubert – ich wuste gar nicht

was ich dencken und machen solte – Alles trägt jetzt
hir Blummen, alt und jung und niemand ist im Er[n]st
aufgetackelt der nicht wenigstens eine vorsteken hat,
aber du Lieber Gott! das ist alles gegen diese Stroh
eitel Stroh – besonders die Blätter und die Stiele sind
der Natur so ähnlich, daß ich in der Täuschung an der
Hiazinte roch. Dieser herrliche Weimarer product,
soll als ein Heiligthum bey mir aufgehoben werden,
und wehe dem! der nur einem Stengel dran zerknick-
te. Der Geldbeutel hat mich sehr gefreut – Gott mache
mich noch einmahl so glücklich die Hände zu küssen,
die ihn verfertigt haben! Die Luftreiße wolte ich mit
Vergnügen anstellen – nur fürchte ich daß es so bald
noch nicht geschieht – von unserm Luftballon ist alles
Maußestill, mich dünckt die Verfertiger sind ihrer
sache nicht gantz gewiß, und fürchten das auspeifen.

Gott seegne die Bergwercks Geschäffte! und schencke meinem Sohn Gesundheit und kraft Dero Hohen
Fürstlichen Haußе alle ersprießliche Dinste zu leisten.
Wir haben hir eine große Überschwemmung gehabt –
noch heute da ich dieses schreibe ist mein Keller noch
voll Wasser – auf unserer Straße fuhr man in Schiffen –
An niedrigen Orten wie am Fahrthor stunde das
Wasser im ersten Stockwerck – Das Elend war viel
größer als 1764 Unsere Dorfschafften stehen meist
unter Wasser – Das Unglück abgerechnet, war der
Eißgang ein prächtiges Schauspiel – Das krachen an
den Eißbrechern – die schrecklichen großen Schollen
die wie Berge sich aufthürmten mit großen gethön
sich überein ander wälztzen – das brausen des Maynstrohm – Der Donner der Canonen der dazwischen
brüllte, um der Stadt Maynz das Singnahl zu geben,
daß der Mayn auf sey – Der Lermen der Menschen,
das raßlen der wagen die die Kaufmans Gewölbe lehr

machten u.s.w. das alles zusamen konte den Heltz-
hafftesten in Furcht jagen. In dem jetzt beschriebenen
Wirr Warr – kam Dero herrliches Geschenck bey mir
an. Das kan ohnmöglich alles vor dich seyn – villeicht
steht in dem dicken Brief die Order wo der große und
kleine Kasten hin gehört – also risch rasch den Brief
auf – und nun die Freude, den Jubel! Ich vergaß alles,
zog ein Band durch und nun gleich mich mit damit
geschmückt. Da ich ferner bemerckte, daß das übrige
auch mein Eigenthum wäre, da gings an ein auspacken
– und mein Erstaunen über alle den Pracht, habe ich
schon die Gnade gehabt Ihro Durchlaucht oben zu
beschreiben. Gott sey der Vergelter aller der Freuden!
Er bestreue mit Blumen den Lebens pfad *Unser Theuren Fürstin!* Erhalte Sie und das gantze Durchlauchdigste Hauß, Daß noch Urenckel das Holde Angesicht
Ihrer Stammmutter sehen – Einer Fürstin! wie sie Gott
nicht alle macht. Mir erbitte ich die Fortdauer von
Dero hohen Gnade, und verbleibe Zeit Lebens

Durchlauchdigste Fürstin!
Dero
Unterthänigste treugehorsambste Dienerin
Goethe.

101. An Fritz von Stein

Fr. den 22. März 1784.

Lieber Sohn!

Ihr Brief, die Beschreibung der Reise
nach Ilmenau, die gedruckten Reden, die Blumen, die
Zeichnung der Bergleute, und überhaupt Alles, was
Sie mir sonst geschrieben haben, hat mich sehr gefreut. Nein, einen solchen lieben, fleißigen Correspondenten habe ich noch nicht gehabt; es wird ein großes
Vergnügen vor mich seyn, wenn Sie die Güte haben so

fortzufahren, die kleinste Begebenheit, die Sie mir berichten, hat mehr Reiz für mich, als Alles, was sonst in der weiten Welt passiren mag. Es ist die Wahrheit, daß wir hier sehr großes Wasser gehabt haben, das von 1764 war Spaß dagegen – unsere Stadt ist in 14 Quartiere eingetheilt, drey blieben befreit, die andern elf hatten ihre große Noth. Mein Keller ist jetzt wieder in der schönsten Ordnung, und es ist, Gott sey Dank, nicht das Allergeringste verunglückt, und zum Zeichen, daß mein oberonischer Wein noch wohlbehalten ist, werden ehstens sechs Krüge bei meinem Sohn anlanden. Ihr Pettschaft ist recht schön, wie froh werd ich immer seyn, wenn es mir zu Gesichte kommt! An Ihre liebe Frau Mutter, an meinen Sohn, an Gevatter Wieland, meine schönsten und besten Grüße. Sie aber, mein lieber Sohn, fahren fort, mir von Zeit zu Zeit gute Nachrichten mitzutheilen, Sie werden dadurch diejenige sehr verpflichten, die ewig ist

Meines lieben Sohnes

treue Mutter
Elisabeth Goethe.

102. An Fritz von Stein

Fr. den 30. März 1784.

Lieber Sohn!

Sie können nicht glauben, wie mich Ihr Schattenriß gefreut hat. Nun kann ich mir doch eine Vorstellung von meinem lieben Correspondenten machen, ich danke recht sehr davor. Es wäre mir gar lieb, wenn Sie mit meinem Sohne nach Eisenach gingen, da erführe ich doch auch wie es da herginge, und Ihre Briefe lese ich mit vielem Vergnügen. Ich wünsche von Herzen, daß der ewige Schnee einmahl aufhören wollte, damit Sie in Ihrem Gärtchen sich recht erlustiren könnten, – bei uns ists noch dicker Winter, heut kann fast kein Mensch aus dem Haus vor entsetzlichem Schnee und Wind – vor einigen Tagen ist ein kleiner Luftballon von zwei Schuh in die Höhe gestiegen, es war spaßhaft anzusehn. Vor heut muß ich schließen, die Post will fort und doch lasse ich nicht gern einen Brief von Ihnen, mein lieber Sohn, unbeantwortet, besser ists doch immer, ein wenig als gar nicht; seyn Sie versichert, daß ich unverändert bin

Ihre
treue Mutter
Elisabeth Goethe.

103. An Fritz von Stein

Fr. am ersten Ostertag 1784 [11. April].

Lieber Sohn!

Ich wünschte sehr, daß sie jetzt bei mir wären. Uebermorgen geht unser Schauspiel wieder an, und zwar wird ein ganz neues Stück gegeben, Kabale und Liebe von Schiller, dem Verfasser der Räuber, – Alles verlangt darauf und es wird sehr voll werden. Vor Ihren lieben recht schönen Brief und vor das Wochenblatt danke aufs Beste. Daß Sie das Tagebuch wieder anfangen wollen, freut mich gar sehr, doch verlange ich keineswegs, daß Sie sich geniren sollen, denn wenn man auf der Reise ist, oder sonst Vorfälle kommen, so versteht es sich von selbst, daß das Schreiben warten muß. Anbei schicke ich Ihnen ein kleines Meßgeschenck – und wünsche, daß es Ihnen gefallen möchte. Grüßen Sie Ihre Frau Mutter, meinen Sohn, und alle gute Freunde von derjenigen die unverändert ist

Meines lieben Sohnes
treue Mutter
E.G.

104. An Louise Schlosser

Den 21ten Aprill 1784

Liebes Enckelein!

Mich hat dein Brief sehr gefreut. Der Eduart, das
muß ja ein gantzer Bursche sein! Der kan dir schon
die Hände drücken – Aber was wird das vor ein spaß
sein, wenn Er mit dir und deinen zwey Schwestern
im Garten herum laufen kan – hübsch achtung muß
du freylich auf ihn geben, daß er nicht auf die Naße
fält. Wegen der schönen Strümpfe die du mir gestrickt hast, schicke ich dir hiemit einen Strickbeutel
– dem Julgen auch, damit es auch fleisig wird – die
Bilder sind dem Henriettgen. Der Strickbeutel und
die sielbernen Maschigen mit dem rothen Band sind
dein, die mit blau dem Julgen. Jetzt Lebe wohl und
behalte mich Lieb. Ich bin immer, deine treue Großmutter

Goethe.

105. An die Herzogin Anna Amalia

den 13ten Juni 1784

Durchlauchdigste Fürstin

Hoffrath Bode war mir ein gar lieber Bothe, den
Er brachte gute Nachrichten von Unserer Besten Fürstin und ein so gnädiges, herrliches Briefgen das mir
die frohe Gewißheit gab, mein Andencken grüne und
blühe noch bey einer Fürstin Dero Gnade und Wohlwollen mir über alles in dieser Welt geht. Ihro Durchlaucht haben die Gnade zu fragen, wie es mit mir
steht? Gott sey Danck! immer noch auf die alte Art
und weiße, das ist verdolmeschts, Gesund, vergnügt,
guten Houmors u.s.w. Freylich ist das in meiner Lage
eben so keine große Kunst – Aber doch mitalledem

liegt es mehr an der innern Zufriedenheit mit Gott,
mit mir, und mit den übrigen Menschen als gerade
zu an den äußern Verhältnüßen – Ich kenne so viele
Menschen die gar nicht glücklich sind, die das arme
bißgen von Leben sich so blut sauer machen, und an
allen diesem Unmuth und unmusterhaftem Wesen
ist das Schicksahl nicht im geringsten schuld – In der
Ungenügsamkeit da steckt der gantze fehler. Ihro
Durchlaucht verzeihen mir dieße Moralische Brühe –
es ist sonst eben meine sache nicht, aber seit einiger
Zeit bin ich die Vertraute von verschiedenen Menschen worden, die sich alle vor unglücklich halten,
und ist doch kein wahres Wort dran – Da thut mir
dann das kräncken und Martern vor die armen Seelen
leid u. d. m. Der erschröcklich lange Winter, macht
einem die Freuden des Frühling doppelt fühlbar –
Auch ich Theureste Fürstin! genüße so viel immer
möglich die Herrlichkeit der schönen Natur – und das
Vortreffliche Bild unserer Besten Fürstin begleidet
mich zu allen Freuden des Lebens – nur nocheinmahl
wünschte ich das Glück zu genüßen das mir so Theure
Originahl zu sehen! Ist denn dazu gar kein Anschein?
gar keine Möglichkeit? Auch Sohn Wolf komt nicht!
und da kommen doch von Osten und Westen, Süden
und Norden allerley Figuren die ——— wegbleiben
dürften – Das gehört nun freylich alles unter die Leiden dieser Zeit. Wie befindet sich denn meine Liebe
Gnädige Freulein von Goechhaußen? Das Theure Freulein scheint etwas Tintenscheu zu seyn – ein Übel das
mich auch oft überfält – Darf ich Unterthänig bitten
meinen freundlichen Gruß aus zurichten, und wie
hertzlich es mich verlangte, mit dem herrlichen Blu-
menstrauß vor Ihre Augen zu tretten – Gott gebe daß
es bald geschehen möge Amen. Ich empfehle mich in

aller Unterthänigkeit zu fernerer Gnade und verbleibe
biß ins Grab

Durchlauchdigste Fürstin!
Dero
Unterthänigste treugehorsambste Dienerin
Goethe.

106. An Fritz von Stein

Fr. den 2. Juli 1784.
Lieber Sohn!

Ich erkenne aus Ihrem letzten Schreiben Ihre ganze
freundschaftliche Gesinnung gegen mich, auch mir
würde es großes Vergnügen machen Sie und meinen
Sohn zu sehen, – aber das ist auf keine Weise thunlich,
– das Reisen war nie meine Sache und jetzo ists beinahe ganz unmöglich, – alle die Ursachen, die mich
verhindern, anzuführen, wäre zu weitläufig, und Sie,
mein lieber Sohn, würden weil Sie das Innere meiner
Verhältnisse nicht wissen, mich doch nicht begreifen.
Die Vorsehung hat mir schon manche unverhoffte
Freude gemacht, und ich habe das Zutrauen, daß dergleichen noch mehr auf mich warten, – und Sie und
meinen Sohn bei mir zu sehen, gehört sicher unter
die größten, – und ich weiß gewiß, meine Hoffnung wird
nicht zu Schanden. Behalten Sie in guten Andenken
diejenige, die unverändert ist

Ihre

treue Mutter
E. G.

107. An Fritz von Stein

Frankfurth, den 9. September
Lieber Sohn!   1784.
Ungeachtet Sie dieses Schreiben durch die Post ehn-
der würden erhalten haben, so konnte es dem Ueber-

bringer dieses ohnmöglich abschlagen, der mich sehr
ersuchte, ihm etwas mitzugeben. Ich danke Ihnen
von ganzem Herzen vor die Schilderung Ihrer mir so
lieben und interessanten Person – besonders freut es
mich, daß Sie Ihr Gutes und Nichtgutes schon so hübsch
kennen. Bravo! lieber Sohn! das ist der einzige Weg,
edel, groß, und der Menschheit nützlich zu werden;
ein Mensch, der seine Fehler nicht weiß, oder nicht
wissen will, wird in der Folge unausstehlich, eitel, voll
von Pretensionen, – intolerant, – niemand mag ihn
leiden, – und wenn er das größte Genie wäre, ich weiß
davon auffallende Exempel. Aber das Gute, das wir
haben, müssen wir auch wissen, das ist eben so nöthig,
eben so nützlich, – ein Mensch, der nicht weiß, was er
gilt, der nicht seine Kraft kennt, folglich keinen Glauben an sich hat, ist ein Tropf, der keinen festen Schritt
und Tritt hat, sondern ewig im Gängelbande geht
und in seculum seculorum – Kind bleibt. Lieber Sohn,
bleiben Sie auf diesem guten Wege, und Ihre vortrefflichen Eltern werden den Tag Ihrer Geburt segnen. Es
ist ein großes Zeichen Ihrer Liebe und Freundschaft,
daß Sie eine genaue Beschreibung von meiner Person
verlangen, hier schicke ich Ihnen zwei Schattenrisse, –
freilich ist an dem großen die Nase etwas zu stark, –
und der kleine zu jugendlich, mit alle dem ist im
Ganzen viel Wahres drinnen. Von Person bin ich ziemlich groß und ziemlich korpulent, – habe braune Augen und Haar, – und getraute mir die Mutter von
Prinz Hamlet nicht übel vorzustellen. Viele Personen,
wozu auch die Fürstin von Dessau gehört, behaupten,
es wäre gar nicht zu verkennen, daß Goethe mein
Sohn wäre. Ich kann das nun eben nicht finden, – doch
muß etwas daran seyn, weil es schon so oft ist behauptet worden. Ordnung und Ruhe sind Hauptzüge mei-

nes Charakters, – daher thu’ ich Alles gleich frisch
von der Hand weg, – das Unangenehmste immer zuerst, – und verschlucke den Teufel /: nach dem weisen
Rath des Gevatters Wieland :/ ohne ihn erst lange zu
bekucken; liegt denn Alles wieder in den alten Falten,
– ist Alles unebene wieder gleich, dann biete ich dem
Trotz, der mich in gutem Humor übertreffen wollte.
Nun, lieber Sohn, kommen Sie einmal und sehen Sie
das Alles selbst mit an, – ich werde Alles anwenden,
um Ihnen Freude und Vergnügen zu verschaffen.

Seyn Sie versichert, daß ich ewig bin

Ihre
wahre Freundin und treue Mutter
E. G.

108. An Bertuch

[10. September 1784.]

Wohlgebohrner Herr
Insonders Hochgeehrter Herr Rath!

Ich würde mir nicht die Freyheit genommen haben,
Ew: Wohlgeb: mit gegenwärtigem zu belästigen,
wenn Herr Hoffrath Bode die Güte gehabt hätte meinen Ihm gegebenen Auftrag zu besorgen; ich bate
Ihn nehmlich, mir ein Dutzend Blumensträuße von
der vortreflichen Weimarrer Fabrick zu überschicken.
Vier Monathe wartete ich mit der größten Gedult, ver-
tröstete alle meine Freundinnen drauf, aber es erschiene nichts – Madam Banßa war glücklicher – nun
wolte ich von diesen nehmen, aber auch das schlug
fehl, sie waren schon alle weg. Ew: Wohlgeb: sehen
also von selbst, daß mir kein anderer Weg offen bleibt,
als gerade zu mich an Ihnen selbst zu wenden; so ungern ich auch einen Mann belästige der ohnehin mit
Geschäfften überhäuft ist. Haben Sie also die Güte und

überschicken mir von den herrlichen Blumen, besonders erbitte mir Feld blumen, als, Kornblumen,
Vergißmeinnicht, Reseda, Klapperroßen u.s.w. Ew:
Wohlgebohren werden mich dadurch sehr verpflichten, und ich erbiete mich zu allen angenehmen Gegen-
dinsten. Empfehlen Sie mich, Dero Frau Gemahlin, und
seyn versichert, daß ich von Hertzen mich unterzeichne

Wohlgebohrner Herr
Insonders Hochgeehrter Herr Rath!
Dero gehorsambste Dienerin und Freundin
Elisabetha Goethe.

N. S. Das Geld werde sogleich mit dem besten Danck
zu übersenden die Ehre haben.

109. An die Herzogin Anna Amalia

Durchlauchdigste Fürstin!
Meine Freude war unbeschreiblich groß, einmahl
wieder einen so genadenreichen Brief von unserer
Theuren und Besten Fürstin zu erhalten! O! wie ofte
war ich mit Hertz, Seele und Geist in dem mir so
lieben lieben Weimar! Ihro Durchlaucht würden auch
zuverläßig mehrmahlen mit Briefen von mir belästig
werden, wenn der Gedancke von meinem Unvermögen mich nicht zurück hielte: denn was kan eine
Frau wie ich, die in einem so beschränckten Circkel
lebt einer Fürstin schreiben, Die alles was groß, was
herrlich, was vortrefflich ist um sich herum hat, und
das alles durch Ihre holde Gegenwart noch größer,
herrlicher, noch vortrefflicher macht – Was kan /: ich
sage es noch einmahl :/ eine Frau wie ich da wohl
Intresantes schreiben oder sagen! Aus Ihro Durchlaucht gnädigstem Schreiben ersehe aber zu meinem

großen Trost, daß wir hir doch etwas haben das beßer ist als in Weimar nehmlich das Schauspiel – Es sind Leute drunter, die schon auf den besten Theatern Teuschlands mit Ruhm geehrt worden sind und die ihrem Ruhm stehen. Vor 14 Tagen hatten Wir ein groß gaudium! Die Herren Ifland und Beck Schauspieler von Mannheim spielten eine gantze Woche hir – unterandern machte Ifland in der verstelten krancken den Tauben Apotecker und der Jubel und das gelächter war so groß, daß die Schauspieler mit angesteckt wurden, und alle mühe von der Welt hatten im gleiße zu bleiben und sich nicht zu prostituiren. Vor die guten Nachrichten Die Ihro Durchlaucht die Gnade gehabt haben, mir von meinen vielgeliebten Sohn zu berichten, dancke in Unterthänigkeit und freudig gerührtem Hertzen, und empfehle ihn zu fernern Hohen Gnade. Aus den Zeitungen habe ersehen, daß unser Durchlauchdigster Herr Herzog außer Seinem Lande ist, Gott gebe Ihm eine glückliche Reiße!!! Ihro Durchlaucht haben die Gnade Freulein Thusnelde von mir aufs freundlichste und Hertzinngigliste zu grüßen. Gerne mögte ich an Gevatter Wieland, Freund Bode und Heren Bertuch das nehmliche thun, aber Ihro Durchlaucht damit zu beschweren das unterstehe ich mich nicht. So bald es die Witterung zuläßt, sollen Schwartemägen von der besten Fabrick sich einfinden – Mir wird es die größte Gnade seyn, wenn Ihro Durchlaucht davon speißen und Derjenigen dabey sich erinnern, die biß ans Ende ihrer Tage ist

Durchlauchdigste Fürstin!

Dero

unterthänigste treugehorsambste Dienerin

Goethe.

den 13ᵗᵉⁿ November 1784

110. An Fritz von Stein

Frankfurth, den 23. Dezember 1784.
Lieber Sohn!

Glauben Sie ja nicht, daß ich Ihnen vergessen hätte, das ist meine Gewohnheit gar nicht – die Ursach meines Nichtschreibens liegt vor jetzt an den kurzen Tagen, – ich kann, ohne mir an meiner Gesundheit zu schaden, nicht gleich nach Tische und eben so wenig bei Licht schreiben. Morgens wirds vor halb neun nicht Tag und bis ich angekleidet bin und meine übrigen Sachen in Ordnung habe, so ist es Mittag, man weiß nicht wie – kommen gar noch Morgenbesuche /: welches bei mir nichts Seltenes ist :/ so fällt das Schreiben gar weg. Ich bin überzeugt, daß Ihnen diese Gründe einleuchten. Nun weiter. Die Zeichnungen habe wohl erhalten und dancke dafür. Ich will auch mit helfen bitten, daß Ihro Durchlaucht glücklich in die Wochen kommen möchten. Der Herr Herzog ist noch in Darmstadt und erlustigt sich mit der Jagd. Er kam über Frankfurth und ich hatte die Freude ihn in meinem Hause mit einem Frühstück zu bewirthen. Ich bin viel glücklicher als die Frau von Reck. – Die Dame muß reisen um die gelehrten Männer Deutschlands zu sehen, bei mich kommen sie Alle ins Haus, das war ungleich bequemer, – ja, ja, wems Gott gönnt, giebt ers im Schlaf. Lieber Sohn, fest überzeugt, daß Sie meinen guten Willen höher schätzen, als die That, schicke ich Ihnen hier etwas vom hiesigen Christ, Bonbons nebst einem Geldbeutel weil mir die Gattung und Farbe artig däuchte. Schnee haben wir hier auch, – das mag ich nun wohl leiden, – aber so großes Wasser, wie vorm Jahre, das will mir sehr verbeten haben. Leben Sie recht wohl. Grüßen

Sie Ihre liebe Frau Mutter, meinen Sohn, Herder, Wieland, Bode u.s.w. von

Ihrer

treuen Mutter
E. G.

111. An die Schlosserschen Kinder

[Anfang Januar 1785.]

An Meine Liebe Enckeleins
Louise, Julie, Henriette, u Eduardt
Mich freuts ihr Lieben, daß mein Christkindlein Euch wohl gefallen hat – fahret fort so geschickt und brav zu seyn wie bißher, das wird Eure Lieben Eltern und die Großmutter hertzlich freuen – auch soll der Heilige Crist /: wen ichs erlebe :/ Euch wieder viele hübsche sachen mitbringen. Dancke auch vor Euer liebes Schreiben, es hat mir große Freude gemacht zu sehen, wie geschickt meine Louise und Julie sind. Vergeßt die Großmutter nicht, die Euch alle hertzlich liebt.

Elisabetha Goethe

112. An Fritz von Stein

Frankfurth, 24. Januar 1785.

Lieber Sohn!
Es herrscht eine etwas große Verwirrung unter unsrer Correspondenz, – aber meines Wissens bin ganz und gar ohne Schuld, – und ich will so viel als möglich ist, die Sache suchen ins Klare zu bringen. Ende Dezember schickte ich eine Schachtel mit Marzipan nach Weimar – unten auf den Boden legte ein Päckchen mit Ihrer Addresse, worinnen eine Brieftasche, ein Geldbeutel und ein Schreiben von mir befindlich war,

– ich glaubte nun Alles in Richtigkeit, aber zu meinem
großen Erstaunen erhalte von Ihnen einen Brief vom
1. Januar 1785. datirt, woraus ich sehe daß die überschickte Schachtel nicht bis auf den Boden ausgeleert
worden war. Vor ohngefähr 14 Tagen schicke ich abermals ein Kistchen und einen Brief an meinen Sohn,
einen Brief an Ihnen, worin ich der Bonbonschachtel
hauptsächlich erwähne, und glaubte nun abermals
daß Alles in Ordnung sey; wie sehr verwunderte ich
mich aber, als ich statt einer Antwort wieder einen
Brief von Ihnen vom 6. Januar erhalte, worin Sie mich
auslegen, daß ich nicht an Ihnen schriebe. Das ist nun
der Dritte, und eh setze ich keine Feder mehr an, bis
ich gewiß weiß ob Sie meine Briefe alle haben.

Eben da dieser Brief auf die Post sollte, erhalte Ihr
liebes Schreiben vom 19ten Jenner und sehe mit Vergnügen, daß unsre Correspondenz in schönster Ordnung. Die Nachricht von dem Wohlbefinden meines
Sohnes und was er treibt und macht, vergnügt mich
immer, wie Sie leicht denken können, gar sehr und
thut meinem Herzen gar wohl. Vor den Addreßkalen-
der danke höflich. Mich freut, daß Sie sich auf der
Redoute so gut amusirt haben. Wir haben hier alle
Montag Ball und vorige Woche war ein gar prächtiger,
900 Menschen waren da, alle Prinzen und Prinzessinnen auf 10 Meilen in die Runde beehrten ihn mit ihrer
Gegenwart. Schauspiel haben wir jetzt nicht, hoffen
aber die Fasten es zu bekommen, – der Kaiserliche
Gesandte hat sichs vom hiesigen Rathe zur Freund-
schaftsprobe ausgebeten. Leben Sie wohl und glauben,
daß ich unverändert bin

    Ihre

              wahre Freundin
              E. G.

113. An Louise von Göchhausen

[Ende Februar 1785.]

Mein Theures Freulein!
Des Danckes viel,
Vor deinen Brief im gereimten Stiel
Wolte mich freuen mit Hertz u Muth
Wen mirs gerithe auch so gut.
Aber als mich meine Mutter gebahr,
Kein Poeten Gestirn am Himmel war;
Doch – will ichs machen so wie ichs kan
Ein kleiner Mann, ist auch ein Mann,
Wir können nicht alle Wielande seyn
Der macht dir den Reim so nett u rein
Keiner kans beßer in Prosa sagen
Das thut einem freylich dann wohl behagen.
Auch habt Ihr der großen Leute so viel
Daß beßer wär, unsereins schwieg still.
Doch lirum larum Dudelein,
Laßen wir die großen Männer seyn:
Und reden jetzt zu dieser frist,
Wie uns der Schnabel gewachsen ist.
Also zum Zweck! Habe 1000 Danck,
Von Mutter Aja Lebenslang,
Vor deine liebe drey Briefelein,
Die mir wohlthaten im Hertzen mein.
Der Erste überzeugte mich gantz,
Vom völligen Wohlseyn des Häschelhanz,
Der zweyte erzählt was ein Profeßer sagt
Der über das Leben der Menschen wacht,
Der Brave Mann beweißt mit gründen
Die gar nicht sind zu überwinden;
Mann müße hübsch Eßen u Trincken auf
                              Erden,

Wenn Einer nicht wolle zum Leichnam
                                werden.
Nun kommt der Dritte, der ist gar schön,
Und lieblich und freundlich anzusehn,
Hat grün Papier thut den Augen gut,
Gießt Hoffnung ins Leben macht wohl-
                                gemuth –
Da freust du dich nun mächtig gar,
Daß Mutter Aja gebohren war,
In Franckfurth der berühmten Stadt
Die große Häußer, kleine Köpfe hat;
und wünschest Glück mit so biederm Muth,
Das that Frau Aja treflich gut.
Vor alles das dancke hertzlich *dir,*
Bin deine Freundin für und für,
Und hoffe noch in diesem Jahr,
Dich zu sehn mit meinen Äugelein klahr,
und dir zu sagen daß ich bin
Deine treue Freund u Dienerin
                                Frau Aja.
N. S.
Ich bin sehr begierig dein Machwerck zu sehn.
Drum laß das Ding nicht länger anstehn,
und schicke es eilig und geschwind,
mit dem Postwagen, der geht wie der Wind.

114. An Fritz von Stein

                                Fr. den 16. Mai 1785.

  Lieber Sohn! diese Messe war kalt und sehr un-
freundlich Wetter, auch ists noch nicht sonderlich
behaglich. Den 16. April wäre bald der ganzen Stadt
Lust und Freude in Trauer und Wehklagen verwandelt worden. Nach Mitternacht brach in dem neu-

en, prächtigen Schauspielhause Feuer aus, und wäre die Hülfe eine Viertelstunde später gekommen, so war alles verloren. Der Direktor hat Alles eingebüßt – nichts als sein und seiner 6 Kinder Leben davon gebracht. – In solchen Fällen da ehre mir aber Gott die Frankfurther, – sogleich wurden drei Collekten eröffnet, eine vom Adel, eine von den Kaufleuten, eine von den Freimäurern, die hübsches Geld zusammenbrachten, – auch kriegten seine Kinder so viel Geräthe, Kleider u.s.w. daß es eine Lust war. Da das Unglück das Theater verschont hatte, so wurde gleich 3 Tage nachher wieder gespielt, und zwar »der teutsche Hausvater«, worin der Direktor Großmann den Maler ganz vortrefflich spielt. Ehe es anging, hob sich der Vorhang in die Höh', und er erschien in seinem halbverbrannten Frack, verbundenen Kopf und Händen, woran er sehr beschädigt war, und hielt eine Rede – die ich Ihnen hier schicke – seine 6 Kinder stunden in armseligem Anzug um ihn herum, und weinten alle so, daß man hätte von Holz und Stein seyn müssen, wenn man nicht mitgeweint hätte, auch blieb kein Auge trocken, und um ihm Muth zu machen, und ihn zu überzeugen, daß das Publikum ihm seine Unvorsichtigkeit verziehen habe, wurde ihm Bravo gerufen und Beifall zugeklatscht. –

Meinem Sohn habe meine Krankheit umständlich erzählt, es war starke Verkältung, bin nun aber wieder recht wohl. Leben Sie wohl, und grüßen meinen Sohn, ich bin ewig

Ihre

wahre Freundin
E. G.

115. An Großmann

Lieber Herr Gevatter!

Da No. 3 die wichtigste numer in Ihrem Brief ist,
da Ihre Zufriedenheit davon abhengt; so verdient sie
billig den vorzug, die beyden andern können und
sollen nachkommen. Sie verlangen, daß ich deusch,
gerade, und bieder meine Meinung sagen soll – das
ist viel begehrt! denn um das recht und mit wahrer
Treue zu thun – müßte man ja die Person genau kennen – ihre Tugenden und Fehler klahr einsehen –
alsden erst laßen sich gründe davor und darwieder
abwiegen – und da läßt sich sehen, ob die Schaale fält
oder steigt. Das ist nun mein Fall in der that nicht –
Ich kenne die Demoiselle Schrott, nur als Schauspielerin – wäre also die Frage von Ihren Theatralischen
Talenten da mögten meine Kentnüße noch wohl hin-
reichen – aber wer sagt mir ob Sie ein gutes braves
Weib eine treue *Mutter* eine ordentliche und spahr-
same *Haußfrau* ist oder werden wird – und doch möchte ich Ihnen so gern meinen besten Rath geben, weil
Ihre Ruhe, Ihre Glückseligkeit auf Ihr übriges gantzes
Leben, das Glück Ihrer Kinder Suma Sumarum alles
davon abhangt. Wenn es wahr ist, daß des Volck
Stimme Gottes Stimme ist; so sieht es mit Ihrer wahl
freylich bedencklich aus – den das ist doch sonderbahr,
daß, alle wie abgeredt Freunde und Feinde ja so gar
Menschen die Ihnen gar nicht kennen, das Theater
nie besuchen gegen diese Verbindung laut declamiren – Da Sie nun mein Lieber Herr Gevatter! längst
überzeugt sind, daß mir Ihr wohl und Glück nicht
gleichgültig ist, so wahr sehr natürlich daß auch ich
/: bloß aus Freundschaft vor Ihnen, den was vor Vor-

theil oder Schaden hätte ich sonst davon :/ diese wahl
nicht billigen konte. Sie wißen daß nicht alle hiesigen
Menschen Freunde von Ihnen sind – und daß es Leute
gibt, die nur auf der lauer stehn um etwas zu erhaschen,
um Ihnen beym Pupplicum ein Bein unterzuschlagen
– das wuste ich mußte es mit anhören, und da wünschte ich die sache anders. Aber etwas ist mir bey der
Begewenheit doch sehr aufgefallen – nehmlich der
allgemeine Lerm gegen diese Heurath – die ursach
läßt sich aber doch begreifen und ist so schwer nicht
einzusehn. Die Lebens beschreibung Ihrer Seeligen
Frau ist in jedermans Händen – Sie erscheint in derselben in einem solchen Licht, das beynahe blendet –
Besonders die gantz gräntzen lose Liebe zu Ihnen, das
anhangen an Ihre Kinder – die genaue und gute führung Ihrer wirtschaft, das alles setzt die Verklährte
in ein solches Licht – daß freylich die demoiselle Schrott
zu starck in Schatten und in Hintergrund stelt. Lieber
Großmann! bedencken Sie Sich wohl! Heurathen ist
warlich kein spaß, es ist ein wichtiger Schritt! Phillipp
in den 6 Schüßlen hat gantz recht – daß man ein weib
so geschwind am Hals hat wie das Fieber, nur daß die
China nicht so dagegen hielft. Noch einmahl sage ichs,
überlegen Sie die sache reiflich – Sie Sind ein Mann von
Einsicht, Klugheit und Erfahrung – aber eben deßwegen mehrerem Tadel ausgesetzt – und es zeigt doch
allemahl eine Achtung und Theilnehmung von seiten
des Pupplicums an, daß es sich so erstaunliche Mühe
gibt diese Heurath zu verhindern, und ich zweifle
sehr obs Ihnen nach diesem Schritt noch mit Wohlwollen begegnen würde. Hier haben Sie alles was ich
Ihnen sagen kan – Obs Ihnen gefält weiß ich nicht,
aber Deusch, Gerade und Bieder ist es, das weiß ich.
An Schlossern will ich schreiben – an meinen Sohn

kan ich deßwegen nichts gelangen laßen, weil ich nicht
weiß wo er gegenwärtig ist – man sagt in Böhmen. Leben Sie wohl! Kommen Sie gesund und vergnügt
wieder zu uns – das wird alle Ihre Freunde, besonders
aber diejenige freuen, die Unverändert ist

> Ihre
>> wahre u aufrichtige Freundin
>> Elisabetha Goethe.

116. An Großmann

Franckfurth d 9ten Juli 1785

Lieber Herr Gevatter!

Wer soll, Wer kan in der Wichtigsten Sache Ihres
Lebes Richter seyn als Sie selbst. Salomon mit aller
seiner Weißheit könte das ohne die Acten gelesen zu
haben nicht, und würde um vernünfig zu handlen
sein urtheil suspendiren. Das Publicum, Ihre Freunde
/: worunter ich mich wie billig setze :/ und Feinde
sind in dem nehmlichen Fall – Unser Resonemant
muß und kan Ihnen nicht anders als schief vorkommen weil unser Augenglaß anders geschlieffen ist –
und also gantz nathürlich auch anders sieht, und aus
eben dem Grund auch anders urtheilt.

Sie glauben an Demoiselle Schrott ein gutes braves
Weib – eine treue Mutter – eine Sparsame Haußfrau
theils schon zu finden – theils Sie noch /: wo es etwa
fehlen solte :/ dazu zu bilden. Eben dießes bezweifelt
nun Jedermann und eben deßwegen ist Jedermann
dagegen, weil mann glaubt, daß Sie Lieber Freund!
eines beßerns Glücks würdig wären. Das sind die
Gründe, das ist die Ursach. Sie sehen aus diesem allen
daß Sie Sich selbst der beste Rathgeber seyn müßen –
und das kan Ihnen Lieber Herr Gevatter! doch auch

ohnmöglich schwer fallen. Die Demoiselle Schrott ist schon verschiedene Jahre gleichsam unter Ihrer Aufsicht – Ihr gutes und Ihre Fehler müßen und können Ihnen nicht im minsteten verborgen seyn – zumahl einem Mann von Ihrer Welt und Menschen kentnüß – dazu komt noch daß das Mädgen wie Sie selbst schreiben – gut, gerade und bieder ist bey solchen Umständen, ist das prüffen eben keine sehr schwere Sache – noch mehr – die Demoiselle Fritze ist ja auch beständig um und bey der Demoiselle Schrott – was sagt denn die? ich hoffe die Wahrheit – voraus gesetzt daß Ihnen die Fritze noch eben so liebt und ehrt wie sonst. Das ist nun alles was ich Ihnen Lieber Herr Gevatter über diesen punct schreiben oder sagen kan. Ein altes Sprüchwort sagt: Bette dich gut, so schläft du gut – Dieses gebe Gott! Amen.

Aber Lieber Herr Gevatter! Ich bin böße auf Ihnen recht böße – was haben wir Franckfurther den gesündigt, daß wir bey Meister Böhm und Consorten ins Schauspiel gehen *müßen* um unser Abonement von *dem* vortragirt zu kriegen??? Geben Sie dann dadurch nicht zu erkennen, daß Ihre und Böhms Leute einerley Schrot und Korn sind – den schlechteres werden Sie uns doch nicht zumuthen zu sehen. und nur den kitzel von des Hanßwurst Freunden mitanzusehn könte einem wieder Gichtbrüchig machen. Spielen könte er so lang er wolte, nur Ihr Abonement sollten Sie absolut nicht an ihn abgeben. Ihre Freunde zumahl die, die bey dem letzten Unglück sich so viele mühe um Sie gegeben haben – sind Fuchs wild – und wenn sich der vorhang hebt und es erscheint so ein Christel, Distel Petrübi N.B. vor mein Großmännisches abonement; so ärgere ich mich abscheulich – und das haben Sie doch warhafftig auf Ihrem Gewißen.

Vorjetzt Leben Sie wohl! Gedencken zu weilen an den großen Hirschgraben und an diejenige die unverändert ist

Ihre

wahre Freundin

Elisabetha Goethe.

N. S. Bitte die Inlage an Herrn Schmidt gefälligst abzugeben.

117. An Louise Schlosser

Den 14<u>ten</u> September 1785

Liebes Enckelein

Mein Bestes Louisigen!

Hier schicke ich dir das verlangte Stickbändgen, und hoffe daß es recht und gut seyn wird – deine Schwestern werden sich recht freuen daß du sie so lieb hast und ihnen vergnügen machen wilsts – Gott gebe nur daß sie gesund und glücklich zurück kommen mögen. Wenn du in Zukunft etwas um Freude zuverbreiten heimlich verfertigen wilst; so schreibe es mir nur, ich will dir alles schicken was du dazu nöthig hast. Es ist schlimm daß der Postwagen zu Euch die Woche nur einmahl geht, und wenn mann daher einen versäumt gleich 8 Tage verlohren gehen – Ich muß mich deßwegen kurtz faßen – Behalte mich Lieb und glaube daß ich bin

Deine

treue Großmutter Goethe.

N. S. grüße alles was im Hauße ist.

118. An Fritz von Stein

Fr. d. 20. October 1785.

Mein lieber Cherubim!

Ihre glücklich abgelaufene Reise und die ausführliche Beschreibung davon hat mich sehr gefreut, –
auch ergötzte mich herzinniglich, daß mich mein lieber Fritz in gutem Andenken hat. Ich vergesse aber
meinen lieben Pathen eben so wenig – Alles erinnert
mich an ihn, – die Birn', die ihm früh morgens so gut
schmeckten, während ich meinen Thee trank, – wie
wir uns hernach so schön auftackeln ließen, er von
Sachs, ich von Zeitz, und wie's hernach, wenn die
Pudergötter mit uns fertig waren, an ein Putzen und
Schniegeln ging, und dann das vis a vis bei Tische, und
wie ich meinen Cherubim um zwei Uhr /: freilich
manchmal etwas unmanierlich :/ in die Messe jagte,
und wie wir uns im Schauspiel wieder zusammen fanden, und das nach Haus führen, – und dann das Duodrama in Hausehren, wo die dicke Catharine die Er-
leuchtung machte, und die Greineld und die Marie
das Auditorium vorstellten – das war wohl immer
ein Hauptspaß. Hier schicke ich Ihnen auch eine getreue und wahrhafte von Sternen und Ordensbändern
unterzeichnete ausführliche Beschreibung des zuerst
zerplatzten, hernach aber zur Freude der ganzen
Christenheit in die Luft geflogenen Luftballons nebst
allem Klingklang und Singsang, kurzweilig zu lesen
und andächtig zu beschauen. Uebrigens befinde mich
wohl und werde heute den Grafen Essex enthaupten
sehen, – auch war gestern der transparente Saul bei
der Hand und erfreute jedermänniglich; – aber Du
lieber Gott, was sieht man auch nicht Alles in dem
noblen Frankfurth, der Himmel erhalte uns dabei,

Amen. Leben Sie vergnügt und glücklich, dies ist mein Wunsch und wird immer in der Seele wohl thun

Ihrer

treuen Freundin und Gevattern

E. G.

119. An Charlotte von Stein

Franckfurth d 14$^{\underline{ten}}$ Novemb

1785

Gnädige Frau

Theureste Freundin!

Ich habe die Antwort auf Dero zwey mir so lieben Briefe so lang aufgeschoben, biß ich von der mir aufgetragenen Commision zuverläßigen Bericht abzustatten im stande war. Die Ohrgehenge habe von vier Jubelierern und einem Juden schätzen laßen – der Jude bietet das meiste nehmlich 60 Carolin – zu dem preiß wie sie bey Ihnen sind geschätzt worden, kan ich sie hier nicht anbringen – die Spitzen noch weniger – ich habe noch nicht einmahl ein Gebot drauf bekommen – Die Ursach ist leicht zu errathen – Leute die reich sind kauffen so was neu – geringeren ists zu kostbahr – Über das alles erwarte Dero gefällige Rückantwort. Es hat mich sehr gefreut, daß Dero Herr Sohn mit seinem Auffendhalt bey mir so zufrieden war – Ich habe wenigstens alles gethan, um Ihm meine Vaterstadt angenehm zu machen – und bin froh daß es mir geglückt ist – Zwar habe ich die Gnade von Gott, daß noch keine Menschenseele mißvergnügt von mir weggegangen ist – weß Standes, alters, und Geschlecht sie auch geweßen ist – Ich habe die Menschen sehr lieb – und das fühlt alt und jung gehe ohne pretention durch diese Welt und das behagt allen Evens Söhnen und Töchtern – bemoralisire niemand – suche

immer die gute seite aus zuspähen – überlaße die
schlimme dem der den Menschen schufe und der es
am besten versteht, die scharffen Ecken abzuschleifen,
und bey dieser Medote befinde ich mich wohl, glücklich und vergnügt. Ich erwarte mit nächstem von
Ihnen neue Verhaltungs Befehle und erbiete meine
Dinste vor jetzt und in Zukunft – womit die Ehre
habe zu verharren, und mich zu fernerem Wohlwollen
und Freundschafft auf beste zu empfehlen – und mich
zu unterzeichnen

Gnädige Frau

Dero

gehorsambste dienerin und Freundin

Goethe.

N. S. Dero Herrn
Gemahl – wie auch
unsern beyden Söhnen
empfehlen Sie mich aufs
beste.

120. An Fritz von Stein

Fr. d. 10. Dezember 1785.

Lieber Sohn!

   Das ist brav, daß Sie noch an mich denken, auch ich
und meine Feunde, bester Fritz, haben Sie noch nicht
vergessen, werden es auch nie. Wir haben diesen Winter drei öffentliche Concerte, ich gehe aber in keins,
wenigstens bin ich nicht abonirt, das große, welches
Freitags gehalten wird, ist mir zu steif, das montägige
zu schlecht, in dem mittwöchichen habe ich Langeweile, und die kann ich in meiner Stube gemächlicher
haben. Die vier Adventswochen haben wir kein Schauspiel, nach dem neuen Jahr bekommen wir eine Ge-

12. Silhouette Charlotte von Steins (1742-1827). Um 1773.

Ich erwarte mit nächstem von Ihnen neue Verhaltungs Befehle und erbiete meine Dinste vor jetzt und in Zukunft.

sellschaft von Straßburg, der Direktor heißt Koberwein. Uebrigens bin ich noch immer guten Humors,
und das ist doch die Hauptsache. In meiner kleinen
Wirthschaft gehts noch immer so, wie Sie es gesehen
haben, nur weils der Sonne beliebt, länger im Bette
zu bleiben, so beliebt es mir auch, vor $\frac{1}{2}$ 9 Uhr komme ich nicht aus den Federn – könnte auch gar nicht
einsehen, warum ich mich strapatzen sollte, – die
Ruhe, die Ruhe, ist meine Seligkeit, und da mir sie
Gott schenkt, so genieße ich sie mit Danksagung. Alle
Sonntage esse ich bei Frau Reck, Abends kommen
Frau Hollweg Bethmann, ihre Mutter, Demoiselle
Moritz, Herr Thurneisen, Herr Graf, da spielen wir
Quadrille, L'hombre u.s.w. und da jubeln wir was
rechts. Die andern Tage bescheert der liebe Gott auch
etwas, und so marschirt man eben durch die Welt, ge-
nießt die kleinen Freuden und prätendirt keine gro-
ßen. Leben Sie wohl, lieber Sohn, und behalten die
lieb, die sich nennt

Ihre

treue Freundin
E. G.

121. An Fritz von Stein

Fr. den 18. Dezember 1785.

Lieber Fritz! damit ich hübsch im Gedächtniß meines lieben Sohnes bleibe und er auch seine gute Mutter
nicht vergißt, so schicke ich ihm hier ein kleines Andenken, dabei kommen auch die zwei Lieblingslieder
und da ich nicht weiß ob der deutsche Figaro in Weimar Mode ist, so folgt hierbei das Liedchen auch; –
lieber Fritz, erinnert Er sich noch, wie wirs zusammen
sangen, und dabei so fröhlich und guter Dinge waren.
Fröhlichkeit ist die Mutter aller Tugenden, sagt Götz
von Berlichingen, – und er hat wahrlich recht. Weil

man zufrieden und froh ist, so wünscht man alle Menschen vergnügt und heiter zu sehen und trägt Alles in seinem Wirkungskreis dazu bei. Da jetzt hier Alles sehr still zugeht, so kann ich gar nichts Amusantes schreiben – ich thue also besser, ich schreibe das Lied von Figaro ab. Ich wünsche vergnügte Feiertage und bin und bleibe

                         Ihre

                              wahre gute Freundin
                              E. G.

122. An die Schlosserschen Kinder

                         Den 13ten Jenner 1786.
              Liebe Enckeleins!
Es freut mich, daß Euch mein Christgeschenck Vergnügen gemacht hat – ich höre aber auch das gantze Jahr von Eurer lieben Mutter, daß ihr geschickte und gute Mädels seyd – bleibt so – ja werdet alle Tage noch besser, so wie ihr größer werdet – Folgt euren lieben Eltern, die es gewiß gut mit euch meinen; so macht ihr uns allen Freude – und das ist denn gar hübsch, wenn vor alle Mühe die eure Erziehung kostet – eure Eltern, Groß Mutter und übrigen Freunde – Freude an euch haben – Auf den Strickbeutel freue ich mich was rechts, den nehme ich dann in alle Gesellschaften mit, und erzähle von der Geschicklichkeit und dem Fleiß meiner Louise! Ihr müßt den Bruder Eduard jetzt hübsch laufen lernen – damit wenn das Frühjahr kommt, er mit euch im Garten herumspringen kann – das wird ein Spaß werden. Wenn ich bei euch wäre, lernte ich euch allerlei Spiele, als Vögel verkaufen – Tuchdiebes – Potz schimper potz schemper und noch viele andre – aber die G** müßten das alles ja auch kennen – es ist vor Kinder gar lustig, und ihr

wißt ja, daß die Großmutter gern lustig ist und gerne
lustig macht.

Nun Gott erhalte euch in diesem Jahre gesund, vergnügt und munter, das wird von Hertzen freuen

Eure
treue euch liebende Großmutter
Goethe.

123. An Goethe

[Ende Februar 1786.]

N. S. Schon am 1ten Jenner dieses Jahrs, habe ich
die Juwelen und Spitzen an Frau von Stein mit dem
Postwagen überschickt – Ich hoffe von Zeit zu Zeit
auf antwort des glücklichen ankommens – aber vergebens – da nun die garanti des Postamts bald zu Ende
geht so erbitte ich mir nur zwey Zeilen, um aus der
Verlegenheit zu kommen.

124. An Fritz von Stein

Fr. den 25. Mai 1786.

Ei! Ei! mein lieber Sohn! Sie scheinen ja gar böse
auf Ihre Gevatterin zu seyn! Hören Sie aber erst meine
Entschuldigung und ich wette, alle Fehde hat ein Ende. Wahr ists, ich habe zwei Briefe von Ihnen nicht
beantwortet, aber, lieber Freund, es war Messe! Freunde und Bekannte nahmen mir meine Zeit weg. Herr
Kriegsrath Merck war tagtäglich bei mir, – der berühmte Dichter Bürger, Reichardt aus Berlin, und
andere weniger bedeutende Erdensöhne waren bei
mir, – an Schreiben war da gar nicht zu denken – und
das, was ich jetzt thue, thu ich gegen das Gebot meines
Arztes, der beim Trinken der Molken /: welches jetzt
mein Fall ist :/ alles Schreiben verboten hat, – doch

um meinen lieben Sohn wieder gut zu machen, will
ich der ganzen medizinischen Fakultät zum Trotz
doch schreiben. Der 8te Mai war wohl für mich als für
Goethe's Freunde ein fröhlicher Tag, – Götz von Berlichingen wurde aufgeführt, hier schicke ich Ihnen
den Zettel, – Sie werden sich vielleicht der Leute noch
erinnern, die Sie bei ihrem Hierseyn auf dem Theater
gesehen haben. Der Auftritt des Bruder Martin, –
Götz vor den Rathsherrn von Heilbronn, – die Kugel-
gießerei, – die Bataille mit der Reichsarmee, – die Ster-
bescene von Weislingen und von Götz thaten große
Wirkung. Die Frage: »wo seyd Ihr her, hochgelahrter
Herr?« und die Antwort: »von Frankfurth am Main«
erregten einen solchen Jubel, ein Applaudiren, das gar
lustig anzuhören war, und wie der Fürst /: denn Bi-
schöfe dürfen hier und in Maynz nicht aufs Theater :/
in der dummen Behaglichkeit dasaß, und sagte: »Potz,
da müssen ja die zehn Gebote auch darin stehen«, –
da hätte der größte Murrkopf lachen müssen. Summa
Summarum! ich hatte ein herzliches Gaudium an dem
ganzen Spektakel. – Nun, lieber Sohn, sind Sie jetzt
wieder mit mir einig? Das ist doch ein ziemlich honetter Brief vor eine Frau, der das Schreiben verboten ist.
Wir sind wieder gute Freunde und in der Hoffnung
unterschreibe ich mich als

Ihre
wahre und treue Freundin
E. G.

N. S. Dienstags den 30ten Mai
wird auf Begehren des Erbprinzen
von Darmstadt Götz von Berlichingen wieder aufgeführt. Potz,
Fritzgen, das wird ein Spaß seyn!

125. An Lavater

Sontags früh um 6 uhr
d 18ten Juni 1786

Lieber Sohn!

Die Fürstin von Würtenberg Mutter der Groß Fürstin, kommt heute nach Offenbach, um Euch Predigen
zu hören Hochdieselbe läßt Euch durch mich höfflichst
ersuchen, nicht so gar strickte in Besteigung der Can-
tzel zu seyn, sondern zu warten biß Sie Sich eingefunden hat, welches villeicht nur ein virthel stündgen
länger dauert. Der Klingel beutel mag die Offenbacher
über diese kleine Verweilung trösten –

Lebt wohl! Reißtet glücklich – behaltet lieb und in
gutem Andencken Diejenige die ewig ist

Eure treue Freundin
Elisabetha Goethe.

N. S. Herrn und Frau Pfarrern Doblern nebst dem
Lieben Heinchrich grüßt hertzlich von mir.

126. An die Herzogin Anna Amalia

Durchlauchtigste Fürstin!

Furchtsam und schüchtern wage ichs Ihro Hochfürstlichen Durchlaucht mein Andencken wieder in
etwas aufzufrischen, und mich Dero Höchsten Gnade
in allerunterthänigkeit zu empfehlen. Noch würde
ich es mich nicht unterstanden haben, wenn ich es
nicht vor Pflicht geachtet hätte, zu der Neugebohrnen
Fürsten-Tochter meine Untherthänige gratulation abstatten zu müßen. Gott seegne, vermehre und erhalte
das gantze Hochfürstliche Hauß biß ans Ende der Tage,
diß ist mein eifrigster, wärmster, und hertzlichster

Wunsch Amen. Zu meiner unaussprechlichen Freude
höre daß Ihro Hochfürstliche Durchlaucht Sich nach
der so schweren Kranckheit, wieder in Höchstem
Wohlseyn befinden, wozu ich von gantzem Hertzen
den allerdauerhafftesten Bestandt anwünsche! Voriges Jahr im Mertz mußte ich mir auch gefallen laßen
das erstemahl in meinem gantzen Leben in Ernst
kranck zu werden – es ist sonst sehr gewöhnlich, daß
alles was mann zum erstenmahl begint linckisch und
schief gethann wird – aber Musterhaft habe ich mich
aufgeführt und mein Leibmedicus ist erböthig mir
/: im Fall es nöthig seyn dürfte :/ ein schrieftliches
Astestat darüber aus zustellen. Länger unterstehe ich
mich nicht Ihro Hochfürstlichen Durchlaucht mit meinem unintreßanten Schreiben zu incomodiren – erbitte mir nur Dero Huld und Gnade und verharre

                Durchlauchdigste Fürstin
                         Dero
                Unterthänigste Dienerin
                         Goethe.
den 24$\underline{\text{ten}}$ Juli 1786

127. An Goethe
                Franckfurth den 17 November 1786
   Lieber Sohn! Eine Erscheinung aus der Unterwelt
hätte mich nicht mehr in Verwunderung setzen können als dein Brief aus Rom – Jubeliren hätte ich vor
Freude mögen daß der Wunsch der von frühester
Jugend an in deiner Seele lag, nun in Erfüllung gegangen ist – Einen Menschen wie du bist, mit deinen
Kentnüßen, mit dem reinen großen Blick vor alles
was gut, groß und schön ist, der so ein Adlerauge hat,
muß so eine Reiße auf sein gantzes übriges Leben ver-

gnügt und glücklich machen – und nicht allein dich
sondern alle die das Glück haben in deinem Wirckungs
kreiß zu Leben. Ewig werden mir die Worte der
Seeligen Klettenbergern im Gedächnüß bleiben »Wenn
dein Wolfgang nach Maintz reißet bringt Er mehr
Kentnüße mit, als andere die von Paris und Londen
zurück kommen« – Aber sehen hätte ich dich mögen
beym ersten Anblick der Peters Kirche!!! Doch du
versprichts ja mich in der Rückreiße zu besuchen, da
mußt du mir alles Haarklein erzählen. Vor ohngefähr
4 Wochen schriebe Fritz von Stein er wäre deinetwegen
in großer Verlegenheit – kein Mensch selbst der Herzog nicht, wüste wo du wärest – jedermann glaubte dich
in Böhmen u.s.w. Dein mir so sehr lieber und Intresan-
ter Brief vom 4ten November kam Mittwochs den 15
ditto Abens um 6 uhr bey mir an – Denen Bethmän-
nern habe ihren Brief auf eine so drollige Weiße in die
Hände gespielt, daß sie gewiß auf mich nicht rathen.
Von meinem innern und äußern Befinden folgt hir
ein genauer und getreuer Abdruck. Mein Leben fließt
still dahin wie ein klahrer Bach – Unruhe und Getümmel war von jeher meine sache nicht, und ich
dancke der Vorsehung vor meine Lage – Tausend
würde so ein Leben zu einförmig vorkommen mir
nicht, so ruhig mein Cörpper ist; so thätig ist das was
in mir denckt – da kan ich so einen gantzen geschlage-
nen Tag gantz alleine zubringen, erstaune daß es
Abend ist, und bin vergnügt wie eine Göttin – und mehr
als vergnügt und zufrieden seyn, braucht mann doch
wohl in dieser Welt nicht. Das neueste von deinen
alten Bekandten ist, daß Papa la Roche nicht mehr in
Speier ist, sondern sich ein Hauß in Offenbach gekauft hat, und sein Leben allda zu beschließen gedenckt. Deine übrigen Freunde sind alle noch die sie

waren, keiner hat so Rießenschritte wie du gemacht
/: wir waren aber auch imer die Lakqeien sagte einmahl der verstorbene Max Moors :/ Wenn du herkomst so müßen diese Menschen Kinder alle eingeladen und herrlich Tracktiert werden – Willprets Braten Geflügel wie Sand am Meer – es soll eben pompos
hergehen. Lieber Sohn! Da fält mir nun ein Unther-
täniger Zweifel ein, ob dieser Brief auch wohl in deine
Hände kommen mögte, ich weiß nicht wo du in Rom
wohnst – du bist halb in Conito /: wie du schreibst :/
wollen das beste hoffen. Du wirst doch ehe du komst
noch vorher etwas von dir hören laßen, sonst glaube
ich jede Postschäße brächte mir meinen *einzig geliebten* – und betrogne Hoffnung ist meine sache gar nicht.
Lebe wohl Bester! Und gedencke öffters an

deine
treue Mutter
Elisabetha Goethe.

128. An Fritz von Stein

Fr. den 17. Dezember 1786.

Lieber Sohn! Hier schicke ich Ihnen ein Christgeschenk um sich meiner beständig zu erinnern, ja,
lieber Sohn, thun Sie das, gedenken Sie an eine Frau,
die sich immer noch mit Vergnügen die Zeit zurück-
ruft, wo wir so manchen frohen Tag zusammen lebten – nur schade, daß Alles so schnell vorübergeht und
daß die Freuden des Lebens immer auf der Flucht
sind, – darum soll man sie ja durch Grillen nicht ver-
scheuchen, sondern sie geschwind haschen, sonst sind
sie vorbei und eilen und schlüpfen ins Eia Poppei! –
Wissen Sie denn noch immer nicht, wo mein Sohn ist?
das ist ein irrender Ritter! nun er wird schon einmal

erscheinen, und von seinen Heldenthaten Rechenschaft ablegen, – wer weiß wie viele Riesen und Dra-
chen er bekämpft, wie viele gefangene Prinzessinnen
er befreit hat. Wollen uns im Voraus auf die Erzählung der Abentheuer freuen und in Geduld die Ent-
wickelung abwarten. – Neues giebt es hier gar nichts;
unsere freien Reichsbürger essen, trinken, bankettiren,
musiciren, tanzen und erlustigen sich auf allerlei
Weise – und da sie das freut, so gesegne es ihnen Gott!
Leben sie wohl, lieber Sohn, und gedenken auch im
1787ger Jahre zuweilen an

Ihre

wahre Freundin

E. G.

129. An Charlotte von Stein

Franckfurth d. 29ten Jenner 1787

Hochwohlgebohrne Frau,
Vortreffliche Freundin!

Wie vielen Danck bin ich Ihnen nicht vor die Mittheilung der mir so sehr Intreßanten Briefe schuldig!
Ich freue mich, daß die Sehnsucht Rom zu sehen,
meinem Sohne geglükt ist, Es war von Jugend auf sein
Tags Gedancke, Nachts sein Traum – Die Seeligkeit,
die Er bei Beschauung der Meisterwercke der Vorwelt
empfinden und genißen muß kan ich mir lebendig
darstellen und freue mich seiner Freuden. Gott
bringe ihn gesund zurük, dieß ist mein /: und wie ich
überzeugt bin :/ der Wunsch aller seiner Freunde.
Ihro Durchlaucht der Herzog haben mich auf das angenehmste überrascht, meine Freude war groß unsern
Theuren Fürsten, gesund, vergnügt und wohl zu sehen. Herr von Knebel und Graf von Lincker waren
Seine Begleiter Dero Herr Bruder war nicht dabey, die

mir so lieben Briefe, erhielte durch einen Jäger von
Meinungen Der hier durch nach Darmstadt in Geschäfften geschikt wurde. Wenn mein kleines Christgeschenck Dem /: mir so sehr lieben :/ Herrn Sohn
Freude gemacht hat; so ist mein Entzwek völlig erreicht – Ich erinnere mich immer noch mit vergnügen
daß Ihm der Auffenthalt in meinem Hauße einige
Freuden gewährt hat. Ich empfehle mich und meinen
Sohn aufs beste in Dero und des Herrn Gemahls /: dem
ich meine gehorsamste Empfehlung zu vermelden
bitte :/ fortdaurende Liebe und Freundschafft, und
verbleibe mit der größten Hochachtung

Hochwohlgebohrne Frau!
Dero
gehorsambste Dienerin
und Freundin
Elisabetha Goethe.

N. S. hiebey kommen die Briefe, mit dem ergebensten Danck zurük.

130. An Fritz von Stein

Fr. den 9. März 1787.

Lieber Sohn! Großen schönen und vielfältigen Dank
vor die überschickten Briefe, – es war mir ein Trost,
Labsal und Freude, aus der großen Entfernung so gute
Nachrichten von meinem Sohne zu hören. Bitten Sie
doch Ihre Frau Mutter, Alles was an sie gelangt, mir
gefälligst zu übersenden – und ich will recht herzlich
dankbar dafür seyn. Vor dem Abschreiben haben Sie
keine Sorge, es bekommt sie Niemand zu sehen. Sie
sind also nicht der Meinung, daß mein Sohn noch eine
längere Zeit ausbleiben wird? Ich für meine Person

gönne ihm gern die Freude und Seligkeit in der er jetzt lebt, bis auf den letzten Tropfen zu genießen, und in dieser glücklichen Constellation wird er wohl Italien nie wiedersehen; ich votire also aufs längere Dortbleiben, vorausgesetzt, daß es mit Bewilligung des Herzogs geschieht. Grüßen Sie meinen lieben Sohn Wieland und Herders, besonders aber Ihr ganzes Haus von derjenigen, die unverändert ist

Ihre

wahre Freundin
E. G.

131. An die Herzogin Anna Amalia

Franckfurth den 9<u>ten</u> Mertz 1787

Durchlauchdigste Fürstin!

Alle Befehle von Ihro Durchlaucht sind vor mich das 11 Gebott. Freund Merck soll die zwey Briefe /: den mehr habe ich nicht empfangen :/ überschickt bekommen wie wohl ich zweifle ob Er vor seine Wißbegier viel nahrung finden wird – mich haben sie freylich unendlich gefreut weil sein innigster und heißester Wunsch erhört worden ist – von früher Jugend an war der Gedancke Rom zu sehen in seine Seele geprägt und ich kan mir die Freuden sehr lebhaft dencken, die Er jetzt fühlt in dem Genuß der Meisterwercke der Vorwelt – auf sein gantzes Leben muß ihn das ergötzen – auch seine Freunde werden mit genüßen, den Er hat die Gabe zimlich lebendig die Dinge darzustellen. Gott bringe ihn nur gesund und wohlbehalten zurück; so ist auch mein Wunsch erfült.

Ihro Durchlaucht können nicht glauben wie mich der unvermuthete Besuch von Unserm Gnädigsten

Fürsten gefreut hat – Zumahl da Ihro Durchlaucht so
gesund aussahen und so vergnügt waren. O! Möchte
ich doch jederzeit durch das Anschauen oder durch
Briefe von dem Wohl des gantzen Hohen Fürstlichen
Haußes überzeugt werden, das würde dem Glück
gleich seyn, daß mir erlaubt mich ewig in tiefter Ehrfurcht zu nennen

Durchlauchdigste Fürstin
Dero
Unterthänigste Dienerin Goethe.

132. An Fritz von Stein

Fr. den 1. Juni 1787.

Lieber Sohn! Hier schicke ich mit großem Danke
die Journale meines Sohnes zurück, bitte, mir nun
auch die andern zuzusenden, – besonders möchte ich
gar gern wissen, wie es mit seiner Rückkunft in seine
Heimath aussieht. Es ist nicht Neugierde, – ich habe
eben diesen Sommer verschiedene nöthige Repara-
turen in meinem Hause vorzunehmen, – käme er also
bald, so müßte natürlich Alles aufgeschoben werden,
wäre aber seine Ankunft erst gegen den Herbst, so
könnte ich meine Sachen vorher fertig machen, – es
liegt mir sehr viel daran, es zu wissen, und ich verlasse
mich gänzlich auf Sie, mein lieber Sohn, daß Sie mir
Nachricht davon geben. Denn stellen Sie sich vor, wie
ärgerlich es mir seyn würde, da ich meinen Sohn so
lange nicht gesehen habe, wenn ich ihn in einem solchen Wirrwarr bei mir haben, und ihn nur halb genießen könnte. Empfehlen Sie mich Ihrer Frau Mutter
aufs Beste, und glauben Sie daß ich unverändert bin

Ihre   wahre Freundin
E. G.

133. An den Herzog Karl August

Durchlauchdigster Herzog
Gnädigster Fürst und Herr!

Ich unterstehe mich eine Bitte an Ihro Hochfürstliche Durchlaucht zu wagen, und da das die erste in
meinem Leben ist; so hoffe ich auf Gnädigste Erhörung. Mein Vetter Georg Adolph Starcke dem Ihro
Durchlaucht vor einigen Jahren die Gnade erzeigten
den Tittel als Commerz Rath Allergnädigst mitzutheilen, bittet durch mich an aller Untherthänigkeit
um den Tittel eines Hoffraths – Das gantze Glück
dieses jungen Mannes beruht darauf – Demohnerach-
tet würde ich mich doch nicht unterstanden haben
Ihro Durchlaucht um diese Gnade anzuruffen, wenn
nicht die Eltern von ihm in meinem Wittwen stand
mir viele und wirklich große Gefälligkeiten erzeigt
hätten – und da mein Schwager Pfarrer Starcke weiß,
daß ich die Gnade habe von Ihro Hochfürstlichen
[Durchlaucht] gekand zu seyn; so konte es um so weniger abschlagen, ein Vorwort vor seinen Sohn bey
meinem Gnädigsten Fürsten in aller Unterthänigkeit
anzubringen. Ich bin eine zu unbedeutente Erden-
Tochter um vor diese gebethne Hohe Gnade etwas
thun oder würken zu können – den Un[ter-]thänig-
sten Dank – und den innigsten Wunsch vor das for-
daurnde Glück und Wohl des gantzen Hochfürstlichen Haußes – Dieses einzige ist im stande zu thun

Durchlauchdigster
Herzog
dero
Untherthänigste Dienerin Goethe.

Frankfurth d. 27ten Juli 1787

134. An Unzelmann

[Zwischen dem 11. und 24. Januar 1788.]

Lieber Freund!

Ich mögte den Herrn Graffen von Spaur noch einmahl sprechen – Könnten Sie es möglich machen daß
Er diesen Morgen noch auf einige Augenblicke zu mir
käme, so wäre es mir sehr lieb – daß Sie der Inhalt
unseres Gesprächs seyn werden errathen Sie leicht –
eben so gewiß sind Sie überzeugt – daß alles zu Ihrem
Nutz und Frommen ist – diß sind längst überzeugt von
Ihrer Freundin

Elisabeth.

135. An Unzelmann

den 13$\underline{^{ten}}$ Februa[r] 1788.

Lieber Freund!

Schließen Sie nicht aus diesen wenigen Zeilen – auf
etwanigen mangel an meiner Freundschaft, sondern
schreiben Sies dem wirr warr zu mit dem ich heute
umgeben bin. Sie wißen daß alljährig es die Mode bey
mir ist alle meine Freunde und Bekanten zu Regaliren
dieses Festein ist heute – Dencken Sie Sich also die
Geschäfftigkeit der Frau Aja, 40 Menschen mit Speiß
u Tranck zu bewirthen! Leben Sie wohl! Amen. Es
muß sich in Wichs setzen

Ihre Freundin

Elisabeth.

N. S. Stegmann wolte mich vorgestern besuchen_____
ich war aber in der Montags Gesellschaft – es that mir
leid, ihn nicht gesehen zu haben.

136. An Fritz von Stein

Fr. den 22. Februar 1788.

Lieber Sohn! Vor die Pandora und den Hofkalender danke aufs Beste. Ich habe einen Brief vom 3ten d. aus Rom, wo mein Sohn schreibt, gegen Ostern wollte er mir kund thun, ob er ihn dieses Jahr zu sehen bekäme oder nicht, – ich glaube daher, daß es noch höchst ungewiß ist, ob er über Frankfurth zurück geht; – daß er gegen seine Freunde kalt geworden ist, glaube ich nicht, aber stellen Sie sich an seinen Platz – in eine ganz neue Welt versetzt, – in eine Welt, wo er von Kindheit an mit ganzem Herzen und ganzer Seele dran hing, – und den Genuß, den er nun davon hat. Ein Hungriger, der lange gefastet hat, wird an einer gutbesetzten Tafel bis sein Hunger gestillt ist, weder an Vater noch Mutter, weder an Freund noch Geliebte, denken, und Niemand wirds ihm verargen können. Ich muß Ihnen noch einmal vor die Pandora danken, – es ist die Königin aller andern Calender, Almanache, Blumenlesen u.s.w., es sind ganz vortreffliche Sachen darin. Leben Sie wohl und behalten in gutem Andenken

Ihre

Freundin
E. G.

137. An Unzelmann

Den 16ten Mertz 1788.

O! Täuschen Sie mich nicht wieder! O! Blasen Sie nicht den toden funcken wieder an – überlaßen Sie mich lieber meinem gram der eine solche höhe erstiegen hat wo schwerlich was drüber geht – Bey einem Gewitter verkündigt doch der Donner die an-

nährerung des Blitzes – aber hir war Blitz und schlag
so eins; daß michs ewig wundern wird – daß mich
meine Lebens geister nicht den Augenblick alle verließen. Ich weiß warrlich nicht, ob ich nach so vielem
vorhergegangenen Täuschungen, fehlgeschlagenen
Erwartungen, mein Hertz der Hoffnung die mich so
offte, so unendlich offte hintergangen hat, ob ich dieser
Betrügerin es je wieder öffnen soll: oder ob es nicht
beßer ist sie gantz zurück zu weißen, keinen strahl davon mehr in die Seele kommen laßen – und mein voriges Pflantzenleben wieder anzufangen – ich sage es
noch einmahl – ich weiß es nicht. Die Quall die ich jetzt
leide ist unaussprechlich – da begegnen mir auf allen
Ecken von dem verwünschten Volck, und machen
jede Rückerinnerung neu, reißen durch ihren Basilisken
Blick jede Wunde auf – suchen und spähen ob in meinen Augen Traurigkeit wahrzunehmen ist – um vielleicht darann ein gaudium zu haben – und wenn ich
an die Meße dencke auf die ich mich sonst so kindisch
freute, wie das großmaul die St. mit Schadenfreude
auf mich blicken wird – und ich mich in dem punct
so wenig verstellen kan; so weiß ich nicht was ich thun
oder laßen soll – Aber eins weiß ich – das Otterngr-
züchte soll aus meinem Hauß verbant seyn, kein Tropfen Tyrannenblut soll über ihre Zungen kommen –
keine Hand will ich ihnen zur Ehre, oder zur Ermun-
terung rühren – kurtz allen Schabernack den ich ihnen
anthun kan – will ich mit Freuden thun – räsoniren
will ich, Bürgers Frau Schnips soll ein Kind gegen mir
seyn – denn Luft muß ich haben sonst ersticke ich –
unterstehen Sie Sich nicht noch einmahl die F. meine
Freundin zu nennen – das ist prostution vor mich – sie
war es *nie* wird *nie* werden – ich bin mit meiner Freundschaft nicht so freygebig es haben gantz andre Leute als

13. Carl Wilhelm Unzelmann (1753-1832).

O! Täuschen Sie mich nicht wieder! O! Blasen Sie nicht den toden funcken wieder an – überlaßen Sie mich lieber meinem gram der eine solche höhe erstiegen hat wo schwerlich was drüber geht.

solch *eine* darum gebuhlt und sind in gnaden fortgeschickt worden. Das mir so gütigst mitgetheilte Geheimnüß werde wie einen kostbahren anvertrauten Schatz
bewahren – kein Mensch auch selbst der Töffel nicht
soll es erfahren – vor mich soll es nicht sowohl Hoffnung /: den mit der bin ich entzweyt :/ sondern eine
art von Luscher seyn. Vor Ihrem herkommen fürchte
ich mich – Sie können leicht begreifen warum!!! Morgen laße ich Brandbriefe an all meine saumseelige
Schuldner ergehen – und dann wird Ihrer gedencken

Ihre

Elisabeth

N.S. An die Frau Gevatterin meinen freundlichen
gruß.

138. An Unzelmann

den 21. Mertz 1788.

Müssen mir denn beynahe immer die wenigen vergnügten Augenblicke so ich in Ihrer Gesellschaft genüße so schrecklich verbittert werden! denken Sie wie
weh es mir thun muß daß mein bester Wille beständig vereitelt wird – jetzt fehlt zu meinem Unglück
nur noch der letzte Schlag – daß Sie hie von ihren
Schuldleuten prostituirt würden. Ich bitte Ihnen um
alles was Ihnen lieb und theuer ist – *kommen Sie ja nicht*
biß die sachen auf eine oder die andre Weiße ranggirt
sind – es würde mein Tod seyn. Ziehen Sie den vortrefflichen Graf Spaur zu rathe – lassen Sie von Ihrer
und der Frau Gevatterin Ihrer Garderobe unter aufsicht des grafen in sicherer Verwahrung – hier spielen
Sie nicht mehr – allso wissen die Leute und sehen den
Defect nicht – in Berlin noch weniger – denn sie sagten
ja mir selbst – daß sie dort nicht nöthig hätten davor

zu sorgen – was nutzt Ihnen also all das Zeug mitzunehmen – Es soll Ihnen ja unverlohren seyn und in
diesem critischen Moment – gäbe es doch ein Hülfs-
mittel ab. – Ihre beide Freunde, der Graf und ich gewinnen Zeit zum besinnen – den vor den jetzigen
Augenblick ists mirs ohnmöglich – Ueberlegens Sies
mit der Frau Gevatterin – Mein Gott! Es ist ja ihrer
Ehre mehr dran gelegen – als ein ehrlicher Mann weg-
zugehn – als ein paar goldne Röcke mehr zu haben –
nur lassen Sie Sich die Juden nicht prellen, und ziehen
bei allem was Sie vornehmen Ihren großmüthigen
Freund zu rathe. Ich bin überzeugt Er gibt Ihnen den
besten rath – Sie wissen ja – daß wer Zeit gewint alles
gewint. Schreiben Sie mir ob und wies geht. Kommen
aber /: ich sage es noch einmahl :/ bei Strafe meiner
Ungenade nicht ehnder her – als biß ich ruhig seyn
kan. Wollen der Herr Graf über diese sache mit mir
Correßpontiren – so wird mirs eine Ehre seyn – den
vier Augen sehen mehr wie zwey. Meine Freundschaft
gegen Sie wird *nie* wanken – nur muß mann mittel
und Wege ersinnen – daß alle theile zufrieden seyn
können – und der eine nicht zuviel gedrückt wird –
Prüfen Sie alles weißlich, und lassen mich bald beßre
nachrichten hören – das wird auserordentlich freuen
und aufrichten

Ihre würklich bekümterte Freundin

Elisabeth.

N.S. Grüßen Sie die Frau Gevatterin in meinem
Nahmen und ich ließe Sie bitten – alles mit anzuwenden – damit Ihre Feinde nicht Triumpfirhen mögten.

Koch ist noch nicht hie mann ist in einer großen unruhe – kein Mensch weiß, was den Dienstag gespielt
werden soll.

139. An Unzelmann

Lieber Freund!

Unsere gestrige Unterredung war zu kurtz abge-
brochen und zu unbestimmt als daß Sie einen ordentlichen Bericht davon an Herrn Graffen von Spaur machen könnten – ich will Ihnen also hirmit meine Meinung klahr und deutlich vor Augen legen. Vors erste
muß ich die Summe genau wißen – zweytens muß ich
mit dem Herrn Graffen selbst in unterhandlung tretten – damit ich weiß wie die Sache zu unser aller Be-
friedigung angefangen, und beendigt werden soll –
denn ich weiß Sie denken zu gut und edel als daß Sie
mir zumuthen sollten – Dinge zu versprechen ohne
vorher zu wißen – ob ich sie auch halten kan – Richten Sie also auf dieses begehren Ihren Brief an Spaur
ein mündlich ein mehreres von Ihrer

Freundin Elisabeth.

Den 28ten Mertz in großer eil und mit einer stum-
pen Feder.

Danke vor den Thoringer – das publicum war Brav
– Morgen ein mehreres – Gott befohlen –

140. An Unzelmann

[Anfang April 1788.]

Gott sey Danck! daß Sie mein Launiger Herr heute
keine Rolle gehabt haben – was wäre das vor ein
Elend geworden, wenn es Ihnen wie Constanze und
Belmonth ergangen wäre! Keine Hand hat sich beynahe gerührt – nicht einmahl Vivat Bachus hat sein
altes recht erhalten –

O Jemine das hätte bey Ihnen alles der Mesias in die Schue gekriegt – Sehen Sie daß mann sich irren kan – Aber ich habe mich nicht geirtet – Sie waren beym Schluß unsichtbar – das war eben nicht Freundschaftlich – so eine kleine Freude hätten Sie doch wohl gönnen können

Ihrer
Freundin Elisabeth.

N. S. das Gesicht spielt immer seine Rolle im letzten Act – worauf ich vergebens gehoft habe.

141. An Unzelmann

Leßen Sie dießes vor sich gantz allein –

Mann ist an dem Ort wo Sie aus ungegründeter Furcht nicht nocheinmahl hingingen wie Sie doch versprochen hatten sehr über Ihnen erzörnt – Es wird von Ihnen Satisfation begehrt werden, worinn sie bestehen soll weiß ich nicht – geben Sie dieselbe, so ist alles verziehen und Sie kommen um die Zeit /: die Sie wißen :/ mit Ehren zurück – Thun Sie aber das Gegentheil; so werden Sie in die Zeitungen gesetzt öffentlich beschimpft und ist an keine Rückkehr zu dencken – Hoffentlich werden Sie Ihr bestes in acht nehmen, und nicht Sich und Ihre Freunde in Schande und Unglück bringen. Mann hat ein wachsames Auge auf Ihrer Freunde Coreßpontentz – die Briefe werden also so lange biß alles ausgegliechen und in Ordnung ist unter anderer Adreße auf die Post gegeben – wenn Sie daher an die zwey Freunde die Sie in hiesiger Gegend haben schreiben wollen; so Adreßiren Sie die Briefe an unsern treuen Töffel – bezeichenen aber die

Straße wo er wohnt, den er hat der Nahmens Ver-
wandten mehr – Was aber übrigens Ihre hiesige Freunde die Zeit über gelitten haben das laße Ihnen das
Schicksahl nie in ähnlichem fall erfahren! Wir ersuchen Ihnen machen Sie die sachen dadurch wieder
gut, daß Sie thun was von dem bewußten Ort an Ihnen gefordert wird – sonst sind wir vor Sie – und Sie
vor uns auf immer verlohren. Alles andre auf ein
andermahl – jetzt ist der Zeitpunct nicht mehr zu
sagen und zu schreiben. An dem Ort wo Sie jetzt sind –
müßen Sie kein Wort weder von diesem Brief noch
von allen möglichen Briefen die da kommen sollen
und deßen Inhalt sagen – Leben Sie wohl!

den 22ten Aprill 1788

N. S. Laßen Sie die Auffschrieft an den Töffel von
Ihrer Friedericke machen daß mann Ihre Hand nicht
sieht.

Inliegendes schicken Sie mir sobald Sie es geleßen
wieder zurück.

Diese Coreßpontents fängt nicht sonderlich an –
Gott gebe daß sie in der folge beßer wird!

142. An Unzelmann

Den 29ten Aprill 1788

Lieber Freund!

Ihren Brief aus Leipzig und den aus Berlin habe mit
Vergnügen geleßen den aus beyden ist klahr zu ersehen, daß Sie unsere gute Stadt und Ihre Freunde
noch nicht vergeßen haben – es würde aber auch un-
gerecht von Ihnen seyn, denn das Glück mag Ihnen
in andern Zonen noch so freundlich lächlen; so wer-

den Sie doch *nie* bereuen vier Jahre bey uns gelebt und
geweßen zu seyn. Den Tag Ihrer Abreiße schickte ich
die dicke Iris mit einem warmen prächtigen Kuchen,
etwas Tyrannen Blut – einem sehr wohl stilisirten
Abschiedsschreiben in Ihr logie – aber eine mitleidige
Oreade rief aus der Bretternen Wand – /: den es gab
da keine Felsen :/ Er ist auf ewig dir entflohn! Was
machte aber Ariadne? das sollen Sie gleich hören – So
wild und ungeberdig stellte sie sich nun eben nicht –
die Eumeniden – die die Furien wurden nicht inco-
modirt – und die gantze Hölle erfuhr von der gantzen
Geschichte kein Wort – hätte die arme Naxoser Ariadne in unserm aufgeklährten Zeitalter gelebt – wo alle
Leiden und Freuden alles Gefühl von Schmertz und
Lust in Sisteme gezwängt sind – wo die Leidenschaften
wenn sie in honetter Commpanie erscheinen wollen
steife Schnürbrüste anhaben müßen – wo Lachen und
Weinen nur biß auf einen gewißen grad steigen darf –
sie hätte zuverläßig ihre sachen anders eingerichtet.
Freylich ist es etwas beschwerlich immer eine Masge
zu tragen – und immer anders zu scheinen als mann
ist – Doch Gott Lob bey Ihnen brauche ich das nun
nicht – Ihnen kan ich sagen daß mir Ihr Weggehen
leid sehr leid gethan hat, daß mein Steckenpferd total
ruinirt ist – daß mir beym Eßen die Zeit unausstehlich
lang wird mit einem Wort, daß mein Mährgen im
Brunen liegt, und wohl schwerlich wieder heraus gezogen werden wird. Auch sey Ihnen ohnverholen daß
ich öffters bitter böße auf Ihnen bin, daß Ihr Ehrgeitz,
Ihre falsche Chimären Sie von hir weggetrieben haben da mann jetzt gantz das Gegentheil von allem
sieht, sieht, daß Koch ein guter Mann ist – der alle so
liebreich behandelt der so wenig Neid hat, daß wenn
einer gut spielt er ihm um den Hals fält ihn küßt und

vor aller Welt sagt, das war brav – der dem organ
nichts zu gefallen thut wens den Schauspielern nicht
recht ist z. B. das organ wolte die Leute wieder in seinen langen Wagen packen und nach Maintz spediren –
Stegmann und Walters setzten sich darwieder – Koch
gab Ihnen recht und das organ mußte Kuschen herbey
schaffen. Gestern trat ein Subject nahmens Meyer im
Clavigo als Beaumarchais auf machte aber seine Rolle
so erbärmlich daß die Leute fortgingen ohne das Ende
abzuwarten – Morgen tritt er als Lügner auf, O weh!!!
Aber Herrn Cziky muß mann sehen, wenn mann ver-
stoppung im unterleib hat – den Willibald in der
Heurath durch ein Wochenblat, hat er Meisterhaft
gespielt – es wurde so lange aplaudtirt biß er den Auftritt noch einmahl machte – Die Cosa Rara hat in der
Fraskatanerin debitirt hat aber ihrer unmannirlichen
grimaßen wegen wenig beyfall gehabt. Das sind vor
dißmahl meine neuigkeitten alle – unser guter lieber
Freund Heinrich hat glaube ich die Sache mit unserm
Briefwechsel etwas zu gefährlich gemacht – durch
Herrn Lantz werden Sie meinen ersten erhalten haben
– melden Sie mir doch wo Sie wohnen daß die Briefe
nicht nöthig haben, durch einen dritten bestelt zu
werden. Wie stehn denn die Sachen in Maintz – sind
denn die Personen bald wieder versöhnt? unser dortiger Freund beobachtet ein tiefes Stillschweigen. Leben
Sie wohl! und gedencken ferner an Ihre zurückgelaßne
Freunde – und an diejenige die biß in Carons Nachen
ist

Ihre
Freundin Elisabeth.

N. S. An die Frau Gevatterin
meine beste Empfehlung.

143. An Unzelmann

Den 9ten May 1788.

Lieber Freund

So ist es denn beschloßen, daß Sie durch Ihren fal-
schen gantz am unrechten Ort angebrachten Stoltz
und Ehrgeitz sich um die Liebe Ihrer bewährten
Freunde bringen, sich ins Unglück stürtzen wollen.
Hat Ihnen Ihr hitziges, aufbraußendes, sprudlendes
Weßen noch nicht Kummer genung gemacht – wollen
Sie nie dem Rath wahrer erprobter Freunde folgen –
Freunden denen Sie viel viel Dank schuldig sind –
wollen Sie abermahl Ihrem Kopf der Ihnen schon so
ofte schlimme Dinste gethan hat auch in der Maintzer
Sache folgen! In Gottes Nahmen! Thun Sie was Sie
wollen. Aber bringen Sie den Edlen Grafen mit ins
Spiel – mißbrauchen sein großmüthiges Vertrauen so
abscheulich; so ist dieses der letzte Brief, den Sie in
Ihrem Leben von mir zu sehen kriegen – den ein
Mann der die größten Wohlthaten so bald nicht allein
vergißt, sondern sogar bundbrüchig an dem Freund
wird – der kan mein Freund nicht seyn. Sie halten das
Ihrer Ehre nachtheilig wenn Sie Dahlberg um Vergebung bitten – um Vergebung bitten thut an der
Ehre nicht den geringsten Abbruch – den fehlen ist ja so
menschlich – und welcher vernünftige Mann wird sich
denn schämen zu sagen, ich habe gefehlt – pasirt denn
das nicht Täglich? ist denn das was? In dem punct ist
also Ihre Ehre sehr kitzlich – aber Ihre Freunde die
Ihnen aus Todesängsten geholfen – die Ursach waren
daß Sie als ehrlicher Mann fortreißen konnten /: denn
da da stund Ihre Ehre auf dem Spiel :/ diese Freunde
zu beleidigen das verträgt sich mit Ihrer Ehre! Mit
einem Mann der freylich so sonderbahre Grundsätze

hat – läßt sich nicht gut disputiren – Wie wenig aber
Ihnen auch meine Freundschaft werth ist – daß sehe
ich nun auch so klahr daß mich die Augen beißen.
Gott laße es Ihnen in Berlin wohl gehn, Er schenke
Ihnen Freunde wie die die Sie hier zurückgelaßen
haben – aber es gehört auch eine vierjährig probe dazu – und Auftritte wie die waren in denen ich Ihnen
hie mehr wie einmahl sah – wollens abwarten, es wird
sich wohl am Ende finden. Unzelmann! Noch einmahl ich bitte Ihnen überlegen Sie die Sache reiflich
ehe Sie den gefährlichen Schritt wagen – Denn tretten
Sie öffentlich auf – fechten gegen Dahlberg, so sind
Sie, Sie mögen gewinnen oder verliehren vor *uns* auf
ewig verlohren – und ein kluger Generahl hält sich
doch immer gern den Rücken frey. Sie werden nun
zwey Briefe von mir empfangen haben – die an Herrn
Inspector Lantz adresirt waren – auch einen vom
Grafen an mich – schicken Sie mir ihn doch gefälligst
zurück – da ich auf meine zwey Briefe noch keine
Zeile Antwort erhalten habe, so wäre dieser gewiß
nicht fortgeschickt worden – denn in gewißen Dingen
bin ich auch Stoltz – aber ich that es um des Grafen
willen – von dem ich ein gar Hertzerschüttertes
Briefelein erhalten hatte. Den 12ten May sind es drey
Jahre da Sie uns auch verließen und nach Cassel gingen
– aber da! War die Hoffnung das große Loßungswort –
aber jetzt!!! genüßen andre die Früchte, die wir so
sorgfältig gepflegt und gewartet haben *und das thut
gar zu weh*! Ich hoffe und glaube nicht daß Sie in der
kurtzen Abweßenheit – alle Freundschafftliche Gefühle werden verlohren haben, eine solche undank-
bahre Seele traue ich Ihnen nicht zu – Stellen Sie Sich
also einen Augenblick an Ihrer Freunde Platz – Einen
Freund den mann liebt und schätzt – an dem mann

alles alles vor jetzt und in Zukunft gethann hat – um
Ihm glückliche und frohe Tage zu machen – und dieser zerstöhrt um einer Grille wegen plane, Hoffnung
und Glück – verspert sich selbst den Weg uns jemahls
wieder zu sehen – Wer über gewiße Dinge seinen Verstand nicht verliehrt – der hat keinen zu verliehren.
Damit Sie aber nicht denken – ich hätte dieses alles aus
einer Weiblichen Laune geschrieben; so leßen Sie beykommenden Brief /: welchen ich mir zurück erbitte :/
und urtheilen selbst. So weit war ich, als Ihr Brief vom
2ten May ankam – Ich danke Ihnen dafür, den er gab
mir doch einigen Trost – aber so lange die Sache mit
Maintz nicht gantz ausgeglichen ist; so gebe ich vor
alle Hoffnungen keine taube Nuß. Koch war bey mir
und mit Thränen in den Augen sagte er wie bestürtzt
ihn Ihre plötzliche Abreiße gemacht hätte sie wären
noch beysammen bey Tabor geweßt, hätten zusammen gespeißt – er hätte Ihnen nach Hauße begleitet –
hätte Ihnen gebeten wenn Sie von Maintz zurück kämen einen Contrakt auf künftige Ostern zu unterschreiben alles wäre so schön eingerichtet geweßen –
der Tod hätte ihn nicht mehr erschrecken können als
Ihre plötzliche Abreiße – und fuhr er fort wenn ich
Ihn und seine Gattin auch nicht so schätzte, wie ich
doch wirklich thue; so brauchen wir Sie – Wir hätten
uns beholfen keine neue Leute wenigstens nicht auf
lange Zeit angenommen u.s.w. Gott verzeihe es den-
nen Verläumdern, die Ihm Dinge von mir in Kopf
gesetzt haben, woran keine Silbe wahr ist – ich spiele
von seinen Rollen das ist wahr, aber da sein Rollenfach
so mannigfaltig ist; so wird er überall auf Leute
stoßen da es das nehmliche ist. Fleck spielt ja die Rollen
auch – und wenn ich bedenke was die meisten Stücke
/: die wir jetzt gar nicht geben können :/ gewonnen

hätten – so ist mir der Vorgang noch empfindlicher
z.E. Minna von Barnhelm ich den Tellheim, Er den
Paul Werner u.s.w. so redete er zwey gantze Stunden
– und war sehr brav. Nun habe ich genug von Ihnen
geschwatzt nun noch ein Wort von mir. Mein Schau-
spiel-schuß ist seinem Ende nahe – weder an meinem
sonst so lieben Fenster im Schauspiel Hauß weder unter den Spielenden noch unter den Stummen sehe ich
was ich sonst sahe und wenn mir einfält daß es auf
immer und ewig so bleibt und wenig Wahrscheinlichkeit vors Gegentheil ist; so packts michs bey der Brust,
daß ich denke der Odem bleibt mir aus und dann fält
mir immer der Brief /: O! Elisabeth was habe ich!
gethan :/ aufs neue ein – Ja wohl hätten Sie doch ein
klein bißgen Rücksicht auf Ihre Freundin und auf die
Zukunft nehmen sollen. Mein einziger Trost ist noch,
daß es Ihnen dort wohlgeht – und daß Sie diejenige
doch nie gantz vergeßen werden – die Ihnen so viele
Proben gegeben hat – daß sie war, und ist, und bleibt

Ihre Freundin

Elisabeth.

N.S. An die Frau Gevatterin meine Empfehlung.
Jude Goldschmidt bittet ihn nicht gantz zu vergeßen –
sondern in Gnaden an ihn zu denken.

144. An Unzelmann

Geschrieben am 2ten Pfingstag [12. Mai]
krank an Leib u Seele.
fortgeschickt den 13ten May 1788

Lieber Freund!
Ich soll mich nicht beunruhigen – nicht ängstigen –
soll auf die Zukunft bauen! Ich! die so klahr und deut-

lich sieht, daß alles darauf angelegt ist, Sie auf ewig
von uns zu entfernnen – so offte mir eine Zeitung zu
Gesichte kommt zittern mir alle Glieder Ihren Nahmen auf eine schimpfliche weiße drinnen zu finden –
und ist nur die kleinste Drohung – der minsteste trotz
in dem Schreiben der dortigen Commision enthalten;
so ist das unglück gewiß, und Sie sind vor uns auf immer verlohren – Ein Haußarest wäre Ihnen lange lange
nicht so schimpflich geweßen – wie wenig Menschen
hätten das erfahren – aber Zeitungen die in alle Welt
laufen – vom großen und kleinen pöbel geleßen werden, in Gegenden wo Ihnen jedes Kind kent; so was
geht über alles! und nun das gerede in allen Gesellschafften – und Ihre Freundin mitten drunter – was
soll die nun machen oder welche Rolle soll sie spielen!
Habe ich nicht schon genung um Ihrent willen ge-
dultet – vergeben, getragen, gelitten, und nun noch
dieses schreckliche alles schrecklichen – O! Schicksahl
womit habe ich das verdient! Meine Meinung war so
gut, so bieder – ich wolte das Glück eines Menschen
machen – und that gerade das Gegentheil – hätte ich
Ihn gelaßen wie und wer Er war – Er wäre noch bey
uns das bin so fest überzeugt als von meinem eigenen
Daseyn – Verzeihen Sie Lieber Freund! daß meine
Briefe keinens beßern und vergnügerns Inhalts sind,
gegen Ihnen kan und mag ich mich nicht verstellen –
Sie müßen mir vergönnen mein Hertz aus zuschütten
– Diese Freundschafts probe verdiene ich doch – nicht
wahr? – Drey Tage war ich Bettlägrig heute stunde
ich mit dem Trost auf einen Brief von Ihnen zu erhalten – aber es kam keiner – Es ist zweyter Feyertag,
alles fährt und läuft – ich sitze einsam in meiner
Wohnstube – und weiß meine Zeit nicht beßer anzuwenden als an Ihnen zu schreiben – wären Sie hie so

wüßte ich wohl, daß ein klein Bouteilligen Tyrannen
Blut würde genoßen werden Aber die Zeiten sind
vorbey! Diese berühmte Wohnstube hat Ihnen doch
machen gram von der Stirne gewischt – es war so ein
Asilum wenn die Winde tobeten und der Donner in
den Lüften rollte – Es war gar ein sicherer Haven
wenn das Schifflein von den Wellen um und um getrieben wurde – Erinnern Sie Sich noch der Dose die
ich Ihnen vor 3 Jahren nach Cassel schickte wo ein
Mann mitten im Schiefbruch einen Fels ergliemte,
und die Worte die ich dabey schrieb? nun sind Sie
wieder zur See gegangen – Gott laße Ihnen immer
einen sichern port finden wo Sie Anker werfen können. Die Gesellschaft bleibt den gantzen Sommer hie!!!
und wird die woche dreymal spielen – Koch hat den
Fallstaf in Heinrich dem Virten recht brav gespiel –
aber das Stück ist kein Gericht vor Franckfurth – Am
Donnerstag war der doppelte Liebhaber der Vorhang
hob sich und Koch erschiene und sagte Madam Fiala
wäre plötzlich kranck geworden um aber das Stück
doch geben zu können hätte Madam Stegmann die
Rolle noch in der geschwindigkeit gelernt es wäre
seine Schuldigkeit ein verungswürdiges publicum davon zu benachrichtigen – so treibt er es in den geringsten kleinigkeiten – und das stoltze publicum dem
das kitzelt ist sehr mit ihm zufrieden – Er versteht
wie mann Vögel fängt – Auch mit den Schauspielern
macht Ers so neulich war Lilla – Er bate seine Colegen
um Erlaubnüß keinen Statisten machen zu dürfen, weil
er Lilla noch nie gesehen hätte und also das Stück gern
gantz in Ruhe sehen mögte u.s.w.

Aber als ich meinen Jäger nicht sah! Da war mirs
alleins was sie trillerten und wie sie trillerten – Doch
muß ich zu steuer der Wahrheit sagen, daß die Cosa

Rara keine grißmaßen schniede und das Duet mit
Stegmann so vortreflich sang daß es 3 mahl wiederholt werden muße – und das terzet mit der Königin
2 mahl. Es ist sonderbahr daß ich Herrn Czike der jetzt
meist Ihre Rollen spilt noch in keiner gesehen habe –
Der Ring war an einem Montag Baldian war an einem
ditto – Am Sonabend im Brandgen war ich krank –
Aber schlecht macht ers das habe ich gehört – er spielt
alles im gantz nidig Commischen Z. B. als Rath Brand
hatte er schwartz Englichpflaster auf die obern Zähne
geklebt! Es ist doch eine herrliche Sache um das schreiben – zumahl an einen Freund – nur ists ein unglück
daß so ein Brief siebentage braucht um an ort und stelle
zu kommen – so weit haben Sie Sich noch nicht von
mir verlaufen gehabt wie jetzt und Ihre Zurückkunft
konte mann doch mit strichen ausrechnen – Lieber
Freund! Nur eins mögte ich wißen – haben Sie denn
gar nicht an mich gedacht – da Sie den Contrack von
dort unterschrieben? auch gar nicht an die folgen und
an die Wirkung die so was auf mich nothwendig machen müßte – Sie wußten doch bey Gott alles! das ist
mir immer das unbegreiflichste bey der gantzen
Sache geweßen und ist es noch – denn ich gestehe
Ihnen, so ein Schritt, wäre mir nicht im Schlaf eingefallen – Stock und sein Weib grüßen Ihnen aufs beste –
Deßgleichen Elise Bethmann ob Sie ihr schon zwey
paar Strümpfe von Ihrem Mann mitgenommen haben auch Freund Thurneißen – Sagen Sie ja an Freund
Heinrich nicht daß ich Ihnen von seinen Briefen schik-
ke – Er mögte mir sonst nicht mehr schreiben – Grüßen Sie die Frau Gevatterin – von Ihrer

                              Freundin
                              Elisabeth.

145. An Unzelmann

Dinstags den 27ten May 1788.

Lieber Freund!

Es ist ein großer Fehler an mir, daß ich mehr an die
Vergangne Zeit als an die gegenwärtige denke, und
daß ich mir die Ideen, Träume und Mährgen die ich
mir mit Ihnen in Kopf gesetzt hatte, noch nicht gantz
aus dem Gedächtnüß tilgen kan – aus dieser trüben
Quelle sind auch noch meine zwey letzten Briefe ge-
flossen – aber ich verspreche Ihnen hiemit feyerlich
ins künftige alle Jeremiaden aus meinen Briefen zu
verbannen zumahl da Ihnen Ihre Feinde anstatt böses,
gutes gethan, und Sie ins Glück hinein getrieben haben – Eine solche Ehre hätten Sie und die Frau Gevatterin hir nicht erlebt, und wenn ihr wie die Engel
gespielt hättet – das Königliche Hauß ließe sich be-
danken! Das hätte hir der Burgemeister nicht gethan – überhaupt scheint mirs daß Berlin der Ort ist
wo Sie endlich einmahl glücklich seyn werden – Ich
bitte Ihnen daher um alles was Sie lieben und Ihnen
werth ist, stoßen Sie dieses Glück nicht wieder von
sich – Das Schicksahl ist nicht immer so gut gelaunt,
daß wenn eine Thür sich schließt, es gleich wieder
eine aufthut – mein Trost wird dann doch immer seyn
– daß ich doch den Grundstein gelegt habe – worauf
nun andre, größre, und geschickterre Baumeister fort-
bauen mögen – Diese kleine Eitelkeit werden Sie mir
nicht übel nehmen – denn sie macht mich glücklich. Mit
den überschickten Rechnungen hat es diese Bewand-
nüß – den Tag nach Ihrer Abreiße schickte mir Ihr Haußherr Boot dieselben zu, mit Bitte sie Ihnen nach zu senden – In Ihrem Abschieds Schreiben ersuchten Sie mich
einiges zu bezahlen – also schickte ich in die Engelapo-

teke 12 f dem Schußter Brabant 11 f und ein paar Stie-
fel – Dem Schußter Lehr vor ein paar atlaßne Schu
vor die Frau Gevatterin 2 f 24. Herrn Scheidel vor
Band vor ebendieselbe 1 f 40 xr. Dieses habe nun bey den
Rechnungen mit dem Ausdruck bezahlt sagen wollen
– Die Handschrieft ist vermuthlich von Herrn Boot
– Die Apoteker Rechnung ist deßwegen nicht ange-
merkt, weil ich sie schon früh Morgens bezahlen ließ –
und er also nicht nöthig hatte in Ihr Quartier zuschik-
ken. Lieber Freund! Sie haben vermuthlich vergessen
daß ich auf Bitten und gleichsam auf Caution von
Freund Heinrich meinen Credit verwendet habe um
76 Louidor zu Ihrer Reise aufzutreiben, diese müßen
im Julius bezahlt seyn – den meine Ehre und gegebenes Wort geht mir über alles – ich kan und werde
mich also in nichts neues von der art einlaßen. Mit den
Strümpfen der Bethmann war es spaß, ich habe sogleich zwey paar neue davor hingeschickt – von *der*
möchte ich nun eben nichts geschenkt haben. Vier-
mahl haben wir hier die Woche Schauspiel es geht
wies kan – mir ists jetzt so gleichviel ob sie den Hanßwurst im Schlafrock oder den Don Carlos spielen –
aber ich muß auch nicht unbillig seyn wenn mann
12 Jahr ein Steckpferd geritten hat so kan auch einmahl ein anders seinen platz einnehmen – in der Welt
bleibt ja nichts ewig an seinem fleck. Wir sollen ja
das Glück haben Ihren guten König zu sehen – den
muß ich mir doch auch beschauen – das verdient doch
eine Fahrt nach Hanau! Grüßen Sie die Frau Gevatterin und sagen Ihr, Sie sey eine plitz Hexe im Verdrängen – Die armen Theaterdamen! Doch können
sie sich damit trösten – daß dieses Mißgeschick ihnen
nicht allein wiederfahren ist, sondern daß sie Gesellschaft haben, an gewissen Persohnen, die das nehm-

liche erfahren und sich auch drein ergeben müßen.
Leben Sie wohl, vergnügt und glücklich! Vergessen
aber in Der Prächtigen Königs Stadt das arme Frankfurth nicht ganz und gar – sondern denken zuweilen
an Ihre Freunde besonders an diejenige die sich nent

Elisabeth.

146. An Unzelmann

den 24ten Juni 1788

Lieber Freund!

Kranck bin ich nun eben im eigendlichen Verstand
des Worts nicht – aber traurig – Mißmuthig – Hoff-
nungsloß – niedergeschlagen das ist vor jetzt mein
Looß – und die ursach meines nicht schreibens. Wenn
Orsina recht hat, daß die unglücklichen sich gern an-
einander ketten; so ist der Gegensatz eben so wahr,
daß der Glückliche die Gefühle des unglücklichen
selbst mit dem besten Hertzen und Willen, doch nicht
mitempfinden kan – Ein Armer wird den Druck der
Armuth nie stärcker fühlen, nie unzufriedener mit
seinem Schicksahl seyn, als in Gesellschaft der Reichen
– da da erniedrig da beugt ihn sein Mangel doppelt –
und jedes Wort sey es noch so unschuldig – noch so
unbedeutent wird ihm als Spott als Satire auf seine
Armuth vorkommen – jedes lächlen wird ihm Hohn
über sein Elend düncken – den *nie* ist der unglückliche
gerecht – sieht alles durch ein gefärbtes Glaß – beurtheilt alles schief. Meine eigne Erfahrung meine jetzige
Gefühle leisten mir die Gewähr daß vorstehendes
Gleichnüß überaus paßend und trefendent ist: den
Lieber Freund! Können Sie wohl glauben daß einige
Ihrer Briefe mich so niedergedrückt so traurig gemacht haben, daß ich Mühe hatte wieder empor zu
kommen – und ob ich schon fest überzeugt war, daß

es Ihre Meinung gantz gewiß nicht geweßen ist mich
zu kräncken; so thats mir doch in der Seele weh daß
ein umgang von vier Jahren Ihnen noch nicht gelernt
hat die Nerfe unberührt zu laßen, wo ich /: mit Don
Carlos zu reden :/ immer Gichter spühre, und in
Ewigkeit spühren werde. Hieraus können Sie sehen
wie übel gestimt die Saiten meines Gemüths sind –
und daß ich deßwegen nicht schriebe, um Ihren Humor nicht zu trüben – um Ihr Glück nicht zu stöhren.
Mit dem Maintzer Theater /: ich kan nicht mehr sagen
mit dem hisigen :/ geht auf Ostern allerdings eine
große Veränderung vor – der Sage nach, hat Herr von
Dahlberg alles übernommen und Tabor hat gar nichts
mehr zu sagen oder zu thun sein Regiment hat in
Maintz ein Ende – Wie es aber nun uns ergehen wird,
weiß ich nicht – kümmre mich auch nicht drum –
meine Schauspiel Freude ist vorüber – und *alles* ist vorbey! Herr Widemann wird jetzt bey Ihnen seyn, und
Herr Franckenberg wird ehestens zu Ihnen kommen –
von denen können Sie die Sache gründlicher und am
besten erfahren – auch was seit Ihrer Abreiße neues
an Opern und Schauspielen gegeben worden ist – vor
Zeiten hätte mir so eine Dramaturgi großen Spaß
gemacht – aber dazu gehört gute Laune – vergnügtes
Hertz – Hoffnung die Leib und Seele erfreut – wehen
des Geistes der den toden Buchstaben Leben gibt –
dieses ist aber einem Toden /: und Moralisch ist das
jetzt mein fall :/ ohnmöglich. Die Commedien Zettel
habe alle richtig erhalten – dancke aufs beste vor Ihre
gütige Aufmercksamkeit – zum ewigen Andencken
wie vergänglich alles in dieser Werckeltags[welt] ist
werden sie wohl aufgehoben – den wer mir 1785
Phrophezeiht hätte von *Ihnen* dergleichen zu erhalten –
dem hätte ich das Propheten weßen auf ein garstige

art legen wollen. Leben Sie vergnügt und glücklich –
diß ist mein innigster und sehnlichster Wunsch –
dencken zuweilen an die jenige die zwar allen Wünschen vor sich auf immer entsagt hat, aber doch ist

Ihre Freundin
Elisabeth.

147. An Fritz von Stein

Fr. den 4. Juli 1788.

Lieber Sohn! Es war mir eine große Freude zu vernehmen, daß mein Sohn glücklich in Weimar angelangt ist. Gott erhalte ihn auch dort gesund, das Andre
wird sich Alles geben. So ein klein Steinchen möchte
ich wohl auch zum Briefsiegeln haben, meine Pett-
schaften sind Alle so groß, und der Fall, kleine Billeter
zu schreiben, kommt mir doch oft vor. Können Sie
eins entbehren, das Ihnen am Wenigsten behagt, so
schicken Sie's mir, vor mich ist das Geringste schon
gut genug. Grüßen Sie meinen Sohn recht herzlich
von mir, und glauben, daß ich unverändert bin

Ihre   wahre Freundin
E. G.

148. An Unzelmann

Den 15ten Juli 1788

Lieber Freund!
Ist möglich daß ich so in kurtzer Zeit vergeßen bin,
wie mann einen Todten vergießt! Ist möglich daß eine
Abweßenheit von 3 Monathen mein Andencken so
völlig ausgelöchst hat, als eine Schrieft in Sand geschrieben! Ist es denn wohlgethan seine *bewährten*
Freunde im Glück so gantz hintenan zu setzen – die
mann in Wiederwärtigkeitten doch so wohl erprüft
hat! Dieses einzige hat noch gefehlt daß bißen frohen

Sinn – das Fünckgen guter Laune zu unterdrücken –
und völlig auszulöschen. Verzeihen Sie daß Ihnen villeicht diese paar Zeilen beschwerlich sind – aber mann
nimbts ja einem der ertrincken will nicht übel wen er
sich an einem Strohhalm anhält – Ich könte Ihnen
noch mancherley sagen – aber ich fürchte, daß da Sie
die Correßpontens /: allem anschein nach :/ gern ent-
übrigt seyn wollen, durch dießes schon zu viel gesagt
zu haben – nur das noch! Ich bin nicht so wandelbahr
– sondern /: thun Sie an Ihrer Seite – was Ihnen gut
deucht :/ noch immer

                    Ihre
                         Freundin. Elisabeth.

149. An Unzelmann

                              den 18ten Juli 1788
          Lieber Freund!
    Endlich nach Verlauf von 4 langen der Ewigkeit
gleichen Wochen einmahl einen Brief – So wäre ich
doch noch nicht gantz vergeßen – so wäre doch mein
Andencken noch nicht gantz verlöscht – Ich will mich
dann so viel als möglich zu beruhigen suchen – aber
versprechen kan ichs nicht – auch würde das ein
schlechtes Zeichen seyn – Den eine Freundschaft die
sich so leicht in Ruhe versetzen kan – mit der ists so
gut als – vorbey. Laßen Sie mich also nie wieder so
unausstehlich lang auf Nachrichten von Ihnen warten
– sondern bedencken, daß es ja das einzige ist – und
daß alle meine ehemalige *Hoffnungen Erwartungen
Mährgen* u.s.w. sich ja leider nur auf das kleinste und
geringste auf – tode Buchstaben einschräncken müßen
– und solche Brosämlein werden Sie doch einer an
allem übrigen so verarmten Freundin nicht versagen.
Sie bezeugten in einem Ihrer Briefe ein verlangen

Nachrichten von der hiesigen Bühne zu erhalten – von
mir würden sie sehr unvollständig seyn – den ich gehe
ofte in der mitte des Stücks auf und davon – so machte
ich es vorige Woche in der glücklichen Jagt – den wer
konte Große Ihre Rolle spielen sehn – und nicht vor
ärger das Gallenfieber kriegen – Freylich wars ein
Scandal vor das organ, der nebst dem Mesias mutter-
seelen allein auf dem parterre saß – daß die Frau Rath
anstatt auf Theater zu schauen – die paar Juden im
dritten Rang lornigrte – und dann mitten im Stück
nach ein paar hem, hems auf und davon lief. Da ich
mir aber die Hoffnung nicht nehmen laße, Sie, ehe ich
den Schauplatz dieser Welt verlaße doch noch hir
wieder bei uns zu sehn – und zu dem Ende gerne wolte,
daß Sie in Connexttion mit dem hiesigen Theater so
viel als möglich blieben; so schicke ich Ihnen hirmit
drey Blätter daraus vieles und mancherley zu ersehen
ist – Wöchentlich erhalten Sie ins künftige ein Stück –
und der vortheil vor Sie ist nach meiner Einsich doppelt – dann erstlich – bekommen Sie bey der Gelegenheit – auch immer ein paar Zeilen von mir mit in
kaufe und ich bin so eitel zu glauben, daß Ihnen das
lieb seyn wird. – Zweytens erfahren Sie auch als dann
neuigkeiten wen die Truppe in Maintz ist, den in dem
fall könte ich Ihnen nun gar nicht dienen. Ich lebe der
Zuversicht, daß Sie Sich hübsch bei mir bedancken
werden daß ich Ihnen Mittel an die Hand gebe das
steigen und fallen unserer Truppe recht abzuwägen.
Die Ehre, die Ihnen der Monarch erzeigt hat – freut
mich so, daß ich deckenhoch springen möchte – Sie
wißen daß ich keine politica bin – und der Kayser und
die Türcken, und die Türcken und der Kayser mich
so vill Intereßiren, als der Mann im Mond – Aber jetzt
leße ich die Zeitung – aber nichts als den Artickel

Berlin – und da freuts mich wen der König wohlauf ist, wen die Printzsetzin Friedericke in Pyrmont gesund wird, wen die Königin den Grundstein legt u.s.w. Übermorgen nehme ich die Zettel mit bey Stocks da wird sich alles freuen Mann und Weib auch die Kindleins /: den die Ricke u käthgen fragen imer nach Ihnen :/ auch demoiselle Marianne – Herr Graf mit einem Wort die gantze Pastete. Auch habe ich *so* viele grüße an Ihnen von allen Ihren Freunden die mich immer plagen um neuigkeiten von Ihnen – besonders Freund Thurneißen – wen ich den so vier Wochen keinen Brief habe – da stehe ich dann wie Kind beym D* Führen Sie Sich ins künftige musterhafter auf – O! Lieber Freund! Specktackel über Specktackel könte ich Ihnen noch schreiben – der arme Franckenberg! war in der Wache – Alle Schauspiele r besonders Stegmann stunden gegen das Organ auf – hätte Stegmann meine Wuth und Muth im Leibe gehabt; so wäre jetzt unsere Bühne geschloßen – und es konte kein einzig Stück gegeben werden – Ha! das wäre ein Triumpf vor Frau Elisabeth geweßen – Laßen Sies sichs von Franckenberg alles erzählen – den die Galle steigt mir wen ichs erzählen solte. Leben Sie wohl! Grüßen Sie die Frau Gevatterin – den kleinen Carl – gratuliren dem Friederich zum gewinn von 8 f geben dem Plumpspiel einen Knochen in meinem Nahmen – und vergeßen nicht

Ihre

Freundin Elisabeth.

N. S. Graf Spaur ist in Italien. Goldschmidt will ichs sagen laßen.

150. An Unzelmann

abgegangen Freytags den 1 Augst [1788]
Lieber Freund!

Hier schicke ich Ihnen den 5<u>ten</u> Band von Goethens
Schrieften. Herr Göschen hat sich mächtig mit schönem Einband angegriefen – nur schade daß die vier
ersten Bände nicht auch so Elegant sind. Ich hoffe Sie
werden eine kleine Freude über die wieder neu ge-
wordne Dose haben – mir hat sie wenigstens gantz
artig geschienen – brauchen Sie dieselbe mit heiterem
und vergnügten Sinn und Muth – und dencken zuweilen an die übersender und Schöpferin derselben.
Das Organ /: den ich wie die Sünde haße :/ hat sich
beygehen laßen ein Abonnement suspendü wegen
dem Licht der welt Herrn Lux als Apotecker Stößel
anzukündigen – Ehe hätte ich meinen gulden dem
ersten Bettler gegeben als auf Franckenberg /: dem
keiner beykommen wird die Herrn in Us und Es so
Meisterhaft zu produciren :/ einen andern zu hören –
grüßen Sie Ihn von mir – und laßen Sich die Teufe-
ley und den Unfug von Ihm erzählen. Ich bewundre
nichts mehr, als das gute Bestandhaben meiner Gesundheit, die muß von Stahl und Eißen seyn – Vorigen
Sonnabend vermuthete ich wenigstens daß ein gallenfieber im anmarsch seye – aber danck seys meiner
guten Natur, es verwandelte sich in etwas minder
gefährliches – Und die Ursach? Fragen Sie – ja dencken
Sie nur meinen Hans Zenger die Rolle in die ich so
verliebt bin, spielt Herr Chike!!! So geht mirs nun
tagtäglich! Ach! Mein armes Steckenpferd! Es war so
ein gutes wohltätiges niemand beleidigendes Thier-
gen – und wird nun aus mangel der nahrung so klap-
per dür wie der Pabst im Baßler Toden tantz. Ihr

Brief vom 22ten Juli hat meinen Glauben wieder gestärckt – meine Hoffnung auf neue belebt – So weit
Ihre Entfernung – so wenig Wahrscheinlichkeit bey
der Sache ist daß ich Ihnen *je in meinem Leben wieder
sehe*; so ist das einzige worann ich mich noch halte,
daß das Andencken an Ihre Freundin doch nicht gäntz-
lich verlöschen wird – und wie mann ein Gemählde
von Zeit zu Zeit durch Firnüß erfrischen muß, daß die
Farben nicht gantz verbleichen; so muß unser Briefwechsel der Firnüß seyn, daß die Freundschaft nicht
verbleicht – oder gar erlöscht. Ich begreife gar wohl,
daß Sie viel zu thun haben – und thue auf lange Briefe
gern Verzicht – aber ein paar Zeilen – so einen kleinen
Luscher – das können – das werden Sie gewiß Ihrer
Freundin nicht versagen. Daß die Geschwister so wohl
in Berlin gefallen haben – hat mich sehr gefreut – Es
ist ein klein Stück aber eben deßwegen gehört von
seiten der Schauspieler mehr Kunst dazu jeden Carackter ins rechte Licht zu setzen und mit wärme und
Wahrheit darzustellen – als in einem großen Pracht-
stück mit Trommlen und Pfeifen – Aber Leute wie
die – die auf dem mir überschickten Zettel stehn –
heben das Stück und machen dem Autor Ehre. Bei
der erstaunlichen Hitze die wir auch hir gehabt haben
habe ich Ihnen 100 mahl unsern Mayn in Ihre dortigen
Gegenden gewünscht – die Ihnen so bekandten Baad-
häußer waren von früh um 5 biß abens 9 nie lehr –
und im Mayn sahe es aus, wie bey der Auferstehung
der Todten. Aber das gibt auch ein Wein!! Wenn Sie
1798 wieder kommen – und der Tod die Höfflichkeit
hat mich biß dahin da zu laßen; so sollen Sie in meinen
Hauß, aus einem schön vergoldenen Glaß meine Gesundheit in diesem Anno Domine trincken – auch
sollen Sie auf Ihrem Stuhl mit den doppelten Kißen

sitzen – Summa Summarum es soll gehen wie ehemahls – und ich will wenn mir biß dahin der Stimm-
hammer nicht fält eben so laut /: als da Sie 1785 den
6ten September von Cassel kamen :/ rufen – Ist Er da!
Vorige Woche habe ich meinen Keller wieder in Ordnung gebracht – da fielen mir bey den alten Herrn
von 1706. 1719. allerley Gedancken ein – Sie werdens
leicht errathen können was ich alles dachte – denn sie
kennen zur gnüge meine Schwärmerische Einbil-
dungs Kraft. Jetzt ists hohe Zeit daß ich aufhöre – den
die Feinde meiner Glückseligkeit und Ruhe sind im
Anmarsch – Leben Sie wohl! Grüßen die Frau Gevatterin, und schicken bald wieder einen Luscher

Ihrer
Freundin
Elisabeth.

N. S. Alles grüßt Ihnen besonders die Stocks – Mai-
anne Bethmann – Graf – Thur[n]eißen

151. An Unzelmann

Den 12ten Septembr 1788.

Lieber Freund!

Freylich ists sonderbahr daß *ich* die ehedem so
schreibeseelig war – die keinen Posttag versäumte – die
ehnder alles, als so was unterlaßen hätte – jetzt in
4 wochen keine Feder ansetzt – Aber Lieber Freund!
Was kan eine Frau der in der Welt alles gleichgültig
gewoden ist – die keine Gefühle vor nichts mehr hat –
die in *allen* ihren Hoffnungen auf das schrecklichste
getäuscht worden ist – die den Glauben an Menschen
verlohren hat – was soll die schreiben? soll ich andern
mit meinem Kummer beschwerlich fallen – was nutzt

das? soll ich immer noch Schlößer in die Luft bauen –
dem Irlicht Hoffnung auf neue trauen um aufs neue
betrogen zu werden? Nein Mein Trauter Freund! Vor
mich ist alles vorbey – mit mir ist aus – daß es Ihnen
wohl geht, daß Sie auch zu Ihren andern anerkandten
Verdinsten noch in Commischen-Opern brilliren freut
mich – den so tief bin ich noch nicht gefallen – daß mich
das Glück meines Freundes nicht vergnügen solte –
aber es ist eine bitter süße Freude – andre die nicht
gesät haben erndten – und die den Saamen ausstreute
leidet Hunger – den Baum den ich pflantzte von dem
eßen andre die nun reife Früchte – Aber ums Himels
willen! wozu all das – laß gut seyn – es hat ja so viel
ein Ende genommen – mit dir wirds doch auch nicht
ewig werden. Lieber Freund! Sie sagten mir bey Ihrem
hirseyn, daß der Band vom Mercur den Sie noch von
mir haben – nebst denen zwey Flinten bey Graf Spaur
in verwahrung legen da ich nun glaubte Sie auf Ostern
wieder zu sehen – so dachte ich hätte das alles keine
Eile – da aber auch dieser Strahl von Hoffnung /: wie
all die andern :/ dahin ist; so schriebe an den Grafen –
der mir antwortete – daß Er von gar nichts wüßte –
haben Sie doch die Güte mir zu schreiben – ob diese
sachen noch in Maintz sich befinden, u bey wem –
Stegmann soll mirs dann besorgen. Lachen Sie nicht –
daß ich mit diesen kleingikeiten Ihnen belästige –
meine gantze Sammlung Mercure wäre mir eben defect – und in meinem Gewährschranck zwey lüken –
Ihnen nutzts ja nichts. Graf Spaur ist etwas ungehalten
– weil Er in langer Zeit keinen Brief von Ihnen erhalten hat – Er ist zwar noch in Italien – aber ich schicke
nach seiner Order meine Briefe nach Maintz – da
werden sie Ihm sicher übermacht, und ich bekomme
auch richtig Antwort. Blanchard ist in Berlin! vor drey

Jahren war er hir! Muß mich denn alles mahnen! sagt Elisabeth im Carlos – Das war die glücklichste Zeit, in meinem gantzen Leben – Aber dahin ist sie geflohen die goldne Zeit. Nach dem Kupperstich will ich mich erkundigen. Herr Kriegsrath Bertram wird Ihnen einen Freundlichen Gruß von mir überbringen. So eine menge Fremden als diese Meße hir sind erinnre ich mich nie gesehn zu haben – und wäre ich noch was ich ehemahls war; so würde mir das viel Spaß machen. Nun Leben Sie wohl Lieber Freund! Möge Ihr Glück in Berlin recht groß und gläntzend und von fester Dauer seyn. Erfreuen Sie mich von Zeit zu Zeit mit guten Nachrichten, und glauben, daß weder Entfernung noch Zeit Ihr Andencken erlöschen wird, bey Ihrer

Freundin Elisabeth.

N. S. An die Frau Gevatterin und den kleinen Carl meinen Gruß und Kuß. Den 25 September wird in Berlin eine große Oper gegeben und Abens gibt die Königin einen Ball – Auch wird Herr Blanchard an eben dem Tag in die Luft steigen. Der Coadjutor von Maintz, und der Herzog von Braunschweig – komen auch hin – 2 Operetten werden neu einstudirt – um in Potsdam aufgeführt zu werden – ob ich mich wohl um Berlin bekümmere??????

152. An Johann Christian und Lotte Kestner

Frankfurth d 23<u>ten</u> Octobr 1788

Lieber Herr Gevatter!
Vortrefliche Frau Gevatterin!
Kein Kaufmann kan über einen starcken Wechsel der ihm presendtirt wird – und der den grund seiner Caße

erschüttert mehr erschrecken – als ich über Dero
zweyten Brief. Erlauben Sie mir, daß ich meine Recht-
vertigung Ihnen vorlegen darf – und ich erwarte von
Ihrer Gerechttigkeit Liebe – meine völlige loßsspre-
chung. Bey empfang Ihres mir so erfreulichen Schreibens von 17<u>ten</u> September war ich kranck – mein Kopf
war mir dumm und Mein Mund voller plassen –
meine Zunge wie durchlöchert – welches alles große
Schmertzen verursachte und mich zum Schreiben gantz
unfähig machte. Noch in dieser fatalen periode kam
Schlosser von Carlsruhe mit Weib und Kinder mich,
die sie in 6 Jahren nicht gesehn hatten zu besuchen –
Logirten in meinem Hauß – Sie meine Theuresten!
Können Sich die Unruhe, das Visitten Leben leicht
dencken – Ich noch halb kranck mußte alles mitbe-
treiben – da war nicht eine Minute Zeit an etwas zu
gedencken – als Besuche – Gasterreyen u.s.w. Kaum
waren sie fort, so hatten wir die Weinleße – die denn
auch Zeit wegnahm – Summa Summarum 10 gantze
wochen lebte ich in einem beständigen wirr warr –
und mußte meinen Danck vor Dero gütiges Zutrauen
freylich wieder meinen willen aufschieben – Finden
Sie dieße Gründe nun hinreichend; so laßen Sie mich
ein wort des Friedens hören – das wird mir wohlthun,
und mein Hertz erfreuen. Wie sehr es mich gefreut
hat pattin von Lottens und Ihrer Tochter zu seyn
können Sie kaum glauben – Gott erhalte Ihnen dieselbe – zur Ihrer Freude! nun etwas Herrn Hans Buf
betrefend – wie Ihre liebe Frau hir war – so machte
ich Ihr ein Geschenck von Den 4 ersten Theilen von
Goethens Schrieften – eininge Zeit hernach schrieben
Sie mir – daß Sie solche von meinem Sohn auch empfangen hätten – ich solte also sagen /: weil Sie keine
doppelte Exemplare haben wolten :/ an wen Sie sol-

che geben solten. Ich decitirte vor Herr Hans Buſ –
da ich Ihm nun den 5ᵗᵉⁿ theil vor einiger Zeit ein-
händigte – so sagte Er mir, daß Er die 4 ersten theile
noch nicht hätte – und bate mich Ihnen zu erinnern
Ihm solche zuzuschicken. Mein Sohn ist nun wieder
aus Italien zurück, und befindet sich vergnügt und wohl.
Die Frau Bethmann hat gestern an Ihnen geschrieben
– Sie war auch kranck. Leben Sie wohl! Grüßen und
küßen vor allen meinen Lieben Eduart – von derjenigen die unverändert ist

Meines Lieben Herrn Gevatters u Frau Gevatterin
                    treue wahre Freundin.
                    Elisabetha.   Goethe.

153. An Unzelmann

                    den 26ᵗᵉⁿ October [1788]
                    fortgeschickt d 27 ditto

        Lieber Freund!
Es war freylich etwas lange daß mein Kupfer aus-
blieb – und da /: wie Sie selbst sagen :/ es das eintzige
ist was mir von Ihrer Freundschaft übrig geblieben
ist; so kan ein 5 Wochen langes Stillschweigen ohnmöglich Balsam vor mich seyn. Es ist ein Glück, daß
der braune Genius noch imer Ihr sehr guter Freund
ist, der den auch bey dieser Gelegenheit Ihre parthie
wacker genommen – und mir die viele Arbeit, Ge-
burthstäge u.s.w. gar anschaulich gemacht hat – ja er
that noch mehr – indem er mir ins ohr sagte – daß Sie
mein Freund bleiben würden – Die Dinge möchten
sich drehen – und die Sachen kommen wie sie wolten –
ob er Ihnen recht beurtheilt hat – muß die Zeit lehren.
Aber die größte Unwahrscheinlichkeit ists doch immer, daß Sie *jemahls wieder herkommen* – Was in aller

Welt solte Ihnen denn bewegen einen ort zu verlaßen,
wo es Ihnen so auserordtentlich wohl geht – und wieder dahin zu gehen wo Undanck – Grobheit – und
äußerst schlechte Behandlung Ihr Lohn war – und
wo alle die Menschen noch beysammen sind – die Sie
mir mündlich und schriftlich als eingefleischte Teufel
beschrieben haben – Einanderes wäre es wenn Berlin
Ihrer Erwartung nicht entsprochen hätte – denn hätte
ich Ihre Rückkunft geglaubt – aber nun – wäre Glauben Wahnsinn! Das eintzige was sich noch etwa zutragen könte müßte in der veränderung aller Menschlichen Dinge liegen – denn wenn mann Ihnen vor drey
Jahren gesagt hätte Sie würden unsere Gegend verlaßen hätten Sie damahl so was geglaubt? Es wäre
also eine möglichkeit, daß es Ihnen in Jahr und Tage
dort nicht mehr gefiehle – oder daß Ihnen von hieraus
solche annehmliche propositionen angetragen würden – daß Sie im Triumpf zu uns zurück kämen –
und alle Ihre Feinde zum Schemmel Ihrer Füße er-
niedrigt sähen – überhaupt haben sich seit meiner
Bekandtschaft mit Ihnen solche unvorhergesehne Re-
volutionen zugetragen – daß ich an nichts, weder gutes, noch bößes mehr glaube – Geht es Ihnen in Ihrer
neuen Laufbahn glücklich, so wird michs freuen – und
wer wird dran zweiflen! Ich schicke Ihnen hir wieder
die dramaturgische Blätter – da Sie aber noch nie
Ihren Wohlgefallen darüber zu erkennen gegeben
haben; So bin ich zweifelhaft – ob ich sie vor Ihnen
forthalten soll, oder nicht – Von der hiesigen Truppe
erfahre sehr wenig, den außer Stegmann der mich
manchmahl besucht sehe ich keine Seele – bin aus aller
Connecktion – und kümmre mich um nichts mehr –
mit dem Steckenpferd wäre es so ziemlich vorbey –
Aus beygelegten Zetteln können Sie sehen daß Ifland

hir gespielt hat – bey gepreßt vollem Hauße, und mit
dem gewöhnlichen Beyfall. Der heran rückende Winter kommt mir Schauerlich vor – Zwar habe ich mir
ein ander Steckenpferd angeschaft wie lang michs ammusiren wird – mag die Zeit lehren.

Gestern ist Demoiselle Willman im Baum der Diana
zum letzenmahl hir aufgetretten – und wurde heraus-
gerufen – Herr Koch hat mich zu Gevattern gebethen
– es ist nun wieder eine Elisabeth mehr in der Welt.
Heut über achttage geht die Geschelschaft nach Maintz
– Dahlberg verlangt daß gleich operetten gegeben
werden sollen – Stegmann hat eingewendet daß doch
erst wenigstens zwey proben müßten gegeben werden da die Hellmuth in 10 Jahren kein Theater be-
tretten – und die Hammel noch gar niemahls – St.
verspricht mir fleißig zu schreiben und zu erzählen
wies geht – ich konte es Ihm nicht abschlagen ob michs
zwar sehr wenig Intreßirt. Haben Sie Docter Schweitzer nicht gesehen? Er war einige Zeit in Berlin –
Künftigen Freytag reißt Willmer nebst seinem Weib
auch hin – Wenn ich gerne reißte; so wäre das eine
hübsche Gelegenheit – Ihnen zu besuchen. Daß Sie
so ein ahnsehnlich Geschenck vom König erhalten
haben freut mich – Aber Sie waren ja immer ein
Glücksritter! Verhudlen Sies nur nicht wieder – wie
das auch sonst so Ihre hübsche Gewohnheit war – Ich
hoffe aber daß Sie von jetzt an, die Suppe kalt werden
laßen – den verbrent haben Sie Sich bey Jupiter offte
genung – Verzeihen Sie diese wohlgemeinte freundschaftliche Warnung – sie fließt aus der Quelle der
Freundschaft derjenigen – die ist und sich unterzeichnet

Ihre

Freundin Elisabeth.

N.S. An die Frau Gevatterin meine Empfehlung der liebe Carl ist doch wieder gantz wohl?

154. An Unzelmann

den 13ten November 1788 Abens 10 Uhr.

Lieber Freund!

Es ist ein gutes Zeichen der Freundschaft wenn man auf Briefe hoft und haret – mir gings eben so – hundertmahl bekuckte ich den Datum ihres vorletzen Briefes – ist möglich! den 3ten October! und seit der Zeit keine Zeile – Endlich erschiene am 13.November Ihr Lieber mir so angenehmer Brief – und tröstete mich und erfreute mich gar sehr – nur die Nachricht von dem Tod Ihrer Lieben Frau Mutter dämpfte mein Vergnügen in etwas. Gott setze Ihnen die Jahre zu, die die Selige noch hätte leben können – und mache sie so glücklich in Ihrer noch zu laufenden Bahn – als Ihre Freundin es wünscht – dann werden Sie ein beneidungswürdiger Sterblicher seyn und bleiben Amen. Morgen ein mehreres. Den 14. Abens 5 Uhr – Diese Nacht träumte ich von Fetten Hämlen, großen Kufen mit alten Wein – Die dicke Iris als eine große Traum-[deu]terin provezeiht großes Glück – vor der Hand ists gerade das Gegentheil – ich habe in dieser Nacht, ein so entsetzlich geschwollenes Gesicht gekriegt – und sehe so fürchterlich aus wie Atzor – Schlucke Arzeney die wie der Teufel und seine Großmutter schmeckt. Den 16. ich bin noch nicht so gantz wiederherstelt – sitze einsam in meiner Krankenstube – will versuchen ob das Schreiben an Ihnen mir wohlmacht. Da alles was das Maintzer und hiesige Theater angeht Ihnen Intresirt so sollen Sie von groß und kleinen Be-

gebenheiten von Zeit zu Zeit genaue Nachricht erhalten. Koch der wegen der Gevatterschaft etliche
mahl bei mir war, lag mir auserordentlich an Ihm doch
ja nur einen Wink zu geben – wenn es Ihnen etwann
nicht mehr in Berlin gefiehle – Wie ich nun *keinem*
traue, sagte ich davor wirds gute Ruhe haben – Sie
sind beyde so beliebt daß der Fall der sie wieder her-
brächte sich kaum denken läßt – Er schine verblüpft –
Er glaubte da meine Freundschaft vor Ihnen ihm bekandt ist – ich würde vielleicht mit großen Exclama-
tionen heraus platzen – und mit Freuden und Begeiste-
rung alles sagen was ich auf dem Hertzen hätte – aber
dazu bin ich zu klug – daß die jetzige Enterprise nicht
Bestand hat, das glaubt jedermann – Wenn Sie und
die Frau Gevatterin mir in Ihrem ersten Brief an mich
feyerlich angeloben meine gutgemeinte Nachrichten
bloß vor sich zu behalten – und keiner Seele auch ihren
Feinden nicht das geringste davon merken zu laßen –
sondern es nur dazu brauchen und nicht wie ehemals
in Maintz geschehen Schlangen zu nähren, die Ihnen
stechen; so sollen Sie erfahren wer der ist, den das
Organ in seinem Brief meint. Aber noch einmal seye
es gesagt – keinen andern als obig Benanten gebrauch
davon zu machen: denn da mir das Theater keine Freude mehr gewährt – so verbitte ich mir auch alles Un-
angenehme – Die Willmans werden nun bey Ihnen
seyn – Das Mädel ist gut – das gibt ihr das gantze Theater Zeugnüß aber der Papa der Papa, das ist ein sehr
bößer Mann – vor dem hüten Sie Sich so viel es in
Ihrer Macht steht. Ich warte sehnlich auf die Ankunft
von G. Spaur – habe aber noch nicht erfahren, ob Er
wieder in Maintz ist – Sie sollen es sogleich erfahren –
die dicke Iris war in allen Buchläden – und die Buchläden wollen sehen daß Sies schaffen können – vor der

Hand ist es aber noch nicht da. Don Carlos! Ey ey!
Aber die Rollen? Mein schöner Mandel spielt der auch
mit?? Daß die Frau Gevatterin bei der Königin so in
gnaden steht freut mich – Ihro Majestät sollen auch
eine große Freundin vom deutschen Theater sein –
Hier gabs ehemahls auch so eine Frau die zwar freylich keine Monarchin aber doch sonst eine gute Art
von Frau war – und die sich ergötzte wenn die Frau
Gevatterin bey ihr am kleinen klimper kleinen Tisch
saße und die trinne den Reißauflauf oder die Gelee
Paßtete wohl und schmackhaft zu bereitet hatte. Hier
schicke ich des Organ seinen Brief zurück. Ihnen sage
ich kein sterbens Wörtgen drüber – aber der Frau
Gevatterin will ich meine Gedanken eröffnen – aber
unterstehen Sie Sich nicht diese Epistel nur anzurüh-
ren – geschweige solche zu leßen – Wagen Sie so was
nicht, bei meinem Zorn u.s.w. Doch den Anfang könne
Sie hören: er fängt an wie die asiatische Banise – Blitz,
Donner und der Hagel – Was aber hernach kommt –
brauchen Sie nicht zu wissen – denn ich wills nicht
haben, und damit punctum. Mein Steckenpferd wollen Sie wissen – Ey warum nicht gar! Es ist ein Braves
Thier das bei einem bleibt, und nicht 60 meilen auf
und davon läuft – Das man auch in Krankheit und
übler Laune haben kann – Gestern hätte ich Ihnen
/: voraus gesetzt Sie wären noch in Maintz geweßen :/
einen Eilboten geschickt, und Sie höfflichst ersucht
mich heute in meinem jammer zu besuchen – ja es
hat sich was zu schicken! Alle 4. 5. Wochen einen Brief
– Das ist mir eine saubre Wirthschaft! Da sitze ich
und trinke Wasser wie der Senecka und morgen steht
mir eine Lacksirung zu Dinsten – Da kan mann sich
ja freuen. Aber dem seye nun wie ihm wolle, so sticht
mich der kitzel Ihnen aber im höchsten Vertrauen

/: der Frau Gevatterin können Sies sagen :/ einen spaß
zu erzählen der dem Schauspieler Cike geariviert ist.
Dieser Mensch hat nun einmahl das Unglück daß ihn
beynahe kein Mensch mag – besonders wenden die
Damen alle ihre holden Anglitzer weg, so bald er
auftritt – warum *ich* nun einen gantz besondern pick
auf ihn geworfen habe kommt daher weil er meist alle
Ihre Rollen spielt – welches dann nun nicht wohl anzusehn ist. In dem Mannegtißmus machte er den
Vendius – der Tramaturgen schreiber fensterte ihn
gewaltiglich aus wie Sie in den Blättern selbst leßen
können. Darob ergrimte das Männlein so, daß er dem
Professor Schreiber ins Hauß läuft und ihn bemaul-
schelt – Der klagt bei der hisigen Obrigkeit – und ihm
wird auferlegt – Erstlich dem Professor in dem Römer
öffentliche Abbitte zu thun. Zweytens alle Kosten der
Advokaten zu bezahlen und drittens 8 Tage auf die
Hauptwache ins Gefängniß. Nun mußt er den Abend
im Felicks spielen /: er machte den Baron Jachthols :/
so bald er sich auf der Bühne blicken ließ, erthönten
von oben unten in der mitte an die 20 pfeifen, die
waren Euch so hell als wärens Canarien Vögel – nun
mußte er eine arie singen – da gingen nun all die pfeifen mit und machten ein Concert zum erstaunen des
gantzen Publikums. Gott mag mir meine Sünde vergeben! Jederandre sogar der geringste hätte mich gedauert, aber der gewiß nicht – das hat er am Wachtmeister am Brandgen – am kriebler und am Wolf im
Otto verdient Ich hoffe wir sehn ihn hir nicht wieder –
Die Kaufleuthe und die Gelehrten sind so gegen ihn
aufgebracht – daß er wohlthut wenn er geht. Die
Gräffin von der Lippe drehte sich während dem Spektakel zu mir – und sagte ach unser Amour! daß Gott
erbarm! Die Bethmann die den Koch schon um alles

gebethen hat ihr den Menschen wegzuthun – lachte
/: das sonst ihre Sache nicht viel ist :/ aus Leibeskräf-
ten. Ihnen kans nicht so viel Intereßiren weil Sie das
Monstrum nicht kennen – aber allen Anhängern von
Ihnen thats in der Seele wohl. Thurneißen kam zu mir
und sagte – gelt da hat Sie einmahl eine Freude gehabt. Eine Feder ist rund abgeschrieben – Diesen langen Brief haben Sie meinem Affengesicht zu danken –
das Schreiben thut mir heute wohl. Von St. habe noch
nichts erhalten – so bald ich was bekomme sollen Sie
theil dran haben. Diesen Morgen leße ich die Berliner
Annalen, die mich einestheils vergnügten, weil von
der Frau Gevatterin und von Ihnen so viel Gutes gesagt war – Aber eins ärgerte mich – wer in aller Welt
mag das seyn, der den Wollschofski als jürge in den
beyden Billiet gesehen hat, und ihn loben mag – Nein
das ist zu toll – dem Verfaßer glaube ich nun kein
Wort mehr – Die Leute sind herausgelaufen – wie im
Jurist und Bauer – und beyde Stücke waren sonst dem
hisigen Publicum so lieb. Wenn die Journalisten anfangen so partheiisch denn gute Nacht Literatur. Laßen
Sie doch auch einmahl etwas von dem alten Döbelin
hören – was hat er denn zu Ihnen gesagt? Hat er sich
nicht gefreut Ihnen so Musterhaft wieder zu sehn?
Schreiben Sie mir doch auch von Ihren neuen Be-
kandtschaften – wie überhaupt alles was Ihnen dort
Freude macht – Das ist wahrhaftig ein Brief nach dem
alten stiel – als wenn es nach Caßel sollte. Alles grüßt
Ihnen – und die Frau Gevatterin – das thue ich nun
auch und zwar mit der Versicherung daß ich mit
Wahrheit bin

                    Ihre Freundin

                              Elisabeth.

N. S. Jetzt ists 1 uhr da will ich meine Suppe eßen dann schlafen gehn und Morgen als den 17. November dieses fortschicken. Laßen Sie einem nicht wieder 5 Wochen warten, sonst gibts ein Unglück.

155. An Unzelmann

den 19ten December 1788

Lieber Freund!

Ihr Lieber Brief hat mich aus mehr als einer Ursache sehr erfreut – Den schon stieg der Gedancke wie aus einer schwartzen Gewitterwolcke in mir auf – du und dein Nahme sind rein vergeßen! Desto angenehmer wurde ich überrascht. Wenn man etwas vor verlohren hält, und es findet sich unvermuthet wieder; so fühlt die Seele eine art von Behaglichkeit – die ihr unaussprechlich wohl macht – Nur das Ende Ihres Briefs hat mich ordentlicher weiße erschreckt – Sie werden doch den sonderbahren Gedancken nicht wircklich ausführen – und in dieses entsetzlichen Jahres Zeit 60 meilen reißen! Das würde vor Ihnen, und vor mich keine gute Folgen haben. Ihnen würde kein Mensch weder in Berlin, noch hir glauben, daß Sie bloß die Reiße meinetwegen angetretten und unternommen hätten; sondern alle Welt müßte dencken, es gefiehle Ihnen nicht mehr dort, und Sie wolten Sich hir wieder antragen, und wenn Sie wieder fortgingen, so hieße es hernach die Direcktion hätte Ihnen nicht haben wollen – und da würden Mährgen ohne Zahl gefabrizirt – Selbst in Berlin könte man dergleichen dencken – so viel Nachtheil hätte so ein Schritt auf Ihrer Seite. Und nun nicht einmahl zu gedencken was mann alles auf meine Rechnung erzählen würde – Glauben Sie dann daß so ein abermahliges Abschied nehmen

Balsam vor mich seyn dürfte?? Nein Lieber Freund!
So einen Auftritt mag ich nicht wieder! Will es das
Schicksahl daß ich Ihnen wieder sehen soll; so muß
es auf die alte Art und Weiße geschehen – sonst dancke
ich Unterthänig davor. In der Angst meines Hertzens
schicke ich diesen Brief mit Umlaufender Post – und
bitte Ihnen inständig mich nur durch die zwey Worte
/: Ich bleibe wo ich bin :/ zu beruhigen. Alles was zum
Theater weßen gehört, schicke ich Ihnen die künftige
woche. Daß die Frau Gevatterin über die Willmann
den Sieg davon getragen hat, das war mir nichts un-
erwartetes das glaubte hir das Publicum und die
Schauspieler obendrein – Ich fragte Stegmann, ob
wohl die W. in Berlin gefallen würde – Sie wird aus-
gepfiffen sagte er – Ihr hiesiges Publicum war Herr
Arbauer, der sich in jeden Weiberrock verschamarirt,
und einige von unserer Nobleße, wo die älste W. Clavier Informationen gibt – und dann der Noble Papa
der im Parket herum schlich um ablaudirer zu samm-
len – und was ist dann außer ihrem Ha, Ha, Ha – und
Hi, Hi, Hi an ihr – sie sieht aus wie eine Jüdin, spricht
Deusch wie der Casperle in Winn – aber das plus
Ultra das die Berliner versäumt haben, und deßwegen
sehr zu beklagen sind ist der Töffel in der Operette
Töffel u Dorgen – den in Hoßen muß mann sie sehen –
kein Hintergestell! Keine waden! sie gleicht dem krancken Löwen in der Fabel – der war vom Kopf biß auf
den Schwantz – so mager wie der Pabst im Baaßler
Todten tantz. Ey, Ey wie ist mein Mandel zu so großen Ehren gelangt! Gar die Schultern und Lenden
eines Kaysers zu schmücken – was doch aus den sachen
werden kan, wenn sie in die rechten Hände gerathen –
bey mir wäre er in der Dunckelheit geblieben, da ihn
hingegen sein jetziger Besitzer zu Ruhm und Ehren

gebracht hat. Sie und die Frau Gevatterin haben mir
verschwiegenheit angelobt, ich verlaße mich drauf –
Franckenberg hat die Dinge, die nicht sonderlich klan-
gen, an Stegmann geschrieben – St. der mir nun um
alles so was nicht gesagt hätte, referite es der Stockin
– die mirs den wieder erzählte – und weil es das Organ weiß; so muß es doch weiter herum gekommen
sein, trauen Sie ihm also nicht. Wenn Ihr kleiner Sohn
in Maintz davon komt, so ists ein Wunder – er hat die
Blattern so erstaunlich, daß das ganze Kind eine Blaße
ist – er hat aber auf meinen Befehl einen Doctor und
alle nur mögliche pflege – Sie können also darüber
ruhig seyn – Mit meiner Gesundheit gehts wieder
Berg auf – nur wegen der Siberischen Kälte – hat mir
mein Artz das ausgehen noch untersagt. Leben Sie
wohl! und antworten mir flinck – daß Sie guten Rath
annehmen – und bleiben wollen wo Sie sind. Noch
einmahl Danck vor Ihren guten Brief von

Ihrer
Freundin Elisabeth.

N.S. Die Frau Gevatterin zu grüßen, versteht sich
von selbst.

Dem kleinen Karl geben Sie von mir einen Schmatz
– und lernen ihn hübsch meinen Nahmen – damit
wann er wieder herkommt – ihm derselbe nicht
Fremmdt ist.

156. An Fritz von Stein

Fr. den 2. Januar 1789.

Lieber Sohn!

Es ist mir sehr angenehm, daß Ihnen das kleine
Christgeschenk Vergnügen gemacht hat, – haben Sie

die Güte Herrn Wieland, Bertuch und Krause vor
den Merkur und Modenjournal in meinem Namen
aufs Beste zu danken, – nur muß ich erinnern, daß
mir vom Merkur der Dezember von 1788 noch nicht
ist zugeschickt worden – haben Sie die Gefälligkeit
und besorgen mir, daß ich ihn bekomme, sonst ist der
vorige Jahrgang defeckt. Wir leben hier in Erwartung
der Dinge, die da kommen sollen, der Maynstrom
ist noch nicht aufgegangen, – und Alles ist wegen des
Wassers in Sorgen – wir denken noch an 1782 – müssens
aber doch in Geduld abwarten, – 15 Wochen ist der
alte Herr jetzt schon zu – Jedermann wartet sehnlich
auf die Abfeuerung der Kanonen – denn das ist das
Signal, daß er aufgeht – geschieht's am Tage, so läuft
Alles was gesunde Beine hat, – und es ist wirklich ein
schauderndes Spektakel – ich wünschte, Sie könnten
es mit ansehen. Uebrigens geht hier Alles seinen Gang
fort – Montags ist Ball, – Freitags Concert, – Dienstags,
Donnerstags und Sonnabends ist Comedie, aber nicht
von unsern vorigen Leuten, sondern Koberwein von
Straßburg spielt bis Anfangs der Fasten, – die Truppe
ist sehr mittelmäßig, die Balletts sind aber ganz artig.
Mein größtes Steckenpferd ist jetzt Clavierspielen –
das macht mich sehr glücklich. Leben Sie recht wohl
und gedenken zuweilen an

Ihre

wahre Freundin
E. G.

157. An die Schlosserschen Kinder

Den 7ten Jenner
89.

Liebe Enckeleins!
Ihr Lieben guten Jungfreulein! Es freut mich auserordtenlich daß Euch mein überschicktes Christkind-

lein so wohl gefallen hat – ich hätte nur gewünscht
Euch in der Rosenfarbenen Herrlichkeit zu sehen und
zu beschauen! Doch Eure lieben guten Briefger haben
mich schadloß gehalten und ich sehe Euch im Geiste
bey denen Printzessinnen Besuch abstatten – So brave
liebe Enckel verdienen allerdings daß die Großmutter
ihnen Freude macht – und wenn mir Gott das Leben
erhält; so soll dieses nicht die letzte geweßen seyn.
Gott erhalte Euch und den Ritter Eduart auch in diesem Jahr frisch – gesund – und vergnügt – fahret fort
Euren lieben Eltern Freude zu machen – gedenckt
manchmahl an die Großmutter und behaltet sie lieb –
Ich bin so lang ich athme

Eure Euch zärtlich liebende
Großmutter
Goethe.

158. An Unzelmann

den 19$^{\underline{ten}}$ Jenner 1789

Lieber Freund!

Ich habe die beyden Ringe richtig erhalten – nach dem
Werth des einen werde ich mich nun bey verschiedenen
Jubeliren erkundigen, Ihnen aber ehe ich loßschlage
doch allemahl noch erst schreiben – den verschleutern
muß mann doch so was nicht. Da dieser Brief ökono-
misch anfängt so will etliche Dinge bey Ihnen in erinnerung bringen – worauf ich mir gefälligste Antwort erbitte. Bey Ihrem Weggehn sagten Sie mir, daß
der Schranck worinnen Ihre Kleider gelegen, und den
ich Ihnen geliehen, nebst einer Comode in Maintz
beym Hofsattler in Verwahrung legen – jetzt hätte
ich die schönste Gelegenheit es mit dem Marckschif
herauf komen zu laßen. Sie müßten mir ein paar Zeilen schicken – wogegen der Mann die sachen an dem

dem ichs auftrage auslieferte – Auch ersuche Ihnen
meinen Band Mercur doch mit dem Postwagen mir
zuzuschicken – Ich habe noch verschiedenes zu erinnern, aber da muß Graf Spaur wieder in loco sein,
und vor der Hand, ist Er in Tyrol u zwar in Insprug
Vor heut ist mir meine Zeit theuer – nur muß ich
Ihnen noch vor das schöne Geschenck dancken – das
Ringelein hat mich sehr gefreut, und soll zu Ihrem
Andencken getragen werden – auch vor den Neujahrwunsch dancke ich – Herr und Frau Stock thun deßgleichen – und die guten Seelen glauben daß Sie doch
manchmahl noch mit Vergnügen an die Zeiten dencken würden – wo Ihnen gesellschaftliche Freude im
Circul Ihrer wahren Freunde so manchmahl ergötzt
und froh gemacht hat. Leben Sie in dem neuen Creiß
Ihrer jetzigen Freunde immer vergnügt und glücklich – diß ist der aufrichtige Wunsch

Ihrer
Freundin Elisabeth.

159. An Unzelmann

den 3ten Februar 89.

Lieber Freund!

Nachdem ich den Ring von getauften und beschnit-
tenen Juden habe beschauen laßen; so ist das größte
Gebot 130 f. Ich erwarte nun Antwort von Ihnen, ob
ich ihn davor hingeben – oder ob Sie ihn zurück haben
wollen. Glauben Sie wohl daß mir St. noch eine Zeile
geschrieben hat – Ey bewahre – ich habe nichts gehört
noch gesehen! Gestern besuchte mich Herr Koch und
sagte mir zum unaussprechlichen Trost, daß der ver-
haßte Cicke nicht wieder mit her käme sondern auf
Ostern fortginge – deßgleichen die Günders – daß aber
andre brave Leute unter andern auch eine gute Sän-

gerin angenommen worden wären – Ferner daß Walters das Glück gehabt hätten als Hof Sänger angestelt
zu werden und im fall Kranckheit oder alter sie un-
tüchtig machten solte jedes eine pention von 400 f also
zusammen 800 f biß an ihr Lebens Ende gereicht werden. Wenn die Zeiten der Schreibseligkeit nicht bey
mir vorbey wären; so könte ich Ihnen von der Kober-
weinischen Gesellschaft die jetzt 3 mahl die Woche
hir spielt mancherley erzählen – Aber mein neues
Steckenpferd ist ein abgesagter Feind von allem was
Dinte Feder und Papier ähnlich sieht. Leben Sie also
wohl! grüßen die Frau Gevatterin und sagen Ihr, daß,
da ich in der Zeitung von dem Benefitz Concert die
prächtige Einnahme gelesen, ich im stillen meine gratulation bey Ihr angebracht hätte – das wäre alles
nicht geschehen, wenn Sie beyderseits in unsern Gegenden geblieben wären. Es bleibt dabey – das von
hir weggehn ist und bleibt ein Meisterstreich – das
glaubt gantz gewiß

Ihre
Freundin Elisabeth.

N. S. der kleine junge in Maintz ist wieder gantz
wohl und hat zwey Zähne. Meinen Gruß an Carlgen.

160. An die Schlosserschen Kinder

Den 23ten Februar 1789.

Liebe, liebe, gute brave Enkeleins!

O! was habt Ihr mir vor Freude gemacht! und das
alles kam so gantz unerwartet! Liebe Louise! Es war
ja als wenn Du es gewußt hättest, daß ich in großer
Strickbeutels Noth mich befände – mein allerbester

ist 9 Jahr alt, und so unmusterhaft als nur möglich –
und da es doch sehr oft der Fall ist, daß ich in Gesellschaften gehe, wo gearbeitet wird: so war es höchst
nöthig einen neuen anzuschaffen – und da kommt mir
so gantz von ungefähr ein schöner, prächtiger, von
meinem lieben Enkel selbst verfertigter – so lieb wäre
mir doch kein andrer geweßt – Aber den will ich auch
in Ehren halten – allen meinen Bekannten sagen von
wem er ist – und stoltz auf mein geschicktes und flei-
ßiges Enkel sein – Habe also meinen besten Dank davor. Meine liebe Julia! auch Dir danke ich vor Dein
schön gearbeitetes Angebinde – auch zu Deinem Andenken soll es Parade machen – damit jedermann
sieht, daß auch Du liebe Juliette an die Großmutter
denkst. Und mein liebes Jettchen! mit seinem schönen
Körbgen – so zierlich als man's nur machen kann –
potz fickerment! Jetzt muß die Großmutter fleißig
sein und N.B. auch schöne Arbeiten machen wie es
sich zu so einem eleganten Körbgen schickt – ich will
wenigstens mein möglichstes thun, um ihm keine
Schande zu machen – danke Dir hiermit hertzlich vor
Deine Liebe zur Großmutter.

Treuer, biederer Ritter Eduard! auch du denkst an
mich – Ha aus dem Glas da schmeckts – habe sogleich
meines lieben Ritters Gesundheit getrunken, und
werde das oft thun, danke danke danke lieber Eduard. Die dicke Catharine fragt alle Tage ob Eduard
und Jettgen recht bald wiederkämen – sie möchte gar
zu gern mit ihnen die Wachtparade aufziehen sehen –
und die Elisabeth möchte gern wieder gebrannte
Mehlsuppen machen – Kommt doch ja bald wieder –
hörst Du!

Nun liebe Enkeleins! Nochmals meinen Dank –
Fahrt ferner fort Euren lieben Eltern und mir Freude

zu machen – und glaubt, daß ich allezeit von gantzem
Hertzen bin

Eure

Euch zärtlich liebende Großmutter

Elisabeth Goethe.

161. An Unzelmann

fortgeschickt den 9ten Mertz 1789

Lieber Freund!

Wenn Sie Ihre Briefe geschrieben, gesiegelt und fortgeschickt haben; so ists eben als hätten Sie aus dem
Fluß Lethe getruncken, alles ist aus Ihrem Gedächnüß
so rein verwischt, daß nicht eine spur davon übrig
bleibt – den wie wäre es sonst möglich, daß Sie den
Ausdruck *Meisterstreich* kränckend gefunden, der doch
nichts anders sagt und Ausdruckt als was Sie selbst in
allen Ihren Briefen gesagt und ausgedruckt haben. Soll
ich Ihnen etwann Condoliren daß Sie und die Frau
Gevatterin Den größten Beyfall haben – daß die letzte
der Liebling einer der größten Königinnen ist, daß Sie
alles verdrängt – daß der König selbst gesagt hat, Sie
sänge beßer als die W. und diese mit Schande abziehen
und den Kampfplatz verlaßen mußte – Daß als in
Pozdamm gespielt wurde der König 900 rth in die
Caße verehrt /: N. B. mir und der Gevatterin schreiben Sie :/ Daß Sie ein Benefitz Concert gehalten wo
/: laut den Nachrichten aus den Zeitungen :/ der König 40 Friederich dor die Königin 10 – und übrigens
das Hauß gepropft voll war – daß Sie Werther Freund
im Fiesko und andern Rollen vom König sind ablau-
tirt worden u.d.m. Dieses alles verdient doch warlich
keine Jerimiaden! Auch die Frau Gevatterin schrieb
/: nicht an mich Den was solte Sie dazu bewegen :/

sondern an St. daß Sie auf den Händen getragen würde
daß das der Ersatz vor die *Leiden der 3 letzten* hir zu-
gebrachten Jahre wäre u.s.w. O! wie froh /: dachte
ich bey allen diesen herrlichen Nachrichten :/ müßen
jetzt diese gute Menschen seyn – mit Schaudern müßen Sie an Ihren hiesigen Aufenthalt zurück dencken
– wo Neid, Cabale, Zurücksetzung, Ihre Tage verbitterte. Da diese so eben erzählte Begebenheiten
nicht etwa wischi waschi von andern, sondern Reelle
Facta aus selbst geschriebenen Briefen sind; so kan ich
mein Urtheil ohnmöglich zurück nehmen, sondern
behaupte gegen jeden wer es auch sein mag, daß
das von hir weg, und nach Berlin gehen – ein – Meisterstreich war. Daß Sie Sich über meine arme Briefe geärgert haben – das begreife ich nun vollends gar nicht
– ich werde doch ohne Ärgernüß zu geben nach dingen die mein sind fragen dürfen? Zumahl da sie Ihnen nichts nutzen – Was dient Ihnen 1 theil vom deuschen Mercur? und mir machts meine gantze Sammlung defect – und was soll der Maintzer Sattler mit
meinen Möbelen machen, was gehn die ihn an? Haben
Sie die Güte /: aber ärgern Sie Sich nicht :/ und schik-
ken mir den Mercur – und geben mir Anweißung
nach Maintz dieweil die Truppe noch dort ist – Das
müßen nun wohl freylich seltsame dinge seyn – die
Ihnen das Recht gäben Ihren Contrack nicht zu halten
– da ich nun in dieses Geheimnüß nicht eindringen
kan; so bin ich auch außer Stand davon zu urtheilen,
nur aus alter Freundschaft bitte und ersuche ich Ihnen thun Sie keinen unüberlegten Schritt, den Reue
nach der That nutzt zu nichts, und ist das peinlichste
Gefühl von allen Gefühlen. Hierher wolten Sie kommen? warum? zu was Zweck? ist denn Ihr angagement in Maintz schon so gewiß, daß Sie nur zu kom-

men brauchen? und wenn das auch wäre – hat sich denn die Truppe in dem Jahr so umgeändert? meines wißens sind alle die Odiosen Menschen die Ihnen von hir wegtrieben noch da und bleiben auch da – was in aller Welt kommt Ihnen den auf einmahl an? aus dem Paradieß wieder ins Fegfeuer – da mache mir einer einer einen Vers draus! Nun nun, das war einmahl eine üble Laune die wird sich schon legen – nicht wahr, ich habe es errathen? Es werden schon wieder Musterhafte Briefe kommen die den bißherigen entsprechen und worüber sich Ihre Freunde freuen können. Göschen ist ein L........d da schickt er den 8ten Band wieder in Papier gebunden wie die 4 ersten theile – was ihn nur vor ein Narr gestochen hat den 5ten theil so prächtig einbinden zu laßen? Aber er soll sein Fett kriegen, ich habe eine Epistel an ort und stelle geschick, und mich gegen dieses unmusterhafte Betragen höchlich beschwert. Ich hoffe daß Ihnen dieser theil einige vergnügte Stündger verschafen wird. Wie ist dann die Teufels Oper mein großes Leibstück aufgenommen worden? Das wäre warhaftig ein großes Unglück geweßen wenn Sie dem Herrn C. das Auge ausgestochen hätten – Er soll ein sehr schöner Mann seyn – und eine pasionirte Liebhaberin haben – die würde es Ihnen sauber und hübsch gelohnt haben – Mit dem Ring bin ich noch sehr unschlüßig was ich mit thun soll – den innern werth hat ein hiesiger Jubelirer auf 20 Carolin geschätzt – aber davor ihn behalten – das will er doch nicht, und das Geboth von einem andern Herrn von seinen Colegen nehmlich 130 f ist doch gegen den innern gehalt zu gering – Ich will mir noch mehr Mühe drum geben, villeicht bringe ich ihn höher an – wo nicht, so schicke ich ihn zurück – doch nicht ehnder als biß ich wieder Nachricht

von Ihnen habe. Am Friederichstag ist die Stockin mit
einem Sohn niedergekommen der auch Fritz ge-
tauft wurde – Sie und ihr braver Mann, laßen es Ihnen
und der Frau Gevatterin Notificiren. Ich wünsche daß
Sie von dem neulich gethanen Fall bald völlig wieder
hergestelt seyn mögten – laßen Sie Sich so etwas zur
Warnung dienen, und nehmen Sich in Zukunft in
acht. Das war wieder einmahl eine lange Sermon –
auch sage nur noch, viele Grüße an die Frau Gevatterin u den kleinen Carl – nachdem treuen plumpspiel
muß ich mich doch auch erkundigen – ist er noch so
ein Freund von Kalbsknochen – sie haben ihm bey mir
oft sehr wohl geschmeckt. Leben Sie wohl! dieß
wünscht

Ihre

Freundin Elisabeth.

162. An Unzelmann

den 12ten Mertz 1789

Lieber Freund!

Hier schicke ich Ihnen ein Theater product, das so
eben die Preße verlaßen – und noch gantz warm u
neu ist. Der Verfaßer ließ die Erbschaft – da das Werk-
lein noch ungedruckt war hir aufführen – es wurde
mit dem größten Beyfall aufgenommen – da wir an
guten Nachspielen über Reichthum eben nicht klagen
dürfen; so werden hoffentlich diese kleine Stückger
brauchbar sein. Da Sie einen sehr langen Brief bereits
von mir in Händen haben müßen; so ist dieser nur
ein kleiner Beweiß – wie bereitwillig ich bin die bereits
erworbene Lorbern von Ihnen und der Frau Gevatterin /: an welche mein hoflichst Compliment erbitte :/
die Sie beyderseits in diesen Stücken zuverläßig erhalten werden auch an meinem theil zu vermehren –

und versichert zu seyn daß auch in der Entfernung ich
jederzeit bin

[Die Unterschrift ist abgeschnitten.]

163. An Fritz von Stein

Fr. den 30. März 1789.

Lieber Sohn! Die Exemplare sind richtig angelangt
und meine Freunde und ich danken davor aufs Beste
– nur begreife ich nicht, warum Herr Göschen den
sonderbaren Einfall hat, mit dem Einband der 5 zu
verschenkenden Exemplare so zu wechseln, – die 4
ersten Bände waren in blau Papier – das war ganz
ordentlich – jeder konnte am Ende des Werks die ge-
schenkten Schriften einbinden lassen, wie er wollte.
Nun kommt der 5te Band so prachtvoll als möglich –
die Freunde sind also gleichsam gezwungen, die vier
ersten Bände so einbinden zu lassen, – ich glaubte,
daß nun die 4 letzten eben so schön, wie der 5te seyn
würden, und siehe da! der 8te ist wieder in blau Papier – wenn nun Hr. Göschen die noch übrigen 3 Theile nicht eben so schön, als den 5ten überschickt, – so
sind die Leute genöthigt, entweder 7 Bände mit vielen
Kosten dem einen gleich binden zu lassen, oder den
einen schönen Band herunter zu thun u. s. w. – Ich bitte
also eine Erinnerung deswegen an Herrn Göschen zu
thun, daß die noch kommenden 3 Bände dem 5ten
gleichen möchten, hat er es vergessen, wie sie aussehen, so kann ich ihm mit einem Bande andienen.
Wie gehts Ihnen denn, ist Alles, besonders mein Sohn
noch wohl auf? Bei uns gehts leidlich, nur der fatale
Nordwind ist Menschen, Vieh und Pflanzen odios, –
wenns nicht besser wird, so giebts eine hungrige Messe,
und so spät sie fällt, kriegen die Fremden doch keinen

Spargeln. Neues giebts hier nicht – Alles ist noch im
Alten – auch ich bin noch immer

Ihre

Freundin

E. G.

164. An Großmann

Den 24ten Aprill 89.

Lieber Herr Gevatter!

Die unerwarttete ankunft Ihres Lieben Briefes hat
mir viel Vergnügen verursacht – mir wards, als trätte
ein alter guter Freund in meine Stube – und spräche:
Da bin ich wieder. Die Vergleichung gefält mir – meine
Einbildungskraft wird mir beystehen – Sie sitzen in
der bekandten Wohnstube – das Band meiner Zunge
wird loß – und ich hebe an meinen Spruch. Wenn
Thalien und Melpomenen an mir etwas gelegen war;
so mögen sie ihre Häupter mit Flohr verhüllen und
ihre Leichname in Trauer gewand einwicklen. Die
Ursachen dieser großen Revolution laßen sich her
sagen wie – ein pater noster wer nur das mindeste
Gefühl hat kan der es ansehn, daß ein Mensch von der
plumpsten Sorte – deßen eigendlicher Beruf porte-
schäschentragen wäre, deßen heulenden Organ ihn
zum Nachtwächter qualivicirte – daß ein solcher den
guten biedern Wolf im Otto spielt! Ein gewißer Herr
Großmann stellte diesen treuen diener so auserordentlich brav dar, daß bey singung der Romanze kein Auge
trocken blieb – bey dem Vierschröterischen Wolf –
lachte alles überlaut – Muß es nicht alle Ilusion stören,
wenn Madam Beck die wenig Zähne mehr hat in den
Beyden Billet das Rösgen macht – ich will ihren sonstigen Talenten dadurch gar nicht zu nahe tretten –
aber ein Rösgen ist sie doch warlich nicht – In diesem

Thon könte ich Ihnen noch viel vorerzählen – aber
zu was nutzt es, zu was fromt es – soviel ist ausgemacht,
daß die vortreflichsten Stücke bißhieher wegen dem
fortgehen der geschicktesten Leute entweder gar
nicht, oder sehr elend sind gegeben worden. Ein gantzes Schock neuer Menschenkinder sind zwar angelandet – da ich aber diese Meße noch mit keinem Fuß
im Theater war; so kan ich von ihren Talenten oder
nicht Talenten auch nichts sagen. Da ich überzeugt
bin, daß mein Lieber Herr Gevatter schweigen kan –
und also von allen diesen Nachrichten keinen gebrauch
als vor *Sich Selbst* macht; so kan ich auch von Koch
offenherzig reden. Er scheint mir ein guter Mann zu
seyn, scheint keinen üblen Carackter zu haben, aber
träge, unordtenlich, manchmahl wißen die Schauspieler nicht was übermorgen gespielt wird – in der
garterobe soll eine Confusion herschen die ohne gleichen ist – einige Rollen spielt er brav – den Siegfried
in der väterlichen Rache – guthertzige Alte – aber zu
jungen Rollen ist sein Cörperbau zu starck, seine
Stimme zu hohl und Rau und äußerst unangenehm
z. E. als Hammlet, als Posa im Don Carlos ist er mir
unausstehlich, auch als Tellheim ist er ungenißbar.
Stegmann ist jetzt der Liebling des hiesigen und Mainzer publicums – er ist opern director – hat jetzt gute
Singstimen – Madam Helmuth – Madam Schick –
Madam Walther – er läßt die opern recht einstudiren –
und wenn Koch doll würde, so giebt er keine Neue biß
die Leute sie aus dem Fundament hertrillern können
– da nun Koch es mit dem Schauspiel just umgekerth
macht – und die Leute mit den Rollen keine Zeit gelaßen wird, so folgt gantz nathürlich, daß alles in die
Oper läuft – und beym Schauspiel lehre Bänke in
menge sind. Weil nun Stegmann dadurch der Kaße

mehr einbringt als Koch; so ist leicht zu begreifen,
daß er hir u in Maintz sehr gut angeschrieben ist –
auch hat er sich auf 12 Jahr aufs neue anwerben laßen.
Da ich so lange nichts von Ihnen gehört hatte; so waren mir die dramaturischen Blätter von Herrn von
Kniege ein wares Freudenfest. Leben Sie wohl! Grüßen Ihre Liebe Frau Lotte und alles was Ihnen lieb
ist von

Ihrer wahren Freundin
E. Goethe.

165. An Unzelmann

den 2ten May 89

Lieber Freund!

Hier schicke ich Ihnen einen Wechsel auf 75 Reichsthaler ich habe wie Sie sehen also noch etwas mehr vor
den Ring bekommen – Seyn Sie froh daß Ihre hiesige
Schuldner nichts davon inne geworden sind – kein
Heller wäre in Ihre Hände gekommen – besonders
Ihr ehemaliger Schneider hat schon viele klaglieder
angestimt. Von unsern neuen Leuten gefallen die
meisten sehr – besonders die Operette geht herrlich.
Stegmann ist der Liebling hir und in Maintz und hat
sich aufs neue auf 12 Jahr anwerben laßen – Koch und
Fiala auch jedes auf 12 Jahr – das ist das neuste. Ich
habe heute viel eile – Leben Sie wohl! und berichten
mir sogleich den empfang dieses Briefes –

E.

N. S. Schicken Sie mir doch den schon 10000 mahl
geforderten Mercur.

166. An Unzelmann

den 15ten May 1789.

Mein Brief vom 2ten May hat Ihnen nicht sonderlich
behagt – Sie gestehen also doch daß Sie ihn empfahnen
haben – War denn in diesem Schreiben nicht auch ein
Wechsel /: vor den Ring von 75 Reichsthaler an Herrn
Engel von Herr Wilmer ausgestelt :/??? und von
dieser *mir* so wichtigen übermachung schreiben Sie
kein sterbens wort – sagen mit keiner Sielbe ob Sie das
Geld erhoben haben u. d. m. Auf alles andre in Ihrem
Brief befindliche werde ich nicht ehnder Antworten
biß ich nachricht über obiges erhalten habe – und ich
erbitte mir Antwort mit umlaufender Post.

E.

167. An die Freifrau von Knigge

Frankfurt, den 23. Juni 1789.

Gnädige Frau!

Ich finde mich sehr geehrt, daß meine gnädige Frau
sich meiner Bekanntschaft noch in so freundlichen
Ausdrücken erinnert haben; nicht weniger schmeichelt
mir das Zutrauen, welches Dieselben in mein Vorwort
zu setzen die Güte hatten. Ich habe die Sache aufs
Beste eingelenkt und besorgt, zweifle auch keineswegs
an baldigen und vergnüglichen Nachrichten. Wenigstens bin ich fest überzeugt, daß mein Sohn sich das
größte Vergnügen daraus machen wird, Dero Herrn
Gemahl, dessen Verdienste um die Gelehrsamkeit so-
wol, als um die Menschheit längst von allen Rechtschaffenen anerkannt und verehrt sind, zu nützen. –
Empfehlen Sie mich diesem würdigen Manne und
glauben, daß ich in Wahrheit bin, gnädige Frau, Dero
gehorsamste Dienerin und Freundin

Elisabetha Goethe.

168. An Friederike Unzelmann

den 1ten September 1789.

Liebe Frau Gevatterin!

Aus Inliegendem Schreiben werden Sie ersehen, daß der kleine Felix allem seinem Leiden entrückt ist – Gott erhalte Ihnen Ihre zwey noch lebende Kinder, zu Ihrem Trost und Vergnügen. Nun eine kleine Bitte an Ihnen – die ich zwar schon verschiedne mahl an Herrn Unzelmann habe ergehen laßen, der es aber wahrscheinlich wegen vieler andern Beschäftigungen vergeßen hat: Ein theil des deuschen Mercurs ist noch in seinen Händen, der Ihm zu nichts dient, und deßen Entbehrung mir meine gantze Sammlung defect macht – Haben Sie demnach die Güte mir ihn mit der Fahrenden Post zu zuschicken – Sie werden dadurch überaus verbinden

dero

Dienerin und Gevatterin
E. Goethe.

169. An Louise Schlosser

Den 14ten October 1789

Liebe Louise!

Daß dir das überschicke Buch Freude gemacht hat ist mir sehr lieb und ich wünsche nichts so sehr, als dir und deinen Lieben Geschwistern immer ein kleines Vergnügen verschaffen zu können. Die Freulein von Clermont sind gar liebe Kinder – aber ich habe Sie zu kurtze Zeit gesehen zu wenig Umgang mit Ihnen gehabt um zu bestimmen welche mir am besten gefallen hätte. Sie erinnerten sich mit vielem Vergnügen an Ihren Aufenthalt bei Euch – und sagten mir so viel lie-

bes und gutes von Euch allen, welches mir dann sehr
erfreulich war. An Tante Bognern meinen besten und
schönsten Gruß und das verlangte Buch wolte ich sehen obs zu bekommen wäre – und es als dann überschicken. Daß du meine gutgemeinte aber sehr gekrit-
zelte Briefe so werth hälst daß du sie so wohl aufhebst
freut mich gar sehr – denn Schreiben ist eben so eigentlich meine Sache nicht – und meine Briefe haben wen
ich nicht gantz besonders dazu aufgelegt bin – gar oft
weder Muster noch geschick – Destomehr schmeichelt
es mir, daß du sie so viel werth hälst um sie aufzuhe-
ben. Ja wenn ich so schön schriebe wie meine Luise!
Potz Fischen! Da solte die gantze Christenheit Briefe
von mir erhalten – nun nun jeder hat so seine eigne
Gabe – und wen ich in den langen Winter Abenden
bey Euch wäre wolte ich mein Licht schon leuchten
laßen und Euch durch Anmuthigen Geschichten,
schöne Mährlein die Zeit so vertreiben – daß es eine
Art und schick haben solte. Jetzt muß ich noch an die
liebe Julie schreiben, Lebe also vordießmahl wohl und
behalte lieb

deine

treue Großmutter
Elisabetha Goethe.

N.S. Eben hatte ich Juliens Brief geendigt – und
wollte noch an Eure Liebe Mutter schreiben – als ein
Besuch kam der mich biß kurtz vor Abgang der Post
abhielt – Diese Briefe wolte nun nicht liegen laßen –
grüße die Mama und sage Ihr daß ehestens ein langes
Schreiben an Sie ergehen würde jetzt fort auf die Post.
In große Eil.

170. An Unzelmann

Den 27ten December 1789.

Lieber Freund!

Meinen besten Dank vor Ihr gütiges Andenken und vor das *mir* so angenehme Geschenk – Es war meine Feyertags Belustigung das Leben dieser großen Frau und ihren Carakter recht zu studiren. Die letzten Tage ihres Lebens waren schauderhaft schrecklich! Das Bild des blutenden Essexs verdrängte alles vom dem guten und großen was sie in dem Laufe ihres so glorreichen Lebens gethan hatte – sie sahe nichts als ihren ermordeten Liebling – Arme Elisabeth! Du kantest dein Herz nicht! Ehrgeitz und Eitelkeit sind immer schlechte Rathgeber aber besonders fiel ihr Rath zu kurtz, bey einer Leidenschaft die übers Grab hinaus ging. Daß ich meinen Mercur wieder habe deß bin ich sehr froh – Vielen Dank vor dessen überschickung. Sie bekommen hiebey vielerley zu leßen – die noch ungebundne Blätter gehören zu denen die Sie schon besitzen – Sie können doch so ohngefähr unsere jetzige Lage daraus ersehen. Ohne Zweifel wird Ihnen schon bewußt seyn, daß das Organ mit der Sache gar nichts mehr zu thun hat, sondern daß v. D. auch bey uns hir vor alles steht. Obs beßer oder schlechter in Zukunft geht muß die Zeit lehren. Was macht denn die Liebe Frau Gevatterin? Sagen Sie Ihr daß es doch nicht hübsch wäre nicht einmahl ein paar Zeilen an mich zu schreiben nicht einmahl zu antworten, da ich Ihr den Tod des Kindes verkündigte. Ich weiß wohl daß Sie viele Geschäfte hat, weiß wohl daß Sie viele neue Freunde bekommen hat – aber die alten gantz zu vergeßen das ist doch auch nicht so gantz an seinem platz. Was macht Carlgen und die kleine Fritze? Carl muß jetzt schon ein Tapferer Ritter seyn. Herr und Frau Stock empfehlen sich Ihnen und der Frau Gevatterin aufs beste, und freuen sich daß es Ihnen dort so wohl geht. Leben Sie wohl! und denken jezuweilen an Ihre hiesige Freunde, mitunter auch an diejenige, die sich unterschreibt

dero wahre Freundin

Elisabeth.

171. An Louise Schlosser

Den 10 Jenner 1790

Liebe Louise!

So viel es in meinem Vermögen war suchte ich Euch Euren hisigen Aufenthalt angenehm zu machen – und ich freue mich wenn Ihr vergnügt und zufrieden ge- weßen seid. Auch ist es mir sehr lieb, daß mein Christ- kindlein jettgen und Eduart angenehm war. Die käth- gen und Fridericke reden noch immer von Euch, und grüßen Euch von gantzem Hertzen – auch Frau Stock gedenckt Eurer so ofte wir beysammen sind – Sie läßt fragen was die Manschetten machen – und ob sie bald fertig sind?

Der Ring ist mir gantz gerecht – ich werde ihn dir zum Andencken tragen. Gott erhalte dich in dem neuen Jahr gesund und vergnügt – diß ist der beste Wunsch von

deiner

dich liebenden Großmutter

Elisabetha Goethe.

172. An Fritz von Stein

Fr. den 1. März 1790.

Lieber Sohn! Das Erste warum ich Ihnen bitte, ist meinem Sohne zu danken wegen seines 6ten Bandes, Tasso und Lilla sind mir neu – und ich hoffe viel Vergnügen davon zu haben. Ferner berichten Sie ihm, daß sein römisches Carneval auf dem Hofball in Maynz mit aller Pracht ist aufgeführt worden, – dieses läßt ihm Mama la Roche nebst ihrer herzlichen Empfehlung vermelden. Der Tod des Kaisers hat unsere Stadt zu einem lebendigen Grabe gemacht; das Läuten aller Glocken, welches 4 Wochen täglich zweimal, nämlich Morgens von 11 bis 12 und Abends von 5 bis 6 Uhr geschieht – hat einen so lugubren Ton, daß man weinen muß, man mag wollen oder nicht. Der ganze Magistrat in tiefer Trauer – die Garnison schwarz, mit Flor Alles umwickelt, – die kaiserliche Werbung, die Räthe, Residenten u.s.w. Alles, Alles schwarz, – das hat ein überaus trauriges Ansehen. Künftigen Sonntag den 7ten März ist bei allen drei Religionen in allen Kirchen Leichenpredigt – unsre Hauptkirche wird ganz schwarz behängt, – Jung und Alt erscheint in tiefer Trauer – Sänger und Sängerinnen sind zur Trauermesse verschrieben und dieser einzige Umstand kostet 2000Flor. Sollte die künftige Krönung näher rücken, so wissen Sie Ihr Plätzchen – auch habe ich dann einen Plan im Kopfe, dessen jetzige Mittheilung noch zu früh und zur Unzeit wäre. Erlebe ichs, – nun kommt Zeit kommt Rath. Empfehlen Sie mich Ihrer Frau Mutter und glauben daß ich ewig bin

Ihre

wahre Freundin
E. G.

173. An Fritz von Stein

Fr. den 22. April 1790.

Lieber Sohn! Ich habe eine Bitte, – einer meiner Freunde möchte gern wissen, ob Ihro Durchlaucht der Herzog sich in Weimar befindet, oder wo er sonst etwa ist, – es bedarf nur ein Paar Zeilen zur Rückantwort.

Aber eben so gern möchte ich wissen, wo mein Sohn
ist. Einige sagen in Venedig, – Andere in der Schweiz, –
Jetzt von mir und meinem Vaterlande ein Paar Worte.
– Die Trauer um den Kaiser ist vorbei, Alles ist in Erwartung der Dinge, die da kommen sollen! Wenns,
wie die Sage lautet, Krieg giebt, denn mag Gott wissen,
wenn die Krönung ist! Indessen werden die Quartiere
schon gemacht, und die Auffahrt ist im Juli. Ich will
dieses Alles in Geduld abwarten – und ein Kämmerlein
soll Ihnen bei mir aufbehalten seyn – denn den Tumult
müssen Sie doch mit ansehen. Empfehlen Sie mich
Ihrer Frau Mutter und glauben, daß ich ohnverändert
bin

Ihre

treue Mutter
E. G.

174. An Unzelmann

    Werthgeschätzter Herr Gevatter!
Da ich aus Erfahrung weiß, daß das so Ihre Medote
Art und Weiße ist, die Haut feil zu bieten, ehe Sie den
Bären haben; so halte ich mich aus Freundschaft ver-
pflichtet Ihnen unsere hiesige Lage so klar und deut-
lich vor Augen zu legen, damit Sie im Stande sind die
Sache reiflich zu überlegen um Sich nicht auf Neue in
Schaden, Verdruß und Unlust zu bringen. Koch bleibt
von dem heutigen Dato an noch 11 sage Eilf Jahre –
junge Rollen spielt er nicht mehr sondern hat sie an
Porsch und Ziegler abgegeben in Väter, Pedanten,
Helden die gerade nicht jung zu seyn bedürfen gefält
er – und steht /: welches das Beste ist :/ bey Herrn von
Dahlberg in Gnaden – wird also wohl schwerlich weg-
komen. An ein Nationahl Theater ist hir nicht zu denken – so lange von der Obrigkeit die Advents und Fa-

stenzeit das Schauspiel untersagt, ist so was ein from-
mer Wunsch – der nicht in Erfüllung gehen kan. Das
größte Hindernüß /: alle die eben erzählten abgerechnet :/ Ihnen jemahls wieder hir zu sehen, ist wohl,
daß Dahlberg immer noch sehr über Ihnen aufgebracht ist – und ich weiß von *sicherer Hand* daß Sie mögten wieder kommen über lang oder kurtz Ihnen die
Strafe noch bevor steht – Wie ist es also glaublich, daß
Er Ihnen wieder herberufen wird! Setzen Sie Sich also
nicht wieder zwischen zwey Stüle, und fangen doch
einmahl an zu überlegen, ehe Sie handln. Aber in
aller Welt sagen Sie nur wies zugeht daß Sie wieder
weg wollen? Ihre ersten Briefe, auch die von der Frau
Gevatterin, waren ja alle so voll *Entzücken, Jubel, Freu-
dengeschrei*, Königlicher Gnade u.s.w. Wir arme Schel-
men kommen ja mit all unserer erwißenen Freundschaft, Dinstleistungen und gutem Willen; als gantz
unbedeutende Figuren in den Hindergrund, daß das
beste Auge uns nicht gewahr werden konnte! Sie hätten wenigsten aus Delicateße Ihr Paradieß nicht so Vortreflich ausmahlen sollen – und die Entschädigung vor
die 3 Jahre Elend /: wie sich die Frau Gevatterin in
einem Brief ausdruckte :/ lieber verschweigen sollen.
Glauben Sie, daß dieser Posaunen-thon Ihre Freunde
recht gekränkt hat – Nun das alles bey seite – Gott
schenke Ihnen noch viele glückliche Tage, ists gleich
nicht bey uns, so ist die Welt groß und Gottes Himmel
überall und Ihre beyderseitige Talente machen überall ihr Glück. Grüßen Sie Ihre Liebe Frau – den kleinen
Sänger Carl – das kleine Mädelein von

                    Ihrer
                         es aufrichtig meinenden Gevatterin
                                   Elisabeth.
den 11 ten May 1790.

N. S. Das arme organ hat gerade zur Unzeit die Au-
terprieße an D. abgegeben – Die Krönung hätte ihn
aus aller Noth heraus reißen können – Im Juli ist die
erste Auffahrt zur Wahl – das gibt ein groß Spectakel –
Mein Hauß wird von oben bis unten voll gepropft.

175. An Fritz von Stein

Fr. den 12. Juni 1790.

Lieber Sohn! Eine Berechnung, wie viel der Aufenthalt während der Krönung hier kosten möchte, ist beinahe ohnmöglich zu bestimmen, so viel ist gewiß, daß
eine einzige Stube den Tag ein Carolin kosten wird,
das Essen den Tag unter einem Laubthaler gewiß nicht.
Zudem ist auch die Frage, ob ein Cavalier, der unter
keiner Begleitung eines Churfürstlichen Gesandten ist,
Platz bekommt, denn unsre besten Wirthshäuser werden im Ganzen vermiethet, – dem Dick im rothen
Hause sind schon 30,000 Flor. geboten, aber er giebts
noch nicht davor. Wenn Leopold Kaiser werden sollte,
so mag Gott wissen, wo die Leute alle Platz kriegen
werden – denn da kommen Gesandten, die eigentlich
nicht zur Krönung gehören, als der Spanische, Neapo-
litanische, von Sicilien einer u.s.w. – Der Päbstliche Gesandte, weil er in der Stadt keinen Raum gefunden,
hat ein Gartenhaus vor 3000 Carolin gemiethet. Bei
mir waren die Quartierherren noch nicht, – ich traue
mir deswegen nicht vor die Thür zu gehen und sitze
bei dem herrlichen Gotteswetter wie in der Bastille, –
denn wenn sie mich abwesend fänden, so nähmen sie
vielleicht das ganze Haus, denn im Nehmen sind die
Herren verhenkert fix, und sind die Zimmer einmal
verzeichnet, so wollte ich's keinem rathen, sie zu anderem Gebrauche zu bestimmen. – Nun muß ich

Ihnen noch was Spaßhaftes erzählen. Diesen Winter
hats hier kein Eis gegeben – und die galante Welt hat
diese Herrlichkeit entbehren müssen, ein einziger
Mann, der S.... heißt, hat von 88 noch eine Grube voll.
Diese Grube ist ohngefähr so groß, wie meine Wohnstube, doch nur 3 Schuh hoch, – diesem Mann hat der
Churfürst von Cöln 19000 Floren davor geboten, er
giebts aber nicht anders, als 30000 Flor. O, wer doch
jetzt Eis statt Wein hätte! Wenn nur die Krönung sich
nicht bis in den Winter verzieht – davor ist mir angst
und bange, – müssens eben in Geduld abwarten! – Sie
werden doch mit meinem Sohne kommen? Eine Stube
sollen Sie haben, aber freilich müßten Sie sich begnügen, wenns auch drei Treppen hoch wäre, – was thäte
das, wir wollen doch lustig seyn, – in dieser angenehmen Hoffnung verbleibe wie immer

Dero

treue Freundin

E. G.

176. An Fritz von Stein

Fr. den 20. Dezember 1790.

Lieber Sohn! Nach dem großen Wirrwarr, den wir
hier hatten, ists jetzt, wie ausgestorben – mir ist das
ganz recht, – da kann ich meine Steckenpferde desto
ruhiger gallopiren lassen, – ich habe deren vier – wo
mir eins so lieb ist wie's andere, und ich ofte nicht
weiß, welches zuerst an die Reihe soll. Einmal ists Brabanter Spitzenklöppeln, das ich noch in meinen alten
Tagen gelernt, und eine kindische Freude darüber
habe, – dann kommt das Clavier, – dann das Lesen, –
und endlich das lange aufgegebene aber wieder her-
vorgesuchte Schachspiel, – Ich habe die Gräfin von
Isenburg bei mir logiren, der das oben benannte Spiel

auch große Freude macht, wenn wir beide Abends zu
Hause sind, welches, Gottlob, oft passirt, dann spielen
wir, und vergessen der ganzen Welt, – und amusiren
uns königlich. Da es einmal Sitte ist, daß mir zu Ende
des Jahres allemahl ein Stück Merkur fehlen muß, so
fehlt mir vor diesmahl Nro. 2. – Bitten Sie doch den
lieben Gevatter Wieland, daß er es mir zuschicken
läßt, danken ihm auch vor alle in diesem Jahre abermals erzeigte Freundschaft, und Sie, lieber Sohn, empfangen meinen herzlichen Dank vor alle Liebe und
glauben, daß ich immer und allezeit mit Wahrheit
bin

Ihre

wahre Freundin und Mutter

E. G.

177. An Großmann

den 29ten Mertz 1791

in großer Eil

Werthgeschätzer Herr Gevatter!
Es ist die Wahrheit daß die angesehnsten Männer
sich große Mühe geben ein Nationahl Theater hir zu
Stande zu bringen Viele Converenßen sind schon deßwegen gehalten worden – und nächstens wird eine
Bittschrift deshalben an den Magistrath ergehen – um
1792 in der Herbstmeße /: da die 10 Jahre von Tabor
vorbey sind :/ ein beständiges Theater zu errichten.
Von dieser seite ist alles in Ordnung – schon an die
60 Theilnehmer wo jeder 50 louidor gibt sind bey der
Hand – von diesen sind Chiron – Schamo – Kißner und
der älste von Stockum als Ausschuß ernent – an
einen derselben mann sich also wenden muß – Chiron
ist /: unter uns gesagt :/ doch die erste Instans – ob
aber bey allem diesem gutem Anschein die Sache zu

Stande kommt kan mann nicht zuverläßig sagen – Erlaubt die Obrigkeit die Advents Zeit die 7 Fasten Wochen und die Sontäge nicht – so wird aus der gantzen Geschichte nichts – auserdem thut Maintz sehr böße, und es ist bekandt daß uns dieses in vielen Sachen sehr wehe thun kan – So bald diese Hindernüße besigt sind – sollen Sie mehr hören. Ünterdeßen können Sie imer an einen derer Herrn schreiben Chiron /: ob ich den Nahmen recht schreibe weiß ich nicht :/ ist Banquier – Chamo /: ist der nehmliche fall meiner Unwißenheit :/ ist Handelsmann – Kißner ist Holtzhändler – von Stockum ist adelich. Daß es mir übrigens ein Vergnügen seyn würde Ihnen hir zu sehen das sind Sie überzeugt – auch werde ich nicht ermanglen Ihr Andencken bey dieser Gelegenheit zu erneueren – und Ihre warhafte große Thalente als Director und Schauspieler mich eifrigst bemühen ins Licht zu stellen. Da Sie aus großer Eilfertigkeit in Ihrem Brief den ort Ihres Aufendthalts nicht bemerckt haben; so schicke ich dieses aufs geradewohl nach Hanover – Leben Sie wohl! Grüßen Ihr gantzes Hauß von Ihres

guten Freundin u Gevatterin
Goethe.

178. An Louise Schlosser

Liebe, gute, brave Louise!

Tausend Danck vor dein schönes, geschmackvolles – und zugleich prächtiges Arbeits-tischgen – So ist keins in Franckfurth – Es wird aber auch deßwegen von Hauß zu Hauß zum beschauen herumgetragen – heute ists bey Frau Stock, und ich freue mich auf den Nachmittag wie meine geschickte Louise von alt und jung

in meiner Gegenwart wird gelobt und geprießen werden. So bald es aus gepackt war truge ich es zu meiner
Frau Gräffin die bey mir wohnt – ich mußte es den
gantzen Tag oben laßen, damit Sie es denen Herrschaf-
ten die Sie besuchen kamen zeigen konte – Sämptlich
verliebten Sie sich hinein – und jede hätte gern so ein
schön Möbel in ihr prunckzimmer gehabt – und
ich wurde um so eines geschicken Enckels willen von
allen beneidet – welches mir denn sehr wohl that.
Nimb also nochmahls meinen besten Danck dafür
an. Die andre Woche soll eine Schachtel voll klein
brod und sonstiges bon bon Eure Hertzen erlaben –
Sage deinem lieben Vater daß auch Er künftige Woche die Rechnung erhalten soll – die liebe Mutter
grüße hertzlich – wie auch alle deine Geschwister –
die liebe Bogener und die Charlot. Lebe wohl! Behalte die jenige lieb und in gutem Andencken die ist
und bleibt

deine

treue Großmutter
Elisabetha Goethe

Den 1ten May 1791

179. An Unzelmann

den 21ten May 1791

werthgeschätzer Herr Gevatter!
Mit unserm Nationahl Theater hat es in so weit seine
Richtigkeit, daß der Magistrath seine Einwilligung dazu gegeben hat – nun muß das Colegium der Herrn
51ger noch mit einstimen, woran wir den auch nicht
zweiflen – das ist aber auch alles was ich von der Sache
weiß Daß mann schon an Ihnen gedacht haben solte

ist möglich aber als director – das ist ein bißgen un-
wahrscheinlich. Nehmen Sie Sich in acht, daß Sie das
gewiße nicht verliehren, und nach dem ungewißen
greifen – So lange die unternehmer nicht selbst an
Ihnen schreiben; so ist alles andre geschwätz wischi
waschi. Zudem kan ich mir nicht vorstellen daß Ihr
jetziger Aufenthalt Ihnen nicht mehr behagte – wo Sie
so viel Glück zurück laßen müßten daß Sie hir schwerlich finden würden – denn die Zeit hat *viel viel* verändert – das können Sie mir auf mein Wort glauben!!
Rathen was Sie thun sollen, das kan ich auf keine weiße, da ich ja wegen Ihrer dortigen Verhältnüße gantz
unwißend bin – und eben so unwißend bin ich was das
hiesige neue Theater weßen anbelangt. Ich bekümmre
mich jetzt Gott sey Lob und danck!!! um all das Zeugs
nichts mehr – denn niemand weiß beßer als Sie wie ich
vor meine Mühe Sorgen und Wohlthaten bin belohnt
worden – Ein gebrandes Kind scheut das Feuer – Da
haben Sie meine jetzige Gesinnungen und Gelehrten
ist gut predigen. Vor die überschickte vollmacht dancke ich Ihnen – ich habe die Sachen alle erhalten – Die
Liebe Frau Gevatterin grüßen Sie vielmahls und sagen
Ihr Madame Stegmann hätte mir alle Rechnungen
und quittungen zugestelt – woraus mann ersehen
könte, daß Sie Ihnen nichts heraus zu geben hätte –
Ich habe sie in meiner verwahrung, und kan sie Ihnen
auf verlangen überschicken – Auch würde ich der
Frau Gevatterin auf Ihren lieben Brief geantwortet,
und Ihr meine Freude über die schöne Einnahme bezeigt haben – aber Tausend verhinderungen und dann
eine Kranckheit die mann Tintenscheu nent hat mich
von Zeit zu Zeit abgehalten – Sie muß es mir verzeihen und dem ohngeachtet versichert seyn daß ich Ihr
und Ihnen werthgeschätzer Herr Gevatter alle mög-

liche gute von gantzem Hertzen wünsche – und mich mit wahrheit unterzeichne

Ihre

Freundin u Gevatterin

Elisabetha.

180. An Louise Schlosser

Den 8ten Jenner 1792

Liebe Luise!

Das freut mich ja recht sehr daß ich zu deinem Vergnügen etwas beygetragen habe – mein Wunsch ist es immer Euch meine lieben Freude zu machen – und wenn dieser Zweck erreicht wird fühle ich mich sehr glücklich. Aus eben dem Grund ist mir es aber auch unbehaglich wenn ich dein Verlangen meine Liebe Luise nicht befriedigen kan. Ich habe mir alle ersinnliche Mühe gegeben, alle Musick Kenner und Liebhaber angegangen – und keiner kan mir über die Ariadne wie du sie verlangst Auskunft geben. Solte ich noch so glücklich seyn das Opus aus findig zu machen; so solst du es gewiß gleich haben. Mich freuts daß das liebe Clärchen und du einander so lieb haben – bewahret diese Freundschaft in Euren Hertzen – denn es ist eine köstliche Sache mit einer erprobten Freundin so durch Erdeleben zu wandlen! In meiner Jugend war mirs auch eine große Freude das neue Jahr an Singen – an trommlen – an Schießen zu hören – aber jetzt ist mir mein Bett lieber – um halb 10 Uhr schliefe ich dißmahl schon so fest, daß weder der Nachtwächter mit seiner holden Stimme, noch pfeifen und trommlen mich in meinen 7 Kißen incommodirten. Wenn ich nun schon bey Euch mit dem Leibe nicht gegenwärtig war; so wünscht ich Euch *allen* doch die Fortdauer Eures wohlseyn – nebst Glück – Heil und Seegen – und

dieses seye denn hiemit nochmahls wiederholt. Lebe
wohl! behalte lieb

deine
dich liebende Großmutter
Elisabetha Goethe.

181. An Henriette Schlosser

den 8. Januar 1792

Liebe Henriette!

Also hat dir dein Christkindlein Freude gemacht? Ei,
da ist ja mein Wunsch erfüllt – glaube mir, wenn die
Sachen auf dem Postwagen sind – das ich immer in Gedancken mit reiße – und wenn ich ahnde daß die
Stunde der Bescherung erscheint; so bin ich im Geiste
bey Euch, und freue mich Eurer Freuden. Ich mögte
wohl mit dir und Eduard Häußer bauen, so ein Spiel
mag ich recht gern – Wenn du nach Franckfurth
kommst; so bringe deine Häuser und Bäume mit – da
will ich mit Euch Spielen. Erinnerst du dich noch wie
du bey der Großmutter warst und wie du und Eduard
in dem Eckgen meiner Wohnstube – so schön mit einander spieltet – Hochzeit – Kindbett und allerley –
und den Jubel wann die Englischen Reuter kamen –
und wie wir dem großen Bassa Lieder gesungen haben?
Das war doch ein Capital Spaß! Ich habe gehört daß
die Reihe zu reißen an dir und Eduart ist, und Ihr also
bald wieder her komt – Potz Fischen! da wollen wir
lustig seyn – da ich also muthmaßlich dich noch in diesem Jahr sehe, so will ich meinen Glückwunsch müd-
lich bey dir anbringen – Lebe indeßen wohl! Bleibe
hübsch gesund! und behalte lieb

deine dich
liebende Großmutter
E. Goethe.

182. An Fritz von Stein

Franckfurth d 23<u>ten</u> Jenner
<u>1792</u>

Lieber Sohn!

Meinen besten Danck vor den mir so schätzbahren
Damen Calender. Sie sind ein vortreflicher Sohn! Ein
Freund wie es wenige gibt – Sie sind jetzt in einem
gantz andern Wirckungskreiß als ehedem, und doch
vergeßen Sie Ihre alten Freunde nicht – wie mich Ihr so
schätzbahres Andencken gefreut hat, kan ich weder
sagen noch beschreiben! Erhalten Sie diese Freundschaftliche Gesinnungen gegen mich – und glauben
steif und fest daß die vergnügte Zeit Ihres hirseyns *nie*
bey mir verlöschen, sondern *stets* gegenwärtig bleiben
wird. Ja ich hoffe zu Gott! daß ich noch einmal in diesem Erden-leben die Freude genüßen werde Ih[n]en
von Angesicht zu Angesicht in meinem Hauße zu sehen, um von allen den vergnügnus vollen Stunden die
mir Ihre Gegenwart 1785 verursacht hat da capo machen zu können. Madam Stock ist sehr erfreut über
Ihr gütiges Andencken – und läßt nebst mir Herrn
Göritz sich bestens empfehlen. Leben Sie wohl! Behalten mich lieb, und seyn versichert, daß *niemand* mit
mehr Wahrheit sich unterschreibt als

Ihre

Freundin und Mutter
Elisabetha Goethe.

183. An Louise Schlosser

Den 13<u>ten</u> Februar 1792

Liebe Louise!

Daß dir die Ariadne so viel Vergnügen gemacht hat
hat mich hertzlich gefreut – es war mir nur leid, daß

ich es nicht ehnder habe bekommen können, und daß
du gutes Mägtelein so lange hast warten müßen – aber
vorspielen muß du mir sie, das versteht sich – mache
nur und komme bald einmahl wieder her, da wollen
wir frölich und guter Dinge seyn. Vor die Nachricht
vom Oncel Georg dancke ich dir, es freut mich daß Er
so vergnügt und glücklich ist. Hir schicke ich dir und
deinen Geschwistern ein gantz Nagelneußes Spiel voraus gesetzt, daß Ihr keine Aristokraten seyd – uns
machts vielen Spaß – vor des Eduarts liedgen dancke
vielmahls – das ist allerliebst! ich laße es neulich bey
Herrn Stock vor, und alles hatte große große Freude
daran. Daß es mit Julie beßer geht freut mich, grüße
mir das Liebe Mägelein hertzlich auch deine Liebe Eltern – Henriette und Eduart – Clärgen Tante Bognern
und alles was bey Euch lebt und webt von

deiner
dich liebenden Großmutter
Elisabetha Goethe.

184. An Goethe

d 4ten December 1792

Lieber Sohn!

Auf Order Ihro Durchlaucht des Herrn Hertzogs
von Weimar soll ich dir schreiben, daß du mögstes hieher kommen. Hier sieht es bunt aus, seit vorgestern
haben die Hessen unsere Stadt ocubirt – Gott gebe daß
sie sich drinnen erhalten, sonst mögte es curios mit
uns aussehen. Diesen Brief schreibe ich auf Befehl –
doch thut mirs leid, dich aus deiner ruhigen Lage heraus zu ziehen, in eine Gegend, wo mann in beständiger
Angst lebt und athmet. Biß vorgestern hatte ich noch
immer guten Muth – aber nun bin ich sehr schwer-
müthig – so was läßt sich nicht Schreiben. Ich bin eine

schlechte geografin – will dir also nur melden – daß
der gantze Landstrich von Speyer, Worms und Maintz
unsicher – und du auf dieser Rutte nicht her kommen
kanst. Ich weiß nicht ob ich wünschen soll, dich bald zu
sehen oder ob das Gegentheil zuträglicher wäre – Gott
mag es lencken, ich weiß nichts. Lebe wohl! und
schreibe wenigstens daß man erfährt an was mann ist.
Ich bin wenigstens vor jetzt, die verstimmte und sehr
unruhige

Frau Aja.

185. An Goethe

den 14ten December 1792

Lieber Sohn! So eben erhalte einen Brief von Fritz
Jacobi wodurch ich erfahre daß du in der mitte dieses
Monaths wieder in deinem ruhigen Weimar einziehen
wilsts – du wirst einen Brief von mir vorfinden – worinn der Herzog dich /: der dich aber noch in Düsseldorf glaubte :/ hieher invitite – ich gabe dir schon in
dem Schreiben einen Winck, daß es jetzt hir gar kein
Spaß ist – nun da du gar 30 meilen in dieser Witterung
reißen soltst – um an einen Ort zu kommen – wo wann
zum Unglück Custine zurück kommen solte – du doch
wieder fortmüßtest; so dächte ich du entschuldiges
dich so gut du könstest – Wir leben hir in täglicher Angst
und Gefahr – und wenn ich einen gran Furcht mehr
hätte, als ich Gott sey Danck nicht habe; so ginge ich
in die weite Welt – so aber soll und muß ichs abwarten.
Willmer hat endlich der Raths stelle entsagt – bey der
Gelegenheit kam nun abermahls die alte Frage an
mich, ob ich denn noch keine Endscheidente Antwort
von dir erhalten hätte – ich sagte du hättest her kommen wollen, aber die Kriegs Unruhen wären die Ur-

sach deines Ausenbleibens u.s.w. Meine Gründe davor
und dagegen habe ich dir in einem Brief vorgelegt –
auch glaube ich wenn du Lust gehabt hättest würdest
du flincker geantwortet haben. Ich glaube allemahl,
daß dir in deiner jetzigen Verfaßung nach Leib und
Seele beßer ist – als in einer neuen Laufbahn – denn du
bist in dem eigentlichen Sinn des Worts ein Freyherr.
Doch verdinte die Achtung deiner Freunde auf alle
Fälle eine Rückantwort – auch habe ich sonst bey jedem Fall das Anfragen aufs neue. Vordißmahl ist der
Canseley Rath Metzler von der goldenen Kugel getrofen worden. So lange Maintz noch nicht uɪ ɹǝpǝıʍ
deuschen Händen ist, schweben wir immer noch in
Furcht und Unruhe – zumahl da auf unsere gute Stadt
von Maintz und Straßburg aus so infame Lügen aus
gestreut werden – – die Blesirten und Gefangenen muß
mann fragen was die Franckfurther an ihnen gethann
haben – das all zu erzählen, reichte kein Rieß papir aus –
underdeßen sind die Francken jetzt erboßt – und kämen sie zurück Gott weiß ob nicht diese Verläumdun-
gen doch Unkraut unter den Waitzen gesäht hätten.
Wollen Gott vertrauen und es abwarten. Ich habe
einen Officier und 2 gemeinen zu Einquartirung es
sind Hessen – gute Leute aber /: unter uns gesagt :/
sehr arm – ich muß sie füttern, – die Frantzsosen hatten
die Hüll und die Füll – daß das füttern sehr incomdirt
kanst du leicht dencken – doch da es jeder thun muß so
ists nicht anders. Lebe wohl! Behalte mich in Liebevollen Andencken – und hirmit Gott befohlen!

                                        Goethe.

N.S. Es ist eine Ewigkeit daß ich kein Modejournahl
u keinen Mercur gesehen habe.

186. An Goethe

den 19ten Decemb. 1792

Lieber Sohn!

Hir schicke ich Christkindleins bon bon mit Bitte
dem jungen Herder Augst benamset etwas in meinem
Nahmen davon zu komen zu laßen. Hir Leben wir in
Furcht und Erwartung der Dinge die kommen sollen –
Die Höchsten und Hohen Herschaften versichern uns
zwar daß alles gut gehen werde, das ist verdolmescht
daß die Francken nicht wieder kommen würden – so
lange aber Maintz nicht in deuschen Händen ist – dürfen wir noch nicht Vicktoria rufen – und die Wolfhaut
noch nicht feilbieten. Du wirst dich jetzt von deinen
gehabten Strapatzen in deinem neuen schönen Hauß
und unter deinen Freunden erholen – daran thuts du
nun sehr gescheidt. Ihro Durchlaucht die Frau Herzogin Amalia haben die Gnade gehabt mich wegen der
Kriegsunruhen nach Weimar zu invitiren – dancke
Hochdenenselben in meinem Nahmen – und sage dieser vortreflichen Fürstin – Ich hätte guten Muth der
Gott der mich bißhieher gebracht, würde weiter sorgen. Ihro Durchlaucht der Herzog befindet sich wohl
und vergnügt – deßgleichen Ihro Königliche Majestät
von Preußen – Gott gebe dir ein fröliges Neuesjahr –
und uns den edlen Frieden – diß ist der Wunsch deiner treuen Mutter

Goethe.

187. An die Schlosserschen Kinder

Den letzten Tag im Jahre 1792.

Liebe Enkelein!

An Euch alle ist dieser Brief gerichtet – wollte ich
jedem von Euch sein liebes Schreiben eintzeln beant-

worten; so mögte mir die Zeit mangeln, und Ihr müß-
tet lange auf meine Danksagung vor die Freude, so Ihr
mir durch Eure lieben und hertzlichen Briefe gemacht
habt, warten. Liebe Kinder! das Christgeschenk kann
Euch ohnmöglich mehr Freude gemacht haben, als
mir Eure Briefe. Sagt selbst – was mir tröstlicher und
erquickender sein könnte, als Enkel zu haben, die so
dankbahr gegen mich sich betragen – die so liebevoll
meiner gedenken – die mit warmen Gefühl trotz der
Entfernung mich so lieben und ehren. Liebe Enkelein!
Machet mir in dem kommenden Jahr eben so viele
Freude wie im zu Ende gehenden – behaltet mich in
gutem Andenken – nehmet auch in diesem Jahr, so
wie an Alter – also auch an allem was Eure lieben Eltern, mich und alle guten Menschen erfreuen kann,
immer mehr und mehr zu; so wird Euch Gott segnen
und alle die Euch kennen werden Euch lieben und
hochschätzen – besonders aber diejenige die beständig
war, ist und bleibt Eure

Euch
Herzlich liebende Großmutter
Elisabethe Goethe.

188. An Goethe

Am neuen Jahrs Tag 1793

Lieber Sohn! Vielen Danck vor deinen schönen Brief
der ist wie er sein soll ich werde bey deinen Freunden
Gebrauch davon machen. Die Stelle des Cappelmei-
sters ist zwar noch nicht ersetzt, aber es ist so ein jämmerlich Amt daß wenn der Mann nicht Clavir stunden dabey gibt er ohnmöglich davon leben kan – auch
glaubt Doctor Hetzler /: mit dem ich davon sprach :/
daß sie gar nicht wieder würde besetzt werden – und

daß unsere überhaubt so elende Kirchenmusick nach und nach gantz eingehen dürfte. Deine zurückgelaßne Sachen, schicke ich längstens heut über 8 Tage mit dem Postwagen an dich ab – villeicht geschiehts noch ehnder – nehmlich den Freytag noch in dieser Woche – du glaubst nicht was einem die Einquartirung vor allerley Molesten macht daß mann vieles drüber vergißt – Entschuldige mich also daß die Sachen auf deinen ersten Brief nicht gleich fortgeschickt worden sind. Die Lampe mit 3 Lichtern ist besorgt, so bald sie fertig ist bekomst du sie wohl eingepackt – es sind schon sehr viele davon verschickt worden, und sind immer glücklich angelangt. Da sie vermuthlich vor deinen Gebrauch ist; so mache ich dir damit ein kleines Neujahrs Geschenck. Ich laße einstmahl im Jorick, daß das ein bößer Wind wäre, der *Niemandt* was guts zuwehte – das trieft nun mit unserm Schauspiel ein – der Krieg und seine Unruhen die so viele Menschen incomodiren und ruiniren macht der anterpriße den Beutel voll – Da der König von Preußen und alle Generälle – Herzogen und Printzen alle Abende drinnen sind; so ist dir das ein Leben wie die Krönung – das Hauß das nun schon längst fertig ist hast du gesehen – es ist zimlich groß – aber vor jetzt meistentheils zu klein – So einen Specktackel wie am 2ten Christag habe ich noch nicht /: selbst die Krönung nicht :/ drinnen erlebt – über 200 menschen mußten zurück – mann konte keinen Appfel zu Erde werfen – von der Seite wird es sich nun freylich und zwar mit Nutzen halten. Gott bewahre unsere Stadt vor einem Bombartement – den da könnten wir alle arm und elend werden – und also die Enterpriße gantz nathürlich mit – das wollen wir nun nicht hofen – sondern Gott vertrauen – und den Deuschen Glück und Seegen wünschen. Mein

Befinden ist Gott sey [Dank] gantz gut, ich bin wohl
und auch vergnügt – trage was ich nicht ändern kan
mit Geduld – warte auf beßre Zeiten ängstige mich
aber nicht vor der Zeit – nur ist mir *unter uns gesagt* die
deusche Einquartirung sehr lästig – Bey den Frantzosen wenn mann da gemeine hatte hatte mann keine
Officire und umgekehrt – Jetzt habe ich zwey Offciere
und zwey gemeine – da werden nun statt einer Stube
zwey geheitzt, das bey dem theuren Holtz eine garstige Spculation ist – ferner hatten die gemeinen Francken Fleisch, Reiß und Brod im überfluß – diese haben
nicht als elendes Brod – die Frantzöische Officire wären lieber Hungers gestorben, als daß sie was gefodert
hätten, diesen muß mann es sogar auf die Wache schik-
ken – Summa Summarum es ist eine große Last –
meine sind Heßen – wies mit den Preußen ist, weiß ich
nicht – da hast du so ohngefähr meine jetzige Lage.

Gott erhalte dich in diesem Jahr mit allem was dir
lieb und theuer ist gesund und vergnügt. Er schencke
uns den edlen Frieden diß ist mein und der Wunsch
von vielen Tausenden – Behalte mich in Liebevollem
Andencken und sey versichert, daß ich bin

> deine
> treue Mutter
> Goethe.

N. S. Ihro Durchlaucht der Herr Herzog befindet sich
wohl – es scheint Ihm hir zu gefallen. Noch eins! Doctor Hetzler läßt dich an den Rußischen Offen erinnern
– wovon du ihm ein Model, oder eine Beschreibung
versprochen hättest – dencke! Er ist dis Jahr Burgemeister.

189. An Goethe

den 6ten Jenner 1793

Lieber Sohn! Hir schicke ich dir deine, und deines
Schildknappen zurück gelaßne Sachen. Ich war nur
froh daß es kein Meißner porzelain war, denn Einpak-
ken ist einmahl meine Forse Rolle nicht. Dein Brief hat
seine Würckung gethan – und ich bin froh daß sie
mich jetzt in Ruhe laßen – ich dancke dir davor – Wenn
der Einballirte Pack fortsoll, so muß mein Brief vor
dißmahl kurtz seyn – vor die überschickten Modejournahle und Mercure dancke recht sehr – die Laterne ist
aufs beste nochmahls bestelt – ich hoffe daß sie bald
fertig und bey dir erscheinen wird. Alle deine Freunde
grüßen dich – das thut auch

deine
treue Mutter
Goethe.

N. S. Jetzt hangt hir der Himmel voller Geigen – alle
Tage wird gedantzt – Ihro Durchlaucht diverdiren
Sich nebst den übrigen überaus wohl!

190. An Goethe

den 22ten Jenner 1793

Lieber Sohn! Ich habe die Gnade gehabt am vergangenen Sontag bey Ihro Durchlaucht der Regienden
Frau Herzogin in Gesellschaft der Mama la Roche und
verschiedenen Preuschischen Officiren zu Mittag zu
speißen. Wir waren sehr vergnügt – blieben biß 5 uhr –
gingen dann samt und sonders ins Schauspiel. Der
junge Gerning ist schon im September nach Londen
gereißt – ich glaube nicht daß Er bunte Gläßer gefunden bat, sonst hätte ich sie gewiß bekommen – denn

was thäte Er nicht vor dich! Unsere Situation ist immer
noch die nehmliche – Ich füttre noch 2 Heßische Officire u 2 ditto Gemeine. Wenn diese Menschenkinder
nur nicht den gantzen Tag Toback rauchten meine
Zimer sehen aus wie eine Wachtstube!! Lebe wohl!
Behalte in gutem Andencken

deine

treue Mutter Goethe.

191. An Unzelmann

den 22ten Jenner 1793

Werthgeschätzer Herr Gevatter!

Meine Freundin und ich danken Ihnen vor das nied-
liche Neujahrs Andencken – nur hätten wir gewünscht
etwas mehr von Ihrem wohlseyn und wohlbefinden
zu erfahren – Da wir überzeugt sind, daß Sie jetzt in
der glücklichsten periode Ihres Lebens sich befinden;
so vermehre auch dieses Jahr /: wens anders möglich
ist :/ noch Ihre Glückseligkeit, dieses ist der aufrichtig-
ste Wunsch von uns beiden. Aus den Zeitungen werden Sie unsere Lage wißen – Preußen u Heßen halten
bey uns Winterquartire – Ihro Preußische Majestätt befinden sich in Höchstem wohlseyn – Ich habe die Freude
Höchst dieselben alle Tage im Schauspiel zu sehen, da
meine Loge gerade gegen Ihm über ist. Daß die Maintzer Truppe gantz auseinander gegangen ist, werden
Sie wißen – der ältre Walther und seine Frau nebst der
Fiala sind zu Großmann – der junge Walther nach
Mannheim – Porsch und Hübsch zu uns – Koch und
die übrigen haben noch kein Angagement – Unser
Theater hat gerade gute Zeiten erlebt – die Krönung –
jetzt die vielen Printzen – Generale – Offcire – und vor
allen den König von Preußen – Am Sontag da Hocus

Pocus von Dittersdorf war, mußten über 200 Menschen zurück gehn – und sowas geschieht sehr ofte. Empfehlen Sie mich der Frau Liebste – Leben Sie wohl und glücklich – deß wird sich immer freuen

Dero

Gevatterin. E G.

192. An Goethe

den 7ten Februar 1793

Lieber Sohn! Inliegender Brief kommt aus all zu großer Ordnung so spät zu dir – ich hatte ihn so wohl aufgehoben, daß er mir gantz aus den Gedanden kam – und darüber vergeßen wurde – verzeihe mir dieses Versehen – der Schreck so ich drüber empfand, mag zur Büßung dienen. Wir haben jetzt die Königliche Garde von Potzdamm hir – ich habe einen Kapitain, und einen Leutnandt – deßgleichen vier gemeinen! Im Vertrauen seye es dir gesagt – ich fange an das Ding hertzlich müde zu werden – die Ordnung und Ruhe war in meinen jungen Jahren schon mein Element – und jetzt da ich alt bin ist es mir gantz und gar Bedürfnüß – seit anno 1790 treibe ich mich in beynahe ewigem Taumel herum – Mein Hauß sieht zum Erbarmen schmirig aus – und ist die Historia zu Ende – so brauche ich ein volles Jahr biß alles wieder in vorigen Stand kommt. Übrigens befinde ich mich aber wohl – von dir hoffe ich ein gleiches – Lebe wohl! und liebe deine

treue Mutter Goethe.

N.S. Die Durchlauchdigsten Herschaften befinden sich in höchstem Wohlseyn. Die bestelte Laterne wird bald fertig seyn – und bey dir erscheinen.

193. An Goethe

den 15ten Mertz 1793

Lieber Sohn! Es ist Raum genung in der Frau Aja ihrem Häußlein, kome du nur – freylich mußt du dich mit dem zweyten Stockwerck begnügen – aber einem Mann der eine Cammpangne mitgemacht und dem die Erde sein Bett und der Himel sein Zelt war, verschlägt nun so was nichts – Übrigens sols an nicht fehlen was zur Leibes Nahrung und Nothdurft gehört. Ich habe jetzo eine sehr brave Einquartirung – und ich rechne es mir vor ein wahres Unglück, daß sie in ein paar Tagen fortgeht – was ich hernach bekomme muß in Gedult erwartet werden. Aber daß der König die Meße /: wie mann mich gestern vor gewiß versichert hat :/ hir bleibt das ist mir und der gantzen Stadt ein wahres Jubelfest – den so wie der König von uns allen geliebt wird, ist wohl schwerlich noch ein Monarch geliebt worden – wenn Er einmahl weg geht; so weine ich dir gewiß 8 Tage, und vergeßen wird Er von uns allen Zeitlebens nicht. Den andern Monath wird es nun wahrscheinlich über das bedauerungs würdige Maintz hergehen! Wir können Gott nie genung dancken, daß wir noch so zu rechter Zeit von den den Freiheits-Männern sind befreit worden! Wenn wir sie nur nicht wieder zu sehen kriegen! Gantz bin ich noch nicht beruhigt, so lange Maintz – Worms und Speier in ihren Händen und sie nicht über den Reihn gejagt sind; so lange ists imer noch so, so. Alles was nun noch zu sagen wäre – wollen wir aufs mündliche erzählen verspahren – denn ich schwatze ohnehin lieber als ich schreibe – Herr Gerning läßt sich dir bestens empfehlen – und freut sich einen Brief von dir zu erhalten. Lebe wohl! Gott! Schencke

uns eine fröhliche Zusammenkunft! Dieses wünschet
hertzlich

deine

treue Mutter
Goethe.

194. An Goethe

den 26ten Aprill 1793

Lieber Sohn! Ich erwarte dich mit großem Vergnügen. So nahe der Schauplatz des Krieges bey uns ist; so
ists so ruhig als wenn das große Werck am Ende der
Welt vor sich ginge – Lange währet es mit dem bedauerungs würdigen Maintz – Gott gebe nur daß es bald in
deusche Hände kommt – denn so lange das nicht ist;
so lange sind wir immer noch nicht gantz ohne Furcht.
Ohngeachtet die Stadt vorjetz wenig besetzt ist, so
habe ich doch von den wenigen noch mein theil, und
was das lustigste bey der Sache ist, einen Stock Frantzosen der kein Wort deusch kan – Er ist von den Emi-
grirten und bey der Preuschischen Arme Ingenier –
So lange der nun hir bleibt – bleibts auch mit Maintz
ruhig. Mündlich von all dem Specktackel ein mehreres. Lebe wohl! Es hoffet dich bald von Angesicht zu
sehen

deine

treue Mutter
Goethe.

N. S. Weil aber deine Vorsätze sich öffters wunderbahr verändern, und dir etwan dein Plann durch un-
vorhergesehene Zufälle vereitelt würde, so lasse mich
ja nicht vergeblich warten – so was kan ich durchaus
nicht vertragen.

195. An Großmann

den 27ten Aprill 1793

Werthgeschätzter Herr Gevatter!

Sie werden verzeihen daß ich Ihnen so lange die Antwort auf zwey Briefe schuldig geblieben bin – doch
liegt meine Entschuldigung in den gegenwärtigen Zeitläuften – seit dem 22ten October 1792 hatten wir andere
Dinge zu betreiben und zu besorgen als Briefe zu
schreiben, die erfordern /: wenigstens bey mir :/ ein
ruhigs Gemüth, wer aber bey zwey Milionen Brandschatzung – bey der starcken Einquartirung /: da ich
eine Stube vor mich vor Eßen – Trincken – Schlafen
und visiten guter Freunde nur übrig behalten habe:/
wer bey Einnahme der Stadt in Gefahr war sein Hauß
und Vermögen in die Luft fahren zu sehen – wer aus
Christlichem Mitleid den armen Blesirten und Gefan-
negen – Nahrung und Kleidung Stücke in die Spiethä-
ler und Gefängniße zu schicken hatte – wer bey allem
diesem wirr warr sich ruhig hinsetzen und Briefe schreiben konte der war geschickter wie ich – und noch biß
auf den heutigen Tag sind sind und können wir nicht
ruhig seyn – so lange das beklagungs würdige Maintz
nicht wieder in Deuschen Händen ist, dürfen wir noch
nicht gantz ohne Furcht seyn. Aus allem diesen erhelt
nun zur Gnüge daß uns die Lebendigen so viele Arbeit – Mühe, und Kosten verursachen daß wir an die
Toden nicht dencken können – Überhaubt mögte ich
mein Hertz /: über verewigung – großer Menschen –
durch Obelisken – Urnen u.d.g. :/ wohl einmahl ausschütten – aber nur nicht gegen Ihnen – denn da Sie
alle Briefe dieser art drucken laßen; so könte mir diese
Ehre ebenfals wiederfahren – welches mir dann keinen
kleinen ärger verursachen würde. Vor die übersen-

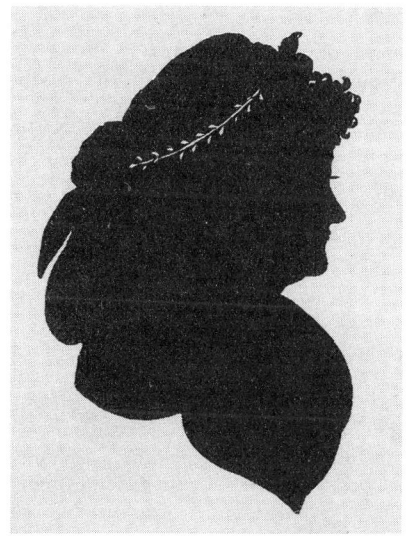

14. Catharina Elisabeth Goethe. Schattenriß 1805.

Aus allem diesen erhelt nun zur Gnüge daß uns die Lebendigen so viele Arbeit – Mühe, und Kosten verursachen daß wir an die Toden nicht dencken können.

dung der Tramatugischen Blätter dancke ergebens –
ich leße so was mit Vergnügen – da das Theater noch
biß dato mein liebstes Steckenpferd ist. Ich habe im
Jorick gelesen, daß das ein böser Wind wäre, der *nie-*
mand was gutes zuwehete – das gielt von unserm hiesigen Theater – das hat durch den Krieg diesen Winter
erstaunlich gewonnen – Der König von Preußen – die
Printzen – Genährle – kurtz alles war alle Abend im
Schauspiel worüber ich denn eine hertzinnigliche
Freude hatte und in denen Stunden alles übrige Leyd
so zimlich vergaße. Der guten Viala bin ich auch noch
eine Antwort schuldig!! Grüßen Sie Sie auf schönste
und beste von mir und versichern derselben die Fortdauer von meiner Freundschaft – Dieses nehmliche sagen Sie Ihrer Lieben Ehehälfte der Frau Gevatterin –
und zum beschluß Sich selbst. Ich bin wie vor Olim

Dero

Gute Freundin

Goethe.

196. An Goethe

den 14ten Juni 1793

Lieber Sohn! Der dumme Fuhrmann sagte er bringe
ein Kistgen, und bringt einen Kasten der $1^7/_8$ Centner
wiegt und 9f Fracht kostet. Die Maschine die drinnen
ist, ist nach der Meinung des Jägers den du geschickt
hast, eine Schlangen Spritze – die mag nun biß auf weitere Order bey mir liegen bleiben. Ich werde an dein
Liebgen schreiben – und den Brief an Herrn Mahler
Meyer /: Er heißt doch so?? :/ adresiren. Ich bin Gott
Lob wohl – Es grüßen dich alle Freunde – deßgleichen
thue auch ich – Lebe wohl!

deine

treue Mutter

G.

N. S. So wie ein Kistgen oder sonst was ankommt, so werde es öffnen und sind Bürgergenerahle drinnen, dir durch Herrn Bansa die verlangten 6 Exemplare zuschiken –

197. An Christiane Vulpius

den 20ten Juni 1793

Daß Ihnen die überschickten Sachen Freude gemacht haben, war mir sehr angenehm – tragen Sie dieselben als ein kleines Andencken von der Mutter deßjenigen den Sie Lieben und hochachten und der wircklich auch Liebe und hochachtung verdient. Zehn kurtze Tage war Er nur bey mir und seinen Freunden – wir lebten herrlich und vergnügt – und trösten uns auf seine Wiederkunft – und hoffen Ihn alsdann etwas länger zu genießen. Sie können nicht glauben wie lange uns die Zeit wird, biß Maintz wieder in deuschen Händen ist – denn so lange die Freiheits Männer es im Besitz haben, dürfen wir noch nicht Jubiliren – Doch Gott Lebt noch! und es kan alles beßer gehen als viele jetzt glauben –: Ein einziger Augenblick kan alles umgestalten: sagt Gevatter Wieland – und Gevatter Wieland hat recht. Verzeihen Sie daß Ihnen von Kriegs und Kriegs-geschrey so was vor tragire – wir sehen und hören aber Tag-täglich nichts als Bomppen – Kuglen – Pulver Wägen – Blesirte – Krancke – Gefangne u.d.g. Tag und besonders Nachts gehts Canoniren beynahe an einem fort – da ists nun freylich kein Wunder, daß im Reden und Schreiben imer von der Sache was heraus kommt – da mann freylich etwas beßeres und Intereßanterer reden und Schreiben könte und solte. Das soll auch jetzt sogleich geschehen – indem ich mich nach dem befinden des kleinen lieben Augst erkundigen will –

ich hoffe er ist Gesund und munter? sagen Sie ihm
wenn er hübsch geschickt wäre und das A.B.C. lernte;
so wollte ich ihm herrliches bon bon – und schöne
Spielsachen schicken. Nun Leben Sie wohl und vergnügt! Dieses wünscht von gantzem Hertzen

Ihre

Freundin
Goethe.

198. An Goethe

den 21ten Juni 1793

Lieber Sohn! Das verlangte Buch ist weder auf der
Biblitheck noch sonst zu haben – Freund Rieße hat
sich alle Mühe drum gegeben. Es sind ein paar Schu u
1 paar Pantoffeln mir von meinem Schuster überliefert
worden, die vermuthlich nach Weimar gehören – doch
ohne deine Order schicke ich sie nicht weg. Überbringer dieses bittet nochmahls um dein Vorwort bey Ihro
Durchlaucht dem Herrn Hertzog von Weimar. Ich
habe Eile – Lebe wohl! Behalte deine Mutter lieb, und
grüße Schlosser

G.

199. An Goethe

den 25ten Juni 1793

So eben erhalte von Herrn Unger 12 Exemplare vom
Bürgergenerahl – Davon sende dir auf dein Verlangen
6 – die übrigen werde aufheben, biß zu deiner Zurückkunft. Inliegender Brief ist von Weimar – ich habe ein
gutes Briefelein an dein Liebgen geschrieben – das Ihr
vermuthlich Freude machen wird. Mit der größten
Ungeduld warten wir auf den Fortgang der Belagerung
von Maintz – dencke es hat seit Samstags Frau Aja Feuer
1m Ofen!! Auch habe seit dem 23 Juni wieder Einquar-

tirung – einen krancken Hauptmann der von Hüffer
heist, und von Landau kommen ist, um sich hir Curi-
ren zu laßen – Er hat, eine Soldaten Frau bei sich, die
ihm in meiner Küche kocht – einen Bedienten und
Reitknecht – sind alle gar brave Leute die mit ihrem
Logie sehr zufrieden sind – und mich wenig incomodiren. Freylich thut ihnen auch das gute Essen, und die
weichen und reinlichen Betten überaus gut – Wenn
uns Gott nur den Winter Ruhe schenckt! Nun wollen
das beste hoffen! Lebe wohl! das ist der Wunsch

deiner

treuen Mutter
Goethe.

200. An Goethe

den 8ten Juli 1793

Lieber Sohn! Freund Rieße schickt dir hirbey die verlangten Zeitungen mit Bitte keine davon zu verliehren – auch muß du nicht übel deuten, daß die neusten
nicht dabey sind, indem die Lesegesellschaft ihrer noch
bedarf. Die Spritze ist an Fritz fortgeschickt – vermuthlich hat Er sie jetzt. Das mein Brief Freude gemacht
hat freut mich – wolte Gott ich könte alle Menschen
froh und glücklich machen, dann solte mir erst recht
wohl seyn. Schlosser läßt dich grüßen – und ich soll dir
die traurige Nachricht vom Tode seiner Julie melden
– das Mägchen thut mir sehr leid – es war gar ein liebes Geschöpf – Freuen würde es den gebeugten Mann,
wenn du Ihm einmahl ein paar Worte sagen woldest.
Briefe – das Gedicht u.s.w. soll alles wohl bestelt werden – einen Bürgergenerahl habe Willmern geliehen
der ihn noch nicht wieder gegeben hat – hir schicke
also die übrigen 5 Exemplare. Ich bin von der Hitze so
matt und unleidlich – daß *du* es seyn mußt – der mich

bewegen kan – eine Feder in die Hand zu nehmen.
Nach dem Lustspiel wird jetzt in allen Buchläden herum geschickt, ists zu haben; so komts hirmit – ists
nichts – so kan ich auch nicht helfen – Lebe wohl! Keine
Zeile mehr von

deiner

vor Hitze faulen und matten Mutter

G.

201. An Goethe

Lieber Sohn! Götzens unvermuthete Ankunft hat
mich sehr gefreut – Durch ihn übersende dir Nankinet
zu Beinkleider und Weste so gut als du ihn Ehlen weiß
nicht zu kaufen bekomst – nur darann muß du dich
nicht stossen, daß es ein überrock von mir war – wenn
alles gemacht ist – wirds ihm wohl niemand ansehn
was es vorher war. Den Zeug zu einem Unterbett und
zwey Pfühlen will sogleich besorgen und nebst dem
Taffel gedeck mit dem ersten Postwagen nach Weimar
schicken. Gott! Seegne dein Schwalbacher Wasser
trincken! nehme dich nur zur Abendzeit vor Verkältung in acht – den der Nordwind – so erquickend er ist
– macht gern Bauchgrimmen. Wegen der Zeitungen
soll ich dir noch sagen, daß einige Stücke fehlen –
gantz ohne Unordnung gehts in Rießens Lesegesellschaft /: ohngeachtet aller angewandten Mühe :/ doch
nicht her – Er läßt sich deßwegen entschuldigen. Die
Hitze ist beynahe unerträglich – wie mags erst bey
Euch seyn!! Lebe wohl! Behalte lieb –

deine
dich liebende Mutter
Goethe.

den 10ten Juli
1793

202. An Christiane Vulpius

den 11ten Juli 1793

Hir übersende 1 gantzes Stück Bettzwilch dieses gibt ein Unterbett und einen Pfühl – anbey folgt noch 2³/₄ Ehlen zum zweyten Pfühl – wünsche guten Gebrauch. Anbey kommt ein Taffelgedeck von 1 Taffeltuch und 12 Sevietten – ich hoffe es soll Ihnen allen wohl gefallen, weil es würcklich nach meiner Meinung sehr hübsch ist. Gestern war Götze aus dem Lager bey mir, und versicherte mich daß mein Sohn und alle übrigen gesund munter und vergnügt seyen – Es wird von den braven Deuschen eine Schantze nach der andern Erobert – und wir hoffen es soll mit Maintz bald zu Ende gehn – Götze hat mir versprochen so bald Maintz in deuschen Händen wäre auf Tod und Leben zu reiten, um mir die erste Nachricht davon zu bringen. Gott gebe daß es bald geschieht!! Leben Sie wohl! Grüßen das gantze Hauß von

Ihrer
ergebenen Dienerin
Goethe.

203. An Goethe

den 6ten September 1793

Lieber Sohn! Die Briefe und Commisiohnen – die dein letzer Brief enthielt habe besorgt. Die Meße ist gläntzender als in vielen Jahren – das Schauspiel befindet sich gut dabey – die Zauberflöthe ist bezahlt. Übrigens geht alles seinen alten Gang fort. Mit Herrn Stock welcher sich dir bestens empfehlen läßt – habe über alles das bewußte geredet – Er will die Sache mit betreiben helfen – aber übereilen wollen wir solche Haupstücke nicht. Nach der Meße wird der Catalog von den Büchern verfertigt. Es wird hoffentlich alles

gut gehen – Gott! laße mich nur gesund – denn dieses
alles ist mit großer Unruhe verbunden. Wollen das
beste hoffen – von allem wird dir Nachricht geben

                    deine
                                    treue Mutter
                                    Goethe.

204. An Goethe

                    den 10ten September 1793

Lieber Sohn! Habe die Güte innliegenden Brief an
seine Behördte abzugeben. Wie ich der Frau Gräfin
von Guttenhofen ihr Banquier geworden bin, das mag
der Schutzpatron von Maintz wißen ich weiß es wenigstens nicht. Wenn Sie mir aber nicht auf eine oder die
andre art ein $^1/_4$ procent in die Ficke wirft; so dancke
vor Ihre Kundschaft. Lebe wohl! diß wünscht

                    deine
                                    treue Mutter
                                    Goethe.

205. An Bertuch

                    Franckfurth d 10$^{\underline{ten}}$ Septem 1793

Ein Auftrag von der Frau Gräfin von Guttenhofen
verschaft mir die Ehre Ew. Wohlgebohr: gegenwärtiges zu übersenden – und gibt mir sogleich Gelegenheit mich bey Ihnen vor die bißherige gütigst über-
sendtete Modenjournahle /: die ich jederzeit mit Vergnügen leße :/ auf beste und Freundschaftlichste zu bedancken – Ich würde mich glücklich schätzen wenn
ich im stande wäre Ew. Wohlgebohr: angenehme Ge-
gendinste erweißen zu können. Nun habe die Ehre
Ihnen noch zu melden, daß oben genandte Frau Gräfin mir heut dato 100 Carolin in großenthalern sage
Einhundtert Carolin an Ew. Wohlgebor: hat übermachen laßen – und ich nun Dero Order erwarte – wie

und auf welche art – Sie dieses Geld überkommen wollen. Ich erwarte darüber Dero gütige Anweißung und verharre

Derosellben

gehorsambste Dienerin
Elisabetha Goethe.

206. An Goethe

den 31. September [1. Oktober] 1793

Lieber Sohn! Ich hoffe daß du glücklich in deiner Heimat angelangt bist – Hir kommt ein Brief – auch ist mit dem Freytägigen Postwagen ein Pack Musick an dich abgegangen. Mit meinem Befinden gehts etwas besser. Neues pasirt gar wenig – das Schachern Handlen und Verkaufen – ist jetzt mein einziger Gedancke – Von allem solst du Nachricht haben. Lebe wohl! Grüße dein gantzes Hauß, von deiner

treuen Mutter
Goethe.

207. An Goethe

den 9ten November 1793

Lieber Sohn! Das beykommende Anliegen des unterstützung bedürfigen jungen Menschen empfehle dir bestens – die Armuth macht ihn so schüchtern daß er einem Jammert – kanst du was zur Erleichterung /: durch Verschafung des Freytisches :/* beytragen; so thuts du ein wahres gutes Werck. Hercules misttete einmahl einen Stall aus, und wurde vergöttert – gemistest habe ich – aber mit der Vergötterung wils noch nicht so recht fort. Drey Centner Papier habe durchsucht – das wenige nützliche /: wovon du in einem

* Der junge Mensch kommt erst auf Ostern und studirt Theologie.

Kästlein auch etwas erhalten haben wirst :/ habe bey-
behalten – das andre auf die Papirmühle verkauft – Die
zwey Böden, und der 3$\underline{te}$ Stock sind nun von allem un-
nützen ammeblement gereinigt – das alte Holtz-
werck das gar nicht zu brauchen war ist zum verbrennen klein gemacht worden – die andern noch brauchbahre Sachen habe in einen öfendlichen Ausruf gethann weiß aber noch nicht was draus gelößt worden
ist. Mit Verkaufung des Haußes wirds so gehalten:
Erstlich wird Schlossers Ankunft erwartet um auch
mit Ihm drüber zu reden – Zweytens muß ich *vor*
allen Dingen meinem Stand und Würden gemäß ein
Logie haben – daß ich mich in meinen Letzten Lebens
Jahren nicht zu guterletzt herunter setze. Denn im
5$\underline{ten}$ Act soll ablaudirt und nicht gepfeiffen werden –
mit Gogel ists nichts der nimbt niemand – Doch habe
meine Lauerer aufgestelt – die werden schon was auftreiben. Drittens nach Schlossers Abreiße – laße unter
Herrn Stocks Anleitung einen verschwiegenen Zimer-
meister das Hauß so ohngefähr schätzen – und Schätzung und das weitere soll du sogleich erfahren. Deßgleichen mit den Weinen. Aergerlich ist mirs daß der
Mann der den Catalogus der Bücher machen soll und
will so viel zu thun hat, daß der Anfang noch nicht hat
gemacht werden können – denn die schöne Witterung
wäre dazu sehr dienlich geweßen – Nun muß ich
Odem holen – denn mir ist noch immer als säße ich
auf dem obern Boden und hätte die 3 Centner Papire
um und neben mir, 14 Tage habe daran ausgesucht –
O! das war eine verwünschte Arbeit – jedes noch so
unbedeutende päckgen, war mit Cordel umbunden –
nun das alle aufzumachen!!!

Viele Grüße von allen Freunden – besonders der
Sopfie Bethmann – Der König war wieder 3 Tage hir –

und freundlicher und liebreicher wie jemahls! Den
Confect wirst du doch wohl erhalten haben?

Neues gibts hir nichts, als daß die Zauberflöte 18
mahl ist gegeben worden – und daß das Hauß immer
geproft voll war – kein Mensch will von sich sagen
laßen – er hätte sie nicht gesehn – alle Handwercker –
gärtner – ja gar die Sachsenhäußer – deren ihre Jungen
die Affen und Löwen machen gehen hinein so ein
Specktackel hat mann hir noch nicht erlebt – das Hauß
muß jedesmahl schon vor 4 uhr auf seyn – und mit
alledem müßen immer einige hunderte wieder zurück die keinen Platz bekommen können – das hat
Geld eingetragen! Der König hat vor die 3 mahl als Er
das letzte mahl hir war, und nur die einzige kleine
Loge von Willmer innehatte 100 Carolin bezahlt.

Gerning hat mir deinen Brief überbracht – und 4 Carolin – 3 davon sind noch in meiner Hand worüber du
disponieren kanst. Die Castanien sind besorgt – aber
unter 14 Tagen kanst ich sie nicht schicken die Croneburger Frau will mir die schönsten /: die vorjetzt noch
in den Hülssen sind :/ aussuchen – auch die Brunellen
will besorgen. Bey aussuchung der Papire wovon dir
eintheil hirmit zugeschickt wird – habe seelige Stunden gehabt – ich war dabey 25 Jahre jünger – ich
wünsche dir eine gleiche Freude. Heute als den 24ten
October erwarte ich Schlosser da soll viel geredet werden, und das Resultat solst du erfahren. Schlosser war
hir und hat den Plann mit dem Hauß und den Weinen
sogleich gebiligt – nun werde sachte vorwärtzt gehn –
Da Gerning immer noch hir bleibt so werde diesen
Brief nicht schließen – villeicht kan ich noch eins und
das andre melden. Dem Himmel sey Danck! Endlich
ist der Mann erschienen, der den Catalog der Bücher
macht – heute ist der 3te Tag da er mit beschäftigt ist.

Die Cast[a]nien werde zwischen die Betten packen
und dir so bald ein Fuhrmann da ist zuschicken – denn
ich hoffe daß wir im punct der Einquartirung diesen
Winter zimmlich ruhig seyn werden. Vergeße der
Stockin ihre Tablo nicht in Ordnung zu bringen. Da
Gerning Morgen verreißt – so sage dir nur noch in gutem Andencken zu behalten

deine
treue Mutter
Goethe.

208. An Goethe

den 19<u>ten</u> Decemb. 1793

Lieber Sohn! Schon längst würde ich deine Briefe
beantwortet haben – wenn ich nicht gehoft hätte dir
von unsern Verkauf Speculationen nähre Nachricht
mittheilen zu können – jetzt vernim wie die Sachen
stehen. Lippold ist mit dem Abschreiben des Bücher
Catalogs biß auf den heutigen Tag noch nicht fertig –
freylich sinds 1693 Stück – und da er sonst viel zu thun
hat; er ihn auch des verschickens wegen sehr sauber
auf Postpapir schreibt – und die Tage kurtz sind – und
er sein einziges Auge /: am andern ist er lange blind :/
bey Licht schonen muß; so gehts etwas langsam, doch
das meiste ist gethann – und bald wird er in deinen
Händen seyn. Herr Gogel hat die Weine probirt – hat
davor 7500 f gebothen. Da aber eine Schwalbe keinen
Sommer macht, und ich immer hofe noch mehr zu bekommen – so werden sie noch vor den Feyertagen von
Herrn Peter Dorville probirt werden – hernach
kommt die Reihe an Herrn Dick im Rothen Hauß –
mann kan ja jedem seine Meinung hören – und doch
thun was mann will. Die versprochne 1000 f bekomst
du auf allerspästte anfang Mertz – solte es mit den
Weinen voran gehen so bekomst dus den Augenblick –

Noch hat sich kein schicklich quartir vor Frau Aja
presendtirt – es wird sich schon geben – wenigstens
habe /: wenn die Bibliothek und die Weine einmahl
fort sind :/ mir das Ausziehen sehr erleichtert – Die
Boden – die Vorplätze sind von den alten zum theil
Wurmstichigen Möbel befreit – ich habe 250 f davor gelößt – und ich dancke dir, daß du mir den ersten Gedancken dazu eingegeben hast. Dem kleinen Mädelein
seine Rolle war kurtz – Gott! Erhalt dich und was
noch übrig ist. Ohne Zweifel wirst du schon erfahren
haben, daß die Max Brentano so geschwind aus der
Welt gegangen ist – das war ein harter Schlag – vor
Brentano u seine 12 Kinder – auch Mama laroche ist zu
beklagen. Der Centner vom besten Reiß 109 ℔ kostest
11$^1/_2$ thaler. Hirbey kommt auch die Rechnung von der
Straßen Laterne – Herr Handelsmann Nicolaus
Schmidt auf dem Liebfrauenberg hat sie besorgt und
wird sich ein Vergnügen machen, auch Weimar damit
zu verschönern. Viele Grüße an Herrn Gerning – Vom
September – October – November – und December
erbitte mir die Modenjournahle – auch was vom Mercur vor mich parat liegt. Lebe wohl! Grüße dein
gantzes Hauß von deiner

                              treuen Mutter
                              Goethe.

209. An Goethe

                              den 23ten Decemb. 1793

Lieber Sohn! Alles was ich dir zu gefallen thun kan,
geschieht gern und macht mir selbst Freude – aber
eine solche jnfame Mordmaschine zu kaufen – das
thue ich um keinen preiß – wäre ich Obrigkeit die Verfertiger hätten an Halseißen gemußt – und die Maschine hätte ich durch den Schinder offendtlich verbrennen laßen – was! die Jugendt mit so etwas

abscheuliches spielen zu laßen – ihnen Mord und
Blutvergießen als einen Zeitvertreib in die Hände geben – nein da wird nichts draus. Hirbey kommt ein
stück von unserm Anzeigblättgen da sehe und sey
Stoltz daß du ein Franckfurter Burger bist. Wöchendt-
lich sind schon 3000 f beysammen die jede Woche biß
zum ersten Mertz vor Lebens mittel vor unsere Brüder die Braven Deuschen bestimmt sind. Das heiße
ich doch deusches Blut in den Adern haben. Unsere
Kaufmans Söhne aus den ersten Häußern – tragen alle
Unniformen und sind mit den geringsten Schuster
und Schneider einverstanden ihrer Vaterstadt im fall
der Noth beyzustehn – unsere Brave Sachsenhäußer
sind aufs Quartir amt gegangen – und haben gebethen
wann Truppen zum Einquartiren kämen; so möchte
mann sie ihnen geben. Leute die ein stübgen – und
gröstentheils unbemittelt sind – unsere Metzger haben
fast keine Hembter mehr – sie haben sie alle in die
Hostpitäler getragen – und das alles aus gutem Hertzen
und freyem Willen – es ist niemand eingefallen ihnen
so was zuzumuthen – nun verwunder mann sich noch
daß Franckfurth reich wird – grünt und blüht – Gott
muß ja das belohnen! Jetzt genung von meinen braven Landsleuten – wogegen sich alle andre Reichs-
städte verkriechen müßen. Die Schachtel mit dem langen Brief und dem bon bon wirst du nun haben. Lebe
wohl! Ich bin

deine treue deusche Mutter
Goethe.

N. S. Sage Götzen was der Heilige Christ nicht gethan
hätte, sollte der Neujahrsmann thun – vor Spielsachen
– sonst brächte der Heilige Christ nichts – da wäre er
zu groß.

Kaum hatte ich meinem Vaterländischen pradiodißmuß Luft gemacht, als dein Lieber Brief ankam, auf
den ich mit ein paar Worte noch antworten will. Daß
große Freude über die Rückkunft des durchlauchtigsten Herzogs bey Euch allen ist, das ist nun kein Wunder – da sich gantz Franckfurth freute ihn wieder gesund und wohl zu sehen – Ich war leider dißmahl nicht
so glücklich. Ich hoffe doch nicht daß ich in Ungenade
bin, das wäre mir unerträglich – auch wüßte ich nicht
wodurch ichs verschuldet hätte. Daß meine Prinßes-
sinnen meiner gedacht haben freut mich – daß es
Ihnen wohl und glücklich gehen mögte ist mein hei-
sester Wunsch. Du wirst Stocks eine große Freude mit
den Fächern bereiten – vor die Mühe dancke einstweilen – aber Sie verdienen auch, den Stock gibt sich viele
Mühe mit meinem treiben und verkaufen – und ist
ein treuer und verschwiegner Rathgeber. Daß Gerning froh und frölig ist, das glaub ich gern – Seine
Mutter besuchte mich gestern – und empfahl ihn auf
beste deiner Freundschaft. Daß der gute Bode todt –
thut mir leid – wir haben manchen Spaß miteinander
gehabt – Herrn Crunelius werde sogleich bezahlen –
und wegen dem schuldig seyn sey ohne Sorgen – ich
bin dir laut meines Versprechens mehr schuldig als du
mir – aber mein Brief den du jetzt in Händen hast,
wird dich über alles belehrt haben. Noch einmahl Lebe
wohl!

210. An Goethe

den 7ten Jenner 1794.

Lieber Sohn! In meinem Leben habe ich noch nie so
heis und inbrünstig gewünscht – Weine – Hauß – Bibliothe u.s.w. loß zu werden wie jetzt – wie kan ich weg

15. Das älteste Bild vom Goethehaus am großen
Hirschgraben. Stich von etwa 1825.

In meinem Leben habe ich noch nie so heis und inbrünstig
gewünscht – Weine – Hauß – Bibliothe u.s.w. loß zu werden
wie jetzt.

da mir das alles noch auf dem Rücken liegt – und in
denen Trublen denckt kein Mensch an Kauf oder Han-
del – erlößt uns Gott von den Feinden – daß nichts
mehr zu fürchten ist – dann ruhe – dann raste ich
nicht – biß ich der Sorge loß bin – jetzt höre auch meinen Plann – alles was aus Hauß – Wein – Bibliotheck –
gelößt wird theile ich in zwey theile einen bekömst du
– um ihn anzulegen wie dirs nützlich und gut deucht –
nur die Intereßen muß du mir geben – denn da ich
hernach kein Hauß habe, so muß ich im Zinß wohnen
– da ich keine Weine /: denn die geringen müßen
auch fort – auch der Garten wenigstens mache ich
keinen Herbst mehr sondern verkaufe die Trauben
am Stock :/ mehr habe, so muß ich doch auch zu meinem Gebrauch welchen kaufen – Schlosser bekomt auf
die nehmliche Condition die andre hälfte – Sterbe ich
so hat jeder doch schon etwas im Besitz – die Capitalien
die hir angelegt sind – bleiben vor der Hand – und sind
bald getheilt – Mitalledem, daß mir die Last den Rük-
ken drück, werde ich doch weder schnell, noch un-
überlegt verfahren, dir und Schlosser von allem Bericht
erstatten und ohne Euren Rath und Willen nichts
thun – 5 Stück alte Weine sind vorhanden 2 Stück von
1706, 1 Stück von 1719, 2 Stück von 1726 – die 3 ersten
sind die besten, doch muß alles miteinander gehn –
3 Stück von unserm Garten von 47 der aber schlecht ist,
1 Stück 88 u 89 halb und halb – u 1 Stück allerley jahrgänge durcheinander – den seit 10 Jahren gabs keinen
gantzen Herbst – bald 2 Ohm – bald 1 Ohm u.s.w.
Vertheilt nutzen sie nichts – ich habe sie also zusammen schmeißen laßen. Meinem Bendermeister der
brav ist habe ich 100 f versprochen – wenn er sie gut
anbrächte – das würde er auch schon gethann sich
wenigsten alle Mühe gegeben haben, wenn die Deu-

schen sich nicht so hätten jagen laßen – und wir jetzt
die Bescherung wieder so nahe hätten. Wenn ich
10000 f vor den gantzen Keller kriege, so hätte groß
Lust sie weg zu geben – wollen sehn – aber fort müßen
sie. Vor dein gütiges Anerbieten mich aufzunehmen
dancke dir – aber alles im Stiche laßen!! Wie würden
sie haußen wenn sie ein lehr Hauß antrefen! Vor der
Hand habe ich noch guten Muth – Einmahl glaube ich
steif und fest sie kommen nicht wieder zu uns – und
dann habe ich glauben an Gott – der hat auch bey der
Sache noch was zu sagen. Aber unsere Madatores sol-
test du sehen! Bey all dem Unglück muß mann lachen – und die hohe Nobeleße!! Aber ein prächtiger
Feldzug war das einmahl wieder – das muß wahr seyn
– sehen und hören verleidet einem – und unsere Stadt
da wimelts von Blesi[r]ten – ich soll auch einen Leutnant nebst Feldchirugius und 2 bedinten empfahen –
der arme Mensch ist durch die Brust geschoßen – ich
habe noch was darüber sagen wollen, aber ich mag
nicht. Herr Doctor Behrends mein Leibmedicus läßt
sich dir gehorsambst empfehlen, und fragt an, ob im
Fall der Noth es erlaubt seye – seine Frau und die
kleinsten Kinder nach Weimar zu spediren – Er verlangt weiter nichts – als daß sie vor ihr Geld dort leben
dürften nur mögte er wißen – ob mann so gerade zu
kommen könte, oder ob der Herr Hertzog Durchlaucht – oder die Regirung darum ersucht werden
müßte. Er bittet deßwegen sehr mir in ein paar Zeilen
Auskunft darüber zu ertheilen. Und daß es bald geschehen muß versteht sich – Eben so gern möchte ich
wißen, ob mein Plan dir so gefält – denn da es vor der
Hand nichts als Plan ist; so kans noch nach Gutbefin-
den alles geändert werden. Lieber Sohn! Zum Fort-
gehn habe ich keine Lust – auch versichern uns alle

Officire daß wir gar nicht zu fürchten hätten – auch
ohne diese Versicherungen sind wir seit ein paar Tagen
wieder ruhiger – indem Hülfe von allen Orten zu unserer Sicherheit ankommen soll – Gott! verläßt uns
nicht das bin ich fest überzeugt – Unterdeßen dancke
ich dir vor deine Liebe und Sorgfalt. Sey doch so gut
und trage Götzen auf, mir die schon im vorigen Brief
verlangte Modenjournahle und Mercure zu übersenden. Der treue Schildknapp wird doch mein kleines
Neujahrs Geschenck erhalten haben? Grüße Herrn
Gerning, und dancke ihm vor das mir überschickte
herrliche presendt. Viele Grüße und Küße an dein
gantzes Hauß von

deiner

treuen Mutter
Goethe.

N.S. Der Hollendische Gesandte Baron von Kinckel
empfiehlt sich dir auf beste – Auch Frau Schmerber
und *Demoiselle.*

211. An Goethe

den 13ten Jenner 1794

Lieber Sohn! Nun wirst du meinen langen Brief vom
7ten Jenner erhalten – und meine Meinung daraus zur
Gnüge ersehen haben. Vor deinen lieben Brief vom
8ten Jenner worinn du mir deine Hülfe zu meinem fortreißen so hertzlich und Liebevoll anbietest – dancke
ich dir recht von Hertzens grund. Ich habe noch zur
Zeit nicht die geringste Furcht – eben so wenig dencke
ich ans Weggehen – Ein panischer Schrecken hat sich
freylich über gantz Franckfurth verbreitet – und es
wäre kein Wunder wenn mann mit dem Strudel fort-

gerißen würde – Furcht steckt an wie der Schnupfen –
ich hüte mich daher so viel ich kan den Memmen aus-
zuweichen – um mir den Kopf nicht auch verdrehen
zu laßen – doch ist das sehr schwer zu vermeiden – den
es ist ein Gemeinplatz wo /: wie bey Feuer Unglück :/
jede Ganß und jeder Strohkopf sein Scherflein wischi
waschi anbringen kan – und wie ein Kind dem die
Amme ein Gespenster Mährgen erzählt hat sich vor
dem weißen Tuch an der Wand entsetzt – gerade so
gehts bey uns – Sie glauben /: wenns nur recht fürchterlich klingt wahrscheinlich oder nicht das wird nicht
mit kaltem Blut untersucht – das ist alles eins, je toller
je glaubwürdiger :/ *alles*. Zum beweiß nur /: unter Tausendt :/ ein Geschichgen. Den 3 Jenner kommt Abens
um 7 uhr Frau Elise Bethmann im Nachthabit, außer
Odem zu mir gerent – Räthin! liebe Räthin! Ich muß
dich doch von der großen Gefahr benachrichtigen die
Feinde bompardiren Mannheim mit glühenden Kuglen – der Commandant hat gesagt, länger als 3 Tage
könte er sich nicht halten u. d. m. Ich bliebe gantz gelaßen – und sagte eben so kalt – wie machen sies dann
daß sie Mannheim beschießen können – sie haben ja
keine Batterien schießen sie dann vom flachen Ufer
hinüber – da werden ja die Kuglen biß sie über den
breiten Reihn kommen wieder kalt – und was der
Commandandt zu thun gedenckt, wird er schwerlich
austrommlen laßen – woher weiß denn das euer Co-
reßpondtend – schreibe du ihm, er wäre ein Haßen-
fuß – So ein Gerücht verbreitet sich nun, und da die
Bethmanns als gewaltige Leute bekandt sind, so
glaubt alles sie habens aus der ersten Quelle – da
dancke ich nun Gott, daß ich so viel Verstand habe das
trierum trarum nicht zu glauben – und das lustigste
ist, das sie alle gute Nachrichten nicht glauben – Die

Obrigkeit hat den Senator Luther an den Herzog von
Braunschweig – den Kaufmann Jordis an Generahl
Wurmser abgeschickt um von der Lage der Sachen
Gewißheit zu erfahren – Beyde kamen mit den besten
Nachrichten und Versicherungen zu rück – das hielft
aber alles nichts – sie wollen sich nun einmahl fürchten – sie wollen nun ohne Brandschatzung doch Brandschatzung geben – denn glaubst du wohl daß die
Transportirung der hir gelegenen Wahren schon eine
Milion f fortzuschafen gekostest hat! Aber so was hat
mann auch sehen müßen um es zu glauben! Der Roßmarckt wo alles gewogen werden muß, ist doch ein
großer Platz – aber da war vor Fuhren keine Möglichkeit durchzukommen – und das nicht etwann einen
Tag, nein, vom ersten Rückmarsch der Deuschen biß
auf den Augenblick wo ich schreibe. Da sind 10 Meßen
Kinderspiele dagegen. Vorgestern ist mein Nachbar
Dübari mit Frau und 6 Kinder auch auf und davon.
Ich wolte nur daß alle feige Memmen fort gingen, so
steckten sie die andern nicht an. All das Zeug und
wirr warr hat mir nun Gott! sey Danck noch keine
trübe Stunde gemacht – ich schlafe meine 8 Stunden
nett hinweg – eße und trincke was manirlich ist –
halte meine Montag Commpanie auch die ditto Sontag in Ordnung – und welches das beste ist, befinde
mich wohl. Den plesirten Leutnant habe ich nicht bekommen, davor aber einen Preußischen Obristen
nahmens Jungherrn mit 4 seiner Leute – die glauben
nun wenigstens im Paradieß zu seyn – Aber was die
auch freßen!! die waren so ausgehungert daß es ein
jammer war! Gestern ließe ich ihnen einen Schweinebraten zu Tische tragen – das war dir eine Königliche
pläsir. Ich bin nicht gern überbringerin bößer neuigkeiten – also wenn Gerning noch bey dir ist; so sage

ihm folgendes nicht – seine Mutter ist vermuthlich
auch aus Angst über die gegenwärtige Zeitläufte –
Närisch geworden – will nach Italien zu ihrem Sohn
u. d. m. Vergeße die Antwort die Doctor Behrends begert nicht – und noch einmahl sagt dir vor deine Liebe
und Aufmercksamkeit vor mein Wohl den besten
Danck

deine

treue Mutter
Goethe.

N. S. glaube nicht alles was von hir geschnackt wird –
es sind viel feurige kuglen von der Bethmann drunter.

212. An Goethe

den 21ten Jenner 1794

Lieber Sohn! dein letzter Brief hat mir einige Unruhe verursacht – die Sache ist von zu großer Wichtig-
keit um nicht reiflich überlegt, und verlohnt der
Mühe daß mann sie von mehr als einer Seite betrachtet. Nach meiner Einsicht steckts du dich in eine un-
übersehbahre Last! Wäre unser Hauß wircklich verkauft, so wäre die Sache noch ehnder thulich, denn
Schlosser würde keine Einwendungen machen – kann
mann denn aber in den jetzigen Zeitläuften nur die
minstete Hoffnung zum baldigen Verkauf haben – ist
nur einige Wahrscheinlichkeit da um zu glauben, daß
dieser kommende Feldzug der letzte seyn wird – und
wer wird in diesen Trubelen ans Kaufen dencken!
Nun überlege! Du bist also genöthig da du kein Geld
hast 45000 rth. zu verintreßiren – und Gott weiß wie
lange zu verintreßiren – kanst du mir denn den Ausgang dieses leidigen Kriegs sagen – weiß du denn ob

uns unsere Besitzthümer bleiben? daß du Güter zum
voraus drauf kaufen wilsts – verkaufe doch die Haut
nicht biß du den Bären hast. Ich bin ruhig und in völli-
gem Zutrauen zu Gott daß alles gut gehen wird – aber
die Zeit und wann ja das weiß ich nicht – und wenn ich
dich in oben gesagter Verlegenheit wüßte, das würde
mich mehr ängstigen, als alle ohne Hoßen in gantz
Franckreich. Thue jetzt was und wie du es vor gut
finstest – mein Versprechen halte ich – das zu lößende
Geld aus dem Hauß soll du auch alleine haben – mehr
kann ich nicht sagen: Nur noch eins – Das Gut scheint
mir zu groß vor dich – du bist kein Landmann – hast
andre Lieblings Beschäftigungen – wirst leicht zu be-
vortheilen seyn u.s.w. und wenn du denn ein Gut haben wilst – muß es den eins um so einen enormen preiß
seyn. Wie du hir warst, so sprachst du von einem von
viel geringerem Gehalt – aber 45000 rth!! da wurde
mir ganz schwindlich vor den Augen. Noch einmahl –
thue was du wilst – nur ängstige mich nach geschenen
Sachen nicht – auch mit den 3 procent will ich zufrieden seyn – Ich will ja alles thun, was ich kan und vermag, nur mögte meine paar Jahre noch ruhig durch-
leben – das ist das einzige was begehrt und verlangt

deine

treue Mutter
Goethe.

N. S. Dancke dem braven Götze vor sein Anerbieten
– und vor das überschickte Modenjournahl.

213. An Goethe

den 6ten Februar 1794

Lieber Sohn! Hier erscheint endlich der Catalogus –
gefält dir die Einrichtung so soll er so gedruckt wer-

den – nur eins halte ich vor nicht gantz schicklich –
nehmlich daß des Vaters nahmen vorgedruckt wird –
es braucht ja niemand zu wißen von wem die Bücher
sind – und der Nahme thut zur Güte der Bücher nichts
– ich ließe ihn also weg – nicht allein über dießes sondern überhaupt erwarte dein Urtheil. Suche dir nun
aus was dir etwann nützlich deucht – alsdenn soll
ihn Schlosser auch bekommen – schicke ihn zu dem
Ende bald zurück. Gleich zu Anfang des Mertzens kans
du die versprochne 1000 f haben – sollen sie so wie schon
geschehen an Herrn Bansa ausgezahlt – und dir hernach durch Herrn Streüber übermacht werden? auch
darüber erbitte mir deine Meinung. Mit dem andern
Verkauf ist jetzt alles wie leicht zu dencken ist still –
doch hat sich ein neuer Liebhaber zu den Weinen gemeldet – Er wird sie villeicht die andre woche probiren – den Erfolg solst du sogleich erfahren – es ist
Herr Dick im Rothenhauß – Wegen der Gemählde ist
mir eingefallen, ob ich nicht sie Herrn Nothnagel an
bieten solte – ich wolte 100 Carolin davor fordern –
mann könte ja hören was er dazu sagte – übereilen
werde nichts – auch nichts vor mich thun – sondern
deine Meinung vor allen Dingen hören – ohngeachtet
die Zeitläufte so beschaffen sind, daß mir des Diogines
sein Faß am liebsten wäre – ich wolte es schon rollen!!
Wir haben wieder Winterquartire die Hüll und die
Füll! 3 Battalion Preuschisch Garde – so viele plesirte
und Krancke – daß die Obrigkeit genöthigt war vorige
woche doppelte Einquartirung ankündigen zu laßen –
Wollen sehen wie wir uns durchdrücken – nur das
Holtz ist eine theure Speculation – du hast gesehen
wie gut ich mich versehen hatte zwey Jahre hätte ich
vor mich dran gehabt – aber! aber! das marschirt –
mein krancker Obrister geht wie nathürlich nicht vor

die Haußthüre – also wird den gantzen Tag eingeheitzt
– bekomme ich nun noch einen – dann wirds schön
werden – Was das alles am Ende noch werden soll –
das weiß glaube ich der größte politicker nicht – genung wir sind in einem wirr warr – der nicht ärger
seyn kan – Laßen wir das Ding gehen wie es kan –
ängstigen uns nicht vor der Zeit – bringen unsere Tage
so vergnügt zu als wir können – denn wir können dem
Rad des Schicksahls doch /: ohne zerschmettert zu
werden :/ nicht in die Speichen greifen u.s.w. Dencke!
vorige Woche ist die Zauberflöthe zum 24ten mahl bey
voll gepropftem Hauße gegeben worden, und hat
schon 22000 f eingetragen! Wie ist sie denn bey Euch
executirt worden? machens eure Affen auch so brav,
wie unsere Sachsenhäußer? Jetzt will ich einpacken,
damit die Geschichte Morgen bey Tages anbruch fort
gehen kan – Lebe wohl! Grüße alles in deinem Hauße –
auch den braven Götze von

deiner

treuen Mutter
Goethe.

N.S. Hast du meinen letzten Brief wegen des Guts
behertzigt? ich möchte eben nicht gern eine Last auf
deinem Halsse wißen – das würde mich sehr drük-
ken.

214. An Goethe

den 9ten Mertz 1794

Lieber Sohn! Hir kommt das Türckische Korn
wünsche daß es wohl gerathen und gedeihen mögte.
Ich habe so ein drängen so ein treiben in meinem in-
neren – die Gedancken und Ideen jagen sich so unter-

einander – wie die Knaben wenn sie Jägers spielen!
Sie dir alle zu erzählen würde mich im Schreiben, dich
im Lesen ermüden – 14 Tage erwarte ich schon einen
braven von Freund Stock mir vorgeschlagenen Werck-
meister – der mein Wohnhauß von untenan, biß oben
aus besichtigen und aldenn sagen soll was es ungefähr
werth seye – ehe das geschehen ist – habe ich keine feste
Gewißheit im fordern – 20000 f hat es der Vater mit
sambt den Möbeln ehedem geschätzt – wollen hören
was der Mann sagen wird – ja wenn die Ohnehoßen
wieder zu Hauße wären – das wäre freylich ein ander
Ding – Verschleudern thue ich es nun gewiß nicht
– und den gantzen Verlauf solst du erfahren – die
Gebrüder Thurneißen haben das große Hauß dem
Braunenfelß gegenüber das dem Adlichen Hauß
Frauenstein gehört – gantz /: der Meßläden wegen :/
gemithet – Thurneiß hat mir eine Wohnung darinnen
angebothen – ich liebe aber die Lage nicht – der Roßmarck oder die Gegend der Hauptwache muß es seyn –
So eine art von Hoffnung habe ich – in dieser mir so
sehr am Hertzen liegende Gegend meine noch übrigen
Tage zu verleben – aber die Sache ist noch im brühen –
und nicht gantz klahr – Summa Summarum es ist
eben noch nichts im klahren – müßen es mit Gedult
erwarten – biß sichs aufklährt. Übrigens befinde ich
mich wohl – habe biß auf den heutigen Tag – meinen
alten krancken Obersten noch im Hauß müßen eben
froh seyn daß es nicht ärger ist – doch mir gefallen so
wenig wie dem Eulenspiegel die großen Glücksfälle –
wenn mann ein Bein bricht – ists ein großes Glück –
das es der Hals nicht war u.s.w. Lebe wohl! Ich schreibe
bei Licht – und das amusirt mich nicht – bald ein
mehreres von deiner

                                    treuen Mutter.

N.S. muß auch noch Nachtlichter vor heute – vor den krancken Hermann machen.

215. An J.G.Schlosser

[Anfang März 1794.]

Lieber Sohn! alle Eure Pläne und Vorhaben kann ich mit vollem Zutrauen unterschreiben und eben so, was Ihr für Eure Kinder beschließet: denn wo hatten je Kinder einen bessern Vater, als die Euren?

216. An Louise Schlosser

Den 24$^{\underline{ten}}$ Mertz 1794

Liebe Louise!

Sieht du nun wie Gott gute Kinder schon hir belohnt – ist deine Heyrath nicht beynahe ein Wunderwerck – und daß sich alles so schicken muß, daß deine Lieben Eltern und Geschwister nun mit dir gehen – das würde doch nicht so leicht gegangen seyn, wäre kein Krieg ins Land gekommen – mercke dir das auf dein gantzes Leben – der Gott der dem Abraham aus Steinen Kinder erwecken kan, kan auch alles was wir mit unsern blöden Augen vor Unglück ansehen zu unserm besten wenden. Nun Liebe Louise du einzige die mir von einer theuren und ewig geliebten Tochter übriggeblieben ist – Gott seegne dich! Sey die treue Gefährtin deines zukünfigen braven Mannes – mache Ihm das Leben so froh und glücklich als nur in deinem Vermögen steht – Sey eine gute Gattin und deusche Haußfrau; so wird deine innre Ruhe, den Frieden deiner Seele nichts stöhren können – Behalte auch in der weiteren

Entfernung deine Großmutter lieb – mein Seegen begleite dich wo du bist – und ich bin immer

deine

treue Großmutter

Goethe.

N.S. Grüße Nette und Mutter und sage der letzten,
daß ich ehestens auch an Sie schreiben würde aber
doch nicht ehnder als biß ich von der Gerockischen Sache etwas Zuverläßiges sagen könte. Den Brief an deinen Bräutigam schließe offen bey – damit ihr ihn leßen
könt auch weiß ich nicht wohin ich ihn adreßiren soll.

217. An Goethe

den 1$\underline{\text{ten}}$ Aprill 1794

Lieber Sohn!

Die Bürgerkrone wäre nun verdient! Mama la
Roche kommt nicht zu Euch – ich könte um meinen
Ruhm zu vergrößern Euch rathen laßen wie ich die
Sache betrieben doch kan vor dißmahl die Verheimli-
chung meiner Talente /: aus Gründen die Ihr gleich
hören solt :/ nicht statt finden. Gestern fuhr ich nach
Offenbach – zum Glück oder Unglück das kan ich
noch nicht bestimmen war die l.R. nach Hanau gefahren aber ihre Tochter die Hoffräthin Möhn war bey
der Hand – ich will die Geschichte dialogisiren es klingt
beßer, als das ewige sagte ich, sagte Sie. *Frau Aja* – Ey
Ey die Mama reißt doch auch immer im Lande herum
ich habe gehört sie will auch nach Weimar – *Möhnin*
ja es ist so etwas im Werck – *Aja* – ja über diese
Reiße hätte ich doch etwas mit Mama zu reden – doch
da sie nicht da ist kan ichs ihnen auch vertrauen –
aber versprechen sie mir daß Wieland in seinem
gantzen Leben nichts von alledem was ich jetzt

sagen werde erfahren soll – *Möhnin*. ja das verspreche
ich. *Aja*. Wieland ist mit Arbeiten so überhäuft daß er
die Nächte zu Hülfe nehmen muß – weil es eine absu-
lute Nothwendigkeit ist, daß die Sachen fertig werden
– darunter leidet sein ohnehin nicht starcker Körpper –
nehmen sie nun noch Zerstreuung dazu! sein Geist
würde durch das Daseyn seiner Freundin gantz auf
andre Gegenstände geleitet werden – Demohngeachtet müßte seine angefangne Arbeit vollendet seyn, da
könte warlich eine gantze Zerrüttung der Maschine
bewürckt werden u. d. m. legen sie das der Mama an
Hertz und sie wird mir vor meine ihr gegebene Wincke
dancken – Damit aber Wieland von unserm Plann /:
der doch in Wahrheit bloß zu seinem besten angelegt
ist :/ nicht ahndet; so muß die Mama einen Brief an
ihn Schreiben, worinn sie mit großem Bedauren Umstände angibt /: die bey jetzigen Zeiten leicht zu er-
finden sind :/ die sie verhindern zu kommen. *Möhnin*.
Das alles soll befolgt werden – das verspreche ich
ihnen. Nun könt Ihr gantz ruhig seyn denn zum Überfluß will sie Morgen nach Franckfurth und kommt zuverläßig zu mir – und da will ich so empfindsam Salba-
tern als wenn mann sagte Baal Samen daß mann es
könte vor Balsam nehmen. Was macht du denn vor
ficks facks mit deiner Unschlüßigkeit – wunderlicher
Mensch! nehme deine Jugendfreunde die du ungern
verkaufen siehst – suche dir aus was dir Freude macht,
was kommt denn auf ein 100 f mehr oder weniger an –
du hast ja das erste und größte Recht dazu – nur
mache daß ich den Catalog noch vor oder zu Anfang
der Meße bekomme – denn zu Anfang des Sommers
wird hir eine andre große Bibliothecke verkauft, da
mögte ich die unserige gern mit anstoßen – es ist pro-
fitabeler – nun muß Schlosser den Catalog noch ha-

ben – auch muß er gedruckt und in die Welt geschickt
werden, drum zaudre und zögre nicht länger – nimb
was du wilt und damit Holla – alsdann schicke ich dir
den gantzen ausgesuchten Plunder auf einmahl – was
soll ich jetzt und den abermahl packen und schicken
u.s.w. Mit dem Verkauf der Sachen werde mich gantz
zuverläßig nicht übereilen – doch stille sitze ich auch
nicht – ich würcke und treibe die Sache so im stillen –
denn wer nicht sucht, der findet auch nicht. Heute habe ich unsern alten Bekandten Peter Melchior zum
Mittagessen – da wollen wir ein schwatzen – 20 Jahre
uns zurück dencken – Kriegs und Kriegsgeschrei soll
nicht in Anschlag kommen – die großen Herrn mögen
sich einander bescheißen /: das ist doch das rechte
Wort :/ Das soll uns nicht kümmern. Der Churfürst
von Cöln räumt /: so sagt man :/ sein Argief – und
zwar nicht aus Furcht vor den Frantzosen – Ha! wenn
die Sage wahr wäre – da lachte ich mir einen Buckel!
Lebe wohl! Grüße alles in deinem Hauß

von

deiner treuen Mutter
Goethe.

218. An Goethe

den 5<u>ten</u> May 1794

Lieber Sohn!
Sobald Lippold seine Meßgeschäfte zu Ende gebracht hat; so wirst du die Bücher nebst deinem überschickten Heft erhalten – Auch soll das Tuch zu den
Halsleinen und der Batist mitkommen. Zu Euerer
nochmahligen Beruhigung gebe ich Euch mein Ehren-
wort, daß Mama la Roche gantz gewiß nicht kommt.
Sie ist sehr kranck geweßen und ist es zum theil noch,
das mag die Ursach ihres nichtschreibens geweßen

seyn – über den Punct Seyd also völlig ruhig. Jetzt eine
Bitte und Auftrag von Madame Stock, im Fall die Fächer noch nicht in Rahmen sind, solche nicht machen
zu laßen, sondern nur eine Rahme über die andern
Beyde verfertigen zu laßen – Ursach – weil Sie von
ihrem Bruder noch mehr Zeichnungen aus Italien erhalten die sich beßer zu Tablo /: weil sie die Form haben :/ schicken als die dreyeckige der Fächer. Gerning
war hir, und zwar in Dulci Jubilo – Er hat prächtige
presendte vom König und der Königin von Neapel erhalten – du wirst das mehrer von Ihm sebst erfahren.
Der Brief an Nothnagel ist bestellt. Wir haben ja eine
gantze Karavanne von Sänger von deinem Theather erhalten! Herr Weyrauch debütite als Hironimus Knik-
ker und gefiel recht gut – desgleichen Madam als
Konstanse in der Entführung – von Anfang war sie etwas verpflüpfst – denn es war das Hauß gedrück voll –
gegen das Ende gings besser – auch wurde Sie durch
applaudiren aufgemuntert – aber als Königin der
Nacht – da konte Sie kein Wort von der Rolle – da war
mir angst und bange – das zweyte mahl ging aber
beßer – das Hanchgen im Trüben ist gut fischen – hat
Sie recht brav gespielt und gesungen. Herr Demmer!
das ist ein herrlicher Mann – den Tamino hat er vortreflich gespielt – und unsere Opern haben durch ihn
sehr gewonnen – seine Frau ist nur als Claudia einmahl
aufgetretten – da kan mann noch nicht viel sagen. Vor-
rige Woche ist die Zauberflöte zweymahl bey so vollem Hauße gegeben worden, daß alle Thüren offen
bleiben mußten sonst wäre mann vor Hitze erstickt!
Mein Lieber Fritz Stein ist noch hir, und lebt wie der
Vogel im Hanfsaamen stetzt Lustig Heysa Hopsasa –
Er ist immer noch der Liebe junge der Er vor 9 Jahren
war. Wie mir es geht? hertzlich erbärmlich. Die Bi-

bliotheck wird wohl das erste seyn was ich mit Ehren vom Halsse kriege – Hätten die Ohnehoßen so viel Wein getruncken als mann ihnen Schuld gibt; so wäre jetzt nicht möglig so eine enorme me[n]ge Weine noch vorzufinden, da vergeht keine woche, wo nicht in den Maintzer Gegenden 50. 60. und mehrre Stücke des besten Weins feilgeboten werden – da sitze ich denn, und ist nicht die geringste Nachfrage. Auch mit der Schätzung des Haußes bin ich sehr unzufrieden – dencke 14000 f im 22 f fuß!! Freylich werde ich es nicht so weg geben – aber ich kan doch auch die Schätzung nicht vorweißen – ohne mir thort zu thun. 20000 f hat es der Vater mit den Mobilien geschätzt. Jetzt muß ich andre Leute ins Spiel ziehen – und sehen obs beßer geht – daß du von allem Nachricht haben sollst, versteht sich. Noch eins! Ich habe in einem zimmlich großen Kasten Handzeichnungen und andre dahin einschlagenden Dinge, die ich mit fleiß nicht in den Catalog habe bringen laßen, vor dich zurück gelegt, und werde solches alles mit den Büchern mitschicken – obs aber gute oder schlechte Dinge sind verstehe ich nicht. Wenn etwa Ihro Hochfürstliche Durchlaucht die Regirende Frau Herzogin eine Oberhoffmeisterin brauchte so hat sich bey mir eine Frau von Schilden gebohrne Gräfin von Rantzau gemeldet – Sie ist von ihrem Manne geschieden – und geht ihr kümerlich – will sogar ohnendgeldlich in Dinsten tretten – ist eine gute Freundin von Sopfie Bethmann – und in dieser Rücksicht habe es doch Schreiben müßen, um sagen zu können ich hätte es geschrieben. Lebe wohl! Behalte lieb

deine

treue Mutter
Goethe.

219. An Stock
         Lieber Freund!
Da es bey Stadt und Land eine ausgemachte Sache
ist, mich als eine Beschützerin und Pflegerin der
Sieben freyen Künste anzusehn – und alle Schöne Geister die in Sturm und Drang sich befinden ihre Zuflucht zu mir nehmen; so hat auch Herr Robert der
kurtze Zeit im Dinste Taliens und Melpomenens Fi-
gurirt hat sich De und wehmüthig an mich gewendet
um ihm bey meinen Freunden die am Ruder des
Staats sitzen ein gnädiges Fiat zuwegen zu bringen. Dieser junge Mann ist auserordentlich geschickt im zeichnen ich habe eine Landschaft vom ihm gesehen die
dem größten Meister Ehre machen würde. Da Er nun
seine Kunst noch sehr gern der Vollkommenheit näher bringen mögte – und ihm ein Freund dazu behülflich seyn will; so wird er morgen bey einem Hochedlen Rath um Verlängerung seines hierseins unthänig
ansuchen – Da Sie nun Lieber Freund bey dieser Sache
großen Einfluß haben; so lege sebst eine Bitte vor den
wirtlich Talenten reichen jungen Mann bey Ihnen ein
– Hoffe auf gnädige Erhörung und verbleibe nebst
Empfehlung an Ihre Liebe Frau und Kinder

                              Dero
                gehorsambste Dienerin u Freundin
                              Goethe.
v.H.d 14<u>ten</u> May
        1794

220. An Goethe
                              den 25<u>ten</u> May 1794
         Lieber Sohn!
Ob zwar die Bücher hoffendtlich diese Woche gepackt und alsdann so bald als möglich durch einen

Fuhrmann an dich abgeschickt werden sollen; so hat es
mir doch vor inliegendes Holländische Tuch, und den
Batist zu lang gedauert. Verwundre dich nicht daß der
Batist aus lauter Lappen besteht – Dein Bettschatz
wird es schon einrichten, daß es reichlich an 12 Hem-
den Manschetten und Voderstriche gibt – die Stockin
kauft vor ihren Mann immer solche Lappen – warum
aber nicht vom gantzen Stück? Antwort – weil es die
nehmlichen Dinste thut und weil der Batist /: da kein
Frantzoß mehr her darf :/ jetzt enorm theuer ist – die
hälfte ist zum allerwenigsten gespart – brauche alles
gesund. Meine Revolution ist in vollem gang – was
nun draus werden wird muß sich jetzt bald entschei-
den – über die Weine habe alle verständige Leute meiner Bekandschaft um Rath gefragt sebst solche die in
gleichem Fall waren wie z. E. Doctor Hetzler der in
der Etlingischen Erbschaft mit Erbe war – der war nun
so gütig mir die Specivication so wohl der jahrgänge,
als auch die Taxation – und den endlichen Verkauf aus
dem Inventario mitzutheilen – daraus ich denn ersehen habe, daß da diese Weine ohngefähr mit den
unserigen in gleichem Verhältnüß stehen – ich sie vor
8000 f loßschlagen kan – den diese Gattung ist nur vor
wenige brauchbar – Gogel und Dick sind hir die eintzi-
gen die sich mit so alten Burschen abgeben – nun hat
Gogel 7500 f geboten, jetzt habe gestern dem Dick
proben davon geschickt – und bietet der 8000 f so soll
er sie in Gottes nahmen haben – den 1^{tens} bringe ich sie
nicht an; so muß ich wieder etliche 100 f anwenden
um auffüll Wein zu kaufen – 2^{tens} entbehre ich jährlich
320 f Intereßen – und 3^{tens} bin ich der Kellersitzerrey
müde und satt – vorgestern mußte wieder um alles
aufzufüllen – Trinckwein zu brechen u.s.w. 5 Stunden
unter der Erde seyn! und endlich 4^{tens} wenn ich ein

ander logie beziehe – da wäre es nun gantz ohnmöglich die alten Herrn mitzunehmen – und verkaufe ich
nun das Hauß so müßte der Keller geräumt werden –
und da wäre ich gezwungen noch Kellerzins zu bezahlen – das beste ist sie machen vor der Zeit Platz. Mit
dem Hauß ist es jetzt in zimmlicher Bewegung – Lippold hat den Auftrag 3 bis 4 Competenten sind muthmaßlich da – Herr Handelsmann Chamo – Herr Müller der in der Bethmännischen Handlung ist – Herr
Senator Metzler Tochtermann von Herrn Keller.
Lippold bietet es vor 30000 f an – das glaube ich nun
eben nicht zu erhalten – müßens eben abwarten. Vor
mich scheint sich auch etwas zu presentiren – wenn
mir das gelänge;so würde ich nach meiner Empfindung
sehr glücklich seyn! Es liegt auf der Seite des Roßmarcks wo die Aussicht die gantze Zeil vor sich hat;
hat die Morgensonne – und ich bekäme folgendes –
auf der Erde 1 Stube von 2 Fenster vor meine Mägde
– eine Küche – Hoff – Holtzplatz – Wasser – Regen-
pompe – Keller – 1<u>ter</u> Etage Wohnstube von 3 Fenster
fohrnenheraus die Aussicht nach der Zeil – gleichdran
die Schlafstube von 2 Fenster in Hoff – auf dem nehmlich Stock noch 2 Stuben jede mit 2 Fenster auch in
Hoff gehendt – Vorplatz – privet – Kammern u.s.w.
Das wäre nun alles gantz herrlig; in die Schlafstube
würde eine Klingel die in die Mägdte Stube ginge angebracht – so wie ich was bedürfte – geklingelt – da
hätte ich oben meine gantze Bequemlichkeit u.s.w.
Nun kommt aber, das große *Aber* – es ist nur erst im
Riß und noch nicht gebaut! Wird sich aber auch in der
Woche aufklähren, und gebaut ist deßwegen doch
bald, weil kein Keller und kein Fundament gegraben
wird. Aus dieser Relation siehst du, daß alles in Gäh-
rung ist, und daß Frau Aja alle Hände voll zu thut hat

– nicht minder daß der guten Frau ihre Seelenkräfte
sehr in thätiger Bewegung sind – so lange mir es nur
an Eßen – Trincken und Schlafen keinen Abbruch
thut – so mags meinetwegen kochen biß mans genießen kan. Jetzt kein Wort mehr – ich bin müde, und
vor daß daß ich die Molcken trincke – ist diese Epistel
lang genung. Lebe wohl! dießes wünscht

deine

treue Mutter
Goethe.

N.S. Du hast doch verstanden, was ich dir neulich
schriebe – nehmlich daß die Stockin die Neapolitani-
schen Fächer nicht in Rahmen /: in so fern es nicht
schon sind :/ eingefaßt haben will – sondern von den
andern beyden – eine Rahme zu Probe – weil du sehr
beschäftigt bist, so nims nicht übel daß ich dirs nocheinmahl ins Gedächnüß rufe.

221. An Goethe

Sontags d 15$\underline{^{ten}}$ Juni 1794

Lieber Sohn!
Meinen besten Danck vor Reinecke den ertz Schelm
– es soll mir aufs neue eine köstliche Weide seyn! Auch
verdient Herr Unger Lob und Preiß wegen des herrlichen Papiers und der unübertrefbahren Lettern – froh
bin ich über allen Ausdruck, daß deine Schrieften
alte und neue nicht mit den mir so fatalen Lateinischen Lettern das Licht der Welt erblickt haben – beym
Römischen Carneval da mags noch hingehen – aber
sonst im übrigen bitte ich dich bleibe deusch auch in
den Buchstaben – Auf Gevatter Wielands Wercke
hätte ich prenumorirt aber vor der neuen Mode er-

schrack ich – und ließe es bleiben. Hir Schlossers producten – ich hatte sie vergeßen beyzupacken – mich
freut daß die Kasten glücklich angelandet sind – und
daß ich sie vom Halsse habe – wünsche viel Vergnügen
daran zu erleben. Das päckgen an Ifland habe sogleich
besorgt. Noch ist alles bey mir im alten – zwar haben
zwey Mäckler das Hauß von obenan biß untenaus besehen – sind aber noch zur Zeit nicht wieder erschienen. Müßen es eben abwarten. Übrigens befinde ich
mich so gantz leidlich von Hertzen gesund – und daß
vor dieses Jahr das lincke Bein wie vorm Jahr das
rechte so kleine Späße macht – demohngeachtet gehe
ich beynahe täglich aus – z.E. heute zu Stocks in Garten – bin vergnügt und lustig – und sehe Morgen die
Erbschleicher von Gotter u.s.w. Lebe wohl! Grüße
dein gantzes Hauß – und behalte lieb

deine

treue Mutter
Goethe.

N.S. Der, so mir von dem Reinecke die Blätter auf-
geschnitten hat soll großen Danck davür haben – Auf-
schneiden ist meine Sache nicht, ich thue es nur in den
größten Nöthen.

222. An Goethe

den 26ten Juli 1794

Lieber Sohn! Habe doch die Güte mir mit dem ersten
Postwagen das geschriebne Verzeichnüß der Bücher so
du empfangen hast mir zuzuschicken – ich habe es
höchst nöthig alle Nummern müßen nathürlich wegen der entstandenen Lücken in andre Ordnung gebracht werden – der Schuft von Buchdrucker hat das

von Lippold geschriebne verlegt oder gar zerrißen –
die Auction geht im Augst vor sich – ich ersuche dich
also mir mit dem deinigen auszuhelfen. Ohne diesen
Vorfall hättest *du* keinen Brief von mir erhalten, denn
bey uns gehts toller zu wie jemahls – alles packt – alles
rüstet sich zur Flucht – woher all der wirr warr ent-
steht kan ich mit Zuverläßigkeit nicht sagen – es verbreiten sich Gerüchte die ich nicht dem Papier anver-
trauen mag – genung so arg war es noch nie!! Um nun
nicht gantz unthätig zu seyn – um mich wenigstens so
viel mir möglich ist von Vorwürfen die mich trefen
könten frey zu machen – so habe Gestern meine beste
Sachen die sich transportiren laßen in 3 große Kisten
durch Lippold Packen und durch den Freund in der
Noth Nicolaus Schmidt nach Langensaltze zu seinem
Schwager Herrn Polecks überbringen laßen – warum
nicht zu dir? das will ich dir sagen – der mangel an
Fuhrleuthe die gerade nach Weimar gehn war die Ursache – Schmidt als ein der Sache Verständiger hat mir
diesen Rath gegeben – und ich dumm in diesen affäh-
ren – habe ihn befolgt. All mein gutes Weißzeug gemacht und ungemacht – Silber und Geschmeide ist
aufs beste gepackt – einbalirt u.s.w. In der größten Unruhe – da Stroh – Seile u.d.g. im Haußehren lage –
kommt noch eine neue Erscheinung von Einquartirung – K.P. Capitain und Quarttier Meister von
Goeltz! nun kommt aber das beste – Er bringt seine
Gemahlin mit!! Ach Herr jemine! Wahrhaftig die
Frau Aja wird recht getrillt – Gott! Erhalte mir meinen guten Muth und mein fröhliges Hertz – diesen
Troblen ohngeachtet – hat mir um 5 uhr mein Eyer-
käße recht gut geschmeckt – und diesen Abend werden mir Ehlenlange Krebse die Last des Tages versü-
ßen. a propo! Wann bekomme ich dann einmahl wie-

16. Ansicht des Roßmarkts um 1800. Kupferstich von Franz von Seelmann.

Es liegt auf der Seite des Roßmarcks wo die Aussicht die gantze Zeil vor sich hat; hat die Morgensonne.

der Modejournahle – seit dem Monath Mertz habe
ich nicht gesehn – auch Mercure wens beliebt – Ich
habe dir 10 Centner Bücher geschickt – also – den Gelehrten ist gut predigen. Länger habe heut nicht Zeit –
ich muß noch zwey Briefe schreiben – an Schlosser der
nach Bareuth Emigrirt – und an Peter Melchior der
in die weite Welt marschirt. Lebe wohl! Gedencke zuweilen an deine in jetzigen Zeiten geplagte Mutter –
Grüße alles was dir lieb ist

von
der Frau Aja
wohlgemuth.

223. An Goethe

den 15<u>ten</u> Augst 1794

Lieber Sohn!

Ich muß dir Bericht von unserm Hauß erstatten und
wie biß jetzo die Sache ist betrieben worden – erbitte
mir über das alles eine prompte und die Sache entscheidende Antwort – denn nichts ist fataler als das
nicht wißen was mann eigendtlich thun oder nicht
thun soll. Zwey Mackler haben es vor ohngefähr 3 Monath besehen da der Preiß ihnen aber vermuthlich zu
hoch war blieben sie weg – nun kam der Lermmen die
Frantzosen kämen – da war nathürlich alles stille –
Gestern meldete sich ein Käufer der botte 22000 f in
24 f fuß – 30000 f ist zu viel und das obige ist kein gantz
schlechtes Gebot – aber erhöhet kan es villeicht doch
noch werden – ich dencke vor 24000 f könte mann es
laßen – das größte wäre 25000 f – doch hat das alles so
keine Eile – ich will nur gewiß seyn worauf ich halten
soll. Ich verkaufe – ich behalte es, alles wie du und
Schlosser die Sache betrieben haben wollest   ein
Stückgen Allwißenheit wäre jetzt so übel nicht! Gibts

bald Friede so könte mann noch warten – sollten aber
die Francken das gantze Reich überschwemmen und in
ihren Siegen fortfahren – so mögte freylich in einem
Winckelgen meiner Vaterstadt ohnbesorgt vor Hauß
und Hof ruhig dem Specktackel zusehn. Ihr Männer
die Ihr die Sache beßer einsehn müßt als ein Weib das
nicht das geringste davon versteht – Ihr müßt Rath
ertheilen – meinen Rücken will ich ein vor allemahl
frey haben – ich bin gantz Resingnirt – ich verkaufe ich
laße es seyn – wie Ihr wolt – so theuer Ihr wolt u.s.w.
Mit dem Aufbauen einer Wohnung worauf ich mich
so freute gehts nicht. Der Mann kan kein Geld bekommen – die Leuthe die jetzt so was mit fremdem Geld
unternehmen wollen, sind sehr übel dran – die Capi-
talisten geben ihre Gelder auswerths – um nicht alles
an einem Fleck zu haben – ich selbst habe auf Anrathen
Herrn Schöff Schlosser 3000 f an Churpfaltz zu 5 procent ausgeliehen. Eine Wohnung hätte ich folglich
noch nicht – allein das soll der Sache kein Hindernüß
in den Weg legen – ich will mich schon durchbringen.
Jetzt überlege, und gib mir so bald als möglich /: den
ich habe den Mackler auf die Antwort meiner Kinder
vertröstest :/ eine entscheidende Antwort. Die Mode
Journahle die Mercure sind angekommen – aber das
beste was ich von dir verlangte ist ausengeblieben –
nehmlich der geschriebne Catalog von den Büchern
die du empfangen hast – und den ich sorgfältig wieder
auf dein Begehren mit den Büchern dir zurück geschickt habe – ist er noch vorhanden so habe die Güte
ihn mir mit dem ersten Postwagen zu übersenden –
solte er aber nicht mehr bey Handen seyn – so melde
es wenigstens mit ein paar Worte – da müßten wir
eben sehen – wie wir uns sonst aus der Verwirrung
heraus hülfen. Schlosser ist nach Bareuth geflüchtet –

sogleich werde auch an Ihn schreiben und mir seinen
Rath und Meinung erbitten. Lebe wohl! Ich bin und
bleibe
                           deine
                                          treue Mutter
                                          Goethe.

224. An Goethe

                                   den 29ten Augst 1794
           Lieber Sohn!
Ich bin in einer art von Verlegenheit die aber mehr
dich als mich angeht – Mit dem Haußverkauf will es
nicht recht vorwärths gehen – die Ursach dieser Tren-
teley kan ich nicht ergründen – Gleich nach Empfang
deines und Schlossers Briefe /: die völlig gleichlautent
sind :/ ließe dem Mackler zu wißenthun, daß meine
Kinder den Kauf genehmigten – und daß nun weitere
Absprach drüber genommen werden könte. Ich
glaubte also – daß gleich den andern oder doch einige
Tage hernach die Sache ins klahre kommen müßte –
Heute sinds 8 Tage daß meine obige Antwort ihnen
hinterbracht worden ist – und ich höre und sehe nichts
– den Mackler treiben – wäre ein wahrscheinliches
Zeichen, daß mir das Hauß zur Last wäre und würde
keine gute Wirckung hervorbringen – und da er Nutzen davon hat; so muß sein eigener Vortheil ihn von
selbst antreiben – der Sache ein Ende zu machen. Mir
liegt nun in gewißer Rücksicht die Sache nahe – auch
nicht nahe – ich kans abwarten – auch so lange nichts
gantz und gar abgesagt wird – ist Hoffnung daß es
noch vorwärths gehen kan – auch würde ich dir keine
Silbe biß zum Ausgang er seye nun so oder so geschrieben haben, wenn dein Gedancke dich auf neue mit
dem Guts Kauf einzulaßen – mir das Schreiben nicht

als höchst wichtig vorgestelt und mir ängstliche Gedancken und Überlegungen zugezogen hätte – Jetzt
überlege wie die Sache zu betreiben oder nicht zu betreiben ist – meinen Willen hast du [zu] allem deinem
Thun und Laßen – nur gegen Ohnmöglichkeiten kan
ich nicht kämpfen – und Unruhe im Gemüthe ist mir
ärger als /: ich schriebe das schon einmahl :/ als alle
ohne Hosen bey der gantzen Armee – die haben mir
noch keine einzige schlaflose Nacht gemacht. So bald
ich was weiteres höre solt du es erfahren – biß dahin
Lebe wohl!

> Deine treue Mutter
> Goethe.

225. An Goethe

den 14$\underline{^{ten}}$ September 1794

Lieber Sohn! Ich bin dir doppelten Danck schuldig
den ich hirmit von gantzem Hertzen erstatte: Einmahl vor deinen letzten lieben Brief der mich von so
großer Sorge und Bangigkeit befreit hat, und denn vor
den geschriebenen Catalog den ich hirmit danckbar-
lichs zurückschicke – er hat uns gute Dinste gethan –
aus Versehn waren nemlich Bücher im gedruckten
Catalog z. E. Pitaval Rechtshändel angezeigt – die nun
in der Bibliothecke nicht zu finden waren – aus deinem
Catalog ersahen wir nun, daß sie in deinen Händen
und nicht wie wir wähnten abhanden gekommen
waren, und damit war es gut u. s. d. m. Gott lob und
danck! das wäre nun auch vorbey! Verkauft sind sie
– aber was draus gelößt worden ist weiß ich noch
nicht – in der Meße haben die Ausruffer zu viel zu
thun – um Rechnung ablegen zu können – Mit unserm Hauß ists noch immer stille – jetzt muß ich es
gedultig abwarten – an Kopf schmeiße ich ihnen das

schöne – gut unterhaltende Hauß gewiß nicht – zumahl da durch das Verzögern ein schönes vor mich
paßendes Logie an andre vermithet worden ist – doch
Gott! der mir von jugend an so viele Gnade erwißen
hat – der wird schon ein plätzgen aus suchen, wo ich
meine alten Tage ruhig und zufrieden beschließen
kan.

Hirbey kommt ein einschlag von einem Schauspieler,
den ich aber nicht kenne – von seinen Talenten also
keine Rechenschaft ablegen kan – auch ein Brief von
der Fiala – um dir zu sagen wie ich zur Einlage gekommen bin. Nun noch eins! Weiß du keinen Rath zu geben vor den Doctor Wolfgang Starck – den älsten
Sohn des Pfarrer Starck? Dieser ist sein Vaterland
müde und satt – alle Cabalen die gespielt werden zu
erzählen wie die schlechtesten Subjecte ihm vorgezo-
gen werden das wäre zu weitläufig – Er mögte also
gern in ein ander Land als Amtmann – oder was er nur
seyn könte wenn es auch nur 500f eintrüge – an
Schlosser will ich auch schreiben – freylich muß du ja
niemandt von Verwandschaft ins Weimarische bringen das setzt kein gutes blut – auch ist das die Meinung nicht – sondern villeicht nach Deßau oder sonst –
genung Er hat mich sehr darum gebethen – und ich
lege es so hin.

Jammer und Schade daß du jetzt nicht hir bist – aber
freylich früher hättest du kommen müßen – so ein
Jahr ist seit 1748 nicht geweßen – gantze körbgen mit
Pfirsingen wurden mir von guten Freunden verehrt –
es kan seyn, daß der Herbst noch in die Meße fält – so
reif ist alles – wenn nur Friede wäre – da wolten wir
jublen!! Heute ist ein prächtiger Sontag – darum
schreibe ich auch nicht eine Zeile mehr – ich Marschire
auf und davon – Lebe wohl! Grüße alles in deinem

Hauße – nochmahls meinen Danck! und Lebe wohl!
das wird Seele und Leib erquicken

deiner

treuen Mutter
Goethe.

N.S. Hier ein Stückgen Bordüre die in einem der
Mercure gelegen hat – man kan immer so was brauchen.

226. An Louise Schlosser

Den 20ten Septemb.

1794

Liebe Louise! Dißmahl ein paar Zeilen an dich Lie-
bes-Mägdelein – Wie sehr mich dein Fleiß deine Aufmercksamkeit vor mich gefreut hat, kan ich dir nicht
genung sagen – meinen Hertzlichen Danck vor die
schönen, warmen Strümpfe die sollen mir wohlthun –
das hielft mir mehr als die gantze Apotheke sambst
allen ihren Büssen und Schachtlen – auch sind sie so
schön gerathen. Denn ich habe sie sogleich anprobirt –
Ich schicke dir hir ein kleines Gegengeschenck – nim
mit dem guten Willen der Großmutter vorlieb – auch
2 ℔ Schocolade – die andern 20 ℔ sollen durch Fuhrleuthe bald folgen. Grüße deinen Lieben Vatter und
dancke Ihm vor die überschickte Quitungen – jetzt ist
alles wie ich es wünschte, in der schönsten Ordnung –
nur in meinem Hauße ist es unsauber und unordent-
lig das thut einem sehr leid, wenn mann das Gegentheil gewohnt war! Gott! gebe bald Frieden, daß mann
wieder Ruhe in seinem Eigenthum genißt Amen.

Heute habe ich viel und mancherley zu schaffen –
darum nur soviel vor dißmahl – Grüße auch deine

Liebe Mutter – Henriette Eduart und Tante Bognern
von
    deiner
                treuen Großmutter
                Goethe.

227. An Goethe

den 5ten October 1794

Lieber Sohn! Da in diesem Jahr alles einen Monath
früher kommt wie sonst; so sind auch die Castanien
schon bey der Hand – und zwar so schön wie Italienische Maronen – erlusttire dich dran mit deinem
gantzen Hauße welches ich auch bitte freundlich zu
grüßen. Bey uns siehts wunderselsam aus – Franckfurth ist von ausgewanderten von Achen Coblentz
u.s.w. gepropft voll! sollen nun wie es heißt – die Winterquartire auch starck werden; so wird das eine
saubre Wirthschaft geben – wollen indeßen auf Gott
vertrauen – und so viel nur immer möglich in unsrer
Behaglichkeit bleiben – und unsern guten Muth /: der
uns schon so viele wichtige Dinste geleistet hat :/ nicht
verliehren. Was mir am unangenehmsten ist – ist daß
ich eben dieser Zeitläufte wegen – unser Hauß noch
eine weile werde behalten müßen – doch wenn ich be-
dencke wie viel unglückliche Menschen jetzt froh wären wenn sie ein Hauß hätten, und wüsten wo sie ihr
Haupt hinlegen sollten; so schäme ich mich, und bitte
Gott um Vergebung vor meine Ungedult und Narrheit. Lieber Sohn! ich muß dich doch auch einmahl
wieder an die Fächer und Tablo von Stocks erinnern –
besorge doch daß die Sachen einmahl zurück kommen. Wie ich höre, so kommen die Weyrauchs wieder
zu Euch – es ist mir vor die Leute recht lieb hir wolte es
mit ihnen gar nicht gehen – Lilla der Frau ihre letzte
Darstellung – keine Hand hat sich gerührt – sie hat

mich gedauert – freylich haben wir gar trefliche Lillas
gehabt – eine Unzelmann – Willmann – Schick – das hat
die Sache freylich vor die gute Frau verschlimmert.

Merckwürdig neues pasirt vor der Hand hir nichts –
eine allgemeine Sage geht umher – daß der König
von Preußen ehestens hir eintrefen würde – das würde
wieder ein geträsche wegen der Sophie B. geben! Lebe
wohl! Grüße alles was dir lieb ist und alles was fragt
nach   deiner
                          treuen Mutter
                          Goethe.

228. An Goethe

                          den 17ten November 1794
          Lieber Sohn!
Es ist schon zimmlich lange daß wir nichts von einander vernommen haben – drum soll dieser Morgen
gewidmet seyn, dir eins und das andre vorzutragen.
Die Castanien wirst du erhalten haben? Den Confect
bekomst du auf den Heiligen Christ – früher kan mann
die Manigfaltigkeit nicht haben das ist die Ursach der
Verzögerung. Der Vetter Wolfgang Starck braucht
deine Hülfe nicht – er hat sich selbst eine Charge zugetheilt – Er hat ein Weib genommen und sitzt deßwegen gut oder schlimm in Franckfurth fest. Siebenstück Modejournal und Siebenstück Mercure sind in
meinen Händen – gelegenheitlich erbitte ich mir die
folgenden. Lieber Sohn! Ich ersuche dich sehr ange-
legentlich die Sachen die du von Herrn Stock in Händen hast – doch bald möglichst Retour zu schicken –
ich bin schon so ofte drum gefragt worden /: Es ist ein
precium affectionis :/ ich weiß denn niemals eine recht-
liche Antwort zu geben, und bin jedesmahl in Verlegenheit – Ich bitte dich also nochmahls spedire die Sachen bald – und wilt du dich bey Stocks /: die wie du

selbst weiß sehr gute Menschen sind :/ recht insinuiren
so laße ein paar Zeilen die Sachen begleiten. Adreßire
sie an mich – ich will gerne das porto des Postwagens
bezahlen – damit sie franck und frey in Ihre Hände
kommen. Bey uns fängt die Gefahr wieder an zu
wachsen – mann fürchtet daß das arme Maintz wieder
eine Belagerung auszustehen hat – das war wieder ein
Ruhmvoller Feldzug vor die Deuschen!!! Zum Ruhm
muß mann Ihnen nachsagen, daß sie sich hir recht
wohl befinden. Meine jetzige Einquartirung ist gut,
und belästigt mich sehr wenig – Oberauditer Lück-
dicke nebst seiner Frau – und einem Bedinten – das
geht an – Zwar kochen sie in meiner Küche – brauchen
meine Mägde als wärens ihre eigne – aber alles das
macht keine große Unruhe – dann etwas muß mann
doch tragen. Übrigens befinde ich mich sehr wohl nach
Leib und Seele – weiß von keiner Furcht – laße kommen was ich nicht ändern kan – geniße das gegenwärtige – und da ich die Speichen des großen Rades nicht
aufhalten kan; so wäre es ja Narrheit drüber zu greinen
daß mann so schwach sich fühlte. Noch eins! Ich mögte
deinem Augst gerne zum Heiligen Christ eine kleine
Freude machen – etwas zu einem Kleidgen – oder Spielsachen u.d.g. Gehe mit deiner Freundin zu rathe und
schreibe bey Zeiten – damit ichs zeitig besorgen kan.
Jetzt Lebe wohl! Grüße dein gantzes Hauß und behalte
in gutem Andencken, deine

treue Mutter
Goethe.

229. An Goethe

den 8ten December 1794

Lieber Sohn!

Ich hoffe beykommendes Zeug welches warm hält,
und doch leicht ist wird dem kleinen Augst wohl be-

hagen – Der prächtige Franckfurther Confect wird in
der Christwoche erscheinen. Daß du vor dißmahl ohne
Einquartirung noch davon gekommen bist – darüber
freue dich – denn die Last die wir nun zwey volle Jahre
tragen ist gar kein Spaß – wenn nur das Einfeuern
nicht wäre! du kanst nicht glauben was das Holtz
kostest das hir so enorm theuer und beynahe nicht einmahl zu bekommen ist, sonst im übrigen bin ich mit
meiner dißmahligen Einquartirung wohl zu frieden
Oberautitor Lückdecke nebst seiner Frau – Er ein ge-
scheidter klahrer Kopf – Sie ein gutes Weib – freylich
kochen sie in meiner Küche – da aber meine Trackte-
mente in 3 Schüschlen und die ihrige in zwey bestehen
– so gehts doch. Was ich sage daß die 20tausend Mann
Preußen zurück kommen? nichts anders als was einmahl ein Cardinahl dem Pabst der gantz erstaunt
/: weil er in der größten stille in seinem Kloster gelebt
hatte :/ über die menge Menschen die er am Tage
seiner Erhöung vor sich sah antwortete als der Pabst
ihn fragte: wovon leben diese alle? Ihro Heiligkeit sie
bescheisen einander. Aus dem gantzen Weßen wird
kein Menschenkind gescheid – ich verbreche mir auch
gar nicht den Kopf drüber – das Ende das doch einmahl
komen muß wirds aus weißen – wer bestuhltgängelt
worden ist. Daß Stocks Bilder eingepackt sind ist mir
sehr lieb – wollen sie also erwarten. Auch habe ich kein
klein gaudium daß endlich nach langem sehnen und
harren Willhelm endlich erscheint – erbitte mir ein
Exemplar. Du bist überzeugt daß es mir immer Freude
macht dich bey mir zu haben – gibt also Gott Frieden
so habe ich statt einer Freude zwey. Ich soll dir im Nahmen des Pfarrer Starcks den Tod seiner Frau melden –
Er ist im Schreiben nicht sehr geübt – und bittet deßwegen um Verzeihung. Minister von Hardenberg läßt

dir viel schönes sagen – es ist ein freundlicher Lieber
Mann. Schlosser hat mir schon lange den Auftrag gegeben dir vor Reinecke den Fuchs zu dancken – Er
und sein gantzes Hauß hatten viele Freude und Wonne
darob. Ich hoffe daß die beyden Halstücher den Jungfer Mägden ein angenehmes Christgeschenck sein werden, denn ich habe zwey gantz gleiche /: damit sie
sich nicht über die Wahl veruneinigen :/ und recht
schöne /: wie der Augenschein lehret :/ ausgesucht –
Jetzt lebe wohl! Grüße alles in deinem Hauße und behalte lieb

deine

treue Mutter
Goethe.

230. An Goethe

den 19ten Jenner 1795

Lieber Sohn!

Den besten und schönsten Danck vor deinen Willhelm! Das war einmahl wieder vor mich ein Gaudium!
Ich fühlte mich 30 Jahre jünger – sahe dich und die andern Knaben 3 Treppen hoch die preparatoien zum
Puppenspiel machen – sahe wie die Elise Bethmann
brügel vom ältesten Mors kriegte u.d.m. Könte ich
dir meine Empfindungen so klahr darstellen – die ich
empfand – du würdest froh und frölig seyn – deiner
Mutter so einen vergnügten Tag gemacht zu haben –
Auch die Romantzen die Reichart zum Glück vor mich
in den Clavier sch[l]üßel gesetzt hat machten mir große
Freude besonders was hör ich draußen vor dem Thor –
was auf der Brücke schallen? die wird den gantzen
Tag gesungen – also noch einmahl vielen Danck.
Freund Stock war über deine Güte und Höfflichkeit
sehr gerührt auch in seinem Nahmen dancke ich –

Schlossern habe sein Exemplar so gleich überschickt –
dem wird es auch wohlgethan haben. nun noch etwas
vom äußern – was ist das vor herrlich Papier was vor
vortrefliche Lettern!! das ließt sich mit Lust – Tausendt
Danck daß du das herrliche Werck nicht mit Lateinischen Lettern hast drucken laßen – ich habe dir es
schon einmahl geschrieben daß ichs nicht ausstehn
kan. Jetzt von meinem Thun und laßen nur so viel,
daß ich Gott Lob bey der entsetzlichen Kälte auser
einem Cathar mich wohlbefinde – daß ich meinen
Oberauditor nebst Ehegemahlin noch zur Einquartirung habe, daß es vor jetzt hir gantz ruhig ist /: versteht sich wegen der Frantzosen :/ denn sonst ist Lerm
und Romur genug bey uns – die gantze Armme wird
von hiraus versorgt 500 Wagen gehen beständig hin
und her – mann weiß weder obs Sonn oder Werckeltag ist – Wenn nicht Friede wird, so fürchtet mann sehr
aufs Frühjahr – Ich habe mich Gott sey Danck noch
nie gefürchtet – und jetzt mag ich nicht anfangen –
müßens abwarten – nehmen einstweilen die guten
Tage mit – und grämen uns nicht vor der Zeit – Ein
einziger Augenblick kan alles umgestalten. Schlosser
lebt jetzt in Anspach – Ihm gefälts wohl – aber die
Schlossern der ist ihr Mährgen in Brunen gefallen –
alles war drauf angelegt in Düsseldorf den Frieden abzuwarten – nun sind die Jacobis selbst nach Wansbeck
emigrirt. Noch eins! die Fortsetzung vom Willhelm
wird doch nicht lange ausenbleiben – denn ich habe
ihn noch nicht binden laßen – laße einem nicht so
lange auf die Forsetzung harren – denn ich bin gar be-
girig drauf. Lebe wohl! Küße den kleinen Augst – auch
deinen Bettschatz von deiner

treuen Mutter
Goethe.

N. S. Ein päckgen ich glaube es war von deiner Hand,
an Semmering ist sogleich besorgt worden.

231. An Goethe

Die Kälte ist so schrecklich daß ich in meiner Stube
eingegraben bin wie der Dachs in seiner Höle – Lebe
wohl! und gedencke meiner

deine

treue Mutter
Goethe.

den 26ten Jenner 1795

232. An Goethe

den 9ten Mertz 1795

Lieber Sohn!

Lange habe ich nichts von dir – lange hast du nichts
von mir gehört – eigentlich wüßte ich auch nichts daß
das Schreiben lohnte, denn bey uns ists immer noch im
alten – haben Einquartirung – theure Zeit – befinden
uns wohlauf – hoffen auf den Frieden – das ist alles und
so immer einerley macht nicht schreibeselig. Die Ursach gegenwärtiges Schreibens kanst du aus inliegendem Brief ersehen – Fiala ist eine anerkandt gute
Schauspielerin – Königinnen – edle Mütter ist ihr Fach
– Sie ist noch so schön – daß Sie die jüngsten verdunckelt
– hat einen edlen Anstand – auch einen guten Moralischen Charackter – ist friedliebend – fern von Cabalen macherrey – mit einem Wort, ein brauchbahres
Subjetzt. Bey uns sind leider ihre Rollenfächer besetzt
– sonst würden wir Sie mit Freuden wieder bey uns
gesehen haben. Könnt Ihr Sie nun beym Weimarrer
Theater brauchen – so habe die Güte mir solches zu

berichten – im Fall es auch nichts wäre – so wirst du
doch mir Nachricht /: nur mit ein paar Zeilen :/ zu
kommen laßen – damit Sie ihr Fortkommen anders
wo suchen kan. Nun noch eins! mir fehlt das 12te Stück
von 1794 vom Mercur – und auch das 12te Stück von
1794 vom Modejournahl – von 1795 habe noch gar
keins erhalten – mache so ein päckgen zusammen und
schicke es mit dem Postwagen. Wann erscheint denn
wieder etwas vom Willhelm?? laße uns nicht so lange
warten. Lebe wohl! Grüße alles in deinem Hauße was
dir lieb ist von

deiner treuen Mutter
Goethe.

233. An Lavater

Lieber Sohn Lavater!

Es ist eine kleine Ewigkeit daß wir uns einander
nicht genährrt haben, und schon längst wünschte ich
eine schickliche Gelegenheit mein Andencken bey
Euch aufzufrischen – Euch Frau Aja einmahl wieder ins
Gedächnüß zu bringen – gegenwärtige erwünschte
Gelegenheit ergreife ich demnach mit Freuden – Euch
zu versichern, daß Ihr Theurer Freund in meinem Andencken noch grünet und blühet, daß ich noch immer
mit freüdiger Seele an die Zeit Eures hirseyn dencke
u.s.w. Auch bin ich überzeugt – daß Ihr mich noch lieb
und werht habt Amen. Überbringer dieses ist Herr
von Lehonardi ein Sohn aus einem unserer besten
Häußer – ein Hoffnungsvoller Jüngling – Er und seine
würdige Eltern wünschten sehr daß Er von mir als
Eurer alten Freundin ein Empfehlungs Schreiben mitbringen mögte – denn wem ist unbekandt – daß Ihr
auch sehr ofte von Unwürdigen beläßigt worden seid

und noch werdet – Seid diesem Jungen mann freundlich und belohnet dadurch den Glauben den jederzeit
an Eure Menschenliebe und freundlichkeit gehabt hat
und noch hat

Eure

wahre und treue Freundin

Goethe.

Franckfurth d 9<u>ten</u> Aprill 1795

234. An Goethe

den 10<u>ten</u> Aprill 1795

Lieber Sohn! Künftigen Montag wird seyn der 13<u>te</u>
Aprill gehen an dich zwey Kistger ab – in einem ist das
Türckische Korn 2 ℔ Türckisch garn und etwas Ra-
buntzlen – ich habe letzre mit den Wurtzlen laßen
ausheben – wenn sie gleich in die Erde kommen; so
hoffe ich daß sie gedeihen – sie wachsen hir in keinen
Gärten sondern wild – es ist mir übel gegangen biß ich
sie durch Bauersleute bekam – die Artischocken
pflantzen sind diesen strengen Winter alle erfrohren –
und sind keine zu haben. Mit den Löwen von Seekatz
die im andern Kistgen erscheinen ist mirs Curios gegangen – indem ich vor kurtzem die Gemählde um
250 f verkauft habe – ich schickte also gleich zu dem
Käufer und bekam aus gefälligkeit um einen billigen
preiß das Gemählde zurück. Vor die journahle besonders aber vor Willhelm dancke recht schön und aufs
beste.

Daß er nicht aus meinen Händen kommt – das versichre ich. Hier gehts durcheinander wie Kraut und
Rüben – bald Friedensgerüchte – bald wieder das
Gegentheil – mann muß eben alles mit Gedult abwarten. Das Gemählde wird mit dem Brief ankom-

men – Lippo[l]dt und der Schreiner haben die Sache
geschwind betrieben – das ander weil ich auf die Ra-
puntzlen /: weil ich sie frisch schicken wolte :/ warten
mußte geht den 13$\underline{\text{ten}}$ ab. Den Augenblick kommt die
Nachricht und zwar von sicherer Hand daß Friede ist!
die Nachricht ist zu schön um noch was hinzuzusetzen
– nur noch daß ich bin

deine

treue Mutter
Goethe.

235. An Goethe

den 1$\underline{\text{ten}}$ May 1795

Lieber Sohn!

Endlich erscheint Gott sey Danck die Zeit daß ich
das Hauß um 22000 f im 24 fuß verkaufen kan – die
Last die ich bißher getragen habe wurde mir sehr beschwerlich mit jedem der es sehen wolte mußte ich
/: wie nathürlich :/ vom Boden biß in den Keller hinauf
und herab steigen, das meinen ofte von Schmertz
beschwerten Beinen eben kein Labsal war – und so bald
sie den Preiß von 2000 Carolin hörten kam keiner wieder – ein eintziger /: Professor Bouklair :/ bote 18000 f
Die Ursach läßt sich leicht erklähren – vor 40 Jahren
war unser Hauß eins der schönsten in der Stadt – der
Lussus ist seit der Zeit nun so gestiegen – daß es vor
sogenandte Vornehme und reiche Leute die jetztige
Modische Herrlichkeiten nicht hat – keinen Saal wo
40 Persohnen speißen können – in dem Vorderhauß in
allen Zimmern Durchzüge – auch sind die Zimer den
vornehmen Leuten nicht hoch genung u.s.w. Leute von
einer andern Gattung war es wieder zu hoch im Preiß –
zumahl da es nur eine Küche hat – Der jetzige Käufer
ein junger Weinhändler macht seine Hauptspecula-
tion auf den Keller – da ich nun die Sache recht sehr zu

frieden bin; so kommt es jetzt hauptsächlich auf dich
an denn Schlosser ist das weiß ich zum Voraus alles
recht – Vernim also die Contizionen es wird also um
22000 f im 24 f verkauft 4000 f in eben dem Fuß werden gleich abgelegt – 18000 f bleiben drauf stehen und
werden als Insatz im Römer eingeschrieben – in 3 Jahren werden wieder 4000 f abgelegt – bist du es nun zufrieden so schicke mir /: wenns möglich ist :/ mit ehester Post deine vitimirte Einwilligung – Herr Schöf
Schlosser – und Freund Stock wollen mir in allem mit
Rath und That an Handen gehn – diesen Nachmittag
kommt Schlosser zu mir – um einstweilen die Puncte
zusamen zu überlegen – ich will zu dem Ende diesen
Brief noch ofen laßen um dir die Unterredung mitzutheilen. Ein Hauptpunct ist – daß ich nicht ausziehe
biß ich ein vor mich anständiges Logi ausgemacht
habe – den in den paar Jahren als ich villeicht noch hir
bleibe verkriege ich mich in kein Loch. Noch etwas das
mir den Kauf annehmlich gemacht hat, ist, das Taxiren
eines im übrigen gantz braven Zimmermeister das ich
dir beylege – daß also kein Mensch sagen kan mann
hätte es verschleudert. Herr Schöff Schlosser war da es
ist doch ein gefälliger braver und thätiger Mann – Er
hat alle Puncte so schön aufgeschrieben – daß nichts
dran Auszusetzen ist – Heute werden sie von dem Käufer und mir einst weilen unterzeichnet biß die von dir
und Schlosser vidimirte Vollmachten ankommen – da
als denn der rechte Kaufbrief nach der Ordnung unterschrieben und besiegelt wird. Auch will Herr
Schöff Schlosser den Kaufbrief selbst verfertigen – das
ist recht Freundschaftlich. Es scheint sich alles zum
besten vor deine alte Mutter anzuschicken – indem
auch ein Logi in der schönsten Gegend der Stadt nehmlich auf dem Roßmarck wird zu haben seyn – Morgen

will ich es besehen. Wie will ich so froh seyn wenn ich
auf dem Roßmarck heraus kucke – und die Last die
mich nun schon lange drückt loß seyn werde – den
Gott weiß was es mit dem Frieden noch gibt. Gestern
z. E. Canonirte es wieder den gantzen Tag fürchterlich
in der Gegend von Maintz – Ich weiß du gönst mir in
meinem Alter noch die bevorstehnende Ruhe – und
schickt deine Einwilligung sogleich nach Empfang dieses. Lebe wohl! Ich bin

ewig
deine treue Mutter
Goethe.

N. S. Der Brief war schon gesigelt aber auf wohlmei-
nenden Rath Herrn Schöff Schlossers mußte die Taxtation des Haußes welche ich dir beygeschloßen hatte
wieder heraus nehmen und zu dem Ende hir behalten
daß im Fall der Käufer von meiner minderjährigen
Enckelin auch sicherheit begerte – dem hisigen Curatel
Ammt die Schätzung vorgelegt werden könte daraus
den zu ersehen wäre – wie das Hauß um 7000 f höher
als die Taxtation verkauft worden wäre – indem der
Geschworne Taxtator es um 14000 f im 22 f fuß also
ohngefehr zwischen 15 und 16000 f im 24 f fuß ge-
schetzt hat. Lebe wohl! und Antworte bald.

236. An Goethe

den 16ten May 1795

Lieber Sohn!
Vielen und hertzlichen Danck vor die überschickte
Vollmacht! Nichts als dein Cathar weßen – /: da ich
nun einmahl nichts von Cörpperlichem Unbehagen an
dir leiden mag – weil ich mir gleich dabey allerley unruhige Gedancken mache :/ konte mich heute etwas

niederschlagen – und mir Wasser unter den Wein gießen – denn seit 14 Tagen schwimme ich in Vergnügen!
Ursach? weil sich *alles* zu vereinigen scheint um mir
die Unruhe des Aus und Einzugs zu erleichtern. Da du
von dem Fortgang meiner Angelegenheiten gerne von
Zeit zu Zeit unterrichtet seyn mögest, so vernim *die*
vor mich gantz sonderbahr glückliche Wendung der
Dinge. Heute vor 14 Tagen wurde die Punctation von
beyden theilen unterschrieben – Schöf Schlosser /: der
sie auch aufgesetzt hat :/ war mein Zeuge – Herr Handelsmann und 51iger Ammelburg war des Käufers
Zeuge – Die Punctation war /: wie mann es vom Schöf
Schlosser erwarten konte :/ ordentlich – deutlich und
nichts vergeßen – Ein Punct darinnen besagte, daß ich
im Hauß müßte wohnen bleiben, biß eine schickliche
Gelegenheit sich mir darböte – und biß ich eine Wohnung nach meinem Gefallen finden würde. Nun hatte
ich ein Ideal im Kopfe – worann ich selber zweifelte
obs zu finden seyn dürfte – denn Erstlich solte es nicht
weit von meiner jetzigen Wohnung entfernt sey[n],
weil alle meine besten Freunde um den Fleck herum
wohnen – Fingerlings – Metzler – Stocks – Hetzler –
Moritz u.s.w. Zweytens sollte es eine schöne Aussicht
haben – drittens 3 Zimmer an einer Reihe – und vir-
tens alles was zur Haußhaltung gehört – großer Vorplatz – Küche – Speißekammer auf einer Etage. Gleich
den Tag nach unterschriebener Punctation komt ein
Mackler – und bietet mir ein logi mit allen oben benanten und verlangten Eigenschafften an – Auf dem
Roßmarckt im Goldenen Brunnen – ja sage ich das
mag wohl recht hübsch seyn aber es ist zwey Treppen
hoch – Das sehen haben sie umsonst sagte der Mann –
und wohl mir daß ich diesen klugen Rath annahm –
einen Tag später und mein Ideal war an andre ver-

miettet – zum Haarausreißen wäre es gewiß gekommen! Nun ging ich oder beßer gesagt ich lief hin. Im
hinaufsteigen prüpfte ich die Treppe sehr genau – nun
fande ich sie sehr gut – auch nicht auserordentlich
hoch – indem die Stockwercke obs schon ein neu Hauß
ist – nicht so enorm in die Höhe getrieben sind – nun
besahe den Vorplatz – schön – groß – wie ich ihn
wünschte – wie ich aber in die Zimmer kam so kan ich
dich auf Ehre versichern, daß ich dastunde wie simpel
vor Erstaunen – nein eine solche Aussicht – ein solche
Lage ist in der gantzen Stadt nicht mehr anzutrefen –
die Küche ist hell und schön – eine große Speißekammer – großer Holtzplatz Summa Sumarum mein
gantzes Ideal – was nun die zwey Stiegen betrieft; so
war das nun gerade nicht in meinem Plann – allein ich
überlegte, daß ich in unserm Hauß die Treppe mehr
zu steigen habe, indem Kleider – Geräthe – porzelain
u.d.g. alle obenauf sind – und dann, daß Frau Aja nicht
herum läuft – sondern wen sie aus geht nur einmahl
im Tag die nun an sich gute Treppe zu steigen hat –
den Preiß wußte ich ehe ich es in Augenschein nahm
nehmlich 400 f. – nun habe ich in unserm Hauß 900 f
weniger 20 versessen – und meine Gemächlichkeit die
ich davor hatte, ist dir am besten bekandt. Wem habe
ich aber alle diese Freuden zu verdancken? niemandt
als Gott und dir – du hast mich auf den glücklichen
Einfall gebracht – meine noch übrigen Jahre in Ruhe
verleben zu können. Davor bin ich nicht allein von
Hertzen danckbahr – sondern da du vom Verkauf der
Baumwißen 1000 f als Geschenck erhalten hast; so
mache ich dir vom Verkauf der Weine ebenfals mit
1000 f ein Geschenck – das du Anfang Augst auf welche
Art es dir am gemächlichsten ist beziehen kanst – biß
dahin gehen sie ab – und den eigendlichen Preiß – der

noch bey mir nicht fest bestimt ist solst du als dann
auch erfahren. Um nun gantz in Ruhe und Zufriedenheit zu kommen, so lege ich mit dem Überschuß der
Weine ein Capital ab – daß ich mit Pfarrer Starck gemeinschaftlich besessen – und das Er jetzt zum Fortkommen seiner beyden verheurateten Söhne braucht
– und mich drum ersucht – und ich Ihm auch bewilligt
habe. Von den Alten weinen solt du noch 12 Bouteillen
bekommen – nicht allein aber das sondern der Käufer
unseres Haußes Herr Weinhändler Blum will von seinen Kostbahren Rüdesheimer – Hochheimer u. d. g.
von jedem etwas beypacken – womit ich dir denn auch
ein Geschenck gemacht haben will – Sollten die Weine
– bey Ihro Durchlaucht oder sonst guten Freunden Beyfall finden; so empfehle ich den wircklich braven
Mann – ich habe versprochen es zu thun – und entle-
dige mich hirmit meines Versprechens. Noch eins! Ich
habe verschiedne Sachen, die mir den Auszug erschwö-
ren würden – und vor die ich auch keinen Platz im
neuen Quartir finden könte – Als da ist das berühmte
Puppenspiel – unser Fammilien Portrait wovon wenigstens die Rahme – und das Bret zum übermahlen
noch tauglich sind – ferrner noch andre Rahmen –
3 Büsten von Stein – 1^{tens} Ihro Durchlaucht der Herr
Herzog – 2^{tens} Durchlaucht Herzogin Amalie – 3^{tens} du
selbst. In meinem neuen Hauße muß ich nun auf alles
das Verzigt thun, aus Mangel des Platzes – entweder
ich laße nun dieses alles Einpacken und schicke es mit
einem Fuhrmann zu dir – oder ich verschencke es. In
dem alten Hauß werde noch zwey Monath bleiben
müßen – den das neue muß geweißt und verschiedne
Dinge noch in Ordnung gebracht werden – So weit
wären wir nun – was noch geschieht soll alles zu deiner
Wissenschaft gelangen. Noch ein unruhig $^1/_4$ Jahr dann

hoffe ich froh und zufrieden – gantz ruhig dem Lauf
der Dinge zuzusehen und jeden Alexander zu bitten,
mir aus der Sonne zu gehn. Meine 3 Zimmer im Neuen
Hauß Möblire ich hübsch und ordendtlich aber aller
kling klang wird verkauft – Herr Blum hat Lust die
Möbel in der guten rothen Stube zu kaufen – ich habe
sie Taxiren lassen 15 Carolin ohne Lüster und Wandleuchter – gibt Er es nicht; so wirds mit allem andern
Überfluß im öffendtlichen Ausruff verkauft. Erfreue
mich bald mit ein paar Zeilen – und mache das Maaß
meiner Freuden voll – Indem du mir die völlige Her-
stellung deiner Gesundheit verkündigest – diß soll
mich mehr freuen als alles übrige. Lebe wohl! Grüße
alles in deinem Haußse was dir Lieb ist von deiner

treuen Mutter Goethe.

N.S. Wenn das Geld wieder durch Herrn Banßa
könte an dich gelangen – der Canal wäre recht hübsch.
So einen langen brief habe ich lange nicht geschrieben –
aber müde und matt bin ich auch –

237. An Goethe

den 22ten Juni 1795

Lieber Sohn!

Ungefähr vor 8 Tagen ist eine Kiste mit den zwey
Lüster an dich abgegangen – Von den Spiegelen sind
nur 3 die gantz ohne allen Mackel sind, und die brauche
ich selbst und muß da ich 5 Pfeiler zu besetzen habe
noch 2 vor meinen Gebrauch kaufen – dir ist bekandt,
daß alle die Möbel besonders die Spiegel 40 Jahre ge-
dient – und den 7jährigen Krieg – 3 Krönu[n]gen – und
nun noch 3 Jahre Einquartirungen ausgehalten haben
– daher ists nicht zu verwundern – daß hie und da et-

was beschädigt worden ist – ich glaubte daß mann solches vielleicht ohne große Umstände Repariren könte – und erkundigte mich deßhalb bey Tabor der sagte mir aber, daß bey viel oder wenig der gantze Spiegel neu mit Quecksilber belegt werden müßte das sind nun die alten Herrn nicht werth – sie sollen also sämtlich im Ausruf verkauft werden – Was die Betten anlangt so habe nur ein einziges übrig das ich nicht entbehren kan – mann kan kranck werden – oder einen Freund z. E. du selbst zum Besuch bekomen u.d.m. Aber Gelegenheit kan doch sich vorfinden zu einem Bett zu gelangen – da es nicht auf einen Stutz seyn muß – so gibts hir mehrmahlen Vorfälle in Ausrüffen u.d.g. wo sich schon so was finden wird – den Judenkram will besorgen. Wegen des Buchs habe von Lippold noch keine Antwort – heute soll er aufs neue erinnert werden – Vor den Willhelm dancke recht sehr – das thut auch Herr Stock – Jedermann ist nur auf den fortgang der Geschichte sehr erpicht – und wartet mit Ungedult auf die folgenden Theile – welches dann vor den Autor ein gutes Zeichen ist. Jetzt Lieber Sohn! wirds du so bald nichts wieder von mir hören – den dieser Brief ist schon 8 Tage in Gedancken geschrieben geweßen – aber Zeit hatte ich nicht dazu – denn nun bin ich im größten wirr warr ich ziehe aus und ziehe ein – und da doch die Hauptsache durch *mich* besorgt werden muß – und es das erstemahl im meinem Leben ist, *daß* ich aus und einziehe; so kanst du dir meine Geschäfftigkeit leicht dencken!! Aber die Freude in mein schönes logi so bald als möglich einzukehren versüßt mir alle Mühe. So eben sagt mir Lippold daß er das Buch erhalten hat – daß es aber noch unter den andern läge er will mir es aber ehestens zu stellen – als denn solst du es gleich mit dem Postwagen erhalten. Lebe

wohl! Ich habe heute noch viel zu thun – und sage nur
noch, daß Gerning sehr vergnügt ist – und daß ich
ewig bin   deine

> treue Mutter
> Goethe.

238. An Goethe

Lieber Sohn!

Schon längst hätte ich dir eine Beschreibung meines
Aus und Einzugs überschickt – aber ich wollte erst
deine Rückkehr nach Weimar abwarthen – Gott sey
Danck! der dir das Carlsbad so wohl hat gedeihen laßen – auch freuts mich, daß ich etwas dazu habe beytragen können. Die Lüster wirst du wohl erhalten haben? auch ist ein Fuhrmann unterwegs der dir 12 Bouteillien vom alten Tyrannen Blut – und 6 ditto von
verschiedenen Sorten /: wovon der Preiß hir bey
kommt :/ von Herrn Blum der unser Hauß gekauft
hat überbringt – solte bey Hoff oder in der Stadt sich
jemandt finden dem er behagte; so solte mir es lieb
seyn. Ehe ich zu meiner Erzehlung schreite muß ich
dir noch innliegenden Brief vom Herrn Schöf von
Holtzhaußen und seine Bitte wegen des armen Menschen ans Hertz legen – wenn du was /: woran ich nicht
zweifle :/ dazu beytragen kanst wirst du es gewiß thun.
Dein Ruhm und Nahme wird dadurch bey deinen
Landsleuten noch erhöht und bekömt einen neuen
glantz – du kenst ja die Herrn Profeßoren – und weißt
die Wege die mann um so etwas zu erlangen einschlagen muß – im October wird der arme junge erscheinen. Schon 6 wochen wohne ich in meinem neuen
Quartir – mein Aus und Einzug ging so glücklich von
statten, daß ich wenig oder gar keine Ungemächlich-

keit davon empfunden habe – zwey Preußische Soldaten haben mir alles hin getragen – weder Schreiner
noch Fuhrwerck habe ich nöthig gehabt und nicht das
mindeste ist beschädigt worden. Freuen wirst du dich
wenn du einmahl herkomst – wenn du mein niedlich
eslogiegen sehen wirst. Eingerichtet bin ich gantz exe-
lentz – ich habe gerade so viel als ich brauche – 3 gar
schöne Stuben in einer reihe, eine von 4 Fenster die
auch wohl einen Saal vorstellen könte ist so lange
mann noch nicht einzuheitzen braucht, meine Wohn
und Besuch Zimmer – die zweyte von 3 Fenster ist
mein Schlafzimer – die von zwey Fenster haben meine
zwey Mägde – ich habe letztere so hübsch eingerichtet
daß wann ich die Freude habe, dich bey mir zu sehen –
es dein Zimer wird – meine Leute will ich schon hin-
tenaus verstecken – Ferner ist ein schöner geräumiger
Vorplatz hinter den Zimmern wo alle meine Schräncke
stehn – eine schöne helle Küche – alles auf einem Platz
auch noch Speißekamer – Holtzplatz – so daß ich die
Treppe nicht zu steigen brauche, als wenn ich aus-
gehe – das ist das innre – aber nun die Aussicht – da ists
ohne allen streit das erste Hauß in Franckfurth – die
Hauptwache gantz nahe – die Zeil da sehe ich biß
an Darmstädter Hof – alles was der Catharinenporte
hinein und heraus kommt so mit der Bockenheimerstraße u.s.w. und denn das jetzige Soldaten weßen! So
eben werden die Anspacher auf dem Paradeplatz gestelt – um 11 uhr die Wachtparade mit treflicher Kriegerischer Musick alles an mir vorbey – und Sontags
wenn die Catharinenkirche aus ist – und die Wachtparade dazu kommt so siehts auf dem großen Platz
aus wie am Krönungstag – sogar an Regentagen ist es
lustig die vielen hundtert Paraplü vormiren ein so
buntes tach – das lustig anzuschauen ist – ich muß dir

auch noch sagen wie ichs mit der Einquartirung habe –
das Hauß ist auf gemeine eingeschrieben jetzt hat es
4 Mann vom Regiment Taden – 2 hat der Haußherr –
die andern 2 haben wir nehmlich Herr Bernus – Frau
Rittern und ich – Frau Rittern gibt die Stube, Bettung –
ich gebe täglich dem einen vor Kost 8 xr Herr Bernus
dem andern ebenfals 8 xr – weiter hören und sehen
wir von ihnen nichts und bleiben im übrigen ruhig.
Ich bin mit einem Wort sehr vergnügt – bereue meinen Tausch gantz und gar nicht und dancke dir noch
vielmahls daß du mich auf den guten Gedancken gebracht hast. Nun ich weiß daß du wieder in Weimar
bist, soll auch der Judenkram bald erscheinen – das
beste davon sind zwey Neßeltüchern Kleider wovon
das eine recht hübsch ist – sage aber noch nichts davon
– damit es mehr Spaß macht. Den Brief habe bestelt –
Gerning grüßt dich – Noch etwas! Ich habe von meinen Möbel die ich nicht mitnehmen konte noch wolte
einen Ausruf im alten Hauß gehalten – was draus gelößt worden weiß ich noch nicht – ich hoffe doch so viel
um die Tapeten im neuem Hauß umsonst zu haben.
Jetzt lebe wohl! Auf die Fortsetzung des Romans freue
mich sehr. Grüße alles

von
deiner treuen Mutter
Goethe.

239. An Goethe

den 24<u>ten</u> September 1795

Lieber Sohn!

Hier kommt der Juden kram – wünsche damit viel
Vergnügen! Auch gratulire zum künftigen neuen
Weltbürger – nur ärgert mich daß ich mein Enckelein
nicht darf ins Anzeigblättgen setzen laßen – und ein
öffendlich Freudenfest anstellen – doch da unter die-

sem Mond nichts Vollkommenes anzutrefen ist, so
tröste ich mich damit, daß mein Häschelhans vergnügt
und glücklicher als in einer fatalen Ehe ist – Küße mir
deinen Bettschatz und den kleinen Augst – und sage
letzterem – daß das Christkindlein Ihm schöne Sachen
von der Großmutter bringen soll. Das inliegende an
Bethmann Metzler habe sogleich besorgt – Auch von
Kappel solst du nachricht haben – schickt Bethmann
so lang der Kasten offen ist den Credit brief so komt
er mit – sonst schicke ich ihn mit der reitenden post.
Hier ist alles auf neue in großer Unruhe – die Kayerlichen retiren sich – die Frantzosen werden bald wieder bey uns seyn – nun trösten uns zwar die sich noch
hir befindende Preußen – und sagen die Francken gingen nur durch – und wir hätten unter ihrer Obhut
nicht zu befürchten – müßens eben abwarten – ich bin
frölich und gutes Muths – habe mir über den gantzen
Krieg noch kein grauhaar wachssen laßen – schaue aus
meinem Fenster wie die Östreicher ihre krancken auf
Wagen fortbringen – sehe dem Getümmel zu – speiße
bey offenem Fenster zu Mittag – besorge meine kleine
Wirthschaft – laße mir Abens im Schauspiel was daher
tragiren – und singe, freut Euch des Lebens, weil noch
das Lämpgen glüht u.s.w. Arbeiten thue ich vor der
Hand nicht viel – und wer jetzt einen Brief von mir erhält – kan dick thun – die Witterung ist zu schön –
meine Aussicht zu vortreflich – wärest du nicht der
Wolfgang – du hättest warten können. Nur einen
Augenblick wünschte ich dich jetzt her – vor Getümmel konte ich beynahe nicht fortschreiben – der gantze
Roßmarck steht voll Bauern wagen die Stroh und Heu
zu Marckte gebracht haben – die Wachtparade der
Preußen soll aufziehen es ist auf dem großen platz kein
Raum – die Bauern kriegen Prügel u.s.w. Von dem

Bockenheimer Thor herein kommen – Wagen mit
Betten – die Maintzer flüchten – genug es ist ein Schari
wari das Curios anzuhören ist. So eben kommt von
Herrn Kappel die Antwort, daß er Burgunder Wein
erwartete – so bald er ankomt – will er dir Proben
schicken. Lebe wohl! grüße alles was dir lieb ist

von

deiner treuen Mutter
Goethe.

N. S. mit Verlangen und großem Vergnügen erwarte
die Fortsetzung von Willhelm.

240. An Goethe

den 16$^{\underline{ten}}$ October 1795

Lieber Sohn!

Seit 5 Tagen erwartete ich deine Ankunft anstatt deiner kommt nun ein Brief der von veränderten Umständen spricht – und wo zu meinem Leidweßen dein
noch längeres Ausbleiben mir angedeutet wird. Wenn
die Umstände die sich verändert haben dich und deine
Geschäfte betrefen; so kan ich nichts dagegen sagen –
wäre aber unsere jetzige Lage darundter gemeint, so
weiß ich wieder nicht warum du dich abwendig machen läßt her zu kommen – zumahl da die Frantzsosen
im Rückmarsch begrifen sind. Wir sind gantz ruhig
am Montag war starcke Canonade – wo die Kayerlichen die Frantzen zurück drengten – wir sind seit
3 Jahren das Ding so gewohnt worden – daß alles seinen ordentlichen Gang dabey fortgeht. Die Ursach deines Ausenbleibens seye nun welche es wolle so habe
zwey Bitten an dich, Erstlich mir den Tag deiner Abreiße von Eißenach zu berichten – damit ich nicht

Tagelang /: wie seit Sontag der Fall war :/ am Fenster
mich bald blind gucke und jede Postschäße vor die dei-
nige halte – zweytens daß du bey guter Tageszeit ein-
trifts – denn da es nicht mehr mein eigen Hauß ist; so
müßen verschiedne Einrichungen getrofen werden –
die bey Nacht sehr beschwerlich wären – z. E. Ich habe
von meinem Haußherrn eine Stube vor deine Bedi-
nung gemithet – alles geht bey Zeit schlafen – ich kan
nicht zur Stube ohne den Haußherrn allso – den Gelehrten ist gut predigen. Ich befinde mich Gott sey
Danck! Lustig – munter und gesund – doch etwas
grämlich über dein Ausbleiben – denn ich hätte doch
Lust zu wetten, daß so etwas von feurigen kuglen von
der Bethmann ihrer Fabrick schuld an deinem Ausbleiben ist. Dein Koffer ist wohlbehalten angekommen – kome du auch bald – und verlebe mir die noch
so schöne Herbst tage nicht in Eißenach. Lebe wohl!
Ich hoffe dir bald mündlich sagen zu können daß ich
bin

deine treue Mutter
Goethe.

N. S. Daß alle deinen Freunden Zeit und weile lang
wird bist du kommst – kanst du aufs wort glauben.
Auch habe ich dir ein Theatralisch Donnerwetter bestelt – das dich hoch gaudiren wird. So eben zieht die
Preußische Wachtparade auf – kuckstest du doch mit
mir dem Fenster herraus! ! ! ! ! / / /

241. An Goethe

[Mitte December 1795.]

Lieber Sohn!

Hir kommt das gewöhnliche bon bon – unten in der Schachtel – liegt Infanteri und Cavaleri vor den kleinen Augst – Er kan bey den langen Winter abenden sich damit amusiren – in der Entfernung und dem seltenen Briefwechsel kan ich ohnmöglich wißen was dem Kind etwa Freude machen mögte – auch sind größre Spielwercke wegen des Transports zu kostspielig – nehmt also mit dem vorliebt. Die Castanien werden jetzt ersetzt seyn. Vor die Übersendung des Willhelm dancke hertzlich das Intereße steigt; so wie es weiter fort geht – Habe Danck daß du der unvergeßlichen K. noch nach so vielen Jahren ein so schönes Denckmhal gestifftet hast Sie kan dadurch nach Ihrem Tod noch gutes stifften. Ehe ich dieses schließe, will ich nachsehn, wie viele Mercure und Modejournahle mir fehlen es ist lange her daß ich keine bekommen habe. Hir kommt ein Brief davon der Verfasser endweder ein geni oder ein Lustiger Spaßmacher ist – ließ nur meine Adreße! Hir ist jetzt alles ruhig und still – wir haben eine gantz kleine Besatzung von Kayerlichen und die fernen Nachrichten lauten noch immer sehr gut – Ich bin gesund vergnügt und frölig – es gefält mir täglich im neuen Logi beßer und beßer – wie konte ich nur 46 Jahr auf dem Hirschgraben wohnen!! No. 7. 8. 9. 10. 11. 12. fehlen vom Mercur und vom Modejournahl also $^1/_2$ Jahr schicke sie mit Gelegenheit und wens dir gemächlich ist. Dencke im Mertz werde ich Urgroßmutter!! Da will ich Respeck von allen Menschen /: und zwar mit recht :/ fodern – Louise beklagt sich über deine Unoncklichkeit du hättest Ihr nicht geantworttet –

Wir sind freylich so in alle 4 Winde zerstreut das es
beynahe heißt – wer ist meine Schwester u.s.w. Dem
allen ohngeachtet bin ich doch vors zusammen halten
– denn *so* kommen wir doch nicht wieder zusammen.

Gott! Segne dich im Neuen Jahr – Er laße Seine Lieb
und Güt um – bey und mit dir gehn was aber ängstest
und betrübt gantz ferne von dir stehn Amen.

Deine treue Mutter
Goethe.

N.S. Herr Stock danckt dir recht hertzlich vor den
überschickten Willhelm. Er war sehr kranck und läßt
sich deßwegen /: weil Er immer noch schwach ist :/
durch mich endschuldigen daß Er nicht selbst geschrieben habe.

Gestern wars du die Ursach eines sehr vergnügten
Tages – die Elise Bethmann gab verschiedenen großen
Musick Künstlern ein Dine nach Tische setzt sich der
eine an's Forto piano und singt mit der herrlichsten
Stime: kents du das Land wo die Citeronen blühn? das
war etwas auserordtenliches – der Ausdruck dahin
dahin hat bey mir ein Gefühl zurück gelaßen – das
unbeschreiblich ist – die Sophie Bethmann soltet du
diese Worte declamiren hören – ich versprach es dir
zu schreiben – und in aller nahmen zu dancken – und
thue es hiemit. Gott! Segne dich im Neuen Jahr Amen.

242. An Louise Nicolovius   d 30ten Jenner
                                            1796

Liebe – Gute Louise – und brave Haußfrau.

Hier komt das Machwerck der Urgroßmutter. Tausend gegen eins gewettet bin ich die erste Urgroßmutter die die Spitzen an ihres Urenckels Kinds Zeug ge-

klöppelt hat – und zwar wie der Augenschein darthut
nicht etwann lirum larum sondern ein sehr schönes
Brabanter Muster – Was wird das kleine Wesen so
schön darinnen sich aus nehmen! Ehe du dieses be-
komts – schreibe ich noch an dich und an deinen vortreflichen Mann auf deßen Enckelschaft ich Stoltz bin.
Jetzt Lebe wohl! denn nun muß die Raritet gepackt
und eilig fortgeschickt werden – damit das Urenckel-
chen nicht ehnder als die Sachen ankomme – Grüße
deinen Lieben Mann von deiner

treuen Großmutter
Goethe.

243. An Ludwig und Louise Nicolovius

Den 1ten Februar 1796

Liebe Kinder!
Mit umlaufender Post würde ich Eure Briefe die meinem mütterlichen Hertzen so wohl thaten, die mir so
viele Freude machten auf der Stelle beantwortet haben – wenn nicht das kleine noch unsichtbahre Weßen
mich dran verhindert hätte. Ja Lieben Kinder mein
Urgroßmütterliches Machwerck war an der Verzögerung schuld – Angst und bange wurde mir wenn mir
einfiehle daß das Urenckelein ehnder ankäme als
meine Rarität – alles mußte stehn und liegen bleiben
u.s.w. Aber nun schöpfe ich Odem!! Das päcklein ist
Spedirt – wohin? Das könt Ihr auf beykommendem
Zettelgen leßen – Gott! Gebe unserer Louise eine frohe
und glückliche Entbindung – das soll und wird vor
uns *alle* ein Tag der Freude und des Jubels seyn Amen.
Meinen Schattenriß solt Ihr haben, nur müßt Ihr
Euch noch etwas gedulten – denn der Mann der darinn
Meister ist, ist verreißt, so wie Er wieder kommt solls

verfertigt und den mir so rühmlich und gütig zuge-
dachten platz bey Euch einnehmen. Daß meine ehemahlige Freunde und Bekandten sich meiner noch in
Liebe erinnern thut meinem Hertzen wohl, und versetzt mich in die so seligen Tage der Vorzeit wo mir in
dem Umgang der Edlen und biedern Menschen so
wohl ward – wo ich so viel gutes sah und hörte – so
viel Nahrung vor Hertz und Geist genoß – niemahls
nein niemahls werde ich diese herrliche Zeit vergeßen!
Da Ihr meine Lieben Kinder nun das Glück habt unter
diesen vortreflichen Menschen zu leben; so gedenckt
meiner zuweilen – nicht gantz aus dem Andencken
dieser mir ewig unvergeßlichen Freunde aus gelöscht
zu seyn, wird mir in meiner Einsamkeit auch in der
großen Entfernung Freude und Wonne seyn. Mein
Lieber Sohn Schlosser nebst Weib und Kinder werden
im Frühjahr zu mir kommen – die Ankunft wird vor
mich freudevoll und lieblich sein, aber der Abschied!!
Wenn ich dencke, daß aller Wahrscheinlichkeit nach
es das letztemahl seyn wird daß Frau Aja dieses Vergnügen genüßt daß die große Entfernung Coreßpontentz und alles übrige erschwert – so habe ich nur
einen Trost, den ich aber auch mit beyden Händen halten muß daß er mir nicht entwischt – nehmlich, daß
Ihr alle zusammen alsdann eine der glücklichsten Familien ausmachen werdet, und daß ich in den gantz
sonderbahren Fügungen und Lenckungen Euer *aller*
Schicksahle erkennen, fühlen und mit gerührtem
Hertzen bekennen und sagen muß Das ist Gottes
Finger! Nun dieser Gott! der bißhieher so viel gutes
uns erzeigt hat, der wirds auch in diesem Jahr an keinem guten manglen laßen – Er seegne Euch erhalte
Euch froh und freudig – Er schencke unserer Louise
einen freudigen Anblick ihres Erstlings – und laße Sie

die Mutterfreuden gantz fühlen – dem lieben Urenckelein schencke Er Gesundheit Munterkeit und Kraft
zum Eintritt ins Leben – das wird Er thun Amen. Lebt
wohl! und behaltet lieb

Eure

Euch hertzlich liebende
Großmutter
Goethe.

244. An Goethe

den 2<u>ten</u> Februar 1796

Lieber Sohn!

Schon längst hätte ich mich vor die überschickten
Mercure und Modejournahl bedancken sollen, aber
ich hatte ein Machwerck unterhänden wo, wann es zu
rechter Zeit fertig werden solte Fleiß und Anstrengung nöthig war. Meine Enckelin Louise kommt im
Mertz in die Wochen – da werde ich nun Urgroßmutter! Um nun diesem Vorfall noch mehr Raritet zu geben, entschloß ich mich eine Arbeit vor zu nehmen,
die /: ich wette mein Hab und Fahrt :/ seit der Er-
schaffung der Welt /: ein starck stück :/ keine Urgroßmutter verfertigt hat: nehmlich die Spitzen an das
Kindszeug die Häubger und Ermelger zu klöppeln –
und nicht etwa so lirum larum, nein, sondern ein Brabanter Muster 3 Finger breit und wohl zu bemercken
ohne Brille! Nun dencke dir die kurtzen Tage – mancherley Abhaltungen und du, und wer es hört wird
meinen Fleiß bewundern – daß das Wunderwerck
ficks und fertig auch schon spedirt ist. Daß dem lieben
kleinen Söhngen seine Rolle hienieden so kurtz aus
getheilt war, thut mir sehr leid – freylich bleiben nicht
alle Blüthen um Früchte zu werden – es thut weh –
aber wenn die Saat gereift ist und kommt denn ein
Hagelwetter und schlägts zu Boden was in die Scheuern

eingeführt werden solte, das thut noch viel weher --
Wenn aber nur der Baum stehen bleibt; so ist die
Hoffnung nicht verlohren. Gott! Erhalte dich – und
den Lieben Augst – und deine Gefährtin – diß ist mein
innigster und hertzlichster Wunsch. Daß das Juden-
krämgen seine Bestimmung erfült hat freut mich – die
weimarer Damen sind geschickter und haußhälteri-
scher wie bey uns, da muß alles neu seyn sonst gehts
nicht. Den eingeschlagenen Brief den jungen Menschen betrefend, habe an Herrn Schöff von Holtzhauß
überschickt, damit Er sieht, daß du in der Sache thätig
geweßen bist. Jetzt noch etwas von meinem Thun und
laßen. Ich befinde mich diesen Winter /: der aber auch
freylich den Nahmen nicht verdient :/ sehr wohl und
vergnügt – wir haben 3 Batalion Grenadir Kayerliche
zur Einquartirung – es sind Niederländer die kein
Wort deusch können – im Anfang wars nicht angenehm, mann glaubte die Feinde zu hören, jetzt wißen
wir woran wir sind – Herr Bernus – Frau Rittern und
ich, haben Mann – Frau und Knäbelein von 10 Wochen
zu unserm Antheil erhalten – Sie wolten kein Geld,
sondern die Kost – da füttert sie Herr Bernus eine
Woche – und ich eine – Frau Rittern gibt die Stube und
Bett da sind sie und wir gantz vergnügt – Heute bekommen sie bey mir Fleischbrüh Suppe – Weißkraut
und Rindfleisch, das ihnen sehr wohl behagen wird.
Auch verdienen es die braven Kayerlichen daß es
ihnen bey uns wohlgeht, denn nächst Gott waren sie
unsere Retter. Gott verleihe uns bald den edlen Frieden – das ist der allgemeine Wunsch. Lebe wohl! Behalte mich in gutem Andencken – grüße alles was dir
lieb ist von
                    deiner
                              treuen Mutter
                              Goethe.

245. An Goethe

Den 28<u>ten</u> Februar 1796

Lieber Sohn!

Hir etwas von Schlosser – und bey dieser Gelegenheit kan ich dich von meinem Wohlbefinden benachrichtigen. Das ist aber auch alles was ich dir zu schreiben habe – denn wie ich im übrigen diesen Winter gelebt habe dürfte dir wohl schwerlich so Intereßant seyn um die Zeit mit Leßen zu verderben doch zum Spaß nur etwas: Frau Bethmann ist verreißt – und Ihre Töchter und ich kommen die Woche etliche mahle zu sammen auch sind noch einige gute Freunde dabey wie du gleich hören solst: was wir da treiben? wir leßen – vorige Woche lassen wir Schillers Dom Karlos! jeder bekam eine Rolle – Sophie die Königin – Herr von Schwartzkopf /: der gantz vortreflich ließt :/ den Dom Karlos – Posa ich – Fürstin Eboli – die Jeni Bethmann – Domingo Herr Gerning – König Phillip Herr von Formey – Herzog Alba Eduarts Hoffmeister Herr Wagner – die kleineren Rollen vertheilten wir wieder unter uns – du kanst nicht glauben wie uns das Freude gemacht hat – künftige Woche gibts was neues – Ach! Es gibt doch viele Freuden in unseres Lieben Herr Gotts seiner Welt! Nur muß mann sich aufs suchen verstehn – sie finden sich gewiß – und das kleine ja nicht verschmähen – wie viele Freuden werden zertretten – weil die Menschen meist nur in die Höhe gucken – und was zu ihren Füßen liegt nicht achten. Das war einmahl wieder eine Brühe von Frau Aja ihrer Köcherrey. Lebe wohl! Grüße alle deine Lieben von

deiner

treuen Mutter
Goethe.

246. An Goethe

den 19$^{\underline{ten}}$ Mertz 1796

Lieber Sohn!

Herr Dorville und Bernhardt von Offenbach empfehlen dir durch mich Überbinger dieses Herrn Frän-
tzel einen großen Meister auf der Violine – Er macht
eine große Reiße – oder hat sie zum theil schon gemacht, villeicht verschaft Ihm deine Bekandtschaft
die Gnade, sich vor der Durchlauchdigsten Herrschaft
hören zu laßen – oder auch sonst bey deinen Freunden
Ehre legts du gewiß ein wo du Ihn auch einzuführen
die Güte haben wirst. Solchen alten Freunden konte
diese kleine Gefelligkeit ohnmöglich versagen –

deine

treue Mutter
Goethe.

247. An Ludwig und Louise Nicolovius

Den 5$^{\underline{ten}}$ April 1796

Nun dancket alle Gott! Mit Hertzen Mund und
Händen, der große Dinge thut – Ja wohl – an Euch, an
mir mir, an uns allen hat Er Sich auf neue als den Ma-
nifestirt der freundlich ist und deßen Güte ewiglich
wäret – gelobet seye Sein Heiliger Nahme Amen. Lieben Kinder! Gott seegne Euch in Eurem neuen stand!
Der Vater und Mutter Nahme ist Ehrwürdig – O!
Was vor Freüden warten Eurer – und glückliches Knäbelein! Die Erziehung solcher vortreflichen Eltern und
Großeltern zu genüßen – wie sorgfältig wirst du mein
kleiner Liebling nach Leib und Seele gepflegt werden
– wie frühe wird guter Samme in dein junges Hertz
gesäht werden – wie bald, alles was das schöne Eben-
bild Gottes was du an dir trägst verunziren könte aus-

gerottet seyn – du wirst zunehmen an Alter – Weißheit
und Gnade, bey Gott und den Menschen. Die Urgroßmutter kann zu allem diesem guten nichts beytragen,
die Entfernung ist zu groß – Sey froh lieber Johann
Georg Eduart die Urgroßmutter kan keine Kinder er-
ziehen schickt sich gar nicht dazu – thut ihnen allen
Willen wenn sie lachen und freundlich sind, und prü-
gelt sie wann sie greinen, oder schiefe Mäuler machen,
ohne auf den Grund zu gehen – warum sie lachen –
warum sie greinen – aber lieb will ich dich haben,
mich hertzlich deiner freuen – deiner vor Gott ofte und
viel gedencken – dir meinen Urgroßmütterlichen Seegen geben – ja das kan, das werde ich. Nun habe ich
dem jungen Weltbürger deutlich gesagt – was er von
mir zu erwarten hat, jetzt mit Euch meinen Lieben
großen Kindern noch ein paar Worte. Meinen besten
Danck vor Eure mir so liebe und theure Briefe – sie
thun meinem Hertzen immer wohl und machen mich
überaus glücklich – besonders die Nachricht daß das
päckgen wohl angekommen wäre, /: den darüber hatte ich große Besorgnüß :/ machte mich sehr froh – den
denckt nur!! wenn der Urgroßmutter ihr Machwerck
worüber die gute Matrone so manchen lieben langen
Tag geseßen und geklüppelt hat wäre verlohren gegangen, oder zu spät gekommen, das wäre mir gar
kein Spaß geweßen – aber so, gerade zu rechter Zeit,
vier Tage /: den ich guckte gleich in Calender :/ zuvor
ehe das Knäbelein ankam das war scharmandt. Der
kleine junge hat mir den Kopf vor lauter Freude so
verrückt, daß die eigendtliche Gratulation die doch
nach der ordtenlichen Ordnung zu Anfang stehen
solte, jetzt hintennach kommt – bedeutet aber eben
so viel, und geht eben so aus dem Hertzen. Gott! Laße
Euch Freude und Wonne in großem Maaß an Eurem

Kindlein erleben – Es sey Eure Stütze auch in Eurem Alter – Es seye Euch das, was Ihr Euren Eltern und der Großmutter seidt das ist der beste Wunsch beßer weiß ich keinen. Liebe Frau Gevatterin! /: der Tittel macht mir großen Spaß :/ wenn dieses zu Ihren Händen kommt da ist Sie wieder frisch und flinck – aber höre Sie, seye Sies nicht gar zu sehr – gehe Sie nicht zu frühe in die Aprill Luft den der hat seine Nücken wie die alte Gertraudt im Wansbecker Boten. Bleibe Sie hübsch in ihrem Kämmerlein biß der May kommt – damit kein Catar und Husten Sie beschweren möge – nun ich hoffe Sie wird guten Rath annehmen. Nun Lieber Herr Gevatter! Tausendt Danck nochmahls vor alle Eure Liebe – vor Eure schönen Briefe /: der Louise ihre mit eingeschlossen :/ vor die gute hertz-erfreuende Nachricht – vor die Gevatterschaft vor alles Liebes und gutes womit Ihr schon so manchmahl mein Hertz erfreut habt – Gott! Lohne Euch dafür – Behaltet mich lieb – Ihr lebt und schwebt in dem Hertzen derjenigen die ist und bleibt

Eure
treue Groß und Urgroßmutter
Goethe.

N.S. Der vortreflichen Frau Gräfin von Stollberg – wie nicht minder der Lieben Tante Jajobi meinen besten Danck vor Ihre Liebe und Freundschaft gegen meine Louise – Gott! Seegne Sie davor. Der Scharlot habe sogleich den Brief überschickt – Himmel! was wird die vor Freude greinen! das ist ein hertzgutes aber cuioses Geschöpf die greint bey Freude – die greint bey Leide – wens regnet und wenn die Sonne scheint – verdirbt Ihre Augen gantz ohne Noth und macht dem Urenckelein keine Spitzen!

248. An Goethe

den 22ten Aprill 1796

Hier kommt das welsche korn – wünsche gute ge-
deiliche Witterung – daß Herr Ifland Euch sehr wohl
unterhalten wird darann zweifelt niemand der diesen
Künstler kent – hir wird auch wacker drauf loß tragirt
– die Meße war unserm Theater sehr ersprißlich – und
thrug schönes Geld ein. Neues gibts gibts bey uns gar
nichts, das der Tinte werth wäre – Schlosser kommt
mit Sack und Pack in 3 wochen hieher und geht alsdann vermuthlich auf Lebenslang nach Eutin – Lebe
wohl! Grüße alles was dir Lieb ist von

deiner

treuen Mutter
Goethe.

249. An Goethe

geschrieben am längsten tag [21. Juni] 1796

Lieber Sohn!

Sogleich nach erhaltung deines Briefes habe die Einlage an Freund Rieße übergeben. Er empfielt sich dir
bestens, und wird ehestens eine vollständige Relation
an dich übersenden – zugleich Mittel und Wege angeben wie die dortige Lotteri ihren rechten Schwung
bekommen kan – das alles wirst du also durch Ihn
bestens erfahren. Nun von meinem Thun und Laßen.
Hir war wieder einmahl alles in großen Schwulitäten –
eingepact – fortgegangen – Pferde bestelt – täglich vor
ein Pferd 11 gulden bezahlt damit es parat wäre –
manches Hauß brauchte 6 auch noch mehrre – war
also alle Tage so viel Pferde so viel Carolinen – die
Kuscher haben wieder ihren Schnitt gemacht – auch
die Schreiner – Packer u. d. g. Bey diesem Specktackel

bliebe ich wie die gantze Zeit her ruhig – packte nicht – regte mich nicht – Eßen – Trincken und Schlaf bekame wir wohl – Erfahrung brachte Hoffnung – der 3 mahl geholfen hat, hats nicht verlernt – Er kan auch jetzt helfen, und Er thats durch die braven Sachssen, die haben uns wieder vordißmahl befreyt. Auch trägt zu meinem ruhigseyn nicht wenig bey, daß ich unter so guten Menschen wohne – die eben so ruhig und still sich betrugen wie ich – denn wenn mann unter so verzagten Haaßen sich befindet; so kostest doppelte Mühe sich aufrecht zu halten – die Furcht steckt an, wie der Schnuppen – und macht aus dem Singularis alle mahl den Pluralis sie macht es noch immer wie vor 4000 Jahren da sagten die Syrer, der König hätte wieder sie gedingt die *Könige* der Hethiter und die *Könige* der Egypter – sagten also statt König Könige! Zweyte Buch der Könige Cap 7 v. 6. Schlosser war mit Weib und Kinder 10 Tage hir – viel Genuß war nicht bey der Sache – denn die Unruhe war etwas starck, und sein Dichten und Trachten ging nach dem Nordischen Canaan. Ich laße jedem Menschen gern seyn Himmelreich – denn in der Himmelreichs Faberick habe noch nicht viel progreßen gemacht und bin sehr froh, wenn die Menschen es ohne mich finden. Im übrigen pasirt hier wenig neues – das verdindte beschrieben zu werden – mit deinen alten Freunden sieht es ohngefähr so aus: Rieße ist etwas Hipoconder – Crespel ist ein Bauer geworden, hat in Laubach Güter gekauft das heißt etliche Baumstücke – baut auf dieselbe ein Hauß nach eigner Invenstion hat aber in dem kikkelsort weder Mauerer noch Zimmerleute, weder Schreiner – noch Glaßer – das ist er nun alles selbst – es wird ein Hauß werden – wie seine Hoßen, die er auch selbst Fabricirt – Muster leihe mir deine Form!! Jetzt

einen gelehrten *artickel:* wann kommt denn wieder ein
Willhelm Meister zum vorschein – die Leipiger Meße
ist doch zu Ende? In diesem gantzen Jahr habe noch
keinen Mercur noch kein Modejournal erhalten – es
ist freylich von mir so etwas impertinent immer noch
das zu verlangen, was die guten Freunde mir schon so
viele Jahre die Güte hatten zu zuschicken – ich frage
auch deßwegen nur gantz höfflich an ohne es geradezu
zu pretendiren. Jetzt Lebe wohl! Grüße alles aufs
beste und freundlichste in deinem Hauße von deiner

treuen
Mutter Goethe.

250. An Goethe

den 22<u>ten</u> Juli 1796

Lieber Sohn!

Aus den Zeitungen wirst du die jetzige Lage deiner
Vatterstadt erfahren haben – da aber das Tagebuch
von Frau Aja zuverläßig nicht darinnen steht und ich
doch mit Zuversicht glaube daß es dir nicht gleichgültig ist wie ich diese Epoche überstanden habe; so
werde eine kleine Relation davon abstatten. Vor denen
Frantzosen und ihrem hereinkommen hatte ich nicht
die mindeste Furcht daß sie nicht Plündern würden
war ich fest überzeugt – wozu also einpacken? ich
ließe alles an ort und stelle und war gantz ruhig – auch
glaubte kein Mensch daß die Kayerlichen sich hir halten wollten – es war wie die Folge auch gezeigt hat
wahrer Unsinn – da sie es aber doch thaten; so fing die
Sache an bedencklich zu werden – das Hauß wo ich
wohne ist in Zeiten der Ruhe eins der schönsten in der
Stadt – aber desto fürchterlicher in solchen Tagen wie
die vergangenen wahren – der Kayerliche Command-
tant wohnte gegen mir über, nun sahe ich all den

Specktackel – die Frantzosen mit verbundenen Augen
– unsern Burgemeister – alles in Furcht was das werden
solte u.s.w. den 12ten gegen Abend fing das Bombardement an wir setzen uns alle in die untere Stube unsers
Haußherrn wie es etwas nachließ ging ich schlafen –
gegen 2 uhr früh morgens fings wieder an wir wieder
aus den Betten – nun fing ich an auszuräumen nicht
vor den Frantzosen aber wohl vor dem Feuer – in ein
paar Stunden war alles im Keller biß auf die Eißerne
Kiste die uns zu schwer war – ich ließ meines Schwager
Major Schuler seinen Fourirschütz nebst noch einem
starcken Mann holen – die brachten sie denn glücklich
in Keller. Biß an diesen periodt war ich noch gantz be-
rugigt – jetzt kamen aber so schreckliche Nachrichten
wie der wie jener /: es waren Leute die ich kante :/
der von einer Haupitze Todt geschlagen dem der Arm
dem der Fuß vom Leibe weg u.d.g. nun fing mir an
Angst zu werden und ich beschloß fortzugehn freylich
nicht weit – nur dem Bombardement aus zuweichen –
da war aber kein Fuhrwerck ums Geld zu haben – endlich hörte ich, daß in meiner Nachbahrschaft eine Familie nach Offenbach führe – ich ließe sie bitten mich
mitzunehmen – und es wurde mit vieler Höfflichkeit
bewilliget. Ich bin keine von den verzagten Seelen,
aber diese schreckliche Nacht die ich gantz ruhig in
Offenbach bey Mama la Roche zubrachte, hätte mir
in Franckfurth vielleicht Leben oder doch Gesundheit
gekostet – den 12ten 13ten und 14ten bliebe ich also in
meiner Freystadt – den 15ten früh kam die Nachricht
daß die Capitulation geschloßen und nichts mehr Leib
und Leben betrefendt zu befah[r]en sey – nur müßte
mann machen den Tag noch zurückzukommen weil
den 16ten die Frantzosen einrücken würden und als
dann die Thore geschloßen seyn würden – nun wäre

ich um keinen Preiß in Offenbach geblieben – einmahl
weil mann mich vor Emigrirt hätte halten können –
zweytens weil meine schöne Zimmer als gantz lehr
stehend /: denn meine Mägde hatte ich auch mitgenommen :/ hätten weggenommen werden können.
Nun war wieder Holland in Noth! war wieder kein
Fuhrwerck zu haben – Da erbarmte unser alter Freund
Hans Andre über mich, gab mir sein artiges Küschgen
und rasch war ich wieder im goldenen Brunne danckte
Gott von gantzem Hertzen vor meine und vor die Be-
wahrung meiner Wohnung. Es ist gantz begreiflich
daß ein größerer Unglück das kleinere verdrängt –
wie die Canonade aufhörte – waren wir wie im Himel – wir sahen die Frantzosen als Retter unsers Haab
und Beschützer unserer Heußer an – denn wenn sie
gewolt hätten so stünde kein Hauß mehr – und zum
löschen spantten sie ihre Pferde vor die Spritzen die
von den Dorfschafften zum löschen herbey eilten.
Gott! Schencke uns den Frieden! Amen! Lebe wohl!
Grüße alles in deinem Hauße, und behalte lieb

deine

treue Mutter
Goethe.

N.S. vor die überschickten jounarle und Mercure
dancke bestens – villeicht finden sich die 3 fehlende Mercure noch, bemühen solst du dich aber deßwegen nicht.

251. An Goethe

den 1$\underline{\text{ten}}$ August 1796
Lieber Sohn!
Du verlangst die nähreren Umstände des Unglücks
unserer Stadt zu wißen. Dazu gehört eine ordendtliche
Rangordnung um klahr in der Sache sehen zu können.

Im engsten Vertrauen sage dir also, daß die Kayerlichen die erste ursach geweßen sind – da sie nicht im
stande waren die Frantzosen zurück zu halten – da
diese vor unsern Thoren stunden – da Franckfurth
keine Festung ist – so war es Unsinn die Stadt ohne daß
sie den minsten vortheil davon haben konten ins unglück zu bringen – mit alledem wäre allerwahrschein-
lichkeit nach kein Hauß gantz abgebrandt – wenn der
fatale Gedancke /: den sich niemand ausreden ließe :/
die Frantzosen würden plündern – nicht die Oberhandt
behalten hätte – das war das Unglück von der juden
gaße – denn da war alles ausgeräumt – beynahe kein
lebendiges weßen drinnen – der Unsinn ging so weit,
daß sie vor die lehren Häußer große Schlößer legenten.
Da es nun anfing zu brennen, so konte erstlich niemandt als mit Gewalt in die zugeschloßenen Häußer –
zweytens waren keine juden zum löschen da – drittens
waren gantz nathürlich in den Häußern nicht die
minsteste anstalt – wenn es die Christen eben so Horn-
dumm angefangen hätten, so wäre die halbe Stadt abgebrandt – in allen Häußern – waren die größten Büt-
ten mit Wasser oben auf die Böden der Häußer gebracht – so wie eine Kugel zündete waren naße Tü-
cher – Mist u. d. g. bey der Hand – so wurde Gott sey
Danck – die gantze Zeil – die große und kleine Eschen-
heimer gaße – der Roßmarckt – die Tönges und Fahr-
gaße gerettet – daß nicht ein Hauß gantz niederge-
brandt ist – ja beßer zu sagen gar nichts das der Mühe
werth wäre zu sehen – Der andre Theil der Stadt der
Römerberg Maynzergaße und so weiter kamme ohnehin wenig hin – und that gar nichts. Auf der Frieburger gaße ist unser ehemahliges Hauß abgebrandt –
auch der gelbe Hirsch hintenhinaus. Von unsern Bekandten und Freunden hat niema[n]dt etwas gelitten –

nur ein Bekandter von mir Kaufmann Graff der in
unserm Sonntags kräntzen bey Stocks ist – hat durch
die Einbildung es würde geplündert einen großen Verlust gehabt – Er glaubte nehmlich wenn Er sein gantzes Waaren lager bey jemand der in Preußischen
Dinsten wäre und wo der Preußische Adler über dem
Eingang angebracht wäre; so seye alles gerettet – In
unserm alten Hauß auf der Frieburger gaße wohnte
nun ein Preuschischer Leutenant – also brachte der
gute Mann seyn Haab und Fahrt in dieses Hauß in
höltzerne Remisen – nun ist ihm alles verbrandt – und
die vielen Öhlfäßer – der ungeheure vorrath von Zuk-
ker /: er ist ein Spetzerey Händler :/ machte zumahl
das öhl das Feuer noch schrecklicher – noch andre
Leute folgten dem unglücklichen Beyspiel – trugen
aus ihren sicheren Wohnungen alle ihre Sachen – Geld
– Silber – Betten – Geräthe Möbel – in dieses unglück-
selige Hauß – und verlohren alles. Überhaubt hat der
Gedancke der Plünderung der Stadt mehr Geld entzogen – als selbst die Brandschatzung – denn es sind
Häußer die das Packen – fortschicken 600–1000 und
noch mehr gekostest hat – daß der gute Hetzler und
Schlosser als Geißlen sind mitgenomen worden,
wirst du aus den Zeitungen wißen. Unsere jetzige Lage
ist in allem Betracht fatal und bedencklich – doch vor
der Zeit sich grämen oder gar verzagen war nie meine
Sache – auf Gott vertrauen – den gegenwärtigen Augenblick nutzen – den Kopf nicht verliehren – sein eignes
werthes Selbst vor Kranckheit /: denn so was wäre
jetzt sehr zur Unzeit :/ zu bewahren – da dieses alles
mir von jeher wohlbekommen ist, so will ich dabey
bleiben. Da die meisten meiner Freunde Emigrirt
sind – kein Comedienspiel ist – kein Mensch in den
Gärten wohnt; so bin ich meist zu Haiße – da spiele

ich Clavier ziehe alle Register paucke drauf loß, daß
man es auf der Hauptwache hören kan – leße alles
unter einander Musencalender die Welt Geschichte
von Voltäre – vergnüge mich an meiner schönen Aussicht – und so geht der gute und mindergute Tag doch
vorbey. So wie weiter was wichtiges vorgeht – das sonderlich bezug auf mich hat, solts du es erfahren. Küße
deinen Lieben Augst in meinem Nahmen – Grüße
deine Liebste – von

deiner

treuen Mutter
Goethe.

N.S. Aber wo bleib der Willhelm??

252. An Goethe

den 7<u>ten</u> Augst 1796

Lieber Sohn!

Deinen zweyten Brief vom 29<u>ten</u> Juli habe auch erhalten – und übersende dir hirmit was du verlangt
hast – was noch ferner heraus kommt will ich samm-
len, und dir gleichfals zuschicken. Villeicht hast du die
übergabe und Einnahme unserer Stadt noch nicht so
in der Ordnung geleßen – drum lege sie mit bey – Ist
es aber nicht abscheulich daß wir unschuldige Leute
in dem 4<u>ten</u> artickel noch als Schuldbeladene dastehn!!
Ernst der verschiedne Jahre bey dir war und nachher
zu Gerning kam hat vorige woche auch einen unerhört dummen /: denn Boßheit traue ich ihm nicht zu :/
Streich gemacht – Lotheringer Husaren waren auf
eine Nacht hir Einquartirt zum Unglück konnten sie
deusch – auf den Straßen sprachen nun die Leute mit
ihnen – erkundigten sich /: wie das so gewohnlich ist :/
nach diesem, nach jenem – Ernst komt auch dazu und

sagt: Jetzt ist es beßer hir zu seyn als am 2<u>ten</u> December 1792 da die Metzger und Juden die Frantzosen tod schlugen – die Burger so dabey stehn – gehen sogleich zum Burgemeister – Ernst wird ins Rathhauß – und von da grade ins Gefängnüß geführt, sitzt bey Waßer und Brod u.s.w. Unsere Situation ist noch die nehmliche – alles hoft auf den Frieden der *allein* uns und gantz Teuschland retten kan. Ich bin die gantze Woche zu Hauß – nur Sontags gehe zu Stocks – mir ists nicht beßer /: vor jetzt :/ als in meiner eigenen Gesellschaft – Gerning ist von unsern Freunden der brafste – Er besucht mich ofte – auch Schwartzkopf /: nunmehr declarirter Bräutigam von der berühmten Sofia Bethmann :/ Sie hat durch diese wahl viel bey mir, und dem gantzen Pupplicum gewonnen – So wie etwas geschied, das dir zu wißen nöthig ist, solst du es erfahren

von

deiner treuen
Mutter Goethe.

N.S. Ich werde mich erkundigen, ob Fuhrleute sicher nach Weimar Sachen mitnehmen können – in dem Fall wird Frau Aja einen etwas großen Judenkram überschicken – nicht von Lumppen und Lappen, sondern von verschiedenen brauchbahrem Weßen zum Haußhalt – Was es alles ist, wird als dann eine Spezivication anzeigen. Grüße alles in deinem Hauße und gehabe dich wohl.

253. An Goethe

den 17<u>ten</u> September 1796

Lieber Sohn!

Wir sind nun wieder in Kayerlichen Händen – Gott gebe daß wir biß zum Frieden drinnen bleiben! Den

die Sieben wochen war Odem holen unter Henckers
hand – Tagtäglich lebte man in Angst vor warten der
Dinge die noch kommen konten. Der 7te September
war mir gantz besonders ängstlich – auf dem großen
platz den ich jetzt übersehen kan – bemerckte ich verschiedenes das mir gar nicht behagte – Ich danckte
Gott wie die Nacht herbey kam, denn da wards ruhig –
den 8ten früh um 5 uhr stunde ich auf und sahe zu meiner Unaussprechlichen Freude unsere Franckfurther
Soldaten auf der Hauptwache – meinen Augen nicht
trauend holte ich meine Lorngette und sie gingen mit
Stöcken /: den die Gewähre hatten die F. alle mitgenommen :/ auf und nieder – was ich da empfand läßt
sich nicht beschreiben – daß ich Gott hertzlich danckte
versteht sich wohl von selbst – und des Abens unsern
Zapfenstreich wieder zu hören war mir lieblicher als
eine Oper von Mozart. So weit wären wir nun wieder –
Gott! wird ferner durchhelfen. Burgemeister Schweitzer hat viel gethan – die gantze Burgerschaft trägt ihn
beynahe auf den Händen – unsere Sachsenhäußer wolten Ihn in Römer statt der Pferde im Thriumpf ziehen
– welches Er sich nun freylich verbate. Herr Doctor
Schleußner war bey mir, und versprach im Rückweg
mit seiner Freundin wieder zu mir zu kommen – was
ich Ihm dienen kan werde mit Vergnügen thun. Daß
du in unserer gegenwärtigen Verfaßung an mich gedacht hast, davor dancke ich dir sehr hertzlich – solten
wir das Unglück noch einmahl haben die F. hirher zu
bekommen; so bleibe ich schwerlich da – aber so weit
weg gehe ich auch nicht – wollen hoffen daß uns Gott
behüten wird. Der Christenkram ist gepackt – ambalirt – und geht – oder ist villeicht schon fort. Herr Nicolaus Schmidt war so gütig die Besorgung zu übernehmen. In dem Kram wirst du bey den Franckfurther

Edicten die bezahlte Rechnung von Nothnagel vorfinden. Schicke du nur was von geleße nicht in deinen
Kram dient – es wird schon in meinen dienen. Der
gute Gerning hat seine Mutter verlohren vor Ihn ist es
ein großer Verlust – Er will wieder Castanien vor dich
besorgen – welches mir um des willen lieb ist – weil
Er Bekandschaft mit dem Pfarrer in Cronenburg /: wo
die besten zu haben sind :/ hat, und die Bauern vor
ihren Herrn Pastor die schönsten aussuchen – diese
Gefälligkeit sie vor mich nicht haben. Sehr viele Kauf-
mannsgüter komen hir an, ob aber demohngeachtet
viel aus der Meße werden wird, darann wird wegen
Mangel an Geld noch gezweifelt. Aber eine Hitze stehen wir schon den gantzen September aus, die beynahe unerträglich ist. Mehr kan ich vor heute nicht
schreiben – pro primo weiß ich nichts mehr – pro Se-
cundo muß ich noch einen langen Brief an Demoiselle
Sophie Bethmann nach Leipzig fertig machen – denn
wir correßpondiren miteinander, daß es eine Lust ist.
Lebe wohl! Behalte mich in gutem Andencken –
Grüße alles in deinem Hauße – von

deiner

treuen Mutter
Goethe.

N. S. Wenn der Kasten angekommen ist; so berichte
es nur mit ein paar Zeilen, den Brief nach Italien habe
sogleich besorgt.

254. An Goethe

den 1$\underline{\text{ten}}$ October 1796

Lieber Sohn!

Das ist das erstemahl daß ein Brief von hiraus nach
Weimar ist verlohren gegangen – schon am 17$\underline{\text{ten}}$ Sep-

tember schickte dir einen zimmlich langen Brief –
worinn der Abzug der Frantzosen – der Einmarsch der
Kayerlichen – meine Empfindungen darüber – daß
gute Croneburger Castanien durch Freund Gerning
besorgt würden – ferner daß der dermahlige Christenkram bald abreißen würde – daß der mir zugeschickte
Herr Doctor bey mir geweßen – und mehrre Dinge die
ich jetzt wieder vergeßen habe. Solte mein Brief noch
ankommen, so bitte dich recht sehr mir solches sogleich durch ein paar Zeilen zuwißen zu thun – nicht
um des Briefs wegen denn da ist so viel nicht dran gelegen – sondern weil ich ihn durch jemand habe auf
die Post tragen laßen auf den ich einen Argwohn habe –
Den 26ten September ist der Kasten mit einem Fuhrmann gantz Francirt an dich abgegangen – unter den
Edicten von hir – befindet sich die bezahlte Rechnung
von Nothnagel – alles diß stunde im nicht angekommen Brief. Da du Strickgarn verlangst aber etwas unbestimt davon schreibst, so will ich aufs gerathe wohl
1℔ No. 5. schicken. Es fängt jetzo hir Gott lob und
danck! wieder an etwas Lebendig zu werden – eins
nach dem andern komt wieder – Gellert hat recht:
schilt nicht den Unbestandt der Güter u.s.w. Der erste
Zappenstreich von unsern Franckfurthern drang mir
lieblicher ins Ohr – als die schönste Oper von Morzard
– und da der Thürmer zum erstenmahl seine Zincken
und Posauen erthönen ließ und – meine Hoffnung
stehet feste auf den Lebendigen Gott: zu uns herrun-
ter thönte sange ich unter hellen freuden Thränen
mit. Mit deinem Brief vom 24ten September – muß
doch auch ein Irthum vorwalten – den du läßt schreiben: Ich schicke hir wieder einige Mercure und Modejournahle – der Brief kam aber gantz Solo auf der
reitendenpost – auch ist der Ort vergeßen von wannen

der Brief kam – Ich bin immer in Franckfurth, daher
ists nicht nöthig den Ort anzugeben – denn wenn du
die Zeit in Jena warst, so habe noch Hoffnung daß
mein Brief von 17 September nicht verlohren, sondern
villeicht in Weimar liegen geblieben ist. Auf den 4ten
Band des Romans freue ich mich hertzlich. Kanst du
glauben daß die alte Räthin Moritz und der Pfarrer
Claus den 3ten theil vom Willhelm geleßen – die Klettenbergern gleich erkandt – und sich hertzlich drüber
gefreut haben. Lebe wohl! Empfehle mich doch auch
einmahl wieder deinen Durchlauchten zu Gnaden –
auch Freulein Thusnelde – ferner Gevatter Wieland –
Krauße – Herder und seinem Weibe – Wir haben
doch manche frohe Stunde miteinander gehabt – und
Leben Gott Lob noch alle – da muß mann doch nicht
thun, als ob das Schattenreich einem schon aufgenommen hätte – Zuweilen so einen freundlichen Blick so
ein Kopfnücken oder der gleichen – thut einem auf seiner Wanderschaft sehr wohl. Die Ankunft des Kastens
bist du auch so gütig zu berichten. Nocheinmahl Lebe
wohl! Grüße alles in deinen Hauße von

deiner

treuen Mutter
Goethe.

255. An Goethe

den 9ten October 1796

Lieber Sohn

Überbringer dieses ist der Sohn deines ehemahligen
sehr guten Bekandten und Freundes Herrn Andre von
Offenbach – Er geht nach Jena auf die Universität –
kanst du Ihm mit gutem Rath an Handen gehn – auch
sonst Ihm förderlich und dinstlich seyn; so wäre es
erwiederung alter und neuer /: von seinem Vater mir

bey der letzten Fluch[t] nach Offenbach erzeigten
Freundlichen Aufnahme :/Freundschafts dinste. Überzeugt von deiner Willfährlichkeit verbleibe

deine

treue Mutter
Goethe.

256. An August von Goethe

den 15ten October 1796

Lieber Augst!

Das ist ja vortreflich daß du an die Großmutter so
ein liebes gutes Briefelein geschrieben hast – nimmer-
mehr hätte ich gedacht, daß du schon so geschickt
wärest – wenn ich nur wüßte womit ich dir auf kommenden Christag eine kleine Freude machen könte –
weißt du was? sage was du gerne haben mögstet deinem Vater – und der soll mir es schreiben – besinne
dich, denn es hat noch Zeit – Zur Belohnung deines
schönen Briefes, schicke ich dir hir etwas bon bon –
Aber den Christag soll eine große große Schachtel voll
ankommen – du mußt brav lernen und recht geschickt seyn – da wirst du bald groß werden – und
dann bringt du mir die Journahle und Mercure selbst.
Lebe wohl! Grüße Vater und Mutter

von

deiner dich hertzlich liebenden
Großmutter
Elisabetha Goethe.

257. An Goethe

den 4ten November 1796

Lieber Sohn!

Vor deinen Willhelm Meister dancke ich hertzlich –
Stocks und Sömmering thun das nehmliche und grü-

ßen dich vielmahls. Der 4te Band ist gantz herrlich! Ich
bin noch nicht mit zu Ende – denn es ist Confect womit ich mich nur Sontags regalire – mir ist Angst und
bange – daß das der letzte Band seyn mögte – künftigen Sontag werde es erfahren – denn ich leße es un-
gebunden – und kucke um Leben nicht in den letzten
Bogen – noch einmahl meinen besten Danck davor.
Die Kupferplatte habe sogleich mit dem Postwagen
abgeschickt. Über die Langsamkeit des Fuhrmanns
habe eine rechte Ärgernüß – Herr Schmidt schickt hirmit inliegenden Zettel – um zu bezeugen daß alles auf
beste ist besorgt worden – nun ankommen wirds endlich doch einmahl – und da der hiesige Güterbestätter
den Fuhrmann kent; so müßte im äußerten Fall derselbe in Verantwortung gesetzt werden – ich hoffe
immer noch, daß das alles nicht nöthig seyn soll. Ich
mögte deinem Augst gern eine kleine Freude auf die
Christtage machen – dazu mußt du mir behülflich
seyn – Hoßen und Weste von hübschen Winterzeug –
wenn das beliebt würde, so müßte aber der Schneider
befragt werden wie viel er dazu braucht, auch müßte
die breite an gegeben werden z. E. ist das Zeug Ehlen
breit so braucht mann so viel u. d. g. Weißt du aber etwas anders so berichte es. Unser Liebes Franckfurth
komt wieder nach und nach ins alte Gleiß – Gott sey
ewig danck, daß unsere Verfaßung geblieben ist – davor war mir am bängsten – mit den Schulden – und
was die Bürger am Ende werden beytragen müßen
wird sichs auch geben – von dem Gelde das vom Kirchen und Bürger Silber ist geschlagen worden, soll
Augst auch einen Convensthaler zum Andencken in
seine Spaarbüsse haben – es sind doch 80000 f zusammen getragen worden – von Maleberth – und die alte
Frau Leerse haben keinen Silbernern Löffel mehr –

und der Pfarrer Starck /: der nun gestorben ist :/ hat
sein schönes Müntzcabinet auch dazuhergegeben –
genung jeder hat gethan was ihm möglich war – die
ärmsten Leute haben die Patengeschencke ihrer Kinder dargebracht – auch haben die Frantzsosen gesagt
so eine Einigkeit zwischen Magisterrath und Bürgerschaft wäre ihnen noch in keinem Lande in keinem
Orte vorgekommen. Es wird dir bewußt seyn daß alles
was mann beygetragen hat auf 6 Jahre zu 4 procent
verintresirt wird – nun ginge mir es sehrsonderbahr –
den 1ten Juli legte Pfeil 7200 f an mich ab die wurden
denn sogleich wieder angelegt und zwar recht gut zu
5 procent – den 16ten kammen die Freitheits Männer da
war nun bey mir große Noth – ich hatte nur so viel als
ich zum täglichen Leben brauchte – geben mußte ich
– auch hätte ich mich zu Tode geschämt und gekrämt –
also Geld herbey! Aber woher! Jeder brauchte das
seine vor sich selbst – ich war nicht allein in diesem
Fall – Frau Schöff Schlosser – Herr Hoffrath Steitz –
Jungfer Steitz und mehrre – wir schickten den Lip-
poldt nach Hanau – es war nichts – Endlich erbarmte
sich ein unbeschnidner Jude aber zu 9 procent und
nach Versatz von 3 Kayerlichen Obligationen!! Ich
überlegte und da fiel mir ein – daß dieser Wucher bey
mir nur 8 Monathe dauern durfte – indem ich stipulir-
ter maßen das andre Jahr vom Hirschgräber Hauß
2000 f abgelegt bekomme – die doch wieder angelegt
werden müßen – also ist der Verlust nicht groß – ich
bekomme so zu sagen doppelte Intereßen – einmahl
vom Hauß und von der Stadt – also nahm ich das Geld
– und im May kriegt er es wieder – So habe ich mich
durchgedrückt. Heute habe eine sehr gute Nachricht
gehört – /: wenn sie wahr ist :/ die Stadt ist vom Con-
vent vor Neuterahl erklährt, und die Geißlen kom-

men in 14 Tagen wieder – das wäre herrlich. Lebe
wohl! Behalte lieb

deine

treue Mutter Goethe.

N. S. Grüße alles in deinem Hauße.

258. An Goethe

den 4ten December 1796.

Lieber Sohn!

Hir kommt ein gantz Musterhaftes stück Warndör-
fer Tuch vor den Lieben Augst zu Hembten – Gott
laße Ihn dieselben gesund verwachsen und zerreißen –
die Infanteri und Cavaleri nebst dem Zuckerwerck erscheint wie es Sitte ist in der Christ woche. Herr
Schmidt läßt sich dir bestens empfehlen – du solst
keine Sorge wegen des noch nicht angekommenen
Kasten haben – er schaffte ihn gewiß herbey. Den ersten theil der Revolution in England von Albrecht
habe durch deine Güte erhalten – wenn der 2 theil erscheint; so erbitte mir ihn ebenfals. Der 4te Band von
Willhelm Meister wird mit einer Begirde nicht gelesen – sondern verschlungen – Willmer sagt: so hätte er
in seinem Leben nichts geleßen, daß ihn so im inner-
stern bewegt hätte – genung eins reißts dem andern aus
der Hand – mich hat es auserordendtlich ergötzt –
jetzt fange ich an es vom Anfang zu behertzigen – den
den Faden kan man ohnmöglich im Gedächnüß behalten – alles freut sich auf die Fortsetzung. Von meinem Thun und Lassen ist übrigens nicht viel zu erzählen – als daß ich Gott sey danck wohl und vergnügt bin
– Meine gute Freunde und Bekandte sind alle wieder
hir – Sophie Bethmann ist nun in aller Form Frau von
Schwartzkopf u.s.w. Ich bin Ihre ausgewählte Freun-

din – und die Vertraute vom gantzen Hauß – Eße oft
in Gesellschaft von Mama la Roche daselbst – genung
ich ammusire mich so gut es gehen will – die alte Montags Gesellschaft ist auch wieder im gang – ins Com-
medien-spiel wird auch gegangen – zu Hauß bin ich
sehr fleisig – stricke – Klöpple Spitzen – besorge meine
kleine Geschäffte – Eße – trincke – Schlaffe – das ist so
ohngefähr mein /: beynahe Schlaraffen :/ Leben. Lebe
wohl! Grüße dein gantzes Hauß – und behalte Lieb

deine

treue Mutter
Goethe.

259. An Goethe

Den 17$\underline{\text{ten}}$ Decemb 1796

Lieber Sohn!

Ich freue mich sehr daß der Kasten mit dem Geräthe
und der rahren Decke endlich einmahl angekommen
ist – auch hoffe ich daß das Stück Tuch zu Hembten vor
den lieben Augst auch glücklich durch den Postwagen
zu Euch gelangt ist. Hir kommt nun noch – Eine Arche
Noa es ist zum bewundern was alles drinnen enthalten
ist, ich glaubte dem Augst dadurch Spaß zu machen –
Auch Invanteri und Cavalleri – ferner einen Conv:-
thaler – von dem Kirchen und Bürger zur Brandschatzung bey getragenen Silber – Bitte mit dem allem
vorlieb zu nehmen. Die Feyertage werde mir ein
großes gaudium mit Willhelm Meister machen – und
ihn vom Anfang leßen – indem mann ohnmöglich den
Faden der Geschickte behalte kann den in einem
$^1/_2$ Jahr verwischt sich manches – jetzt habe aber alle
4 theile vor mir – das soll mir wohl behagen den der
Gang der sonderbahren Geschichte hat meine Erwar-
tung auf höchste gespant. Der 4$\underline{\text{te}}$ theil macht hir eine

erstaunliche Wirckung – und mit Schmertzen wartet
jedermann auf den 5$^{\underline{ten}}$ theil – die Hollweg – Metzler –
Willmer Thurneißen sind gantz bezaubert davon – besonders Willmer – dem hat die Marianne den Kopf so
verrückt, daß Er beynahe einen dumenstreich gemacht hätte – wenn ich sogerne schriebe als ich plaud-
re; so würde dir die Sache erzählen, das ist mir aber
zu weitläuftig genung Er glaubt sich in dem Fall des
Willhelms zu befinden. Jetzt Lebe wohl! der Brief
muß heute in die Confect Schachtel gepackt werden –
den übermorgen geht der letzte Postwagen vor Christag ab – nun muß ich diesen Mittag selbst zum Conti-
tor um das Zuckerwerck auszusuchen habe heute sonst
noch allerley zu thun. Schlißlich, grüße alles in deinem
Hauße

von
deiner treuen Mutter
Goethe.

260. An Goethe

den 14$^{\underline{ten}}$ Mertz 1797

Lieber Sohn! Inlage kommt von Herrn Bernhadt
von Offenbach – mit der inständigsten Bitte an dich als
seinen alten Freund – sobald als möglich an mich darüber Auskunft zu geben – du wirst dadurch Ihn –
mich und dein gantzes vaterländisches Pupplicktum
sehr verbinden. Ich erwarte also darüber je ehnder –
je lieber eine gnügliche Antwort zu erhalten. Wie
stehts denn mit deiner Italienischen Reiße? Gerning
den ich offte mit fragen behellige – sagt Er hätte noch
keine positiefe Antwort – Wenn ich die Freude haben
soll dich zu sehen; so muß ich es doch zeitlich vorher
wißen denn in meinem jetzigen Logi sind andre Verhältnüße – als in einem Hauße da mann allein Herr

und Meister ist. Lebe wohl! Grüße alles und behalte
lieb

deine

treue Mutter.

N. S. um keinen Postag zu versäumen schriebe dieses Nachmittags 2 uhr – vor mich eine garstige
Schreibstunde.

261. An Goethe

den 24$^{\underline{ten}}$ Mertz 1797

Lieber Sohn!

Vielen und schönen Danck vor die geschwinde
Nachricht wegen dem Sänger – Herr Bernhardt danckt
ebenfals auch auf beste – auch hat mich dein Brief
noch von einer andern Seite sehr gefreut und erheitert
– denn die Italienische Reiße war so wie die Sachen
jetzt in Italien stehen – gar nicht nach meinem Geschmack – So viel Vergnügen ich haben werde, dich
einmahl in meiner neuen Einrichtung bey mir zu
haben; so würde der Gedancke daß du in das Land wo
jetzt Räuber und Mörder ihren Sitz aufgeschlagen
haben hin wollest mir alle Freude vereitelt und geheimer Kummer hätte mir allen Spaß verdorben – – Gott
bewahre! die Wege sind unsicher – was könnte da
alles geschehen!! Genung ich bin froh, daß du wahrscheinlich in deinem friedlichen Sachsen bleibst – und
Gerning machen läßt – was Er nicht laßen kan. Übrigens leben wir immernoch in Erwartung der Dinge
die da kommen sollen – Gott! weiß ob wir die Frey-
heits männer nicht noch einmahl zusehen kriegen –
Unsere Obrigkeit thut sehr heimlich was einer aus
ihren Mittlen in Pariß wo Er ungefähr 6 Wochen war
aus gerichtet hat – mann glaubt daß es etwas guts

seyn müße – wenigstens hoft mann es. Neues pasirt hir
nichts das des Schreibens werth wäre – Lebe wohl!
Dancke dem Lieben Augst vor die überschickten Modejournahle und sein Briefgen wenn wieder so was bey
der Hand ist, soll er mir es schicken. Die Großmutter
wird ihn auch recht lieb haben – Gott befohlen.

Deine treue Mutter
Goethe.

262. An Goethe

den 15<u>ten</u> May 1797

Lieber Sohn!

Schon wieder eine Bitte von Herrn Bernhard – die
Oper Cosa van Tutti – oder so machen sies alle – soll
in Weimar so sehr viel durch den verbeßerten Text gewonnen haben – denn den wir hir haben der ist abscheulich – es ist also dieser verbeßerte Text darum
Herr Bernhardt dich höfflich ersuchen läßt – alle Kosten des Abschreibens und was sonst etwa dabey ist –
soll mit dem größten Danck erstattet werden. Friede
hätten wir nun – das Feuer ist gelöscht aber nun geht
es ans Aufräumen – da wird mann sich noch die Finger
an den rauchenden Balcken verbrennen – nun es wird
auch gehen – die Frantzosen besuchen uns noch Tag
täglich – Generahl Hoche hat die Zauberflöthe am
Donnerstag verlangt – die den auch bey vollem Haußße
ist gegeben worden. Semerring den ich gestern sprache
– läßt dich grüßen – und wird dir ehestens etwas vortrefliches das Auge betrefend übersenden – Grüße
den Lieben Augst meinen kleinen Correßpondenten
und bitte Ihn mir bald wieder Modejournahl und
Mercure zu senden von jedem habe ich erst den Jenner – Neues pasirt hir weiter nichts – als daß die polick-

ticker die Frantzosen jetzt nach Norden marschiren
laßen – Lebe wohl! Grüße alles was dir lieb ist von

deiner treuen Mutter
Goethe.

263. An Goethe

den 2ten Juni 1797

Lieber Sohn!

Die Mercure – Modejournale und das Geld vor das
Loteriloß dieses alles ist glücklich angelangt – meinen
besten Danck davor! Die letzte /: Gott gebe daß sie es
war :/ Geschichte drohte unserer Stadt mehr Unglück
und Schaden, als alles vorhergegangne – denn wir
glichen Leuten die in guter Ruhe und größter Sicherheit in tiefem Schlaf liegen – weil sie Feuer und Licht
ausgelöscht glauben – so was glaubten wir auch – und
wie mann eine Hand umwendete war Vorsicht und
Mühe unnütz und wir waren im größten Unglück.
Senator Milius brachte schon am 2ten December voriges Jahres vom Nationahl Confent die Neutralität vor
unsere Stadt von Paris /: wo Er sich 6 Wochen aufgehalten hatte :/ mit – die Declaration vom Confent
war vortreflich zu unsern gunsten abgefaßt besonders
wurden wir über den letzten Rückzug vom 8ten September 1796 sehr gelobtet und gepriegßen – wer hätte
da nun nicht ruhig seyn sollen? Das waren wir auch –
kein Mensch emigrirte – niemandt schickte etwas weg
– die meisten Meßfremden /: besonders die Silber-
händler von Ausspurg :/ hatten ihre Buten ofen und
blieben ruhig hir – die Frantzsosen waren nahe an der
Stadt – wir erwarteten sie in einer Stunde – die Kayerlichen waren zu schwach um sich zu halten – wir sind
Neuterahl erklährt – also ist von keinem Bompate-
mant die Rede – genung ich kuckte zum Fenster hinaus und wolte sie ankommen sehen – das war Mittags

um 2 uhr – aufeinmahl kommt die Fritz Metzlern mit
Sturm in meine Stube ruft schir auser Odem Räthin es
ist Friede! Der Commendant von Milius hat einen
Courir vom Bononaparte – es ist ein jubel – Gott befohlen ich muß weiter die gute Nachricht verbreiten
u.s.w. Gleich daraus kommt der Burgemeister Schweitzer – und Syndicus Seger in einer Kusche um ins Frantzöische Lager zum le Feber zu fahren und Ihm zu gratuliren – wie Sie an die Hauptwache kommen – werden
Sie von den Bürgern umringt die Kusche muß stillhal-
ten – Sie versichern die gute Nachricht vom Frieden –
Alt und jung schwingt die Hüte ruft Vivat es ist ein
Jubel der unaussprechlich war – wem in aller Welt fält
es jetzt ein an Unglück zu dencken!! Keine 6 Minuten
nach dieser unbeschreiblichen Freude, kommt die
Kayerliche Cavaleri zum Bockenheimerthor herein ge-
sprengt /: so etwas muß mann gesehen haben beschreiben läßt sichs nicht :/ der eine ohne Hut – dort
ein Pferd ohne Reuter – und so den Bauch auf der
Erde gings die Zeile hinunter – auch hörte mann schi-
ßen – alles gerithe in Erstaunen was ist das vor ein
Friede so rief immer eins dem andern zu – nun zu
unserer Errettung. Ein Kayerliger Leutenant hatte
/: und zwar ohne Order :/ die Gegenwart des Geistes
in wehrender galopate den Gattern am Thor zu und
die Zugbrücke auf zuziehen – ohngeachtet noch nicht
alle Kayerliche in der Stadt waren – das war nun unser Glück, denn wären die Frantzosen nachgestürmt;
so wäre die Masacker in der Stadt loßgegangen – und
hätte ein Burger sich nur der Sache angenommen; so
war Plünderung und aller Greuel da – und am Ende
hätte es geheißen *wir* hätten die Neutralität gebrochen – die Frantzosen Tod geschlagen u.s.w. Burgemeister Schweitzer und Seeger wurden geplündert le

Feber wolte durchaus nicht glauben daß Friede wäre –
Er hätte noch keinen Courir – von unserer neutralität
wüßte Er kein wort – Endlich überredete der Kayerliche Commandant den Generahl le Feber mit in die
Stadt zu kommen – versicherte auf sein Ehren wort –
daß Friede wäre und daß freylich der Courir nicht bey
allen Generahls zugleich ankommen könte – darauf
ging Er mit – der Burgemeister Schweitzer auch und
mehrere vom Magisterath gingen alles in Römischen
Kayser trancken – und alles endigte sich zu unserm
Glück. Dem braven Leutenant – und dem Wirth im
weißen Lamm in Ausburg haben wir allso unsere Ret-
tung zu dancken – der erste macht das Thor ohne Order zu haben zu – der andre weißt dem Courir einen
kürtzern Weg nach Franckfurth er kommt auf diesem
weg 6 Stunden früher – Gott hat wohl schon durch
geringre Mittel aus großen Nöthen geholfen – und solte mein Glaube an die Ewige Vorsehung wieder einmahl schwach werden – so will ich mir zurufen: *dencke
an den 22ten Aprill.* Die Frantzosen sind jetzt täglich
/: weil sie noch in der nähe liegen :/ in unserer Stadt
– besuchen fleißig das Schauspiel – Vorgestern war auf
Verlangen des neu vermählten Erbprintzen von
Heßencaßel und seiner Gemahlin Palmira das ist eine
Oper!! sie wird hir mit aller möglichen Pracht gegeben. Hir kommt auch die No. von Lotteri Loß –
Lebe wohl! Grüße alle und behalte lieb

deine treue Mutter
Goethe.

264. An Goethe

den 5<u>ten</u> Juni 1797

Lieber Sohn!

Alles was ich vermag um dich ruhig und zufrieden
zu machen will ich von gantzem Hertzen gerne thun –

ohngeachtet ich gantz gewiß weiß, daß Gott mich deinen – ich kan das Wort nicht schreiben – nicht erleben
läßt; so will ich doch auf deine Erbschaft Verzicht und
überhaubt alles thun was dir Vergnügen machen kan –
damit du ruhig und ohne Kummer die Reiße antretten – und noch 40 Jahre theils in Italien theils in Weimar des Lebens genüßen kanst und solts – Auf dein
herkommen freue ich mich hertzinniglich! Bitte dich
aber nur um das einzige daß ich es 8 Tage vorher gewiß weiß – auch ob du einen oder zwey Bedienung mit-
bringst – denn was ich dir damahls /: als du kommen
wolstest aber nicht kamst :/ schriebe gielt auch vor
jetzt – nehmlich daß ich eine Stube vor deine Leute
von meinem Haußwirth borgen muß – meine Wohnung ist der Lage nach einzig in ihrer art – nur so viel
platz wie ehemahls im alten Hauß habe ich freylich
nicht – davor bin ich aber auch aller Haussorgen quit
und loß. Die Briefe habe sogleich besorgt. Ich zweifle
nicht daß du dein Vorhaben die deinigen auf alle Fälle
zu versorgen recht kräftig ins Werck richten wirst –
solte es aber villeicht räthlich sein um mehrer sicherheit willen auch hir jemandt um Rath zu fragen von
deßen verschwiegenheit mann versichert wäre; so
darfst du mir nur den Auftrag geben und auch das
soll befolgt werden.

Heute ist mirs nicht mehr schreiberlich drum Lebe
wohl! Grüße alle deine Lieben – besonders meinen
kleinen Correßpondtenten und ich werde ihm auch
bald wieder schreiben. Gott befohlen.

Deine treue
Mutter Goethe.

N. S. Aus Thurneißens briefgen kanst du ersehen wie
sie es hir mit der Oper halten wollen.

265. An Goethe

den 17ͭᵉⁿ Juni 1797

Lieber Sohn!

Hier kommt die acte in aller Form zurück. Zwey
Senatoren haben sie unterzeichnet – und besiegelt –
deßgleichen auch ein Herr Notarius – aufgehalten habe
ich die Sache auch nicht denn den 15ͭᵉⁿ erhielte ich sie
und heute beym Abgang haben wir den 17ͭᵉⁿ warum
sie aber 8 Tage unterwegs war denn den 9ͭᵉⁿ ist dein
mitgekommener Brief von Jena datirt und den 15ͭᵉⁿ
erhielte ich sie erst – das hat nun weiter nichts zu bedeuten – es soll nur beweißen, daß ich nicht saumselig
geweßen bin dir ein ruhiges Gemütht zu verschaffen.
Gerning hat mir meine Freude dich einmahl wiederzusehen in etwas getrübt – es könte seyn sagte Er, daß
du zu Ihm nach Ausburg kämest und dann reißet Ihr
miteinander – ich will dir in keine Wege deinen Plann
verrücken oder gar hinderlich seyn – du mußt wißen
was dir am zuträglichsten ist – nur eins bitte ich in diesem Fall mir von dir aus nehmlich eine Adreße wo ich
in deiner Abweßenheit meine etwaige zu schreibende
Briefe hinschicken soll – denn es können ja Fälle vorkommen, daß ich nach Weimar schreiben müßte –
auch eine ditto vor Italien – Ich verwundre mich nur
daß du in das vor jetzt noch so unruhige Land reißen
wilsts – das muß du nun freylich alles beßer verstehen
wie ich – es ist nur so eine kleine Mütterliche Sorge die
villeicht sehr unnützt ist – aber villeicht kommt du
doch noch erst hieher – und hörsts das geplauder von
Frau Aja denn darinn ist sie immer noch sehr starck –
siehts meine kleine aber hübsche Wohnung u.s.w. Auf
das Werck worinnen eine Frau Aja vorkommen soll
freue ich mich sehr – so wie über alles was von dir

kommt. Noch eins! Hetzler hat die Acte geleßen und
findet sie bündig und gut. Lebe wohl! Grüße alle deine
Lieben – und laße mich bald gute Nachrichten von dir
hören dießes wird von Hertzen freuen

deine

treue Mutter
Goethe.

N.S. Hier kommt der Nahme eines jungen Mannes
der künftige Herbstmeße nach Jena gehen wird um
dort Jura zu studiren – sein Vater ein nicht reicher
Mann hat mich sehr gebeten – seinen Sohn dir zu empfehlen und um die stelle an einem Freytisch gantz gehorsambst zu bitten – kanst du vor deiner Abreiße
dieses gute Werck thun – so thue es so was bringt allemahl Seegen – und da du doch auf alle Fälle noch an
mich schreiben mußt; so sage mir nur mit wenig
worten was ich den guten Leuten antworten soll.

266. An Goethe

den 1$^{\underline{\text{ten}}}$ Juli 1797

Lieber Sohn!

Ich hatte selbst eine wahre Freude daß ich die Acte
so geschwind befördern konte – du kanst sie einmahl
deinen Enckeln vorweißen damit sie sehen wie du vor
sie gesorgt hast – zu etwas weiterem dient sie nicht –
darauf gebe ich dir mein Wort. Die Päckgen an Herrn
Meyer 3 an der Zahl habe von Herrn Gerning zurück
erhalten. Hier überschicke dir 2 Planne von der hiesigen Lotteri – einen von der jetzt im Ziehen begriefe-
nen – der andre auf die folgende – daß ich mich hertzlich auf deine Herkunft freue, das brauche ich dir
wohl nicht zu beschwören – – dein Aufenthalt bey mir
wird eine wahre Erholung vor deine Lunge seyn –

denn Frau Aja fühlt sich so redeselig – daß du Mühe haben wirst ein ja oder nein schicklich anzubringen. Vor heute weiß ich nichts mehr als alles zu grüßen was du lieb hast – und daß ich die Nachricht von deinem herkommen mit Freude erwarte – Lebe wohl! diß ist der Wunsch deiner

treuen Mutter
Goethe.

267. An Goethe

den 25$^{\underline{ten}}$ Juli 1797

Lieber Sohn!

Die Ankündigung deines Koffers hat mir große Freude gemacht er soll wohl aufgehoben seyn – aber vor der Rückreiße deßselben ohne dich dancke gantz gehorsambst!! Denn das Fenster gucken von zwey Jahren her das habe ich noch nicht vergeßen – jede der Zeil herunter kommende Postkusche wurde scharf beobachtet – und das dauerte 14 Tage – Mitalledem rühre ich nichts an – laße alles stehen wie es steht – biß du schreibst den und den reiße ich ab, und hoffe den und den bey ihr zu seyn – denn schöne Geister – sind schöne Geister und damit Holla. Mir wäre es sehr lieb wenn du es einrichten könstes bey hellem Tag in Goldenen brunen deinen Einzug zu halten – des Nachts ankommen liebe ich nicht – zumahl in einem dir gantz frembten Hauß – Hir hast du meine Willens meinung – Bald also hoffe ich dir mündlich zu sagen – wie sehr sich auf deine Herkunft gefreut hat

deine

treue Mutter
Goethe.

N.S. Grüße alles in deinem Hauße – lieblich und freundlich wie es sich gehört – gebührt und gezimt.

268. An Christiane Vulpius

den 24$\underline{^{ten}}$ Augst 1797

Liebe Freundin!

Das Vergnügen so ich in Ihrem Lieben traulichen
Umgang genoßen macht mich noch immer froh – und
ich bin meinem Sohn vielen Danck schuldig daß Er mir
solches zu verschaffen die Güte hat haben wollen. So
kurtz unsere Zusammenkunft war, so vergnügt und
hertzlich war sie doch – und die Hoffnung Ihnen meine
Liebe einst auf längre Zeit bey mir hir zu sehen erfreut
mich zum voraus – Da wir nun einander kennen; so
wird die Zukunft immer vergnügter und beßer vor
uns werden – behalten Sie mich in Liebevollem Andencken – und von meiner seite glauben Sie das nehmliche. Die Gründe die mir mein Sohn von seiner Reiße
vorgestelt hat konte ich nicht wiederlegen – Er geht
also in die Schweitz – Gott! Begleite Ihn und bringe
Ihn so gesund und heiter wieder zu uns als Er weg
geht; so wollen wir uns über seine Abweßenheit beruhigen, und Ihm dieße Freude das schöne Schweitzer
land nach so viel Jahren einmahl wieder zu sehn von
Hertzen gönnen – und wenn ich Ihn bey seiner Rückkunft wohl genährt und gepflegt habe – Ihnen meine
Liebe wohlbehalten wieder zurück spediren werde –
das wiedersehn wird *uns allen* große Freude machen –
das soll denn einstweilen unser Trost sein. Vor Ihren
Lieben Brief dancke Ihnen hertzlich – auch dem lieben
Augst dancken Sie durch einen hertzlichen Kuß von
der Großmutter vor den seinen, auch sagen Sie Ihm,
daß das Mändelgen mit den Schellen sich als noch
hören ließe – und daß ich Infanteri und Cavaleri aufs
Christkindlein bestellen wolte. Leben Sie wohl! Behalten diejenige in gutem Liebevollen Andencken,

die mit wahrer Liebe und hertzlichkeit ist und seyn
wird   dero
                    treue Freundin und Mutter
                    Elisabetha Goethe.

269. An Christiane Vulpius

den 23$^{\underline{ten}}$ September 1797

Liebe Freundin!

Zwey ja dreyfachen Danck bin ich Ihnen schuldig –
vor die Huflandischen Bücher – vor die auserordentlichen schönen und wohlgerathenen Strümpfe – die
mir wie angegoßen sind – und mich diesen Winter vor
der Kälte wohl beschützen sollen – und endlich daß
Sie mir doch ein klein Fünckgen Licht von meinem
Sohn angezündet haben – vermuthlich wißen Sie also
wo Er ist? Gestern waren es 4 Wochen daß Er von hir
weggereißt ist und ich habe noch keine Zeile von Ihm
gesehen – die Briefe die nach seiner Abreiße bey mir
eingelaufen sind – liegen ruhig auf meinem Tisch – da
ich nicht weiß wo Er ist – und ich sie also ohnmöglich
Ihm nachschicken kan. Da ich von Ihnen Liebe Freundin höre daß Er wohl und vergnügt ist – so bin ich
ruhig – und ich will alles andre gedultig abwarten.
Unsere Meße ist dißmahl auserordtlich Brilliant – Königliche Bräute zukünftige Churfürstinnen – Printzen
– ditto Printzeßinnen – Gaffen* – Baronen – mit und
ohne Stern u.s.w. Es ist ein fahren – Reiten – gehen
durcheinander – das Spaßhaft anzuschauen ist – mittlerweile wir nun hir gaffen klaffen und ein wahres
Schlarraffen Leben führen – Sind Sie meine Liebe arbeitsam – sorgsam – wirthschaftlich – damit wenn der
Häschelhans zu rück kommt – Er Kammern und
Speicher angefült von allem guten vorfinden wird –

* soll Graffen heißen

nehmen Sie auch davor meinen besten Danck – denn
ein wirthschaftliches Weib – ist das edelste Geschenck
vor einen Biedermann – da das Gegentheil alles zer-
rüttet und Unglück und Jammer über die gantze Familie verbreitet – Bleiben Sie bey denen Ihnen bey-
wohnenden Edlen Grundsätzen – und Gott! und Menschen werden Wohlgefallen an Ihnen haben – auch
wird die Ernde die Mühe reichlich belohnen. Grüßen
Sie den lieben Augst und dancken Ihm durch einen
Kuß vor seinen Lieben Brief – Gott! erhalte Ihn zu unser
aller Freude gesund – und laße Ihn in die Fußstappen
seines Vaters tretten Amen. Behalten Sie mich indeßen
in gutem liebevollen Andencken – und Seyn versichert
daß ich biß ans Ende meiner Tage seyn werde

dero

treue Mutter – und Freundin

Goethe.

N.S. Haben Sie die Güte mir den Musterstrumpf zurück zu schicken – vor diesen Winter habe an dem
einen paar genung – wenn ich übers Jahr noch bey der
Hand bin; so schicke ich Ihnen wieder ein Muster – und
ich weiß daß Sie die Güte haben werden es als dann abermahl zu besorgen. Auch sagen Sie dem Lieben Augst daß
Er ehestens auch ein Briefgen von mir haben soll – heute aber hat die Großmutter viel und mancherley zu betreiben – und Er soll vor dißmahl mit Kuß und Gruß vorlieb nehmen. Vor das Modejournal dancke gleichfals.

270. An Christiane Vulpius

Den 5$^{\underline{ten}}$ Nov 1797

Liebe Freundin

Hir kommen die Castanien – ich wünsche daß sie
wohl schmecken und eben so bekommen mögen – es

17. Johann Wolfgang Goethe.
Dargestellt in einer Kreidezeichnung von Friedrich Bury,
entstanden in Weimar 1799/1800.

*Sind Sie meine Liebe arbeitsam – sorgsam – wirthschaftlich –
damit wenn der Häschelhans zu rück kommt – Er Kammern und
Speicher angefült von allem guten vorfinden wird.*

gibt dieses Jahr nicht viele – sie halten immer gleichen
Schritt mit dem Wein – wenn der nicht im Überfluß
geräth; so gerathen sie auch nicht. Jetzt wünsche ich
nur, daß mein Sohn sie mit verzehren hälfen möge –
Sollten Sie wohl glauben, daß ich noch biß auf den
heutigen Tag keine Silbe von Ihm gesehen habe – weiß
nicht in welcher Himmels-gegend Er sich befindet –
weiß eben nichts, platterdings gar nichts – das ist doch
wircklich Courios – wenn ich gefragt werde wo Er ist;
so sage ich in der Schweitz – weiter weiß ich keine
Antwort zu geben – müßens eben abwarten – endlich
wird das Inconito doch ein Ende nehmen und wir werden erfahren wo Er eigendlich ist – was Er treibt, und
wenn Er zurück komt. Wir meine Liebe Freundin
leben jetzt in großem jubel weil es Gott sey Danck
endlich Friede geworden ist, und wir keine Kriegs
unruhen mehr zu befürchten haben! Unser rechtes
gaudium geht freilich erst an wenn das Reich auch dabey ist, und das kan noch diesen Winter über dauren
biß alles ins reine gebracht ist – aber Furcht und Angst
ist doch verschwunden – und ich sehe schon im Geiste
das Friedens fest feyern – höre schon alle Glocken läuten – potz Fischen! Was wollen wir da Vivat rufen! Sie
wißen meine Liebe wie nahe ich an der Hauptwache
wohne da wird der werthe Friede aus getrompetet
aus gepauckt – das wird ein Leben sein!!! Mittler weile
werden wir doch auch etwas von meinem Sohn erfahren – das gibt denn noch eine große Freude die letzte
gebe uns Gott je ehnder je lieber Amen. Haben Sie die
Güte Ihrem Herrn Bruder recht schön zu dancken vor
die 2 vortreflichen Taschen bücher die sind in und
äußerlich gantz herrlich – das eine wird nur zur parade
alle Sonntage und Festage gebraucht – das ist so
schön, daß es nur die besten Freunde von mir in die

Hände nehmen dürfen – und der Inhalt hat auserordentliche Wirckung gemacht – jedermann findet es gantz vortreflich – unser Senior Doctor Hufnagel hat ein Brautpaar mit den worten womit Herrmann und Dorothea eingesegnet worden – zusamengegeben und dabey gesagt – eine beßre Copulation rede wüßte Er nicht. Ich hoffe sein langes Stillschweigen bringt uns wieder so etwas gutes – womit wir freudig überrascht werden sollen. Leben Sie wohl! Grüßen und küßen den lieben Augst – und sagen Ihm, daß der Christtag im Anmarsch ist und daß die Großmutter nicht ermanglen würde ihr gethanes Versprechen zu halten – übrigens seyn Sie versichert, daß ich vor jetzt und immer bin

Ihre
wahre Freundin u Mutter
Goethe.

271. An Goethe

Den 4ten December 1797

Lieber Sohn!

Das erste ist, daß ich dir dancke daß du diesen Sommer etliche Wochen mir geschenckt hast – wo ich mich an deinem Umgang so herrlich geweidet – und an deinem so auserordentlichen guten an und Aussehen ergötzt habe! Ferner daß du mich deine Lieben hast kennen lernen worüber ich auch sehr vergnügt war, Gott erhalte Euch alle eben so wie bißher – und Ihm soll dafor Lob und Danck gebracht werden Amen. Daß du auf der Rückreiße mich nicht wieder besucht hast that mir in einem Betracht leid – daß ich dich aber lieber den Frühling oder Sommer bey mir habe ist auch wahr – denn bey jemand anders als bey mir zu wohnen – das ertrüg ich nicht – und bey schöner Jahres Zeit

ist auch Raum genung vorhanden – mit entzücken erinnre ich mich wie wir so hübsch nahe beysammen
waren – und unser Weßen so miteinander hatten –
wenn du also wieder kommst wollen wirs eben wieder so treiben nicht wahr? Deine zurück gebliebene
Sachen würden schon ihren Rückmarsch angetretten
haben, wenn ich nicht die Gelegenheit hätte benutzen
wollen – ein Christkindlein zu gleich mitzuschicken –
packe also den Kasten alleine aus damit weder Freundin noch Kind vor der Zeit nichts zu sehen bekommen
den Confect schicke wie nathürlich erst in der Christwoche nach. Solte das was ich vor meine Liebe Tochter gewählt habe nicht gefallen – indem ich unsere
Verabredung bey deinem Hirseyn gantz vergeßen
habe; so schicke es nur wieder her und ich suche etwas
anders aus – mir hat es sehr wohl behagt – aber daraus
folgt nicht daß es derjenigen vor die es bestimmt ist
auch gefallen muß – heute wird noch vor den lieben
Augst allerley zusammen getribst – und ich hoffe, daß
künftigen Freytag den 7 dieses die Raritäten auf den
Postwagen gethan werden können – wenigstens will
ich mein möglichstes thun – Was Herrman und Dorothea hir vor große Wirckung verursacht hat – davon habe schon etwas an meine Liebe Tochter geschrieben – Hufnagel ist so gantz davon belebt daß Er
bey Copulationen und wo es nur möglich ist gebrauch
davon macht – zur Probe dienet innliegendes – Er behauptet so hättest du noch gar nichts geschrieben. Vor
die vortreflichen Taschenbücher dancke hertzlich – in
und auswendig sind sie zum küßen – Hufnagel hält
alle die es nicht haben oder es nicht als ein Handbuch
im Sack beysich tragen – vor Hottentoten – die Elisa
Bethmann mußte in seiner Gegenwart sogleich eins
von den theuresten Exemplaren kaufen u.s.w. Vor

den Frieden sey Gott Tausendmahl gedanckt! Wenn
das wieder loßgegangen wäre – was wäre aus unserer
guten Stadt geworden!!! Jetzt prepariren wir uns auf
das Friedens fest – unser vortreflicher Theater Mahler
mahlt Decorationen dazu – der Singsang ist auch fertig – Paucken und Trompeten sind auch bey der Hand
– das wird ein Jubel werden – an der Hauptwache wird
er ausposaunt! alle meine Freunde wollen aus meinen
Fenstern den Jubel mit ansehn auf so viele Angst verdient mann doch wieder einmahl einen fröhligen Tag
zu haben. Seit dem du weg bist hat unser geschickter
Mahler 3 neue Decorationen gemacht – ein sehr schönes Zimmer – eine Stube vor arme Leuthe die gantz
vortreflich ist – und einen Garten der zum erstenmahl
im Don Juan sich presentirt hat – alles mit großem
Ablaudisement. Ich schicke dir auch alle Comedien
Zettel mit, über die eingeführten kleinen wirst du
lachen – solte mann glauben daß das eine Ersparnüß
jährlich von 700 f ist! Dein Looß ist mit 50 f heraus gekommen 5 wurden abgezogen vor die übrigen 45 f
habe wieder ein neues zur 13ten Lotheri genomen – 728
ist die No: Das wäre so ohngefähr alles vor dißmahl.
Lebe wohl! Behalte mich in gutem Andencken –
Grüße deine Lieben von

> deiner
> treuen Mutter
> Goethe.

272. An Goethe

den 23ten December 1797

Lieber Sohn!
Ich habe mit Vergnügen vernommen daß der Kasten
glücklich angekommen – und daß das Christkindlein
dir wohlgefallen hat – Jetzt zur Beantwortung deiner

18. Johann Wolfgang Goethe. Kreidezeichnung 1791,
von Johann Heinrich Lips angefertigt.

mit entzücken erinnre ich mich wie wir so hübsch nahe
beysammen waren – und unser Weßen so
miteinander hatten.

Fragen. Der Gemahl der Demoisell Sarascin heist Leutnant von Waldenfels – das Regiment Lanckens ehe-
deßen Anspach. Lodoiska hat hir kein Glück gemacht – mein gulden vor abonnemend Suspendi hat
mich sehr geschmertzt – die Musick /: sagen Kenner :/
soll sehr schön seyn – vor unser Publicum war es keine
Speiße – an den Decoracionen war auch nichts besonders – wir haben außer dem vortreflichen Italienischen
Mahler noch einen /: der aber jetzt nicht mehr da ist :/
der wolte auch sein Kunstück machen – es war ein
Wald und im Hindergrund das Schloß des Tyrannen –
das aber auf die Decorationen der Palmire gar nicht
schmecken wolte – die andern waren unsere schon
offte gesehne – ein Zimer u.d.g. – außer der Lodoiska
und dem Tyrannen /: ich weiß seinen Nahmen nicht
mehr :/ die sehr schön waren – Sie von blauem atlas
reich mit Peltz verbremt – Er gelb und rothen atlas so
wie ein Pohle oder deß gleichen – die andern die rußi-
sche Kleider – die in den Strelitzen paradiren – überhaubt da ich es dem Himel sey Danck nur einmahl gesehen und vor Langerweile bald fortgegangen wäre;
so erinnre ich mich weiter nichts als was ich oben gesagt habe – zudem ist es ein virtheljahr daß die Sache
vorgefallen ist – und wir haben in der Zeit so viel und
mancherley gesehen und gehört daß die arme Lodoiska gantz verwischt ist und ihrer nicht mehr gedacht wird – Es ist allerdings wahr daß Demoiselle
Woraleck /: jetzt Madam Canabich :/ durch das
Feuerwerck das am Ende abgebrandt wurde sehr beschädigt worden ist – allein Sie war schuld dran – bey
belagerung des Schloßes soll Sie oben auf dem Thurm
seyn – Sie stand aber unten zwischen den Culißen –
ein Schwärmer fuhr ihr ins Gesicht und das Pulver
verbrante ihr Anglitz und Haare, zum Glück machte

Sie in dem Schrecken die Augen fest zu sonst hätte Sie
das Gesicht verliehren können – 3 biß 4 Wochen dau-
rete es biß Sie geheilt und wir Sie wieder sahn – das
geschah in der 2$^{\underline{ten}}$ Vorstellung – wo ich nicht zugegen
war – da die Sache nun nicht behagte, und dieser Zu-
fall dazu kam, so wird dieses /: vor mich :/ so lang-
weilige Stücke nicht wieder aufleben. Somit hätte ich
denn deine Fragen so pünctlich wie möglich beantwortet. Wir haben einige herrliche Theater aquisionen
gemacht – nehmlich den großen Baßist Mauerer der
in Winn so viel aufsehn gemacht hat und zwar mit
allem Recht – Er ist 19 Jahr alt – schön von Gestalt –
und einen Baß wie wir noch keinen gehört haben – als
Sarastro war des Bravo rufen kein Ende – ferner einen
Herrn Stadler der Väter rollen spielt – außer Ifland
haben wir auch noch nicht seines gleichen gesehen –
wenn er auf dem Zettel steht – lauft alles ins Schauspiel aber es ist auch der Mühe werth – weiter eine
Madam Gromes – Herrn Blum – Demoiselle Spitzeder
alle 3 zur Oper – auch alle sehr brauchbahr – es werden noch so viele erwartet, daß wir biß Ostern noch
manches Debütt zu sehen bekommen werden. Das
wäre nun alles gantz lustig anzuschauen wenn wir nur
einmahl wüsten was es um uns herum werden solte –
das lincke Reinufer scheint verlohren zu seyn – das
macht denn doch diesem und jenem Kopfweh – müßens eben holter abwarten – das Grämen vor der Zeit
halte ich vor ein sehr unnützes Geschäfte. Ich hoffe
daß du und deine Lieben Hauß-geister sich wohl befinden werden meine Persohn ist Gott sey Danck wohl
und vergnügt – und sehe heute die Palmire – Wünsche
Euch alle gute liebliche Feyertage und ein frohes neues
Jahr – und hoffe auf dein Versprechen dich bald wieder
in dem kleinen Stübgen zu sehn – Grüße deine Lieben

– auch Schiller – Böttiger – auch bey Gelegenheit Gevatter Wieland – Herder – Bertuch – Krauße und alles
in Weimar was mich kent – und nicht vergeßen hat!
Lebe wohl! dießes wünscht

deine
treue Mutter
Goethe.

273. An Christiane Vulpius

den 12ten Jenner 1798

Liebe Freundin!

Die 3 liebe Briefe so ich von Ihnen – meinem Sohn –
und dem Lieben Augst erhilte haben mir einen recht
sehr frohen Tag gemacht – besonders war es mir erfreulich, daß das Christkindlein wohl gefallen hat – es
soll so was eine überraschung seyn und da kommt die
Sorge hintendrein, ob mann auch nach gusto die
Sachen ausgesucht habe – desto erfreulicher ists wenn
mann Freude verbreitet hat. Wir leben hir in wunder-
lichen ereignüßen und Begebenheiten – der Friede sieht
dem Krieg so ähnlich wie zwey Tropfen wasser nur
daß kein Blut vergoßen wird – Maintz ist in Frantzö-
ischen Händen so wie die gantze Gegend – was uns
bevorsteht ist in Dunckelheit eingehüllet – gekocht
wird etwas das ist gewiß – denn um nichts sitzt unsere
Obrigkeit nicht biß Nachts 11 uhr im Rathhauß – ich
begreife nicht was der Congreß in Rastadt eigendlich
vor Nutzen haben soll – da die Frantzosen die Macht
in Händen haben – die dürfen ja nur befehlen – wer
will es wehren – genung von der Sache – die Deuschen
sind kein Volck keine Nation mehr und damit punctum.

So wiedersinnig es klingen mag so ist mein Trost daß
meine Kinder nicht hir sind und ich das jenige was mir
das liebste auf der Welt ist in Sicherheit weiß. Darinn

liegt nun eben das wiedersinnige nicht – aber wohl
darinn – daß die meisten Menschen gern im Unglück
Gesellschaft haben und ich davon eine Ausnahme
mache – sind die meinigen wohl und zufrieden; so bin
ich auch vergnügt – denn ich bin an dem allen nicht
Schuld, und kan dem Rad des Schicksahls nicht in die
Speichen fallen und es aufhalten. In meinem Goldenen Brunnen bin ich froh und vergnügt – und laße die
Menschen um mich herum treiben was ihnen gut
deucht. Daß mein Sohn Ihnen ein schönes Geschenck
mit gebracht hat war recht und billig – Sie verdienen
seine gantze Zärtlichkeit und Liebe – auch ich freue
mich Ihnen wieder zu sehn nur müßen die 7 Siegel gelößt und die Engel nicht mehr wehe posaunen – wer
weiß geht noch alles beßer als wir jetzt dencken. Von
unsern Winterlustbahrkeiten – ist vor mich nichts ge-
nüßbahr als das Schauspiel das wird den auch fleißig
besucht wir haben auch wieder zwey neue Wesen vom
Hamburger Theater bekommen Herrn und Madame
Reinhard die ich heute zum erstenmahl beaugen-
scheinigen werde. Der Liebe Augst hat mir einen so
schönen langen Brief geschrieben – daß es unverantwortlich wäre ihm nicht in einem gantz eigenen schreiben zu dancken – da der Brief aber auch heute noch
fertig seyn muß; so müßen Sie meine Liebe mit vor-
stehnendem vorliebt nehmen. Behalten Sie mich auch
im neuen Jahr in liebevollem Andencken – so wie ich
biß der Vorhang fält seyn und bleiben werde

Ihre
treue Freundin u Mutter
Goethe.

N.S. Daß Sie meinen Lieben Sohn recht viele Grüße
von mir überbringen sollen – versteht sich am Rande.

274. An Goethe

den 20<u>ten</u> Jenner 1798

Lieber Sohn!

Meinen besten Danck vor die mir überschickten
Bücher – besonders vor den Schillerischen Musen all-
manack – ich werde mir etwas mit zu gute thun – In
dem Graffen von Donwitz hat innliegender Brief an
dich gelegen – und ist vermuthlich aus versehen mit
hieher geschickt worden – wenn der 2<u>te</u> theil von oben
erwöhnten Graffen von Donwitz in deine Hände
kommt; so habe die Güte mir ihn auch zuüberschik-
ken – weil mir so das Buch defect ist, auch von Schilly
von Nehrlich muß ich mir das nehmliche erbitten –
Geleßen habe ich noch von alledem nichts – weil ich
vermuthe daß es etwas genißbahres ist – und ich mir
so was gern vor die ruhigen stunden des Sontags auf-
spahre – du wirst mir jederzeit Freude machen wenn
du mir Dinge die dir aus mangel der Zeit doch nicht
viel nützen anhero zu schicken, die Güte haben wilst.
Anbey übersende den Commedien Zettel von der zum
erstenmahl gegebenen Oper – das ist ein herrlich Product – es streitet mit der Palmire um den Vorzug –
Demmer und Madam Canabich haben sich selbst
übertrofen – es war gantz herlich. Wir leben hir gantz
ruhig und in der besten Hoffnung daß wir bleiben was
wir sind. Ich vor meine Person befinde mich wie gewöhnlich gantz zufrieden – und laße die Dinge die ich
doch nicht ändern kan ihren Gang gehen – nur Weimar ist der einzige Ort in der gantzen weiten Welt
woher mir meine Ruhe gestöhrt werden könte – geht es
meinen Lieben dort gut; so mag meinetwegen das
rechte und lincke Reinufer zugehören wem es will –
das stöhrt mich weder im Schlaf noch im Eßen. Dar-

aus folgt nun daß Ihr mir von Zeit zu Zeit gute Nachrichten zusenden solt, damit ich gutes Muths bleibe –
und meine noch übrigen Tage – Freut Euch des Lebens mit wahrheit und frohem Sinn Singen kan. Jetzt
Lebe wohl! Grüße deine Lieben hertzlich von derjenigen die ist und bleibt

deine u ihre

treue Mutter
Goethe.

N.S. Bald hätte ich die schöne Musick vergeßen ich
dancke davor – mein aufgewachtes kleines Musikali-
sches Talent hat dadurch einen neuen Sporn bekommen.

275. An Goethe

den 2<u>ten</u> Februar 1798

Lieber Sohn!

Ein Gespräch so ich neulich mit Semmering hatte
veranlaßt gegenwärtiges Schreiben – Er ahndete daß
Maintz in Frantzöische Hände kommen würde, und
hatte daher um seine Dimision gebethen und dieselbe
auch erhalten – Er lebt nun hir und hat eine ansehnliche Pracksin – und insofern geht Ihm nun freylich
nicht ab – allein Er sagte seine Kunst müßte drunter
leiden – die Er doch sehr ungern vernachläßigen
möchte – wenn Er also über kurtz oder lang eine Einladung als academien erhalten könte; so würde Er
nicht anstehn die Stelle anzunehmen. Dieses alles soll
nun zu weiter nichts dienen, als dir seine Gesinnungen
kundt zu thun – daß im Fall ihr einmahl so ein Sup-
ject nutzen könnet seine Gedancken vor dir ofen liegen – doch merckte ich, daß eine Profeßer stelle auf
einer Academi seine Sache so eigentlich nicht wäre –

zum Glück hat Er hir sein gutes Auskommen – und
die Sache hat gantz und gar keine Eile – daher bedarfs
auch wenigstens keiner geschwinden Antwort. Da wir
übrigens hir gantz still und ruhig leben – und es gar
nichts neues gibt so wünsche dir und deinen Lieben
nur noch wohl und vergnügt zu leben und nicht zu
vergeßen

Eure
treue Mutter Goethe.

276. An Christiane Vulpius

den 15ᵗᵉⁿ Februar 1798

Liebe Tochter!

Sie haben mir durch die überschickten Bücher eine
große Freude gemacht besonders war ich entzückt
Angnes von Lilien jetzt gantz zu besitzen, die ich mit
so großer Begirde in den Horen suchte aber immer nur
stückweiß fande – ich machte mir also ein rechtes
Freudenfest und ruhte nicht biß ich damit zu Ende
war – so viel ich mich erinnere von meinem Sohn gehört zu haben ist die Frau Verfaßerin eine Schwägerin
von Schiller – – O! laßen Sie dieser vortreflichen Frau
meinen besten Danck vor dieses herrliche product
kund und zu wißen thun. Auch Julie hat mir sehr behagt wer ist denn die Verfaßerin davon? Ja meine
Liebe! Sie können kein beßeres und verdinstlicheres
Werck an Ihrer Sie liebenden Mutter thun, als daß Sie
die Güte haben, wenn Ihnen solche liebliche Sachen
zukommen mich in meiner Geistesarmuth theil darann nehmen zu laßen – auch verbinde ich mich im Fall
Sie Ihre Bibliotheke mit ausschmücken wollen – das
was Sie etwann verlangen sollten wann ich es geleßen
wieder zurück zuschicken. Wir haben hir das Thirische
Leben betrefendt an nichts mangel – aber dem Geist

geht es wie Adonia dem Königs Sohn im Alten Testa-
ment – von dem geschrieben steht wie wirst du so
mager du Königs Sohn. Also nochmahls meinen
besten Danck, vor die gute und genüßbahre Speiße
womit Sie mich erquickt haben. Es freut mich überaus
daß alles was mir in Weimar lieb und theuer ist sich
wohlbefindet – Auch das ist recht und brav daß Sie
Sich den Winter in Ihrem Häußlichen Circul als außer
demselben Vergnügen machen – denn die heiligen
Schriftsteller und die profanen muntern uns dazu auf,
ein fröliges Hertz ist ein stetes wohlleben sagen die
ersten – und fröligkeit ist die Mutter aller Tugenden
steht im Götz von Berlichingen. Wegen des Krieges
wachssen mir auch keine graue Haare – das was ich
neulich an Ihnen schriebe – daß wenn es in Weimar gut
mit meinen Lieben geht und steht mich das lincke und
rechte Reinufer weder um Schlaf noch appetit bringt –
ist noch heut dato meine Meinung. Künfigen Montag
wird seyn der 19$\underline{te}$ ist mein Geburths tag – da trincken
Sie meine Gesundheit – das werde ich durch Simpathi
spüren und fühlen und wird mir wohl thun. Leben Sie
wohl! Grüßen meinen Lieben Sohn – und glauben daß
ich ewig bin

Ihre
Sie von hertzen liebende Mutter
Goethe.

277. An Goethe und die Seinen

den 12$\underline{ten}$ Mertz 1798

Liebe Freundin!

Das Vergnügen das Sie mir auf neue gemacht haben
erfordert meine gantze Danckbahrkeit, und es an den
Tag zu legen schreibe ich Ihnen meinen besten Danck
mit umlaufender Post – wie viel Freude haben Sie

mir mit Angnes von Lielien und mit Julgen Grünthal gemacht – auch Julgen hat mich sehr vergnügt – die neuen die ich von Ihrer Güte erhalten habe, habe freylich noch nicht geleßen – die werden zu gantz ruhigen Stunden aufgespart es ist mein bon bon das ich so mit Behaglichkeit genüße – sind sie genoßen da soll noch ein Danck hintendrein kommen. Daß Sie alle bey dem herannahnenden Frühling in Ihrem Garten in der frischen gesunden Luft Sich erlustigen das ist sehr wohlgethan – an jedem schönen Tag werde ich künftig an Sie alle dencken und mich im Geiste mit Ihnen freuen. Jetzt erlauben Sie daß ich ein paar Worte mit meinem Sohn spreche! Lieber Sohn! Dein Looß hat wieder die Einlage zur künftigen Lootheri die im May gezogen wird gewonnen – das alles kanst du aus der Beylage zur gnüge ersehen. Nun ein Wort über unser Gespräch bey deinem hirseyn über die Lateinischen Lettern – den Schaden den sie der Menschheit thun will ich dir gantz handgreiflich darthun. Sie sind wie ein Lustgarten der Aristokraten gehört wo niemandt als Nobeleße – und Leute mit Stern und Bändern hineindürfen – unsere deusche Buchstaben sind wie der Prater in Winn wo der Kayser Josephs drüber schreiben ließe Vor alle Menschen – wären deine Schrieften mit den fatahlen Aristokraten gedruckt; so allgemein wären sie bey all ihrer Vortreflichkeit nicht geworden – so recht anschaulich ist es mir auf neue bey Herrmann und Dorothea geworden – Schneider – Nätherinnen – Mägte alles ließt es – jedes findet etwas das so gantz vor sein Gefühl paßt – genung sie gehen mit der Literatur Zeitung – Docter Hufnagel u. a. m. pele mele im Prater Spatziren ergötzen sich seegnen den Autor und laßen Ihn Hoch Leben!!! Was hat Hufland übel gethan sein vortrefliches Buch mit den vor die größte Men-

schenhälfte unbrauchbahr[en] Lettern drucken zu
laßen – sollen denn nur Leute von Stand aufgeklärt
werden? soll den der geringre von allem guten ausge-
schloßen seyn – und das wird er – wenn dieser neumodischen Fratze nicht einhaltgethan wird. Von dir
mein Lieber Sohn hoffe ich daß ich nie ein solches Men-
schenfeindliches product zu sehen bekomme. Jetz
auch noch meinen Danck an meinen Lieben Augst –
Liebes Enckel! Vielen Danck vor die schöne und deut-
liche Beschreibung der vielen vierfüßigen Thire und
der herrlichen Vögel das muß ja prächtig an zu sehen
geweßen seyn – aber daß du das alles auch so hübsch
behalten hast um es der Großmutter so anschaulich zu
machen das verdint gewiß daß du recht gelobt wirst –
ich hoffe daß wenn wieder etwas neues in Weimar zu
sehen seyn wird, daß du mir es wieder schreiben wirst
– es macht mir jederzeit große Freude, so einen geschickten Enckel an meinem Augst zu haben – auch übst du
dich dadurch im Schreiben das auch sehr gut ist – Sehr
gern wolte ich dir auch mit etwas neuem von hir auf-
warten aber da ist nichts das der Tinte werth wäre –
nur dem Vater kanst du sagen, daß unser vertreflicher
Theater mahler zwey neue Decorationen beyde Straßen vorstellendt gemahlt hat bey deren Anblick ich
den Vater nur auf eine Minute her gewünscht hätte
denn *so was* sieht mann nicht alle Tage! Solte die
Meße was sehenswerthes herkommen; so will ich dir
es schreiben – Behalte die Großmutter in gutem Andencken – das will ich mir ausgebethen haben. Vor
Heute genung – Lieber Sohn! Liebe Tochter! Was ich
von Augst begehre geht auch Euch an Behaltet mich
lieb und gedencket zu weilen an Eure

treue Mutter u Großmutter
Goethe.

N.S. Auch vor die Lieder dancke auf beste – potz Fischgen! was wollen wir Singen! Der Tittel auf rothpapier bedeutet daß in dem Buch – Herrmann und Dorothea seine Vergötterung erhalten hat.

278. An Christiane Vulpius

den 2ten Aprill 1798
> Liebe Freundin!

Hir kommt das verlangte welsch korn – wünsche gutes Gedeihen. Mein Sohn wird jetzt in Jena seyn darüber freue ich mich, denn Er hat mir bey seinem Hirseyn gesagt, daß seine Geistes producte dort zur Reife kommen – aus dem Grund hofe ich, daß die Gelehrte und ungelehrte Welt bald wieder mit etwas schönes erfreut werden wird – Gott erhalte Ihn gesund – froh und vergnügt diß ist mein innigster und heißester Wunsch. Sie meine Liebe und der brafe Liebe Augst sind hoffentlich auch wohlauf und glücklich – was ich in der Entfernung dazu beytragen kan werde immer mit Vergnügen thun. Es fängt jetzt wegen der Meße an recht lebendig bey uns zu werden – wie sie ausfallen wird muß mann abwarten. Übrigens leben wir ruhig und still – und erwarten wie die halbe Welt den Frieden. Das ist aber auch alles was ich Ihnen vordißmahl sagen kan. Behalten Sie mich in gutem Andencken – küßen den Lieben Augst von derjenigen die unverändert ist

dero
> treue Mutter und Freundin Goethe.

279. An Christiane Vulpius

den 7ten May 1798
> Liebe Freundin!

Meinen besten Danck vor Ihren lieben letzen Brief, ich erkenne es wie ich soll daß Sie mir /: seye es dictirt

oder selbst geschrieben :/ so angenehme Neuigkeiten
von Weimar haben zukommen laßen – Nachrichten
von dort her sind die einzigen die mich intereßiren, die
mich froh und glücklich machen – Haben Sie auch in
Zukunft die Güte mich von Zeit zu Zeit von *Ihrer aller*
Wohlbefinden zu unterrichten – und jede gute Zeitung wird vor die Mutter und Großmutter ein Festtag
seyn. Auch vor die überschickten Bücher dancke – und
wenn ferner in diesem artickel was vorkomt; so
dencken Sie gefälligst an mich. Ich glaube gern daß Iflands Gegenwart gantz Weimar froh macht – vor
13 Jahren da Er noch in Mannheim war hatten wir
öfters das Vergnügen Ihn hir zu sehen – das letzte
mahl sahe ich Ihn vor 8 Jahren in der Krönung – als
Hoffrath in den Hagenstoltzen – Er ist ein großer Mann
das streitet Ihm niemand ab – Seine Heyrath bestät-
tig das Sprichwort: alte Liebe rostest nicht – es war eine
lange lange Liebschaft. Die Rarit[ä]ten die wir die
Meße hir hatten – schreibe ich an den Lieben Augst
der mir so eine schöne Beschreibung von Verferti-
gung des Papiers gemacht hat. Unser Theater hat auch
einige sehr gute Aquisitionen gemacht – Stadler – Otto
und Werdi – können jedem Theater Ehre machen –
auch Madam Reinhart von Hamburg die sehr schön
ist und vortreflich spielt. Sie haben so viele Geschäfte
Liebes Weibgen – so was ist nun grade mein Casus
nicht -- daher sind die Monathe May und Juni meine
fatalsten im gantzen Jahr – da wird vor das gantze
Jahr Butter eingemacht – da komt vor das gantze Jahr
Holtz – da koche ich meine Molcken – da wird die
große Wasche besorgt u.d.g. Die Frau Rath kommt da
aus ihrem gerick und geschick – kan nicht ordentlich
Leßen – Clavir spielen – Spitzen klöpplen – und ist
Seelenfroh wenn alles wieder den alten Gang geht –

wenn ich aber so einen Lieben Brief aus Weimar be-
komme – dann geht alles flinck von statten – und ich
fühle mich immer um 10 Jahre jünger – Jetzt wißen
Sie das mittel mich zu verjüngen – geben Sie mir zu-
weilen solche Lebens-tropfen und ich Tantze noch den
Ehren tantz auf Augsts Hochzeit. Jetzt muß ich noch an
Augst schreiben – Leben Sie wohl! Grüßen meinen
Lieben Sohn recht hertzlich – und behalten lieb

Ihre
wahre Freundin u treue Mutter
Goethe.

280. An Goethe

den 22ten May 1798

Lieber Sohn!

Wegen einer zu machenden Reparatur wird unser
Theater den gantzen Juli geschloßen bleiben – von
den Schauspielern geht der eine ins Baad – der andre
wo anders hin – Herr und Madam Reinhardt wollen
auf ihrer Rutte die sie nehmen über Weimar gehen –
und fragen durch mich an ob in oben benanter Zeit sie
die Ehre haben könnten bey Euch einige Gastrollen zu
Spielen – es sind ein paar brauchbahre Supjette – besonders die Frau die in Edlen Frauen – Liebhaberinnen
Königinnen u. d. g. recht brav spielt, Er macht Helden
– Offizire auch gut – nun ist mir aber erinnerlich daß
Eure Gesellschaft den Sommer in Lauchstädt spielt –
wie lange aber weiß ich nicht – wolldest du also wohl
die Güte haben nur mit ein paar Worten zu antworten
ob im Juli etwas bey Euch zu thun wäre – oder nicht –
im letzten fall würden Sie ihre Reißerutte anders einrichten – so viel von Herr u Madam Reinhardt. Demoiselle Schnautz war bey mir, und ich hatte das Vergnügen Ihr gleich beym ersten Empfang einen freudi-

gen Abend zu verschaffen – ich nahme Sie mit ins
Schauspiel – das Ihr sehr behagte auch offeri[r]te ich
so ofte es Ihr beliebte einen Platz in meiner Loge welches Sie freudig annahm – wie du weißt ist das vor
Frembte ein großer vortheil weil es schwer hält ohne
abonirt zu seyn einen guten Platz zu erhalten – Es ist
ein sehr angenehmes Frauenzimmer, die mir wohl behagt hat – Sie soll in Franckfurth keine langeweile
haben – davor stehe ich – Heute will ich Ihr die Gegen-
visitte machen, und Sie ins Schauspiel einladen, da Ihr
lieber Demmer den Sichel so schön spielt – es freut
mich daß Sie gerade in einen glänzenden Zeitpunct
unsers Theater eingetrofen ist – den der geschickte
Tenorist Schultze von Winn ist angelangt und wird in
der Palmire Opferfest und Zauberflöthe debitiren –
Meine Liebe Tochter und Lieben Enckel grüße hertzlich von

deiner
treuen Mutter
Goethe.

281. An Christiane Vulpius

den 21ten Juli 1798

Liebe Freundin!

Vor dißmahl nur meinen besten Danck vor Ihr Liebes Briefgen, und vor die Bücher – Mich freuts ungemein daß alles bey Ihnen wohl ist – das ist mein bestes
Labsahl auf dieser Welt – Erfreuen Sie mich von Zeit
zu Zeit mit guten Nachrichten – und Sie sollen Lob
und Danck davor haben. Der Liebe Augst ist ja
auserordentlich fleisig – so viel zu schreiben – und in
der Ordnung mit vergnügen leße ich seine Kunst sachen – es ist ein Lieber herrlicher Junge – Gott erhalte
Ihn gesund. Herr Rath Krauße und Demoiselle Schnautz
werden jetzt wieder in Weimar seyn wir haben ein-

ander öffters gesehen, und es hat Ihr hir wohl gefallen – übrigens ists Jetzt bey uns zimmlich still – alles ist in den Landhäußern – oder in den Bädern – Ich bin auch sehr oft auf dem Land bey guten Freunden – Sie Liebe Freundin kennen nun freylich diese Menschenkinder nicht, aber was thut das, genung Sie hören doch wie sich die Großmutter amusirt und ihren Sommer hinbringt – den gantzen Sontag bin ich vor dem Bockenheimer thor in Senator Stock Garten – in der Woche vorm Allerheiligen Thor bey Madam Fingerling – dann über Sachsenhaußen auf einem prächtigen Gut bey Herrn Kellner – und so habe ich 3 biß 4 Orte wohl es mir sehr wohl behagt. Sie sehen hiraus, daß die Großmutter sich des Lebens noch immer freut – und warum solte es einem auch auf dieser schönen Gottes Erde nicht wohl seyn – das wäre garstiger Undanck vor alle die Wohlthaten die Er mir in meinem Leben erzeigt hat – und unter Gottes Lob und Danck soll so ein Tag nach dem andern hingehn, biß der Vorhang fält. Leben Sie wohl! Grüßen den Lieben Wolf – und behalten Lieb

Ihre
wahre Freundin u treue Mutter
Goethe.

282. An August von Goethe

den 21ten July 1798

Lieber Augst!

So ofte ich ein so schön und deutlich geschriebenes Heft von dir erhalte; so freue ich mich daß du so geschickt bist die Dinge so ordentlich und anschaulich vorzutragen – auch schäme ich mich nicht zu bekennen, daß du mehr von diesen Sachen die von so großem Nutzen sind weißt als die Großmutter – wenn ich so gerne schriebe wie du; so könte ich dir erzählen

wie elend die Kinder zu der Zeit meiner Jugend erzo-
gen wurden – dancke du Gott und deinen Lieben Eltern die dich alles nützliche und schöne so gründlich
sehen und beurtheilen lernen – daß andre die dieses
Glück der Erziehung nicht haben im 30 Jahr noch alles
vor Unwißenheit anstaunen, wie die Kuh ein neues
Thor – nun ist es aber auch deine Pflicht – deinen Lieben Eltern recht gehorsam zu seyn – und Ihnen vor
die viele Mühe die Sie sich geben, deinen Verstand zu
bilden – recht viele viele Freude zu machen – auch den
Lieben Gott zu bitten Vater und Mutter gesund zu
erhalten damit Sie dich zu allem guten ferner anfüh-
ren können. Ja Lieber Augst! Ich weiß aus Erfahrung
was das heißt Freude an seinem Kinde erleben – dein
Lieber Vater hat mir *nie nie* Kummer oder Verdruß
verursacht – drum hat Ihn auch der Liebe Gott gesegnet daß Er über viele viele empor gekommen ist –
und hat Ihm einen großen und ausgebreitnen Ruhm
gemacht – und Er wird von allen Rechtschaffenen Leuten hoch geschätzt – da nim ein Exempel und Muster
dran – denn so einen Vater haben und nicht alles anwenden auch brav zu werden – das läßt sich von so
einem Lieben Sohn nicht dencken wie mein Augst ist.
Wenn du wieder so Intreßante Nachrichten gesammelt
hast; so schicke sie mir – Ich bin und bleibe

deine
treue u gute Großmutter
Goethe.

283. An Goethe

den 15<u>ten</u> September 1798

Lieber Sohn!
Es ist schon langeher daß ich nichts von dir und den
Lieben deinigen vernommen habe – ich frage also
einmahl wieder an und erkundige mich nach Eurem

Wohlbefinden – auserdem habe auch verschiedne Vorfälle zu erzählen, da du über einige dich verwundern
wirst – Schlosser ist Franckfurther Syndicus geworden – /: und zwar welches Ihm zu Ehre gereicht und
bey unserer Verfaßung ein gar seltner fall ist :/ ohne
Kugelung! Der Magistrath – die 51 – die 9 waren alle
/: das beinahe unerhört ist :/ in dieser Sache einig – Wer
hätte sich das träumen laßen! Ich bekomme dadurch
eine Stütze die in gegenwärtigen immer noch Critti-
schen Zeiten mir nicht unlieb ist – auf den Umgang
mit der Schlossern freue ich mich – den ob ich gleich
verschiedne weibliche Bekandtschafften habe; so ist
doch keine darundter, die mich so gantz begreift und
versteht – die alten Zeiten fangen wieder bey mir an
aufzuleben – daß die Hanchgen bey uns im alten Hauß
am runden tisch bey mir saße – und du manchen
schönen Abend unser Gespräch warst – Es ist mit alledem Courios daß Schlosser aus Furcht vor den Frantzsosen bis beynahe ans Ende der Welt läuft – große
Aufopferungen macht und doch wieder zu einer Zeit
zurück muß – da nahe genung die gefürchteten Menschen um uns herum stehn – und der Ausgang der
Sache noch nicht im klahren ist – Ich bin ungewiß ob
du weißt, daß sein Bruder der Schöff Schlosser vorm
Jahr gestorben ist – sonst hätte freylich die Syndicus
wahl nicht auf Ihn fallen können. Dein Looß ist wie
das meinige blind heraus gekommen – ich lege es hir
bey – da nun jedes blind heraus gekommene Looß
ein frey Looß zur ersten Claße der neuen Lootteri die
den 6ten November gezogen wird errält; so ist die
No: 712. dir zu theil worden – kommt es in der ersten
Claße nicht heraus, so stehts es bey dir ob du es renovi-
ren oder fallen laßen wilst – die Nachricht davon solst
du so gleich von mir erfahren.

Vor Prachtvolle Castanien wird vor dieses mahl
Freund Gerning sorgen. Eine unserer hiesigen Schauspielerinnen Madam Bulle kam vorige Woche zu mir
und ersuchte mich bey dir anzufragen, ob Sie und
Ihre Tochter ein Mädelein von 17 Jahren bey der weimarischen Gesellschaft angenomen werden könnten –
dir Ihre Talente zu Speciviziren würde deßwegen unnütz seyn, weil wie ich in Erfahrung gebracht habe,
Ihr Contrackt noch $2^1/_2$ Jahr dauert – freylich sagt Sie
mann habe Ihr den ihrigen in ansehn Ihrer Tochter
auch nicht gehalten u.d.g. ich dencke aber mann muß
diesen Menschenkindern nicht so schlechterdings erlauben und Ihnen leicht machen von einem Ort zum
andern ohne vorwißen der Direcktoren zu gehen –
dieses gantze Geschreibe hätte ich mir erspahren können – aber ich hatte es /: ohne die Umstände gründlich
zu wißen :/ einmahl versprochen und mein gegebenes
Wort ist mir heilig – Du wirst die Güte haben bey Gelegenheit durch deinen Geist mir nur ein paar Worte
über obige Sache zu schreiben z.E. Wie es deine Art
nicht wäre jemandt zu angaschiren deßen Contract
nicht zu Ende wäre, oder was dir sonst gut deucht –
damit ich mich Legitimiren kan, daß ich geschrieben
habe. In gegenwärtiger Meße ist viel Specktackel –
viele Verkäufer – aber wenig Käufer und wenig Geld –
so lange kein Friede ist; so lange wirds happern. Was
machen denn deine Lieben? Von Augst habe beynahe
eine Bibliotheke von seinen Erfahrungen die mich sehr
gefreut haben. Grüße und küße die Lieben Hauß
geister von

deiner
treuen Mutter
Goethe.

284. An Goethe

[Ende Oktober 1798.]

Lieber Sohn!

Es ist schon wenigstens 6 Wochen daß ich einen Brief an dich abgeschickt habe – ohne eine Zeile Antwort zu erhalten – da ich nun auch seit dem Monath Juni weder Modejournahl noch Mercure empfangen habe; so hofte von Posttag zu Posttag auf diese und haupsächlich auf ein paar geschriebene Zeilen um mich bey Madam Bulle rechtfertigen zu können – Ich frage also hirmit, was das bedeute, daß weder Demoiselle Vulpius – weder Augst – weder du das mindeste von sich hat hören laßen – Ich hoffe daß angenehme Verhinderungen die Ursach Eures Stillschweigens geweßen sind – Bitte nur um ein paar Zeilen – – und bin wie immer

Eure
treue Mutter
Goethe.

285. An Christiane Vulpius

den 9<u>ten</u> November 1798

Liebe Tochter!

Haben Sie die Güte und dancken meinem Sohn und dem Lieben Augst – ersterem vor seinen Lieben Brief – dem letzten vor seine schöne Beschreibung* – entschuldigen Sie mich bey meinen beyden Lieben, daß ich nicht jedem insbesondre Antworte – besonders dem Lieben Augst der mir so viele Freude mit seinen Beschreibungen gemacht hat, und von dem ich so manches das mir gantz unbekandt war geler[n]t habe. Ich bleibe seine Schuldnerin und werde das versäumte

* Loben Sie Ihn in meinem Nahmen – und sagen Ihm, daß Er gegen die Großmutter gerechnet – Ein gelehrter ist – sein Fleiß hat mich sehr gefreut.

nachholen. Jetzt frage ich Ihnen meine Liebe! was dem
Lieben Augst zum Heiligen-Crist wohl erfreuen könte?
auch was ihm etwa an Kleidungs stücken angenehm
und nützlich wäre – die Zeit rückt näher und ich mögte
es gerne noch früh genung übersenden, damit es
hübsch fix und fertig wäre. Freund Gerning hat die
Castanien besorgt – und jetzt werden sie wohl angelangt seyn – Was ich zuerst hätte thun sollen thue ich
zuletzt – Ihnen hertzlich zu dancken vor überschik-
kung der Modejournahle und Mercure – besonders
aber vor Ihren Lieben Brief – ich habe mich gantz in
Ihre unruh und sorgenvolle Lage versetzt – daß, wäre
ich an Ihrer Stelle geweßen ich gewiß an kein Schreiben gedacht hätte – vor diese Aufmercksammkeit
gegen mich – nehmen Sie hirmit nochmahls meinen
besten Mütterlichen Danck. Ja wenn die Großmutter
nicht so gemächlich wäre; so wäre das gar nicht übel
wenn sie einmahl ihre Kinder besuchte – und alles
schöne was ich schon längst von Weimar gehört habe
selbst in Augenschein nähme – Aber du Lieber Himmel!! Ich und Reißen! Das gescheideste ist meine
Kinder kommen zu mir – dabey wirds auch wohl sein
Bewenden haben. Leben Sie wohl! Grüßen meinen
Sohn – und den geschickten – fleißigen – lieben – guten
– braven Augst von Eurer allen treuen Euch lieb-
habenden

                              Mutter u Großmutter
                              Goethe.

286. An Goethe

                         den 23ᵗᵉⁿ November 1798
         Lieber Sohn!
    Die Beyden Opern haben sehr wohl gefallen – doch
hat die gebeßerte Eigensinn[ig]e bey uns vor den Brüder als Nebenbuhler den Vorzug erhalten – der gantz

vortrefliche Gesang der Madam Kananbich – der nicht
minder herrliche Gesang des Herrn Maure[r]s und
sein und Herrn Luxens wahr Comisches Spiel ist die
Ursach, daß das Puplicum die Eigensinnige den Brüder
vorzieht. Von Eurem schön neu eingerichteten Schauspiel Saal habe schon vor einiger Zeit Nachricht erhalten – ihn zu sehen – darauf muß ich wohl Verzicht
thun! und mich begnügen was auf unserm Theater zu
sehen ist – die Direction gibt sich alle Mühe die Sache
in gutem Gang zu erhalten – auch ist unser Männ-
liches Personale ohne Übertreibung gesprochen vortreflich – das weibliche ist mehr fehlerhaft – Die kommende Woche werde ich die Christkindleins Sachen
Einkaufen und überschicken – eröffne du aber selbst
das Kästlein damit weder meine Liebe Tochter noch
mein geschickter Correßpondt vor der Zeit die Rari-
teten zu sehen bekommen. Der Confect komt ein paar
Tage vor Christtage. Dancke meiner Lieben Tochter
vor Ihren Lieben Brief – mit der Rück antwort muß
Sie ein wenig in Gedult warten – den die Großmutter
schreibt nur des Morgens – und der ist jetzt sehr kurtz.
Grüße meine beyden Lieben hertzlich von

Euer allen
treuen Mutter und Großmutter
Goethe.

287. An Goethe

den 17ten Decemb 1798

Lieber Sohn!
Heute ist der Christ Confect mit dem Postwagen an
Euch abgegangen – das Kistgen das den 29ten November an dich abgegangen – wirst du richtig erhalten haben. Gott! Gebe dir und den Lieben die dir angehören fröhlige Feyertage und ein glückliches Neu Jahr.

Merckwürdiges pasirt bey uns gar nichts – und andre
Dinge verlohnen nicht der Mühe des Schreibens. Ich
bin Gott Lob – gesund gehe meinen alten Schlenderian
so fort – und das ist alles. Behalte mich lieb in gutem
Andencken – Grüße meine Liebe Tochter und bitte
Sie mit dem Christgeschenck vorlieb zu nehmen thue
ein gleiches mit dem Lieben August. Ich bin wie allezeit
                    Euer allen
                  treue Mutter Goethe.

288. An Goethe

den 15$\underline{^{ten}}$ Mertz 1799

         Lieber Sohn!

Hier schicke ich meinem Lieben August Nanquinette
zu einem Sommer Habit – Gott laße es Ihn gesund
verbrauchen – wenn in Zukunft wieder ein Kleider
bedürfnüß vorfält; so mache mir eine Freude draus
das abgehnde zu ersetzen – nur bitte ich, daß der dortige Schneider jedesmahl das Maaß angibt – denn bißher habe immer aufs gerathe wohl den Zeug oder
Tuch fortgeschickt – In den Kaufläden wird alles nach
Stab oder /: welches einerley ist :/ nach Pariser Ehle
verkauft – thut das in Zukunft. Dein Looß ist durch
alle Claßen gelaufen ich habe es immer Renovirt – am
Ende kam es mit 60 f heraus – wenigstens ist der vortheil dabey daß du diese jetzt kommende ohne Geld
zu zulegen mitspiels – mir ists nehmlich so geworden. So bald ich das Neue looß habe schreibe ich dir
die No.   Die Meße rückt herbey, wird aber wohl ein
Jahrmarck draus werden! Übrigens leben wir zwischen
Furcht und Hoffnung – wißen nicht welchen Gang die
Dinge noch nehmen werden – ich habe mich bey dem
aufs beste hoffen immer gut befunden – dabey will ich
denn auch bleiben. Vor die Mercure – und Modejour-

nahle dancke bestens – Viele Grüße an meine Liebe
Tochter und an den Lieben Augst von

Eurer
treuen Mutter
Goethe

N.S. Schlossers grüßen vielmahl.

289. An Goethe

Abgeschickt d 2<u>ten</u> Aprill 1799

Lieber Sohn!

Hir das welsche Korn – wünsche daß es 100fältige
Früchte tragen mögte. Dancke dem Lieben Augst vor
sein gutes Brieflein, es freut mich daß Ihm das Som-
merkleidgen wohlgefält – aber leider ist der Sommer
bey uns wieder verschwunden! Heute als den 29<u>ten</u>
Mertz ist eine Kälte, daß ich meinen Peltzmandel
wieder hervor geholt habe um im Sontagskind nicht
zu erfrieren. Lieber Sohn! Was macht, was treibt Ihr
denn? der Augst hat mir zwey Briefe geschrieben aber
kein Wort weder von dir noch von meiner Lieben
Tochter – ich hoffe ja ich weiß sogar daß alles gut ist –
und daß die Nägel fest stecken – aber ich höre doch zuweilen gern von Eurem allerseitigen Wohlseyn. Aber
O! Wehe!! Madame la Roche geht doch zum Gevatter
Wieland – der Vetteran hat Ihr die Einladessten Briefe
geschrieben – und ich wette Er langweilt sich wenn Sie
1/2 Tag bey Ihm ist – vermuthlich wird Sie alle große
und Edle Menschen in und um Weimar mit Empfindsamkeit in Contiportion setzen, wobey du gewiß obenan stehts – Faße deine Seele in Gedult – oder gehe im
May /: den da kömt Sie zu Euch :/ nach Jena – doch du
wirst es schon einrichten. Lebe wohl! Grüße deine und
meine Lieben von

deiner
treuen Mutter Goethe

290. An Goethe

den 10ten May 1799

Lieber Sohn!

Frau Elise von Bethmann – empfiehlt sich dir und
ersucht dich – ob du wolstes die Güte haben ihr bey
dem Weimarer Hoffgärtner ein Kistgen Nordameri-
kanischer Holtzarten – wie auf beykomdendem blättgen das mehrrere zu ersehen – kaufen und mit dem
ersten Postwagen anhero zu spediren doch unter meiner adreße – auch solst du thun als wäre es vor dich
selbst – Sie glaubt – daß Sie dadurch am besten versorgt werden dürfte – Solten außer den hirbey kommenden 4 Louidor noch etwas auslage dabey seyn – so
wird alles mit dem besten danck erstattet werden. Vor
Euren Lieben Brief vom 24ten Aprill dancke recht sehr
er hat mir viel und große Freude gemacht. Dein jetziges Looß ist No. 702. Gestern speißte bey Frau Elise
und trafe dem Bremischen Gesanden da an – der mit
dir in Leipsig studirt hat – der Mann hatte eine Seelen-
freude mich als deine Mutter kennen zu lernen – seinen Nahmen habe ich vergeßen – villeicht höre ich
ihn noch einmahl – dann solt du ihn wißen – Er kam
von Rastadt – Großer Gott! was ist das vor eine Geschichte!!! Wir sind alle wie vorn Kopf geschlagen –
Ich laße mich sonst nicht leicht etwas so mir frembt ist
ängstigen aber diese greuel kan ich gar nicht aus dem
Sinne kriegen. Gott Lob und Danck! daß du in Weimar
und nicht in Paris bist! Ich fürchte wenn die Nachricht
unter den Pariser pöpel kommt – sie bringen alle
Deusche um – Wenn ich jemand jetzt von den meinen
in Franckreich oder wo sonst Frantzosen sind wüßte –
ich glaube ich stürbe vor Angst – ich muß nur davon
aufhören – sonst kommen mir die Greuelgesichten
wieder in Kopf – wie gestern – ich war im Schauspiel,

hörte und sahe aber nichts – vor lauter nachdencken
über dieser Abscheuliche that. Lebe wohl! Grüße alle
deine Lieben von

Eurer allen treuen Mutter

Goethe.

291. An Goethe

den 24<u>ten</u> May 1799

Lieber Sohn!

Sage meiner Lieben Tochter vielen und hertzlichen
Danck, vor das vortrefliche Exemplar von Herrmann
und Dorothea – das Werck verdint solche verschöne-
rungen – denn es ist ein Meisterstück ohne gleichen!
Ich trage es herum wie die Katze ihre Jungen – biß
Sontag nehme ich es mit zu Stocks – die werden kre-
hen und jublen – ferner hat mir meiner Lieben Tochter ihr Brief große Freude gemacht – weil du jetzt mit
Kusche und Pferden gesegnet bist – und dadurch dir
nach Leib und Seele viel vergnügen machen kanst –
auch hat der Liebe Augst mir wieder ein dickes heft
seiner Frühlings Ergötzlichkeiten überschickt, das ich
mit großem Vergnügen geleßen habe dancke Ihm
hertzlich davor. Da ich nun aus eben dem Brief ersehen habe, daß du und alle die deinigen bey Jena auf
dem Lande in einem Garten den Frühling genüßest;
so habe jegenwärtiges an Herrn Hoffrath Schiller
Adreßirt – da es dir denn wohl zu Händen kommen
wird – jetzt eine Frage die du die Güte haben wirst,
mir durch deinen Geist nur mit ein paar Worten beantworten zu laßen. Mit dem Postwagen der Freytags
den 10<u>ten</u> May von hir nach Weimar abgegangen ist,
habe 4 Louidor an dich abgeschickt mit Bitte Nord-
amerikanische Höltzer von dem Hoffgärtner vor Frau
von Bethmann einzukaufen, und solche unter meiner
Adreße herzuschicken – ob du den Brief nebst dem

Gelde empfangen hast – habe die Güte mir melden zu
laßen. Übrigens freue ich mich, daß du wieder in oder
um Jena bist – da gibts wieder so einen Hermann –
oder der gleichen – Gott seegne dich und erhalte dich
gesund und froh! Lebe wohl! Grüße deine Lieben –
aber auch Schiller den ich von Hertzen liebe und verehre – Behaltet alle lieb

Eure
treue Mutter
Goethe.

N.S. Auch vor die Modejournahle und Mercure
dancke aufs beste.

So eben erhalte deinen Brief vom 19 und weiß nun,
daß Brief und Geld bey dir glücklich angelangt ist –
dancke vor diese Nachricht. Das übrige das du die
Güte hattest zu berichten, soll Frau Bethmann pünctlich erfahren.

292. An Goethe

den 20ten Juli 1799

Lieber Sohn!

Hertzlich hat mich die Nachricht von Euer aller
Wohlseyn erfreut – So wie mir meine Liebe Tochter
schreibt – war ein etwas starcker Roumor in Eurem
Haußweßen wegen Anweßenheit der Königlichen
Majestät! Die Franckfurther haben auch alles mögliche gethann – um ihren ehemahligen Bekandten zu
beleben – Er hat es auch recht freundlich auf und angenommen – mir ist eine Ehre wiederfahren, die ich
nicht vermuthete – die Königin ließ mich durch Ihren
Bruder einladen zu Ihr zu kommen der Printz kam
um Mittag zu mir und speißte an meinem kleinen

Tisch – um 6 uhr holte Er mich in einem Wagen mit 2
bedinten hintenauf in den Taxischen Palast – die Königin unter hielt sich mit mir von vorigen Zeiten – er-
innerte Sich noch der vielen Freuden in meinem vorigen Hauß – der guten Pannekuchen u.s.w. Du lieber
Gott! was so etwas vor Wirckung auf die Menschen
macht! Das war gleich in allen Coffe und Weinhäu-
ßern, in großen und kleinen Gesellschaften – es wurde
in den ersten Tagen nichts anders geredetet als, die
Königin hat die Frau Rath durch den Erbprintzen von
Mecklenburg zu sich holen laßen – und wie ich Stapa-
zirt wurde alles zu erzählen was alles da wäre abge-
handelt worden mit einem Wort ich hatte einem Nim-
bus ums Haupt der mir gut zu Gesichte stand. Dancke
ja recht schön meiner Lieben Tochter vor Ihren Lieben
Brief und vor die überschicken Jounahle und Mercure
– besonders aber vor das herrliche Werck der Confirmation des Erprintzen – *das hat mir wohlgethan* – das
ist ein ander Ding – als von unserm überspanten Hufnagel – mit seinem jemmerlichen a.b.c. buch worüber
in Sachsenhaußen beynahe eine Revolution entstanden wäre. Die Bethmann danck recht sehr vor die
Höltzer die wohlbehalten angelangt sind – mit dem
überblieben Louidor das hast du gantz brav und schön
gemacht – In der vorigen Lotteri hast du ja gerade so
viel gewonnen – daß gegenwärtige Ziehung nichts
kostest die 5te Classe wird den 5 August – und die letzte
den 2ten September gezogen – da du denn gleich Nachricht haben solst. Der Liebe August hat mir wieder ein
dickes Heft von seinen Reißen zugeschickt. – das mich
sehr gefreut hat – grüße Ihn hertzlich von der Großmutter und dancke Ihm. Jetzt eine Theater affäre.
Wir haben hir ein junges Demosellgen 17 Jahr alt nahmens Casperts, die gerne nach Weimar auf Theater

mögte – Sie war hir zu ersten Liebha[b]erinnen angenommen, gefiehl auch als Friedericke in den Jägern
und als Cora in der Sonnenjungfrau – nachher wolte es
nicht recht fort – die Ursach mag in einer gewißen
Faulheit und Gemächlichkeit liegen – genung es wurde
Ihr aufgesagt – Sie ist von hübschen Eltern aus Mannheim Demoiselle Jagemann kent sie – sie will gern
zweyte Rollen übernehmen – hir hat sie 800 f bekommen – Ich würde mich mit der Sache gar nicht befaßt
haben – aber Frau Stock – die sich Mutter von ihr nennen läßt bate mich so lange, daß ich es Ihr versprach –
Meiner Lieben Tochter würde ich auch geschrieben, und mich bey Ihr selbst bedanckt haben – deßgleichen an den Lieben Augst – aber ich habe durch
die Kranckheit meiner Köchin, so eine unordnung in
meinen thun und seyn – daß mir diesen Brief zu Ende
zu bringen Mühe kostest – da ich nehmlich nichts or-
dentliches bey mir zu Eßen haben kann; so gehe ich
beynahe alle Tage zu Gaste bin also den Nachmittag
nicht zu Hauß – da gibts nun die Morgenstunden – auf-
zuräumen – zu Rechnen und diß und das – daß die
Zeit zum Schreiben sehr knapp zugetheilt ist. Ich will
bey beßerer Muße alles wieder einbringen. Grüße und
Küße einstweilen alles was dir und mir lieb ist von

deiner
treuen Mutter Goethe

N. S. Viele Grüße von Schlossers.

293. An Goethe

[20. (?) Oktober 1799.]

Lieber Sohn!
Die Nachricht die ich dir jetzt schreibe – wird dir unerwartet und traurig seyn. Schlosser ist nicht mehr!

Eine Lungenentzündung entriß Ihn uns am 17$^{\underline{ten}}$ dießes – die paar Jahre in Eutin schienen auf seine Cörpperliche Umstände nicht gut gewürckt zu haben – als
Er hinreißte sahe Er gut ja blühend aus – bey seiner
Herkunft vor 11 Monathen kante mann Ihn beynahe
nicht mehr – Er war eingefallen – alles – Zähne – Farbe
alles war weg – und so mager daß alle die Ihn sahen –
über die große Veränderung erstaunten. Seine Lunge
zeigte sich sogleich als den schwächsten theil an Ihm
– durch öfftere Catharr-Fieber u.d.g. Heut vor 14 tagen war Er in seinem vor gantz kurtzem erkauften
Garten. Er steckte Zwieblen – pflantzen u.s.w. Er hörte
schießen arbeitete aber imer fort – endlich kammen
die Schüße näher – Er eilte fort – kam ans Eschenhei-
mer thor – das war zu – die Brücke aufgezogen – die
Frantzosen standen davor – ein Mann sagte Ihm wenn
Er *eilte* so käme Er noch zum Neuen thor herein – nun
strengte Er alle Kräf[t]e an – kam auch glücklich noch
herein aber erhitzt und in Angst – Er ging zu seiner
Schwägerin – die nicht wohl war, und fand da eine
sehr heiße Stube – wo Er nathtürlich noch mehr erhitzt
wurde – diesen Augenblick wurde Rathsitz angesagt –
nun mußte Er in Römmer in die kalte große Raths
stube – den 2$^{\underline{ten}}$ Tag darauf bekam Er Husten – Fieber
und gleich röchlen auf der Brust – Er wolte keinen
Artz – endlich kam einer der fand Ihn tödtlich kranck
– mann nahm noch einen – der erklährte auch daß es
sehr gefährlich wäre – Sie hatten dißmahl recht – den
Er starb. Die gute Schlossern – und Ihre zwey Liebe
Kinder Laßen dich hertzlich grüßen – daß Sie dir nicht
selbst schrieben wirst du leicht verzeihen – Sie bitten
um die Fortdauer deiner Freundschaft – auch ersuchen Sie dich es Herder – Wieland – und wer Ihn etwa
sonst gekandt hat bekandt zu machen. Grüße den

Lieben Augst, und sage Ihm – daß sein Oberrock u
Westgen nicht vergeßen seye – daß es die andre
Woche soll gekauft und Ihm zugeschickt werden –
denn die Großmutter wäre jetzt den gantzen Tag bey
Schlossers – und das wäre die Ursach, daß es noch nicht
bey der Hand seye. Mama la Roche ist gantz entzückt
über die gütige Aufnahme in deinem Hauße – Sie hat
mir darüber einen gar lieben Brief geschrieben – Gott
erhalte dich das ist mein Morgen und Abend Gebet –
Grüße meine Liebe Tochter! Laßt bald wieder etwas
von Euch hören Ihr seyd ja überzeugt – daß das Leben
und Wonne gibt

>   Eurer
>   treuen Mutter
>   Goethe.

N. S. Dein Looß hat 30 f gewonnen – die wollen wir
dann wieder anwenden die neue Nummer ist 718 den
5ten November wird die erste Claße gezogen.

294. An Goethe

>   den Wolfgangs Tag [31. Oktober] 1799

Lieber Sohn!

Hier schicke ich dem Lieben Augst ein Winter Kleidgen – ich hoffe daß es Ihm wohlgefallen und Ihn warm
halten wird – grüße Ihn und meine Liebe Tochter
hertzlich. Am vergangenen Montag war Herbst – aber
ohne Sang und Klang – ich habe noch keine einzige
Beere gegeßen – den sie sind nicht reif geworden – vor
meine Trauben werde $1/2$ Carolin bekommen – und
bin noch obendrein froh daß ich sie loß werde. Weil du
schon so lange aus aller hießigen Connexion bist; so
schreibe dir sehr selten Neuigkeiten – denn ich fürchte
sie Intreßiren dich nicht – aber daß Bernhardt und Dor-

ville von Offenbach falirt haben das muß du doch wißen – weil du das Hauß in seinem größten Flohr gekandt hast – Bernhardt hatte eine Capelle von 22 der
geschicktesten Leute unser Theater hat die besten davon angenommen. Ich habe überall mich nach Kastanien umgethan – so wie ich noch so glücklich seyn
solte gute zu bekommen – solst du sie sogleich bekommen. Meinen Brief wegen Schlossers Ableben
wirst du erhalten haben? das ist alles was ich vor jetzo
dir zu berichten habe Lebe wohl! Grüße nochmahls
alles in deinem Hauße was dir lieb und werth ist von

Euer allen
treuen Mutter und Großmutter
Goethe.

295. An Goethe

den 2ten Decemb 1799

Lieber Sohn!

Dißmahl nur ein paar Worte den Heiligen Christ betrefendt. Meine Liebe Tochter muß wieder etwas von
mir bekommen – aber es muß Ihr auch Freude machen – Sey demnach so gütig und schreibe mir /: aber
ja gleich :/ was ich thun soll. Nun vor den Lieben Augst
weiß ich auch nichts so was Ihn etwa freuen könte –
ein Winter Kleidgen hat Er bekommen und da Er im
Wachssen ist; so sind Kleidungs stücke im voraus nicht
rathsam – Ich schicke hirbey ein Verzeichnüß von
allerley villeicht findest du etwas darunter was dem
Lieben Jungen Spaß machte – du dürftes in diesem
Fall mir nur die No. anzeigen da könte ich in meinem
Verzeichnüß nachsehen und die Sache überschicken –
Findest du aber nichts darinnen was dir behaget, nun
so seye so gut und sage mir etwas anders – aber mit
umlaufender Post sonst mögte alles zu spät ankom-

men. Jetzt kein Wort mehr – ich habe allerley zu treiben – Lebe wohl!

deine
treue Mutter
Goethe.

N. S. Vor die überschickte Bücher dancke – bald von
allem ein mehreres – auch Augst soll ehestens meinen Danck vor seinen schönen langen Brief empfahen.

296. An Goethe

den 16<u>ten</u> December 1799

Lieber Sohn!

Heute ist das Kistgen bepact mit Christgeschencken
an dich mit dem Postwagen abgegangen – wünsche daß
alles zum Vergnügen ausfallen möge – Auch hoffe ich,
daß das Zeug zum Kleid meiner Lieben Tochter gefallen wird – der Judenkram ist vordißmahl etwas ärm-
lich – ich habe alle Schubladen aus gelehrt um nur dein
Begehren in etwas zu erfüllen. Vergangenen Freytag
den 13<u>ten</u> ist auch ein Kästgen mit Maronen an dich abgegangen – ich hatte eine große Freude welche zu bekommen – die Castanien sind erbärmlich und nicht zu
genißen, da lase ich im Anzeigs Blatt, daß Maronen zu
haben wären flugs schickte ich darnach – kaufte und
spedirte sie sogleich nach Weimar – wünsche daß sie
dir behagen mögen. Lieber Sohn! Nach der Rückkehr
der Mama la Roche empfinde erst recht – wie du mir
zu liebe dich in meiner kleinen Wohnung beholfen
hast – Ei! Was hat die mir und allen deinen Freunden
vor eine herliche Beschreibung deines Haußes und
deiner gantzen Einrichtung gemacht – das deliziese
Gastmahl das du Ihr gegeben hast – das prächtige
grüne atlasne Zimmer – der herrliche Vorhang – das

Gemählde das dahinter war – Summa Sumarum – einen gantzen Tag hat Sie mich davon unterhalten – was mir das vor ein Tag war kanst du leicht dencken!!! Gott! Erhalte und Seegne dich laße dir es wohl gehen – und lange mögstes du Leben auf Erden – und das wird geschehen, denn der Mutter Seegen baut den Kindern Häußer Amen. Aber dem allem ohnbeschadet – hoffe ich doch daß du mich einmahl wieder mit deinem Besuch erfreuen wirst – ich will so viel mir möglich dir alle Gemächlichkeit zu verschafen suchen. Das wäre denn vordißmahl so ohngefähr alles was ich dir zu berichten hätte – Grüße meine Liebe Tochter und den Lieben Augst hertzlich von

Eurer aller
treuen Mutter Goethe.

297. An Goethe

den 29ten Jenner 1800

Lieber Sohn!

Überbringerin dieses, Demoiselle Caspers empfiehlt Sich deinem Wohlwollen – Wenn Sie Fleiß anwendet und gute Lehrmeister in der dramatischen Kunst Sie unterstützen; so kan etwas – villeicht viel daraus werden. Nirends kan es aber beßer geschehen als in Weimar – wo die größten Meister in diesem Fach zu Hauße sind. Sie hat mich zu diesen Entzweck ersucht Sie dir zu empfehlen – welches ich hirmit bestens gethan haben will. Sie ist jung – hat eine hübsche Theaterfigur – wird gute Lehren willig annehmen – und die Sache wird zu /: beyder seitigen :/ Vergnügen und Nutzen gedeihen – Lebe wohl! Grüße deine Lieben von

deiner
treuen Mutter
Goethe.

298. An Goethe

den 28<u>ten</u> Februar 1800

Lieber Sohn!

Schon längst hätte an Euch alle schreiben sollen, schon längst mich bedancken bei dem Lieben August vor seinen lieben Brief wo ich abermahls so viel gelernt habe – Tausende von Bücher sind in meinen Händen geweßen ohne daß ich jemahls gewußt hatte wie der Buchbinder das Werck anfängt und beendigt – dancke Ihn in meinem Nahmen vielmahls davor – daß Er auch darinn die Großmutter belehrt hat – wenn Er in andern Künsten wieder etwas lernt; so wird es mir Freude machen wenn ich durch Ihn auch in Zukunft belehrt werde. Daß meiner Lieben Tochter das kleine Geschenck Vergnügen gemacht hat that meinem Hertzen sehr wohl – grüße Sie hertzlich, und versichere Sie meiner Mütterlichen Liebe. Auch dancke ich vor die überschickten Mercure und Modejournahle, auch vor den Janus – wenn Ihr die Fortsetzung davon erhaltet; so erbitte ich mir sie ebenfals – denn es hatt mich und meine Freunde sehr amusirt. Nun kommt auch der beste Danck an dich Lieber Sohn! daß du Demoiselle Caspars so gütig aufgenommen hast, Sie ist über ihre Situation enzückt – hat einen Brief von 4 seiten an Frau Senator Stock geschrieben – und kan das liebe Weimar nicht genung loben und preißen. Jetzt bin ich mit meinem Danck zu Ende – und das war der Entzweck meines Briefes denn sonst weiß ich in der Sonnen-Welt nicht zu schreiben, daß Euch nur im mindesten Intresiren könte – Mann Tantzt mann jsts mann trinckt – gerade wie vor 6000 Jahren – die Frantzsoßen laßen uns so zimlich in Ruhe – werden es aber villeicht wie gewöhnlich wieder auf die Meße verspahren. Nicolo-

vius seine Frau und 3 Urenckel kommen im Aprill die
Syndicus Schlossern zu besuchen – ich freue mich die
kleinen zu sehen, und als Urgroßmutter zu paradiren.
Lebe wohl! Laße bald etwas von dir hören – Grüße
deine Lieben – Auch Schiller und dancke Ihm vor die
Glocke. Ich bin ewig

Eure
treue Mutter
Goethe.

299. An Goethe

den 22ten Mertz 1800

Lieber Sohn!
Senior Hufn[a]gel überschickt dir hir etwas – daß von
Hermann und Dorothe die Rede darinnen ist kanst du
leicht errathen – dieses vortrefliche Werck hat auf Ihn
einen Eindruck gemacht der nicht leicht größer seyn
kan – Tausendtmahl grüßt Er dich – bittet um deine
Freundschaft u.s.w. Daß du und deine Lieben gesund
und vergnügt Seid hoffe ich – Ich bin Gott Lob auch
wohl – das ist aber auch alles was dich Intreßiren kan.
Lebe wohl! Grüße deine Haußgeister von

Eurer
treuen Mutter
Goethe.

300. An Goethe und die Seinen

Am Ersten Ostertag [13. April] 1800

Lieber Sohn!
Hirbey kommt das gewöhnliche Welch korn – Ihr
habt es zwar noch nicht verlangt – da es aber alle Jahre
um diese Zeit begert wurde; so schicke ichs in Hoffnung daß es gerade zu recht kommen wird. Schöff

Hetzler wird dir geschrieben und wegen der Contibu-
zion alle mögliche Aufschlüße gegeben – auch dabey
erinnert haben, daß ich die Bezahlung auf mich nehme
– Ich habe dich in Bausch und Bogen auf 10000 f an-
gesetzt und 1797 200 f vor dich bezahlt – auch würde
ich alles vor mich stillschweigend abgemacht haben –
wenn das Amt deine Erklährung nicht verlangt hätte
– du magt dich nun angeben wie du mit gutem Gewißen thun kanst – /: noch einmahl seye es gesagt :/ vor
die Zahlung braucht du nicht zu sorgen. Am Freytag
den 11$\underline{^{ten}}$ Aprill empfange ich von Weimar eine Rolle
mit Musick von meinem alten Freund Krantz – das hat
mich sehr gefreut – dancke Ihm doch in meinem Nahmen aufs beste und freundliste davor – wenn ich auch
selbst nicht so geschickt bin es gleich zu singen und zu
spielen; so haben wir hir Persohnen, die mir den Vor-
schmack davon geben sollen biß ich es selbst executi-
ren kan. Die Edle Musica geht bey mir eifriger wie jemahls – der Marsch aus dem Tittus hat mir wegen der
vermaledeiten Sprünge viel noth gemacht!!! Jetzt ein
paar Worte mit meiner Lieben Tochter. Sie verlangen
feines Tuch zu den Hälsen – das sollen Sie sehr schön
bekommen ferner Batist zu Kraußen – nicht auch zu
Manschetten? Ich weiß wohl daß die meisten Herrn
keine mehr tragen – wie es aber bey meinem Sohn
Mode ist – das müßen Sie die Güte haben mir mit ein
paar Worten zu schreiben. Auch muß ich Ihnen über
Ihren großen Fleiß im Spinnen loben – das ist recht
brav Ihro Demoiselle Schwester ist sehr geschickt so
fein Spinnen zu können das ist viel nützlicher als womit sich die Frauenzimmer bey uns abgeben Dancken
Sie Ihr in meinem Nahmen und empfehlen mich Ihr
aufs beste. Vielen Danck vor die Bücher besonders vor
den Janus der macht mir viel vergnügen – das muß

wahr seyn Ihr Weimaraner seyd glückliche Menschen!
Alles schöne – alles große – alles Vortrefliche habt Ihr
im überfluß – wir dancken Gott! vor die Brosamen die
von Eurem Tische fallen! Wenn aus Demoiselle Caspars in Weimar nichts wird, so wird in ihrem gantzen
Leben nichts aus ihr – Sie ist aber auch mit ihren
Aufenthalt in Weimar vergnügt wie eine Königin.
Lieber Augst! Wie sehr hat mich die Beschreibung der
Macerade ergötzt – und daß du gedantzt hast das war
auch recht schön – hir dürfen keine gehalten werden
Bälle ohne Masken gabs die menge – von hören weiß
ich daß die junge Welt sich recht lustig soll gemacht
haben – jedes Alter hat seine Freude – die Großmutter
geht um 10 Uhr ins Bett – und läßt Tantzen wer Lust
und Liebe dazu hat. Wenn du die Großmutter besuchen wilsts; so mußt du Vater und Mutter mitbringen
– allein mögte dir die Zeit bey der alten Großmutter
zu lang fallen. Kranck warst du – das laße unterwe-
gens bleibe hübsch gesund – und behalte diejenige lieb
die imer ist

Euer aller
treue Mutter u Großmutter
Goethe.

301. An Goethe

den 27ten Aprill 1800

Lieber Sohn!

Hier schicke ich einen Sommerhut von der neusten
Fason – wünsche daß er meiner Lieben Tochter wohlgefallen möge – da er aber ein sehr festliches Ansehn
hat; so soll mit kommendem Postwagen – noch ein
geringerer von Stroh alle Tage zu tragen nachfolgen –
Ferner Nankinett vor den Lieben Augst – Er soll es gesund zerreißen. Da oben erwähnter Hut so Spät fertig
geworden – kan ich um den Postwagen nicht zu ver-

säumen – nichts weiter hinzu thun als mich vor die
überschickten Bücher zu bedancken – und anzufragen
– ob das welsche Korn glücklich angelangt ist? behaltet lieb

Eure treue Mutter
Goethe.

302. An Goethe

Lieber Sohn!

Nur mit ein paar worte benachrichte ich dich daß
Schöff Hetzler sehr kranck darnieder liegt – wenn du
also noch nicht an Ihn geschrieben hast; so thue es
nicht sondern warte den gang der Kranckheit erst ab.
Ehestens erhälts du nähre Nachricht von

deiner
treuen Mutter
Goethe.

den 16$^{\underline{\text{ten}}}$ May 1800

303. An Goethe und Christiane Vulpius

den 10$^{\underline{\text{ten}}}$ Juni 1800

Lieber Sohn!

Daß du in Leipsig mit deinen Lieben vergnügte Tage
verlebt hast hat mich sehr gefreut, solche Nachrichten
von dir machen mich allezeit sehr glücklich – Gott!
Laße mich immer solche gute Briefe von dir und den
Lieben die dir angehören leßen. Madam Elise von Bethmann danckt dir vor den überschickten Catalog – der
Pflantzen – und wird es sich zu Hertzen nehmen – vorjetzt ist Sie nach Baad Ems. Unser guter Hetzler ist
nicht mehr unter uns! Es ist ein großer Verlust – der
Rath mißt ein treuen und fleißigen Mittarbeiter –
seine Familie den besten Mann und Vater – seine

Freunde den verschwiegenen treusten Rathgeber – so
bald wird diese Lücke nicht ausgefült werden. Was du
nun an Ihn der Contipucion wegen hast schreiben wollen – das berichte mir – ich will als denn schon sehen –
wie ich es betreibe – Jetzt ein paar worte mit meiner
Lieben Tochter! Wenn Ihnen meine Liebe der Sommerhut Freude gemacht hat; so ists mirs sehr angenehm – daß ich mein versprechen mit dem andern der
nach komen solte, nicht gehalten, darann bin nicht ich
sondern Frau von Schwartzkopf schuld – die versprach
mir einen zu besorgen – und thats nicht – ich bin in
diesen Modesachen sehr unwißent – ich werde mich
jetzt an Frau Stock wenden, da wird doch endlich noch
einer zum Vorschein kommen. Sie haben neulich von
mir Hals kraußen und Batist verlangt, darauf schriebe
ich Ihnen ob mein Sohn nur Schapo oder auch Manschetten trüge – darauf habe noch keine Antwort erhalten – ich müßte es aber doch wißen – um mich im
Einkaufen darnach zu richten. Jetzt noch eins – vor die
überschickten Bücher dancke recht sehr – nur haben
Sie mir den 4ten theil vom Mercur 2 mahl geschickt –
davor fehlt aber No. 3. bey Gelegenheit erbitte ich mir
ihn. Dem Lieben Augst würde ich selbst ein eigenes
Brief[g]en geschrieben, und mich vor seinen Lieben
guten Brief bedanckt haben – aber ich habe so mancherley zu tribschen und zu treiben, daß es vor jetzt
ohnmöglich ist – dancken Sie Ihm in meinem Nahmen
recht hertzlich davor. Wenn von dem Journahl der
Romane wieder etwas heraus kommt; so erbitte ich es
mir wieder zuzusenden. Lebt wohl! Liebe Kinder! und
gedenckt zuweilen an

                              Eure
                         treue Mutter
                           Goethe.

304. An Christiane Vulpius

den 7$\underline{\text{ten}}$ Juli 1800

Liebe Tochter!

Hier schicke ich Ihnen den verlangten Batist und das Tuch zu Halskrägen ich hoffe daß es Ihnen gefallen wird – Ferner den schon längst versprochenen Strohhut – verwundern Sie Sich nicht das er auch die gelbe Farbe hat – die gantze neumoische Welt trägt jetzt gelb lauter gelb – brauchen Sie ihn gesund und froh! Vor die überschickten Bücher besonders den 3$\underline{\text{ten}}$ theil des Mercurs dancke auf das verbindlichste.

Meinem Sohn sagen Sie viel schönes und liebes – ferner sagen Sie Ihm es hätte mit der bewußten Sache keine Eile – Er soll abwarten, biß Er den weiteren Verlauf von mir hören wird. Dem Lieben Augst dancken Sie hertzlich vor die schöne und ausführliche Reiße-beschreibung – der gute Liebe Enckel stelt die Sachen so lebendig vor Augen trägt alles so anschaulich vor daß mann glaubt mann habe es mit eignen Augen gesehen – küßen Sie Ihn hertzlich vor die Freude die Er der Großmutter gemacht hat. Leben Sie wohl! Und dencken manchmahl an diejenige die jederzeit seyn wird

Ihre
wahre Freundin u treue Mutter
Goethe.

305. An Christiane Vulpius und August von Goethe

[September 1800.]

Liebe Tochter!

Ihr Liebes Schreiben hat mich wieder sehr froh und glücklich gemacht – wenn ich gute Neuigkeiten von Weimar höre; so werde ich immer verjüngt – und

meine Freunde haben meine gute Laune in vollem
Maß zu genißen – Ihr guter Brief kam gerade zu rechter Zeit – denn die Freiheits-Männer drohten uns wieder unser Geld abzunehmen welches uns den keinen
guten Houmor verursachte – denn es sind kaum 4 wochen – daß sie 300000 gulden auf neue von unserer
Stadt erpreßten – da kamen nun gerade gute Nachrichten von Ihnen allen – da ward ich froh – und dachte
Geld hin – Geld her – wenn es nur in Weimar bey deinen Geliebten wohl und vergnügt zugeht; so schlafe
du ruhig – das thate ich denn auch bey all dem wirr
warr. Daß Sie meine Liebe den Sommer vergnügt zu
gebracht haben freut mich sehr – die Groß mutter hat
auch ihr mögligstes gethann um auf Gottes schöner
Erde diesen Sommer vergnügt und froh zu seyn – und
es ist mir auch gelungen ohne jedoch meine von langen Jahren her gewohnte Ordnung zu unterbrechen –
doch mit aller meiner Ordnung will ich doch die
Reiße zu Ihnen nicht verschwören – wer weiß was in
der Zeiten hindergrund schlummert – das Verlangen
mich einmahl wieder zu sehen kan nicht größer seyn,
als das meinige ist einmahl Ihre schöne Häußliche Ordnung und Wirthschaftlichte Beschäftiungen mit meinen Augen anzusehn – und Ihnen meinen Mütterlichen Danck mündlich davor abzustatten. Biß diese
schöne Zeit erscheint – erfreuen Sie mich von Zeit zu
Zeit mit angenehmen schrieftlichen Nachrichten – wofür ich Ihnen immer hertzlich dancken werde. Mit
den Castanien sieht es dieses Jahr schlecht aus, die Zei-
tigung und ihre güte geht mit den Trauben Schritt vor
Schritt – die Trauben werden nicht zeitig – nicht einmahl zum Eßig taugen sie – folglich mögten sie vor
dieses Jahr genoßen seyn – doch will ich mein mögligstes thun – ob vielleicht hie und da welche gerathen

seyn könnten – Schicke ich keine; so geben Sie Mutter
Natur schuld – nur *mir nicht*. Jetzt auch ein paar Worte
an meinen lieben Augst. Nur soviel noch an Ihnen
meine Liebe Tochter! Tausend Grüße an meinen vielgeliebten Sohn von

Eurer allen
treuen Mutter Goethe.

N. S. großen und schönen danck vor die Mercure u
Modejournahle, sie sind dißmahl sehr Intereßant.

Lieber Augst!

du hast mir wieder eine rechte Freude mit der Beschreibung von deiner Sommer Wallfahrt gemacht –
das war recht schön daß deine Liebe Mutter – Deine
Liebe Tante und du Gottes freye Luft so schön genoßen
und neues Leben und Gesundheit eingeathmet habt –
dadurch hast du neue stärcke erlangt um diesen kommenden Winter brav Schrittschu zu laufen – damit du
dich nun nicht erkältest soll ein gantz musterhafter
Oberrock und eine warme weste erscheinen. Ich mögte
dir gar gerne auch einmahl etwas von meinen wande-
rungen erzählen – aber das ist ohnmöglich, denn ich
wandre um 6 uhr Abens die Treppe herunter, um
9 uhr die Treppe herauf – da ist nun nichts Intreßan-
tes zu berichten – doch etwas wobey ich deinen Vater
hergewünßt habe – in die Oper Tittus – da hat der Italienische Mahler 5 neue Decorationen gemacht – wo
ich bey der Erscheinung des Capitohls bis zu Thränen
bin gerührt worden – so prächtig war das, und der
Einzug des Tittus anzusehen. Lebe wohl! Behalte mich
lieb, und glaube daß ich immer bin

deine
dich Liebende Großmutter
Goethe.

306. An Goethe

Den 12ten October 1800

Lieber Sohn!

Hir kommen in 2 Kistger 12 ℔ Croneburger Castanien – da sie immer mit dem Wein gleichen schritt halten; gibts sehr wenige und ich war froh durch Gernings Freund den Pfarrer in Croneburg diese zu erhalten – verzehre sie mit den Lieben die bey dir sind, gesund und frohen Muthes. Meine Liebe Tochter hat mir ein hertzliches liebes Briefgen geschrieben davor dancke Ihr – ich freue mich jederzeit etwas von Ihr zu leßen – denn Sie ist wie der Polo[n]ius im Hamlet immer die überbringerin guter Nachrichten – daher erbreche ich auch jedesmahl Ihre Briefe mit Vergnügen – und nun der gute Augst was hat mir der wieder vor ein dickes dickes Buch geschickt!! Ich bewundre seine Geschicklichkeit, das was er schreibt so anschaulich darzustellen – es hat mich recht sehr gefreut – Küße und dancke Ihm in meinem Nahmen – und ein Glück ists, daß Er keinen so langen Gegenbrief von der Großmutter verlangt – das verbitterte mir die Freude – denn Schreiben ist meine Sache gantz und gar nicht – aber der gute Junge nimbt mit dem Danck vorlieb – das weiß ich.

Vor die Modejournahle – Mercure – Janus – dancke gar sehr – diß macht mich und meine Freunde immer froh und vergnügt – wenn kommt aber einmahl wieder etwas vom Journahl der Romane heraus? da vergeßt mich nicht – den Pauline das ist gar schön – und hat mir und meinen Freunden sehr behagt. Georg Jacobi ist hir zum besuch bey seiner alten Freundin der Syndicus Schlosser – Sein Weib /: es ist sonderbahr :/ gleicht auserordentlich der Lotte Kästnern – um dieser Gleichheit willen ersucht Sie ja Sie bittet dich in den

Musen Allmanach auf das Jahr 1802 etwas von deinem
Geistesausfluß an Ihren Mann zu überschicken – Sie
bate mich um mein Vorwort welches ich denn hirmit
bestens gethan haben will.

Die Meße war äusterst mittelmäßig – und unser
Theater hat wegen der gar zu vielen Schnurpfeiereyen
auch gelitten – besonders hat der Hanßwurst vielen
Schaden verursacht – es war Thon hinzugehen es ist
warlich schwer so etwas zu begreifen – zum Spaß
schicke ich dir einige Zettel – und über so gantz entsetzlich plattes Zeug – Iflands – Kotzebue – und andre
gute Stücke zu vernachläßigen – um den Hanßwurst –
der keine Ader von einem rechten Hanßwurst hatte –
i hab sein Kragen sei Knopf het i a sei Kopf!!! nein es
ist zu Toll! Wir winden und drehen uns noch immer
um die Contipution derer 800000 Lieber zu entgehen –
es werden alle Seegel angespant – ob geht werden wir
bald erfahren – außer dem Geld geben, führen sie sich
sehr brav auf jedermann ist mit ihnen zu frieden –
müßen eben alles wies kommt mit Gedult abwarten.
Lache nicht daß ich dir 2 Kistgen schicke ich hatte keins
wo sie alle hinein gegangen wären – und doch wolt
ich auch nichts zurück behalten – du kanst doch eine
Ganß mehr füllen – zumahl da die Dinger heuer so
rahr sind. Lebe wohl! Grüße deine Lieben von

                              deiner
                    treuen Mutter Goethe.

307. An Goethe

                         den 8ten December 1800
        Lieber Sohn!
Künftigen Freytag als den 12ten December schicke
ich mit dem Postwagen ein ambalirtes Kistgen, es ent-

hält das Christkindlein vor meine Liebe Tochter und
den Lieben Aug**u**st – die Ursach warum ich dir dieses
zum voraus melde – wirst du leicht einsehen – damit
es vorher niemand zu sehen bekommt – und die
Freude desto größer ist – den Confect schicke 8 Tage
nachher, so gut und schön er zu haben ist – wünsche
daß alles wohlbehalten anlangen, und Vergnügen erwecken möge.

Mann hat mir gesagt, daß herrliche Anstalten bey
Euch gemacht werden um das neue Jahrhundert mit
Freude und Würde zu empfangen, und zu begrüßen –
Gott! Laße es Euch allen gesegnet seyn. Trettet mit
frohem Jubel hinein, und vorzüglich dancket Gott!
Der das liebe Sachsen von der Kriegs-geisel noch unberührt gelaßen hat. Wir sind es /: das weiß Gott :/
müde und satt! Contiputionen – Requisitionen Einquartirung – Durchmärsche u.s.w. Ich habe Gott sey
Lob und Danck! immer noch guten Muth – habe was
die Einquartirung anbelangt – beynahe gar keine
Last – wenn die Stadt, und also auch das Hauß wo ich
wohne nicht mit Truppen überhäuft ist, so nimt
mein Hauß wirt meine und der übrigen Einwohner,
um ein sehr billiges kostgeld sie zu den seinen – das
ist denn vor mich eine große Erleichterung. Jetzt genung von dem leidigen Kriegsgethümel punctum.
Künftige Ostern geht dem verstorbenen Schöff Schlosser sein Sohn nach Jena um Medicin zu studiren – und
freut sich hoch auf Jena aber nicht weniger auf Weimar – Seine Mutter und die gantze Freundschaft empfehlen Ihn dir auf beste – auch den guten Georg Jacobi
vergiß nicht in seinen Allmanach 1802 etwas von dir
Ihm zuzustellen, Er freut sich wie ein Kind darauf.
Diesen Winter habe ich alle Mittwoch eine sehr angenehme Unterhaltung – die uns die großen Tichter

gewähren – ich bitte dich sage Schillern etwas davon villeicht macht es Ihm einen guten Augenblick. Wir kommen um 5 Uhr Abens bey Frau von Schwartzkopf zusammen – setzen uns um einen runden Tisch und d[r]amatisiren wie folgt – Wallensteins Tod! Wallenstein, Herr von Forme – seine gattin, Freulein Jenny von Bethmann – Octavio Picolomine Herr Schauspieler Prand – sein Sohn Max, Herr von Schwartzkopf – Teckla, Frau von Holtzhaußen, Buttler, Heintze – Graf Terckki, Frau Aja – seine Gattin Frau von Schwartzkopf – Isolani – Herr von Henckel u.s.w. Da wir nicht so viele Persohnen haben – so hat eins mehrere Rollen z.E. Ich habe noch den Seni und den Westhaußen – das amusirt uns nun Königlich – Künftigen Mittwoch wird Tasso von dir geleßen – dann Iphigeni – dann Nathan der Weiße – Don Carlos – die meisten declamiren daß es eine Art und Schick hat – jedes freut sich auf den Mittwoch. Fält mir noch ehe dieses fort geht etwas ein das des Schreibens werth ist; so solst du es wißen, wo nicht – so sage ich nur noch: Gott segne dich und dein gantzes Hauß, erhalte Euch alle mir – laße das neue Seculum mit Tausenfachen Seegen über Euch kommen diß ist das Morgen und Abend Gebeth

Eurer
Euch Liebenden Mutter
und Großmutter C. E. Goethe.

N.S. Daß du meine Liebe Tochter und den Lieben Aug hertzlich von mir Küßen und grüßen solst das versteht sich am Rande.

308. An Christiane Vulpius

den 19ten Jenner 1801

Liebe Tochter!

Preiß – Danck und Anbethung sey dem Gott! der
vom Tod erretten kan, und der Hülfe gesendet hat,
damit unser Glaube an *Ihn* auf neue gestärcket – und
wir mit neuem Muth immer auf *Ihn* hoffen und *Ihm
allein* vertrauen! Er stärcke meinem geliebten theuren
Sohn! Schencke Ihm die verloh[r]ne Kräffte, und setze
Ihn ferner zum Seegen zur Freude uns und allen die
Ihn lieb und werth haben *Amen*. Aber meine Liebe
Liebe Tochter! wie soll ich Ihnen dancken, vor alle
Liebe und Sorgfalt die Sie meinem Sohn erwießen
haben – Gott sey Ihr Vergelter – Er hat Ihn Ihnen jetzt
aufs neue geschenckt – Sie werden jetzt ein neues Leben mit Ihm Leben – und wird Ihr beyder Wohlseyn
zu meinem größten Trost biß in die spätesten Zeiten
erhalten Amen. Nun meine Liebe Tochter! Jetzt eine
Bitte – ich muß nun /: will ich ruhig und meine Tage
nicht in Sorge und Angst hinleben :/ ehestens wieder
Nachricht haben, wie es aussieht – ob die Beßerung anhält – und was es denn eigendlich vor ein Übel war –
das uns so schrecklich unglücklich hätte machen können – Sie sollen nicht schreiben, erholen stärcken von
der großen Mühe und von der noch größeren Angst
das sollen Sie, nicht Schreiben, auch mein Sohn nicht
der soll sich pflegen und erholen – Aber entweder dictiren Sie Geisten – oder Augst oder laßen Sie Ihren
Herrn Bruder die Mühe übernehmen – nur ein paar
Zeilen mit der ersten Post!!!! Die Kranckheit muß doch
erst nach neujahr gekommen seyn, denn die Christtage habe ich Briefe die gut lauten von Ihnen und von
Ihm – Nochmahls Tausend Danck vor alle Liebe –

treue und Besorgung – auch vor den Brief an mich –
wie leicht hätte ich es von Frembten auf die schreck-
hafteste art erfahren können – Leben Sie wohl! Grüßen meinen mir von Gott auf neue geschenckten Sohn
– auch den Lieben August von

Eurer aller
treuen Mutter und Großmutter
Goethe.

309. An Wilhelm Sömmering

v. H. den 22$^{\underline{ten}}$ Jenner 1801.

Lieber Willhelm!
Diese Woche waltet ein feindseliges Gestirn über
unsere Zusammenkunft. Ich freute mich schon dich
heute bey mir zu sehen – große Bögen Papir lagen bereit – um deinen Kunstfleis zu bewundern – und zur
Belohnung waren Schocoladen Küchlein ausgebreitet –
dir zur Freude und Wonne. Aber alles das ist vereitelt!
Indem ich zu einer Freundin zum Mittag-eßen eingeladen bin – mein Trost ist, daß die künftige Woche gewiß ein Tag erscheinen wird, wo *wir* das vor jetzt auf-
geschobene reichlich einbringen wollen. Lebe wohl!
Grüße deinen lieben Vater – und Mutter von deiner

sehr guten Freundin
Goethe.

310. An Goethe

den 31$^{\underline{ten}}$ Jenner 1801

Lieber Sohn!
Dancke meiner Lieben Tochter vielmahls vor Ihren
Lieben Brief vom 22$^{\underline{ten}}$ Jenner – Gott sey Lob und
Danck! daß Er die dir gedrohte große Gefahr so gnädig
und bald abgewendet hat – Ach was ist die Unwißen-
heit eine herrliche Sache! Hätte ich das Unglück das

dich betrofen gewußt ehe die Beßerung da war, ich
glaube ich wäre im Elend vergangen – so aber war ich
gerade diese krittische Tage froh und vergnügt – nun
war es aber wieder sehr gut, daß ich Nachricht von
deiner Beßerung hatte, sonst wäre es noch erschreck-
licher geweßt – denn der Brief meiner Lieben Tochter
kam Sontags früh um 11 Uhr an – ich hatte der Syndicus Schlossern versprochen Sie Abens mit ins Schauspiel zu nehmen weil Johanne von Monfocon gegeben
wurde – ich sagte nicht ein Wort von deinem Kranck-
sein – ein Unglück lauft gleich einem Lauffeuer – und
sowas kan ich nicht ertragen – Aber nun kommts
warum es so herrlich gut war, daß ich deine Beßerung
erfahren hatte: Herr Handelsmann Friederich Schmidt
mein Logen Nachbar frag[t]e, was ich vor Nachricht
von dir hätte, du müßest sehr kranck seyn – denn der
Hertzog hätte einen Eilboten nach Jena geschickt um
einen dortigen geschickten Artz um Hülfe zu rufen –
Nun bitte ich dich überlege wenn ich den guten Brief
deiner Beßerung nicht in Händen gehabt hätte, ich
glaube der Schrecken wäre mir tödlich geweßen, so
aber sagte ich gantz kurtz, daß du wieder beßer wärest,
fragte aber doch woher er das wiße? ein Vetter von
mir erwiederte er studirt in Jena – der hat es mir geschrieben. Innerlich danckte ich Gott vor meinen vor
ein paar Stunden vorher empfangenen Brief – und war
so zimmlich ruhig. Jetzt hoffe ich, daß du völlig wieder
hergestelt bist – auch daß du mit deinem schönen
braunen Auge Gottes Schöpfung wieder frölich Anschauen wirst, und bitte sehr um baldige Nachricht,
von den fortschritten deiner Besserung, damit meine
Seele mit freudigem Munde und Hertzen, Gott davor
dancken könne! Ihro Hochfürstliche Durchlaucht lege
meinen innigsten Danck zu Füssen vor alle die gnä-

dige Sorgfalt und Liebe, die dieser vortrefliche Fürst in diesen Bößen und gefährlichen Tagen dir erzeigt hat – Gott! seegne den Besten Fürsten und das gantze Hochfürstliche Hauß zeitlich und ewig davor Amen. Lebe wohl! und laße mich balde wieder etwas gutes von dir hören – grüße meine Liebe Tochter – und den guten Augst von

Euerer
treuen Mutter u Großmutter
Goethe.

N.S. Auch dem Braven Geist dancke vor seine Bey-hülfe – und allen die dich erquickt und dein Leiden haben tragen helfen. Tausendmahl danckt die nun wieder frohe Mutter. Gott! vergelte es allen allen allen.

311. An Goethe

den 7ten Februar 1801

Lieber Sohn!

Dein wieder besserbefinden so gar ein Brief von dei-ner eigenen Hand, hat mich so glücklich so schreibe-selig gemacht, daß ich dir mit umlaufender Post ant-worte. Der 6te Februar da ich deinen mir so theuren Brief erhilt, war ein Jubel, ein Beth und Danckfest vor mich! ohnmöglich konte ich diese große Freude vor mich behalten, Abens war ich bey Syndicus Schlossern theilte meine Freude mit – und erhilt von allen die hertzlichsten Glückwünsche, auch zeigte mir Schlos-sern einen sehr guten Brief von dem Braven Seidel – die Stockin hatte auch deßgleichen von Demoiselle Kapspars – wir waren den gantzen Abend froh und frölig und alle alle laßen dich hertzlich grüßen. Unsere gantze Stadt war über deine Kranckheit in alarm – so

wie deine Beßerung in den Zeitungen verkündigt
wurde – regnete es Zeitungen in meine Stube – jedes
wolte der erste sein, mir die frohe Nachricht zu hinter-
bringen – Herr und Frau Schöff von Wiesenhüten waren die ersten – gleich nach Tische kam Herr von
Fleischbein – dann Tante Melbert u.s.w. Was ich gethan habe weiß niemand als – Gott! Vermuthlich ist
dir aus dem Sinne gekommen was du bey deiner Ankunft in Straßburg – da deine Gesundheit noch schwan-
ckend war in dem Büchlein das dir der Rath Moritz als
Andencken mitgab, den ersten Tag deines dortseyn
drinnen aufschlugs – du schriebst mirs und du warst
wundersam bewegt – ich weiß es noch wie heute!
Mache den Raum deiner Hütten weit, und breite aus
die Teppige deiner Wohnung, spahre sein nicht –
dehne deine Seile lang und stecke deine Nägel fest, denn du
wirst aus brechen, zur rechten und zur lincken. Jesaia –
54. v. 3. 4.

Gelobet sey Gott!!! der die Nägel den 12ten Jenner
1801 wieder fest gesteckt – und die Seile aufs neue weit
gedehnt hat. Nochmahls hertzlichen Danck, vor deinen Lieben Brief – thue mir die Liebe, und laße von
Zeit zu Zeit mir Nachricht geben wie es um dich steht
– Grüße meine Liebe Tochter – den Lieben Augst und
Gott stärcke dich ferner an Seele und Leib dieses ist
mein täglicher Wunsch und das Gebeth

deiner
treuen – frohen – Mutter
Goethe.

312. An Goethe

den 7ten Mertz 1801

Lieber Sohn!

Vor die große Freude die du mir an meinem Geburths tag d 19ten Februar mit den paar Zeilen von

deiner eigenen Hand und mit der vortreflichen Zeichnung der alten und neuen Zeit gemacht hast, dancke ich dir von Hertzens grund – jetzt ist mir im leßen deines kleinen Drama alles recht anschaulich – die Masken! das ist ein herrlicher Gedancke – Ich laße eine schöne Rahme dazu verfertigen – ein Glas drüber – und henge es in mein Schlafzimmer zum beständigen Anschauen auf. Mit deinem Wohlbefinden hofe ich, geht es jetzt täglich beßer, auch wirst du die Güte haben, mir bald wieder Nachricht davon zukommen laßen – denn das ist das einzige was mir das Leben noch wünschens werth macht. Wie befindet sich denn meine Liebe Tochter, und der Liebe August? Sie sollen doch auch bald wieder etwas von sich hören laßen – Bey uns geht es so so! Der Friede hat eben so keine auserordentliche Freude verursacht – doch versichert mann daß Franckfurth bleibt was es ist, eine Freye Reichs stadt – nun das gebe Gott! Unsere Oper hat viel verlohren die Kanabichs sind nach München – wir haben zwey neue Sängerinnen – Demoisele Mayer u Theu die beyde brav sind und aus denen was großes werden kan – künftigen Montag geben unsere Schauspieler zu ihrem Benefitz Schillers Räuber – wir haben es in 10 Jahren nicht gesehen, und sie werden gute Einnahme haben – noch zwey Batalion Frantzsosen sind in der Stadt das ist alles – sonst leben wir gantz ruhig – Vor die mir im vorigen Jahr überschickte Mercure – Modejournahle und den Janus dancke aufs beste von letzterm fehlt mir No. 12 welches ich mir bey Gelegenheit noch erbitte. Grüße meine Liebe Tochter den Lieben August von

Eurer
treuen Mutter
Goethe.

313. An Goethe

den 20ten Mertz 1801

Lieber Sohn!

Der erste Gedancke nach deiner Geneßung war dir
eine kleine Freude zu machen und dir ein Presendt
überschicken, allein ich wußte eigendtlich nicht wie
ich es anstellen solte, denn im May müßen wir wieder
Kriegsteuer geben auch noch andre Dinge die mich In-
comodirten doch truge ich diese Sache Tag und Nacht
mit mir herum, spante alle Seegel meines Gehirns an,
um dir Freude zu machen: endlich fiehl mir etwas
thuliches ein – Ich verspreche dir also Ende May, oder
Anfangs Juni 1000 f sage Tausend gulden im 24 f fuß –
so bald ich sie habe solt du das weitre erfahren – Jetzt
noch eins – Ich habe dich bey der Kriegs Deputation
vor 10000 f angegeben – sind deine Besitztümer mehr
werth, so muß ich es wißen – damit ich mich mit der
Contriboution auch mit der Schatzung darnach richten kan – denn übers Jahr soll Abrechnung gehalten
werden – da möchte ich nun nicht gern auf einem fah-
len Pferde erfunden werden. Gott Lob und Danck!
daß mir in meinem 70 Jahre alle diese Unahnnehm-
lichkeiten meinen guten Houmor nicht verdrängen
können. Die Aufträge von meiner Lieben Tochter sollen diese Meße auch aufs beste besorgt werden. Laßen
wir nun alle Kriegs steuern – und sonstige Quele-
reyen im Rücken – erhalten unsere gute Laune und
erzählen daß das gerüchte geht als ob Herr Ifland diese
Meße zu uns käme – der soll uns was vortragiren!! es
sind jetzt 16 Jahre da ich Ihn in seinem Lüster gesehn-
nen habe – die letzte Krönung war Er auch hir – da
war es aber als ob ein bößer Geist in Ihn gefähren wäre;
so kalt und Seelenloß hat er gespielt – in der Rolle des

Hoffraths Reinhard lief mir der kalte Schweiß dem
Rücken herunter – nein so was war unerhört. Heute
habe ich noch allerley zu tribschen bald ein mehreres.
Grüße meine Liebe Tochter und den Lieben Augst
dancke Ihnen beyden vor Ihre Lieben Briefe auch vor
die überschickten Bücher – Ich bin wie immer

Euer aller
treue Mutter
Goethe.

314. An Goethe

den 13$\underline{^{ten}}$ April 1801

Lieber Sohn!

Hir schick eich meiner Lieben Tochter einen Pracht-
vollen Somerhut – ich hoffe Sie wird Freude dran haben. Die Sacktücher vor dich sind gekauft – da ich aber
glaube Euch einen Gefallen zu erzeigen wenn ich sie
fis und fertig übersende; so laße ich sie auch nehnen –
zeichnen – und waschen – da kanst du sie gleich bey
ihrer Ankunft brauchen. Den 31$\underline{^{ten}}$ May soll das versprochne Geld parat seyn – die Art und weiße wie du
es empfangen wilst – steht bey dir – villeicht wie ehemahls durch Herrn Bansa. Dein Lieber Brief hat mich
sehr erfreut, und mir die Meße froh gemacht. Lebe
wohl! Grüße deine Lieben – und glaube daß ich bin

deine
treue Mutter Goethe.

315. An Goethe

den 21$\underline{^{ten}}$ Aprill 1801

Lieber Sohn!

Hir schicke ich dir eine Vollmacht zu unterschreiben,
und mit deinem Pettschaft zu sieglen – auch von Weimar aus zu bezeugen daß unterschrift und Siegel von
dir sind. Es ist der hiesigen Obserfantz gemäß – weiter

hat die Sache nichts auf sich – kostest keinen Heller
u.s.w. Die Nicolovius hat das nehmliche überschickt
bekommen – so bald du kanst schicke es zurück. Ich
hoffe daß der Hut vor meine Liebe Tochter glücklich
angelangt ist – die Sacktücher sind in voller Arbeit
und werden bald erscheinen – Gerning ist hir, ich habe
Ihn aber noch nicht gesehen – Die Meße ist bald zu
Ende und wenn viele Specktackel ein Zeichen einer
guten Meße sind; so muß diese überaus gut seyn – die
Kaufleuthe wollen es aber nicht Wort haben. Schöff
Schlosser seyn zweyter Sohn wird ehestens die Musen-
söhne in Jena vermehren – die Herbstmeße kommt
des verstorbenen Syndicus sein Sohn auch dahin – es
sind zwey hoffnung volle Jünglinge aus denen etwas
werden kan. Lebe wohl! Grüße meine Liebe Tochter –
und den Lieben Augst von

Eurer
treuen Mutter Goethe.

316. An Goethe

den 7ten May 1801

Lieber Sohn!

Hir 24 rechte musterhafte Sacktücher – ich bin froh
daß sie endlich fertig geworden sind – aber wie prächtig sind sie auch geneht und gezeichnet!!! Heute müßen sie auf den Postwagen – darum nur ein paar worte.
Ich hoffe daß du dich wohl befindest – daß dir die Landluft gut anschlägt – Gerning hat mir viel liebes und
gutes von dir erzählt – so was macht mich immer um
10 Jahr jünger – Wenn die Vollmacht vor den Notarius
Beyer /: die ich dir vor einiger Zeit zuschickte :/ von
dir unterschrieben besiegelt, und von Weimar aus be-
kräftigt ist; so schicke mir sie gefälligst anhero – den
31ten dieses liegt das dir versprochne Geld parat. Grüße
meine Liebe Tochter und den Lieben Augst viel viel

mahl. Herr Vulpius hat die Güte gehabt mir Mode-
journhale – und Januße zu überschicken – dancke Ihm
davor. Lebe wohl!

Deine
treue Mutter
Goethe.

317. An Goethe

den 16<u>ten</u> May 1801

Lieber Sohn!

Zwey Dinge veranlaßen mich dir zu schreiben –
Erestlich danckt die Frau Schöff Schlosser sehr hertzlich wegen der überaus guten Aufnahme Ihres Sohnes
– der hat Ihr einen Brief geschrieben der so herrlich, so
vortreflich und von oben biß untenaus von deinem
Lobe voll war – der junge Mann ist über deine Unterhaltung mit Ihm entzückt – und fühlt sich in deiner
Nähe gantz glücklich – Also noch einmahl seye es gesagt – Tausend Danck von Frau Schöff Schlosser.
Zweytens werde ich sehr geplagt wegen der Vollmacht
die ich dir zugeschickt habe – habe doch die Güte sie in
gehöriger Form bald möglichst mir zu zuschicken –
die gantze Kauf und währung geschichte beruht bloß
darauf. Ich hoffe die Sacktücher sind glücklich angekommen? So viel vor heute – Lebe wohl! Grüße meine
Liebe Tochter und sage Ihr daß ich doch wißen mögte
– wie Ihr der Sommerhut gefallen? den Lieben Augst
Küße und grüße von

Euer aller
treuen Mutter u Großmutter
Goethe.

318. An Goethe

den 19<u>ten</u> May 1801

Lieber Sohn!

Gestern ist die Vollmacht hir angelangt – und zwar
in der besten Form – dancke dir im Nahmen der Men-

schen die sie nöthig haben. Daß die Sacktücher Euch
wohl gefallen haben, freut mich gar sehr – auch daß
der Sommerhut meiner Lieben Tochter behagt hat –
braucht alles gesund und vergnügt. Daß du das Geld
Ende May empfangen wilst, ist mir auch angenehm
indem ich erst den 22ten die volle Zahl machen kann.
Wir wissen gar noch nicht recht uns in unser Glück zu
finden, daß keine Kriegs Völlcker mehr um und bey
uns sind – und daß wir /: Gott sey Danck!!! :/ bleiben
was wir waren! Der Frantzöische Gesande der an unsere Stadt acreditirt ist hat ein sehr freundliches Schreiben von Bonaparte an unsere Obrigkeit mitgebracht.
Freylich freylich ist noch etwas Wermuth bey dem
Zucker – die Kriegs steuer die in diesem Monath wieder gegeben werden muß erweckt eben keine angenehme Empfindung – doch ich halte es mit Wielands
schönem Sprüchlein wenn man den Teufel *muß* verschlucken muß man ihn nur nicht lang bekucken – und
überhaubt, wer im Leben nichts erfahren hat – wer von
Jugendauf auf seinen Hefen stille gelegen hat – nie aus
einem Faß in andre gekommen ist – aus dem wird nichts
– der Hefen Geschmack bleibt ihm, es wird nie ein
guter Wein, Jeremias das 47 [48.] Capitel v. 11. Nicht
wahr, wenn die Mutter ins Schwätzen kommt denn
gehts rasch weg – ja da sind meine Freunde schuld
– die hören so was gern – da war der Georg Jacobi
/: ach der arme Dichter kriegt wohl schwerlich etwas
von Deuschlands großen Dichter vide die Kayerliche Reichspostzeitung in seinen Musen almanach
vors Jahr 1802:/ der hörte gar zu gerne Frau Aja erzählen u.s.w. Grüße meine Liebe Tochter und sage
Ihr, daß ich von diesem Jahr überschickt bekomen
habe 3 Stück Mercure – 2 Stück Janus – 4 Stück Modejournahl – ersuche Sie mir ferner meine[n] Geist

aufklähren zu helfen – wofür ich sehr danckbahr seyn werde. Heute gehe ich ins Opferfest – Morgen speiße ich bey Elise von Bethmann, und jetzt empfehle ich mich Euch allen zu liebevollem Andencken, und bin

Eure
treue Mutter
Goethe.

N.S. Daß der Liebe Augst das Clavir lernt freut mich, grüße Ihn, Er soll recht fleisig seyn es wird Ihm vielen Spaß machen treibts doch die Großmutter noch und vor 70 Jahr machts sie gar nicht übel.

319. An Goethe

den 1<u>ten</u> Juni 1801

Lieber Sohn!

Einige angesehne Handels Leute die beym hisigen Theater Actien haben, sind mit dem Regiser nicht zu friden, und wünschen bey dem neuen Ackord der künftiges Jahr mit der Obrigkeit aufs neue geschloßen worden einen andern Regiser – unter diesen mit dem Theater unzufriedenen ist mein Freund Willmer einer der eifrigsten: es gelangt also an dich nebst vielen hertzlichen grüßen die Bitte nachstehende Fragen bald und gefälligst zu beantworten: weißt du etwas von Kozebue? ist Er noch in Petersburg? würde Er wohl Franckfurth gegen seinen jetztigen Aufenthalt vertauschen? ist dir, oder deinen Herrn Schauspielern sonst ein tüchtiger Mann vor dieses Amt bekand? hirüber nur ein paar Zeilen rückantwort – damit im Fall dir oder den andern nichts bekandt ist – die Sucher sich anterst wohin wenden können. Ich bitte um Vergebung dich damit behelligen zu müßen aber Willmer

/: der mir noch immer als Freund Farbe helt :/ kan ich
nichts abschlagen.

Lebe wohl! Grüße deine Lieben von

deiner
treuen Mutter
Goethe.

320. An Christiane Vulpius

den 10<u>ten</u> Juli 1801

Liebe Tochter!

Vielen und schönen Danck vor Ihren Lieben Brief –
Es hat mir sehr wohl gethan zu hören, daß mein Sohn
und der Liebe August sich vergnügt und wohl befinden
– Gott segne die Cur und gebe Ihnen allen Gesundheit
– Vergnügen und Freude. Der Liebe August hat mir
einen langen Brief geschrieben, und mein Sohn auch
ein paar Zeilen welches mich überaus gefreut hat. Sie
meine Liebe Tochter haben sehr wohl gethan das Gut
zu verpachten – legen Sie Sich ja nicht mehr Last auf als
Sie tragen können – Ihre Gesundheit könte drunter
leiden – wo doch so viel sowohl vor meinen Sohn, als
vor uns alle darann gelegen ist – Es ist recht schön daß
Sie meine Liebe, so eine Brave Hauß-Mutter sind –
aber mann kan auch dem guten zu viel thun. Schonen
Sie also ich bitte Ihnen Ihre *uns allen* so theure Gesundheit! Ich hoffe Sie befolgen meinen Mütterlichen rath –
Daß Sie meinen Sohn abholen und Ihm biß Cassel entgegen kommen, ist ein vortreflicher Gedancke – ich
freue mich mit Ihnen – das wird ein Jubel seyn!!! daß
ich den hertzlichsten Antheil dran nehme – mich im
Geist mit Euch Ihr Lieben freue – das glaubt Ihr mir
doch aufs wort, und ohne Schwur. Grüßen Sie meinen
Lieben Sohn Tausendmahl wie auch den Lieben August
– weiter habe ich nichts zu bestellen – Gott! Bringe
Euch alle wieder glücklich zusammen *Amen.* Ich be-

finde mich Gottlob gesund und wohl – genüße den
Sommer so viel ich kan und vermag und kommt denn
von Zeit zu Zeit eine gute Nachricht von Weimar so
bin ich glücklich und preiße Gott! Jetzt Leben Sie
wohl! und behalten lieb

Ihre
treue Mutter u Freundin
Goethe.

321. An Goethe

den 29ten October 1801

Lieber Sohn! Hier extra schöne Croneburger Castanien – laße sie dir wohl behagen. Daß dir die Cuhr und
die Reiße wohl bekommen ist – habe von mehr als einer
seite erfahren – und mich wie du leicht dencken kanst
hertzlich darüber gefreut – und bitte Gott! dich dabey
zu erhalten. Jetzt eine Bitte an dich – Meiner Lieben
Tochter – und dem Lieben Augst mögte ich gerne wieder etwas zum heiligen Christ bescheren laßen das
Ihnen Freude machte – da ich nun in der Entfernung solches nicht rathen und Ihre Gesinnungen nicht
wißen kan; so ersuche ich dich unter denen Vorschlä-
gen die ich jetzt thun will – etwas auszusuchen – vor
Augst Kleidungs stücke – dabey bitte ich mir aber das
Ehlen Maß entweder Pariser Ehle oder Franckfurther
Ehle aus, auch die Farbe – ob dunckel oder hell. Vor
meine Liebe Tochter habe dreyerley im Sinn – Eine
Neumodische große viereckige Schaal entweder von
Seiden, oder Muselin – oder einen Modischen Kopf-
aufsatz – oder ein Kleid entweder von Taffendt – Catun – oder Englischen feinen Barchend – solte unter
diesem nichts behagen – und du weißt etwas beßeres
und angenehmeres – so sage es! Denn da ich Freude
mit dem Geschenck machen will; so kommt es nicht

auf meine Ideen sondern auf die die es empfangen sollen an. Aus beykommendem Zettel wirst so ersehen daß wir den Wallenstein – aber!!!! Castrirt – und verstümmelt gesehen haben – und mit alle dem, war das Hauß zum erdrücken voll. Es sind jetzt 3 Schlosser in Jena die *alle* eine große Zuversicht und Vertrauen auf dich haben – ich bin überzeugt daß wo du Ihnen mit Rath und Freundschaft dienen und Ihnen nützlich seyn kanst, du es ohne meine Bitte thun wirst. Morgen muß das Kästgen auf den Postwagen fält mir noch etwas das der Tinte werth ist ein; so solst du es wißen – wo nicht, so Lebe wohl! Grüße deine Lieben von

Eurer
allen treuen Mutter
Goethe.

322. An Goethe

den 2<u>ten</u> November 1801

Lieber Sohn!

Dein Lieber Augst hat mir am Ende seiner Reisebeschreibung von Cassel einen Fingerzeig gegeben – daß Ihm etwas sehr lieb und angenehm wäre nehmlich ein Carackter Anzug auf das Carneval – nun soll Er so was von mir zum Christgeschenck haben – seye demnach so gütig und schreibe mir /: und zwar bey Zeit :/ in welcher Tracht Er erscheinen soll – und was ihm Freude machen mögte – Aber wißen muß ich wie viel Taffendt dazu gehört – obs einerley Farbe oder verschiedne sey[n] sollen – schreibe es deutlich – bestimmt und bald, damit Ihr es beyzeiten bekommt, und es Ihm verfertigen laßen könt – Die Castanien werden Jetzt bey Euch angelandet seyn? Vor die Bücher dancke auf beste – ich werde mich aufs beste damit ammusiren. Der Liebe Augst hat mir Eure gantze

Reiße allerliebst beschrieben es hat mir große Freude
gemacht, sage Ihm das! nebst vielen hertzlichen grüßen! Lebe wohl! vergiß auch nicht, meine Liebe Tochter hertzlich zu grüßen – und Sie zu versichern, daß
ich ewig bin Ihre – und Euer aller

treue
Mutter Goethe.

323. An Goethe

den 20<u>ten</u> November 1801

Lieber Sohn!

Mit dem Montägigen Postwagen den 23<u>ten</u> November geht das Christgeschenck an dich ab, ich hoffe daß
es Freude verursachen wird. Vor deinen Lieben Brief
dancke hertzlich – es würde Thorheit von mir seyn
auf öfftere Briefe von dir Pretention zu machen – erfahre ich nur von Zeit zu Zeit etwas von deinem Wohlbefinden – seyse es durch wen es wolle so genügt es mir
– und ich verlange nichts weiter. Deine Entschuldigung an Willmer habe ausgerichtet – Schwartzkopf
habe noch nicht in der Zeit gesehen werde es aber besorgen. Bey unserm Theater gehts nach dem alten
Sprichwort: viele Köche verderben den Brey u.s.w.
warum hat denn mein Lieber Schiller seine Jungfrau
von Orleann mit Lateinischen Lettern und noch obendrein so klein drucken laßen, daß es die größte anstrengung braucht es zu leßen?? Wie schön ist dagegen
sein Wallenstein! Sage doch meiner Lieben Tochter!
Nebst hertzlichem Gruß, daß Sie die Güte haben mögte mir bey Gelegenheit No. 7 vom Mercur zu überschicken er fehlt in der Sammlung. Lebe wohl! den
Lieben Augst grüße auch hertzlich von

Eurer allen
treuen Mutter Goethe.

324. An Goethe

den kürtzen Tag [21. Dezember] 1801

Lieber Sohn!

Du hast mir eine große Freude mit dem merckwür-
digen Jahr von Kotzebue gemacht es hat mir einige
vergnügte Tage gewährt – meinen hertzlichen Danck
dafür. Hir das bon bon vor den Lieben Augst – und
pommerantzenschalen vor meine Liebe Tochter –
Glückliche Feyertage – den besten Seegen zum Neuen
Jahr – Gesundheit an Leib und Seele – Glück – Heil
und Wohlergehn dieses wünschet und erbittet von
Gott! Vor Euch alle

Eure
Euch liebende Mutter
Goethe.

325. An Goethe und die Seinen

den 18ten Jenner 1802

Lieber Sohn!

Das Käyerliche Present hat mich sehr gefreut – wer
hätte vor 25 Jahren gedacht daß die Freundschaft die
du Klinger damahls erwießen von seinem Käyser so
ehrenvoll recompansirt werden solte – da du diese
Sache villeicht schon längst vergeßen hast; so schicke
hir ein Briefelein mit /: das ich auf die sonderbahrste
weiße bekommen habe :/ daraus zu ersehen, wie jede
gute That sich hir schon belohnt – darob hatte ich
große Freude – weil es meinen Grundsatz auf neue
befestigte. Ferner freut es mich, daß du diesen Winter
dich in Gesundheit beßer befindest als vorm Jahr Gott!
Erhalte dich! *Mir und uns allen.* Vor Kotzebue Merckwürdiges Jahr dancke nochmahls – das hat mir und
meinen Freunden sehr wohl behagt – Ich weiß nicht
ob du Bekandschaft mit Ihm hast wäre es andem; so

dancke Ihm in meinem Nahmen vor sein Epigram –
so hat sich das hisige Pupplicum lange nicht amusirt es
ist vortreflich besetzt – besonders Demmer der den
Hippeldantz macht hat einen hisigen Herrn so copirt
daß es gleich das gantze voll geprofte Hauß wußte die
Einnahme war nur vom Parterre und galleri ohne die
Logen 660 f. Jetzt ein paar Worte mit meiner Lieben
Tochter!

Liebe Tochter! Tausend Danck vor Ihren Lieben
Brief, Sie haben mich dadurch sehr glücklich gemacht
– beehren Sie mich zuweilen mit Ihrer lieben Zu-
schrift, und ich werde immer dadurch verjüngt wie
ein Adler! Wohl mögte ich einmahl das weimarer
Theater das überall berühmt ist sehen – aber du Lieber
Gott!! Ich und Reißen!! Ich wünscht ich hätte Frau
von la Roche Ihren Muth und Ihre Reiße seligkeit, den
habe ich aber nicht, und da wird es wohl so bey dem
alten bleiben. Tantzen Sie immer liebes Weibgen
Tantzen Sie – frölige Menschen die mag ich gar zu
gern – und wenn sie zu meiner Famile gehören habe
ich sie doppelt und dreyfach lieb – Wäre ich eine Regirende Fürstin, so machte ich es wie Julius Cäsar lauter frölige Gesichter müßten an meinem Hof zu sehen seyn denn das sind der Regel nach gute Menschen,
die ihr Bewußtsein froh macht – aber die Duckmäu-
ßer die immer untersich sehen – haben etwas vom
Cain an sich die fürchte ich – Luther hat Gott zu Cain
sagen laßen warum verstelts du deine Geberde, aber es
heißt eigendlich im Grundtext – warum läßt du den
Kopf hängen. Leben Sie wohl – vergnügt und Tantzen
wo Sie Gelegenheit dazu finden – darüber wird sich
hertzlich freuen die sich nent

Ihre
treue Mutter Goethe.

Auch ein Wort mit dir Lieber Augst! Vor deinen
schönen Neujahrwunsch, und eben so anschauliche
Beschreibung – des Christkindleins Maskerade und
deines Naturaliens Cabinet – du bist ja recht reich an
prächtigen sachen und Seltenheiten! Dancke Gott!
der dir so einen Rechschaffenen Vater gegeben hat –
der dich zu allem schönen und gutem erzieht – O! wie
viele Kinder sind minder glücklich! In wie manchem
liegt der Keim zum schönen und guten wird aber leider unterdrück – Bitte Gott täglich daß Er dir deinen
Lieben Vater und Mutter erhält, und sey ferner folg-
sam – so wirst du bey Gott Gnade haben, und die
Menschen werden dich Lieben – Laße wie bißher zuweilen diejenige was von dir hören, die ewig ist

deine
dich Liebende Großmutter
Goethe.

N.S. Vor die mir im vorigen und in diesem Jahr
überschickte Modejournahle – Jannuse – Mercure
dancke recht sehr und bitte nicht allein damit gütigst
fortzufahren sondern mir zu ergäntzen was an obigen
noch fehlt. Vom Janus fehlt No. 4. und No. 6. vom Mercur fehlt No. 7 davor habe 2 No. 6. wovon 1 wieder bey
Gelegenheit zurück senden werde.

326. An Christiane Vulpius

den 22<u>ten</u> Mertz 1802

Liebe Tochter!

Hir übersende den Türckischen weitzen wünsche daß
er wohl gedeien möge. Sie haben mir wieder durch Ihr
liebes Schreiben einen sehr frohen Tag gemacht – Gott!
vergelte es Ihnen! Aber das muß wahr seyn – *Weimar*

ist der wahre Sitz der Musen das Teusche Athen – die
glücklichen Einwohner können ihren Geschmack recht
bilden – sie bekommen nichts zu sehen – als schönes
und vortrefliches – ihr Auge gewöhnt sich an die schönen Formen – genung sie werden in allem Aufgeklärt,
da *wir* arme Sterbliche ewig Kinder bleiben – den
meisten meiner Landes-leute ist der Bauch ihr Gott –
wahre Hippeldantze – vor das Geld ihrer Gastereyen
könte die größte Mahler und Zeichnungs Academi
unterhalten werden – und diese Bachanalien sehen der
Langeweile so ähnlich, wie ein Troppen Wasser dem
andern. Genung von diesem elenden Geschlecht. Den
Aufzug auf der Maskarade hätte ich wohl sehen mögen – besonders den Lieben Augst – grüßen und küßen
Sie Ihn von mir. Was wird es aber erst vor herrlichkeiten bey der Vermählung des Erbprintzen geben!!!
Etwas gutes muß ich doch auch von uns schreiben –
Willmer hat einen Fond zusammen gebracht – wovon
die Schauspieler im Alter unterhalten werden sollen
und damit eine große Sorge von diesen Menschen ab-
gewältzt – auch ist der Verlust der Madam Kanabich
durch die berühmte Lange reichlich ersetzt. Ihnen
meine Liebe Tochter können andre Neuigkeiten kein
Vergnügen machen weil Ihnen die Menschen unbekandt sind – aber meinem Sohn sagen Sie [daß] der
Doctor Moors /: sonst Lammsensohn genandt :/ der
mit Ihm auf einen Tag gebohren Stadtschuldheiß geworden – und unser Vetter der Doctor Textor die Senator würde erhalten – und beyde Ihn hertzlich grüßen
laßen. Jetzt eine gantze Litaney von Bitten an Ihnen
Liebe Tochter – die Sie die Güte haben werden mir
gelegenlich zu besorgen. Vom vorigen Jahr fehlen
mir folgende Sachen – vom Mercur 1801 No. 7 – vom
Janus 1801 No. 4. 6. 9. 12 – da ich von diesem Jahr noch

gar nichts erhalten habe, so vermuthe ich, daß villeicht
Sie die Journahle nicht mehr bekommen – da ich dann
freylich mich zufrieden geben müßte. Leben Sie wohl!
Grüßen hertzlich meinen Sohn und den Lieben Augst
zu deßen Confirmation ich Ihm Taußendt Seegen
wünsche, und behalten lieb

Euer aller
treue Mutter Goethe.

327. An Goethe

den 3ten May 1802

Lieber Sohn!

Die Taborische Handlung schickt heute mit dem
Postwagen ein Kistgen an dich ab, worinnen Dinge die
zum Amelemang gehören und nach dem neusten Geschmack sein sollen sich befinden – da das Hertzog-
liche Schloß in Weimar villeicht noch etwas dergleichen brauchen dürfte; so haben sie sich /: auf den Rath
des Herrn von Wolzogen :/ an dich mit ihrem Anliegen gewendet – auch ist der alte Tabor bey mir geweßen – und hat mich ersucht auch ein Wort zu ihren
Gunsten anzubringen – da ich nun weiß, da[ß] sie vortrefliche Sachen haben, auch dem Printz von Oranigen
sein gantzes Schloß Mebelirt haben; so habe kein Bedencken getragen – ihnen diesen gefallen zu erzeigen.
Das übrige überlaße deiner Klugheit – Ihro Durchlaucht der Erbprintz ist gar ein Lieber Herr, ich hatte
die Gnade Ihn bey mir zu sehen – Gantz Franckfurth
trägt sich mit der Neuigkeit daß du herkämest – wie
mich das freuen würde kanst du leicht dencken – weil
ich aber doch als die Hauptpersohn nichts davon weiß,
so glaube ich es nicht – machtest du mir aber diese
Freude; so müßte es nothwendig wißen indem diesen
Sommer alle meine drey vorderen Stuben geweißt
und die Schlafstube sogar mit Öhlfarbe angestrichen

werden muß, sie sieht einer Wachtstube ähnlich –
hätte ich nun die Freude dich bey mir zu sehen; so
müßte das weißen und Öhlfarben weesen – endweder
vor, oder nach deinem hirseyn geschehen. Ich verlaße
mich auf deine Kentnüß von Frau Aja die unter andern
Schwachheiten auch diese hat daß sie alles gerne voraus
weiß damit sie ihre siebensachen ordentlich einrichten
kan. So viel nur noch zur Nachricht, daß du zum längsten Ziel wenn nicht dieses Jahr /: welches ich doch
immer noch so etwas hoffe :/ doch gantz gewiß 1803
herkommen muß – es sind jetzt 5 Jahre das ist kein
Spaß. Lebe wohl! Grüße meine Liebe Tochter, und
den Lieben Augst und wenn Sie mitkommen wollen;
so bestelle ich wieder ein Logie im Schwanen. Noch
einmahl Lebt wohl!

Dieses ist der erste und beste Wunsch

Eurer
treuen Mutter
Goethe.

328. An Goethe

den 18$\underline{^{ten}}$ September 1802

Lieber Sohn!

Ein so berühmter Künstler als Herr Fischer Baßist
bey der großen Oper in Berlin bedarf eigendtlich kein
Empfehlungs schreiben zumahl da Er an einen Ort
wie Weimar kommt, da alle Künste geschätzt – geschützt und gepflegt werden – da Er aber mit alledem
mich um ein Schreiben an dich ersucht hat; so empfehle ich diesen braven Künstler hirmit auf beste – Er
hatte die Güte, mir bey Herrn Senator Stock meine
alte lieblings Romantze: Zu Steffen sprach im Traum-
me – in voller Kraft /: so wie ich sie von Ihm vor
16 Jahren hörte :/ vorzutragen. Bey dieser Gelegen-

heit wolte doch auch anfragen was Ihr sambt und
sonders macht – Ich habe lange nicht gehört – so viel
weiß ich daß Ihr wohl seyd das erfahre ich durch andre
Cannäle – und wenn ich das weiß; so bin ich frohl!
Lebe wohl! Grüße alles was dir lieb ist von

deiner
treuen Mutter Goethe.

329. An Goethe

den 24ten September 1802

Lieber Sohn!

Herr Schöff Wallacher empfiehlt sich dir aufs beste
und bittet eine Frage an dich nicht ungütig zu nehmen,
und Ihm durch mich die Antwort zu kommen zula-
ßen. Er hat eine sehr große Sammlung von Porträt –
in Kupperstichen – wo Er jeden Nahmen weiß – nur
in Lavaters Phisionockmick sind viele Köpfe die Er
nicht weiß und doch gerne wißen mögte – zu dem
Ende hat Er mir einen Catalog übergeben wo alle diese
Köpfe sorgfältig Numerirt sind und hat mich ersucht
dir solchen zu übersenden – das würde aber von keinem Nutzen seyn, wenn du hierinnen Ihm nicht ge-
fällig seyn könnest – wilst und kanst du Ihm darinn
einen gefallen erzeigen; so ist es als denn Zeit ihn dir
zu zuschicken. Er glaubt da du mit an der Phisonomi
gearbeitet hast; so würdest du Ihm am besten helfen
können – und in diesem Fall könstet du so lange Zeit
als du nur wolstet damit zu bringen – es hätte damit
nicht die geringste Eile – so weit das begehren und die
Bitte des Herrn Schöff Wallachers. Jetzt frage ich –
was macht Ihr denn sampt und sonders? Es ist eine
Ewigkeit daß ich von Euch nichts gehört und gesehen
habe – übel nehme ich es Euch nicht – denn wenn bey
Euch die Hitze so war wie bey uns, so schließe ich von

mir auf Euch denn so faul war ich in meinem Leben
nicht, wie diesen Sommer!!! mir genügt indeßen daß
ich doch öffters erfahre was Ihr macht, die jungen Stu-
denten schreiben fleisig und wenig Briefe sind, wo
deiner nicht mit der größten Veneration gedacht wird
– das macht mich denn allezeit sehr glücklich. Heute
kommt Eduart Schlosser mit seiner Mutter hieher,
der soll mir viel erzählen. Kastanien werde nach dem
Herbst besorgen. Lebe wohl! Grüße deine Lieben von

Eurer
treuen Mutter
Goethe.

330. An Goethe

den 1<u>ten</u> October 1802

Lieber Sohn!

Meinen Besten Danck vor die Bereitwilligkeit Herrn
Schöff Wallacher seinem Steckenpferd hülfreiche
Hand zu leisten. Mir thuts immer wohl wenn du einem
Franckfurther gefälligkeiten erweißen kanst, denn du
bist und lebst noch mitten unter uns – bist Bürger –
trägst alles mit – stehts in Farrentraps Calender unter
den Advocaten Summa Sumarum gehörst noch zu uns
und deine Conpatriotten rechenen es sich zur Ehre, so
einen großen berühmten Mann unter ihre Mitbürger
zählen zu können. Eduart Schlosser hat mir deinen
Lieben Gruß ausgerichtet – ich hoffe Er wird Brav –
auch Fritz Schlosser – nur vor Christian ist mir manchmahl bange – dieser junge Mann ist so sehr überspant
– glaubt mehr zu wissen als beynahe alle seine Zeit-
genoßen hat wunderbahre Ideen u.s.w. du gilst viel
bey Ihm kanst du Ihn abspannen so thue es. Daß Ihr
mir wieder Geistes producte schicken wolt darann
thut Ihr ein gutes Werck es ist eine große unfrucht-

bahrkeit bey uns – und Euer Brünnlein das Wasser die
Fülle hat wird mir durstigen wohl thun. Wegen deines
herkommen aufs künftige Jahr – habe ich Plaane im
Kopf wo immer einer lustiger ist als der andre – es wird
schon gut werden – Gott! Erhalte uns alle hübsch gesund – und das übrige wird sich schon machen. Lebe
wohl! Grüße meine Liebe Tochter und den Lieben
Augst von

Eurer allen
treuen Mutter u Großmutter
Goethe.

331. An Christiane Vulpius

den 12$^{\underline{ten}}$ October 1802

Liebe Tochter!

Ich habe verschiedne Dancksagungen an Euch meine
Lieben zu entrichten – die erste an meinen Sohn, daß
Er Herrn Schöff Wallacher so geschwindt seine Be-
merckungen überschickt hat – die zweyte an Ihnen
liebe Tochter vor die übersendung der Bücher und
Journahle – ich freue mich daß mir dadurch wieder
ein angenehmer Zeitvertreib zu theile geworden – zumahl da von meinem Sohn seinen Wercken sich dabey
befinden, und ich lange nichts von Ihm gesehen habe –
desto erfreulicher ware es mir. Zu dem noch unsicht-
bahren Wesen wünsche von Hertzen Glück Heil und
Seegen – Gott! Bringe es gesund ans Tages licht; so
wird Er auch Nahrung und Kleider bescheren – und
es wird mir ein wahres Vergnügen seyn etwas beyzu-
tragen den kleinen Graß-affen in etwas heraus zu Sta-
firen – da ich aber nicht gern Ihnen ins Gehege kommen – und dadurch auf der einen Seite zu viel, und auf
der andern zu wenig geschehen möge; so ersuche ich
Ihnen Liebe Tochter mir gantz offenhertzig zu be-

richten – was ich thun soll um Ihnen Freude zu machen – Aber schreiben sollen Sie nicht, dictiren Sie nur
das ist herrlich wenn ich nur erfahre was es bey Euch
gutes gibt schreibe es wer will. Wer einen Brief von
mir erhält – kan sichs als ein großes genaden Zeichen
anrechnen denn Unbehaglicheres weiß ich vor mich
nichts – als Briefe schreiben!! drum verdencke ich es
keinem Menschen wenn er nicht schreibt – Aber
schadloß halte ich alle die die zu mir kommen, durch
meine Zunge – Künftigen Sommer hoffe ich Ihnen
meine Liebe Tochter davon zu überzeugen – Leben Sie
wohl! Grüßen Sie meinen Lieben Sohn – und den Lieben Augst

von

Euer aller treuen

Mutter und großmutter

Goethe.

332. An Goethe und Christiane Vulpius

Freytags den 5<u>ten</u> November 1802

Lieber Sohn!

Mit dem heutigen Postwagen ist ein Embalirtes
Kästgen an dich abgegangen das allerley Ingredien-
zien enthält – welche zum guten Gebrauch dienen
können. Liebe Tochter! Leinewand neue und Leyla-
cken die nicht mehr neu sind werden Sie finden, in die-
ßem Stück habe Ihren wunsch erfühlt – aber da Sie ferner schreiben etwas Spitzen da muß ich mir nährernen
Unterricht ausbitten – ich weiß ja nicht wozu sie sie
brauchen wollen – ob breit oder schmahl u.d.g. Haben
Sie also die Güte es mich wißen zu laßen, damit ich
Ihnen auch darinn hülfreiche Hand leisten kan. An
dem Judenkram ist dißmahl nicht viel besonders, ich

habe aus allen Ecken nicht mehr zusamen bringen
können – doch hofe ich, daß Ihnen der Englische Bar-
chendt wohl gefallen wird – es wird zu einem Kleid
ins Wochenbett nicht übel stehen. Jetzt ein Wort von
meinem Lieben Augst – was soll ich dem zum Heiligen
Crist übersenden – sollen es Kleidungs stücke sein; so
haben Sie die Güte mir Farbe und Ehlen maaß zu bestimmen, so soll es aufs beste besorgt werden. Vor die
überschickte Journahle – Bücher u.s.w. dancke erge-
benst – das hat mir viele frohe Tage gemacht – Besonders aber Trancred und Mahomed bey Herrn von
Schwartzkopf haben wir beyde in Gesellschaft geleßen
und einen seligen Abend gehabt! Capellmeister Reichard war bey mir, da haben wir viel geschwatzt! von
alter und neuer Zeit – und waren vergnügt. Jetzt Lebt
wohl! dem Lieben Augst dancke vor seinen Lieben
Brief – Er soll /: so wie Ihr sambt und sonders :/ die
Großmutter lieb behalten davor bin und bleibe ich
auch zeitlebens

Eure
treue Mutter u Großmutter
Goethe.

333. An Christiane Vulpius

den 25ten December [November] 1802

Liebe Tochter!

Hir kommt das Verlangte – wünsche von Hertzen,
daß es Ihnen wohlgefallen möge – das Tuch wird dem
Lieben Augst, und die Spitzen den neuen Weltbürger
schön zu Gesichte stehn. Gott! Erfreue uns *alle* durch
eine glückliche Niderkunft – wozu ich auch die beste
Hoffnung habe. Was Sie mir von dem Wohlseyn
meines Sohnes und dem ihrigen – auch Augsts schrei-

ben hat mich sehr glücklich gemacht – Gott! Erhalte
Sie sambt und sonders *Amen.* Ich befinde mich Gott!
sey Danck recht wohl – werde /: ohne daß ich begreifen kan wie es eigendtlich zugeht :/ von so vielen Menschen geliebt, geehrt – gesucht – das ich mir offte selbst
ein Rätzel bin und nicht weiß was die Leute an mir
haben – genung es ist so – und ich genüße diese Menschen güte mit Dancksagung gegen Gott – und bringe
meine Tage vergnügt hin – Besonders liebe ich die
Lesegesellschaft alle 14 Tage bey Schwartzkopf –
Jungfrau von Orleang – Cancret – Mohomet – Maria
Stuardt – waren schon an der reihe, das nächste mahl
kommt Macbeth von Schiller – Mann glaubt sich
immer im Theater denn es wird schön declamirt
u.s.w. Das sind aber auch meine Neuigkeiten alle –
Lebt wohl! und behaltet Lieb

Eure
treue Mutter Goethe.

334. An Goethe und Christiane Vulpius

den 20<u>ten</u> December 1802

Lieber Sohn!
Ich habe durch Herrn Nicolaus Schmidt die Sache
wegen des Schauspielers Graf sogleich an Herrn Doctor Grambs als ersten Director gelangen laßen – indem ich vor meine Person weder Grambs noch Leerse
noch Schwendel genau genung kenne um als Direc-
toren etwas mit Ihnen zu verhandlen – Schmidt der
ein Freund von Grambs ist, hat inliegenden Brief von
Ihm erhalten – den ich dir übersende – du wirst nun
wißen was du mit diesem falschen Menschen beginnen wirst: kann ich weiter in der Sache etwas thun –
so erbiethe mich sehr gern dazu. Solte unser neuer Re-

giser Büchner herkommen /: woran doch noch starck
gezweifelt wird :/ so geht unser voriger Regisser
Prandt von uns weg – da wäre es nun möglich daß Er
zu Euch ginge, und ich glaube daß Er Herrn Graf ersetzen würde – biß Neujahr muß diese Sache entschieden seyn. Heute ist mit dem Postwagen der Christkindleins Confect an Euch ab – wohl bekoms! Ich
hoffe das das Tuch vor Augst und die Spitzen wohl angelangt sind.

Liebe Tochter! Nun wie gehts mit der mir so wert-
hen Gesundheit – Gott gebe daß ich bald erfreuliche
Nachrichten erhalten möge – Grüßen Sie den Lieben
Augst. Gott! Schencke und allen ein freudiges Neujahr.
Leben Sie wohl! und behalten Lieb

Euer aller
treue Mutter und Großmutter
Goethe.

335. An Goethe

den 31ten December 1802

Lieber Sohn!

Dein letzes Schreiben hat mich sehr betrübt – ge-
taüsche Hoffnungen thun weh – nichts hielft als die
Zeit die wohltäig den Schmertz in den hintergrund
stelt – das trösten habe ich nie leiden können – den
wenig Menschen sind im stande sich in die Lage des
Traurigen zu setzen und werden demnach leidige
Tröster – von mir erwartet keinen Trost – aber Dancksagung an Gott! der Euch gesund erhalten hat – und
Bitte, dieses theure Gleinod wohl zu bewahren – und
mich immer gute und frohe Nachrichten hören zu
laßen – das meinem Hertzen jederzeit so wohl thut.

Tausend Seegens wünsche zum Neuen Jahr! Frohen
Sinn – Gesundheit – Häußliche Glückseligkeit – alles

was zum Leben und wandel gehört wünschet von
Gott! und erbittet vor Euch –

Eure

treue Großmutter u Mutter
Goethe.

N. S. Daß du meine Liebe Tochter hertzlich von mir
grüßen solst – deßgleichen meinen Lieben Augst das
hoffe ich würdest du thun – wenn ich es auch nicht
ausdrücklich geschriben hätte.

336. An August von Goethe

den 7<u>ten</u> Jenner 1803

Lieber Augst!

Es ist lange daß ich nicht an dich geschrieben habe –
denn leider ist die Großmutter /: wie schon längst bekandt :/ auserordentlich dinten scheu – heute aber
solst du trotz allem dem einen gantz marnirlichen und
ordentlichen Brief von mir erhalten. Daß dir das Tuch
zum Heiligen Christ bescherschel wohl gefallen hat
freut mich sehr – auch alles was du mir von deiner
Stube und übrigen Sachen schreibts – war mir sehr angenehm zu hören – Ja Lieber Augst – wenn ich Doctor
Faust Mandel aufzufinden wüßte, da käme ich dich
besuchen – Aber! Aber! die Großmutter ist so an ihre
Häußliche Ordnung von langen Jahren her gewöhnt –
daß ich glaube es mögte vor meine Gesundheit nicht
zuträglich seyn – komme du nebst Vater und Mutter
zu mir das ist beßer. a propo! du schreibst mir ja kein
wort wie Sich Vater und Mutter befinden, es wird doch
alles hübsch wohl auf seyn???
Lieber Augst! Jetzt habe ich eine Bitte an dich wollest du wohl so gut seyn, und mir die fehlenden Mer-

cure und Modejournahle mit Gelegenheit über senden; so würdest du mich sehr verbinden. Vom Mercur
fehlt das 3$\underline{te}$ 5$\underline{te}$ – 11 und 12$\underline{te}$ Stück – von Modejournahle fehlt – das erste und letzte Stück. Grüße deine
lieben Eltern

von Eurer treuen Mutter u Großmutter
Goethe.

337. An Goethe

den 10$\underline{ten}$ Jenner 1803

Lieber Sohn!

Demoiselle Mayer ist wegen ihres guten Lebens
wandels – ihres Fleißes – ihrer Anstrengung bey dem
Pupplicum sehr beliebt – es hat also nachsicht mit
ihrer schwachen Stimme – mich dauert Sie immer Sie
würde mit Ihren Anlagen eine Brave Sängerin werden
denn Ihre Stimme ist lieblich und angenehm, aber
Ihre Brust ist sehr schwach – In einer großen Oper z.E.
Sextus kan Sie am Ende fast nicht mehr fort – aber wie
oben gesagt wir haben Sie Lieb bedauern Sie und ab-
lautiren – als Schauspielerin hat Sie gar keinen Werth –
Sie kaut alles mann versteht Sie kein wort – in stille
Wasser sind tief macht oder verdirbt Sie vielmehr die
kleine Rolle der Thereße – so auch in den kleinstädter –
es ist auch bey uns nur aus Noth wenn Sie gebraucht
wird – indem drey unseren besten Schauspielerinnen
von hir weg sind. Ihre Stimme ist seit voriges Jahr
nicht stärcker geworden – also gebeßert hat Sie sich
wenigstens nicht – Ich habe Sie hirmit gezeichnet nach
Leib und Seele – Solte ich etwas vergeßen haben; so
berichte es mir und ich will es nachholen – dem Lieben
Augst seinen Brief habe erhalten – auch schon beantwortet – daß Ihr *alle* wohl seyd – macht mir heute
einen frohen tag – Gott! Erhalte Euch ferner Gesund

und vergnügt – Lebt wohl! Tausend grüße an meine
Liebe Tochter und an Augst von der alten Mutter u
Großmutter
　　　　　　　　　　　　　　　　　　Goethe.

338. An Goethe

den 18$^{\underline{ten}}$ Februar 1803
　　　　Lieber Sohn!
　Der junge Tenorist der zum Weimarer Theater
kommt, hat mich ersucht Ihm ein paar Zeilen an dich
mitzugeben – ob ich Ihn nun gleich gar nicht kenne –
da Er hir als Statist angenommen war; so konte doch
so etwas nicht abschlagen – weil Er gutes verspricht
eine große Freude bezeigt zum weimarer Theater zu
kommen – und aufkeimende Talende unterdrücke
ich nicht gern – du wirst Ihn prüfen und Ihm nach seinem Kunstfleiß schätzen u.s.w. Vor die überschickten
journahle dancke in meinem nahmen meiner Lieben
Tochter – Seit beynahe 6 wochen hat mich beynahe
wegen der enormen Kälte kein Mensch zu sehen bekommen – heute ist der erste Tag wo mann ein Fenster ohne zu zittern und zu zagen öffnen kan – der
Mayn wird noch Zeit haben biß er aufgeht – es gehen
noch die größten Lastwägen drüber. Lebe wohl! Und
grüße deine Lieben von
　　　　　　　　　　　　Euer allen
　　　　　　　　treuen Mutter u großmutter
　　　　　　　　　　　　Goethe.

339. An Goethe

den 8$^{\underline{ten}}$ Mertz 1803
　　　　Lieber Sohn!
　Ich habe durch die 3$^{\underline{te}}$ Hand einen Auftrag von der
hiesigen Theater direcktion an dich darin bestehnd:
Demoiselle Mayer Ihr Contrackt lauft noch ein Jahr
die Direcktion will Sie aber in 3 Monnathe gehen laßen –

wenn du ein gleiches mit dem Schauspieler Graaf thun
kanst und wilts – diese Demoiselle Mayer ist ein gutes
liebes Wesen, wie ich dir schon geschrieben habe – und
was Ihre Stimme anbelangt; so glaube ich daß Weimar
Ihr sehr zuträglich seyn würde, weil das dortige Schauspiel Hauß nicht die größe die höhe und nicht den
fürchterlichen Luftzug wie das hisige hat, daher alle
Augenblicke jemand beym Theater kranck ist, die
berühmte Madam Lange, die nie kranck war – hat
beynahe ein $^1/_4$ Jahr nicht spielen können – mit Madam Böttiger ists das nehmliche – die schlußfolgen daraus zu ziehen, überlaß ich dir. Herr Doctor Gladni –
hat mir dein Liebes Briefgen überbracht, und mich
dadurch sehr beglückt – Er läßt Sich dir bestens empfehlen – ich hoffe daß es Ihm hir gut gehen soll – denn
so eine Musikalische Welt wird nicht leicht angetro-
fen – und wir haben Liebhaber, die es manchen Mei-
stern gleich thun. Lebe wohl – Grüße meine Liebe
Tochter – und den Lieben Augst von

Eurer
treuen Mutter u Großmutter
Goethe.

340. An Goethe

den 14ᵗᵉⁿ Aprill 1803

Lieber Sohn!

Vor deinen Lieben Brief dancke dir aufs beste – es
macht mich immer sehr froh wenn ich von Euch gute
Nachrichten höre – ich habe mich diesen Winter auch
recht wohl befunden – die sogenandte Krippe hat sich
auch hir eingefunden, und hat der Meße einen großen
Stoß gegeben – den auserhalb war von nichtweniger
als von der Pest die Rede – und viele Kaufleuthe wan-
den wieder um u.s.w. der beygelegte Comedien Zet-

tel hat mir große Freude gemacht – es ist aber leicht
zu dencken – daß ich mich des Trauerspiels wegen
/: das zu seiner Zeit uns allen zum Vergnügen erscheinen wird :/ hoch gaudi[r]te!! Auch dem Lieben August
sein Brief hat mich gefreut – da ich dadurch die Rückkunft des Erpprintzen erfahren habe grüße meinen
Lieben August recht hertzlich – deßgleichen meine
Liebe Tochter – dein Gruß an Madame Untzelmann
soll wohl ausgerichtet werden – villeicht ist Sie ehe ich
dießes fortschicke angekommen – Wünsche daß das
Welsche Korn wohl gedeihen möge. Lebt wohl!

Eure
treue Mutter
Goethe.

N.S. Die 3 Schlosser haben nun Jena verlaßen – über
den Christian ist seine Mutter in nicht geringen Sorgen – seit einem Jahr sagen alle Briefe so wohl die sei-
nigen als die von seinem Bruder daß Er kranck sey
aber nicht was Ihm eigendlich fehlt – könstes du darüber nur einige wincke geben so wüßte mann doch
wenn Er herkäme wie mann sich benähmen solte. Ich
halte Ihn vor überspant.

341. An Stock

v. H. d. 16$^{\underline{ten}}$ May
1803

Lieber Freund!

Dem Vernehmen nach wird das Ambt eines Ge-
burths-helfers noch in dieser Woche vergeben – Ich
empfehle Ihnen meinen Vetter Doctor Melbert auf
beste – wenn ich von seiner großen Geschicklichkeit
nicht völlig überzeugt wäre; so würde mich Sünde
fürchten einen Mann zu Recommandiren wo Men-

schen Leben auf dem Spiel steht. In Hoffnung das
meine Bitte gewährt ist – bin und bleibe ich

Ihre
und Ihres gantzen Haußes
treue Freundin
Goethe.

N.S. Gruß und Kuß an alle Ihre Lieben.

342. An Goethe

d. 24<u>ten</u> Juni 1803

Die große Freude die mir am Sontag den 19<u>ten</u> Juni
zu theil geworden ist, würde ich mich Sünde fürchten
dir zu verschweigen also vernim was sich zugetragen
hat. Der König und die Königin von Preußen waren
am Willhelmsbaad – die Königin äußerte daß Sie die
Räthin Goethe sehen und sprechen müßte – und daß
demnach Anstalten getrofen werden mögten mich
hinzubringen – die gräffin von Leiningen ließe mir den
Befehl von Ihro Majestätt demnach zu wißen thun,
und kamen um 2 uhr Mittags mich in einem schönen
Wagen bespant mit 4 raschen Perden abzuholen.
4$^1/_2$ uhr waren wir im Willhelms Baad – ich wurde in
ein schönes Zimer geführt da erschien die Königin wie
die Sonne unter den Sternen – freute Sich hertzlich
mich zu sehen presentirte mich an Dero 3 Schwestern
die Herzogin von Hillburghaußen – Erbprintzses von
Turn und Taxis – Fürstin von Solms – letztere und die
Königin erinnertten Sich noch mit vieler Freude der
Zeiten der Krönungen, meines Haußes u.d.g. Da ich
so recht zum Jubel gestimt war *wer kam da dazu*?? Unser Hertzog von Weimar! Gott!!! welche Freude vor
mich – O! wie viel liebes und gutes hat Er von dir gesagt – ich dancke Ihm mit gerührtem Hertzen vor die

Gnade die Er dir in der letzen fatalen Kranckheit erwißen – Er sagte /: auch sehr gerührt :/ daß hat Er
auch an mir gethan – schon 30 Jahre gehen wir miteinander und tragen miteinander. Ich war so aufgespant
daß ich hätte lachen und weinen zu gleicher Zeit mögen – in dieser Stimmung ließe mich die Königin in ein
anders Zimmer rufen – da kam auch der König – die
Königin ging an einen Schranck und brachte ein kost-
bahres goldenes Halsgeschmeide und nun erstaune!!!
Befestigte es um meinen Hals mit Ihren eigenen Händen – biß zu Thränen gerührt – konte ich nur schlecht
dancken. In diesem kostbahren Schmuck kam ich wieder in Zimmer wo unser vortreflicher Hertzog und die
3 Schwestern der Königin waren – die dann große
Freude ob meiner prächtigen Verwandlung bezeigten.
Alles zu erschöpfen was an diesem vor mich so gloreí-
chen Tag geschah ist ohnmöglich – genug, ich kam
Abens um 10 uhr vergnügt und Seelig im goldenen
Brunnen an.

Auszug eines Briefes aus Weimar.

Wir haben einen innigen hohen genuß gehabt
Goethes Eugenia ward gegeben – Ein hohes tiefgedach-
tes tiefempf[und]enes Stück an Inhalt wie an Kunst.
Goethes gantz würdig, Sein bester Genius war mit
Ihm. Der Inhalt ist gantz politisch – das Menschliche
im Kampf – oder villmehr durchflochten mit den
Verhältnüßen des Lebens – das ewige Schauspiel der
Welt! Und diß alles in der Einfachsten edelsten
Sprache – in den schönsten Jamben. Er will das gantze
in 3 Abtheilungen geben. Ach! es wird noch sehr
tragisch kommen – es ist hochtragisch angelegt uns
innig ansprechend wahr. Unsere Seele ist davon erfült und bewegt. Freuen Sie Sich mit uns über diß
reine ästhetische Kunstwerck. *Herder*.

Von rechtwegen solte dieser Brief jetzt zugesiegelt werden und die darinn befindlichen Herrlichkeiten nicht mit Unedlen Dingen und schlechten Menschen befleckt werden auch würde ich es nicht gethan haben, wenn nicht zu gleicher Zeit eine gratulation von mir erfolte – daß das Reibeißen die Müllern nicht nach Weimar geht, und Euch die Ohren voll kreißt – alles ist hir unzufrieden daß wir sie behalten – der Mann ist ein braver Violonist – aber seine Frau wird nirgends Glück machen – genug von dem Volck. Meiner Lieben Tochter dancke hertzlich vor die überschicke Mercure und Modejournahle – auch hatte Sie die Güte zu versprechen die fehlende Mercure vom Jahr 1802 mir mit Zeit und Muße zu übersenden – die fehlenden No. sind No. 5. No. 11. No. 12. Den Lieben Augst grüße ich von Hertzens grund – deßgleichen meine Liebe Tochter – und bin und bleibe

Euer aller
treue Mutter u Großmutter
Goethe.

N.S. Alles grüßt dich besonders Christian Schlosser der anfängt sich recht wohl zu befinden.

343. An Christiane Vulpius

den 24ten September 1803

Liebe Tochter!

Sie haben also wohl zugenommen, Sind hübsch Corpulent geworden das freut mich, denn es ist ein Zeichen guter Gesundheit – und ist in unserer Familie üblich – Auch schreiben Sie mir von dem wohlbefinden und frohseyn meines Sohnes – und von dem Wachs-

thum des Lieben Augst – lauter Dinge die mich froh
und heiter gemacht haben – und immer Lebens balsam vor mich sind – Ich bin Gottlob wohl! Bey meiner
sehr einfachen Lebens weiße, geht so ein Tag nach
dem andern hin manchmhal werde ich durch angenehme Zuvälle etwas aus der alten Ordnung heraus
gehoben – so war die Geschichte mit der Königin von
Preußen, und dem goldenen Halsband – so mußte ich
vorige Woche zur Margräffin von Bareith kommen –
so war Madame Unzelmann hir u.s.w. Dieses alles
ist aber nichts gegen dem, wenn Ihr würcklich herkommen soltet – die Pfanne in der Faßnacht würde ein
armer Narr gegen mich seyn – so fest und steif glaube
ich aber nicht dran – den da mein Lieber Sohn so sehr
viele Geschäffte hat – und da Er jetzt die Gelehrte Zeitung mit Schüller schreibt – da wird Ihm Seine Zeit
sehr zusammen gehn – da es aber doch möglich ist,
daß Er sich Luft machen und froh und frey /: denn
das bitte ich mir aus :/ hirher kommen kan; so solt
Ihr mit offenen Armen und fröligen Gesichtern empfangen werden. Die Meße soll nicht sonderlich seyn
wens wahr ist so muß es am Geld und nicht an den
Menschen liegen, denn so eine menge Menschen sind
hir, daß die Gasthäußer alle voll sind – darunter befanden sich denn – Könige – Churfürsten – Fürsten
u.s.w. Lotte Kästnern war hir, läßt dich vielmahls
grüßen – ist jetzt in Wetzlar – und ist aus Hanover
geflüchtet. Die bewusten Castanien sollen so bald
sie reif sind erscheinen. Vor die überschickten Mercure
und Modejournahle dancke recht schön – auch ist
von diesem Jahr alles in der schönsten Ordnung –
aber vom vorigen Jahr 1802 fehlen vom Mercur
No. 5. 11. 12. Können Sie Liebe Tochter! ohne viele
Mühe sie mir verschaffen; so soll es mir Lieb seyn

– eile hat es nicht. Lebt wohl meine Lieben! Behaltet
Lieb   Eure
                        treue Mutter und Großmutter
                                Goethe.

N. S. Daß Sie meinen Sohn und Augst hertzlich von
mir grüßen – das vergeßen Sie ja nicht.

344. An Goethe und die Seinen

                              den 10ten November 1803
                Lieben Kinder!

Die Castanien machen mir dißmahl viel unlusten –
da der Wein nicht gerathen; so sind es die Castanien
auch nicht – aller Orden habe ich bestellungen gemacht – und das Genie Gerning genant – der mir sie
sonst von Croneburg verschaft hat, ist im Reingau bey
den sauern Trauben – habt also noch ein wenig Gedult
ich will schon sehen wo ich ihrer noch habhaft werden
kan. Jetzt etwas über den Heiligen Christ! Soll der
Liebe Augst etwas von Kleidungs stücken bekommen;
so seyd so gut mir bey Zeiten Farbe und Ehlen maß
zu bestimmen – wüßt Ihr etwas das Ihm mehr Freude
macht, so verkündigt es mir – vor meine Liebe Tochter habe mir was ausersonnen, das hofe ich Ihr angenehm seyn wird. Lieber Sohn! die Nathüliche Tochter hat mir frohe Stunden gemacht davor ich dir hertzlich dancke. Am vergangenen Dinstag sind die Geschwister recht brav gegeben worden – Clavigo wird
jetzt einstudirt überhaupt hoffe ich, daß es mit unserer
Theater wirthschaft in Zukunft beßer gehen wird –
– von Meyer ist Intendant mit 2500 f gehalt – hat
Freude am Werck und ist täthig. Noch eins über dein
neues Meister-werck – das Ende hat mich überrascht

mich verlangt sehr wie es weiter werden wird – der
2$\underline{\text{te}}$ Theil wird doch bald nachfolgen?? Lieber Sohn!
Liebe Tochter! Lieber Augst Lebt wohl! Morgen geht
der Brief fort, fält mir biß dahin noch was ein, das des
schreibens werth ist; so kommts ins procriptum. Lebt
wohl! Dieses Wünscht und hofft

Eure

treue Mutter u

Großmutter Goethe.

N.S. Heute sind mir Castanien zuverläßig versprochen worden ich hoffe sie demnach bald überschicken
zu können.

345. An Esther Stock

Liebe Freundin! Wenn ich ein Schloß ohne Haar
flechten um 4 f bekommen könte; so wäre mir es sehr
angenehm – wollest du wohl die Güte haben dich bey
Demoiselle Banßa darnach zu erkundigen. Ich bedaure
die viele Mühe – doch seye dein Trost das schöne
Sprichwort: Wer etwas kan, den hält mann werth
u.s.w. Ich bin und bleibe deine

danckbahre Freundin

Goethe.

v. H. d 28$\underline{\text{ten}}$ November
1803

346. An Goethe

den 2$\underline{\text{ten}}$ December 1803

Lieber Sohn!

Dein Liebes schreiben vom 21 November hat mir
viele Freude gemacht es herschte so ein froher Geist
darinnen der mir wohl that – Jetzt vom Christkindlen!
Künftigen Montag den 5$\underline{\text{ten}}$ December geht das päckgen mit dem Postwagen an Euch ab, ich hoffe Freude

damit zu verbreiten – öff[n]e es allein damit der spaß
dem Christag nicht entzogen wird – vor meinen Lieben Augst war die Sache etwas unbestimt angegeben –
Blau Tuch aber nicht ob hell oder dunckel – da aber
hir kein Mensch hell blau trägt; so kommt dunckel
blau – ferner war nicht bestimmt zu was ob zum
Kleid oder Überrock oder sonst was – ich nahm daher
ein mitteltuch – im Fall es nicht recht ist; so wasche
ich meine Hände in Unschuld. Meine Liebe Tochter
schriebe mir neulich Sie würde etwas Corpulent die
Kleider würden zu enge – da hat nun das Christkindlen
davor gesorgt und bringt zwey schöne neue Kleider
das eine von Taffend die Farbe Egyptische Erde und
einen Catun der sich vortreflich waschen läßt – und
den Jedermann vor Seidenzeug ansieht – mit einem
Wort schön schön – In das kommende päckgen habe
auch auf dein Begehren einige Comedien Zettel bey-
gelegt – künftig sollen sie alle Monathe ordentlich erscheinen. Ich hoffe daß das Theater Jetzt eine beßre
Gestalt erhalten wird – da ein thätiger Mann an der
Spitze steht – und der hoffendlich der Sache gewachsen ist. Vor die überschickten Journahlen und Mercure
dancke schön – besonders aber vor die zwey Taschen-
büglein – die Natürliche Tochter und das andre da die
mir so lieben Nahmen Wieland und Goethe beysammen stehn – Sage Schiller daß am Neuen Jahrtag seine
Jungfrau von Orleang bey uns zum erstenmahl aufgeführt wird – der Erfolg soll von mir treulich berichtet werden. Die Castanien werdet Ihr erhalten haben –
und damit Gott befohlen! Grüße an deine Lieben
Hauß geister von

Eurer
treuen Mutter
Goethe.

N. S. Daß zu rechter Zeit prächtiger Christags Confect erscheinen wird – darauf gebe ich Euch mein
Ehren wort.

347. An Goethe

den 13ᵗᵉⁿ Jenner 1804

Lieber Sohn!

Hirbey die Commedien Zettel! Die Geschwister /:
wie du ersehen wirst :/ sind an der Tages Ordnung –
Frau von Stael ist wie ich höre jetzt in Weimar – mich
hat Sie gedrückt als wenn ich einen Mühlstein am Hals
hangen hätte – ich ging Ihr überall aus dem Wege
schlug alle Gesellschafften aus wo Sie war, und ath-
mete freier da Sie fort war. Was will die Frau mit mir??
Ich habe in meinem Leben kein a.b.c. buch geschrieben und auch in Zukunft wird mich mein Genius davor bewahren. Ich hoffe das Christkindlein ist wohlbehalten angelangt? Grüße deine Lieben

von
deiner treuen
Mutter Goethe.

348. An Christiane Vulpius

den 24ᵗᵉⁿ Jenner 1804

Liebe Tochter!

Tausend Danck vor Ihren Lieben Brief, Sie haben
sehr schön und klug gehandelt mir von der /: Gott
Lob und Danck :/ wieder kehrenden Gesundheit
meines Sohnes mich zu benachrichtigen, denn es gibt
aller Orden Menschen die sehr gerne Unglück verbreiten – und es zum Schrecken noch vergrößern – also
nochmahls meinen Besten Danck! Auch bin ich auf
Ihre Liebe Zusage gantz beruhigt – doch erbitte mir
bald die Fortdauer der mir so theuren Gesundheit zu

berichten denn des Menschen Hertz, ist wie längst bekandt, trotzig und verzagt – Es hat hir verlautet, daß
Frau von Stael Sich sehr vergnügt in Weimar befindet
– und daß diese Fürstliche Residents den Ruhm über
alle Orde wo Sie bißher war den Preiß davon tragen –
und durch Sie verewigt werden wird. Daß das Christkindlein von Ihnen und dem Lieben Augst beyfall erhalten hat, war mir sehr erfreulich – daß aber die
Schurcken den Confect gefreßen haben hat mich geärgert – Erfahrung macht klug – auf einandermahl
sollen die Gaudiebe es wohl bleiben laßen. Die Mode
Journahle und Mercure erwarte mit Vergnügen. Die
Comedien Zettel vom Jenner wird mein Sohn erhalten
haben? Bald wird es in Weimar prächtig hergehn, wenn
der Erbprintz mit Seiner Gemahlin seinen Einzug halten wird – auserdem hoffe ich, daß Sie Liebe Tochter
die Carnewahl Zeit hübsch lustig zubringen werden
die Nachricht davon wird mir ein Zeichen seyn, daß
mein Lieber Sohn sich völlig wohl befindet – Dancken
Sie in meinem Nahmen dem Lieben Augst vor seinen
Lieben Brief – die Großmutter die ohnehin nicht gerne
schreibt, kan es heute nun gantz und gar nicht – denn
die Witterung ist wie im May – ich schreibe bey offenen Fenster und Thüren und diesen Nachmittag
bleibe ich nicht zu Haußе – und doch muß dieser Brief
heute auf die Post denn Morgen und übermorgen ist
kein Posttag – und länger kan ich meinen Danck nicht
aufschiben – Also nochmahls meinen wärmsten und
hertzlichsten Danck! Grüße ohne Zahl an meinen Lieben Sohn – und eben so viele ditto an den Lieben Augst
und an Ihnen ditto ditto von

                Eurer allen
        treuen Mutter und Großmutter
              Goethe.

349. An Goethe

den 9$\underline{^{\text{ten}}}$ Mertz 1804

Lieber Sohn!

Hier erscheinen zwey Monathe Januar u Februar,
da kanst du sehen was bey uns Tragirt worden ist.
Daß Demmer fort ist, ist vor die Bühne ein großer Verlust – denn ein so brauchbahres Supjeckt findet sich
nicht leicht, Tittus und Hippeldantz beydes gleich
brav!! Drey neue sind angenommen – Baßist Fischer
von Caßel – Keilholtz und Reinhold von Prag – müßen es nun erwarten wie es ausschlägt. Vor die überschickten Jounahle und Mercure dancke recht schön
– auch dem braven Geist dancke vor sein Liebes Briefgen – und grüße Ihn von mir. Ein guter Freund
von mir Herr Kaufmann Tesche schickt dir im Vertrauen auf deine Güte – große Einsicht u.s.w. durch
mich ein Geistes product von Ihm – mit Bitte es bey
Gelegenheit durchzuleßen – und Ihm gefälligst gutes und schlimes darüber zu sagen. Ich befaße mich
nicht gern mit so etwas – habe es auch bißhieher
noch nie gethann – denn mir ist die viele Arbeit so
du zu bestreiten hast, gar wohl bewußt – auch be-
scheidet Er sich gern, daß die Sache keine Eile hat –
sondern mit deiner völligen Gemächligkeit geschenen müße. Aber was treibt Ihr denn in aller welt,
mit der Frau von Stael!! der ist ja Weimar das Pa-
radiß! Die wird Euch einmahl Loben und preißen
– wer hir von Damen nur ein wenig vom gelehrten Thon ist, z.E. Freulein Lousia von Barckhauß –
Frau Geheimdte Räthin von Wießenhüten – Frau von
Schwartzkopf u.s.w! erzählen Wunderdinge – wie
vergnügt die Damme dort ist – So was freut mich von
Hertzen – wenn ich davon wegbleiben kan. Lebe

wohl! Grüße meine Liebe Tochter und den Lieben Augst – von

der Euch Liebenden Großmutter
Goethe.

N.S. Vergangenen Mittwoch hatte ich bey Schwartkopf einen sehr vergnügten Abend – Torquato Tasso wurde vorgeleßen.

Alphons Herr Willmer
Leonore von Este Frau von Schwartzkopf
Leonore Sanvitale Frau von Holzhaußen
Tasso Herr von Schwartzkopf
Antonio Frau Räthin Goethe.

Diese Menschenkinder grüßen dich alle hertzlich.

350. An Goethe

den 9ten Aprill 1804

Lieber Sohn!

Mit dem heutigen Montägigen Postwagen ist in einem Embalirten Kästgen das welsche Korn – die verlangten nacht Kappen auch zwey Stück ostindischen Nanckien zu einer Somerkleidung vor den Lieben Augst abgegangen – wünsche das es alles wohl anlangen und wohl behagen möge. Das welsche korn ist wegen dem ausgebliebenen Regen nicht so schön, die Körner sind klein viel kleiner wie sonst – ich konte es nicht beßer schicken – so wenig größer machen, als die Rosine im Jurist und Bauer die Eyer. Vor den mir überschickten Comedien Zettel von Willhelm Tell dancke gar gar schön, er hat mir mehr als eine Freude gemacht, erstlich habe ich das weimarer Theater personahle daraus ersehen /: freylich weiß mann manchmahl nicht weil kein Herr – keine Madam u Demoiselle dabey steht welches von den dreyen die Person eigendlich ist und vorstelt – da wir auf unsern Zettlen gleich wißen woran wir sind :/ zweytens da das Kind nun das Tages Licht erblickt hat; so werde ich es auch zu sehen bekommen – und diese Erwartung macht mich sehr glücklich – Grüße Schiller! Und sage Ihm, daß ich Ihn von Hertzen Hochschätze und Liebe – auch daß Seine Schrieften mir ein wahres Labsahl sind und bleiben – Auch macht Schiller und du mir eine unaussprechliche Freude das Ihr auf allen den Schnick – Schnack – von Rezenziren – gewäsche – Frau Baaßen geträsche nicht ein Wort antwortet; da mögten die Herrn sich dem sey bey ergeben – das ist prächtig von Euch – Hätte das Herr von Meyer verstanden; so hätte Er sich nicht so viel ärger zugezogen! Fahrt in diesem guten Verhalten immer fort – Eure Wercke bleiben vor die Ewigkeit – und diese armselige wische zerreißen einem in der Hand – sind das planiren nicht werth punctum. Lieber Sohn! Hast du denn die Güte gehabt das Kindlein von Freund Tesche die 3 Billiet benamset mit gnädigen Augen anzusehn, und Ihm ein wort des Trostes darüber mitzutheilen – Lieber Himmel! Es krablen ja so viele um den Parnaß – laße Ihn mit krablen. Grüße meine Liebe Tochter – den Lieben Augst –

von
Eurer
treuen Mutter u Großmutter
Goethe.

351. An Goethe

den 15$\underline{^{ten}}$ Juni 1804

Lieber Sohn!
Bey übersendung der Comedien Zettel muß ich mich doch auch wieder einmahl vernehmen laßen, und dir

einiges erzählen, daß dich wahrscheinlich Intreßiren
wird – dein Brief an Stadtschuldheiß Moors hat Wunder gethann, denn Doctor Kästner ist gleich Examinirt
und sodann rezipirt und Burger geworden – dir hat Er
es also zu verdancken – Nicolanus Schmidt hat Cau-
cion vor Ihn geleistet daß Er eine Burgers Tochter Hey-
rathen wird. Dieser Nicolaus Schmidt ist sehr traurig
von Weimar weggegangen weil Er nicht so glücklich
war dich zu sprechen ohngeachtet Er zweymahl und
zwar einmahl expreß um 9 uhr zu dir bestelt – und
doch nicht seinem Zweck erreicht hat – mir that das
auch leid – denn Erstlich ist Er einer meiner Besten
Freunde der mit Rath und That hielft wo Er kan und
mag – zweytens – ist Er auf mein Vertrauen Stoltz –
und muß nun allen die nach dir fragen die Antwort
geben – ich habe Ihn nicht gesprochen u.d.g. Höre ich
will dir etwas unters Fuß geben – das dir zwey worte
weiter nichts kostest – laße durch deinen braven Schreiber Geist – / : mit Gelegenheit versteht sich : / ein kleines
Brieflein an mich gelangen worinn du bedauerst Ihn
nicht gesprochen zu haben – du kanst ja so was so exce-
lent verfertigen – und Schmidt ist erfreut – erzählts
der gantzen Stadt – und mir geschied ein gefallen –.
Aus bey kommenden Zettel wirst du ersehen, daß
den 31ten May Mahomet bey vollem Hauße ist gegeben
worden – ich zweifle ob ein Theater im stande ist das
Stück so zu geben wie es bey uns gegeben worden ist –
Alle thaten was möglich war besonders Otto – der alle
Rollen vortreflich spielt, aber so!! Nein so was habe
ich von Ihm noch nicht gesehn – ohngeachtet nun
wegen Schwäche der Nerven womit die Jungen Frauen-
zimer hir sehr geplagt sind eine Demoiselle Protzler
ohnmächtig hinaus getragen wurde und zwey Demoiselle Sintzheimer davon liefen – so wird es zu ende

dieser Woche doch wieder gegeben – worauf ich mich
sehr freue. Auch trägt mann sich mit folgender Neuigkeit – Götz von Berligingen wäre auch von dir vor
Theater bearbeitet – Auch hat Herr von Meyer Clavigo
ausgetheilt – welcher vortreflich gerathen muß – indem
unsere drey besten Schaus[p]ieler /: wie näthtürlich :/
die ersten Rollen haben. In einem deiner Briefe räths
du mir an den Sommer zu genüßen – das thue ich
auch – Alle meine Freunde wohnen auf dem Lande
oder in Gärten – Syndicus Schlosser – Fleischbein –
Burgemeister Metzler – Senator Steitz – Fingerlings –
und mein alle Sontags besuch bey Stocks das geht nun
immer so seinen gang. Daß es bey dir auch wohl steht
habe auch erfahren Nicolaus Schmidt hat dich im
Schauspiel gesehen und mich versichert du sähest recht
schön und gut aus – ob ich mich darüber erfreut habe
kanst du leicht dencken – Auch hoffe ich, daß meine
Liebe Tochter und der Liebe Augst sich wohl und vergnügt befinden werden – Grüße sie hertzlich von mir
– so viel habe ich lange nicht geschrieben drum wirds
auch am Ende schief und bucklicht – Lebe wohl! diß
wünscht von Hertzen

Euer alle
treue Mutter u großmutter
Goethe.

352. An Goethe

den 20ten Juli 1804

Lieber Sohn!

Vielen und schönen Danck vor deine Lieben Briefe,
jetzt wird mein Haußfreund schmuntzlen wenn Er so
etwas vorgeleßen bekömt – denn in Weimar geweßen
/: besonders ist die Rede von einem Franckfurther :/
und Goethe nicht gesehen haben – wird nicht partonirt

– also sey nochmahls bedanckt. Ehe ich an Demoiselle
Böttiger ihre Carackteristick kome; so muß ich eines
herrlichen Abens erwähnen den ich und unsere
Franckfurther dir zu dancken haben – Es war der 14te
Julius – in 20 Jahren hatte man ihn nicht gesehen – und
da paßte das auf dem Zettel zum erstenmahl mit Fug
und recht – könte ich dir nur recht lebendig darstellen
wie vortreflich alles ging, wie die Schauspieler es wie
ihr eigen kind behandelten so recht mit Lust und
Liebe es ausführten – wie eine Stille in dem großen –
voll Menschen voll gepropften Hauße war – mann hätte
eine Stecknadel fallen hören – wie nur zuweilen wenn
es die Menschen zu sehr angrief – ein einstimiges ab-
lautiren und bravo rufen entstand z. E. wie Beaumar-
schais die neue untreue von Calvigo erfährt – wie Carlos Calvigo auf neue zur untreue beredet – beßer größer kan diß Trauer spiel schwerlich auf welchem Theater es seyn mag gegeben werden – Herr von Meyer
ist gantz entzückt daß das pupplicum Geschmack am
großen und schönen gewindt. Jetzt von Demoiselle
Böttiger – Wenn Sie Sich bey Eurem Theater auf das
Rollenfach der Frau Roße – in Armuth und Edelsinn –
Jungfer Schmalheim in der Aussteuer – als Haußhälte-
rin im großen looß u.d.g. Carackter und Carikatur sich
verbindlich macht; so kan Sie zumahl wenn Ihr noch
hie und da aufgeholfen wird in die Fußstappen Ihrer
Mutter tretten und in diesem Fach viel leisten – Aber
solte Sie der Einbildung Teufel treiben, wie es Ihr un-
glücklicher weiße schon begegnet ist daß Sie Liebhab-
rinnen – im Trauer – Lust – und Schauspiel vorstellen
will; so laße dich nicht ein – erbärmlicher läßt sich
nicht dencken – auch Singen will Sie können – es ist
eben so jämmerlich. In dem Verhältnüß wo Sie bey
uns war, war das wieder gantz etwas anders – Ihre

Mutter war 20 Jahr bey uns – der Mutter zu Liebe bekame Sie verschiedne Rollen von jungen Liebhaberinnen – nur die art von Respeckt die mann gegen die
Mutter hatte verhinderte das Auspfeifen – die Mutter
starbe – Sie redete den von Meyer an Ihr die Rolle von
Ihrer Mutter die Jungfer Schmalheim zu geben –
Meyer that es – Sie spielte über alle Erwartung brav –
der Mutter Ihrem Andencken zu Liebe munterten wir
Sie durch aplaudiren auf und Sie bekam die Rollen ihrer Mutter – und bey uns /: als aus obigen Gründen :/
wäre Sie nie verstoßen worden – nun beloge Sie aber
die Direcktion – sagte Sie besuchte eine Freundin –
ging nach Cassel spielte die Ariadne u.d. Rollen – du
kanst dencken wie – kam wieder – bekam ihren Abschied – und ist jetzt sehr übel dran. Also sage ich noch
einmahl – bra[u]cht du oben genandtes Rollenfach so
ist Sie gut, und kan noch unter guter Leitung beßer
werden – aber um aller welt willen keine Liebhaberinnen – keine Sängerinn! Nun weiß du von Demoiselle
Böttiger alles Haarklein Punctum – Herr Brand hat
sich zweymahl im Opperfest als Murney und in der
Lilla als Infant hören laßen – hat recht gut gefallen hat
alle Ehre empfangen ist als Murney heraus gerufen
worden, als Infant weiß ich das Ende nicht weil ich
nicht darinn geblieben war. Eine große Theatraliche
Herrlichkeit steht uns bevor – Iffland! Komt den 4ten
Augst hieher – Spielt 6 mahl die 3te Vorstellung ist
Sein Benefitz und zwar im Wallenstein – ferner Spielt
Er – den Eßigmann – Gabrecht! die andern wollen mir
jetzt nicht einfallen. Hoffräthin Kästnern ist noch hir
und läßt dich freundlich grüßen. Ich hoffe daß die über-
schicketen Comedien Zettel imer richtig angelangt
sind? Meiner Lieben Tochter dancke vor die überschicken Mercure und die Donau Nimpfe, einige Mer-

cure sind doppelt z.E. No.1. und 2. mir zu Handen
kommen dagegen fehlt No.3. bey Gelegenheit kan
es nachgeschickt werden – so wie ich die überzähligen
mit den Comedien Zettel zurück senden werde. Wenn
Hoffrath Starcke etwa noch im weimarer Staats Calender steht – so laße Ihn aus streichen, den Er lebt
nicht mehr. Mit vielem Vergnügen werde ich die Bekandtschaft des würdigen Mannes Herrn Voß machen.
Lebe wohl und vergnügt – Grüße deine Lieben von

Eurer allen
treuen Mutter u Großmutter
Goethe.

353. An Goethe

den 10ten Augst 1804

Lieber Sohn!

Hir von zwey Monathe die Schauspiel Zettel – daraus kanst du ersehen was bey uns ist getragirt worden.
Herr von Mäyer würde es eine große Freude seyn dich
zu sehen, und zu hören – auch würden die Schauspieler
alle ihre Kunst auf bieden um dir Freude zu machen –
und wie froh würde ich seyn und deine alten Bekandten u.s.w. Allein wen uns allen dieses Vergnügen zu
theil werden solte; so muß ein ordentlicher und Musterhafter Plan verabredet werden – daß meine Wohnung zu klein ist um mehr als dich allein zu beherber-
gen ist dir bekandt – in einem Privat Hauß gehts aus
vielen Ursachen gar nicht – nichts bleibt übrig als ein
Gasthauß – alle diese Dinge trage ich schon lange Zeit
in mir herum – und bin biß jetzt noch nicht recht mit
mir einig – auch würde ich biß mein Plängen ficks
und fertig geweßen wäre – nichts davon gesagt haben –
aber die Äußerung in deinem Brief *du mögstes wohl einmahl von Mäyer* und *unser Schauspielsehen* auch schriebe

Augst /: vermuthlich aus Schertz :/ Er hätte Lust allein
zu kommen diese Äußerungen geben Anlaß obiges dir
wißen zu laßen – recht oder gar nicht, ist mein wahlspruch – Habe ich meinen Plann aus gekocht – dann
solt Ihr ihn zu wißen kriegen – und ihn mir verbeßern
helfen – Bißdahin habt mich auch ohngesehen lieb!!
Jetzt fragt in tiefter Demuth Herr Tesche ob du seinem Kind einen Liebevollen blick gewährt hast? thue
es doch und sage Ihm /: mir zu Liebe :/ etwas das
wenn man sagte Baal Seemen, daß man es könte vor
Balsam nehmen. Meine Liebe Tochter war also in
Leipsig und hat Madam Unzelmann gesehen und gehört – das hat mich sehr gefreut, denn meine Liebe
Tochter verdindt daß man so viel es möglich ist Ihr
Freude und Vergnügen macht – grüße Sie hertzlich
von mir – den Lieben Augst des gleichen – ich lobe
Ihn daß Er so fleißig ist – Lebt wohl! Behaltet lieb, und
in gutem Andencken

Eure
treue Mutter
Goethe.

N.S. beykomende Mercure habe ich doppelt empfangen erbitte mir davor No 3.

354. An Goethe

den 11ten October 1804

Lieber Sohn!

Es ist beynahe eine Ewigkeit daß ich sowohl von dir
als von den deinigen nicht vernommen habe – hie und
da hat mir die Fama gute Nachrichten von dir überbracht – als z. E. Herr Consul Bethmann – Herr von
Schwartzkopf die haben die herrlichsten Nachrichten

von dir – deinem schönen Hauß – deinen übrigen vortreflichen Kunstsachen und über *alles* die gütige Aufnahme die du Ihnen erzeigst hast nicht genung rühmen und preißen können – So was macht mich denn
auf lange Zeit wieder froh und glücklich. Hir kommt
ein gantzer schwaal von Comedien Zettel – weil die
Meße alle Tage ist gespielt worden drum ist die Anzahl
so ansehnlich – auch war die Einnahme nicht schlecht
sie betrug 12000 f.

Lieber Sohn! Ich habe in diesen Tagen ein Werck
von dir geleßen welches ich nicht genung habe bewundern können, und welches mir große Freude gemacht
hat – das Leben von dem großen Künstler und noch
größern Menschen Benvenouto – das ist herrlich und
hat mir auch frohe Tage gemacht. Es geht das gerede
daß wir das Vergnügen haben sollen Demoiselle Jagemann bey uns zu sehen – Sie würde in einigen Gastrollen auftretten und uns dadurch großes Vergnügen
gewähren. Die Castanien die ich überschicken werde –
sollen hoffe ich dißmahl vortreflich seyn – denn der
Wein ist Gottlob und Danck dieses mahl herrlich gerathen – viel und gut – und so wie der Wein, so die
Castanien. Herr von Schwartzkopf hat mir den Comedien Zettel vom Götz von Berligingen gegeben – potz
fischgen was Menschen gehören zu der Aufführung!
Indeßen schmeicheln wir uns ihn auch hir aufführen
zu sehen. Syndicus Schlossern komt so eben zu mir
hört daß ich an dich schreibe – und grüßt dich hertzlich. Neues gibts nichts als daß die Meße wieder einmahl recht gut war – das war das erste mahl in langer Zeit, daß ich sie loben hörte – Kayser Napoleon
war in Mäntz – mich ging das nun weiter nichts an –
sehr viele Franckfurther haben Ihn ———— gesehen.

Lebe wohl! Grüße deine Lieben – wenn die Castanien kommen als dann wieder etwas

von Eurer

treuen Mutter Goethe.

355. An Goethe

geschrieben Freytags den 9ten
fortgeschickt Samstags den 10ten
[November 1804.]

Lieber Sohn!

Mit dem heutigen Postwagen sind die Kastanien nach Weimar spedirt worden – ich würde sie ohne sang und klang haben abmarschiren laßen denn ich weiß daß du jetzt wegen Ankunft der Erbprintzeß alle Hände voll zu thun hast – wenn ich nicht eins und das andre anzubringen hätte. Der Heilige Christ nährert sich wieder, und Augst muß ein Kleid nach seinem Geschmack haben – also erbitte mir die Farbe und das Ehlen Maß – ditto was die Farbe betrift vor meine Liebe Tochter – denn ich kaufe nicht gern in den Tag hinein. Jetzt eine Bitte – Schickt mir keine Mecure mehr – diese Last muß einmahl aufhören – die ersten Jahre die ich alle besitze haben mich dazumahl aus leicht zu begreifen Ursachen sehr intresirt – jetzt ist er mir nicht mehr so lieb wie ehemals – die paar No: die ich von diesem Jahr habe, schicke ich bey Gelegenheit zurück – Wenn die Feyerlichkeiten *alle* vorbey sind; so komte ich mit noch einer Lieteralischen Bitte angezogen aber ehnder nicht – weil ich die große Resingnation keinen Taback mehr zu schnupfen glücklich ausgeführt habe; so ist alles recht gut, nur meine Briefe!!!! die werden gantz erbärmlich höltzern, wie Figura zeigt. Lebt wohl! behaltet lieb

Eure treue Mutter
Goethe.

356. An Goethe

den 30ten November 1804

Lieber Sohn!

Dein Lieber Brief hat mir doppelte Freude gemacht – erstlich wegen des guten Inhalts – Eures allerseitigen wohlseyns und der geschwinden rückantwort wegen des Heiligen Christ, da denn jetzt alles mit Zeit und Muße auf das beste besorgt werden kan. Zweytens daß der gantze Brief von deiner eigenen Hand war daraus ich ersahe, daß du noch wie ehemahls so schön schreibst, daß es vor mich eine Lust war diesen Lieben Brief anzuschauen. Wenn du ein Exemplar von Cellini übrig hast; so schicke es mir – es soll mich sehr freuen.

Herr Thesche ist ein unglückseliger papa – Iffland hat den armen wicht entweder verlohren – oder verbrand denn Er läugnet grade weg es empfangen zu haben – weiß weder Tittel noch sonst was. Nun ist zu befürchten daß es in Weimar eben so zugeht – Ach! erbarme dich doch – und laß den armen Menschen nicht in Verzweiflung fallen – glaube aber ja nicht daß was du mir sonst schuld gabst – noch jetzt meine Mode ist /: nehmlich wie du mir besonders beym Doctor Jung seiner Hirtenschleuder schuld gabst – ich ersparte den Leuten eine Ohrfeige – damit sie ein Loch in Kopf bekämen :/ Nein das thue ich nicht mehr so viel und starck – freylich gantz und gar ist dieser guthmüthig fehler nicht aus getilgt – ja es kommt noch zu weilen der fall – daß ich wie der *Pater Brey* die Wand glatt mache um mein Gesicht – oder meinen Steiß drauf zu mahlen – Ich dencke nun so: gantz schlecht ist nicht leicht etwas – da hebe ich denn das gute heraus und sage Baal Semen, das mögen sie dann vor Balsam nehmen – Jetzt genung und aber genung und zu was anderm. Ich gratulire Euch von Hertzen zu der

Vortreflichen Erbprintzeß – es wäre aber ein Wunder wens anders wäre – was ist die Mutter – was der Kayser – was sind das vor herrliche Menschen! Gott seegne Sie!! Das Christkindlein soll zu rechter Zeit erscheinen – den Confect sollen die Spitz buben dißmahl ungefreßen laßen – die Schachtel wird Ambalirt – was mich am meisten geärgert hat waren die Pomerantzen Schaalen, die ich vor meine Liebe Tochter selbst ausgesucht hatte – und die der schwere wegen oben lagen – und also am ersten in ihre Diebs finger fielen – aber wie gesagt – dißmahl solls anders werden. Lieber Sohn! Wenn also ein päckgen in Wachstuch eingenäth erscheint; so mache es allein auf – damit vorher die Herrlichkeit nicht eclat wird. Daß die Castanien Euch behagen freut mich, ja das wahr ein herrliches Jahr! Lebe wohl! Grüße deine Lieben hertzlich und freundlich von

Eurer allen
Mutter u großmutter
Goethe.

N. S. Zu befehlen habe ich weiter nichts, als wenn dir etwas gutes und schönes zu leßen vorkommt – an mich zu dencken – Den Neujahrs Tag wird Tell von Schiller bey uns aufgeführt. Da denckt Abens um 6 uhr an mich – die Leute um und neben mir sollen sich nicht unterstehen die Naßen zu putzen – das mögen Sie zu Hauße thun.

357. An Goethe

den 10ten December 1804

Lieber Sohn!

Hir kommt der Heilige Christ wünsche daß alles nach gusto seyn möge – keine Mühe habe ich zwar nicht gespart um pünctlich nach der Vorschrift zu

handlen – das weiße Seidenzeug habe weder bey Juden
noch Christen von der Güte wie das Muster ist bekommen können – unter allen war beykommendes
das beste – meine Schuld ist es also nicht wenn es
nicht gefallen solte. Bei kommender Catun hat mir
wegen seiner niedlichkeit sehr gefallen – und wird als
Haußkleid meiner Lieben Tochter gar nicht übel stehen. Auch meinem Lieben Augst wird die Pracht-
weste wohl gefallen u.s.w. Hirbey kommen die Mercure von diesen Jahr zurück – Euch machts immer
Mühe – und mir keine sonderliche ergötzlichkeit –
wenn aber sonst etwas vor meinen Gelusten dir zu
Handen komt; so gedencke meiner im besten. Neues
pasirt gar nichts das dich ammusiren könte, als daß
deine Büste im Lese kabinet aufgestellt ist – zu beyden
Seiten Wieland und Herder – drey Nahmen die
Teuschland immer mit Erfurcht nennen wird. Jetzt
Lebe wohl! ich muß packen daß die Herrlichkeiten auf
den Postwagen kommen! Kuß u Gruß an deine Lieben
von

deiner
treuen Mutter
Goethe.

358. An Stock

Lieber Freund!

Sindemahl, nachdem und alldiweil Frau Aja zuweilen eine Täppeline ist; so hat sie auch rein vergeßen
wie viel Ew: Liebten zu bedeckung Dero Leichnams
bedürfen – Hier sind 8 brabander Ehlen – nehmen Sie
so viel davon als Ihr Bedürfnüß erheißt – und schicken
das übrige an Dero ergebenste Dienerin zurück. Womit Lebens länglich verharre

Dero
Freundin
G.

359. An Stock

Lieber Freund!

Dürfte ich Ihnen bitten, diesen Abend 50 f Müntz
mit in Ihre Behaußung zu bringen – damit ich selbige
in Empfang nehmen könte. Ich brauche sie zu etwas
wo mich meine Nößerger /: nach Dero Ausdruck :/
daurern. In Hofnung Ihnen noch heute meinen münd-
lichen Danck abzustatten verbleibe

Dero
wahre Freundin
Goethe.

360. An Esther Stock

Liebe Freundinnen leßt hübsch flinck – denn ich
muß künftigen Samstag die Zeitung weiter Spediren.
Lebt wohl! und behaltet mich lieb.

Goethe.

361. An Christiane Vulpius

Den 12$^{\underline{ten}}$ Jenner 1805

Liebe Tochter!

Ich habe eine Unruhe in mir und niemand kan mich
beruhigen als Sie meine Liebe – Demoiselle Jagemann
ist hir besuchte mich brachte einen Brief von meinem
Sohn der gantz gut lautete nur war die Nahmens unterschrift gantz Carikatur – ich lege den Brief bey damit
Sie es selbst sehen können – auch sagte Sie Sie hätte
meinen Sohn nicht selbst gesehen Er hütete sich
kranck zu werden – u.d.g. Vom 26$^{\underline{ten}}$ December hatte
ich vom Augst einen sehr guten Brief auch etliche Zeilen von meinem Sohn dem nehmlichen Brief ange-
henck – Jagemann ihr Brief war auch vom 26$^{\underline{ten}}$ dadirt
– da ich nun in diesen 8 Tagen nichts weiter hörte –

nicht eine Zeile von Ihnen Liebe Tochter ob Ihnen der
Heilige Christ wohlgefallen hat – auch wurde mir versprochen die Ehren pforten und was bey dem Einzug
sich zugetragen mir zu übersenden, und ich davon
auch weiter nichts hörte; so wurde wie oben gesagt unruhig – Haben Sie also die Güte Liebe Tochter! mich
zu frieden zustellen – und mir von dem Befinden meines Sohns Nachricht zu geben – ferner was es mit der
Curiosen unterschrift vor ein Bewandnuß hat – Sie
werden dadurch sehr verbinden

die

Sie Liebende Mutter
Goethe.

362. An Christiane Vulpius

den 12<u>ten</u> Februar 1805.

    Liebe Tochter!

    Dem Lieben Augst dancke ich gar sehr, daß er die
Güte hatte mir die Unbäßlichkeit meines Sohnes zu
berichten – den der Ruf vergrößert und verschlimert
gemeiniglich das übel – Ich hoffe zu Gott daß diese
Kranckheit bald vorüber seyn wird – und ich weiß daß
ich Gott vor die Geneßung meines Sohnes von Hertzen
werde dancken können. Doch ersuche ich Ihnen meine
Liebe Tochter mir so wie Sie diesen Brief erhalten –
mir weittere Nachricht von dem Befinden meines
Sohnes zu berichten – Ich habe nicht nöthig Ihn Ihrer
Vorsorge zu empfehlen – ich weiß zu gewiß daß Sie
alles anwenden werden – um Ihn bald wieder frisch
und munter zu sehen – Grüßen Sie ihn hertzlich von
mir – und erfreuen mich ehestens mit guten Nachrichten – davor bin und nenne ich mich ewig

Ihre
treue Mutter
Goethe.

363. An Christiane Vulpius

1805 den 19$\underline{\text{ten}}$ Februar
als die Großmutter 74 Jahr alt war.

Liebe Tochter!

Tausendanck vor Ihren Lieben Brief vom 15$\underline{\text{ten}}$ dieses! Er war das herrlichste Angebinde an meinem 74$\underline{\text{ten}}$ Geburths tag – Von meinen Freunden die mich mit mancherley gutem beschenckten kam keine Gabe der Ihririgen gleich – die machte das Maaß meines glücklich erlebten Geburthstag voll – Gott vergelte es Ihnen! Auch vor Ihre treue – Sorge und pflege dancke ich Ihnen von Hertzen – Gott erhalte uns Ihnen meine Liebe Tochter noch lange lange in bestem Wohlseyn – Ihro Durchlaucht dancke Unterthänigs vor die meinem Sohn erzeigte Gnade – auch dem Braven und geschickten Hoffrath Starck. Summa Sumarum allen die zu seiner Beßerung beygetragen haben – Gottes Seegen über sie alle – Grüßen Sie meinen Lieben Sohn – und den Lieben Augst

von
Ihrer
treuen Mutter
Goethe.

364. An Goethe

den 5$\underline{\text{ten}}$ Mertz 1805

Lieber Sohn!

Nur mit ein paar Zeilen will ich meine Danckbahrkeit an den Tag geben – die Beschreibung von den Feyerlichkeiten hat mir Freude gemacht – aber über alles gingen mir die paar worte von deiner eigenen Hand – Ich bin wieder wohlauf – jeder Brief der von dir kommt wird aus gebreitet und unter Danck Gott

vorgelegt – das habe ich vom König Hiskia gelernt
und habe mich 30 Jahr schon dabey wohl befunden.
Dieser Brief [hat] ein etwas feierliches Ansehn – welches sonst so eigendlich mein Thon nicht ist – aber
mein Lieber Schöff von Fleischbein ist kranck – und
der Artz macht es gefährlich – das wäre vor mich ein
wahrer Verlust – es ist das Hauß wo ich mit am liebsten
hingehe nun ich will hoffen daß trotz seines schwächli-
chen Köppers Er sich doch heraus reißt. Verzeihe daß
ich dich mit Dingen unterhalte die gar kein Intereße
vor dich haben können – Laß mich vielmehr noch zu
obigen Danck noch hinzufügen – wie sehr es mich gefreut hat in den Zeitungen zu hören, daß die Kayerliche Hoheit – an der Gesellschaft die sich Donnerstags
bey dir einfindet Sich vergnügt und ofte dabey ist.
Lebe wohl! Grüße alles was dir Lieb ist

von
deiner treuen Mutter
Goethe.

365. An Esther Stock

Liebe Freundin! Hir meine Gesinnungen über das
entfernt seyn meines mir unvergeßlichen Lieben Frit-
zens. Gott seegne Ihn – Er mache seinen Eltern Freude
– das wird geschen Amen!!! Künftigen Sontag werde
die Ehre haben bey Ihnen mich einzufinden Gestern
muß ich in etwas benebelt geweßen seyn – den wäre
mein Verstandt in seiner Klahrheit geweßen; so hätte
ich ohnmöglig so dummes Zeug heraus Babelen können – Den welcher vernünftige Mensch wird das
Sontags Kind – dem Vergnügen bey Euch allen zu seyn
vorziehen! Kuß und Gruß von der alten Freundin

Goethe.

v. H. den 5ᵗᵉⁿ Mertz 1805.

366. An Goethe

den 8<u>ten</u> Aprill 1805

Lieber Sohn!

Das war gestern als ich um 9 uhr Abens nach Hauße
kam eine gar liebliche Erscheinung – ich erkandte Ihn
nicht Er ist sehr groß und sehr hübsch geworden –
gantz erstaund stand ich da als Er mir den so lieben
Nahmen nandte – Er schläft in der Stube neben mir –
und ich hoffe es soll Ihm wohl bey mir werden – wollen sehen wie wir Ihm die Zeit verkürtzen – erstlich hat
Er mit der Großmutter einerley Liebe zum Theater
da habe ich Ihn nun gleich auf 18 Vorstellungen Meß
abonement abonirt – zweytens hat die Urgroßmutter
ein zimliches Talent im schwatzen das soll Ihn aufhei-
tern – was nun noch zu sagen ist mag Er selbst vortragen – nur laße bald etwas im Punct deine Gesundheit betrefendt von dir hören – dann werden alle Meß
vergnügungen doppelt schön.

[Es folgt ein Brief von August von Goethe an seinen
Vater.]

367. An Goethe

den 12ten Aprill 1805

Lieber Sohn!

Hir das verlangte Welsch-korn – Augst lebt – Heysa
lustig ohne Sorgen so wie König Salomo u.s.w. Ich
habe Ihn ins Schauspiel abonirt – heute geht Er ins
Oratorium die Schöpfung von Heiden zu hören – Montags den Tell zu sehen und zu Hören – Willmer hat
Ihn an den Augen gleich erkandt – Syndicus Schlossern
auch – den ersten Osterfeyertag macht Er Visitten bey
Stocks – Schöff Schlosser u.s.w. Ich hoffe die Zeit soll

Ihm bey mir nicht lang werden – die Lücken füllen
wir mit Schachspielen aus. An unserm Vergnügen
fehlt nichts – als auch etwas gutes von Weimar aus zu
hören – wir hoffen dieses u grüßen Euch –

   die großmutter und Augst Goethe.

368. An Goethe

     Sontags d 21ten April 1805

   Lieber Sohn!
So eben erhalte ich deinen Lieben Brief Augst ist
nicht zu Hauße – Er speißt heute bey Frau von Malle-
bert – es ist seine Lust alle seine Kreutz Züge Euch
selbst zu berichten – da muß ich Ihm denn wohl die
Freude laßen – Die alten Bekandten die du in deinem
Briefe nenst soll Er sehen – und überhaubt alles was
möglich zu sehen und zu hören ist soll Er sehen und
hören – Seinen Reiße Conpaniong solte mann nach dem
alten Sprichwort in Gold einfaßen – der nimbt sich des
jungen Reißenden so freundschaftlich an, daß mir Ihn
sehr schätzbar macht – auch ist die Rückreiße schon
völlig in Ordnung – unser Lieber Augst geth mit diesem eben erwähnten Braven Kaufmann der Ihn her-
gebracht hat – den 1ten oder Längstens den 2ten May
wieder biß Erfurth zurück – das nähre soll Euch kund
werden. Der Liebe junge hat was besonders glückliches in seiner Bildung alle die Ihn sehen lieben Ihn –
Willmer sahe Ihn im Schauspiel ohne zu wißen wer Er
sey – kommt Tags drauf zu mir und sagt ist das nicht
der junge Goethe – ich habe Ihn an den Augen erkant –
die Stockin ist gantz verliebt in Ihn – und so *alle*. Die
Luftschiftfahrt hat deßwegen keine statt gehabt – das
Billiet solte 2 Carolin kosten – und unter 1000 unter-

zeichneten wolte Er nicht – die waren nicht zusammen
zu bringen – also unterbliebe es.

Augst hat nun seinen wohlhingebrachten Sontag
der länge nach erzählt – Heute ist er um $1/_2$ 11 uhr auf-
gestanden – hat sein frühstück in dulci Jubilo verzehrt
– putzt sich jetzt geht zu Gaste u.s.w. Lebt wohl. Dieses wünscht die

Großmutter.

Montags d 22ten Aprill 1805.

369. An Goethe

Franckfurth d 2ten May 1805

Ich endes unterzeichnete bekenne öffendtlich mit
diesem Brief, daß Vorzeiger dieses Julius Augst von
Goethe Sich währendt seines hiesigen Aufenthalt brav
und Musterhaft aufgeführt; so daß es das Ansehn hat,
als habe Er den Ring im Mährgen /: Nathan des Weisen :/ durch Erbschaft an Sich gebracht der den der
ihn besitzt angenehm macht vor Gott und Menschen –
daß dies bey oben erwähnten Julius Augstus von Goethe der fall ist bestättigt hirmit

Seine Ihn
Liebende Großmutter
Elisabetha Goethe.

370. An Goethe und seinen Sohn

den 11ten May 1805
Morgen ist Pancratius – Montags
Servatius – O! weh!! Da gibts
noch Schlossen und Schnee.

Lieber Sohn!
Meinen Besten Danck vor deinen guten lieben Brief
er hat mich erfreut, und meinem Hertzen wohl ge-

than – auch mir einen sehr frohen Tag gemacht – Ihr
habt Ihn nun wieder gesund an Leib und Seele – Gott!
erhalte Ihn uns so wie Er ist und Freude und Wonne
wird Euch und mir nicht fehlen *Amen.* Seine Abreiße
hat mir sehr wehe gethan – ich war die Virthalb wochen so an Ihn gewohnt – daß ich imer glaubte in der
neben Stube seine Stimme zu hören – nur das tröstete
mich, daß hir nichts vor Seine Bestimmung zu thun ist
– platterdings nichts – und daß also Sein zukünftiges
Glück obschon in der Ferne mir mehr gelten muß als
das nahesein bey der Großmutter! Doch diese vergnügten Tage werden mir lange wohlthun – Sein hir
gelaßenes Stambuch ist jetzt in den Händen des Consuls
Bethmann – Schwartzkopf hat sich ein hübscher Andencken drinnen gestiffet. Es ist kein Geschäffte das
von der Hand geht – denn wo es in ein Hauß kommt,
da ließts das gantze Hauß – Frau – Mutter – Schwestern
– Töchter – aber es wird auch das warten reichlich belohnt werden! Potz Fischgen! Was lehrreiche Senten-
tzen – Sprüche – Verse u.s.w. werden darinnen erscheinen, drum Gedult. Noch in einem punct muß unser
Lieber Augst diese edle Tugend ausüben – Sein hir zurück gelaßener Reichthum hat einen so großen Kasten
erfordert, daß die Speßen auf dem Postwagen etwas
theuer gekommen wären – ich habe daher meine Zuflucht zu meinem Haußfreund Nicolaus Schmidt genommen der auf das bald möglichste ihn wohl Eam-
palirt nach Weimar spediren wird – Sage Augst – es
wäre doch gescheider daß noch ein schönes Schemisett
mit käme – als daß mann der Post das Geld gegeben
hätte. Heute wird der Kasten Herrn Schmidt übergeben – und sobald er die Reiße von Stolppe nach
Dantzig angetretten hat – soll es Euch kund und zu
wißen gethan werden. Wir haben ein gantz jämerli-

ches Frühjahr Feuer im Offen – nichts wächts – ich
trincke schon 20 Jahr die Molcken – muß warten, es
ist noch nichteinmahl kerbel da!!! Nun bleiben wir
alle nur hübsch gesund – das andre gibt sich. Nochmahls Danck vor Augsts besuch und den lieben Brief
von seiner glücklichen Zurückkunft, behaltet lieb –
diejenige die Euch jetzt doppelt und dreyfach liebt
und die sich nent

Euer aller
treue Mutter u Großmutter
Goethe.

N.S. Daß du meine Liebe Tochter u meinen lieben
Schachspieler küß u grüßt das ist mein ernster Wille.
 N.S. An meinen lieben Augst! So eben erhalte deinen Lieben Brief – daß es dir bey mir gefallen hat freut
mich und wird mich noch lange freuen – behalte mich
lieb – alles übrige steht in dem Brief an den Vater.
Ewig deine dich Liebende Großmutter

Goethe.

371. An Esther Stock

v. H. den 13<u>ten</u> July 1805.

 Liebe Freundin! Morgen kan ich nicht das Vergnügen haben dich zu sehen – die Freude meinem Lieben
Stock Glück zu wünschen ist mir vereidelt – daß mir
das peinlich ist – daß mich das Wetterwendisch macht –
wirst du meine Liebe! mir ohne Schwur glauben. Fritz
Jacobi ist an dem allem Schuld – 20 Jahre haben wir
einander nicht gesehen – Die gute Schlossern hat Morgen ein kleines Fest – und erbat sich meine Gegenwart – konte ich Ihr das versagen?? Dich und alle deine Lieben hoffe ich noch ofte zu sehen – Fritz wahr-

scheinlich zum letztenmahl – deßwegen hofft auf Verzeihung

deine Freundin

Goethe.

372. An August von Goethe

den 26<u>ten</u> Augst 1805

Lieber August!

Vermuthlich hast du geglaubt dein Stammbbuch
machte die Reiße um die Welt – und ist doch nur aus
einer Straße in die andre hin und her marschirt – allein
die Leute wollen in ein Buch darinen solche große Nahmen stehn, sich nicht prostituiren und auch was prächtiges sagen – warten von Tag zu Tag auf Inspirationen
geths so ists gut – geths nicht; so machen sie es so gut
sie können – das mag die Ursach des verzögers seyn –
Ergötze dich an den allerley Einfällen und Gedancken
– Moritz Bethmanns seines hat mir sehr gefallen – und
die Handschrift ist prächtig. Ließel danckt Tausen-
mahl vor Herrmann und Dorothea – das war ein großer Jubel!!! Vermuthlich ist das Blatt von Frau Stock
verlegt worden – hirbey kommt ein anders – Bitte
doch den Vater daß Er Ihr etwas zum Andencken drauf
schreibe – sage Ihm wie viele Freundschaft das gantze
Hauß dir erzeigt hat – das wird ein Sporn mehr seyn
Ihr diese Freude zu machen. Freund Tesche wird wohl
in seinem Leben keine Antwort über sein Lustspiel
erhalten – wahrscheinlich hat Er selber Verzicht drauf
gethann – denn Er fragt kein Wort mehr. Montags
den 1<u>ten</u> September ißt Karl wieder mit mir nach der
alten Gewohnheit und nach alter Art und Weiße. Was
macht Ihr denn alle zusammen? seyd Ihr wohl? was
macht der Vater, wie ist Ihm der Aufenthalt in Halle
bekommen? gebt einmahl Kunde und Nachricht davon – Habt Ihr denn auch solches Regenwetter – bey

uns ists alle Tage Regen – Wind – Sturm u.s.w. die
Leute die in Gärten wohnen finden dißmahl ihr Conto
nicht. Ein junger Mensch 16 Jahr als Conrad Wenner
von hir gebürtig und von angesehnenen Eltern die
Handels Leute sind – hat einen unwiederstehligen
Trib Schauspieler zu werden – alle Vorstellungen dagegen helfen nichts – ich werde ein schlechter Kaufmann – aber ein großer Schauspieler das fühle ich –
nun haben die Eltern nachgeben – nun ist die Frage,
wo soll Er sein Probestück machen? in Franckfurth
geths aus sehr begreiflichen Ursachen nicht wohl an –
Mann hätte also Lust Ihn nach Weimar zu schicken
und dort zu erproben – ob sein Gefühl Wahrheit oder
Narrheit sey – will nun dein Vater erlauben – daß Er
komme und Ihm einige kleine Rollen zur probe geben; so wird die Verwandschaft es mit Danck erkennen – denn betrügt sich der Junge Mensch – so kan Er
erst 16 Jahr alt noch zeitig genung ein anders Geschäfte anfangen – es verstehts sich von selbst daß Er
umsonst seine proben ablegt – noch eins! Ich bin im
Nahmen des jungen Menschen irre geworden. Er heiß
mit dem Zunahmen Friederich – seine Mutter ist eine
gebohrne Wennern. Heut über acht Tage geht die
Meße an – Garnerin wird auf der Pfingweide in die
Höhe steigen – da Er in der gantzen Welt herum zieht;
so kommt Er gewiß auch nach Weimar – ich werde
/: da ich vor 20 Jahren den Blanchart nicht gesehen habe :/ in einen gelegenen Garten gehn – außer diesem
weiß ich dieße Meße nichts besonders – eine erstaunliche Hütte wird zwar auf dem Paradeplatz aufgebaut –
sind aber weiter nichts als Springer – Seiltäntzer – dieses Hals brechende Mettje kan ich aber nicht ausstehn
– ich werde demnach bey meinem Schauspiel bleiben.
Herr Unzelmann hat hir ohne Beyfall 3 Rollen gespilt

– und das gantze Publicum wünschte Ihm eine glückliche Reiße – zu seinem Unglück sahen wir in der
nehmlichen Zeit den großen Cursächsischen Schauspieler Ochsenheimer – den sogar Ifland mühe haben
würde herunter zu spielen. Da hast du Lieber Augst
einen Langen Brief – Alle Freunde und bekandten
grüßen dich – besonders diejenige die ist und bleibt

deine

treue Großmutter

Goethe.

N. S. An Vater und Mutter Tausend Grüße.

373. An Goethe

den 10ten October 1805

Lieber Sohn!

Verzeihe wenn überbringer dieses durch eine Anfrage dir villeicht beschwerlich fält. Er heißt Graf ist
Gastwirth im sogenandten Rebstock – ihm ist ein
Weimaraner Geld schuldig – der Schuldner soll noch
Vermögen besitzen – will auch gern bezahlen – schibts
auf seine in Weimar lebende Brüder die nichts heraus
geben wollen u.d.g. Gastwirth Graf hat schon mehr-
mahl nach Weimar geschrieben ohne Antwort zu erhalten – da ist Er nun selbst da – nur um zu erfahren
wie die Sachen stehn – und hauptsächlich wo Er sich
zu melden hat – bey welchem Ampte – bey welcher
Behörde – und das will Er bey dir erfahren – und bittet
um eine Auskunft in dieser Sache – von Bekanden
wurde ersucht Ihm ein Recomodations Brieflein an
dich mitzugeben, und das thue ich hirmit. Kanst du
diesem Lands mann in dieser Begebenheit etwas nützen so wird Er es in seiner Gaststube erzählen – und
die Burger-Capitaine – und diese Claße von Menschen,

die wein bey ihm trincken, werden ihren gnädigen
Lands mann hoch leben laßen.

Über die glückliche Niederkunft Euerer Erbprintzseß habe ich große Freude gehabt Gott seegne Sie und
das gantze Fürstenhauß. Daß wir so vel quasi wieder
Krieg und Kriegs geschrey haben wißt Ihr aus den Zeitungen – wir sind die Dinge jetzt schon so gewohnt,
daß uns Cannonen und Pulver wägen nicht mehr ängstigen – Vor ohngefähr 20 Jahren sang Mefistovles im
Docter Faust –: Das liebe heilige Römische Reich –
wie hälts nur noch zu sammen?: Jetzt kan man es mit
recht fragen. Die Churfürsten – Fürsten – laufen quir
und quer – hin und her – es geht her wie in Schnitzel
putz Häußel – es dreth sich alles im Kreusel – man weiß
gar nicht mit wem mans halten soll – es wird schon
wieder ins Gleiß kommen – denn der Liebe Vater
überm Sternen Zelt – werth doch den Bäumen daß sie
nicht in Himel wachssen – *der* wirds schon wieder in
Ordnung bringen. Ohnlängst habe ich von meiner
Lieben Tochter einen sehr guten Brief erhalten wegen
deinem Wohlbefinden – ich hoffe zu Gott, daß dieser
Winter gut und angenehm vorübergehnen soll – laßt
mich zuweilen etwas von Eurem Befinden hören, das
wird sehr erfreuen
                                    Eure
                    treue Mutter Goethe.

Meine Liebe Tochter u den braven Augst grüße
freundlich. Egmonth wird einstudirt.

374. An Goethe
                        den 16ten December 1805
        Lieber Sohn!
Hier die kleinen Christ geschencke gedencket meiner dabey und behaltet mich lieb. Ich habe so alles

zusammen getromelt darum kommts 8 Tage ehnder
als ichs versprochen hatte – der Confect kommt in der
Christwoche – da ich von Augst vernommen habe,
daß du die roth und weiße Quitten liebst; so habe sie
vor dich aus gesucht – hoffe daß sie dir wohl schmecken
und bekommen werden – auch Pomerantzen schalen
bekommt meine Liebe Tochter – auch soll die Schachtel wohl /: wie vorm Jahr :/ eingenäht werden – damit die Leckermäuler nicht davon Naschen. Ich muß
eilen – damit der Postwagen nicht versäumt werde.
Liebet immer – Eure treue Mutter

Goethe.

375. An Goethe

den 15ten Februar 1806

Lieber Sohn!

Schon längst hätte Frau Stock und ich dir vor dein
liebes Andencken gedanckt – aber unsere neue Geschichte die du aus den Zeitungen wißen wirst hat uns
daran verhindert. Also den besten Danck im Nahmen
der Frau Stock Sie hat vor Freuden geweint – ferner
soll ich dir sagen – daß alle Jugendtliche Auftritte Ihr
gantz klahr vor den Augen stünden – Sie ließt jetzt
aufs neue Willhelm Meister, das macht Sie unbeschreiblich glücklich – besonders das Puppenspiel – du
hast große Freude verursacht also nochmahl vielen
Danck – auch grüßt Sie den Augst vielmahl und läßt
Ihn Ihrer hertzlichen Liebe versichern. Jetzt kommt
mein Danck! Du hast mir durch dein eigenhändiges
Briefgen große Freude gemacht mich mit allen Cala-
miteten ausgesöhnt ich habe Gott gedanckt der dich
mir gegeben und so gnädig erhalten – der es ferner
thun wird Amen. Wir leben wie mitten im Kriege
müßen Contriboution geben – haben Einquartirung

die Hüll und die Füll den Generahl-Stab oben drein –
das lustigste ist, daß wir nicht wißen warum das so ist –
Es ist Friede /: wenigstens mit uns :/ wir sind selbst
vom Napoleon vor Neuterahl erklährt – alles ist vor
unsern Augen verborgen – es wird schon klahr werden
punctum. Lieber Sohn! Ich habe dir etwas weitläufig
unsern Zustand gemeldet – damit nicht etwan falsche
Nachrichten dich in Besognüße setzen mögten – Ich
bin Gott sey Danck! Frisch und gesund habe gute
Freunde die mir mit Rath und That aushelfen – habe
in diesem Stück – die Lebens Weißheit des Schach Ba-
hams in Wielands Winter Mährgen –: sorge immer vor
den Augenblick – und laße Gott vor die Zuckkunft
sorgen – zur Einquarttirung habe einen garde Atile-
risten einen höfflichen artigen Mann. Den Mercur wo
Frau Stock Ihre große Freude eingeschlagen war,
schicke bey Gelegenheit zu rück – weil sonst der Jahrgang defect seyn würde – Künftigen Mittwoch den
19ten werde ich 75 Jahr alt – da trinckt meine Gesundheit hoch!!! Jetzt Lebe wohl Grüße meine Liebe Tochter – den Lieben Augst – und behaltet lieb

> Eure
> treue Mutter
> Goethe.

376. An Christiane Vulpius

> wenn ichs noch packen kan wirds
> fortgeschickt d 21ten wo nicht d 25ten
> Aprill 1806

Liebe Tochter!

Ihr Lieber Brief hat mir große Freude gemacht – es
ist mir allezeit große Wonne von dem guten Fortgang
der Gesundheit meines Sohnes zu hören – aber jetzt
sind freudige Nachrichten doppelt wichtig – doppelt

hertzerquickend! Die Frantzsosen scheinen uns noch
nicht verlaßen zu wollen – unsere deputirten sind
noch in Paris – was aus uns werden wird wißen wir
nicht – u.s.w. Wer also in diesen nicht sehr erfreulichen Zeiten – den Geist aus der Düsternheit empor
hebt – verdint Lob und Danck und das haben Sie Liebe Tochter an mir in reichem Maaße gethan. Da nun
gutes gethan auch hir schon belohnt wird; so übersende Ihnen hirmit etwas das wie ich glaube in Ihrem
Haußweßen brauchbar sein wird – auch kommt ein
Mercur zurück – damit der Jahrgang bey Ihnen nicht
defect seye – er kam hieher – damit das Blättgen ins
Stammbuch der Frau Senator Stock nicht verknittet
werden möge. Die Beyden Todesfälle die Sie gehabt
haben sind mir nahe gegangen – Augst hat mir sehr
viel gutes von beyden erzählt – es thut freylich weh –
gute Freunde zu verliehren – und kein Trost vermag
was über ein betrübtes Hertz nur die Zeit ist der einzige Tröster – der wird auch bey Ihnen sein Ampt ver-
richten – und der Schmertz über den Verlust, wird je
länger je mehr in den Hintergrund gestelt werden –
Gott! Erhalte Ihnen noch lange und ihr Wohlbefinden
wird mir immer glückliche Tage machen. Unser Augst
reißt also in die weite Welt – weiter als von Stolppe
nach Dantzig – wenn Er die Königin von Preußen zu
sehen bekommt; so kan Er Ihr melden, daß die Großmutter noch gesund wäre – was wird Er Euch alles von
dem prächtigen Berlin erzählen – Gott! Bringe Ihn
gesund und vergnügt zurück. Jetzt kommt ein groß
mächtiger Auftrag an den Herrn Geheimdten Rath
von Goethe – den Sie Liebe Tochter wenn Er gut gelaunt gut gestimbt – und an seine Vatterstadt noch
mit einigem warmen Antheil denckt – die Güte haben
mögen Ihm vorzutragen. Unsere Schauspieler haben

seit kurtzem einen Pentions-fond errichtet – jedes Mitt-
glied Männer und Frauen gibt Montlich etwas von
seiner Gage ab – zwey Vorstellungen im Jahr zu diesem Entzweck werden dazu gelegt – die erste Vorstellung in diesem Jahr war Nathan der weiße – und 900 f
war die Loo[s]ung – Jetzt komme ich auf den Fleck
jetzt zur Sache – das sämptliche Personahle der hiesigen Schauspieler Gesellschaft bittet durch mich um
das noch ungedruckte Exemplar des Götz von Berlichingen! Sie mey[n]en /: wie der Patriach im Nathan :/
So was würde ihrem Fondt sehr wohl thun – und da
doch Franckfurth sein Vaterland wäre; so hofften Sie
auf gnädige Erhörung – und wenn Herr von Goethe zu
dieser Gnade noch ein paar Zeilen an das Personale
schreiben – seinen Nahmen drunter setzen wolte; so
würde ihr Danck ohne Grentzen seyn. Jetzt Liebe
Tochter! Wissen Sie die gantze Geschichte – Übelneh-
men wird mir mein Sohn den Auftrag an Ihn nicht –
Finden Sie Ihn einmahl gut gelaunt – so tragen Sie es
Ihm vor u.s.w. Jetzt einmahl vom Wetter! das ist erbärmlich – ich habe von neuem Feuer im Offen – wir
wollen Gedult haben – denn die Ungedult verdirbt
nun gantz und gar alles – Laßen Sie mich nur bißwei-
len etwas gutes von Ihnen meinem Lieben Sohn – und
dem Augst hören – das wird mir Kraft geben die Einquartirung und die Witterung zu ertragen. Behaltet
Lieb   Eure
                                  treue Mutter
                                  Goethe.

377. An Goethe

                              den 3ten Juni 1806
          Lieber Sohn!
    Dein Lieber Brief hat mir sehr großes Vergnügen
gemacht du hast gar nicht nöthig dich wegen der ab-

schlägigen Antwort zu entschuldigen – du hast überaus wohlgethan – mir kanst du es deßwegen nicht
übel deuten – daß ich anfragte, weil ich von allen deinen sehr guten Gründen nicht das geringste wißen
konte – diese Sache ist also abgethan – und keine ähn-
liche soll dich je wieder behelligen – auch soll keine
Seele kein Wort davon erfahren und damit Basta! Der
Commedien Teufel ist wieder in einen Jungen Burschen – einen Enckel des ehemahl berühmten Öhlmän-
gen Handelsmanns Streng gefahren – und die Kerls
wollen immer ihre erste Ausflucht nach Weimar nehmen – ich werde ihm also gantz kurtz sagen laßen, ich
wüßte daß du der jungen Leute so viel hättest daß du
niemand mehr brauchen könstest – und das ist keine
Lüge – denn August hat mir ja auf deinen Befehl vor
ohngefähr einem Jahr das nehmliche geschrieben.
Doch bin ich froh über dieße Geschichte, den ohne
sie hätte ich doch so keinen kern und kraftvollen
Brief von dir erhalten – und das immer Lebens kraft
und Öhl in mein 75järiges Leben – Gott seegne dich
davor Amen!　　　Unsere Umstände weiß du aus den
Zeitungen – es wäre mir langweilig etwas davon zu
sagen. Ich glaube an Gott! und der ist doch größer als
alle Monarchen der Erde – und Sie dürfen nicht ein
Haar weiter gehn – als Er es haben will – und in diesem
Glauben bin ich ruhig – und genieße jeden frohen Tag.
Lebe wohl! Grüße meine Liebe Tochter – den lieben
August und behalte Lieb

Eure
treue Mutter
Goethe.

N.S. braucht Ihr dann in diesem Jahr keinen Türckischen weitzen?

378. An Goethe

den 19<u>ten</u> Augst 1806

Lieber Sohn!

Du kanst leicht dencken wie freundlich Herr Frommann von mir empfangen wurde da ich durch Ihn deinen Lieben Brief empfing – Gott sey danck! der das
Baad gesegnet und deine Gesundheit auf neue befestigt hat! Er wird alles übel auch in Zukunft von dir
entfernen, diß traue ich Ihm mit fester Zuversicht zu –
und dieses Zutrauen hat mich noch *nie* /: in keiner
Noth :/ stecken laßen – dieser Glaube ist die einzige
Quelle meines bestängigen Frosinns – bey unserer
jetziges Lage ist eine große Stütze nothwendig – auf
wen also? alle Menschen sind Lügner sagt David aus
eigner Erfahrung denn Seine Mäjestät hat saubre
Stückger gemacht – Unsere jetzige Mäjestätten – da
hat mann auch Trost die Hülle und Fülle! Ich werde
nicht betrogen, den ich habe mein Vertrauen nicht dahin gestelt – Bey meinem Monarchen verliert mann
weder Capital noch Intereßen – den behalt ich.   Mir
ist übrigens zu muthe als wenn ein alter Freund sehr
kranck ist, die ärtzte geben ihn auf mann ist versichert daß er sterben wird und mit all der Gewißheit
wird mann doch erschüttert wann die Post kommt er
ist todt. So gehts mir und der gantzen Stadt – Gestern
wurde zum ersten mahl Kaiser und Reich aus dem
Kirchengebet weggelaßen – Iluminationen – Feyer-
werck – u.d.g. aber kein Zeichen der Freude – es sind
wie lauter Leichenbegengnüße – so sehen unsere Freuden aus! Um mich Lieber Sohn! Habe keine Besorg-
nüße, ich komme durch – wenn ich nur zuweilen etwas guts von Euch meinen Lieben höre; so stört mich
nichts in meinem Frohsinn – und meine 8 Stunden

schlafe ich richtig in einem fort u.d.g. Der Primas wird
täglich erwartet – Villeicht geht alles beßer als mann
denckt – müßen erst den neuen Rock anprobiren –
Villeicht thut er uns nur wenig geniren – drum laßt
hinweg das Lamentiren u.s.w. Lebt wohl! Behaltet
lieb – diejenige die unter allen Regirungs Veränderungen ist und bleibt

Eure

Euch Liebende Mutter u Großmutter

Goethe.

N. S. Tausend hertzliche Grüße an meine Liebe
Tochter u an den Lieben Augst, deßen Strumpfbänder
ich immer noch zum Andencken trage.

Noch eine Nachschrift! Das Zusammentrefen mit
der Printzeßin von Mecklenburg hat mich auserordentlich gefreut – Sie – die Königin von Preußen – der
Erbprintz werden die Jungendliche Freuden in meinem Hauße genoßen nie vergeßen – von einer steifen
Hoff-Etikette waren Sie da in voller Freyheit – Tan-
tzend – sangen und sprangen den gantzen Tag – alle
Mittag kamen Sie mit 3 Gablen bewaffnet an meinen
kleinen Tisch – gabelten alles was Ihnen vorkam – es
schmeckte herrlich – nach Tisch spielte die jetzige
Königin auf dem piano forte und der Printz und ich
waltzen – hernach mußte ich Ihnen von den vorigen
Krönungen erzählen auch Mährgen u.s.w. Dieses alles
hat sich in die jungen Gemüther eingedrück daß Sie
alle 3 es nie bey aller sonstigen Herrlichkeit nimmer-
mehr vergeßen – bey etwaiger Gelegenheit werde es
anzubringen wißen – daß du deines Auftrags dich bestens entlegigt hat. Lebt nochmahls wohl u gedenckt
meiner.

379. An Goethe und Christiane Vulpius

Sambstag d 18$\underline{^{ten}}$ October 1806

Lieben Kinder!

Nachdem dißmahl die Castanien so auserordtlich gerathen sind; so überschicke ich hirmit eine Noble Quantität – auch habe wohl bedachtsam die größern von den kleinern mit eigenen Händen auf beste separirt und von einander abgesondert um Euch die Mühe zu ersparen – welches wie ich hoffe Ihr mit dem gebührenden Danck erkennen werdet – mein Wunsch ist, daß sie Euch in Gänßebraten – und blau kohl wohl schmecken und noch beßer bekommen mögen. Wie lebt Ihr denn in diesen kriegerischen Zeiten? bey uns ists jetzt pasabel stille – aber vor 14 tagen da gings durcheinander pele melle – 5 Mann bekamme ich vor mein theil zum Einquatiren – alles ging gut ich war froh und heiter – die Bursche wurdens auch – Eßen u Trincken schmecke ihnen gut u.s.w. Bald kan ich dir auch umständliche Nachricht von unserer jetzigen Verfaßung geben – denn da du noch immer Franckfurther Burger bist; so mußt du doch auch von der großen Umwältzung etwas erfahren – was ich so hir und da davon gehört habe gefält mir wohl. Lebt wohl! Gott! Erhalte Euch und gebe uns den lieben, theuren und werthen Frieden. Amen.

Eure treue Mutter
Goethe.

N.S. Montags den 20$\underline{^{ten}}$ dieses – gehn die Castanien mit dem Postwagen an Euch ab.

380. An Goethe

den 27ten October 1806

Lieber Sohn!

Mein erstes Geschäffte /: nach erhaltung deines mir
so zu rechter Zeit gekommenen Briefes :/ war Gott
dem Allmächtigen auf meinen Knieen zu dancken
und laut mit Anbettung zu jublen: Nun dancket alle
Gott mit Hertzen – Mund und Händen! Ja Lieber
Sohn! das war wieder eine Errettung – wie die 1769
– 1801 – 1805 da nur ein Schritt ja nur ein Haar, dir
zwischen Tod und Leben war. Vergiß es nie; so wie ich
es auch nie vergeße. Er der große Helfer in allen Nöthen, wird ferner sorgen, ich bin ruhig wie ein Kind an
der Mutter Brust, den ich habe Glauben – Vertrauen –
und feste Zuversicht auf *Ihn* – und niemand ist
noch zu Schanden worden – der Ihm das Beste
zugetraut hat – Jetzt noch einmahl Tausend Danck
vor deinen trostreichen – lieben und herrlichen Brief.
Zu deinem neuen Stand wünsche dir allen Seegen –
alles Heil – alles Wohlergehen – da hast du nach
meines Hertzens wunsch gehandelt – Gott! Erhalte
Euch! Meinen Seegen habt Ihr hiemit in vollem Maas –
der Mutter Seegen erhält den Kindern die Häußer –
wenn sie schon vor den jetzigen Augenblick nichts weiter in diesen Hochbeinigen erbärmlichen Zeiten thun
kan. Aber nur Gedult die Wechsel Briefe die ich von
unserm Gott erhalten habe – werden so gewiß bezahlt
als jetzt /: da ich dieses schreibe :/ die Sonne scheint,
darauf verlaßt Euch – Ihr solt mit Eurem theil zufrieden seyn – das schwöre ich Euch. Grüße meine Liebe
Tochter hertzlich – sage Ihr, daß ich Sie Liebe – schätze
– verehre – daß ich Ihr selbst würde geschrieben haben, wen wir nicht in einem beständigen Wirrwel leb-

ten – Heute werden die Straßen die zum Bockenheimer Thor führen nicht leer von Preuschischen Gefangenen!!! Es ist ein getümmel ein Romor – daß man
beynahe nicht im Stande ist, einen vernünftigen Gedancken zu haben. So bald es etwas ruhiger ist hole
ichs nach. Jetzt muß ich nach einer kleinigkeit fragen –
Am 20<u>ten</u> October hab mit dem Postwagen 28 ℔ Castanien an Euch abgeschickt habt Ihr sie bekommen? im
entgegengesetzten Fall schicke ich andre, doch muß
ich solches mit umgehnder Post nur mit ein paar Worten wißen sonst wird es zu spät – Herr Braun der mir
deinen Lieben Brief über brachte glaubte daß sie
glücklich angekommen wären – weil am 20ten Weimar und die Gegend wieder frey geweßen wäre – also
nur ein wörtgen – Augst kan ja schreiben – Alle
Freunde grüßen Euch – und freuen sich Eurer Erhaltung – das war ein wirr warr in unserer Stadt Gott sey
Danck! daß dein Brief zu rechter Zeit ankamm.

Lebt wohl! Behaltet lieb –
                                        Eure
                        treue und hocherfreudte
                              Mutter Goethe.

381. An Goethe

                                    den 18<u>ten</u> November 1806
        Lieber Sohn!
Heute nur ein paar Zeilen an dem frohen Tag den
mir Herr Voß und sein Begleiter Bein gemacht da Sie
mir von deinem und der deinigen wohlbefinden die
beste Nachricht gebracht haben Gott sey davor gelobet – nur jetzt ein Wort von den Castanien: der Con-
tontuckter des Postwagen hat mich versichern laßen,
daß der Postwagen der in Hertzfeld so lange stille
gelegen, biß die Pasage wieder frey war in Weimar
angekommen wäre – sind die Castanien nun noch

nicht angekommen; so weiß ich nicht wo sie hinge-
kommen sind, und ich schicke andre. Augst soll mir
also nur zwey worte schreiben – damit ich eilend mich
mit andern versehen kan – denn Castanien müßt Ihr
haben – sie mögen herkommen wo sie wollen – Heute
von nichts andern – der erste folgende Brief handelt
vom Christkindlein! Lebe woh[l]! Grüße meine Liebe
Tochter den Lieben Augst von deiner vergnügten

Mutter
Goethe.

382. An Goethe

den 24ten November 1806
Lieber Sohn!

Das ist ja Vortrefflich, daß die Castanien endlich angelandet sind – doch bin ich nicht unzufrieden über die
verzögernde Ankunft ich hätte villeicht diese mir so
liebe Briefe nicht erhalten – also war auch dieses an-
scheinende übel gut – in der Welt geht es offte in größern dingen auf diese Weiße – der Postwagen findet
übele Wege – endlich kommt er doch glücklich an Ort
und Stelle u.s.w. Meiner hertzlich geliebten Tochter
mögte ich nun gerne zum heiligen-Crist eine kleine
Freude machen – da ich aber in der Entfernung Ihren
Geschmack nicht wißen kan; so nehme meine Zuflucht
zu dir – wenn Sie Sich in den viel jüngern Jahren, so
gern hübsch anzieht – wie die Urgroßmutter noch in
ihren alten Tagen; so hätte Lusten Kleidungs-Stücke
zu übersenden – solte Ihr sowas behagen; so muß ich
vor das erste wißen – die Gattung des Zeugs – seiden –
Mouselin – Taffend u.d.g. Zum Zweiten das Ehlenmaß
so viel habe von Augst gelernt, daß die Weimarer Ehle
– bey uns ein $^{1}/_{2}$ Stab ist – also nur nach nach der Weimarer gefordert, da werde ich nun nicht mehr irre –
doch ists nothwendig, daß der Schneider angibt /: weil

die Breiten sehr verschieden sind :/ wie viel wenn der Zeug – 4 viertel – 5 – oder 6 vietel breit ist – nun das Hauptstück ist die Farbe – ein stückgen Band mitgeschickt ist das sicherste. Nun frage auch den Lieben August – was Ihm nöthig ist – und Freude macht – Ehlenmaß und Farbe muß Er auch bestimen – An Deutlichkeit fehlt es nun glaube ich meiner Erklärung nicht. Daß deine vor uns alle so theure Gesundheit bey diesen großen Unruhen – und erschrecklichem wirr warr sich gut gehalten hat – davor dancke ich täglich – *dem Gott der alle Wunder thut* und bin überzeugt Er erhält und stärckt dich – Er rüstet dich aus mit neuer Kraft – und führt *alles* herrlich hinaus. Nochmahls hertzlichen Danck vor die 4 lieben Briefe die ich in so kurtzer Zeit erhalten habe – und wovon 2 sogar von deiner eigenen Hand sind! Grüße meine Liebe Tochter – den Lieben August von

Eurer aller Euch
Liebenden Mutter
und Großmutter
Goethe.

383. An Goethe

den 12ten December 1806

Lieber Sohn!

Hir erscheint das Christkindlein – hoffe daß es Beyfall erhalten werde! Zwar habe ich einigen Zweifel – erstlich weil ich nicht unterrichtet war, welche Farbe meiner Lieben Tochter lieblings Farbe ist – denn jeder hat so seine Farben die er mag z. E. ich kan die Blaue Farbe seye sie dunckel oder hell nicht aus stehn – da ich nun über diesen Punct im dunckln war; so nahm ich im auswählen das alte Sprichwort in Obacht – was schmutzt, das putzt – daher wählte sowohl zum überrock als zum andern helle Farben – habe ichs getroffen;

so ists mirs sehr lieb, wo nicht, so belehrt mich einandermahl eines beßern – vor Augst habe das dunckelte grün das in der gantzen Stadt zu haben war hirmit überschickt – wünsche das es auch das rechte seyn möge, so gantz wie das Muster war in allen Tuch laden keins. Der Confect kommt nach. Unser neuer Herr ist dir längst bekandt ein liebreicher Menschenfreund – Gott! Erhalte Ihn lange.

Einquartirung haben wir freilich noch – aber sehr wenig – wer über die See gefahren ist, fürchtet sich vor dem Main nicht u.s.w. Deinem Lieben Weibgen dancke vor den lieben Brief den Sie mir geschrieben hat – Ihr schönes – heroisches – haußhälterisches Betragen hat mein Hertz erfreut – Gott! Erhalte Ihren frohen Muth – ein fröliges Hertz, ist ein täglich Wohlleben, sagt Sirach. Ein mehreres auf ein andermahl. Glückliche – vergnügte Feyertage – Ein gesegnetes Neues Jahr – bleibet mir so wie im alten – und ich bin

Eure
treue Mutter und
großmutter
Goethe.

384. An Esther Stock

v. H. am 23ten Decembr 1806

Liebe Freundin!

Meine neue Hembten sind fertig ich mögte sie gerne bezahlen und weiß nicht was mann davor gibt – nur mit zwey Worten habe die Güte es mir zu berichten. Ich hoffe dich Liebe Freundin bald zu sehen – wünsche fröhlige Feyertage und bin ewig

deine
treue Freundin
Goethe.

N.S. Deinem Lieben Mann – deinen eben so Lieben Mädelein meinen Hertzlichen Gruß.

385. An Goethe

den 7<u>ten</u> Aprill 1807
Lieber Sohn!

Da deine Liebe Frau gleich nach erhaltung deines Lieben Briefes mit zwey guten Freunden nach dem Willhelms Baad gefahren ist, und erst diesen Abend wieder komt; so hat Sie mich ersucht dir folgendes zu berichten, daß Sie Sontags den 12 Aprill vormittags in Erfurth im Römischen Kaiser ankommen wird – Was Ihr daraus vor Euers Thun und machens etwa thun wolt – könt Ihr nun betreiben – Gerne schrieb ich mehr aber es ist keine einzige Feder im Hauße die etwas taugt – Bey uns herscht eine herrliche Schreiberey daß wißt Ihr ja von je Gelobet sey die Crespel und die Salome. Vielen Danck vor deinen Lieben Brief, er kam grade einen Augenblick vor dem Einsteigen – also sehr zu rechter Zeit. Mit der Miserabelen Feder schreibe nur noch daß ich bin

deine treue Mutter
Goethe.

386. An Goethe

Freytag d 17<u>ten</u> Aprill 1807
Lieber Sohn!

Dein Brief welcher die glückliche Ankunft meiner Lieben, Lieben Tochter mir verküntigte hat mir Hertz und Angesicht frölich gemacht – Ja wir waren sehr vergnügt und glücklich beyeinander! Du kanst Gott dancken! So ein Liebes – herrliches unverdorbenes Gottes Geschöpf findet mann sehr selten – wie beruhigt bin ich jetzt /: da ich Sie genau kenne :/ über *alles*

19. Christiane Goethe, geb. Vulpius (1765-1816).
Dargestellt in einer Kreidezeichnung von Friedrich Bury,
entstanden in Weimar 1799/1800.

*Du kanst Gott dancken! So ein Liebes – herrliches unver-
dorbenes Gottes Geschöpf findet mann sehr selten – wie
beruhigt bin ich jetzt.*

was dich angeht – und was mir unaussprechlich wohl
that, war, daß alle Menschen – alle meine Bekandten
Sie liebten – es war eine solche Hertzlichkeit unter
ihnen – die nach 10Jähriger Bekandtschaft nicht inniger hätte seyn können – mit einem Wort es war ein
glücklicher Gedancke Sich mir und allen meinen
Freunden zu zeigen *alle* vereinigen sich mit mir dich
glücklich zu preißen – und wünschen Euch Leben –
Gesundheit – und alles gute was Euch vergnügt und
froh machen kan Amen. Die Schriefen werden mit
Jubel empfangen werden – den 1ten Band kriege ich
nun einmahl nicht satt! die 3 Reuter die unter dem
Bett hervorkommen, die sehe ich leibhaftig – die Braut
von Corindt – die Bajadere – Tagelang – Nächte lang
stand mein Schief befrachtet – der Zauberlehrling –
der Rattenfänger u alle andre das macht mich unaussprechlich glücklich – meinen besten Danck davor.
Meine Liebe Tochter wird eine Freude haben über das
Kleid das die Stocks verfertigt haben – ein Kaufmann
überbringts Ihr. Die Meße war nicht gantz schlecht –
verschiedne Waren gingen starck ab – müßen froh
seyn daß die Sache noch so ist. Sonst ist alles still – unser
Fürst kommt im May – Einquartirung haben wir wegen der Durchmärsche fast täglich – mann wird aber
alles gewohnt – und macht sich nicht mehr draus.
Grüße meine Liebe Tochter hertzlich, und dancke Ihr
nochmahls vor das Vergnügen das Sie mir und meinen
Freunden gewährt hat – auch den Lieben Augst grüße
auf freundlichste – Lebe wohl! Behaltet lieb

Eure
Euch sambt u sonders liebende
Mutter und Großmutter
Goethe.

387. An Goethe

den 2$\underline{^{ten}}$ May 1807

Lieber Sohn!

Der Todes fall von unserer Lieben Herzogin hat
mich ungemein gerührt! die schönen Andencken die
ich noch von Ihr habe sind mir jetzt doppelt theuer
und werth – seit vielen Jahren sind wir /: wie das so im
Menschlichen Leben öffters geht :/ von einander ab-
gekommen aber nie ist die freundliche Erinnerung der
Vorzeit aus meinem Gedächnüß erloschen – besonders
die Freuden tage im Rothen Hauß. Ich und alle die Sie
kanten seegnen Ihre Asche – und Ihre Wercke folgen
Ihr nach. Das feierliche Andencken an die Verewigte
das du die Güte hattest mir zu schicken ist vortreflich
und hat mir und allen denen denen ich es mittheilte
auserordentlich gefallen – besonders der Schluß –
welcher der guten Syndicus Schlosser ein Troppen Balsam in die Ihre geschlagne Wunde war – Sie hat Ihren
einzigen Sohn in der Blüte des Lebens mitten im thä-
tigen Lauf seines Berufs als Medicus und Obergirurg
in Konigsberg am Nerven Fieber verlohren 22 Jahr
war sein kurtzes aber Musterhaftes hirseyn – Sie grüßt
dich hertzlich – danck vor deine Wercke die Ihr und
Ihrer Tochter viel Vergnügen gewären – daß Sie nicht
selbst schreibt und danckt – wirst du Ihr gewiß unter
diesen Umständen verzeihen. Fortunatus soll ehestens
erscheinen – Bey dem Einkauf der Volckmährgen
gabe es einen Spaß den ich dir doch mittheilen muß:
Doctor Schlosser der mein Literaischer Trippscher
ist sagte dem Buchhändler – Sie bilden sich wohl nicht
ein vor wen diese Bücher sind – vor den berühmten
Goethe – Bewahre sagte der Mann erschrocken –
Goethe wird mir die Bücher doch nicht persifliren das

wäre mir ein großer Verlust! – Im Gegentheil Er hat
sie sich vor sein Vergnügen gekauft – nun ärgerte den
Mann doch noch daß er nicht vor dem Verkauf den
Käufer gewußt hatte – so wohlfeil hätte Er sie nicht bekommen sagte er bitter böße. Meine Liebe – Brave
gute Tochter grüße hertzlich und sage Ihr, daß die Bouteillien vor das einzumachende Obst erscheinen werden – Ferner, daß ich was prächtiges vor kommenden
Winter zu einem überzug über Ihren Peltz mir aus gedacht habe. Alle Freunde grüßen – das hirseyn meiner
Lieben Tochter ist bey *allen* noch in Liebevollem
Andencken besonders aber bey

Eurer
treuen Mutter u großmutter
Goethe.

N. S. Viele hertzliche Grüße an den Lieben Augst.

388. An Christiane von Goethe

Samstag d 16ten May 1807

Liebe Tochter!

Noch vor den Pfings Feyertagen muß ich Ihnen vor
Ihren lieben Brief dancken – das Wohlbefinden von
Ihnen hat meinem Hertzen wohlgethan – und trägt
dazu dabey die Festtage frohl und freudig zu zubring-
gen – Da Sie nun in etwas mit meiner Lage bekandt
sind; so will ich Ihnen meine Festtags Pläsirs hererzäh-
len: den 1ten besuche ich meine Lieben von Fleischbein, da bin ich immer sehr gern – den 2ten wird im
Schauspiel die Jungfrau von Orleang gegeben – auf die
großen Veränderungen die damit haben vorgehen
müßen bin ich sehr neugirig – den 3ten weiß ich noch
nichts bestimmtes – villeicht gehe ich zu Stocks in

Garten – den 4$\underline{\text{ten}}$ bey Senator Steitz in seinem Garten
denn die Armen und Wäisen kinder haben da ihr gro-
ßes Fest – werden auf der sogenandten Pfingst weide
öffentlich gespeißt – und in oben benandten Garten –
kan man die fühle von Menschen und Kuschen recht
in Augenschein nehmen. Nach den Feyertagen gibt
Unser Fürst Primas Franckfurths Bürgern ein hir noch
nicht gesehnes Specktackel – schon an dem heutigen
Tag ist keine Kusche – kein Pferd mehr zu haben – der
Liebe Fürst scheint seine Franckfurther gut zu kennen
– Leichsinn und gutes Hertz ist ihr Wahlspruch – Aber
alles was wahr ist die gantze Woche sind sie fleisig –
Sontag und die Lieben feyertage ein Täntzgen u.s.w.
und alles ist gut. Villeicht habt Ihr von so einem Fest
eine beßre Einsicht wie ich – darum schicke ich Euch
beyliegendes gedrucktes Blat. Jetzt wäre es von uns
genung geschwatzt. Nun von Ihnen Liebe Tochter!
Sie sind bey Ihrer Nachhauße kunft recht in Thätigkeit
gesetzt worden – da ich aber nun das Vergnügen habe
Ihnen genauer zu kennen – durch die Kriegs trublen
die Sie so meisterhaft bestanden haben in meinem
Glauben an Ihnen gestärckt und befestigt; so haben
meine Sorgen um alles was in Ihrem Wirckungs[kreiße]
liegt – von oben biß gantz herunter ein Ende. Das alles
hat die nähre Bekandschaft mit Ihnen Bewercks'che-
ligt – Gott erhalte und seegne Ihnen vor alle Ihre Liebe
und Treue. Vor den Lieben Brief den mein Sohn an die
Frau Stock geschrieben dancke recht sehr – er wird
wie ein heiligthum bewahrt und allen guten Freunden
vorgeleßen. Da hat den doch die kleine Brentano ihren
Willen gehabt, und Goethe gesehen – ich glaube im
gegen gesetzten fall wäre sie Toll geworden – denn so
was ist mir noch nicht vorgekommen – sie wolte als
Knabe sich verkleiden, zu Fuß nach Weimar laufen –

vorigen Winter hatte ich ofte eine rechte Angst über
das Mägchen – dem Himmel sey Danck daß sie endlich auf eine musterhafte art ihren willen gehabt hat.
Sie ist noch nicht wieder hir, ist noch so viel ich weiß
in Cassel – so bald sie kommt solt Ihr alles was sie sagt
erfahren. Die Stocks freuen sich, daß Ihnen das Kleid
wohlgefält – das gantze Hauß grüßt und danckt nochmahl vor den Brief – die Obst Bouteillen werden gepackt – und suchen nach den Feyertagen einen Fuhrmann – mein Finantz Minister Nicolaus Schmidt wird
es bestens besorgen.

Eine neue Probe Ihrer Erfindsamkeit im sparen ist,
daß Sie den alten schwartzen Lappen haben noch benutzen können. Hirbey kommt auch die Wunder-
geschichte des Fortunatus – ich habe mir die Geschichte
zu sammen gezogen, alles überflüßige wegeschnitten
und ein gantz artiges Mährgen draus geformirt. Ja
Liebe Tochter! der verwünschte Catar und Schnupfen
hat Ihnen mein Briliantes Talent Mährgen zu erzählen vorenthalten – Bücher schreiben? Nein das kan ich
nicht aber was andre geschrieben zu Erzählen – da
suche ich meinen Meister!!!

Diesem langen wohlstilisirten Brief /: wozu ich
schon die zweyte Feder genommen habe :/ müßen Sie
doch verschiedenes Ansehn – Erstlich daß Doctor Melber die Sache wieder in Ordnung gebracht und durch
seine Kunst die Urgroßmutter wieder gut geflickt hat –
zweytens, daß da ich mir den Taback wieder habe an-
gewöhnen müßen – derselbe seine Würckung besonders im fließenstiel vortrefliches thut – ohne ein prißg-
gen Taback waren meine Briefe wie Stroh – wie Fracht-
briefe – aber Jetz! das geht wie geschmirt – das Gleichnüß ist nicht sonderlich hübsch aber es fält mir gerade
kein anderes ein – Leben Sie wohl Liebe Tochter! Grü-

ßen Sie Ihren Lieben Mann – den Lieben Augst und
behalten lieb   Ihre
                              Sie hertzlich liebende Mutter
                                    Goethe.

N. S. Daß das Bustawiren und gerade Schreiben nicht
zu meinen sonstigen Talenten gehört – müßt Ihr verzeihen – der Fehler lage am Schulmeister.

389. An Christiane von Goethe

                                   den 19$\underline{\text{ten}}$ May 1807
                        Liebe Tochter!

Ich thue durch gegenwärtiges eine kleine Bitte an
Ihnen: Demoiselle Polecks von Langensaltza eine
Nichte des Geheimdten Raths Schmidt kommt mit
Ihrem Bräutigam zum Besuch nach Weimar – nun ist
diese Demoiselle eine Schwester Tochter von meinem
sehr guten Freund Nicolaus Schmidt – diese will nun
Ihre, nicht sowohl meines Sohnes sondern wie gesagt
Ihre Bekandtschaft machen – nun weiß ich zwar gar
wohl, daß Sie Liebe Tochter die Freundlich und Gefelligkeit selbst sind – aber ich bin überzeugt – daß Sie es
in doppeltem grade sind, wenn ich Ihnen darum ersuche – nehmen Sie demnach ihren Besuch gütig an,
erzählen ihr, wie ihr Franckfurther Onckel Nicolaus
Schmidt ein sehr guter Freund von mir wäre – wie ich
immer mit Loben von ihm spreche u.d.m. Das ist alles
was ich mir von Ihnen Liebe Tochter erbitte. Hirbey
kommn ein Briefelein von der kleinen Brentano – hiraus ist zu sehet daß Sie noch in frembten Landen sich
herum treibt – auch beweißen die Ausdrücke ihres
Schreibens – mehr wie ein Alvabeth wie es ihr bey
Euch gefallen hat – auf ihre Mündliche Relation verlangt mich erstaunlich – wenn sie nur die allerkürtze

Zeit bey Euch war; so weiß ich zuverläßig daß kein
ander Wort von ihr zu hören ist als von Goethe – Alles
was Er geschrieben hat, jede Zeile ist ihr ein Meister
werck – besonders Egmont – dagegen sind alle Trauer-
spiele die je geschrieben worden – nichts – gar nichts –
weil sie nun freylich viele Eigenheiten hat; so beurteilt
man sie wie das gantz nathürlich ist gantz falsch – sie
hat hir im eigentlichen Verstand niemand wie mich –
alle Tage die an Himmel kommen ist sie bey mir das
ist ihre beynahe einzige Freude – da muß ich ihr nun
erzählen – von meinem Sohn – als dann Mährgen – da
behaubtete sie denn; so erzähle kein Mensch u.s.w.
Auch macht sie mir von Zeit zu Zeit kleine Geschencke – läßt mir zum Heiligen Christ bescheren –
am ersten Pfingstfest schickte sie mir mit der Post
2 Schachtelen – mit 2 Süperben Blumen auf Hauben so
wie ich sie trage – und eine prachtige porzelänerne
Schocolade Taße weiß und gold. Jetzt einen großen
Sprung von Betinen zu den gläßern Obst flaschen – die
kommen auf anrathen von Herrn Nicolaus Schmidt
ohn Franckkirt – bezahlt ich die Fracht – welches sonst
bey mir immer gewohnlich ist; so mögte es gehen wie
es einmahl mit dem Kistegen gegangen ist – das
$\frac{1}{2}$ Jahr in der Ire herum fuhr – weil es bezahlt – und
der Fuhrmann deßhalb auf den Fracht brief nicht ach-
tete und ihn verlohr. Gott befohlen! Grüßen Sie Mann
u Sohn von

Ihrer
treuen Mutter Goethe.

390. An Bettina Brentano

Den 19ten May

Gute – Liebe – Beste Betina!   1807

Was soll ich dir sagen? wie dir dancken! vor das
große Vergnügen das du mir gemacht hast! Dein Ge-

schenck ist schön – ist vortreflich – aber deine Liebe –
dein Andencken geht über alles und macht mich
glücklicher als es der Tode-bustaben aus drücken kan.
O! Erfreue mein Hertz – Sinn – und Gemüthe und
komme bald wieder zu *mir*. Du bist beßer – Lieber –
größer als die Menschen die um mich herum grabelen,
den eigentlich Leben kan man ihr thun und laßen
nicht nennen – da ist kein Fünckgen wo man nur ein
Schwefelhöltzgen anzünden könte – sie spärren die
Mäuler auf über jeden Gedancken der nicht im A.B.C.
buch steht – Laßen wir das, und kommen zu etwas das
uns schadloß hält. Meine Freude war groß da ich von
meiner Schwieger Tochter hörte daß du in Weimar gewesen wärest – du hast viel vergnügen dort verbreitet
– nur bedauerte man daß dein Aufenthalt so kurtz
war. Nun es ist noch nicht aller Tage Abend – sagt ein
altes Sprichwort. Was werden wir uns nicht alles zu
sagen haben!!! Darum komme bald – und erfreue die,
die biß der Vorhang fält ist und bleibt

deine
wahre Freundin
Elisabetha Goethe.

391. An Bettina Brentano

den 13ten Juni 1807

Liebe – Liebe Tochter!

Nenne mich ins künftige mit dem mir so theuren
Nahmen Mutter – und du verdinst ihn so sehr, so gantz
und gar – mein Sohn sey dein inniggeliebter Bruder –
dein Freund – der dich gewiß liebt und Stoltz auf deine
Freundschaft ist. Meine Schwieger Tochter hat mir geschrieben wie sehr du Ihm gefallen hast – und daß du
meine Liebe Bettine bist muß du längst überzeugt seyn
Auf deine Herkunft freue ich mich gar gar sehr, da

20. Jugendbildnis der Bettina Brentano (1785-1859).

deine Liebe – dein Andencken geht über alles und macht mich glücklicher als es der Tode-bustaben aus drücken kan.

wollen wir eins zusammen Schwatzen – denn das ist
eigendtlich meine Rolle worinn ich Meister bin – aber
Schreiben! so Tintenscheu ist nicht leicht jemand –
darum verzeihe wenn ich nicht jeden deiner mir so
theuren Briefe beantworte zumahl da ich weiß, daß
Nachrichten von meinem Sohn dir das angenehmste
und liebste sind und ich von seinem jetzigen Thun und
wircken so wenig weiß – aber überzeugt daß sein Lob
ob gleich aus frembtem Munde dir auch theuer ist; so
schicke ich hir eine Recenzion aus den Theoloischen
Anaalen die dir wohlthun und dich ergötzen wird.
Bekentnüße einer schönen Seele im 3<u>ten</u> Band von
Goethens Wercken.

Dieses in das Fach der religösen Schrieften ein-
schlagende Kunstwerck, ein mit Liebe gearbeites
Meisterstück unsers *größten Dichters*, der Klahrheit
mit Tiefe, Einfalt mit Erhabenheit wunderbahr ver-
bindet, wird zugleich mit Iphigenie von Tauris und
mit den Leiden des Jungen Werders in den Tempel
der Unsterblichkeit eingehn. Villeicht ist es nicht allgemein bekandt daß der Verfaßer mit diesen Be-
kentnüßen einer schon seit länger als 30 Jahren zu
Franckfurth am Main entschlafenen Freundin seiner noch lebenden Frau Mutter, einer Freulein von
Klettenberg die Er wie eine Mutter verehrte, und
die Ihn wie einen Sohn liebte, ein beyder Theile würdiges *Unvergängliches* Denckmahl gesetzt hat. Je öff-
tert man diese geistreiche Bekentnüße Liest, um so
mehr bewundert man sie, und der Verfaßer dieses
kurtzen Anzeige wird sich, so lang ein Odem in ihm
ist, jedes der hohen Achtung, die einem solchem
mit *Gottes Finger als einzig bezeichnetem Geiste gebührt*
――― so weit ists vor dich – wenn du her kommst reden wir ein meheres – Etwas beßereres kan ich dir

vordißmahl nicht zu kommen laßen – denn obiges ist
gantz herrlich und was ich noch drauf hervor bringen
mögte – wäre Wasser unter den vortreflichen Wein.
Lebe wohl! Behalte lieb

deine
dich hertzlich Liebende Mutter
Goethe.

392. An Goethe

[9. Juli 1807.]

Eine Rezention aus den Theoloigen Annalen über
die Bekentnüße einer schönen Seele im 3<u>ten</u> Band von
Göthens Wercken.

Dieses in das Fach der religiösen Schrieften ein-
schlagende Kunstwerck, ein mit Liebe gearbeitetes
Meisterstück unsers größten Dichers, der Klarheit
mit Tiefe, Einfalt mit Erhabenheit wunderbahr ver-
bindet, – wird zugleich mit Iphigenie von Tauris und
mit den Leiden des Jungen Werthers, in den Tempel der Unsterblichkeit eingehn. Villeicht ist es nicht
allgemein bekandt, daß der Verfaßer mit diesen Be-
kentnüßen einer schon seit länger als 30 Jahren zu
Franckfurth am Main entschlafenen Freundin seiner
noch lebenden Frau Mutter, einer Freulein von
Klettenberg, die Er wie eine Mutter verehrte, und
die Ihn wie einen Sohn liebte, ein beyder Theile
würdiges *Unvergängliches* Denckmahl gesetzt hat.

Je öffter man diese geistreiche Bekentnüße liest,
um somehr bewundert man sie, und der Verfasser
dieser kurtzen Anzeige wird sich, so lange ein Odem
in ihm ist, jedes der hohen Achtung, die einem solchem mit Gottes finger als einzig bezeichnetem
Geiste gebührt, zu nahe tretenden Urtheils über
andere Theile seiner Schriften enthalten, welche vil-

leicht eines solchen Geistes nicht gantz würdig gefunden werden mögen.

Auf der andern seite steht meine Rezention.

Psalm 1 – Vers 3 – auch seine Blätter verwelcken
nicht.

Das ist der Lieben Klettenbergern wohl nicht im
Traume eingefallen – daß nach so langer Zeit Ihr Andencken noch grünen – blühen und Seegen den nach-
kommenden Geschlechtern b[r]ingen würde. Du mein
Lieber Sohn! warst von der Vorsehung bestimt – zur
Erhaltung und Verbreitung dieser unverwecklichen
Blätter – Gottes Seegen und Tausend Danck davor!
und da aus dieser Geschichte deutlich erhelt – daß kein
gutes Saamen korn verlohren geht – sondern seine
Frucht bringt zu seiner Zeit; so laßt uns gutes thun –
und nicht müde werden – den die Ernte wird mit vollen Scheuern belohnen.

393. An Christiane von Goethe

den 9<u>ten</u> Juli 1807

Liebe Tochter!

Mit dem heutigen dato ist Fuhrmann Valentin Fräbel von Schmalkalden mit 50 Bouteillien Spaawasser
nach Weimar abgegangen: mein Sohn hat mir von
Karls baad aus den Auftrag gegeben Ihm Spaawasser
zur Nach Cur zu überschicken welches ich hirmit gethan habe – Gott seegne das Carls baad und das Spaawasser! Jetzt eine Frage? schon lange habe ich Ihnen
Liebe Tochter 36 Bouteillien vor Obst einzumachen
überschickt – da ich nun nicht das minsteste ob sie
glücklich angekommen sind vernommen habe; so ersuche Ihnen mir solches mit ein paar Worten zu berichten – auch bitte bitte wenn das Spaawasser an-

kommt nur weiter nicht als ebenermaßen ein paar
Worte davon zu melden, ich weiß, daß Sie Liebe Tochter! Sehr viel Geschäffte haben aber Augst soll so gute
seyn und folgende Zeilen an mich schreiben: Liebe
Großmutter! die Obst Bouteillien sind glücklich angekommen Lebe wohl. So soll Er es auch machen
wenn das Spaawasser anlangt – Ich verlange keinen
langen Brief – aber um aus der Ungewißheit zu kommen – nur obige paar Worte – ich bin überzeugt Augst
thut mirs zu Liebe. Schlosser ist glücklich angelangt –
und kan nicht genung rühmen und preißen wie gut
und herrlich es Ihm bey Euch ergangen ist. Noch eins –
das Spaawasser kommt gantz Franco zu Euch. Lebt
wohl! Und gedenckt meiner im besten.

Eure
treue Mutter
Goethe.

N.S. Inliegenden Brief geben Sie meinem Sohn bey
seiner Zurückkunft – ich hoffe er wird Ihn freuen.

394. An Christiane von Goethe

den 17ᵗᵉⁿ Augst 1807

Liebe Tochter!

Gott seegne meinen Lieben Sohn vor die Freude die
Er mir an dem heutigen Tag gemacht hat!!! Herr Städel brachte mir einen Brief vom 20ᵗᵉⁿ Julius von Carls
baad – dieser Brave Mann, erzählte mir so viel gutes
und schönes von meinem Sohn – von seiner Gesundheit, gutem Aussehn daß ich mich von Hertzen freute
– und Gott Lob und Danck sagte, auch das Carls baad
von gantzer Seele liebgewan – Aber die Ließel!! die
war vor Freude halb närisch wegen denen vortreflichen

Spitzen – danck Tausenden mahl und wünscht nur
Gelegenheit zu haben ihren Danck recht aus brechen
und aus laßen zu können – dazu könte sie kommen,
sagte ich, wenn nehmlich jemand von Weimar – Sohn,
Tochter – Enckel hieher kämen – dann solte sie recht
thätig seyn, und alle ihre Kräfte zur guten Bewirthung
anwenden – welches sie dann auch nicht ermanglen
wird – es ist wahr, die Spitzen sind vortreflich – Haben
Sie die Güte, und dancken meinem Sohn in meinem
und in der Ließel nahmen. Da Herr Städel noch eine
Thur hie und dahin machte; so brachte Er mir am
16ten Augst erst meines Sohnes Brief – mein Sohn erinnert mich an das Spaa wasser, das nun schon lange
bey Euch ist – Gott! Seegne die Nachcur! Jetzt ein
Wort mit Ihnen Liebe Tochter! Ihr letzter Brief aus
Lauchstätt hat mir gar nicht behagt, Sie schreiben daß
seit der Zeit Ihrer Abreiße von hir ein immerwähren-
der Catar Sie incomodire, machen Sie mit Husten und
Catar keinen Spaß – ich habe Doctor Melbert gefragt –
Er hoft die warme Witterung soll alles wieder gut
machen – wenn die Wärme die Genesung vor Ihr übel
ist; so müßen Sie Radicaliter Curirt seyn – denn seit
1748 habe ich so keinen anhaltenten Sonnenschein; so
keine Hitze zum Ersticken erlebt wie dieses Jahr. Noch
einmahl machen Sie keinen Spaß – Schreiben Sie mir
so bald Sie wieder in Weimar sind – ehrlich – redlich
und aufrichtig Ihr befinden – der Husten muß weg –
ehnder habe ich keine Ruhe – ein großer Artz den
nahmen habe ich vergeßen sagt: Es starben mehr Menschen am Cathar als an der Pest – folgen Sie mir, fragen
Sie Ihren Artz um Rath und geben mir Nachricht von
Ihrem Wohlbefinden – das wird mir einen Freuden-
reichen Tag machen – ich glaube noch imer die Verkältung in dem verwünschten Willhelms baad – war

Schuld – Nun wenn Ihr meine Lieben wiederum bey-
samen seid; so hoffe ich gute Nachrichten von Euch zu
hören das gebe Gott Amen. Jetzt noch ein paar Worte
von der Ließel – sie hat mich sehr gebethen ihren
Unerthänigen Respeckt an die Frau Geheimde Räthin
– und den besten Gruß an Jungfer Caroli[n]gen mit
Bitte sich ihrer zuweilen zu erinnern, und sie lieb und
in gutem Andencken zu behalten. Leben Sie wohl!
Liebe Tochter! Beklücken mich bald mit guten Nachrichten – grüßen den Lieben Augst und glauben, daß
ich bin und seyn werde

Meinen Lieben
treue Mutter
Goethe.

395. An Goethe und Christiane

den 8<u>ten</u> September 1807

Lieber Sohn!

Dein Aufenthalt in Carls baad hat mir große Freude
und manches Vergnügen gewärt – denn ich hörte lauter gutes und schönes von dir – Herr Städel kam mit
großem Jubel – brachte mir liebe Nachrichten – und
ich hatte einen frohen Tag – Aber die Lisel! daß die vor
Freude nicht närrisch wurde war ein großes Wunder –
die Spitzen sind ganz herrlich – und daß du sie gekauft
hast, daß ein Mann wie du an sie gedacht hat – das ver-
wirlwete sie so, daß der Wahnsinn nicht weit entfernt
war /: denn Stoltz ist ihre Hauptleidenschaft :/ Wie
kan ich das je vergelten? – Das will ich ihr sagen – wenn
jemand von Weimar her kommt – Sohn – Tochter,
oder Enckel dann mache sie ihre Sachen so brav wie
bey der Frau Geheimde rathin – das ist das beste womit sie sich danckbahr beweißen kan – auch ich dancke

dir vor das schöne Geschenck – und habe schon an deine
Liebe Frau geschrieben – und meinen Danck mit der
Liessel ihrem vereinigt. Deine Liebe Frau hat mir auch
bey Ihrer Ankunft in Weimar einen gar lieben Brief
geschrieben. Das Spaa wasser hatte sogleich besorgt –
Gott! Seegne die Nach Cur! Den Brief an Herrn Milius
habe sogleich bestelt. Jetzt habe alles fein und richtig
beantwortet – nun Franckfurther Neuigkeiten. Ver-
gangenes Jahr war Frau Syndicus 4 Monath in München bey Ihrem alten Freund Fritz Jacobi – ein gewißer
Profeßer Breyer wurde von Landshut nach München
an die neue Academi – /: wo Fritz Jacobi Semmering
und andre sich schon befanden :/ berufen – Frau Syndicus Ihre Tochter Hennriette und oben benanter Breyer
Logirten sampt und sonders bey Fritz Jacobi – Breyer
dem gefiehl das Mägchen Er trug Ihr seine Hand an,
und wurde ——— abgewißen – Sch[l]ossers kamen im
Herbst hieher zurück – und die Sache war bendigt. Im
Mertz dieses Jahr, hatte die gute Schlossern das große
Unglück ihren Sohn an einem Nerfenfieber das Er sich
in den Preusischen Spietälern in Konigsberg zugezogen
hatte zu verliehren – da Sie mit Ihrer Tochter allein
war und beide äußert niedergeschlagen; so wurde be-
schlossen Lotte Jacobi von München hieher kommen
zu laßen um eine kleine Diversion zu machen: Sie kam
– unter allerhand Gesprächen und gespräsel kam auch
Profeßer Breyer wieder aufs Tapet Tante Lotte wußte
so viele gute Eigenschaften; so viele edle Thaten von
Ihm zu erzählen daß Hennriette in einem Anfall /:
Gott mag wißen wie und aus was Grund :/ Ihm in
einem Brief Hand und Hertz anbot – Ihn einlude her-
zukommen u.s.w. Mittlerweile war man beschäfftigt
alles nach München zu schaffen – Ihre Wohnung kün-
gigte Sie auf – Tag und Nacht wurde gepact – Ballen

auf Ballen gingen nach München, die Betten wurden
eingepact ich liehe Ihnen ober und unter Betten – die
Kupperstiche wurden abgenommen – lehre Wände –
Lehre Stuben – es sahe aus wie in der Zerstöhrung Je-
rusamen – Nun kommt der Herr Profeßer Breyer als
Bräutigam – Er macht mir wie billig eine Visitte – ich
finde an Ihm einen artigen Mann – Er hat in Jena studirt – erzählte viel von dir und wie ich schon gesagt
habe Er gefiel mir – das war Donnerstag, ich sahe Ihn
Abend im Schauspiel – den andern Tag also Freytags –
kommt um Mittag der älteste Doctor Schlosser – sagt
mir mit verstöhrtem Gesicht Hennriete nähme Breyer
nicht, die ehemahlige Abneigung wäre bey seiner Erscheinung wieder aufgewacht – hätte seinen Abschied
– und ging den Augenblick nach München zurück. Der
krim der Jacobi einen braven Mann so zu beschimpfen
– das Geträsche in Franckfurth – das fragen wie u warum das mahle dir selbst aus – nun gings an ein Logi
suchen – Kisten und Kasten musten zurück u.d. mehr
die Frau Syndicus bleibt also vor der Hand hir. Ist das
nicht eine drollige Geschichte?? Ich vor meine Persohn
schreibe nun alle Narrheiten die sich in kurtzer Zeit
hir gehäuft haben der erstaunlichen Hitze zu, in Rom
sind 60 Menschen Närrisch worden – so arg ists nun
freylich bey uns nicht – aber auch Rom und Franckfurth!!! Der Herr Geheimde Rath von Gerning hat einen
Geistigen Umgang mit einer empfindsamen wittwe –
verspricht sich mit ihr – wird in der Kirche dem Gebrauch nach aufgeboten – wird aber so offte das wort
Coupolation ausgesprochen wird ohnmächtig – sie
scheiden in Pace von einander u.s.w. Demoiselle Busmann Enckelin von Frau Bethmann Schaff hat einen
Bräutigam – soll nur noch etwas warten läßt sich aber
von Clements Brentano entführen – die Hitze ist gantz

einlein Schuld – denn wenn es schlechte Menschen
wären ja da wäre es ein anders anders – aber es sind
allezusammen edle Seelen die schwatzen von Grundsätzen – Pflichten – Moralischen Ausübungen der
Pflichten gegen Eltern Verwanden u.s.w. Da lobe ich
mir das Stockische Hauß da lieben die Eltern die Kinder – die Kinder die Eltern da ist einem so wohl alles
was in dem Circkel lebt freut sich des Lebens – Was
habe ich diesen Sommer wieder vor vergnügte Tage
mit Ihnen in Ihrem Garten verlebt – da habe ich
Mährgen erzählen müßen /: denn unter uns :/ das ist
meine Briliante Seite – da wurde von dir gesprochen –
von deiner Lieben Frau – von allem was das Hertz
froh und das Angesicht frölig machte – alles ohne
Chrien und Brühen. Die guten Königsberger haben
eben erfahren was Ihr leider auch erfahren habt
enorme Einquartirung – Nicolovius hat ohnweit Königsberg ein hübsches Landgut das wurde auch sehr
mitgenomen Fourage – Pferde – Ochssen – was mit zu
nehmen war mußte mit Er mußte aus seiner Wohnung in ein ander Hauß unters Tach in elende Kammern Er hat 6 Kinder 5 Knaben ein Mädelein, der
älteste 10 Jahr alt lag kranck auf den Tod – der mußte
mit in die Miserabele Wohnung – seine Frau wollten
sie prügeln weil sie 12 Eyer verlangten und waren nur
2 im Hauß u.s.w. Louise ist aber gerade so ein braves
Weib, wie Ihre Tante Goethe und hatte eben den
Muth – die Hertzhaftigkeit und den Frohsinn. Nach
einigen Tagen da ordnung und Ruhe hergestelt waren
– ging Sie mit Mann und Kinder ins Fränsoische Lager
– Vergaß über der Ordnung – Schönheit – und der Exe-
lenten Musick alle ausgestandene Leiden, bewiße dadurch daß Sie von mir abstammte und von meinem
Blut war. Betine Brentano ist über die Erlaubnüß dir

zuweilen ein plättgen zu schicken zu dörfen entzückt – antworten solt du nicht – das begere Sie nicht – dazu wäre Sie zu gering – belästigen wolle Sie dich auch nicht – nur sehr selten – ein Mann wie du hätte größeres zu thun als an Sie zu schreiben – Sie wolte die Augenblicke die der Nachwelt und der Ewigkeit gehörten nicht an sich reißen.

Jetz noch ein Wort an meine Liebe Tochter. Eestens werde Ihnen ein Kleid schicken das zu einem Überzug vor Ihren Peltzrock sehr schicklich ist – es ist beynahe noch neu sonst würde es nicht zu dem Zweck paßen – attlas und andere Seiden zeuge sind zu dünne und verschieben sich gleich – finden Sie es aber nicht nach Ihrem Geschmack so tragen Sie es als Kleid. Castanien sollen auch kommen dieses Jahr müßen sie prächtig seyn. Dißmahl habe ich aber geschrieben, daß mir die Finger wehe thun – und vor der Hand weiß ich auch weiter nicht als daß wir täglich noch Einquartirung haben.

Lieber Sohn – Liebe Tochter
Lieber Enckel Lebt wohl
diß wünsch von
Hertzens Grund
Eure
treue Mutter u Großmutter
Goethe.

396. An Goethe

den 6$^{\underline{ten}}$ October 1807

Lieber Sohn!

Dein Brief der so ahnmuthig – lieblich und Hertzerquickend war machte mich froh und frölig! Da nahm ich nun sogleich die wohlgeschnitte Feder zu Hand und schriebe das was jetzt folgt. Spaa wasser

kanst du haben; so viel du haben wilst – und so lang
du es vor gut findest – die Adreße ist: An Frau Räthin
Goethe – so offte du es also nöthig hast, so laße es
michs wißen – es versteht sich daß du immer schreibst
wenn du noch einen Vorath im Keller hast – denn man
hat die Fuhrleute nicht immer gleich bey der Hand –
an dem Wasser selbst fehlt es nie, Sommer und Winter ist es zu haben, es kommt schon gepackt aus Spaa
wird nur wenn es verschickt wird verpicht – die größten Kisten halten 50 – die kleinsten 30 Bouteillien – es
wird weit und breit verschickt. Nun hast du eine deut-
liche Beschreibung des dir so wohlthuenden Wassers.
Gott! Seegne ferner den Gebrauch an *dir* und andern.
Daß das überschickte Kleid noch zu so einem guten
Endzweck gebraucht werden soll freut mich sehr. Fast
täglich hat meine Lisse mit den herrlichen Spitzen
noch einen Festtag – wer zu mir kommt muß sie sehen,
am Freytag waren Stocks auf einen Thee und Rapuse
Spielgen bey mir da kammen denn die Spitzen nathtürlich auch zum Vorschein, wurden bewundert – gelobt – und wer war glücklicher als Lisse! Herr Städel
hat auch mit großem Jubel von dir gesprochen – und
wird nicht müde das Carls baad zu loben – es hat Ihm
aber auch gute Dinste gethan. Diese Meße war reich
an – Profeßoren!!! Da nun ein großer theil deines
Ruhmes und Rufens auf mich zurück fält, und die
Menschen sich einbilden ich hätte was zu dem großen
Talendt beygetragen; so kommen sie denn um mich
zu beschauen – da stelle ich denn mein Licht nicht
unter den Scheffel sondern auf den Leuchter versichre
zwar die Menschen daß ich zu dem was dich zum großen Mann und Tichter gemacht hat nicht das aller
mindeste beygetragen hätte /: denn das Lob das mir
nicht gebühret nehme ich nie an :/ zudem weiß ich

ja gar wohl wem das Lob und der Danck gebührt,
denn zu deiner Bildung in Mutterleibe da alles schon
im Keim in dich gelegt wurde dazu habe ich warlich
nichts gethan – Villeicht ein Gran Hirn mehr oder
weniger und du wärstes ein gantz ordinerer Mensch
geworden und wo nichts drinnen ist da kan nichts raus
kommen – da erziehe du das können alle Pilantopine
in gantz Europia nicht geben – gute brauchbahre Menschen ja das laße ich gelten hir ist aber die Rede vom
auserordendtlichen. Da hast du nun meine Liebe Frau
Aja mit Fug und Recht Gott die Ehre gegeben wie das
recht und billig ist, jetzt zu meinem Licht das auf dem
Leuchter steht und denen Profeßern lieblich in die
Augen scheint. Meine Gabe die mir Gott gegeben hat
ist eine lebendige Darstellung aller Dinge die in mein
Wißen einschlagen, großes und kleines, Wahrheit und
Mährgen u.s.w. so wie ich in einen Circul komme wird
alles heiter und froh weil ich erzähle. Also erzählte ich
den Profeßoren und Sie gingen und gehen vergnügt
weg – das ist das gantze Kunstück. Doch noch eins gehört dazu – ich mache immer ein freundlich Gesicht,
das vergnügt die Leute und kostet kein Geld: sagte der
Seelige Merck. Auf den Blocksberg verlange ich sehr –
dieser Ausdruck war nichts nutz – man könte glauben
ich wartete mit Schmertzen auf den 1$\underline{\text{ten}}$ May – also
auf die Beschreibung deines Blocksberg warte ich; so
wars beßer gesagt. Alle Freunde sollen gegrüßt werden. Obst die Hüll und die Füll, mein kleines Gärtgen
hat reichlich getragen – zum Eßen wars zu viel zum
Verkaufen zu wenig – da habe ich denn brav in Bouteillien eingemacht – Ich und Liesse Eßen daß uns die
Backen weh thun.

Die kleine Brand hat ein gutes Angagement in Cassel erhalten. Mit unserm Theater gehts auch gut – in

der Meße hatte es gute Einnahme, das ewige Regenwetter half mit dazu, die Frembten wußten sonst keinen Ausweg – das ist doch wieder ein gantz manierli-
cher Brief – Vor heute abend genung – Ich erwarte also
Order wenn ich das Spaa wasser schicken soll. Meine
Liebe Tochter – den Lieben Augst grüße hertzlich von

Eurer
treuen Mutter u Großmutter
Goethe.

397. An Goethe

Dinstags d 27$^{\underline{ten}}$ October 1807

Lieber Sohn!

Samstags d 24 October ist Fuhrmann Orbel mit den
30 Flaschen Spaa Wasser nach Weimar abgegangen du
erhälts sie franck und frey – die Fracht ist bezahlt.
Gott! Laße die Nach Cur ferner gesegnet seyn – du
darfst nur schreiben wenn du in Zukunft es benöthigt
bist. Seit dem 24$^{\underline{ten}}$ dieses haben wir hir ein prächtiges
Schauspiel. Die Kayerlichen Garden gehen hirdurch
nach Maintz in ihr Vaterland – d 24$^{\underline{ten}}$ kamen 1821 Jäger zu Fuß – vorgestern 1767 Grenadir zu Fuß – Ge-
stern hielten sie Revüe auf dem Roßmarck – heute
kommen 2372 Füselirer Mittwoch 1091 Jäger zu
Pferd – Donnerstag 657 Dragoner – und den 31$^{\underline{ten}}$ 1051
Grenadir zu Pferde – Nein so was hat die Welt noch
nie gesehn – alle wie aus einem Glas schranck kein
schmützgen – kein Fleckgen – und die Prächdigte Musick – mir gehts wie dem Hund in der Fabel – abweh-
ren kans ichs nicht – zerzaußen mag ich mich nicht
laßen – gerade wie [der] Hund, ich – Eße mit. Das ist
verdollmescht – Ich freue mich des Lebens weil noch
das Lämpchen glüht – suche keine Dornen – hasche
die kleinen Freuden – sind die Thüren niedrig so bücke

ich mich – kan ich den Stein aus dem Wege thun so
thue ich – ist er zu schwer, so gehe ich um ihn herum –
und so finde ich alle Tage etwas das mich freut – und
der Schluß stein – der glaube an Gott! der macht mein
Hertz froh und mein Angesicht fröhlich – ich weiß daß
es mir und den Meinen gut geht – und daß die Blätter
nicht einmahl verwelcken, geschweige der Stamm.
Heute ist uns starcke Einquartirung angekündigt worden, die oben genanden 2372 Mann – Sie sollen bey
mir mit Schweinebraten gelalirt werden u.s.w. Herr
von Gerning läßt sich dir bestens empfehlen – und du
wirst von Ihm gedörses Obst erhalten – die Kastanien
sind noch nicht gut es sind mir aber sehr schöne versprochen – da solt Ihr Euren theil wohl erhalten. Heute
wie gesagt gehts bunt bey uns zu der Brief muß also
fertig seyn ehe die Gäste kommen – ich muß mich auf-
tacklen um am Fenster den Wirrwarr zu besehen.
Lebt wohl! Grüße deine Lieben von Eurer

treuen Mutter u großmutter
Goethe.

398. An Christiane von Goethe

den 7<u>ten</u> November 1807

Liebe Tochter!

Gestern sind die Kastanien mit dem Postwagen zu
Euch abgegangen – Wein und Kastanien sind das nicht
geworden was alle Welt geglaubt und gehoft hat, der
Regen bliebe zu lange aus – der September war
schlecht – der October zwar sehr schön, er konte die
Sache aber nicht mehr gut machen. Wollen zu frieden
seyn, und Gott vor das dancken. Von Ihnen Liebe
Tochter! Habe ja lange nicht gehört, daß Sie immer
beschäfftig sind weiß ich gar wohl – denn so eine

fleisige – thätige – Sorgliche Haußfrau gibts wenige –
Sie sind aber auch überzeugt wie sehr ich Ihnen
schätze und liebe – also weiß ich garwohl, daß zum
Briefschreiben Ihnen wenig Zeit übrig bleibt – auch
verlange ich es nicht – wenn ich nur zu weilen erfahre
– daß Sie Liebe Tochter – und Mein Sohn – Augst mit
eingeschloßen wohl und vergnügt sind daran genügt
mir. Das Spaawasser ist hoffendlich glücklich angelangt? Wenn ich wieder schreibe soll der Brief länger
gerathen – nur melde noch, daß ich gesund und vergnügt bin – und daß ich unter Hertzlicher Begrüßung
bin
                                        Ihre
                                   treue Mutter
                                     Goethe.

399. An Christiane von Goethe

                              den 21$^{\underline{ten}}$ November 1807

            Liebe Tochter!
   Da die Christfeyertage heran nahen; so mögte gerne
wißen mit was ich Euch meine Lieben eine kleine
Freude machen könte – Augst soll dißmahl beßer bedint werden als vorm Jahr – mit Schrecken und Verdruß habe vernommen, daß das Tuch so Miserabel aus
gefallen war, dem soll vorgebeugt werden – sachver-
ständige sollen /: im fall es wieder etwas von Tuch
seyn soll :/ es besorgen – bitte was der Liebe Augst aus
wählt – Ehlen maß und Farbe genau zu bestimmen. Vor
Ihnen Liebe Tochter habe ich im Sinn ein Kleid das
Sie zum Staate tragen könnten – nun ersuche Ihnen
mir Ihre Lieblings Farbe anzugeben – wenn mann
keine große Gaderobe hat; so bin ich sehr vor ein Kleid
portirt das mann Winter und Sommer tragen kan –
deß wegen habe ich Ihnen noch nie etwas von Attlas

geschickt – sollten Sie aber belieben darann haben; so
melden Sie es nur – Ich erwarte demnach über obiges
bald eine bestimte Antwort. Lange – lange habe ich
von Euch Ihr Lieben nichts gehört – ich hoffe daß das
Sprichwort bey Euch eintrift was lang wäret wird gut.
Die Castanien werden nun auch glücklich angekommen seyn? Ich habe einen Interssanten Besuch gehabt –
Humpoldt der große Reißende war bey mir, und hat
sehr beklagt daß Er Nachts um 1 uhr durch Weimar
pasirt ist, und demnach meinen Sohn nicht hat sähen
können. Es ist jetzt still und ruhig bey uns, indem wir
keine Franschöische Garnison hir haben – wenn die
Durchmärsche wieder angehn – wird es schon wieder
unruhig werden. Alle Freunde Besonders die Stok-
kische Familie grüßen Euch hertzlich – das thue auch
ich – und bin wie immer

Eure
treue Mutter
Goethe.

N. S. Daß Sie Liebe Tochter Ihren Lieben Mann, und
Augst von mir auf freundlichst grüßen sollen versteht
sich von selbst.

400. An Christiane von Goethe

> ich habe das Datum auf die unrechte
> Seite geschrieben, der Tag ist bald zu
> Ende ich bleibe zu Hauß und dencke
> an das Rebhun – belieben weiter unten
> nachzusehn.

Den 14$^{\underline{ten}}$ November [Dezember] 1807

Liebe Tochter!

Hier kommt das Christgeschenck – ich hoffe es wird
Ihnen und Augst wohlgefallen der Confect kommt wie

allemahl nach – Die Familie Brentano sind /: biß auf
die Betina die noch in Caßel ist :/ wieder hir – die können nun mit rühmen, lobpreißen – Dancksagungen
nicht zu Ende kommen – So wie es Ihnen bey Euch ergangen ist; so ist nichts mehr – die Ehre die Ihnen
wiederfahren – das Vergnügen so sie genoßen – Summa
Sumarum solche vortrefliche Menschen so ein schönes
Hauß; so eine Stiege; so ein Schauspiel – das alles ist
nur bey Goethe anzutrefen – das ist alles nur Stück-
weise erzählt worden, den der Betina dürfen Sie nicht
vorgreifen die will mir alles selbst erzählen – Ihr meine
Lieben könt leicht dencken welchen Freudentag Sie
mir dadurch gemacht haben – und welche Freude mir
durch Betinens Erzählung bevorsteht – Auch vor dieße
Freude dancke ich Euch von Hertzen. Vor 8 Tagen
haben wir Rußen zur Einquartirung gehabt – lauter
schöne höffliche – wohlgezogne Leute – ich hatte zwey
junge überaus liebe Menschen – Sie wurden auch in
der gantzen Stadt mit Liebe und Freundlichkeit auf-
genomen und das mit Recht – denn nicht eine einzige
Klage und waren doch 1800 und alle lieb und gut! Sagt
doch das bey Gelegenheit Euerer Erpprinßes – die soll
ja so Liebreich und vortreflich seyn – und auch die
geringsten Ihres Volcks schätzen – Villeicht macht Ihr
so ein Zeugnüß einer gantzen nicht gantz unbedeu-
denten Stadt einiges Wohlbehagen. Und nun kommt
noch was das ist uns noch nicht pasirt – alle Einquarti-
rungs Billiet sind mit dem Stempel worauf ein F. steht
gestempelt und dabey wurde gesagt die Einquartirung würde bezahlt – so wenig es vor mein theil tragen
mag – so nehme ichs, um mich rühmen zu können
von dem Ruschischen Kaiser etwas erhalten zu haben,
Verbürgen kan ich diese Sage nicht – allein die ge-
stemmelten Billiet müßen doch etwas bedeuten – von

mir solt Ihr es erfahren, denn es sollen noch mehre Rußen hieher kommen. Hir schneidts wie in Lappland
meinetwegen mag es schneien oder haglen, ich habe
zwey warme Stübger und ist mir gantz behaglich – bey
so stürmischem Wetter bleibe ich zu Hauß, wer mich
sehen und hören will muß mir eine Kusche schicken –
und so gantz allein Abens zu Hauße ist mir eine große
Glückseligkeit. Frau Aja! Frau Aja! Wenn du einmahl
in Zug komst seys Schwatzen oder Schreiben; so gehts
wie ein aufgezogner Bratenwender – Bratenwender?
das Gleichnüß ist so übel nicht, man zieht ihn doch
nicht auf wenn im Hauß entweder Fast Tag oder Armuth ist – sondern wenn was am Spiß steck das zum
Nutzen und Frommen der Famile genößen werden
soll – Ich glaube also ich laße ihn noch laufen biß ich
Euch von meiner Abend Glückseligkeit einen kleinen
Begrief gemacht habe. Zu dem Heiligen Johannis kam
einmahl ein Frembter der viel vom Johannis gehört
hatte, Er stellte sich den Mann vor wie Er studirte
unter Manusprickten saß verdieft in großen Betrachtungen u.s.w. Er besucht ihn, und zu seinem großen
Erstauen spielt der große Mann mit einem Rebhun
das ihm aus der Hand aß – und Tausend Spaß trieb Er
mit dem zahmen Thirgen – Johannes sahe dem Frembden seine Verwunderung an thate aber als merckte Er
nichts – im Diskurs sagte Johannes sie haben da einen
Bogen laßen sie ihn den gantzen Tag gespant – behüte
sagte der Frembte das thut kein Bogenschütz der Bogen erschlaft, mit der Menschlichen Seele ists eben so,
abgespant muß sie werden, sonst erschlaft sie auch
sagte Johannes. Nun bin ich freylich kein Johannes aber
eine Seele habe ich die wenn sie mir gleich keine Offen-
bahrung dictir – doch den Tag über im kleinen sich
anstrengt und gerechnet daß sie einen köprper 76 Jahr

alt bewohnt absolut abgespant werden muß – davon
ist die Rede nicht wenn ich unter guten Freunden bin,
da lache ich die jüngsten aus – auch ist nicht Rede
vom Schauspiel da villeicht keine 6 sind die das Lebendige Gefühl vor das schöne haben wie ich, und die sich
so köstlich ammusiren. Die Rede ist wenn ich gantz
allein zu Haußе bin, und jetzt schon um $^1/_2$ 5 uhr ein
Licht habe – da wird das Rebhun geholt – da bin
ich aber auch so erpicht drauf, daß keine Seele
mehr zu mir darf. Geheimniß ist die Sache nicht den
alle meine Freunde kennen das was ich Rebhun nenne
– aber das würden sie nicht begreifen, daß eine Frau
wie ich ihre Einsamen Stunden damit hinbringen
könte – ihre Seelen die den gantzen Tag abgespant
sind, das mann sehr an ihrer Unterhaltung merckt –
haben demnach von abspannen keine Begrief. Wenn
es also bey Euch 5 Uhr ist; so denckt an diejenige die
ist u bleibt

Eure
treue Mutter
Goethe.

N. S. Die Liesel legt sich Euch allen zu Füßen, u bittet
um beybehaltung Eurer Gnade.

401. An Christiane von Goethe

den 25<u>ten</u> December, als am
heiligen Christtag [1807.]

Liebe Tochter!
Es überschickt Demoiselle Meline Brentano inliegendes Käppgen nebst vielen hertzlichen Empfehlun-
gen. Betina ist noch nicht hir sondern in Kassel. – Das

Christkindlein werdet Ihr wohl empfangen haben auch
den Confect? Auf Order der neuen Einrichtung der
Postwägen kan man die Sachen nicht mehr gantz Fran-
ckirt nach Weimar schicken, sondern nur biß Hersfeld -
dieses nur zur Nachricht damit Ihr nicht etwan dencken möget die Mutter wäre so munnsterhaft und ließe
vor ihre kleine Geschencke das Porto bezahlen. Am
kürtzen Tag habe ich wieder zwey Russen zur Einquartirung gehabt – liebe – gute Leute. Auf die Feyertage sind die neuen Wercke meines Sohnes alle aus
geliehen – die guten Freunde glauben /: und zwar mit
recht :/ daß sie sich die 3 Feyertage nicht beßer unterhalten könten – Seine Eugenie das ist ein Meister-Stück –
aber die Großmutter hat auf neue die Lateinischen
Lettern und den kleinen Druck zum Adrachmelech
gewünscht, Er laße ja nichts mehr so in die Welt aus-
gehn – halte fest an deuschem Sinn – deuschen Buchstaben den wenn das Ding so fortgeht; so wird in
50 Jahren kein Deusch mehr weder geredet noch geschrieben – und du und Schiller Ihr seid hernach Clas-
sische Schrieftsteller – wie Horatz Lifius – Ovid u wie
sie alle heißen, denn wo keine Sprache mehr ist, da ist
auch kein Volck – was werden alsdann die Profesoren
Euch zergliedern – auslegen – und der Jugend ein-
pleuen – draum so lang es geht – deusch, deusch geredet – geschrieben und gedruckt. Jetzt Liebe Tochter!
Leben Sie wohl! Die Kappe mus auf den Postwagen.
Grüßen Sie Ihren Lieben Mann, und sagen Augst auch
die Großmutter freue sich aufs Wiedersehn nur viel
Wein kriegt Er nicht – damit kein Böserhals mich
ängstigt. Behaltet Lieb

Eure
treue Mutter u Großmutter
Goethe.

402. An Goethe

Freytags d 15ten Jenner 1808

Lieber Sohn!

Hier kommt das Loos – welche Freude will ich haben, wenn es glücklich aus fält – Ich habe es durch meinen Freund Nicolaus Schmidt erhalten, der bey der
Lotteri mit Director ist, du braucht dich um gar nichts
zu bekümern, gar nicht dich zu bemühen; so wie eine
Claße gezogen ist, bekommt du die Lißte – im glücklichen Fall wird der redliche Freund alles aufs beste besorgen – 1 f habe ich als Agio zurück erhalten es wird
Gelegenheit geben ihn vor dich anzuwenden.

Vielen Danck vor das Liebe, schöne Calenderlein –
es hat mir große Freude gemacht – Bettine ist vor
Freude außer sich über deinen Brief, Sie brachte mir
ihn im Triumpf – auch über Herrn Riemers Verse –
Weimar ist Ihr Himmel – und die Engel /: das gantze
Hauß gehört dazu :/ seyd Ihr!!! Betine sagte mir Freulein von Goechhaußen wäre gestorben ist das wahr?
ich hatte nach einem langen Zwischenraum wieder
einen Briefwechsel mit Ihr wegen gedörtem Obst auf
einmahl war alles wieder still, das macht mich die
Nachricht glauben. Meine Freude ist aber über allen
Ausdruck, daß du diesen Winter so gesund und vergnügt bist – Gott! Erhalte dich ferner – und laße das
Jahr 1808 ein Seegens jahr vor Uns alle seyn Amen. Unter den Christen gibts hir außer Masqen und Casino
Bällen nichts neues, aber das Volck Israhel zu deusch
die Juden sind an ihrem Mesias etwas irre geworden,
Unser gnädigster Fürst Primas erlaubte ihnen zum
Anfang Seiner Regirung die Spatzirgänge vor den
Thoren mit den Christen gemeinschaftlich zu gebrau-
chen – da bildeten sie sich nun ein das es immer weiter

gehen würde und sie sahen die Thore des neuen Jeru-
salems sich öffnen – aber da kam bey Varrentrapp und
Wenner etwas dedruckes ehraus das dem neuen Jerusalem gar nicht ähnlete und sie stutzig machte – Neue
Stättigkeit und Schutz-Ordnung der Franckfurther
Judenschaft – ein wahres Meisterstück in seiner art
Bey Gelegenheit schicke ich dir es – nun kommen allerley Epigramen in Umlauf – witzig sind sie ob aber
alles von ihnen kommt ist noch die Frage eins aber
gefält mir besonders – das sonst sogenandte Eschen-
heimer Thor heißt jetzt das Carls Thor im hinaus gehen steht ein lateinisches Ɔ – gucke einmahl sagte ein
Jude zum andern das erste Virtel – guck einmahl was
draus steht sagt der andre C siet du net es ists letze
Virtel. Wenn du einmahl wieder her kommen solstest
würdest du die Ausenseite deiner Vaterstadt nicht
mehr kennen um die gantze Stadt vom Bockenheimer
biß zum Allerheiligen Thor gibts einen Parck ein Bos-
ket – freylich ist es noch im Werden denn in einem
Jahr ist das gantze ohnmöglich zu beendigen – aber
vom Bockenheimer biß zum Karlsthor ists schon gantz
vortreflich – und ob deine Lands Leute promeniren?
das glaube du und an einem schönen Sontag verpro-
miniren sie alles sonstige Ungemag ihre Devise ist:
Leichsinn und gutes Hertz. Nun habe ich einmahl wieder geschrieben daß es art und schick hat, und zwar in
einer mir gantz ungewöhnlichen sonst incomoden
Stunde das ist nach dem Essen, die Tage sind aber
kurtz, und Morgens ist die Zeit vor meine Bekandten
um mir die Cur zu machen – Der Brief ist doch noch
nicht zu Ende, denn meiner Lieben Tochter muß ich
dancken vor Ihren Lieben Brief – daß das Kleid Ihnen
meine Liebe – Beste wohlgefallen hat freut mich ungemein – der Tag an dem Sie es anziehen sey allzeit ein

Wonne und Freudentag. Jetzt auch meinen schönsten
Danck meinem Lieben August vor seyn Liebes Schreiben – ich wolte ich hätte das Schauspiel mit ansehn
können – das war ein guter Gedancke von deinem
Herrn Oheim und Brav von den Schauspielern – Wenn
du her komst mußt du mir das alles recht deutlich erzählen. Nun wäre wieder einmahl die Sachen besorgt –
das Loos – die Antwort auf alle Eure Briefe. Melina
freut sich sehr daß das Käppgen so gut ist aufgenommen worden. Jetzt nur noch eins – Habe die Güte und
berichte die glückliche Ankunft dieses Briefes – damit
ich wegen des Looses außer Sorgen komme. Lebt wohl!
und seid versichert daß ich ewig bin

Euer aller
treue Mutter und Großmutter
Goethe.

403. An August von Goethe

den 28<u>ten</u> Mertz 1808

Lieber August!

Werthgeschätzer Herr Enckel!

Ich schreibe dir gleich mit umlaufender Post – damit
du erfährts wie es mit dir gehalten werden soll – du
Logiers bey keinem Menschen als bey mir – dein Stübgen ist vor dich zubereitet – das wäre mir eine saubre
Wirthschaft meinen Lieben August nicht bey mir zu
haben – Incomodiren solst du mich nicht – dein Vater
hat ja sein Wesen drinnen gehabt – deine Mutter ebenfals – und du ditto vor zwey Jahren – Wir wollen recht
vergnügt seyn – ich freue mich drauf – daß nicht viel
Raum in der Herberge ist das wüst Ihr ja von je – wir
loben *doch* die Christel und die Salome. Auf deine
Herkunft freuen sich hertzinniglich Betina – Stocks –
Schlossers – und noch viele andre brave Menschen-

kinder – die Großmutter ist auch diesen Winter gantz
Alegro – sie steckt aber auch wegen ihrem Todtfeind
dem Nord Ost wie in einer Baumwollenen Schachtel –
ist den gantzen Winter nicht ins Comedien spiel ge-
gannen – bey gute Freunde desto mehr – aber in Peltz
gehült von oben an biß unten aus – und wenn es so
fortgeht so triefts du mich gesünder an als deine Liebe
Mutter mich vorm Jahr gesehen hat – da war ich an
Leib und Seele sehr Contrackt und gähnte die Leute an
im Tackt. Wenn ich so gerne schriebe als schwätzte;
so soltet Ihr Wunder hören – dieses Glück soll dir be-
schieden seyn – freue dich einstweilen drauf – Wir haben auch jetzt ein Museum – da steht deines Vaters
Büste neben unserm Fürsten Primas seiner – der Ehren
Platz zur Lincken ist noch nicht besetzt, es soll von
Rechts wegen ein Franckfurther seyn ja könt eine
weile warten – bey so einer Occasion oder Gelegenheit
fält mir immer das herrliche Epigram von Kästner ein
Ihr Fürsten – Graffen und Prelaten – auch Herrn und
Städte ins gemein – vor 20 Spesies Ducaten – denck
doch!!! soll einer Goethe seyn. Grüße deinen Lieben
Vater! ditto Mutter. *Vivat* die erste Woche im Aprill.
Behaltet mich lieb

Goethe.

404. An Christiane von Goethe

Freytags d 22ten Aprill 1808

Liebe Tochter!

Heute Morgens um 5 uhr ist unser *Lieber* Augst nach
Heidelberg abgereißt – in Gesellschaft eines gar lieben
jungen Mannes der dort Medicin studirt nahmes Pa-
savant von hir. Gott Seegne seine Reiße und seine studien – hir hat Er sich sehr beliebt gemacht – durch seine

Lieblichkeit – anständiges Betragen – mit einem Wort durch sein äuserliches und innerliches – auch kame Er gerade zu einer Zeit wo manches zu sehen war das mann villeicht nie wieder sieht – z.E. das Fest das unsere Bürgerliche Offizire dem Primas gaben das war – das war so geschmack voll, so schön und prächtig – und sucht seines gleichen – Bethmann verschaffte Ihm ein Billiet – Bey unserm Fürsten hat Er nebst mir gespeißt – der Fürst tranck meines Sohnes gesundheit und war gantz allerliebst – Ein großes Vergnügen war das Schauspiel da war Er alle Abend – Schlossers – Brentano – Gerning – Loeonhardi erzeichten Ihm viele Freundschaft – das angenehmste Hauß mangelte Ihm freylich – der gute Schöff Stock lag an einem Gallenfieber sehr kranck darnieder, ist aber auf der Beßerung – So eben kommt ein Brief von Weimar der nun liegen bleiben muß doch so eben fält mir ein daß er nicht liegen bleiben soll ich schicke ihn Ihm heute nach und adreßire ihn an Voß. Aber über den Lieben Gast ist das welsche Korn beynahe vergeßen worden – doch soll es die künftige Woche erscheinen. Jetzt Liebe Tochter leben Sie wohl! Grüßen meinen Sohn mündlich oder schrieftlich von Ihrer

treuen
Mutter Goethe.

405. An Christiane von Goethe

den 31ten Aprill [1.Mai] 1808

Liebe Tochter!

Um den Postwagen nicht zu versäumen – empfangen Sie vor heute nur diese wenige Zeilen. Diese beyde hir beykommende große und kleine Schaals sind von dem neusten Geschmack – wünsche daß sie Ihnen gefallen mögen.

Unser kleiner ist nun an dem ort seiner Bestimmung,
Gott! erhalte Ihm gesund – und seegne seine Studien –
Er ist Brav und alles wird gut gehen. Heute geht meine
Zeit sehr zusammen Abschieds Visitte beym Primas –
und sonst allerley – also bald ein mereres – Grüßen
Sie meinen Lieben Sohn! und behalten Lieb

Ihre
treue Mutter
Goethe.

N. S. Das Welsch korn wird jetzt angekommen seyn?

406. An Christiane von Goethe

Montags d 2ten Mai 1808

Liebe Tochter!

Mit dem heutigen Post wagen solte an Ihnen – eine
groß Schaal und ein Modernes kleines Halstuch abgehn
– alles war schön amballirt u.s.w. nun ereigente sich
ein Umstand der sich die ältesten Post Offvisianten
nicht erinnern erlebt zu haben, nehmlich der Wagen
war so voll, daß das kleine Päckgen keinen Raum mehr
darauf finden konte – zu dem Ende schreibe ich diese
paar Worte – damit Sie nicht glauben daß der Wagen
/: der nun erst künftigen Freytag den 6ten May von hir
wegfährt :/ so lange unterwegs geblieben wäre da
mein beyliegender Brief die letzten Tage des Aprills
datirt ist – weiter soll dieser Brief nichts Ihnen sagen
oder berichten – Grüßen Sie Ihren Lieben Mann – und
behalten mich Lieb

Ihre
treue Mutter
Goethe.

407. An Esther Stock

v. H. d 9ten May 1808

Liebe Freundin!

Gestern hielte der Feuer und heute der Wasser Regen mich ab dir in Persohn mein Hauben anliegen zu eröffnen – verzeihe die Mühe, und höre bedächtlich und aufmercksam zu!! Von meinem beykommenden Machwerck hätte ich gern eine Haube nach dem vorige[n] Model – weiß Band versteht sich – auch mögte ich sie gern bald haben im fall die demoiselle die weite und länge nicht mehr im Gedächtnüß hätte; so steht eine Musterhaube zu dinsten. Beykommenden Filosch laße waschen – Behalte Lieb deine treue Freundin –

Goethe.

Jetzt ein Wort – eine Frage – wie befindet sich mein Lieber Freund Stock?? Ich hoffe Ihn bald wieder so munter – Vergnügt und heiter wie ehemahls zu sehen! Hertzliche – freundliche Grüße an meinen vortreflichen Freund! Käthgen und Rikgen und Carl nicht zu vergeßen – noch einmahl Lebt wohl!

408. An August von Goethe

den 17ten May 1808

Lieber Augst!

Hier Lieber Freund ein Briefelein von deinem Lieben Vater – und von der Großmutter einen freundlichen Gruß und eine Frage – hast du die zwey hir zurück gelaßne Kistgen wohl erhalten? wenigstens sind sie gleich nach deiner Abreiße nach Heidelberg spedirt worden – ich zweifle also keines weges an ihrer glücklichen Ankunft. Wie gehts dirs dann in dem schönen Heidelberg? was hat Demoiselle Delpf gesagt? was

machen die Lieben Voß? Du wirst dencken, die Großmutter thut auch nichts wie fragen – Hier sind alle
Freunde wohl und laßen dich hertzlich grüßen – neues
pasirt hier nichts das dich amusiren könte – Rinaldino
hat die bleierne Arme bekommen – Lebe wohl!
Grüße die würdige Familie Voß – die Delpf – und Pa-
savand – behalte mich lieb; so wie ich ewig bin

deine
treue Großmutter
Goethe.

409. An Christiane von Goethe

den 3<u>ten</u> Juni 1808

Liebe Tochter!

Aus bey kommender Liste können Sie ersehen daß
das Looß 75 f gewonnen hat – viel ists freylich nicht,
doch beßer wie nichts – Haben Sie die Güte und
schicken mir das Looß und benachrichtigen mich ob
Sie das Geld – oder davor ein neues Looß und Ihr
Glück noch einmahl probiren wollen. Sie sind also vor
jetzt allein – haben aber die gute Hoffnung Ihren Lieben Mann neu gestärckt an Leibes und Seelen Kräfften
wieder zu sehen, und Sich mit Ihm des Lebens aufs
herrlichste zu erfreuen – Unser Lieber Augst befindet
sich /: so wie er mich berichtet hat :/ wie der Vogel im
Hanfsaamen – macht Sontags Fußreißen – und erfreut
sich an der herrlichen Gegend – und wird durch Gottes hülfe recht Brav. Es ist jetzt Gott sey Danck! Sehr
ruhig und still bey uns – vortrefliches wetter – Obst –
Wein – und Korn alles steht exzelent – wir hoffen es in
Ruhe zu genüßen – Meinem Sohn werde ich auch ein
paar Zeilen ins Carls baad schreiben – Leben Sie wohl!
und behalten lieb

Ihre
treue Mutter Goethe.

N.S. Betina ist im Reihngau die Grüße müßen also
warten biß Sie wieder komt.

410. An Goethe

den 3$\underline{^{ten}}$ Juni 1808

Lieber Sohn!

Dein Brief vom 9ten May hat mich erquickt und
hoch erfreut – Ja Ja man pflantzt noch Weinberge an
den Bergen Samarie – man pflantzt und pfeift! So offte
ich was gutes von dir höre werden alle in meinem
Hertzen bewahrte Verheißungen lebendig – Er! hält
Glauben ewiglich Halleluja!!! Er! Wird auch dißmahl
das Carlsbaad seegnen – und mich immer gute Nachrichten von dir hören laßen. Von deiner Lieben Frau –
und von Augst habe auch die besten Nachrichten –
heute habe an meine Liebe Tochter geschrieben und
Ihr gemeldet daß das Looß 75 f gewonnen hat es ist
doch beßer wie nichts – auch habe ich Sie gebethen mir
das Looß zu schicken und mich Ihre Gedancken wißen
zu laßen ob ich das Geld Ihr übermachen, oder ob Sie
den Gewinn an ein neues looß wenden und dem Glück
noch einmahl trauen will. Betina ist im Reingau, Sie
soll aber alles das gute das du von Ihr geschrieben hast
treulich erfahren. Auf deine Wercke warten wir mit
Sehnsucht und da wir sie bald bekommen werden in-
dem sie Gestern den 1$\underline{^{ten}}$ Juni hir in den Buchläden angekommen sind; so statte ich hirmit im Voraus in
meinem und in meiner Freunde Nahmen dir den
besten Danck ab – das wird uns ein großes Fest seyn,
den die 4 ersten Bände sind hertzerquickend – mir besonders der Erste – der kommt mir nicht von der Seite
– wolte ich alles dir darlegen was mich himlich entzückt; so müßte ich den gantzen 1$\underline{^{ten}}$ Band ausschrei-

ben aber nur einiges, das Epigram 34^b ist gantz herrlich
– die Braut von Corinth – der Gott und die Bajadere –
die Hochzeit – Eufrosine genung – wo man nur das
Buch aufschlägt ist ein Meisterwerck. Gott! Erhalte
dich! Gebe dir Freude die Hüll und die Füll – Behalte
Lieb

deine

glückliche u treue Mutter

Goethe.

411. An Goethe

d 1$^{\underline{ten}}$ Juli 1808

Lieber Sohn!

Deine Wercke sind den 29$^{\underline{ten}}$ Juni glücklich bey mir
angelangt – Ich – Sch[l]ossers – Stocks dancken auf das
hertzlichste davor – alle 8 Bände sind beym Buchbinder werden in halb Frantzband auf das schönste ein-
gebunden wie sich das vor solche Meister wercke von
selbst versteht. Dein Liebes Briefgen vom 22$^{\underline{ten}}$ Juni
war mir wieder eine tröstliche – liebliche – herrliche
Erscheinung – Gott! Seegne die Cur ferner – und laße
das alte Übel völlig verschwinden – und an Lob und
Danck soll es so lang ich athme nicht fehlen. Deinen
Lieben – freundlichen Brief an Betinen habe Ihr noch
nicht können zustellen Sie fährt wie ein Irwisch bald
ins Reingau – bald anders woherum so bald Sie kommt
soll Ihr dieses Glück werden. Herr Werner ist hir –
Frau von Staell gebohrne Necker war hir. In dieser
Jahres Zeit ist Franckfurth mit Frembten immer gepropft voll es ist wie eine Volcks Aus wanderung so gar
von Norwegen kommen sie, und alle sind erstaunt
über die Schönheit in Franckfurth besonders aber außer der Stadt – die alten Wälle sind abgetragen die alten Thore eingerißen um die gantze Stadt ein Parck
man glaubt es sey Feerrey – man weiß gar nicht mehr

wie es sonst aus gesehen hat – unsere alte Perücken
hätten so was biß an Jüngsten Tag nicht zu wegen gebracht – bey dem kleinsten Sonnenblick sind die Menschen ohne Zahl vor den Thoren Christen – Juden –
pele mele alles durcheinander in der schönsten Ordnung es ist der rührenste Anblick den man mit Augen
sehen kan – und das ist und wird alles ohne Unkosten
gemacht – die Plätze der alten Stadt Mauren – Wälle
werden an hisige Bürger verkauft – da nimbt der eine
viel der andre weniger jeder baut nach Hertzens Lust –
einer macht einen Bleichgarten – der andre einen Garten u.s.d. das sieht den Schamant aus – und hirmit
Basta! Laße mir den guten Augst mit Schreiben unge-
plagt ich weiß wo Er wohnt – weiß Er ist gesund – Er
macht Fußreißen, was soll ich denn noch mehr wißen –
plage den jungen nicht mitschreiben – Er hat villeicht
eine Ader von der Großmutter – Schreiben – Daumen
Schrauben es ist bey mir einerley – heute habe ich
3 Briefe zu Schreiben!! Einen an Herrn Vulpius, einen
an dich – einen an meine Liebe Tochter nach Lauchstädt Lebe wohl! Grüße Herrn Riemer – und behalte
lieb

deine
treue Mutter
Goethe.

N.S. Wenn ein Schauspieler nahmens Werdi dich
ohngefähr antrieft sey Ihm freundlich.

412. An Christiane von Goethe

Den 1<u>ten</u> Juli 1808

Liebe Tochter!
Ich wünsche Ihnen viel Freude in Lauchstädt – Hir
schicke ich Ihnen die No. vom neuen Looß – das Looß

selbst behalte ich hir – wovor soll es hin und her reißen
– gewinn oder Verlust erfahren Sie durch die Liste –
Die 4 neuen Bände habe vor mich – vor Schlossers –
vor Stocks – vor Herrn Reichard einen Brief an Augst
mit 2 Ducaten alles richtig empfangen alles richtig
besorgt. 1 f 30 xr habe am Looß zurück erhalten – sollens bey Gelegenheit richtig erhalten. Daß meinem
Sohn das Carls Baad wieder gut bekommt freut mich
wie Sie leicht dencken können von Hertzen – Gott!
Wird ferner sein Gedeien geben. Dencken Sie Liebe
Tochter! das ist heute der 3$\underline{te}$ Brief den ich schreibe!
Einen zur Dancksagung an Ihren Herrn Bruder – einen
an meinen Sohn! Und diesen an Ihnen – die Hitze ist
heut starck – gescheides kan ich vor heute nichts zusammen bringen – darum verzeihen Sie die kürtze –
einandermahl mehr von

Ihrer
treuen Mutter
Goethe.

413. An Bettina Brentano

[Anfang Juli 1808]

Liebe Gute Betina!

Da ich überzeugt bin, daß ich dir keine größe
Freude machen kan als durch gute Nachrichten von
meinem Sohn; so schicke dir inliegenden Brief der mir
das Hertz froh und das Angesicht frölig gemacht hat –
Auserdem ist deiner so danckbahr und freündlich darinnen gedacht, daß ich mich Sünde gefürchtet hätte dir
ihn biß zu deiner Rückkunft vor zu enthalten – dancke
Gott mit mir – *der* immer noch an den Weinbergen zu
Sammaria pflantzen und dazu Pfeifen läßt! Daß ich dir
die Freude gönne den herrlichen Frühling recht und
vollauf zu genüßen – daran zweifelts du wohl nicht –

Grüße die Lieben Freunde die mit dir genüßen, und glaube daß ich ewig bin

> deine
> wahre und treue
> Freundin
> Goethe.

N.S. Den überschicken Brief der mir so lieb ist – hebe wohl auf, und bringe mir ihn wieder mit.

414. An Bettina Brentano

Liebstes Vermächtnüß meiner Seele

Das ist einmal ein gar erfreulicher Tag für Uns, denn es ist unseres lieben meines liebsten Sohnes, und deines Bruders Geburtstag ich weiß zwar gar wohl daß du es gar nicht leiden kanst daß ich dir als Bruder schenk aber warum? – ist er dir zu alt? – da sey Gott vor, denn ein so kostbarer Stoff wie in diesem seinem Leib und Seele verwirkt ist der bleibt ewig neu, und ja sogar seine Asche soll einst vor andern das beste Salz haben an die eine Mutter absonderlich am Geburtztag zu denken Bedenken Tragen möcht, aber wir zwei sind nicht Abergläubig, und für seine Unsterblichkeit schon dergleichen Ängstlichkeit überhoben. Ich vorab hab gewonnen Spiel denn in diesem Jahr zähl ich 76 jahr und hab also den Becher der Mutterfreude bis auf den letzten Tropfen gelehrt; mir kann nicht unklücks-Schicksal aufgeladen mehr werden. – Doch ich muß dir zutrinken, denn mein Lieschen hat mir alleweil den besten Wein heraufgebracht und eine Boutelle Wasser, denn du weißt daß ich ein Wassernympf bin; und zwey Pfyrsich sind daneben, der ein für dich, der

ander für mich, ich werd sie beid verzehren in deinen
Nahmen, – und jezt stoß ich mit dir an, *Er soll Leben*!
Dann wollen wir weiter sprechen. Du wirst doch auch
wohl heunt an irgend einem plaisirlichen Ort seine
Gesundheit Trinken. – Jetzt sag ich dirs, es hat geschmeckt – ja es ist recht einsam in deiner und meiner
Vatterstadt! – das hab ich mir heunt überlegt beim
Aufwachen; die Sonn hat geschienen aus allen Kräften,
und hat mir bald zu heiß eingefeuert, aber sonst auch
nichts hat geschienen; Heunt Morgen kommen ein
paar – keiner denkt daran daß ich Mutter bin Heunt. –
Nun! – dacht ich, was ist das vor ein ärgerlich geschicht
daß meine Bettine nicht da ist – denn die hätt mir gewiß den schönsten Strauß heunt gebracht, – so ein
recht herrlicher Strauß wie im vorigen Jahr da warst
du noch nicht 3 Wochen mein Täglich Brod, und warst
doch schon meine beste Bekanntschaft von allen die
ich aufzählen kann. – Den Federkiel in die Hand nehmen und mühsam zackern, das ist nicht meine Sach
da ich lieber im vollen Waitzen schneiden mag und
lieber erzehl als schreib; aber für den heutigen Tag
und diese Emfindung in meiner Brust ist Kraut gewachsen dem muß einmal mit einem verdienstlichen
Schweiß sein Recht gethan werden. Die Plapper Elstern
die Stadtmadamen was verstehen die von unsern goldnen Stunden die wir mit einander verplaudern, die
sollen daran kein Theil haben, aber du sollst und must
dein Theil genießen sonst könnt mirs Herz bersten.
jetzt hab ich schon in der Früh wie meine Stube ganz
vom Morgenroth durchschienen war an dich gedacht
und da ist die Lieschen an mein Bett gekommen die
hat gesagt wie Schad es ist daß du in der Ferne bist an
so einem schönem Tag; ich hab ihr aber Bescheid gesagt daß einerlei ist wo du bist wirst du deiner Freun-

din deiner Mutter die dich gern zu ihrem Sohn zehlt
und schon daran gewohnt ist schriftlich wie mündlich
es dir zu repetiren an die wirst du denken heut und
mit ihr Gott danken daß der sie so gnädig bis ans End
in ihrem Antheil an den Himmlischen Freuden einer
Mutter geschützt hat. – was kann ich dir noch hinzufügen? – – – daß ich Gott auch für dich dank als meine
Beste Freud hier auf Erden in der mir alles genossene
aufs neue lebendig geworden ist; das ist, Erstens – und
dann zweitens hab ich dich in mein Herz geschlossen;
apart, weil du nicht zum Narrenhaufen gehörst und
hast dich zu mir retirirt als weil ich allein einen rechten
Verstand von dir hab denn du gehörst zu der Art die
mir Seel und Blutsverwandt ist; – die wird aber nicht
so leicht gefunden und auch nicht gekannt. so nehme
doch meinen Dank daß du deinem Wegweißer der
Gott ist gehorsam warst, und hast dich nicht gewehrt
bei einer alten Frau, so jung wie du auch bist dein Lager
aufzuschlagen; – und erkenne in diesen schwachen
Zeilen mein zu volles Herz, das mit Sehnsucht deiner
baldigen Ankunft entgegen schlägt. Ich kann nichts
mehr hervorbringen und verspare alles auf eine baldige köstliche mündliche Unterhaltung. Behalt Lieb
deine dich ewig liebende Mutter

Goethe

Frankfurt am acht und zwanzigsten August 1808

Anhang

Vorbemerkung

Dem Abdruck der Briefe lasse ich drei Beigaben folgen:

1. eine Reihe von *Anmerkungen*, durch die einzelne Briefstellen erläutert werden. Hier ist es mein Bemühen gewesen, so wenig wie irgend möglich frühere Kommentare zu plündern und dadurch zu entwerten, wohl aber sie zu ergänzen und, wo es nötig war, zu verbessern. Es behalten also neben meiner Sammlung der erste und vierte Band der Schriften der Goethe-Gesellschaft ihren selbständigen Wert, besonders für alles Lokalgeschichtliche aus Weimarer und Frankfurter Kreisen.

2. ein *Register* der vorkommenden Namen, das zugleich ein Stück Kommentar bedeutet; denn manchen Personennamen sind kurze biographische Notizen beigefügt. Da die Sammlung nicht nur für den Fachmann bestimmt ist, so enthält das Register auch einige Literaturnotizen, die den Leser über die Briefe hinausführen können, wobei es natürlich im Wesen des Kommentars liegt, daß oft den unberühmtesten Namen die ausführlichsten Anmerkungen gewidmet sind.

3. ein chronologisches *Verzeichnis der Briefe* mit Angabe der Empfänger und des Aufbewahrungsortes der Handschrift. Alle irgend bekannten und erreichbaren Originale sind neu verglichen worden.

Die Briefe der Frau Rat sind hier zum erstenmal vollständig gedruckt. Ausgelassen sind nur ihre Stammbuchblätter, das Schauspielerverzeichnis, das in den vierten Band der Schriften der Goethe-Gesellschaft, S. 136 f., mit aufgenommen ist, sowie die sehr zweifel-

haften Proben ihrer Korrespondenz in ›Goethes Briefwechsel mit einem Kinde‹.

Von den 414 Briefen meiner Sammlung sind 370
nach der Handschrift gedruckt, die meisten zum
erstenmal in jeder Hinsicht korrekt. Die übrigen 44
mußte ich nach vorhandenen Drucken wiedergeben;
und zwar sind stets die besten erreichbaren Vorlagen
zugrunde gelegt, die übrigen aber zur Kontrolle herangezogen worden. Die Briefe an Fritz von Stein sind
nach Ebers' und Kahlerts Ausgabe von 1846 wiederholt, vier von den Billetts an die Schlosserschen Kinder
nach den ›Briefen der Frau Rath an ihre lieben Enkeleins‹, Annettenhöh-Schleswig 1902, die nicht im Original zu ermittelnden Briefe an Unzelmann und Frau
nach Dorows ›Reminiscenzen‹, Leipzig 1842. Bei den
übrigen ist die Fundstelle in den Anmerkungen angegeben.

Beim Abdruck der Briefe der Frau Rat mußte die
Orthographie der Originale durchaus gewahrt bleiben, denn sie ist nicht bloß ein Kuriosum, läßt auch
nicht nur auf den Grad der Schulbildung der Korre-
spondentin schließen, sondern verrät einem aufmerk-
samen Leser sogar die jeweilige Stimmung und Disposition der Schreiberin. Mutter Aja konnte, wenn
sie sich sehr zusammennahm, auch leidlich korrekt
schreiben. Oft war sie aber ›in der Eil‹, die Gedanken
kamen zu schnell oder gingen wandern; und dann
poltern allerdings die Buchstaben in ihren Briefen bis-
weilen übereinander wie ein Haufen ausgelassener
Kinder, hinter denen die lustige Frau wie beim Hasche-
spiel daherjagt. Auch ihre Abkürzungen reden dem
Kundigen eine vernehmliche Sprache; ich habe deshalb sogar das kahle ›u‹ für ›und‹ stehn lassen. Vor

allem aber durfte der Wechsel von Majuskel und Minuskel ja nicht ausgeglichen werden. Majuskel ist häufig ein Ausdrucksmittel bei der Frau Rat: der ›Beste Fürst‹, die ›Herrliche Fürstin‹, sie erhalten mit dem großen B und H noch eine besondere Reverenz und einen Liebesblick.

Die Versuchung lag nahe, auch die Briefe, die nur nach Druckvorlagen wiedergegeben werden konnten, ebenfalls aus der Modernisierung in die Originalschreibung zurückzuübersetzen; ich möchte mich auch anheischig machen, das mit leidlicher Sicherheit zu tun. Dennoch habe ich es unterlassen. Nur ein paar offenkundige Druckfehler sind berichtigt worden. Dagegen zum Beispiel in Brief 112 das falsche Wort ›auslegen‹ in das offenbar richtige ›anklagen‹ zu ändern, hielt ich mich nicht für befugt.

4. Gedruckt bei A. Kestner: Goethe und Werther, 2. Aufl., S. 245. – *Hr. Cammerrichter:* Franz Graf von Spaur, seit 5. September 1763 Kammerrichter in Wetzlar.

5. *Claus kinemundt* (d. h. Gienemund, der den Mund aufsperrt) muß ein Spitzname für irgendeine unbekannte Persönlichkeit sein.

6. Original nicht erhalten; das abgedruckte Stück teilt Klinger in einem Brief an Kayser (Gießen, 27. Mai 1776) mit: ›Gestern schrieb mir Goethes liebe Mutter...‹, d. h. ›gestern erhielt ich einen Brief von Goethes Mutter‹, der also am 23. oder 24. Mai geschrieben sein mochte. – *Kannengießer:* Holbergs ›Politischer Kannengießer‹, 5. Aufzug, 3. Auftritt.

7. Gedruckt: Morgenblatt 1838, Nr. 38.

8. Anhang an einen Brief von Goethes Vater an Schönborn. Diesen Brief überreichten Nicolovius und der Kanzler von Müller am 7. November 1825 der Weimarer Bibliothek mit gedruckter Widmung.

9. Nachschrift zu einem Brief des Herrn Rat an Lavater.

10. Gedruckt: Dresdener Abendzeitung, 24. November 1837. – Über Johann Bernhard *Crespel* haben wir jetzt das ausgezeichnete Buch von Wilhelm Hertz: Bernhard Crespel, Goethes Jugendfreund, München und Leipzig 1914. Crespel, dem von dem Fürsten Karl Anselm von Thurn und Taxis für später eine ansehnliche Archivarstelle in Frankfurt versprochen war, lebte von November 1776 bis Mai 1777 am fürstlichen Hofe in Regensburg, wo er sich gar nicht behaglich fühlte und sehr der brieflichen Aufheiterung bedurfte. – *Tante:* Johanna Fahlmer. – *ins neue Hauß:* Die Familie

Brentano zog erst im März 1778 in das Haus zum ›Goldenen Kopf‹.

12. Nachschrift zu einem Brief des Herrn Rat an Crespel.

13. Gedruckt bei M. Belli: Meine Reise nach Constantinopel, S. 322 ff. Adresse: An Herrn Herrn Crespel Hoch Fürstlichen Thurn und Taxischen Archivarius in Regenspurg. – *Euer Bruder der Docter:* Goethe. – *Frau Residentin:* Maximiliane Brentano. – *Anton von Klein* hat sich um die Befreiung der deutschen, speziell der Mannheimer Bühne von ausländischen Einflüssen verdient gemacht. Über sein gutgemeintes, aber mißratenes Singspiel ›Günter von Schwarzburg‹ (1777) spottet Frau Rat, wohl beeinflußt von Heinrich Leopold Wagners Kritik. (Vgl. Karl Krükl: Leben und Werke des elsässischen Schriftstellers Anton von Klein. Straßburg 1901).

14. Gedruckt in der Dresdener Abendzeitung vom 24. November 1837; jetzt nach dem Original verbessert. – S. V.: salva venia, mit Verlaub; denn ›zu gaste bitten‹ ist eine derbe Redensart.

15. Gedruckt bei Keil: Frau Rath, S. 78 f. – *Schauspiel ohne Namen:* Goethes ›Lila‹; vgl. ›Euphorion‹ 23, S. 509 ff. – *Herzog Ferdinand:* Prinz Ferdinand von Braunschweig-Wolfenbüttel.

16. Die Sängerin, deren die Frau Rat gedenkt, hatte sich allerdings in Mannheim, Frankfurt und andern Städten dieser Gegend ihren ersten Ruhm als *Mademoiselle Franziska Danzi* erworben, trat aber schon seit 1775 als Madame Lebrun auf. – *Fräntzgen:* Crespels Schwester Franziska Jakobea. – *der Jungfraun Flohr:* Scherzname für Katharina Crespel. – *immer noch in einem:* immer noch in dem alten Zustand; vgl. Brief 14.

18. Gedruckt: Dresdener Abendzeitung, 24. Novem-

ber 1837. – *Affen und Katzen* usw.: Zitat aus der Rede des Zigeunerhauptmanns in Goethes ›Jahrmarktsfest zu Plundersweilern‹. – *Olearius:* Vielmehr spricht Liebetraut die Worte am Anfang des zweiten Aufzugs. – *ihre Wirthschafft ruhig treiben lassen:* Zitat aus ›Werther‹, Weimarer Ausgabe 19, 37.

22. *Die Reiße von eurem Herrn:* Goethe war vom 27. August bis 10. Oktober 1777 von Weimar abwesend, meist in Wilhelmsthal und auf der Wartburg; vgl. sein Tagebuch.

23. Nachschrift zu einem verschollenen Brief an Wieland.

24. *Tristmegistus:* Anspielung auf Sternes ›Tristram Shandy‹.

25. *Festein von der Regierenden Frau Herzogin:* der Geburtstag der Herzogin Luise von Sachsen-Weimar, zu dem im Jahre 1778 Goethes ›Triumph der Empfindsamkeit‹ aufgeführt wurde. – *Götz von Berlichingen:* 3. Akt, 8. Szene. Ritter: ›Es ist nichts zu danken, ein paar Rippen sind entzwei. Wo ist der Feldscher?‹

28. *Moppelger:* frankfurtisch, Möpse, kleine dicke Kinder.

30. Im ›Stern‹ in Weimar hatte Goethe in der letzten Augustwoche der Herzoginmutter ein kleines Fest bei ›Rembrandt-Beleuchtung‹ gegeben (vgl. Schriften der Goethe-Gesellschaft 1, 119f.).

31. *Die überschickten Lieder:* einige Arien aus der Komposition der Herzogin Anna Amalia zu Goethes ›Erwin und Elmire‹. – Der *neue weg* in Frankfurt a. M., ein Teil der jetzigen Friedberger Landstraße, führte zu dem Goetheschen Weingarten. – Goethes ›Jahrmarktsfest zu Plundersweilern‹ wurde zum Geburtstag der Herzoginmutter, 20. Oktober 1778, auf dem Ettersburger Theater aufgeführt. Vgl. Max Herrmann:

Jahrmarktsfest zu Plundersweilern, Berlin 1900, S. 165 ff.; dort auch S. 181 die Besetzung der Rollen.

32. *Henriette Byron:* in dem berühmten Roman ›Sir Charles Grandison‹ von Richardson.

33. *Anti-Pope:* Unter diesem Titel hat Johann Georg Schlosser 1776 eine Schrift veröffentlicht; gemeint ist hier also Schlosser selbst. Wieland hatte (Keil: Frau Rath, S. 111) den Spitznamen für ihn aufgebracht. – Über das Schicksal der Handschrift dieses Briefes unterrichtet R. F. im Bukarester Tagblatt, 8. März 1917 (Kriegsausgabe Nr. 84).

34. *Porträt Goethes im Frack:* beschrieben bei Zarncke: Kurzgefaßtes Verzeichnis der Originalaufnahmen von Goethes Bildnis, Leipzig 1888, S. 14 f.; Reproduktion ebenda, Tafel 2, Nr. 1. Vgl. Schriften der Goethe-Gesellschaft, Bd. 19, Tafel 2. – *den Musicalischen Jahrmarck:* die Komposition der Herzogin Anna Amalia zu Goethes ›Jahrmarktsfest‹.

35. *Anderson:* König Andrason im ›Triumph der Empfindsamkeit‹. – *Hamann, Mardochai:* im ›Jahrmarktsfest zu Plundersweilern‹.

36. Der Brief ist undatiert und von Keil (Frau Rath, S. 110) fälschlich in den Februar 1778 gesetzt. Thusneldens Brief auf grünem Glanzpapier, auf den Frau Aja antwortet (Original im Goethe- und Schiller-Archiv, gedruckt bei Keil S. 108 f.), setzt vielmehr schon die Reise der Herzogin nach Frankfurt im Jahre 1778 voraus. Er war, wie das beginnende Wort ›Auch‹ beweist, Beilage zu einem Schreiben der Herzoginmutter:

Auch ich bring hier in Knüttelmanier / Aus gutem Herzen, auf bunten Papier, / Ein Reimlein, das Dich grüßen soll / An diesem Tag des Jubels voll,

d. h. offenbar zum Weihnachtsfest 1778. Dann erwähnt die Briefschreiberin in Erinnerung an den Besuch in

Frankfurt ›auch Etlings Möpsgen oben drein‹ (vgl.
Brief 28) und ›Höllenprögel in Magischen Gewand‹
(vgl. Brief 28 und 30). Aus alledem ergibt sich, daß der
Brief 36 in die Nachbarschaft des Schreibens an die
Herzogin vom 4. Januar 1779 gehört.

38. Die Datierung des Briefes, Mitte Februar 1779, ergibt sich daraus, daß im nächsten Briefe an Großmann,
19. Februar 1779, bereits von der Absendung des Auftrags an Seidel, das Vermögen der Kindermuhme betreffend, gesprochen wird.

40. *so will ich schippen Dame seyn:* nicht etwa eine
Frankfurter Redensart, sondern von dem im 18. Jahrhundert sehr verbreiteten Bézigue-Spiel hergenom-
men, in dem neben dem Carreau-Buben die Schip-
pen-(Pique-)Dame die entscheidende Rolle beim Bé-
zigue-Ansagen spielte. – Der ›Hermann‹ ist nicht von
der Gottschedin, sondern von Johann Elias Schlegel.
Sonst aber zitiert Frau Rat fast fehlerlos aus einem
erstaunlich treuen Gedächtnis. – Der *Commision* hat
sich Frau Aja im Brief an Philipp Seidel, Nr. 38, ent-
ledigt.

42. Das handschriftliche Datum dieses Briefes, 7. März
1779, ist verschrieben. Der Brief ist vielmehr am 4.
März abgefaßt und, wie aus Nr. 43 hervorgeht, am 5.,
mit dem Geld der Kindermuhme beschwert, an Großmann geschickt worden. Bestätigt wird diese veränderte Datierung durch die Notiz über Heinrich Leopold
Wagner, den Frau Rat am 4. März 1779 noch zu den
Lebenden rechnen konnte; er starb gerade an diesem
Tage. Drei Tage später wären die Worte des Briefes
unmöglich gewesen. – *als Milchmädgen:* Natürlich
handelt es sich hier nicht um eine Rolle in einem Büh-
nenstück, denn Lotte Großmann stand, als Frau Rat
sie kennenlernte, erst im vierten Lebensjahr. Doch

mochten die Eltern das Kind in ein Kostüm gesteckt haben, wie es das Milchmädchen in Dunis Oper ›Les deux chasseurs et la laitière‹ trug.

44. *Pervonte:* Im ›Teutschen Merkur‹, November, Dezember 1778 und Januar 1779, war Wielands neapolitanisches Märchen ›Die Wünsche oder Pervonte‹ erschienen. – *Bunckel:* Der Roman ›Leben, Bemerkungen und Meinungen Johann Bunckels. Aus dem englischen [des R. von Spieren] übersetzt. 4 Theile. Berlin bei Friedrich Nicolai, 1778‹ hat eine lange Fehde hervorgerufen. Wieland hat ihn in einer Besprechung zerzaust, die sich vom Juli bis Dezember 1778 durch fünf Hefte des ›Teutschen Merkurs‹ hinzog. Es folgte eine Antwort Nicolais, Berlin 1779, und eine Entgegnung Wielands (Teutscher Merkur, Februar 1779), an die sich dann bis 1781 noch Pamphlete von andrer Seite anschlossen.

45. *glückliche Entbindung:* Am 28. März 1779 schloß Goethe die ›Iphigenie‹ in Prosa ab; am 6. April, Dienstag nach Ostern, fand die erste, unvergeßliche Aufführung statt.

47. *Weitmäuligte Laffen* usw.: aus der Rede des Zigeunerhauptmanns in Goethes ›Jahrmarktsfest zu Plundersweilern‹. – *Thusnelde* hat am 12. April 1779 (Keil: Frau Rath, S. 136f.) einen kurzen Bericht über die Aufführung der ›Iphigenie‹ nach Frankfurt geschickt.

48. *Dero letztes Schreiben:* Brief der Herzogin vom 21. April 1779.

51. Dieses Fragment eines Briefes an Großmann findet sich abgedruckt im Verzeichnis der Autographensammlung von G. M. Clauß, Leipzig 1871, S. 82. Das Original ist verschollen.

52. *Mondschein im Kasten:* Anspielung auf Goethes ›Triumph der Empfindsamkeit‹. – *Werther:* Brief vom

21. Junius (1. Buch): ›Ich lebe so glückliche Tage, wie sie Gott seinen Heiligen ausspart.‹

53. Der Brief Carl Augusts an Frau Rat, Basel, 2. Oktober 1779, gedruckt bei Keil: Frau Rath, S. 150.

54. Die *Fee Urgande* spielt eine wichtige Rolle im Amadis-Roman, den Frau Rat vielleicht in der Neubearbeitung des Grafen Tressan oder des Fräuleins de Lubert kennen mochte. Im übrigen ist aber die Fee Urgande sprichwörtlich gewesen durch Jahrhunderte hin von Regniers 15. Satire bis zum 16. Gesang von Wielands ›Neuem Amadis‹.

55. *Reiße beschreibung:* Goethes Brief aus Genf vom 28. Oktober 1779. – *Franckfurth am Mayn des Witzes Flohr* usw.: Zitat aus Goethes Gedicht ›In das Stammbuch Johann Peter de Regnier's‹ (1774). – *Docter Faust:* Goethe, wie in Brief 5. – Über *Hanß Schickenbrod*, der in seiner in mancherlei Fassungen über ganz Deutschland verbreiteten Grabschrift die Zuversicht auf die ewige Seligkeit ausspricht, weil er, wenn er der liebe Gott wäre, sie dem lieben Gott, wenn er Hans Schickebrot wäre, sicher gewähren würde, unterrichtet am besten Carl Schüddekopf in dem Privatdruck ›Ihren lieben Oberkranich K. A. H. Burkhardt begrüßen zur Feier vierzigjährigen archivalischen Wirkens am 10. Januar 1899 die Timotheus-Brüder.‹

58. *in den Hütten Kedars:* Psalm 120,5. – *an den Weiden:* Psalm 137,2. – *wie ein Käutzlein* usw: Psalm 102,7.

59. Der Brief gehört in die ersten Februartage 1780. Im Januar war in Weimar sowohl der Herzog Carl August (vgl. Briefe an Merck, hg. von Karl Wagner, 1835, S. 210) wie Goethe (Weimarer Ausgabe, Tagebücher 1, 106f.) von der grassierenden Influenza befallen worden. Ende Januar hatte die Herzogin von der eingetretenen Besserung, aber noch nicht von der völ-

ligen Genesung berichten können. Und darauf antwortet hier Frau Rat.

61. *Brief Carl Augusts* an Frau Rat, 19. März 1780 (Keil:
Frau Rath, S. 163 ff.); der Brief der Herzoginmutter ist
verloren. – *Julius von Tarent:* von Leisewitz.

63. *Es lebe der Herzog* usw.: Schlußverse aus Christian
Felix Weißes Oper ›Die Jagd‹: ›Es lebe der Kurfürst,
mein Töffel und ich! Der Kurfürst für alle, mein Töffel für mich!‹ – nach *Leipsig:* 21. bis 26. April 1780.

64. *Henriette* oder Sie ist schon verheiratet, Lustspiel
von Großmann (Hamburgisches Theater, Bd. 2, 1777).
– *Nackärsche:* offenbar ein paar gewandlose Gipsfiguren.
Auch Bürger brauchte das derbe Wort gern, das ihm
aber Boie milderte. – *Nicht mehr als sechs Schüsseln:*
Lustspiel von Großmann. – *Die Jagd:* Oper von Chri-
stian Felix Weiße. – *Trau schau wem:* Lustspiel von
Brandes.

65. *in dem unerschütterten Weimar:* Es gingen damals
Gerüchte von drohenden Erdbeben in Frankfurt a. M.
um. – *Presidenten:* Karl Friedrich von Moser, der im
Juni 1780 seine Entlassung genommen hatte. – *Zoar:*
1. Mose 19, 22.

67. *Opera Buffa:* die Böhmsche Truppe; vgl. Brief 69.
68. *Die glückliche Ankunft* usw.: Die Herzoginmutter
war im September nach Mannheim gefahren und
hatte sich auf der Rückreise zwölf Tage in Frankfurt
aufgehalten (vgl. Brief 69). – *Kinder und Kindes Kinder:*
Johann Georg Schlosser mit Familie.

69. *den Herrn Minister:* wohl das Porträt des kurkölni-
schen Staatsministers Freiherrn von Belderbusch, unter
dessen Leitung das Bonner Hoftheater stand. – *Armuth
und Tugend:* ein kleines Schauspiel in 1 Aufzug von
Christian Felix Weiße, Leipzig 1772. – *die Weinlese:* ›Les
Vendanges de Surene‹ (vgl. E. Mentzel: Geschichte der

Schauspielkunst in Frankfurt a.M., S.534). – *der Prinzipal, der Fischer heißt:* Vielmehr war Johannes Böhm
der Direktor (Mentzel S.392ff.). – *Balet:* Am 11.No-
vember wurde das Ballett ›Die Morgenstunde‹ aufgeführt. – *Einen jungen Mann haben sie* usw.: Der erste
Liebhaber der Böhmschen Truppe war Karl von Trottberg, genannt Bielau.

70. *Herders Predigten:* ›Zwo heilige Reden bei einer besonders wichtigen Veranlassung gehalten‹, Stendal
1780.

71. *Blainville:* in Großmanns Lustspiel ›Henriette‹. –
Dormin: vielleicht Ormin in Karl Gotthelf Lessings
Lustspiel ›Die reiche Frau‹. – *Tadler:* im ›Tadler nach
der Mode‹, Lustspiel von Stephanie d.J. – *Beaumarchais:* in Goethes ›Clavigo‹.

72. *Henriette:* Lustspiel von Großmann. – *Trau schau
wem:* Lustspiel von Brandes. – *Die Schwiegermütter:* offenbar das Lustspiel von Brandes ›Die Hochzeitsfeier
oder Ist's ein Mann oder ein Mädchen?‹, das in Frankfurt auch unter dem Titel ›Die Schwiegermutter‹ am
5.September 1777 gegeben worden war. – *Der Schmuck:*
Lustspiel von Sprickmann. – *Nicht mehr als sechs Schüsseln:* von Großmann. – *Ariadne:* Duodram von Brandes. – *Geleße des Königlichen Verfaßers:* Friedrichs des
Zweiten Schrift ›De la littérature allemande‹, die im
November 1780 erschienen war, hat den Widerspruch
der Frau Rat durch folgende Stelle erregt: ›Mais voilà
encore un Goetz de Berlichingen qui paroit sur la scè-
ne, imitation détestable de ces mauvaises pièces angloi-
ses, et le Parterre applaudit et demande avec enthou-
siasme la répétition de ces dégoûtantes platitudes.‹ –
Die größte Königin ist doch nur ein Weib: Unter dem
Zeichen ›M.‹ war 1778 im Märzheft von Boies ›Deut-
schem Museum‹ erschienen: ›Selbst die größte Köni-

gin ist nur eine Frau. Einige abgerissene Szenen aus Elisabeths Leben.‹ Wiederholt in der ›Zwoten Sammlung‹ von A.G.Meißners Skizzen, 1778–80.

74. *Chilian:* eine Anspielung auf Holbergs Komödie ›Ulysses von Ithacia‹, in der der Diener Chilian mehrfach sein Leben in Sicherheit zu bringen sucht. – *Kayser Joseph* war am 27.Mai 1781 in Frankfurt und reiste in der Frühe des 28. nach Darmstadt.

78. Schon einmal fehlerhaft in der Dörptschen Zeitung und vorher in den Briefen von Goethe, Schiller, Wieland, Kant, Böttiger, Dyck und Falk an Karl Morgenstern, hg. von F.Sintenis, Dorpat 1875, S.25f., gedruckt. Von mir als Privatdruck zum 25.Februar 1905 im Faksimile herausgegeben. – Über den Obersten *Bender von Bienenthal* und den Sergeanten *Sprenckel,* das langjährige Faktotum so vieler Theaterprinzipale in Frankfurt, kann man sich in Elisabeth Mentzels ›Geschichte der Schauspielkunst in Frankfurt a.M.‹ unterrichten.

80. *Geburths tag:* An Goethes Geburtstag 1781 ließ die Herzogin Anna Amalia das Festspiel ›Minervens Geburt, Leben und Taten‹ aufführen, ein chinesisches Schattenspiel mit einer Erläuterung in Knittelversen von Sigmund von Seckendorff. Der Text dieses Gedichts ist gedruckt in ›Westermanns Monatsheften‹, März 1885. Zwei Beschreibungen der Aufführung aus der Feder des Herzogs Carl August und Wielands bringt das dritte Stück des ›Tiefurter Journals‹ (Schriften der Goethe-Gesellschaft 7, 16ff.). – *Heute wird Agamemnon ermordet:* Im ganzen September 1781 hat die Böhmsche Truppe, wie aus der lückenlosen Reihe der Theaterzettel in Frankfurt hervorgeht, keine Oper aufgeführt, die das Schicksal des Agamemnon und der Klytämnestra zum Gegenstand hatte. Es dürfte sich

also wohl um ein Oratorium handeln; Rolles ›Orest‹? – *Niederkunft der Herzogin:* Die am 10. September geborene Prinzessin war am selben Tage gestorben. – *in einem alter von 22 Jahren:* Carl August und Luise, beide 1757 geboren, waren damals bereits 24 Jahre alt.

81. *Sebaldus Nothanker:* So nennt Frau Rat nach seinem berühmtesten Roman den Berliner Buchhändler Friedrich Nicolai, der im Jahre 1781 seine große Reise durch Deutschland und die Schweiz machte, die er später in zwölf Bänden beschrieb.

83. *Chinesisches Fest:* am 17. Oktober 1781. – *in der Stadt eine Wohnung:* Frau Aja erfuhr bereits aus einem Brief der Herzogin vom 23. November 1781 (Keil: Frau Rath, S. 176), daß Goethe für Ostern 1782 ein Haus in der Stadt, dasselbe, das ihm später der Herzog schenkte, gemietet habe. Sein eignes Tagebuch berichtet darüber zum Oktober 1781, doch scheint der Vertrag erst gegen Mitte November abgeschlossen worden zu sein (Brief an Frau von Stein vom 14. November 1781).

86. Das ›Neueste von Plundersweilern‹ war ein Geschenk für die Herzogin Anna Amalia zum Weihnachtsfest 1781: ein Bild von Melchior Kraus (Nachbildung in der Weimarer Goethe-Ausgabe, Bd. 16) und ein erläuterndes Gedicht von Goethe, eine satirische Musterung der Literatur der letzten Jahre. Darin beziehen sich auf Wieland, seinen Merkur und den Oberon die Verse:

> Ihr kennt den himmlischen Mercur,
> Ein Gott ist er zwar von Natur;
> Doch sind ihm Stelzen zum irdischen Leben
> Als wie ein Pfahl in's Fleisch gegeben;
> Darauf macht er durch Volkes Mitte
> Des Jahrs zwölf weite Götterschritte. – –

Wie ist mir? wie, erscheint ein Engel
In Wolken mit dem Lilienstengel!
Er bringt einen Lorbeerkranz hernieder,
Er sieht sich um und sucht sich Brüder.

87. *das große Meisterwerck:* das von Kraus ausgeführte Bild zu Goethes ›Neuestem von Plundersweilern‹.

88. *der macht den Gott Baal,* d.h. er schweigt, wenn ich ihn befrage. Vgl. 1. Könige 18, 26: ›Aber es war da keine Stimme noch Antwort.‹ – *ein auswärthiger Freun:* Lavater (vgl. Brief 91). – *grodetur:* Gros de Tours, wie Gros de Naples, schwerer Seidenstoff.

89. Die *unerwartete Gnade* war entweder die Berufung Goethes in das Direktorium der Kammer oder der Antrag Carl Augusts beim Kaiser, den Dichter in den Adelsstand aufzunehmen.

92. *Fröhlicher, seliger, herrlicher Tag:* Eingangschor von Goethes ›Claudine von Villa Bella‹.

94. *Reinhold:* in der Erzählung von den Haymonskindern. – Die Verse ›*Ich wohne in der langen gaßen,* die mann vor Leßer erbauen laßen‹ sind mit geringer Variation dem ›Neuesten von Plundersweilern‹ von Goethe entnommen und wollen nur sagen: ›ich lese fleißig‹.

95. *Cantaten:* Wielands ›Cantate zur Geburtsfeyer des Durchl. Erbprinzen Carl Friedrich‹ und Herders ›Kantate bei dem Kirchgang der reg. Herzogin‹. – Das *Drama* Goethes, an dem er damals dichtete, das er aber nie vollendete, ist der ›Elpenor‹. – Der *Kirchgang* der Herzogin Luise ist beschrieben im Weimarischen Wochenblatt vom 9. März 1783.

96. *Journal:* Vermutlich hatte sich die Herzoginmutter in einem verlorenen Briefe nach der Zeitschrift ›Pomona für Teutschlands Töchter‹ erkundigt, die Sophie von La Roche von 1783 an herausgab. – *Geron der Ade-*

lich: von Wieland. Frau Rat, die diese Dichtung vor Jahren im ›Teutschen Merkur‹ (1777, 1. Quartal) gelesen hatte, verwirrt hier die Namen. Geron der Ältere spricht in der Höhle von seinem Enkel, Geron dem Adelichen, Vers 342 ff.:

Noch ein einziger ist übrig
von meinem Blut und Stamm, mein Enkel, Geron
der Adelich. Was mir von Zeit zu Zeit
die Geister von ihm melden, ist die Nahrung, glaub ich,
die mich nicht sterben läßt.

99. *Neptun ein Engländer:* Anspielung auf das erste Buch von Blumauers ›Travestirter Aeneis‹, von der in Wielands ›Teutschem Merkur‹, September 1783, S. 274, eine Probe erschienen war. – *Im Glück von volten,* d. h. beim Kartenspiel; faire la volte, alle Stiche machen. – *geladen:* italienisch, Gefrornes.

100. *aus dem Spiegel gestohlen:* Zitat aus ›Emilia Galotti‹. – *Weimarer product:* Blumen aus Bertuchs Fabrik. – *Die Luftreiße:* Die Herzogin hatte am 23. Februar (Keil, S. 207) geschrieben: ›Nicht wahr das wär eine Lust wen Frau Aja sich in der Luft transportiren und bey mir in Tiefurth, aus Lüften hoch da, komm ich her! singen könte!‹ – *Bergwercks Geschäffte:* Am 24. Februar 1784 war der neue Bergbau in Ilmenau mit feierlicher Rede eröffnet worden.

101. *Reise nach Ilmenau:* Goethe hatte im Februar Fritz von Stein zur Wiedereröffnung des Bergwerks (vgl. zu Brief 100) mit nach Ilmenau genommen. – *oberonischer Wein:* Anspielung auf den Wunderbecher, den Oberon zuerst dem Scherasmin, dann dem Hüon überreicht und der sich stets mit edelstem Weine füllt (Ende des 2. Gesanges).

107. *und verschlucke den Teufel* usw.: Reminiszenz an ›Des Maultiers Zaum‹ von Wieland: ›Wer sich den

Teufel zu verschlucken Entschlossen hat, muß ihn nicht lang begucken.‹ Vgl. Erich Schmidt: Charakteristiken, 2. Aufl., 1, 250.

108. Der Brief muß am 10. September 1784, einem Posttag, geschrieben sein; als Empfangsdatum hat Bertuch den 12. September auf die Rückseite gesetzt.

109. *das Schauspiel:* Weimar hatte nach längerer Unterbrechung seit dem 1. Januar 1784 wieder regelmäßige Aufführungen unter dem Theaterdirektor Bellomo. – *Die verstellte Kranke:* Lustspiel nach Goldoni, bearbeitet von *Joseph Laudes.* – *eine glückliche Reiße:* Herzog Carl August hatte sie im Interesse des Fürstenbundes unternommen.

113. Dieses Schreiben ist die Antwort auf Thusneldens gereimten grünen Brief zum Geburtstag (19. Februar 1785) der Frau Rat; vgl. Keil, S. 228f. – *Ein kleiner Mann, ist auch ein Mann:* Zitat aus dem Prolog zu Goethes ›Neueröffnetem moralisch-politischen Puppenspiel, Vers 58. – *dein Machwerck:* das Geschenk des Fräuleins von Göchhausen, das zu Frau Ajas Geburtstag nicht fertig geworden war.

114. *Der teutsche Hausvater:* Drama von Gemmingen.

115. Die Datierung des Briefes ist aus seinen letzten Zeilen zu erschließen. Von Goethes Reise nach Karlsbad, die den Juli und die erste Hälfte des August 1785 ausfüllte, konnte Frau Rat gerüchtweise seit Anfang Juni wissen; denn am 30. Mai schreibt Goethe an Merck: ›Ich gehe bald nach Carlsbad.‹ Wenn somit also etwa die Zeit von Mitte Juni bis Mitte Juli zur Wahl stünde (denn später wird Frau Rat Gewißheit über den Aufenthalt ihres Sohnes gehabt haben), so verengen sich die Grenzen noch dadurch, daß der Brief 115 nur kurze Zeit, vielleicht nur wenige Tage vor dem Brief 116 geschrieben sein kann. Und somit kommt

man auf Anfang Juli. – *Demoiselle Schroth* war eine Schauspielerin der Großmannschen Truppe, die der Direktor nach dem Tode seiner ersten Frau (25. März 1784) heiraten wollte. – *Die Lebensbeschreibung* der ersten Frau Großmann von E. G. Neefe war 1784 in Göttingen erschienen: ›Karoline Großmann. Eine biographische Skizze.‹

116. *Demoiselle Fritze:* Großmanns Stieftochter Friederike Flittner.

118. *Pathen:* Pagen? – Der *Hausehren* oder Hausöhrn ist die Hausflur, die Diele, der Vorplatz. Das Wort ist in Franken, Hessen und Thüringen weit verbreitet, auch in Oberdeutschland. – *Graf Essex:* nach dem englischen Trauerspiel von Banks bearbeitet von J. G. Dyk.

121. *der deutsche Figaro:* Nach dem ungeheuren Pariser Erfolg vom 27. April 1784 erschien Beaumarchais' ›Toller Tag‹ in deutscher Übersetzung von Huber (?) in Berlin 1785. – *das Liedchen:* Die Romanze Cherubins ›Mon coursier hors d'haleine‹ nach der Melodie ›Marlbrough s'en va-t-en guerre‹. – Im ›*Götz von Berlichingen*‹ sagt Bruder Martin: ›Die Freudigkeit ist die Mutter aller Tugenden.‹

123. Nachschrift zu einem Brief der Frau Rat an ihren Sohn; erhalten bei Goethes Brief an Frau von Stein vom 28. Februar 1786. Zum Inhalt vgl. Brief 119.

129, 130. Die *Briefe* sind die Reisebriefe Goethes an Frau von Stein, die diese der Frau Rat mitteilte. – Die Reise des *Herzogs* Carl August (vgl. Brief 131), die vom 7. Januar bis 18. Februar währte und in Sachen des Fürstenbundes unternommen war, führte über Frankfurt nach Karlsruhe.

131. Unter den *Befehlen von Ihro Durchlaucht* ist der Wunsch der Herzogin zu verstehen, Frau Aja möge

aus etwaigen italienischen Briefen ihres Sohnes Auszüge nach Weimar schicken.

133. Aus den ›Akta betreffend ausgefertigte Dekrete über den Charakter als Hofrath 1756–1840‹ (Registratur des Departements des Großherzoglichen Hauses, Signatur: Tit. 24, Nr. 1, Band I) im Jahrbuch der Goethe-Gesellschaft XV (1929), S. 1–2, mitgeteilt von Wilhelm Engel. Am 3. Oktober 1787 wurde das Gesuch der Frau Rat dem Herzog vorgelegt; vom gleichen Tag datiert die Verfügung, die den Kommerzienrat Georg Adolf Starck ›in Rücksicht auf dessen gute Qualitäten‹ zum Hofrat ernannte.

134. Hier beginnen die Briefe an *Unzelmann*, der seit der zweiten Hälfte des April 1784 Mitglied der Großmannschen und später der Taborschen Truppe war. Trotz seiner großen Beliebtheit, besonders auch bei dem Frankfurter Publikum, wurde er im Jahre 1787 durch Kulissenkabalen, Schulden und vor allem durch die Befürchtung, daß er mit Koch, dem für April 1788 als Direktor nach Frankfurt berufenen Rivalen, Rollenstreitigkeiten erleben werde, veranlaßt, heimlich mit Berlin zu verhandeln. Am 11. Januar 1788 wurde ein Kontrakt auf drei Jahre von Berlin an Unzelmann gesandt, den dieser dann am 24. Januar von Frankfurt nach Berlin zurückschickte. In der Zeit zwischen diesen beiden Tagen bemühten sich seine beiden tatkräftigsten Gönner, Frau Rat und Graf Spaur, energisch, ihn zu halten. Und in diese Verhandlungen führt uns mutmaßlich der erste, undatierte Brief.

135. Der Brief ist nach Mainz gerichtet, wo die Truppe im Februar 1788 spielte.

136. *Pandora* oder Taschenbuch des Luxus und der Moden auf das Jahr 1788, hg. von Fr. Justin Bertuch,

Leipzig, Göschen. – *Hofkalender*: der ›Gothaische genea-
logische Hofkalender‹, der seit 1764 erschien.

137. Wie Nr. 131 nach Mainz gerichtet. Unzelmann
reiste am 21. März nach Frankfurt a. M. – *die St.*: eine
Schauspielerin; Madame Stegmann? – *die F.*: offenbar
Madame Fiala, über die Frau Rat nur in momentaner
Erregung so harte Worte spricht, während sie sie sonst
sehr schätzte. – *Luscher*: selbstverständlich soviel wie
Lutscher, Schnuller. – *Brandbriefe an die Schuldner*:
Frau Rat mußte Geld auftreiben, um Unzelmann, der
sonst nicht nach Berlin übersiedeln konnte, von seinen
drückendsten Verpflichtungen zu befreien und ihm
die Reisekosten vorzustrecken.

138. *von ihren Schuldleuten prostituirt*: Zwar hatte Unzelmann am 20. März (vgl. A. E. Brachvogel: Geschichte des Königlichen Theaters in Berlin, Bd. 2, Berlin
1878, S. 116f.) die Absicht, am 21. über Frankfurt nach
Berlin zu reisen; aber die Frau Rat muß davon keine
Kenntnis gehabt haben, denn sie sucht in dem vorliegenden Brief Unzelmann in Mainz zurückzuhalten,
damit er nicht in die Hände seiner Frankfurter Gläubiger falle. Inzwischen muß aber der Schauspieler in
Wirklichkeit doch am 21. von Mainz nach Frankfurt
gereist sein; denn Graf Spaur richtet dorthin am 22.
März einen Brief an ihn (vgl. Brachvogel, S. 117ff.,
wo auch über die weiteren bedenklichen Mittel des
Grafen berichtet wird, das Unzelmannsche Ehepaar
in Frankfurt zu fesseln, sein vorausgesandtes Gepäck
mit Beschlag zu belegen usw.). – *hier spielen Sie nicht
mehr*: Die anfängliche Reisedisposition war allerdings,
daß Unzelmanns nur vorübergehend in Frankfurt
bleiben und sofort nach Berlin weiterreisen wollten.
Da aber wochenlange Verzögerung eintrat und man
außerdem durch das Ausbleiben Kochs, des neuen Di-

rektors, am Theater in Verlegenheit war, so ist Unzelmann doch noch ein paarmal, u. a. am 5. April als
Franz Moor, in Frankfurt aufgetreten. Am 12. April
verabschiedete sich dann Madame Unzelmann in
d'Ariens ›Nina‹; am 13. verließ das Schauspielerpaar
Frankfurt (vgl. Schreibers Tagebuch der Mainzer
Schaubühne, 1788, S. 79).

139. *Kaspar der Thorringer*. Historisches Schauspiel von
Joseph August Grafen von Törring-Cronsfeld.

140. *Constantze und Belmonth*: Belmonte und Constanze
oder Die Entführung aus dem Serail, Singspiel von
Bretzner, überarbeitet von Stephanie d. J. und so von
Mozart 1782 komponiert. – Der *Messias*, im Sinne von
›der kommende Mann‹, ist Koch, der zum Direktor
des Frankfurter Theaters ausersehen war und die Leitung am 18. April 1788 übernahm. – *das Gesicht:* Diese
Stelle ist nur so zu deuten, daß ›das Gesicht‹ in Gesprächen zwischen Frau Rat und Unzelmann der Spitzname für einen Schauspieler war, der Unzelmanns
Nachfolger im Rollenfach wurde und in Mozarts Oper
den Selim spielte. Man müßte an Czike oder Große
denken.

141. Am 19. April 1788 waren Unzelmann und Frau
in Berlin eingetroffen. Die Abreise von Frankfurt muß
der Gläubiger wegen halbwegs eine Flucht gewesen
sein. – *an dem Ort wo Sie* usw.: Mainz, wo Unzelmanns
Entschuldigungen gegenüber Dalberg erwartet wurden. – *die zwey Freunde:* Graf Spaur und Frau Rat. –
Töffel (vgl. Brief 137): ein Vertrauensmann in Frankfurt. – *Inliegendes:* ein Brief des Grafen Spaur; vgl.
Brief 143.

142. Die *dicke Iris,* die Götterbotin, ist Catharine, die
Magd der Frau Rat. Klinger scheint diese Bezeichnung
für eine weibliche Abgesandte aufgebracht zu haben.

In seinem Drama ›Sturm und Drang‹ (Theater 2, 286) sagt La Feu (übrigens eine Rolle, wie für Unzelmann geschaffen, wennschon das Stück nicht gegeben wurde) zu dem Kammermädchen Betty: ›Gut, meine schöne Iris.‹ Und Goethe nimmt den Namen in den letzten Worten vom ersten Buch des ›Wilhelm Meister‹ auf: ›Schick mir deine Zettel immer durch die alte Sibylle; die hat der Teufel selbst zur Iris bestellt.‹ – *eine mitleidige Oreade* usw.: Anspielung auf Brandes' Duodram ›Ariadne auf Naxos‹. – *mein Steckenpferd:* das Interesse fürs Theater. – *das organ:* Tabor, der zwei Jahre die Frankfurter Bühne geleitet hatte. – *Der Lügner:* Komödie von Goldoni, die 1777 in Frankfurt nach der Saalischen Übersetzung gegeben wurde. – *Cziky:* der Schauspieler Czike. – *Die Heirat durch ein Wochenblatt:* von Fr. L. Schröder. – *Cosa Rara:* hier der Spitzname für die Sängerin Willmann, in Anlehnung an die Oper ›La cosa rara‹ von da Ponte und Martin y Solar; in der Hauptrolle dieser Oper, Lilla, alternierte Demoiselle Willmann mit Madame Unzelmann. – *Fraskatanerin:* Das Mädchen von Frascati, Oper von Paesiello, in der Demoiselle Willmann die Titelrolle Violante sang. – *die Sachen in Maintz:* Der dortige Intendant Freiherr von Dalberg verlangte von der Berliner Intendanz, daß Unzelmann wegen seines Entweichens von Mainz und Frankfurt bei ihm Abbitte leiste oder bestraft werde. In Berlin schlug man die Angelegenheit, ohne dem Freiherrn Gewähr zu leisten, nieder. – *unser dortiger Freund:* Graf Spaur.

143. *Maintzer Sache:* vgl. Brief 142. – *Wer über gewiße Dinge seinen Verstand* usw.: Worte der Orsina in Lessings ›Emilia Galotti‹ 4, 7. – *Der Brief / : O! Elisabeth was habe ich gethan :/* muß ein Brief voll momentaner Reue gewesen sein, den Unzelmann an Frau Rat geschrieben hatte.

144. *Der doppelte Liebhaber:* Lustspiel von Joh. Friedr. Jünger. – *Lilla* oder Schönheit und Tugend: Andrés deutsche Bearbeitung der Oper ›La cosa rara‹ von da Ponte und Vicente Martin y Solar. – *Cosa Rara:* vgl. zu Brief 142. – *Der Ring:* Lustspiel von Fr. L. Schröder. – *Baldian:* Magister Baldrian in Fr. L. Schröders ›Heirat durch ein Wochenblatt‹. – *Brandgen:* Rat Brand in Bretzners Lustspiel ›Das Räuschchen‹. – *Freund Heinrich:* Graf Spaur; vgl. Brief 142.

146. *Don Carlos:* Thalia-Fassung, Vers 2493.

149. *Die glückliche Jagd:* Lustspiel von Franz Heigel. – *drey Blätter:* von Alois Wilhelm Schreibers wöchentlich erscheinenden ›Dramaturgischen Blättern‹ (1788/89), deren erster Band der Frau Rat gewidmet ist.

150. *Apotecker Stößel:* in Dittersdorfs Oper ›Der Doktor und der Apotheker‹. – *Hans Zenger:* in Törrings Trauerspiel ›Agnes Bernauerin‹. – *Die Geschwister* von Goethe: am 21. Juli 1788 in Berlin meisterhaft gespielt von Madame Unzelmann als Marianne, Fleck als Wilhelm, Unzelmann als Fabrice.

151. *Elisabeth im Carlos I, 6* sagt, nachdem sie die vom König ungnädig entlassene Mondekar getröstet, in wehmütigem Gedenken an Frankreich: ›O, muß mich's ewig mahnen?‹ – *Blanchard* machte in Berlin am 27. September erfolgreich seine Luftfahrt, wurde am Abend vom König durch Überlassung einer Theaterloge geehrt und vom Publikum mit ungeheurem Beifall empfangen, der zehn Minuten lang die Vorstellung unterbrach. Von dieser Zeit an bat Unzelmann verstimmt mehrmals um seine Entlassung, worauf die Frau Rat in den nächsten Briefen anspielt.

153. Erster Druck: ›Euphorion‹ 20, 361 (Max Morris). – *mein Kupfer:* vgl. Brief 151. – *der braune Genius:* Schwer zu deuten; sollte Frau Aja in ihrer Herzensnot den

Rat befolgt haben, den noch Zelima der Prinzessin
Turandot erteilt, nämlich den Kaffeesatz um die Zu-
kunft zu befragen? – *dramaturgische Blätter:* von
Schreiber. – *Baum der Diana:* Oper von Martini. –
Willmer: Johann Jakob Willemer und Frau Maria
Magdalena, geb. Lang.

154. Schillers ›*Don Carlos*‹ ging in Berlin am 22. November 1788 mit Unzelmann als Posa in Szene. – *die
asiatische Banise:* Zieglers ›Asiatische Banise‹ (1689) beginnt: ›Blitz, Donner und Hagel, als die gerechten
Werkzeuge des gerechten Himmels, zerschmettere
den Pracht deiner goldbedeckten Türme‹ usw. – *Der
Magnetismus:* Lustspiel in 1 Aufzug von Iffland. – *Tramaturgen schreiber:* A.W. Schreiber. – *Felix* (›L'enfant
trouvé‹): Singspiel von Monsigny, Text von Sedaine. –
Wachtmeister: Paul Werner in Lessings ›Minna von
Barnhelm‹. – *Brandgen:* Rat Brand in Bretzners Lustspiel ›Das Räuschchen‹. – *kriebler:* Rechenmeister Grüb-
ler in Rautenstrauchs Lustspiel ›Der Jurist und der
Bauer‹. – *Wolf:* der Waffenträger in Babos Trauerspiel
›Otto von Wittelsbach‹. – *St.:* wohl Stegmann. – *Ber-
liner Annalen:* ›Annalen des Theaters‹, Berlin, 1788–97.
– *Die beiden Billetts:* Lustspiel von Anton-Wall.

155. *Töffel und Dorchen:* Operette von Desaides. –
Baaßler Todten tantz: Zitat aus Pfeffels Fabel ›Der kran-
ke Löwe‹; vgl. Brief 150. Aber nicht der Papst, sondern
Freund Hein ist ›so mager‹.

161. *die Teufels Oper:* mutmaßlich die Oper ›Betrug
durch Aberglauben‹, Oper in 2 Akten von Ebert, Musik von Dittersdorf, von der Unzelmann widerrecht-
lich eine Abschrift aus Frankfurt mit nach Berlin genommen hatte und die dort am 17. Januar 1789 die
erste Aufführung erlebte. – *Herrn C.:* Schauspieler
Czechtitzky.

162. *Die Erbschaft:* Lustspiel in 1 Akt von Alois Schreiber, gedruckt in den ›Neuen Theaterstücken von dem Verfasser der dramaturgischen Blätter. Frankf. a.M. 1789.‹

163. *Die Exemplare:* die jüngst erschienenen Teile der achtbändigen Ausgabe von Goethes Schriften.

164. Den *Wolf* in ›Otto von Wittelsbach‹ von Babo spielte damals (vgl. Brief 154.) Herr Czike. – *Die beiden Billetts:* von Anton-Wall. – *Die väterliche Rache:* Lustspiel in 4 Aufzügen (nach Congreves ›Liebe für Liebe‹) von Schröder.

165. *Schuldner:* natürlich Gläubiger.

170. *Geschenk:* Unzelmann hatte der Frau Rat zu Weihnachten 1789, gewiß nicht ohne Anspielung auf ihren eignen Vornamen, eine Biographie der Königin Elisabeth von England geschenkt. – *die noch ungebundne Blätter:* offenbar die letzten Stücke von Schreibers ›Dramaturgischen Blättern‹, die freilich noch dem ersten Viertel des Jahres 1789 angehören. – *v. D.:* Freiherr von Dalberg.

172. *Der Tod des Kaisers:* Joseph II. war am 20. Februar 1790 gestorben.

174. *D.:* Freiherr von Dalberg.

175. *Sie werden doch mit meinem Sohne kommen?* Goethe hatte die Absicht, in der Begleitung Carl Augusts, wie er diesem noch am 1. Juli 1790 schrieb, die Krönung mitzumachen und bei der Frau Rat zu wohnen.

180. *Ariadne:* Da an das einst berühmte Duodram von Brandes und Benda, das auch in Frankfurt gar nicht so schwer aufzutreiben gewesen wäre, wohl kaum zu denken ist, so darf man vermuten, daß sich Louise Schlosser nach der 1791 vollendeten Oper ›Ariadne auf Naxos‹ von der viel genannten blinden Marie Therese Paradies in Wien erkundigt hat, das heißt

wohl nach einer Arie oder dergleichen aus dem Werk.

183. *Oncel Georg:* der Dichter Johann Georg Jacobi.

185. *Fritz Jacobi:* Bei ihm in Pempelfort war Goethe noch Anfang Dezember zu Besuch gewesen. – *Meine Gründe... habe ich dir in einem Brief vorgelegt:* Goethe gedenkt dieses Briefes und der daran geknüpften Erwägungen in der ›Campagne in Frankreich‹, 29. Oktober 1792 (Weimarer Ausgabe 33, 159 ff.).

188. *daß das ein böser Wind wäre* usw.: Lieblingszitat der Frau Rat aus Sternes ›Empfindsamer Reise‹: ›'t is an ill wind, ... which blows nobody any good.‹ Vgl. Brief 195.

189. *Schildknappe:* Goethes Diener Paul Götze.

190. *bunte Gläßer:* sollte Gerning für Goethe zu optischen Versuchen besorgen.

195. *daß wir an die Toden nicht dencken können:* Großmann sammelte seit 1788 noch immer für ein Denkmal, das die Nation Lessing errichten sollte, und hatte schon 1791 mit dem Abdruck aller an ihn gerichteten ablehnenden Briefe seinen Mißerfolg in der Schrift ›Lessings Denkmal‹ kundgegeben. – *der Tramatugischen Blätter:* Großmanns ›Dramaturgische Zeitschrift‹, Hannover 1793. – *Jorick:* vgl. Brief 188.

197. *Zehn kurtze Tage:* Vom 16. bis 26. Mai war Goethe in Frankfurt und begab sich dann bis vor Mainz, um die Belagerung zu beobachten. – *Gevatter Wieland* läßt Amanda im ›Oberon‹ 4231 f. sagen:

> So laß uns fest an diesem Glauben halten,
>
> Ein einzger Augenblick kann alles umgestalten!

(vgl. Brief 230.) – *Kriegs und Kriegs-geschrey:* Zitat aus Markus 13, 7, das der Frau Rat sehr geläufig und von Goethe später in die Spaziergangsszene im ›Faust‹ übernommen ist.

203. *das bewußte:* die Auflösung des Haushalts der Frau Rat auf dem Großen Hirschgraben. Darüber hatte Goethe mit ihr bei seinem zweiten Frankfurter Aufenthalt, vom 11. bis 19. August 1793, gesprochen.

204. *an seine Behördte:* an den Ort, wohin er gehört, seine Adresse.

206. *1. October:* im Original 31. September.

207. *der Stock in ihre Tablo* (tableaux): die eingerahmten Fächer, die im Brief 209 wieder erwähnt werden.

208. *Dem kleinen Mädelein:* Goethes Tochter, geboren 22. November, gestorben 3. Dezember 1793.

209. *tragen Unniformen:* Die Schützengesellschaft in Frankfurt hatte sich für den Fall eines Angriffes auf die Stadt um 500 Freiwillige verstärkt.

210. *Bendermeister:* Küfer.

212. *eine unübersehbare Last:* Goethe dachte schon damals daran, sich ein Gut zu kaufen; 1797 führte er den Plan aus.

213. *den 6ten Februar:* Schreibfehler, statt 6. Januar.

214. *Eulenspiegel:* In den Eulenspiegel-Büchern, die nach Historien rechnen, findet sich als 21. (oder 19.) Historie die Aufzählung dreier Dinge, die der Schalk meidet. Es sind das die gesunde Speise (nämlich aus der Apotheke), der starke Trank (nämlich das Wasser, das Mühlen treiben kann) und das große Glück; letzteres mit der Begründung: Wenn ein Stein vom Dache fällt, saget man öfters: ›Wäre ich da gestanden, so hätte mich der Stein totgeschlagen; das war mein Glück.‹ Solch groß Glück wollte er gerne entbehren.

215. Im Anfang des Jahres 1794 tauchte in Johann Georg Schlosser der Gedanke auf, den er 1796 ausführte, sich mit seiner ganzen Familie vor den Kriegsunruhen nach Holstein zurückzuziehen (A. Nicolovius: J. G. Schlossers Leben, 1844, S. 226 ff.). Damals muß Frau

Rat den Brief geschrieben haben, von dem Nicolovius nur die wenigen Zeilen mitteilt, die wir als Nr. 215 wiedergeben. Auch in Brief 216 spielt sie auf die Absicht Schlossers an.

217. *Baal Samen:* Kein Kenner jüdischer Überlieferungen hat mir zu sagen vermocht, auf welchem Wege der Frau Rat das phönikische ›Baal Samen‹ (Herr des Himmels) zu Ohren gekommen sein, ja wie auch nur ein Talmudist des 18. Jahrhunderts von dieser Formel Kunde gehabt haben könne. Und doch muß es wohl aus der Judengasse nach dem Hirschgraben hinübergedrungen sein und ohne inhaltliche Beziehungen, nur durch den Klang Anlaß zu dem Wortspiel gegeben haben. Ein Witz wäre nur darin, wenn ›Baal Samen‹ soviel wie ›Scher dich zum Teufel‹ bedeuten könnte; davon ist aber nichts zu erweisen. – Die *Versteigerung* der Bibliothek des Herrn Rat fand am 18. August 1794 in Frankfurt a. M. statt.

218. *Hieronymus Knicker:* Singspiel von Dittersdorf, Text von Stephanie d. J., für Weimar von Chn. A. Vulpius bearbeitet. – *Im Trüben ist gut fischen:* Oper in 3 Aufzügen nach Sartis ›Fra i due litiganti il terzo gode‹. – *stets lustig, heisa hopsassa:* aus dem Lied des Papageno ›Der Vogelfänger bin ich ja‹.

221. *Schlossers producten:* vermutlich die Aufsätze ›Über die Apokalypse und ihre Deutung‹, ›Krisis der Philosophie und Moral‹ und ›Ein Mythos, nebst seiner Deutung‹, die sämtlich 1794 in Ewalds ›Urania‹ erschienen waren.

222. *Schlosser* siedelte mit seiner Familie 1794 nach Ansbach über, und fast hätte Frau Aja in diesem Jahre die immer wieder verschobene und niemals ausgeführte Reise nach Weimar unfreiwillig gemacht. Goethe schreibt noch am 8. September 1794 an Fritz Ja-

cobi: ›Meine Mutter steht auch auf dem Sprunge, sie hat sich doch endlich entschlossen, was transportabel war wegzuschicken. Ich habe indessen einige Zimmer zurechte gemacht um sie allenfalls aufzunehmen.‹

227. *Sophie B.*: Sophie Bethmann, die von dem König auffallend ausgezeichnet wurde.

231. Die wenigen Zeilen bilden die Nachschrift zu einem Briefe Schlossers vom 21. Januar 1795, den dieser durch die Frau Rat an seinen Schwager sandte.

235. *Der jetzige Käufer*: der Weinhändler Johann Gerhard Blum. – Die *minderjährige Enkelin* ist Louise Schlosser, die dann im nächsten Monat Nicolovius heiratete.

236. Das *Puppenspiel* ist das Puppentheater, mit dem Goethe als Kind gespielt, das der Frau Sophie Bansa geschenkt, dann der Stadtbibliothek übergeben wurde und ins Goethehaus zurückgewandert ist. – *unser Familien Portrait*: die Familie Goethe im Schäferkostüm, jetzt im Goethe-Nationalmuseum in Weimar.

237. *Judenkram*: beliebter Ausdruck, auch in Goethes Briefen, für alle Schnittwaren, Spitzen, Bänder, Stoffreste, die man beim Juden erhandelt.

241. *K.*: Fräulein von Klettenberg. – *wer ist meine Schwester* u.s.w.: Matthäus 12, 48, ›Er antwortete aber und sprach zu dem, der es ihm ansagte: Wer ist meine Mutter, und wer sind meine Brüder?‹

244. *dem lieben kleinen Söhngen*: Am 1. November 1795 war Goethe ein Sohn geboren worden, der am 18. November schon wieder gestorben war.

247. *die alte Gertraudt im Wansbecker Boten*: in dem ›Brief an Andres‹, Sämmtliche Werke des Wandsbecker Bothen, Hamburg 1775, I, 23.

248. *Iffland* gab im Frühling 1796 in Weimar eine Reihe von Gastrollen und wirkte durch sein Spiel ent-

scheidend auf die Weiterentwicklung des dortigen Theaters und Bühnenstils ein.

249. *Die Einlage an Freund Rieße* war nach Goethes Tagebuch ein Lotterieplan. – *kickelsort:* Gickel, frankfurtisch: Hahn; also ein Ort, so klein und rückständig, daß dort die Hühner auf der Straße herumlaufen.

251. *unser ehemahliges Hauß:* das Textorsche Haus in der Friedberger Gasse; unmittelbar daneben das Wirtshaus zum Gelben Hirschen.

252. Von den Ereignissen des *2. Dezember 1792* spricht Frau Rat im Brief 184.

254. *Gellerts* Worte ›Schilt nicht den Unbestand der Güter‹ stehen in der Erzählung ›Das Kartenhaus‹.

260. *Bernard* in Offenbach näherte sich dem Konkurs und suchte durch Auflösung der von ihm besoldeten Kapelle (vgl. Brief 294) Ersparnisse zu erzielen – Die für 1797 geplante *italienische Reise* Goethes kam nicht zustande, sondern wurde auf eine Reise in die Schweiz eingeschränkt.

262. *Cosa van Tutti:* Mozarts ›Così fan tutte‹, für Weimar bearbeitet von Chn. Aug. Vulpius, unter dem Titel ›So sind sie alle, alle‹. – *Sömmering,* S. Th.: vielleicht ein handschriftliches Bruchstück aus seinem Buch über die Sinnesorgane, an dem er damals arbeitete.

263. *Palmira:* Oper von Salieri.

265. Die *Akte* ist die Verzichtleistung der Frau Rat auf ihren Pflichtteil an dem Vermögen ihres Sohnes, für den Fall, daß dieser vor ihr sterben sollte. Unterzeichnet ist das Schriftstück (gedruckt in den Schriften der Goethe-Gesellschaft 4, 355f.) von den Senatoren Hetzler und Stock. – *das Werck worinnen eine Frau Aja vorkommen soll:* ›Hermann und Dorothea‹.

268. *unsere Zusammenkunft:* Vom 3. bis 25. August 1797

wohnte Goethe bei der Mutter in Frankfurt, bis zum 9. August auch Christiane und August.

269. *Hufelands* Makrobiotik (Jena 1796) hatte Christiane auf Goethes Anordnung von Weimar aus an die Frau Rat geschickt.

270. *Taschen bücher:* zwei Exemplare des in Berlin bei Vieweg erschienenen Taschenbuches für 1798, in dem ›Hermann und Dorothea‹ gedruckt war.

271. *Theater Mahler:* G. Fuentes.

272. *Lodoiska:* Oper von Cherubini. – *Die Strelitzen:* Schauspiel von Babo. – *in der 2ten Vorstellung:* am 24. September 1797.

274. *Graf von Donwitz:* die 1797 anonym erschienene Erzählung ›Graf von Donwitz und seine Mutter‹. – *Schilly:* Roman von Karl Nehrlich, Jena 1798. – *der zum erstenmahl* (am 17. Januar 1798) *gegebenen Oper:* Das unterbrochene Opferfest, Singspiel von Peter von Winter.

276. *Agnes von Lilien:* Roman von Caroline von Wolzogen, 1796 in Schillers ›Horen‹, dann als Buch, Berlin 1798, erschienen. – *Julie:* Julchen Grünthal, Roman von Friederike Helene Unger, Dritte Ausgabe, Berlin 1798. Der dieser hinzugefügte zweite Band hatte zum Verfasser Johann Ernst Stutz. – *Adonia:* Im 2. Buch Samuel 13, 4 sagt Jonadab zu Amnon, dem Sohne Davids: ›Warum wirst du so mager, du Königssohn, von Tage zu Tage?‹. – *Götz von Berlichingen:* vgl. zu Brief 121.

277. Nicht dem *Prater,* sondern dem Augarten gab Joseph II. die Widmung: ›Allen Menschen gewidmeter Erlustigungs-Ort von ihrem Schätzer‹. – *Hufeland:* vgl. zu Brief 269. – Der Schlußsatz des Briefes kann nur bedeuten, daß Frau Rat ihrem Briefe ein Blatt roten Papiers beigefügt hatte, auf das von ihr oder jemand anderm der Titel irgendeines Buches (vgl. Goedekes

Grundriß 4², 691) geschrieben war, das eine besonders rühmende Besprechung von ›Hermann und Dorothea‹ enthielt.

279. *vor 8 Jahren in der Krönung:* Vielmehr war es die Krönung Franz' II. (14.Juli 1792), bei der Iffland am 15.Juli als Hofrat Reinhold in seinem Lustspiel ›Die Hagestolzen‹ aufgetreten war. – *Ifflands Heirat* hatte am 19.Mai 1796 stattgefunden.

280. *Sichel:* in Dittersdorfs ›Doctor und Apotheker‹.

283. *Hanchgen:* Frau Johanna Schlosser, geb. Fahlmer.

286. *Die gebesserte Eigensinnige:* La capricciosa corretta (dem Inhalt nach identisch mit ›Der Widerspenstigen Zähmung‹ von Shakespeare), komische Oper von Martin y Solar, Text von da Ponte. – *Die Brüder als Nebenbuhler:* I fratelli rivali, Oper von P. von Winter.

289. *Sontagskind:* Das neue Sonntagskind, Singspiel in 2 Akten von Wenzel Müller, Text von Perinet. – *und daß die Nägel fest stecken:* Anspielung auf Jesaja 54, 2 und Goethes Frage an das Schicksal, deren Frau Rat im Brief 311 gedenkt.

290. *dem Bremischen Gesanden:* Ratsherr G. Gröning. – *Rastadt:* der Rastatter Gesandtenmord.

292. *der Königlichen Majestät:* Friedrich Wilhelm III. von Preußen. – *Confirmation:* Herders Rede und Katechisation ›Confirmation Seiner Hochfürstl. Durchlaucht Carl Friedrich, Erbprinzen von Sachsen-Weimar und Eisenach. Den 20.März 1799‹. – *Die Jäger:* von Iffland. – *Die Sonnenjungfrau:* von Kotzebue.

296. *das Gemählde:* Heinrich Meyers Nachbildung der Aldobrandinischen Hochzeit.

298. *Janus:* eine Zeitschrift, die auch Goethe durch Beiträge unterstützte; der erste Jahrgang (1800) erschien in Weimar, der zweite in Jena.

299. *Senior Hufnagel* gab eine Zeitschrift ›Für Christen-

thum, Aufklärung und Menschenwohl‹ heraus, in deren zweitem Band ein Aufsatz über die ethischen Wirkungen von Goethes ›Hermann und Dorothea‹ erschienen war.

303. In *Leipzig* war Goethe mit den Seinen vom 28. April bis 16. Mai 1800 gewesen. – *Schapo*: Jabots. – Das ›*Journal der Romane*‹ erschien 1800–1802 bei Goethes Verleger Unger in Berlin.

306. *Pauline*: Gräfin Pauline, Roman von Friederike Helene Unger, zuerst im ›Journal der Romane‹, dann Berlin 1800.

307. *Westhaußen*: Frau Rat hat vielleicht Rosenberg oder sonst eine Nebenrolle gemeint.

310. *Johanna von Montfaucon*: von Kotzebue. – *einen geschickten Artz*: Hofrat Starck aus Jena.

312. *Zeichnung der alten und neuen Zeit*: ein Kupfer zu Goethes ›Paläophron und Neoterpe‹.

313. *Hoffrath Reinhard*: vgl. zu Brief 279. – *tribschen, dribschen* (vgl. in Brief 387 das Wort ›Trippscher‹): in Oberhessen, am Main und Mittelrhein gebräuchlich im Sinne von hin und her laufen, geschwätzig und geschäftig sich umhertreiben.

316. *die Landluft*: Goethe war vom 25. März bis 14. April und vom 22. bis 30. April auf seinem Gut Oberroßla bei Weimar.

317. *währung*: die städtische Abgabe beim Verkauf von Grundbesitz.

318. *Jeremias* 48 (Handschrift 47), 11: ›Moab ist… auf seinen Hefen stillgelegen und ist nie aus einem Faß ins andere gegossen…; darum ist sein Geschmack ihm geblieben und sein Geruch nicht verändert worden.‹ – In der *Kayserlichen Reichspostzeitung* hatte am 31. Januar 1801 eine Anzeige von Goethes Genesung gestanden, die in besonders freudigem Ton gehalten war.

320. Zur *Kur* befand sich Goethe mit August seit dem 15. Juni 1801 in Pyrmont. – *das Gut:* Oberroßla. – In *Kassel* hielt sich Goethe mit Christiane und August vom 15. bis 20. August auf.

325. *Das Käyerliche Present:* ein uns unbekanntes Geschenk, das Goethe von Alexander I. von Rußland erhalten hatte. – Das *Briefelein* ist eine für Frau von Stein bestimmte Abschrift Lenzens aus einem Briefe Klingers (1776), worin dieser der Wohltaten gedenkt, die er von Goethe empfangen (Goethe-Jahrbuch 9, 10 f.). – *Das Epigramm:* Lustspiel von Kotzebue. – *Kain:* Frau Rat muß schriftkundige Gewährsmänner gehabt haben, denn noch unsre neuesten Kommentatoren geben die Gebärde des trotzigen Brütens bei Kain annähernd ebenso wieder; Kautzsch: ›Warum senkt sich dein Antlitz?‹ Gunkel: ›Warum läßt du dein Antlitz hängen?‹ (Gen. 4, 6.)

326. *Hippeldantze:* in Kotzebues Lustspiel ›Das Epigramm‹.

327. *der Erbprintz:* Karl Friedrich von Sachsen-Weimar, der sich damals auf einer Reise nach Paris befand.

328. *Zu Steffen sprach* usw.: Romanze aus Umlauffs Singspiel ›Das Irrlicht‹.

330. *Farrentraps Calender:* der bei Varrentrapp und Wenner erscheinende Frankfurter Raths- und Stadt-Calender.

333. *den 25ten November:* in der Handschrift fälschlich ›den 25ten December‹.

335. *getäuschte Hoffnungen:* Das neugeborne Töchterchen Goethes hatte nur vom 18. bis 21. Dezember 1802 gelebt.

337. *Sextus:* in Mozarts ›Titus‹. – *Stille Wasser sind tief:* Lustspiel von Fr. L. Schröder; darin tritt unter dem

Namen Therese die Kammerjungfer der Baronin Holmbach, Fräulein von Wiburg, auf. – *Die Kleinstädter*: von Kotzebue.

340. *des Trauerspiels wegen*: Goethes ›Natürliche Tochter‹.

343. *Die Pfanne in der Fastnacht* kommt vor Kräpfelbacken nicht zur Ruhe; und so wird auch Frau Rat geschäftig und in steter Unruhe sein.

346. *Die zwei Taschenbüchlein* auf das Jahr 1804 sind beide bei Cotta in Tübingen erschienen; das eine enthielt die ›Natürliche Tochter‹, das andre, von Goethe und Wieland herausgegeben, viel Goethesche Lyrik, besonders gesellige Lieder.

348. *des Menschen Hertz* usw.: Jeremias 17, 9: ›Es ist das Herz ein trotzig und verzagt Ding; wer kann es ergründen?‹

349. *Hippeldantz*: vgl. zu Brief 326.

350. *Jurist und Bauer*: Lustspiel von Rautenstrauch.

352. *Armut und Edelsinn*: Lustspiel von Kotzebue. – *Die Aussteuer*: Schauspiel von Iffland. – *Das große Los*: Lustspiel von Hagemeister. – *den Eßigmann*: ›Der Karren des Essighändlers‹ von Mercier. – *Gabrecht*: in Ifflands Schauspiel ›Der Spieler‹. – *die Donau Nimpfe*: Die Nymphe der Donau, Volksmärchen mit Gesang von Karl Friedrich Hensler.

353. und 356. *Baal Seemen*: vgl. zu Brief 217.

357. *Lese kabinet*: die seit 1788 bestehende Lesegesellschaft, um die sich in den letzten Jahren J. J. Riese viele Mühe gegeben hatte.

358. Diesen und die beiden folgenden undatierten Briefe reihe ich an der Grenze des Jahres 1804 ein, weil die beiden ersten einfach an ›Herrn Stock‹ adressiert sind. Nach der Ernennung Stocks zum Schöffen, 1805, versäumt Frau Rat in Briefen an die befreundete Fa-

milie nie, dieser Standeserhöhung auch auf der Adresse zu gedenken.

359. *Nößerger* (wie ich lese) würde scherzhaft heißen: meine Stücklein Vieh, die ich zu eigner Verwendung bereithalten will, also etwa mein Taschen- und Nadelgeld. ›Rößerger‹ (wie Creizenach, Goethe-Jahrbuch 1, 366 will) würde erklärt werden müssen als Geldmünzen, die wie die braunschweigischen ein Roß als Prägung haben.

361. *bey dem Einzug:* der Großfürstin Maria Paulowna.

364. *Die Beschreibung von den Feierlichkeiten* stand in dem ›Taschenbuch für Weimar aufs Jahr 1805‹. – *König Hiskia:* Jesaja 37, 14, ›Und da Hiskia den Brief von den Boten empfangen und gelesen hatte, ging er hinauf in das Haus des Herrn und breitete ihn aus vor dem Herrn‹.

365. *Sonntagskind:* Singspiel von Wenzel Müller.

370. ›*Die Reise von Stolpe nach Danzig*‹ ist im Anfang des 19. Jahrhunderts eine stehende Redensart. In Kotzebues Posse ›Pagenstreiche‹ spricht Kreuzquer bei jeder Gelegenheit von seiner großen Reise von Stolpe nach Danzig.

372. *Ließel:* Elisabeth Hoch. – *Conrad Wenner:* vgl. A. Leitzmann: Berliner Tageblatt, 31. Dezember 1915.

373. Das Lied vom *Schnützelputz-Häusel* findet sich im 2. Band von ›Des Knaben Wunderhorn‹ 1808, S. 406; 1846 (Arnims Werke 14), S. 328.

375. *dein liebes Andencken:* Goethe hatte an Frau Schöff Stock zum 1. Januar 1806 ein Albumblatt gesandt mit einem Vierzeiler, der in der Weimarer Ausgabe 4, 232 gedruckt ist. – *unsere neue Geschichte:* die Besetzung Frankfurts durch General Augereau (18. Januar 1806) und die auferlegte ungeheure Kontribution von vier

Millionen Franken. – In *Wielands* ›Wintermärchen‹,
Vers 560f., sagt der Sultan:

> Sorgt immer für den Augenblick,
> Und Gott laßt für die Zukunft sorgen.

376. *Die Beyden Todesfälle:* Am 7. Januar 1806 hatte
Christiane ihre Schwester Ernestine, am 1. März die
Tante Juliane verloren, die beide mit in Goethes Hause
gewohnt hatten. – *Götz von Berlichingen:* die Bühnen-
bearbeitung Goethes.

378. *alle Menschen sind Lügner:* Psalm 116, 11. – *Der
Primas:* Carl von Dalberg, Erzbischof von Regensburg,
zu dessen Gebiet hinfort Frankfurt gehörte. – *Printzeßin von Mecklenburg:* die Schwester der Königin Luise,
Prinzeß Solms, mit der Goethe in Karlsbad zusammen-
getroffen war.

379. *Christiane Vulpius:* Als dieser Brief in ihre Hände
kam, war sie Frau von Goethe, am 19. Oktober hat
Goethes Trauung stattgefunden.

380. *Hochbeinige Zeiten:* Zeiten der Teuerung.

381. *Bein:* Wie man in der Frankfurter Gegend das
Wort ›Wein‹ wie ›Woi‹ spricht, so hat umgekehrt Frau
Rat den Namen ›Boie‹ (dort offenbar ›Boi‹ gesprochen)
in ›Bein‹ transskribiert.

383. Jesus *Sirach* 30, 23: ›Denn ein fröhlich Herz ist des
Menschen Leben.‹

385. *Willhelms Baad:* bei Hanau; Christiane war in den
letzten März- und ersten Apriltagen in Frankfurt bei
der Frau Rat zu Besuch. – *Gelobet sey die Crespel* usw.:
aus dem Lied ›Der Binschgauer Bußgang‹; vgl. Brief
403.

386. *die glückliche Ankunft:* Am 12. April 1807 war Christiane wieder in Weimar eingetroffen.

387. *Der Todes fall:* Am 10. April 1807 war die Herzogin
Anna Amalia gestorben. – *Das feierliche Andencken:*

Goethes Aufsatz ›Zum feyerlichen Andencken der Durchlauchtigsten Fürstin und Frau Anna Amalia‹ usw. – *Fortunatus:* einer der wohlfeilen Jahrmarktsdrucke dieses Buches; vgl. Brief 388.

388. *die kleine Brentano:* Bettina.

389. *ein Alvabeth:* ein Buch von 25 Druckbogen.

390. Zu den Briefen der Frau Rat an *Bettina Brentano* vergleiche man: Bettinas Leben und Briefwechsel mit Goethe. Auf Grund des von Reinhold Steig bearbeiteten handschriftlichen Nachlasses neu herausgegeben von Fritz Bergemann. Leipzig 1927.

391 und 392. *Theoloische Anaalen:* L.Wachlers Neue Theologische Annalen 1807, Stück 19 (Mai). Ob der Verfasser der Kritik der Frankfurter Prediger Hufnagel ist, steht nicht fest.

393. *Inliegenden Brief:* offenbar Brief 392.

394. *Ließel:* Elisabeth Hoch. – *Carolingen:* Caroline Ulrich, die spätere Frau Riemer.

395. *Frau Syndicus:* Johanna Schlosser.

397. *dem Hund in der Fabel:* Daniel Wilhelm Triller: Der Dieb und der Hund (Neue Fabeln, 1752, S.216)?

400. *den 14ten December:* in der Handschrift ›November‹. – Die Legende vom *Heiligen Johannis* konnte Frau Rat aus Herders ›Zerstreuten Blättern‹ 1797 kennen.

403. Im Frühling 1808 begab sich *August* auf die Universität in Heidelberg und besuchte auf der Reise die Großmutter. Vgl. die folgenden Briefe.

408. *Rinaldino:* Rinaldo Vulpius.

410. *man pflantzt noch Weinberge* usw.: Jeremias 31, 5; vgl. Goethes Brief an Frau von Stein vom 9.Dezember 1777. – Der Brief Goethes an Frau Rat vom 9.Mai 1808, in dem er auch *Gutes über Bettina* gesagt hatte, ist verloren. – *das Epigram:* ›Klein ist unter den Fürsten Germaniens ...‹

411. *Dein Liebes Briefgen* usw.: Goethes Brief an Frau Rat vom 22. Juni 1808 ist nicht erhalten, wohl aber der eingeschlossene an Bettina vom gleichen Tage (Bettinas Briefwechsel mit Goethe, Leipzig 1922, S. 74).

413. Der Brief muß bald nach dem 1. Juli 1808 geschrieben sein und enthielt als Einlage den in der Anmerkung zu Nr. 411 erwähnten Brief an Bettina, die in Winkel am Rhein war.

414. Zum erstenmal mit Erläuterung herausgegeben von Albert Köster, Insel-Almanach 1918, S. 84 ff. – Adresse: An meine Liebe Tochter Bettine Brentano abzugeben durch Güthe in Winkel.

Register

Die Zahlen am Schluß der einzelnen Artikel
geben die Nummern der Briefe an.

Aja, der Name der Mutter der vier Haymonskinder. Goethe hat ihn der Frau Rat beigelegt, als sie selbst ›vier Söhne‹ in ihrem Hause hatte, nämlich ihren Hätschelhans, die beiden Grafen Stolberg und den Baron Haugwitz, die gemeinsam im Sommer 1775 ihre Schweizer Reise antreten wollten. Bei dieser Gelegenheit brachte Frau Aja auch die Bezeichnung ›Tyrannenblut‹ für die alten Rheinweine ihres Kellers auf (Dichtung und Wahrheit, 18. Buch; Weimarer Ausgabe 29, 90).

Albrecht, Legationsrat in Weimar, im Jahre 1781 Reisebegleiter des Prinzen Constantin. 74, 75

Albrecht, Heinrich Christoph: Leben und Tod Karls I. von England (Die Revolution in England). Schleswig 1786. 258

Ammelburg, Johannes Jakob, Kaufmann in Frankfurt a. M. 236

André, Johann (1741–1799), Komponist vieler Singspiele und Lieder, in jungen Tagen mit Goethe befreundet, bis das Jahr 1775 den einen nach Weimar, den andern nach Berlin führte. Seit 1784 war André wieder in seiner Vaterstadt Offenbach ansässig, als angesehener Musikverleger. 250, 255

Ansbach 230

Anton-Wall (d. i. Christian Lebrecht Heyne): Die beiden Billetts (nach Florian). Nachspiel in 1 Aufzug. 154, 164

Arbauer 155

Augsburg 265

Babo, Joseph Marius: Otto von Wittelsbach. Trauerspiel in 5 Aufzügen. 154, 164. – Die Strelitzen. Heroisches Schauspiel in 4 Aufzügen. 272

Bansa, Demoiselle. 345

Bansa, Frau, in Frankfurt a.M. 108

Bansa, Johann Conrad und Dietrich, Inhaber einer Speditionsfirma auf der Zeil in Frankfurt a.M. 196, 213, 236, 314

von *Barkhausen*, Louisa. 349

de *Bary*, Jean. 211

Basel 53

de *Bauclair*, Pierre Louis, Professor in Hanau, seit 1793 in Frankfurt a.M. 235

Bayer, Notar in Frankfurt a.M. 316

Bayreuth, Markgräfin Sophie Karoline von, Schwester der Herzogin Anna Amalia. 67, 83, 343

Beaumarchais: Die Hochzeit des Figaro. 121

Beck, Schauspieler. 109

Beck, Schauspielerin. 164

Behrens, Adolph, Arzt in Frankfurt a.M. 210, 211

Bein siehe Boie

von *Belderbusch*, Freiherr, Staatsminister des Kurfürsten von Köln. 69, 76

Berlin 138, 142, 143, 145, 149, 151, 153, 154, 155, 161, 328, 376

Bernard, Nicolas, Kaufmann in Offenbach. 66, 246, 260, 261, 294

Bernus 238, 244

Bernus, Frau. 66

von *Bertram*, Christian August (1751–1830), seit 1787 Geheimer Kriegsrat und Mitglied der Überwachungskommission für das Königliche Nationaltheater (ehemals Döbbelinsche Truppe) in Berlin. Er hat in den siebziger und achtziger Jahren des 18. Jahrhunderts in

Berlin eine Reihe der wichtigsten Theaterzeitschriften herausgegeben. 151

Bertuch, Friedrich Justin (1747–1822). Als Geheimsekretär des Herzogs Carl August stand dieser vielseitig tätige Mann mit der ganzen Weimarer Gesellschaft in regstem Verkehr. Auch zu Frau Rat spinnen sich die Fäden; sie schätzte seine Don-Quijote-Übersetzung ebenso wie die künstlichen Blumen seiner Fabrik oder wie die Artikel seines Buchverlages, besonders das ›Journal des Luxus und der Moden‹. Zu Bertuchs Hilfsbereitschaft und Geschäftskenntnis nahm auch Goethe oft seine Zuflucht. 38, 57, 108, 109, 156, 205, 272

von *Bethmann*, Eduard (1786–1839). 245

von *Bethmann*, Marianne. 150

von *Bethmann*, Simon Moritz, Bankier in Frankfurt a. M., am Anfang des 19. Jahrhunderts einer der angesehensten Bürger der Stadt. (Vgl. Allgemeine deutsche Biographie 2, 574 ff.) Siehe auch: Simon Moritz von Bethmann und seine Vorfahren. Hg. von S. M. Frhrn. von Bethmann, verfaßt von Dr. Heinrich Pallmann. Frankfurt a. M. 1898. (Nur in 60 Exemplaren gedruckt.) 71, 127, 354, 370, 372, 404

von *Bethmann-Hollweg*, Susanne Elisabeth. 120, 259

von *Bethmann-Metzler*, Peter Heinrich, Bankier in Frankfurt a. M., 1776 geadelt. 71, 127, 144, 211, 239

von *Bethmann-Metzler*, Katharina Elisabeth (1753–1813), Gattin des Vorigen, Jugendfreundin von Cornelia Goethe. 66, 72, 92, 144, 145, 152, 154, 211, 230, 241, 245, 259, 271, 290–292, 303, 318

von *Bethmann-Metzler*, Anna Sophie Elisabeth (geb. 1775), Tochter von Peter Heinrich von Bethmann-Metzler, heiratete im November 1796 Joachim von Schwartzkopf (siehe diesen). 207, 218, 227, 241, 245, 252, 253

von *Bethmann*, Johanne Caroline Louise (1777–1801), Tochter von Peter Heinrich von Bethmann-Metzler. 245, 307

von *Bethmann-Schaaf*, Frau. 66, 395

Bielau, Schauspieler, mit wahrem Namen Karl von Trottberg. 69

Blanchard, François, Luftschiffer. 151, 372

Blum, Sänger. 272

Blum, Johann Gerhard, Weinhändler in Frankfurt a.M. 235, 236, 238

Bode, Johann Joachim Christoph (1730–13.Dezember 1793), seit 1778 als Geschäftsträger der Gräfin Bernstorff in Weimar ansässig. 105, 108–110, 209

Böhm, Johannes, Theaterdirektor in Frankfurt a.M. 69, 76, 80, 116

Bölling, Johann Caspar, Kaufmann in Frankfurt a.M. 28, 30, 31, 37, 39, 44, 50, 53, 65, 87

Bötticher, Charlotte, Sängerin und Schauspielerin 339, 352

Böttiger, Karl August (1760–1835), von 1791 bis 1806 Gymnasialdirektor in Weimar. 272

Bogner, Fräulein, Erzieherin und später Gesellschafterin von J.G.Schlossers zweiter Frau Johanna, geb.Fahlmer. 169, 178, 183, 226

Boie, Friedrich. 381

Boltz, Jungfer. 18

Bonaparte, Napoleon. 263, 318, 354, 375

Bonn 40, 43, 64

Boot 145

Bouklair siehe Bauclair

Brabant, Schuhmacher in Frankfurt a.M. 145

Brand, Schauspieler. 307, 352

Brand, Schauspielerin. 396

Brandes, Johann Christian: Ariadne auf Naxos. Duodrama. 1774. 72, 352. – Der Gasthof oder Trau schau

wem. Lustspiel in 5 Aufzügen. 1769. 64, 72. – Die Hochzeitsfeier oder Ist's ein Mann oder ein Mädchen? Lustspiel. 1776. 72

Braun 380

Braunenfels in Frankfurt a. M., Sitz der adligen Gesellschaft Frauenstein. 52, 214

Braunschweig-Wolfenbüttel, Herzog Carl von (gest.
26. März 1780), Vater der Herzogin Anna Amalia. 63

Braunschweig-Wolfenbüttel, Prinz, später Herzog Karl
Wilhelm Ferdinand von (1735–1806), Bruder der Herzogin Anna Amalia. 15, 30, 96, 211

Braunschweig-Wolfenbüttel, Leopold von (1752–1785).
Auf ihn hat Goethe 1785 das Epigramm ›Dich ergriff
mit Gewalt‹ gedichtet. (Vgl. M. Bernays: Schriften zur
Kritik und Literaturgeschichte 2, 137–184.) 37

Braunschweig-Wolfenbüttel, Auguste Friederike von,
geb. Prinzessin von Wales. 30

Brecht, Ernst. 252

Brentano, Peter Anton, ein geborner Mailänder, Kaufmann in Frankfurt a. M. und kurtrierischer Resident.
10, 17, 19, 208

Brentano, Maximiliane, geb. La Roche (gest. 21. November 1793), Gattin des Vorigen. 10, 13, 14, 18, 73, 96, 208
     Ihre Kinder sind:

Brentano, Bettina (1785–1859). Nur zwei Jahre, von 1806
bis 1808, stand sie in engen Beziehungen zu Frau Rat;
aber es sind gesegnete Jahre, deren Reichtum wir aus
›Goethes Briefwechsel mit einem Kinde‹ ahnen. In diese Jahre fällt am 23. April 1807 Bettinas erster Besuch
bei Goethe. 388–391, 395, 400–403, 409–411, 413, 414

Brentano, Clemens. 395

Brentano, Melina. 401, 402

Bretzner, Christoph F.: Das Räuschchen. Lustspiel in
4 Aufzügen. 144, 154

Breyer, Professor in München. 395

Bruegel, Pieter (1564–1638), südniederländischer Maler, zur Unterscheidung von seinem Vater und seinem Bruder wegen seiner Teufelsszenen gern als Höllen-Bruegel bezeichnet. 28, 30, 50

Büchner, Schauspieler. 334

Bürger, Gottfried August. 124

Buff, Hans, Sohn des Ordensamtmanns Buff in Wetzlar. 4, 152

Bulla, Schauspielerin. 283, 284

Bußmann, Auguste. 395

Canabich, Josepha, geb. Woralek, Sängerin. 272, 274, 286, 312, 326

Caspers, Fanny, Schauspielerin. 292, 297, 298, 300, 311

Catharine, Magd der Frau Rat. 118, 142, 154, 160, 171

Chamot, G. Fr., Kaufmann in Frankfurt a. M. 177, 220

Cherubini, Luigi: Lodoiska. Heroische Oper in 3 Aufzügen. Text von Fillette-Loreaux, deutsch von D. Schmieder. 272

Chiron, Bankier in Frankfurt a. M. 177

Chladni, E. Fl. Fr., Physiker. 339

Christel, Schauspielerin bei der Böhmschen Truppe. 116

Claudius, Matthias 247

Claus, Johann Andreas, Pfarrer in Frankfurt a. M. 254

von *Clermont*, Fräulein, aus der Jacobi-Fahlmerschen Verwandtschaft. 10, 169

Cosa Rara, Spitzname der Sängerin Willmann in Frankfurt a. M. 142, 144

von *Coudenhoven*, Freifrau, geb. Gräfin Hatzfeld, zur Mainzer Hofgesellschaft gehörend, für das Theater ebensostark interessiert wie die Frau Rat. Alois Schreiber hat ihr sein ›Tagebuch der Mainzer Schaubühne‹ gewidmet. 204, 205

Crespel, Johann Bernhard (1747–1813), von November 1776 bis Mai 1777 am Fürstlich Thurn und Taxisschen Hofe in Regensburg. 10, 12–14, 16–18, 32, 249

Crespel, Franziska Jakobea und Maria Katharina, seine Schwestern. 17

Croneburg siehe Kronberg

Crunelius siehe Grunelius

Czike, Schauspieler. 142, 144, 150, 154, 159, 164

von *Dalberg*, Freiherr, Intendant der Mainzer Bühne. 142, 143, 146, 153, 170, 174

von *Dalberg*, Carl, Erzbischof von Regensburg. 378, 383, 386, 388, 402, 405

Darmstadt 31, 58, 65, 74, 110, 129

Delph, Helene Dorothea (1728?–1808), Inhaberin eines kaufmännischen Geschäftes in Heidelberg. 5, 80, 408

Demmer, Carl, Sänger. 218, 274, 280, 325, 349

Demmer, Schauspielerin, Gattin des Vorigen. 218

Desaides: Töffel und Dorchen. Operette. 155

Dick, Johann Adam, Wirt im Roten Hause in Frankfurt a. M. 67, 73, 175, 208, 213, 220

Diestel, Sängerin der Böhmschen Truppe. 116

Diezel, Schauspieler. 43

Ditters von Dittersdorf, Karl: Betrug durch Aberglauben. Oper in 2 Akten. Text von Ebert. 161. – Der Doktor und der Apotheker. Oper. Text von Stephanie d. J. 150, 280. – Hokuspokus. Singspiel in 1 Aufzug. 191. – Hieronymus Knicker. Singspiel in 2 Aufzügen. Text von Stephanie d. J., überarbeitet von Vulpius. 218

Dobler siehe Tobler

Döbbelin, Karl Theophilus (1727–1793), Theaterdirektor, der für das Berliner Bühnenwesen von Bedeutung gewesen ist. Seine Glanzzeit fällt in die Jahre 1775–1787.

Im Jahre 1788 traf Unzelmann, der früher zur Döbbe-
linischen Truppe gehört hatte, mit dem alternden
Künstler am Königlichen Nationaltheater in Berlin
wieder zusammen. 72, 154

Dübari siehe de Bary

Düsseldorf. 20, 74, 185, 230

Dyk, Johann Gottfried: Graf Essex. Trauerspiel in 5 Aufzügen. Nach dem Englischen des Banks. 118

Eberstadt 52

von *Einsiedel*, Friedrich Hildebrand (1750–1828), Kammerherr der Herzogin Anna Amalia. 44, 49, 50, 54, 65

Eisenach 102, 240

Eisenberg 38, 43

Emmendingen 41, 53

Engel, Johann Jakob (?). 166

England, Königin Elisabeth von. 72, 170

Erfurt 368, 385

von *Erthal*, Friedrich Karl Joseph Freiherr (1719–1802),
seit 1774 Erzbischof und Kurfürst von Mainz. 76, 217

Ettling, Gottlieb (1725–1783), Schöffe und Senator in
Frankfurt a. M. 28, 220

Eutin 248, 293

Fahlmer, Johanna Katharina Sibylla (1744–1821), war
1774/75 in manchen Herzensangelegenheiten die Vertraute Goethes, auch wurde sie die Vermittlerin zwischen ihm und den Jacobis. Wenige Monate nach Cor-
neliens Tode (8. Juni 1777) verlobte sie sich mit Johann
Georg Schlosser, dem sie am 27. September 1778 als
Gattin nach Emmendingen folgte. Genau auf den Tag
waren dort im nächsten Jahre Carl August, Goethe und
Wedel ihre Gäste. (Siehe auch Schlosser.) 5, 10, 13, 17,
18, 20, 30, 41, 80

Fahlmer, Maria, geb. Starck (gest. 16. November 1780), Mutter der Vorigen. 70

Farrentrap siehe Varrentrapp

Fiala, B., Schauspielerin. (Vgl. Elisabeth Mentzel in der ›Deutschen Thalia‹ 1902, S. 1–35.) 76, 137, 144, 165, 191, 195, 225, 232

Fingerlin, Marcus Christoph, Bankier in Frankfurt a. M. 236, 281, 351

Fischer siehe Böhm

Fischer, Ludwig (1745–1825), Bassist. 328, 349

Fleck, Johann Friedrich Ferdinand (1757–1801), Schauspieler. 143

Fleischbein von Kleeberg, J. D. (1772–1807), Schöff in Frankfurt a. M. 311, 351, 364, 388

Flittner, Friederike, spätere Frau Unzelmann (siehe diese). 40, 64, 71, 116

von *Formey* 245, 307

Fräbel, Valentin, Fuhrmann. 393

Fränzl, Violinvirtuos. 246

Franckenberg, Schauspieler. 146, 149, 150, 155

Frankfurt a. M. (Zur politischen Geschichte vergleiche man Kriegk: Geschichte von Frankfurt, 1871; Stricker: Neuere Geschichte von Frankfurt, 1874f.; zur Theatergeschichte: E. Mentzel: Geschichte der Schauspielkunst in Frankfurt a. M., 1882; E. v. Oven: Das erste städtische Theater zu Frankfurt a. M., 1872.) Die drei Kollegien, deren Frau Rat öfter gedenkt, sind der Rat, die Einundfünfziger (Bürgerschaft) und die Neuner (Rechnungskollegium). Zur Titulatur: Ein Schöff ist ein Ratsherr der ersten Bank, ein Senator gehört der zweiten, ein Rat der dritten an.

Franz II., deutscher Kaiser vom 1. März 1792 bis 6. August 1806. 279

Friedrich, Johann Konrad. 372

Frommann, Buchhändler in Jena, bei dem Goethe oft zu Gast war, u.a. am 9. August 1806. 378

Fuentes, G., Theatermaler in Frankfurt a.M. 271, 272, 277, 305

Garnerin, Luftschiffer. 372

Geist, Goethes Schreiber. 283, 291, 308, 310, 349, 351

Gellert 254

von *Gemmingen*, Otto Heinrich Freiherr: Der teutsche Hausvater. Schauspiel in 5 Aufzügen. 1780. 114

von *Gerning*, Johann Isaak (1767–1837), Diplomat. 190, 193, 207, 211, 218, 237, 238, 245, 252, 254, 260, 261, 265, 266, 283, 285, 306, 315, 316, 344, 395, 397, 404

Gerock, Fräulein. 10, 13

Gladni siehe Chladni

Glauburg 76

von *Göchhausen*, Louise, genannt Thusnelde (1747 bis 1807), die muntere Gesellschafterin der Herzogin Anna Amalia, seit 1783 Hofdame. Sie besuchte die Frau Rat im Sommer 1778 im Gefolge der Herzogin. 28, 31, 32, 35–37, 44, 45, 47–50, 53, 59, 62, 63, 67, 68, 70, 73, 77, 83, 85, 87, 89, 92, 99, 105, 109, 113, 254, 402

von *Goeltz* 222

Göritz 182

Göschen, Georg Joachim (1750–1828), Verleger in Leipzig. 150, 161, 163

Goethe, Johann Kaspar, des Dichters Vater, starb am 25. Mai 1782. 7, 8, 10, 11, 13, 14, 17, 18, 20–22, 25, 26, 28, 30, 32, 35, 37, 39, 41, 42, 48, 49, 52, 53, 58, 59, 61, 64, 68–70, 73, 74, 79, 83, 89, 213

Goethe 2, 4, 5, 11, 13, 18, 22–24, 26–31, 33–36, 41, 45–49, 51–55, 57–59, 61–64, 72, 74, 79–81, 83, 84, 86, 88, 89, 94–98, 100–103, 105–107, 109, 112, 114, 115, 123, 127–130, 132, 136, 147, 150, 152, 163, 167, 172, 173, 175, 184–186, 188 bis 190, 192–194, 196, 198–204, 206–214, 217, 218, 220 bis 225, 227–232, 234–241, 244–246, 248–308, 310–340, 342–344, 346–357, 361–364, 366–370, 372–383, 385–389, 391–396, 398, 400, 401, 403–406, 408–412

Werke: Der Bürgergeneral 196, 199, 200. Das römische Carneval 172, 221. Benvenuto Cellini 354, 356. Claudine von Villa Bella 92. Clavigo 71, 72, 90, 142, 344, 351, 352. Egmont 373, 389. Elpenor 95. Erwin und Elmire 31. Faust 373, 396. – Gedichte: Die Braut von Korinth 386, 410. Epigramme 410. Euphrosyne 410. Der Gott und die Bajadere 386, 410. Hochzeitlied 386, 410. Der Rattenfänger 386. Seefahrt 386. Der Zauberlehrling 386. – Die Geschwister 150, 344, 347. Götz von Berlichingen 18, 25, 72, 121, 124, 276, 351, 354, 376. Hermann und Dorothea 265, 270, 271, 277, 291, 298, 372. Iphigenie auf Tauris 45–47, 70, 93, 307, 391, 392. Das Jahrmarktsfest zu Plundersweilern 18, 31, 32, 34, 35, 47, 70. Jeri und Bätely 62. Lila 172. Mahomet (nach Voltaire) 332, 333, 351. Wilhelm Meisters Lehrjahre 142, 229, 230, 232, 234, 237–239, 241, 249, 251, 254, 257 bis 259, 375, 391, 392. Das Neueste von Plundersweilern 86, 87, 94. Paläophron und Neoterpe 312. Pater Brey 356. Proserpina 26. Reineke Fuchs 221, 229. Stella 5. Tancred (nach Voltaire) 332, 333. Tasso 172, 307, 349. Die natürliche Tochter 340, 342, 344, 346, 401. Der Triumph der Empfindsamkeit 26, 35, 52. Die Vögel 65. Werther 391, 392

von *Goethe*, Christiane, geb. Vulpius (1764–1816), seit dem 19. Oktober 1806 des Dichters Gattin (siehe Vulpius). 380–383, 385–391, 393–396, 398–406, 409–412

von *Goethe*, August (1789–1830), des Dichters Sohn. 197, 228–230, 239, 241, 244, 251, 256–259, 261, 262, 264, 268 bis 273, 277–285, 287–289, 291–296, 298, 300, 301, 303 bis 308, 310–313, 316–318, 320–327, 330–337, 339, 340,

342–344, 346, 348–351, 353, 355, 357, 361–363, 366–370, 372–378, 380–383, 386–389, 393–396, 398–405, 408–412

Götze, Paul, Goethes Diener in den neunziger Jahren. 189, 201, 202, 209, 210, 212, 213

Gogel, Jean Noé, Weinhändler am Kleinen Hirschgraben in Frankfurt a.M. 207, 208, 220

Goldoni: Die verstellte Kranke. Bearbeitet von J.Laudes. 109. – Der Lügner. 142

Goldschmidt, Bürger in Frankfurt a.M. 143, 149

Gotter, Friedrich Wilhelm: Die Erbschleicher. Lustspiel in 5 Akten. 1789. 221

Graf, Gastwirt in Frankfurt a.M. 373

Graff, G.Cl., Kaufmann in Frankfurt a.M. 120, 149, 150, 251

Graff, Johann Jacob, Schauspieler in Weimar. 334, 339

Grambs, J.G., Dr. jur., Advokat in Frankfurt a.M., im Jahre 1802 Mitglied der Direktion des Frankfurter Theaters. 334

Greineld 118

Gröning, G., bremischer Gesandter. 290

Gromes, Sängerin. 272

Große, Schauspieler. 149

Großmann, Gustav Friedrich Wilhelm, Schauspieldirektor (vom 30.November 1743 bis 20.Mai 1796). (Vgl. Joseph Wolter: G.Fr. W.Großmann, Köln 1901, und Hannoversche Geschichtsblätter 5, 145–179; ferner Elisabeth Mentzel im ›Archiv für Frankfurter Geschichte‹ 4, 64–160.) 21, 24, 38, 40, 42, 43, 51, 62, 64, 66, 67, 69, 71, 72, 76, 78, 82, 94, 114–116, 164, 177, 191, 195. Henriette oder Sie ist schon verheiratet. Lustspiel in 5 Aufzügen. 1783. 64, 71, 72. Nicht mehr als sechs Schüsseln. Familiengemälde in 5 Aufzügen. 1777, 1780. 64, 72, 115

Großmann, Caroline Sophie Auguste, verw. Flittner, geb. Hartmann (1752–1784), seit dem 17.November

1774 Gattin des Schauspielers, Mutter der Frau Unzelmann. 21, 24, 40, 42, 43, 64, 71, 72, 115

Großmann, Margareta Viktoria, geb. Schroth, seine
zweite Gattin. 164, 195

Kinder des Schauspielers:

Großmann, Antoinette. 64

Großmann, Charlotte. 21, 23, 40, 42, 43, 64, 71, 72, 76, 164

Großmann, Fränzchen. 64

Großmann, Hans Wolfgang. 40, 64, 71, 72, 76

Grunelius, J.B.P., Leinenhändler in Frankfurt a.M. 209

Günder, Schauspieler. 159

von *Guttenhofen* siehe von Coudenhoven

Hätschelhans, der Kosename, den Frau Rat ihrem Sohn
gegeben.

Hagemeister, Johann Gottfried Lucas: Das große Los.
Lustspiel in 1 Akt. Berlin 1791. 352

Halle a.d.S. 372

Hamburg 273

Hamilton: Observations on mount Vesuvius. London
1772. 49

Hanau 58, 145, 217, 257

Hanau, Erbprinz Friedrich von. 75

Hannover 177, 343

von *Hardenberg*, K.A., preußischer Minister. 229

Hartmann, Johann Valentin, Schulmeister. 46

von *Haugwitz*, Baron Christian August Heinrich Kurt,
im Juni 1775 einer der Begleiter Goethes auf der Reise
in die Schweiz. 3

Haydn: Die Schöpfung. 367

Heidelberg 404, 405, 408

Heigel, Franz: Die glückliche Jagd. Lustspiel. 149

Heintze 307

Hellmuth, Schauspieler. 62, 66, 76

Hellmuth, Schauspielerin. 153, 164

von *Henckel* 307

Hensler, Karl Friedrich: Die Nymphe der Donau. Fortsetzung des Donauweibchens. Romantisch-komisches Volksmärchen mit Gesang in 3 Aufzügen. Musik von Fr. Kauer. Wien 1803. 352

Herder, Johann Gottfried. 70, 110, 130, 254, 272, 293, 342, 357

Herder, Caroline, geb. Flachsland, Gattin des Vorigen. 32, 254

Herder, August Wolfgang, des Dichters zweiter Sohn, geb. 1776. 186

Herrich 10, 13, 18

Hersfeld 381, 401

Hessen-Cassel, Erbprinz Wilhelm von, vermählt mit Auguste, Prinzeß von Preußen. 263

Hessen-Darmstadt, Erbprinz von. 124

Hetzler, Johann Ludwig (gest. 17. Mai 1800), Ratsherr in Frankfurt a. M., seit 1797 Schöff. 188, 220, 236, 251, 265, 300, 302, 303

Hoch, Elisabeth (1759–1846), bis zum Tod der Frau Rat in deren Diensten. 160, 372, 394–396, 400, 414

Hoche, französischer General. 262

Hoffmann, Fritz, entweder der Sohn des Syndicus Friedrich Reinhard H. (Schriften der Goethe-Gesellschaft 1, 128) oder des Stadtschreibers Christian Sigismund H. (Goethe-Jahrbuch 7, 135.) Vgl. Pallmann: Joh. Adam Horn, S. 28 f. 30

Holberg 6, 74

Hollweg siehe Bethmann-Hollweg

von *Holtzhausen*, A. U. C. (1754–1830), seit 1785 Schöff in Frankfurt a. M. 238, 244

von *Holtzhausen*, E. F. A., geb. von Hohenstein, seine Gattin. 307, 349

Homburg 58

Horaz 401

Hübsch, Schauspieler. 191

von *Hüffer*, Hauptmann. 199

Hufeland, Christoph Wilhelm (1762–1836), weimarischer Leibarzt, seit 1793 Professor der Medizin in Jena, seit 1798 in Berlin, Verfasser der Makrobiotik (1796). 269, 277

Hufnagel, Wilhelm Friedrich, Prediger zu den Barfüßern in Frankfurt a.M., seit 1791 Senior. 270, 271, 277, 292, 299

von *Humboldt*, Alexander. 399

Iffland, August Wilhelm (1759–1814), Schauspieler, seit 1779 in Mannheim, seit 1796 in Berlin als Direktor des Nationaltheaters. Seine vielen Gastspielreisen führten ihn 1796 und 1798 nach Weimar und wiederholt auch nach Frankfurt, wo Frau Rat sich sehr für ihn interessierte; besonders im Jahre 1784 war er mehrmals ihr Gast. (Vgl. Iffland: Meine theatralische Laufbahn. Mit Einleitung hg. von Hugo Holstein. Heilbronn 1886; A.W. Ifflands Briefe an seine Schwester Louise und andere Verwandte, hg. von Ludwig Geiger. Berlin 1904.) 109, 153, 221, 248, 272, 279, 306, 313, 352, 356, 372. Die Aussteuer. Schauspiel in 5 Aufzügen. Leipzig 1795. 352. – Die Hagestolzen. Lustspiel in 5 Aufzügen. 279. – Die Jäger. Ein ländliches Sittengemälde in 5 Aufzügen. Berlin 1785. 292. – Der Magnetismus. Lustspiel in 1 Aufzug. 154. – Der Spieler. Schauspiel in 5 Aufzügen. 352

Ilmenau 100, 101

Innsbruck 158

von *Isenburg*, Gräfin. 176, 178

Jacobi, Friedrich Heinrich (1743–1819), bis 1779 in Düsseldorf, dann mit Ausnahme der Jahre 1794–1804, die er in Holstein zubrachte, in München ansässig. 185, 200, 230, 371, 395

Jacobi, Johann Georg (1740–1814), sein Bruder. 183, 306, 307, 318

Jacobi, Maria, geb. Müller, Gattin des Vorigen. 306

Jacobi, Charlotte, Schwester von Fritz und Georg Jacobi. 247, 395

Jagemann, Schauspielerin in Weimar. 292, 354, 361

Jena 254, 255, 265, 289, 291, 307, 310, 321, 340, 395

Jordis, J.H., Bankier in Frankfurt a.M. 211

Joseph II., deutscher Kaiser (1765 bis 20.Februar 1790). 74, 75, 172, 173

Jünger, Johann Friedrich: Der doppelte Liebhaber. Lustspiel. 144

Jung, gen. Jung-Stilling, Johann Heinrich: Die Schleuder eines Hirtenknaben gegen den hohnsprechenden Philister, den Verfasser des Sebaldus Nothanker. Frankfurt a.M. 1775 (auf die dann Nicolai 1776 mit der ›Theodicee des Hirtenknaben‹ antwortete). 356

von *Kalb*, Johann August Alexander, 1776–1782 Kammerpräsident in Weimar. 5, 11, 25, 74

Kappel, J.H., Weinhändler in Frankfurt a.M. 239

Karlsbad 238, 393–396, 409, 410, 412

Karlsruhe 152

Kassel 143, 144, 150, 154, 320, 322, 352, 388, 396, 400, 401

Kaufmann, Christoph (1753–1795), der zweideutige Apostel der Geniezeit, der zu Neujahr 1777 auch Goethes Eltern besucht hat. (Vgl. H.Düntzer: Christoph Kaufmann, Leipzig 1882.) 26

Kaufmann, Elise, seine Frau seit dem 2.Februar 1778. 26, 27

Kayser, Philipp Christoph (1755–1823), Musiker aus Frankfurt a.M., seit 1775 in Zürich. 79

Keilholtz, Schauspieler. 349

Keller siehe Kellner

Kellner, J.L., Ratsherr in Frankfurt a.M.; auf seiner Besitzung in Oberrad bei Frankfurt war Frau Aja oft zu Gast. 220, 281

Kestner, Johann Christian (1741–1800), Archivar in Hannover. 152

Kestner, Lotte, geb. Buff (1753–1828), seine Gattin. 152, 306, 343, 352

Kestner, Theodor Friedrich Arnold, Sohn der beiden Vorigen, Arzt. 351

von *Kinckel*, Baron, holländischer Gesandter in Frankfurt a.M. 210

von *Kingston*, Herzogin Elisabeth. 80

Kißner, Holzhändler in Frankfurt a.M. 177

von *Klein*, Anton. 13

von *Klettenberg*, Susanna Katharina (1723–1774). (Vgl. Die Schöne Seele. Bekenntnisse, Schriften und Briefe der Susanna Katharina von Klettenberg. Hg. von Heinrich Funck. Leipzig 1911.) 2, 35, 41, 127, 254, 391, 392

Klinger, Friedrich Maximilian (1752–1831). Aus ärmlichsten Verhältnissen in Frankfurt a.M. hervorgegangen, brachte er es seit 1780 zu hohem Ansehen im russischen Militär- und Staatsdienst. Goethe und seine Freunde haben in der Frühzeit nach Kräften für Klinger gesorgt, als er 1774–76 in Gießen studierte, 1776–78 bei der Seylerschen Truppe Theaterdichter war und 1780 sich bei Johann Georg Schlosser in Emmendingen aufhielt. (Vgl. M.Rieger: Friedrich Maximilian Klinger, 2 Bände mit einem Briefbuch, Darmstadt 1880 und 1896.) 6, 26, 70, 142, 325

Klopstock 91

von *Knebel*, Carl Ludwig (1744–1834). 5, 129

Kniege siehe Knigge

von *Knigge*, Adolf Freiherr (1752–1796). 167. Dramaturgische Blätter. Hannover 1789. 164

von *Knigge*, Freifrau, geb. von Baumbach, Gattin des Vorigen. 167

Koberwein, Theaterdirektor. 120, 156, 159

Koblenz 48

Koch, Siegfried Gotthelf (1754–1831), seit 1778 Schauspieler, besonders für das Fach der ernsten Liebhaber. Er wurde 1788 als Theaterdirektor an die Mainz-Frankfurter Bühne berufen und trat sein Amt am 18. April 1788 an. 138, 140, 142, 144, 149, 153, 154, 159, 164, 165, 174, 191

Köln, Kurfürst von, siehe Erthal

Königsberg 387, 395

von *Kotzebue*, August Friedrich Ferdinand. 306, 319. Armut und Edelsinn. Lustspiel in 3 Aufzügen. 1795. 352. Das Epigramm. Lustspiel in 4 Aufzügen. 1801. 325, 326, 349. Das merkwürdigste Jahr meines Lebens. 1801. 324, 325. Johanna von Montfaucon. Romantisches Gemälde aus dem 14. Jahrhundert in 5 Aufzügen. 1800. 310. Die deutschen Kleinstädter. Lustspiel in 4 Aufzügen. 1803. 337. Pagenstreiche. Posse in 5 Aufzügen. 1804. 370. Die Sonnenjungfrau. Schauspiel in 5 Aufzügen. 1791. 292

Kranz, Johann Friedrich, weimarischer Kammermusikus, der im Januar 1778 mit Wieland einen ersten, im Dezember 1780 einen zweiten Besuch im Goetheschen Hause in Frankfurt abgestattet hat. 32, 46, 70, 300

Kraus, Georg Melchior, ein geborner Frankfurter, seit 1774 in Weimar, 1780–1806 Direktor der dortigen Herzoglichen Zeichenschule. 1786–1804 gab er mit Bertuch zusammen das ›Journal des Luxus und der Mo-

den‹ heraus. Bei den kleinen weimarischen Aufführungen half er mit seiner Kunst; für die Aufführung
des ›Jahrmarktsfestes zu Plundersweilern‹ (1778) hatte
er in Zusammenarbeit mit Goethe und der Herzogin
Anna Amalia das Bänkelsängerbild entworfen. Im Gefolge dieser Fürstin weilte er im Sommer 1778 im
Goetheschen Hause in Frankfurt. 28, 32, 35, 44, 87–89,
156, 254, 272, 281

Krauße siehe Kraus

Kronberg am Taunus 207, 253, 254, 306, 321, 344

Landshut 395

Lange, Aloise Marie Antonie, geb. Weber (1762–1830),
Mozarts Schwägerin. 326, 339

Lanz, Theaterinspektor am Königlichen Theater in
Berlin. Durch seine Vermittlung im Dezember 1787
wurden Unzelmann und Frau nach Berlin engagiert.
142, 143

von *La Roche*, Georg Michael Franck (1720–1788), von
1771 bis 1780 in kurtrierischen Diensten, seit 1775 als
Regierungskanzler, in Ehrenbreitstein ansässig; in dieser Zeit vermochte er auch für seine Schwiegersöhne
Brentano und Möhn die Protektion seines Kurfürsten
zu gewinnen. Seit 1780 wohnte La Roche in Speyer,
seit 1786 in Offenbach. (Vgl. Rud. Asmus: G. M. De La
Roche. Karlsruhe 1899.) 17, 127

von *La Roche*, Marie Sophie, geb. Gutermann (1731 bis
1807), Wielands Jugendgeliebte, Gattin des Vorigen. Bis
1780 herrschte sie als die umworbene berühmte Schrift-
stellerin, die ›Sternheim‹, in ihrem vielbesuchten Salon
in Ehrenbreitstein, den Goethe im 13. Buch von ›Dichtung und Wahrheit‹ geschildert hat; später in der
Offenbacher Zeit ging es mit dem Glanz ihres Hauses,
mit ihrer sentimental-lehrhaften Schriftstellerei und

ihrer persönlichen Beliebtheit bergab, wofür gerade die Briefe der Frau Rat die Belege bringen. 17, 32, 47, 48, 172, 190, 208, 217, 218, 250, 258, 289, 293, 296, 325

von *La Roche*, Luise, Tochter der beiden Vorigen (siehe Möhn). 47, 48

Laubach 249

Lauchstädt 280, 394, 411, 412

Lavater, Johann Kaspar (1741–1801). (Vgl. Goethe und Lavater. Briefe und Tagebücher, hg. von Heinrich Funck, Weimar 1901; über Lavaters Besuch bei der Frau Rat im Jahre 1782 die Berichte des Freien Deutschen Hochstifts 16, 249–53). 1, 2, 5, 6, 18, 20, 26, 27, 41, 79, 87, 88, 91, 94, 125. Physiognomische Fragmente. 1775–1778. 25–27, 41, 79, 329

Lavater, Anna, geb. Schinz (1742–1815), seine Gattin. 9, 20, 27

Lavater, Heinrich, sein Sohn. 125

Leerse, Jacob Philipp, Kaufmann in Frankfurt, im Jahre 1802 Mitglied der Direktion des Frankfurter Theaters. 334

Leerse, Rahel Eleonore, geb. de Neufville. 257

Lefèbvre, französischer General. 263

Lehr, Schuhmacher in Frankfurt a.M. 145

von *Leiningen*, Gräfin. 342

Leipzig 63, 142, 263, 303, 353

Leisewitz, Johann Anton: Julius von Tarent. Trauerspiel. 1776. 61, 62

Lenz, Jakob Michael Reinhold (1751–1792). Die Briefe der Frau Rat beschäftigen sich mit diesem von Anbeginn kranken, aber rührend sympathischen Jüngling, dem einzigen, den man öffentlich mit Goethe in einem Atem nannte, nur in den Jahren seines Niedergangs. Lenz hatte das Frankfurter Goethehaus besucht, eben ehe er vom 1. April bis 1. Dezember 1776 in Weimar Einkehr hielt. Auch als er aus diesem Paradies verstoßen war, hat Frau Aja seine Wanderfahrten nach Emmendingen zu Schlossers (Dezember 1776) und nach Zürich zu Lavater (Juni 1777) mit teilnehmendem Blick verfolgt und ist dann die erste gewesen, die mit Carl August, Anna Amalia und Wieland eine Sammlung für den armen Geisteskranken veranstaltete. (Vgl. Erich Schmidt: Lenz und Klinger, Berlin 1878; M. N. Rosanow: Lenz, Leipzig 1909.) 6, 20, 23, 70

von *Leonhardi*, Johann Peter, Ratsherr in Frankfurt a. M. 404

von *Leonhardi*, sein Sohn. 233

Leopold II., deutscher Kaiser. 175

Lessing, Gotthold Ephraim: Emilia Galotti 72, 80, 143, 146, 218. Minna von Barnhelm 72, 80, 154, 164. Nathan der Weise 307, 369, 376

Lessing, Karl Gotthelf: Die reiche Frau. Lustspiel in 5 Aufzügen. 1776. 71

Liebhold, Johann Wilhelm, Wechselmakler in Frankfurt a. M. 208, 218, 220, 222, 234, 237, 257

von der *Lippe*, Gräfin. 154

Lippold siehe Liebhold

Livius 401

Lüdicke, Oberauditor. 228–230

Luther, J. N. (1732–1805), Senator in Frankfurt a. M. 211

Luther, Martin. 325

Lux, Sänger. 150, 286

von *Lyncker*, Carl Friedrich Ernst. 129

Mainz 2, 98, 100, 124, 142, 143, 146, 149, 151, 153, 154, 158, 161, 165, 172, 177, 184–186, 193–195, 197, 199, 202, 228, 235, 273, 275, 354, 397

von *Malapert-Neufville*, Frau, geb. Schneider. 368

von *Malapert-Neufville*, Friedrich Wilhelm, Freiherr, Königlich preußischer Kammerherr. 257

Mannheim 13, 109, 191, 211, 279, 292

Mara, Gertrud, geb. Schmeling, Sängerin. 54

Marie, Hausmagd der Frau Rat. 118

Martin y Solar, Vicente: La capricciosa corretta. Komische Oper. Text von da Ponte. 286. La cosa rara (Lilla). Oper in 2 Aufzügen. Text nach da Ponte von André. 142, 144, 227, 352

Matheus, Franz. 64

Maurer, Bassist. 272, 286

Max siehe Maximiliane Brentano

Mayer, Sängerin. 312, 337, 339

Mecklenburg-Strelitz, Erbprinz Georg von, Bruder der Königin Luise. 292, 378

Meiningen 129

Melber, Johanna Maria, geb. Textor, Schwester der Frau Rat, die ›lustige Tante‹. 311

Melber, G.D., Arzt in Frankfurt a.M., ihr Sohn. 341, 388, 394

Melchior, Johann Peter, Bildhauer in Frankfurt, für die Porzellanfabrik in Höchst 1770–79 tätig; von ihm haben wir Reliefporträts von Goethe und seinen Eltern. Seine Reise ›in die weite Welt‹ 1794 führte ihn nur nach Bayern und der Pfalz. 217, 222

Mercier, Sebastien: Der Karren des Essighändlers (La Brouette du Vinaigrier). Deutsch von H.L. Wagner. 352

Merck, Johann Heinrich (1741–1791), Kriegsrat in Darmstadt. Er ist in den siebziger Jahren der regste geistige Vermittler zwischen Frankfurt, Darmstadt und Weimar, überall gern gesehen, aber auch wegen seiner scharfen Kritik gefürchtet. In den achtziger Jahren, als seine finanzielle Lage sich verschlechterte und

sein Gemüt sich verdüsterte, nahm sein Einfluß all-
mählich ab. Sein Schwiegervater und Schwager, die
ohne Namennennung in Brief 57 erwähnt werden, waren der Justizbeamte Charbonnier und der Oberforstmeister Arpeau, Kapitän in sardinischen Diensten. 22
bis 24, 26, 28, 30–33, 39, 41, 44, 48–50, 52, 54, 57, 63, 65,
67, 68, 74, 81, 86, 87, 93, 124, 131, 396

Merkur, Teutscher, die von Wieland herausgegebene
Zeitschrift

Messias siehe Koch

Metz, Johann Friedrich (1721–1782), seit 1765 Arzt in
Frankfurt a.M. 2

Metzler siehe Bethmann-Metzler

Metzler, Friedrich (1750–1825), Sohn eines Frankfurter
Bankiers. 37

Metzler, Susanne, geb. Schaaf, Gattin des Vorigen. 263

Metzler, J. W. (1755–1837), 1792 in Frankfurt a.M. zum
Ratsherrn gewählt. 185, 220, 236, 351

Meyer, Schauspieler. 142

Meyer, Hans Heinrich (1760–1832), der langjährige Mit-
arbeiter Goethes bei allen Problemen der bildenden
Künste, der seit 1792 als des Dichters Hausgenosse in
Weimar wohnte. 196, 266

von *Meyer,* Johann Friedrich (1772–1849), Bürgermeister in Frankfurt a.M. 344, 346, 350–353

Modejournal, das von Kraus und Bertuch, 1795–1803
auch von Böttiger herausgegebene › Journal des Luxus
und der Moden‹ (1786–1827)

Möhn, kurtrierischer Hofrat. 47, 48

Möhn, Luise, geb. von La Roche (siehe dort), seine Gattin. 217

Monsigny, Pierre Alexandre: Felix oder Der Findling
(L'enfant trouvé). Singspiel in 3 Aufzügen. Text von
Sedaine. 154

Moors, Friedrich Maximilian (1747–1782), Goethes Jugendfreund, später Advokat in Frankfurt a.M. 127, 230

Moors, W.K.L. (28.August 1749–1806). 326, 351

Moritz, Demoiselle. 120

Moritz, J. Fr. (gest. 1771), Legationsrat in Frankfurt a.M. 311

Moritz, Katharine Sibylle, geb. Schöll, seine Gattin. 254

Moritz, J.K. 236

von *Moser*, Karl Friedrich. 65

Mozart 253, 254. Belmonte und Constanze 140, 218. Così fan tutte 262. Don Juan 271. Titus 300, 305, 337, 349. Die Zauberflöte 203, 207, 213, 218, 262, 272, 280

Müller, geb. Thau (nicht Theu), Sängerin. 312, 342

Müller, Friedrich (Maler Müller, 1749–1825); er trat im Winter 1779/80 in Rom zur katholischen Kirche über. 61

Müller, J., Teilhaber an dem Bethmannschen Bankhaus in Frankfurt a.M. 220

Müller, Wenzel: Das neue Sonntagskind. Singspiel in 2 Aufzügen. Text von Perinet. 289, 365

München 312, 395

von *Muralt*, Anna Barbara. 9, 19

Mylius, Heinrich. 395

Mylius, Johann Jacob, Senator in Frankfurt a.M. 263

Nehrlich, Karl: Schilly. Roman. 1798. 274

Neuberin, Caroline (1697–1760), im zweiten Drittel des 18.Jahrhunderts Prinzipalin der bedeutendsten wandernden Schauspielertruppe. 72

Neukirch, Benjamin (1665–1729). 91

Nicolai, Christoph Friedrich (1733–1811). 44, 81, 87

Nicolovius, Georg Heinrich Ludwig (1767–1839), Kammersekretär und Kammerassessor in Eutin und Königs-

berg, Staatsrat in Berlin, heiratete am 5.Juni 1795
Louise Schlosser. 216, 242, 243, 247, 298, 395
Nicolovius, Louise, geb. Schlosser (siehe dort), seine
Gattin. 241–244, 247, 298, 315, 395
   Ihre Kinder sind:
Nicolovius, Johann Georg Eduard (1796–1808). 247, 298,
395
Nicolovius, Franz (geb. 1797). 298
Nicolovius, Heinrich (geb. 1798). 298
Nothnagel, Johann Andreas Benjamin, Tapetenfabri-
kant in Frankfurt a.M. 213, 218, 253, 254
Nüscheler 41

Ochsenheimer, Schauspieler. 372
Offenbach 125, 127, 217, 250, 255
Opitz, Schauspieler. 21, 62, 71
von *Oranien*, Prinz Wilhelm. 327
Orbel, Fuhrmann. 397
Organ siehe Tabor
d'*Orville*, Peter. 208, 246, 294
Otto, Schauspieler. 279, 351
Ovid 401

Paesiello, Giovanni: Das Mädchen von Frascati. Ko-
mische Oper in 3 Aufzügen. Text von Lirigni. 142
Paradies, Maria Therese: Ariadne auf Naxos. Oper in
2 Aufzügen. 180
Paris 261, 263, 290, 376
Passavant, Johann Carl (1790–1857). 404, 408
Paulsen, Johann Jakob Heinrich, Kommerzienrat und
Bürgermeister in Jena. 61, 62, 89
Peter siehe Brentano
Petersburg 319
Petrübi (?), Schauspieler. 116

Pfeil, Kaufmann in Frankfurt a.M. 257

Pfenninger, Johann Konrad, Prediger in Zürich. 9, 19, 20

Philipp siehe Seidel

Polex, Christoph Ernst, Kaufmann in Langensalza. 222

Polex, Demoiselle, Tochter des Vorigen. 389

Porsch, Schauspieler. 174, 191

Potsdam 151, 161

Prandt, Regisseur am Frankfurter Theater. 334

Preußen, König Friedrich II. von: De la littérature alle-mande. 1780. 72

Preußen, König Friedrich Wilhelm II. von (1786–97). 145, 149, 153, 161, 186, 188, 191, 193, 195, 207, 227

Preußen, Königin Luise von, geb. Prinzessin von Darm-stadt. 149, 151, 154, 161

Preußen, Prinzessin Friederike von, Tochter Friedrich Wilhelms II. 149

Preußen, König Friedrich Wilhelm III. von (1797–1840). 292, 342

Preußen, Königin Luise von, geb. Prinzessin von Meck-lenburg-Strelitz (1776–1810), Gattin des Vorigen. 292, 342, 343, 376, 378

Protzler, Demoiselle. 351

Radziwill, Fürst. 73

Rastatt 273, 290

Rautenstrauch, Johann: Der Jurist und der Bauer. Lust-spiel in 2 Aufzügen. Wien 1772. 154, 349

von der *Recke*, Elise (1756–1833). 110, 120 (ist offenbar ›Stock‹ statt ›Reck‹ zu lesen)

Regensburg 10, 13

Reichardt, Johann Friedrich, Kapellmeister in Berlin. 124, 230, 332

Reinhard, Schauspieler (von Frau Rat *Reinhold* genannt). 273, 280, 349

Reinhard, Schauspielerin. 273, 279, 280

Reinhold siehe Reinhard

Reinwald 27

Richardson, Samuel: Sir Charles Grandison. 32

Riemer, Friedrich Wilhelm, während der Jahre 1803 bis 1808 Hauslehrer August von Goethes. 402, 411

Riese, Johann Jacob (1746–1827), Goethes Jugendfreund, Aktuar des Kastenamts, d.h. der Armenverwaltung, in Frankfurt a.M. Er und sein Bruder, der Arzt Friedrich Jakob Riese, machten sich in den Kriegszeiten sehr verdient um die Eßlingersche Lesegesellschaft, deren Frau Rat öfter gedenkt. 37, 87, 198, 200, 201, 249

Ritter, Frau. 238, 244

Robert, Maler. 219

Rom 127, 129, 131, 136, 395

Rotes Haus in Frankfurt a.M., einer der angesehensten Gasthöfe auf der Zeil. 28, 30, 32, 52, 68, 77, 88, 175, 387

Rußland, Kaiser Paul I. von. 356

Rußland, Kaiserin Maria Feodorowna von, Gattin des Vorigen. 356

Sachs, Friseur in Frankfurt a.M. 118

Sachsen, Prinz Maximilian von, Sohn des Kurfürsten Friedrich Christian. 75

Sachsen-Hildburghausen, Herzogin von. 342

Sachsen-Meiningen, Herzog Anton Ulrich von (1687 bis 1763), heiratete noch im Jahre 1750 Charlotte Amalie von Hessen-Philippsthal. Dieser Ehe entstammen acht Kinder. 80

Sachsen-Teschen, Herzog Albert von, vermählt mit Christine, Tochter Kaiser Franz' I. 75

Sachsen-Weimar, Herzogin Anna Amalia, geb. Prinzessin von Braunschweig-Wolfenbüttel (24. Oktober 1739 bis 10. April 1807). Auf ihrer Reise nach Düsseldorf, Ems und Schlangenbad wohnte sie vom 15. bis 20. Juni und vom 18. bis 27. Juli 1778 in Frankfurt und knüpfte damals die engeren Beziehungen zur Frau Rat an. 27 bis 32, 34, 35, 37, 39, 41, 44–50, 52–56, 58–63, 65, 67–70, 73 bis 75, 77, 80, 81, 83, 84, 86–90, 92, 94–96, 100, 105, 109, 126, 131, 186, 236, 254, 387

Sachsen-Weimar, Herzog Carl August (1757–1828), seit dem 3. September 1775 Herrscher seines Landes. Mit dem Goetheschen Hause in Frankfurt kam er hauptsächlich durch zwei Reisen in enge Berührung: im Dezember 1774, auf der Fahrt, die sich bis Paris ausdehnte, vermittelte Knebel die Bekanntschaft des jungen Herzogs mit Goethe; und auf der bekannten Schweizer Reise weilten der Dichter und sein fürstlicher Freund vom 18. September 1779 an mehrere Tage, ferner auf der Rückfahrt am 5. Januar 1780 in Frankfurt. 2, 6, 7, 37, 49, 51–55, 57, 59, 61, 63, 70, 73, 74, 89, 95, 109, 110, 127, 129–131, 133, 173, 184–186, 188, 189, 192, 198, 209, 236, 254, 310, 342, 363

Sachsen-Weimar, Herzogin Louise von (30. Januar 1757 bis 14. Februar 1830), Gattin des Vorigen; zu ihr gewann Frau Rat gar keine Beziehungen, auch nicht, als sich die Fürstin von Mitte Januar bis Anfang März 1793 in Frankfurt bei ihrem Gatten aufhielt. (Vgl. E. von Bojanowski: Louise, Großherzogin von Sachsen-Weimar. Stuttgart und Berlin 1903.) 25, 26, 37, 74, 80, 81, 92, 95, 110, 190, 192, 218

Sachsen-Weimar, Prinzessin Luise Auguste Amalie von (1779–1784), Tochter Carl Augusts. 37, 70

Sachsen-Weimar, Erbprinz Carl Friedrich von (geb. 2. Februar 1783), Sohn Carl Augusts. 92, 94, 326, 327, 340, 348

Sachsen-Weimar, Maria Paulowna, Erbprinzessin von

(1786–1859), Gattin des Vorigen. 348, 355, 356, 361, 364, 373, 400

Sachsen-Weimar, Prinzessin Caroline von (geb. 18. Juli 1786), Tochter Carl Augusts. 126

Sachsen-Weimar, Prinz Constantin von (1758–1793), Bruder Carl Augusts. In der zweiten Juniwoche 1781 trat er eine zweijährige Reise durch Italien, Frankreich und England an; damals besuchte er die Frau Rat. 37, 74, 75

Salieri, Antonio: Palmira, Prinzessin von Persien. Heroisch-komische Oper. Text von Gamera, frei bearbeitet von J. J. Ihlée. 263, 272, 274, 280

Salzmann, Johann Daniel (1722–1812), der Straßburger Aktuar, mit dem Goethe 1770/71 täglich verkehrt hatte. Die Schrift, deren Frau Rat gedenkt, sind Salzmanns ›Kurze Abhandlungen über einige wichtige Gegenstände aus der Religions- und Sittenlehre‹, die auf Goethes Vermittlung in Frankfurt 1776 erschienen waren. 7

Sarti: Im Trüben ist gut fischen. Oper in 3 Aufzügen. 218

Schamo siehe Chamot

von *Schardt*, Ernst Carl Constantin, Bruder der Frau von Stein. 129

Scheidel, Kaufmann in Frankfurt a. M. 145

Scheideweiler 66

Schick, Ernst, Musiker in Frankfurt a. M. 88

Schick, Sängerin, seine Gattin. 164, 227

von *Schilden*, Frau, geb. Gräfin von Rantzau. 218

Schiller 272, 291, 298, 307, 343, 346, 350, 401. Don Carlos 145, 146, 151, 154, 164, 245, 307. Fiesko 161. Die Jungfrau von Orleans 323, 333, 346, 388. Kabale und Liebe 103. Das Lied von der Glocke 298. Macbeth (nach Shakespeare) 333. Maria Stuart 333. Musenalmanach auf 1798 (Balladen-Almanach) 274. Die Räuber 103, 312. Wallensteins Tod 307, 321, 323, 352. Wilhelm Tell 350, 356, 367

Schlegel, Johann Elias: Hermann. Trauerspiel in 5 Aufzügen. 40

Schleiermacher, Ernst, aus Darmstadt. 6

Schleußner, Gabriel Jonathan, Arzt in Jena. 253, 254

Schlosser, Johann Georg (1739–1799), Dr. jur., seit 1. November 1773 Goethes Schwager. Von 1773 bis 1794 stand Schlosser in badischen Diensten und entwickelte als Oberamtmann in Emmendingen, später von 1787 an in Karlsruhe neben reger amtlicher Tätigkeit auch eine ausgedehnte popularphilosophische Schriftstellerei. Seine letzten Lebensjahre waren sehr unruhig: 1794 flüchtete er des Krieges wegen mit den Seinen nach Ansbach, 1796 nach Eutin; im Juni 1798 aber wurde er zum Syndicus seiner Vaterstadt Frankfurt gewählt; am 10. November 1798 traf die Familie dort ein; ein Jahr später, am 13. Oktober 1799, ereilte der Tod den plötzlich kränkelnden Mann. (Vgl. Alfr. Nicolovius: Joh. G. Schlossers Leben und literarisches Wirken. Bonn 1844.) 20, 23, 26, 29, 31, 53, 68–70, 115, 152, 178, 183, 198, 200, 207, 210, 212, 213, 215–217, 221 bis 226, 229, 230, 235, 243, 245, 248, 249, 283, 288, 292 bis 294

Schlosser, Cornelia Friederika Christiana, geb. Goethe, des Dichters Schwester, seit 1. November 1773 Johann Georg Schlossers Frau, mit dem sie sich in Emmendingen niederließ. Sie starb am 8. Juni 1777 an den Folgen des Wochenbettes. (Vgl. G. Witkowski: Cornelia, die Schwester Goethes. Frankfurt a. M. 1903.) 5, 18–20, 216

Schlosser, Johanna, geb. Fahlmer (siehe dort, 1744–1821), Johann Georg Schlossers zweite Frau. 31, 41, 53, 68–70, 80, 152, 169, 178, 183, 216, 226, 230, 243, 283, 288, 292,

293, 298, 306, 310, 311, 329, 351, 354, 367, 371, 387, 395, 403, 404

Schlosser, Louise Maria Anna (1774–1811), Tochter von Johann Georg Schlosser und Cornelia, geb. Goethe, heiratete am 5. Juni 1795 Georg Heinrich Ludwig Nicolovius (siehe diesen). 104, 111, 117, 122, 157, 160, 169, 171, 178, 180, 183, 187, 216, 226, 235

Schlosser, Julie Katharina Elisabeth (1777–5. Juli 1793), die zweite Tochter von Johann Georg Schlosser und Cornelia, geb. Goethe. 104, 111, 122, 157, 160, 169, 183, 187, 200

Schlosser, Henriette (geb. 7. September 1781), Tochter von Johann Georg Schlosser und Johanna, geb. Fahlmer. 80, 104, 111, 122, 157, 160, 171, 181, 183, 187, 216, 226, 243, 293, 387, 395

Schlosser, Eduard (geb. 29. Januar 1784), Sohn von Johann Georg Schlosser und Johanna, geb. Fahlmer. Er starb am 26. März 1807 als Arzt in Königsberg am Lazarettfieber. 104, 111, 122, 157, 160, 171, 181, 183, 187, 216, 226, 243, 293, 315, 321, 329, 330, 340, 387, 395

Schlosser, Hieronymus Peter (1735–1797), Bruder Johann Georgs, Schöff in Frankfurt a. M. 30, 82, 223, 235, 236, 251, 283

Schlosser, Margaretha Rebecka Elisabeth, geb. Steitz (siehe dort), seine Gattin. 257, 293, 307, 317, 340, 367

Schlosser, Johann Friedrich Heinrich (1780–1851), Sohn von Hieronymus Peter Schlosser. 315, 321, 330, 340, 387, 393, 395

Schlosser, Christian Heinrich (1782–1829), zweiter Sohn von Hieronymus Peter Schlosser. 315, 317, 321, 330, 340, 342

Schmauß von Livonegg, Carl Caspar, Kaiserlicher Kriegskommissarius in Frankfurt, ertränkte sich am 27. Mai 1781, als seine jahrelange amtliche Untreue an den Tag kam. 74

Schmerber, Marie Eleonore. 210

Schmidt, Demoiselle (eigentlich Seitz), Haushälterin im Roten Hause in Frankfurt a.M. 81

Schmidt, Schauspieler. 76, 116

Schmidt, Friedrich, Kaufmann in Frankfurt a.M. 310

Schmidt, Johann Christoph, Geheimrat in Weimar, Klopstocks Vetter, Bruder der ›göttlichen Fanny‹. 389

Schmidt, Philipp Nicolaus, aus Langensalza stammend, Kaufmann in Frankfurt a.M. 208, 222, 253, 257, 258, 334, 351, 352, 370, 388, 389, 402

Schmoll, Georg Friedrich, Maler aus Ludwigsburg. 41

Schnauß, Demoiselle, aus Weimar. 280, 281

Schneider, Agent. 72

Schönborn, Gottlob Friedrich Ernst (1737–1817), von 1774 bis 1777 dänischer Konsulatssekretär in Algier. Vorher hatte er durch Vermittlung des Klopstock-Stolbergischen Kreises mit Goethe angeknüpft und des Dichters Eltern in Frankfurt besucht. (Vgl. J.Rist: Schönborn und seine Zeitgenossen. Hamburg 1836.) 7, 8

Schreiber, Alois Wilhelm: Dramaturgische Blätter. 1788/89. 149, 153, 154. Die Erbschaft. Lustspiel in 1 Aufzug. 162

Schröder, Friedrich Ludwig: Die Heirat durch ein Wochenblatt. Posse in 1 Aufzug. 142, 144. Die väterliche Rache. Lustspiel in 4 Aufzügen (nach Congreves ›Liebe für Liebe‹) 164. Der Ring. Lustspiel in 5 Aufzügen. 144. Stille Wasser sind tief. Lustspiel in 4 Aufzügen (nach Beaumonts und Fletchers ›Rule a Wife and have a Wife‹). 337

Schroth, Margareta Viktoria, Tochter des Stadtmusikus’ Schroth in Heidelberg, Schauspielerin und Sängerin (siehe Großmann). 115, 116

Schuler, Georg Heinrich Cornelius, Major, Schwager der Frau Rat. 250

Schultheß, Barbara, geb. Wolf, Gattin des Kaufmanns Schultheß in Zürich. (Vgl. G. von Schultheß-Rechberg: Frau Barbara Schultheß zum Schönenhof. Zürich 1903.) 9, 19, 20

Schultz siehe Schultheß

Schultze, Tenorist, aus Wien. 280

von *Schwartzkopf*, Joachim, Kgl. großbritannischer Resident in Frankfurt a.M. 245, 252, 307, 323, 332, 333, 349, 354, 370

von *Schwartzkopf*, Sophie, geb. von Bethmann-Metzler, (siehe dort), Gattin des Vorigen. 258, 303, 307, 349

Schweitzer, Fr.C., Ratsherr, seit 1797 Schöff in Frankfurt a.M., 1796 Zweiter Bürgermeister. 153, 253, 263

Schwendel, Heinrich Georg, Kaufmann in Frankfurt a.M., im Jahre 1802 Mitglied der Direktion des Frankfurter Theaters. 334

von *Seckendorf*, Carl Friedrich Sigismund (1744–1785), weimarischer Kammerherr. 74

Seeger, C.Fr., Syndikus in Frankfurt a.M. 263

Seekatz, Johann Konrad (1719–1768), Maler in Darmstadt. 234

Seidel, Philipp (1755–1820), von 1775 bis 1786 in Goethes Haus in Weimar, anfangs Diener, dann sein Gehilfe und Vertrauensmann. (Vgl. Goethes Briefe an Philipp Seidel, hg. von C.A.H.Burkhardt, Wien 1893.) 11, 13, 15, 22, 25, 29, 32, 38, 40, 46, 48, 83, 88, 95, 96, 311

Seyler, Abel, Theaterdirektor. 42

Shakespeare: Julius Cäsar 325. Hamlet 21, 40, 64, 71, 72, 80, 107, 164, 306. Heinrich IV. 90, 144

Sintzheimer, Demoiselle. 351

Sömmering, Samuel Thomas, Naturforscher und Mediziner in Frankfurt a.M. 230, 257, 262, 275, 309, 395

Sömmering, Wilhelm, sein Sohn. 309

von *Solms*, Fürstin Friederike Karoline Sophie. 342, 378

von *Spaur*, Franz Graf, Gönner Unzelmanns, Theaterfreund und dichtender Dilettant, dessen Maßnahmen in den Briefen der Frau Rat edler und einwandfreier erscheinen, als sie in Wirklichkeit waren. 134, 138, 139, 142–145, 149, 151, 154, 158

Speyer 127, 184, 193

Spitzeder, Sängerin. 272

Sprenckel 21

Sprickmann, Anton Mathias: Der Schmuck. Lustspiel in 5 Aufzügen. 1779. 72

Stadler, Schauspieler. 272, 279

Städel, Johann Friedrich, Bankier in Frankfurt a.M. 394–396

de *Staël-Holstein*, Anna Germaine, geb. Necker. Ihr Zusammentreffen mit der Frau Rat wird phantastisch geschildert in ›Goethes Briefwechsel mit einem Kinde‹, 4. Aufl. 1890, S. 185–187. 347–349, 411

von *Staff*, August Wilhelm Ferdinand, Kammerherr und Oberforstmeister in Ilmenau. 31

Starck, Georg Adolf, weimarischer Hofrat. 133, 352

Starck, J. Chr., Professor und weimarischer Leibarzt in Jena. 310, 363

Starck, Johann Jakob (1730–1796), Prediger zu St. Katharinen in Frankfurt a.M., Schwager der Frau Rat. 70, 133, 229, 236, 257

Starck, Johann Wolfgang, Sohn des Vorigen, seit 1782 Advokat in Frankfurt a.M. 225, 228

Starck, Margaretha Katharina Rosina (gest. 27. November 1794), Tochter des Pfarrers Starck, Nichte der Frau Rat. 30, 229

Starck, Minchen. 10

Stegmann, Schauspieler. 135, 142, 149, 151, 153, 155, 159, 161, 164, 165

Stegmann, Schauspielerin. 137, 144, 178

Steiger, Schauspieler. 62, 71, 76

von *Stein*, Oberstallmeister in Weimar. 11, 119, 129

von *Stein*, Charlotte, Gattin des Vorigen. 44, 101, 103, 110, 119, 123, 129, 130, 132, 172, 173

von *Stein*, Friedrich Constantin Freiherr (geb. 27. Oktober 1773 in Weimar). Als neunjährigen Knaben nahm ihn Goethe zu sich ins Haus und leitete bis zum Antritt der Reise nach Karlsbad und Italien im Sommer 1786 seine Erziehung. Ein halbes Jahr nach Goethes heimlicher Abreise kehrte Fritz von Stein zu seinen Eltern zurück. (Vgl. Briefe von Goethe und dessen Mutter an Friedrich Freiherrn von Stein, hg. von J. J. H. Ebers und Aug. Kahlert, Leipzig 1846.) 97, 98, 101–103, 106, 107, 110, 112, 114, 118–121, 124, 127, 128, 130, 132, 136, 147, 156, 163, 172, 173, 175, 176, 182, 218

Steitz, Christ. Friedrich, weimarischer Hofrat und Resident in Frankfurt a. M. 257, 351, 388

Steitz, Jungfer, seine Tochter. 257

Steitz, Margaretha Rebecka Elisabeth, heiratete Hieronymus Peter Schlosser (siehe dort). 30

Stephanie, Gottlieb, der Jüngere: Der Tadler nach der Mode. Lustspiel in 5 Aufzügen. 71

Sterne, Lawrence. 24

Stock, Jacob (1745–12. Oktober 1808), Ratsherr und (seit 1805) Schöff in Frankfurt a. M. In seinem Hause war Frau Rat seit dem Tode ihres Mannes an jedem Sonntag zu Gaste. 144, 149, 150, 158, 161, 170, 183, 203, 207, 209, 214, 219, 221, 227–230, 235–237, 241, 251, 252, 257, 281, 291, 328, 341, 351, 358, 359, 367, 371, 384, 388, 395, 396, 399, 403, 407

Stock, Esther, geb. Moritz, seine Gattin. 120 (ist offenbar ›Stock‹ statt ›Reck‹ zu lesen). 144, 149, 150, 155, 158, 161, 170, 171, 178, 182, 191, 207, 209, 218–221, 227, 229, 251, 252, 257, 291, 292, 298, 303, 311, 345, 351, 360,

365, 367, 368, 371, 372, 375, 376, 384, 386, 388, 395, 396, 399, 407

Ihre Kinder sind:

Stock, Fritz. 161, 365

Stock, Carl. 407

Stock, Friederike. 149, 384, 386, 388, 407

Stock, Katharine. 149, 407

von *Stockum* 177

zu *Stolberg-Stolberg*, Christian Graf. 3, 5

zu *Stolberg-Stolberg*, Friedrich Leopold Graf, ebenso wie der Vorige 1775 Goethes Begleiter auf der Reise in die Schweiz. 3, 5

zu *Stolberg-Stolberg*, Luise Gräfin, Gattin des Grafen Christian. 247

Straßburg 185, 311

Streiber, Kaufmann in Eisenach. 81, 213

Streng, Kaufmann in Frankfurt a. M. 377

von *Stubenvoll*, Ludwig Christian, Kammerherr und Oberforstmeister in Allstedt. 31

Stutz, Johann Ernst: Julchen Grünthal (zweiter Teil des Romans von Friederike Helene Unger). 276

Tabor, J. A., Kaufmann in Frankfurt a. M.; als im August 1786 der Schauspieldirektor Großmann Frankfurt endgültig verließ, übernahm Tabor die Leitung der Gesellschaft, bis am 18. April 1788 Koch Direktor wurde. 30, 54, 56, 57, 76, 90, 142, 143, 146, 149, 150, 154, 155, 170, 174, 177, 237, 327

Tesche, Fr. W., Tabakhändler in Frankfurt a. M. 349, 350, 353, 356, 372

Textor, Anna Margaretha, geb. Lindheimer (1711–1783), Mutter der Frau Rat. 53

Textor, Johann Jost (1739–1792), Bruder der Frau Rat, Advokat und Schöff in Frankfurt a. M. 29, 76

Textor, Johann Wolfgang, Dr. jur., Advokat in Frankfurt a. M. 326

Theu siehe Müller

Thurn und Taxis, Erbprinzessin von. 342

Thurneisen, Kaufmann in Frankfurt a. M. 120, 144, 149, 150, 154, 214, 259, 264

Thusnelde siehe Göchhausen

Tiefurter Journal 84

Tobler, Georg Christoph, Geistlicher in Zürich. 125

von *Törring-Cronsfeld*, Joseph August Graf: Agnes Bernauerin. Ein vaterländisches Trauerspiel in 5 Aufzügen. München 1780. 150. Kaspar der Thorringer. Historisches Schauspiel in 5 Aufzügen. Wien 1785. 139

Trier, Kurfürst Clemens Wenzeslaus von. 17

Triklir, Jean, Violinvirtuos in Frankfurt a. M. 88

Ulrich, Caroline, Freundin Christianes, später Fr. W. Riemers Gattin. 394

Umlauff, Ignaz: Das Irrlicht oder Endlich fand er sie. Singspiel in 2 Aufzügen. Text von Bretzner. 328

Umpferstedt, Dorf bei Weimar. 46

Unger, J. F., Buchhändler in Berlin, der Goethes ›Neue Schriften‹ verlegte. 199, 221

Unger, Friederike Helene (1751–1813), seine Gattin: Julchen Grünthal. Roman. 3. Ausg. 1788. 276, 277. Gräfin Pauline. Roman. 1800. 306

Unzelmann, Karl Wilhelm Ferdinand (1753–1832), Schauspieler. (Vgl. den Aufsatz ›Goethes Mutter und das Ehepaar Unzelmann‹ von Otto Bacher im Jahrbuch des Freien Deutschen Hochstifts 1927, S. 185–216.) 134, 135, 137–146, 148–151, 153–155, 158, 159, 161, 162, 165, 166, 168, 170, 174, 179, 191, 372

Unzelmann, Christiana Friederika Conradina, geb. Flittner (geb. 24. Januar 1768 in Gotha), Stieftochter Groß-

manns, seit 1785 mit dem Schauspieler Unzelmann verheiratet. 137, 138, 141, 145, 149–151, 153–155, 159, 161, 162, 168, 170, 174, 178, 191, 227, 340, 343, 353
    Ihre Kinder sind:
Unzelmann, Friederike. 168, 170, 174

Unzelmann, Karl Wolfgang. 149, 151, 155, 159, 161, 170, 174

Unzelmann, Felix, das Söhnchen, das die Eltern in Mainz zurückgelassen hatten, als sie nach Berlin übersiedelten. 155, 159, 168, 170

Usteri, J. M.: Freut euch des Lebens. 239, 274, 397

Varrentrapp, Franz, Buchdrucker und Verleger in Frankfurt a. M. 330, 402

Venedig 173

Viala siehe Fiala

Voltaire: Essai sur les mœurs et l'esprit des nations. 251

Voß, Johann Heinrich. 352, 404, 408

Voß, Heinrich, Sohn des Vorigen. 381

Vrints von Trauenfeld, Aloisa. 68

Vulpius, Christiane (1764–1816). 196, 197, 199, 202, 220, 228, 230, 239, 244, 251, 256, 264, 268–273, 276–281, 284 bis 289, 291–296, 298, 300, 301, 303–308, 310–318, 320 bis 327, 330–340, 342–344, 346, 348–353, 355–357, 361–363, 370, 372–379

Vulpius, Christian August (1762–1827), Christianes Bruder, seit 1797 Bibliothekar in Weimar; Theaterdichter, dem die Weimarer Bühne vor allem die Umgestaltung vieler Opernlibretti verdankt. 270, 316, 402, 411, 412

Vulpius, Rinaldo, Sohn des Vorigen. 408

Vulpius, Sophie Ernestine Louise, Christianes Schwester, die mit in Goethes Haus wohnte (von 1778 bis 7. Januar 1806). 300, 305, 376

Vulpius, Juliane Auguste (1734–1. März 1806), Christianes Tante. 376

Wagner 245

Wagner, Heinrich Leopold (1747–4. März 1779), Jugendgenosse Goethes, mit dem er sich 1775 überwarf; im Hause der Eltern des Dichters ging aber Wagner, der als Advokat und Schriftsteller in Frankfurt lebte, dennoch ein und aus. (Vgl. Erich Schmidt: H.L. Wagner, 2. Aufl., Jena 1879.) 24, 42

von *Waldenfels*, Leutnant. 272

von *Waldenfels*, Elisabeth Barbara, geb. Sarasin. 272

Wallacher, Gerhard Matthias (1744–1806), seit 1802 Schöff in Frankfurt a. M. 329–331

Walter, Ignaz, Sänger in Frankfurt a. M. 142, 159, 191

Walter, Julie, geb. Robberts, Gattin des Vorigen. 164

Wandsbek 230

von *Wedel*, Otto Joachim Moritz, Kammerherr und Oberforstmeister in Weimar, 1779 Carl Augusts und Goethes Begleiter auf der Reise in die Schweiz. Zu den mancherlei Scherzen, für die er in der höfischen Gesellschaft die Zielscheibe abgab, gehörte auch Einsiedels ›Buch vom schönen Wedel‹, ein komisches Epos, das Ende 1779 für die Mitglieder der weimarischen Hofgesellschaft im Druck erschien mit der absichtlich irreführenden Notiz auf dem Titelblatt ›Fulda: Verlegts, Buchdrucker Weiß. 1779‹. (Einen Neudruck haben für den Leipziger Bibliophilentag, 29. November 1908, A.K. und C.S. veranstaltet.) 52, 57, 58, 62, 63

Weimar 28, 29, 31, 32, 35, 40, 42, 48–50, 59, 61, 62, 65, 68, 74, 80, 81, 83, 87–89, 92, 95, 98, 100, 109, 112, 185, 201, 210, 217, 222, 232, 238, 252, 254, 262, 265, 274, 276, 277, 279–281, 285, 289, 290, 296–298, 300, 305, 307, 315, 316, 320, 325–328, 338, 342, 347–352, 356, 367, 370, 372, 373, 377, 380, 381, 388, 390, 394, 395, 399, 401, 402

Weiße, Christian Felix: Armut und Tugend. Ein kleines Schauspiel in 1 Aufzug. 1772. 69. Die Jagd. Komische Oper in 3 Aufzügen. 1770. 63, 64

Wenner, Konrad, siehe Friedrich

Werdy, Schauspieler. 279, 411

Werner, Zacharias. 411

Wetzlar 343

Weyrauch, Sänger. 218, 227

Weyrauch, Madame. 218, 227

Widemann 146

Wieland, Christoph Martin. 5, 11, 22–26, 29, 30, 32, 33, 44, 46, 49, 50, 53, 57, 61, 63, 73, 80, 83, 84, 94, 99, 101, 107, 109, 110, 113, 130, 156, 176, 197, 217, 221, 254, 272, 289, 293, 318, 346, 357. Geron der Adelich 96. Oberon 61–63, 197. Pervonte 44, 46. Das Wintermärchen 375

Wieland, Anna Dorothea, Gattin des Vorigen. 44

Wien 272, 277, 280

von *Wiesenhüten*, Frau Geheime Rätin. 349

von *Wiesenhüten*, Fr. A. (1759–1823) und Frau, geb. von Forstner. 311

Wilhelmsbad bei Hanau. 75, 342, 385, 394

von *Willemer*, Johann Jakob (1760–1838), Bankier in Frankfurt a.M., seit 1789 Ratsherr; er legte aber diese Stelle nieder, als seine erste Frau, vor Schreck über seine Verhaftung durch Custine, gestorben war. Seine zweite Frau starb im Januar 1796; seine dritte wurde 1814 Marie Anna Jung (1784–1860), Goethes Suleika, die Ende 1798 nach Frankfurt kam und 1800 in Willemers Hause als Pflegetochter Aufnahme fand. 25, 153, 166, 185, 200, 207, 258, 259, 319, 323, 326, 349, 367, 368

Willmann, Vater der Sängerin. 154, 155

Willmann, Sängerin. 153–155, 161, 227

Willmern siehe Willemer

von *Winter*, Peter: I fratelli rivali. Oper. 286. Das unterbrochene Opferfest. Singspiel in 3 Aufzügen. Text von J.Huber. 274, 280, 318, 352

Wollschofski, Schauspieler. 154

von *Wolzogen*, Caroline, Schillers Schwägerin: Agnes von Lilien. Roman. Zuerst in Schillers ›Horen‹ erschienen, dann als Buch, Berlin 1798. 276, 277

von *Wolzogen*, Wilhelm, Oberhofmeister in Weimar. 327

Worms 184, 193

Wrede, Franziska Charlotte Josepha oder Marie Louise Josepha. 5

Württemberg, Friederike Dorothee Sophie von, Tochter des Markgrafen Friedrich Wilhelm zu Brandenburg-Schwedt, Gemahlin Friedrich Eugens von Württemberg, Mutter der Maria Feodorowna, der Gattin Pauls I. von Rußland.

von *Wurmser*, Graf D.S., Oberbefehlshaber des österreichischen Heeres. 211

Zeitz, Friseur in Frankfurt a.M. 118

Ziegler, Schauspieler. 174

Zillbach, Dorf im Eisenachischen. 46

Zimmermann, Johann Georg (1728–1795), seit 1768 Königlicher Leibarzt in Hannover. Der maßlos eitle, hypochondrisch reizbare Mann hatte 1775 auf der Rückreise von seinem Triumphzug durch die Schweiz mit seiner Tochter im Goetheschen Hause in Frankfurt gewohnt; seitdem wurde ein bald wieder abgebrochener Verkehr mit des Dichters Eltern unterhalten. 5

Zimmermann, Katharine, seine Tochter, seit 1770 mutterlos; wie sich das Mädchen aus der rauhen Behandlung ihres Vaters wegsehnte und sich in Frau Ajas Nähe glücklich fühlte, erzählt Goethe im 15.Buch von ›Dichtung und Wahrheit‹. 5

Zürich 57

Die Aufbewahrungsorte der Handschriften

BUB	Bonn, Universitätsbibliothek
DGM	Düsseldorf, Goethe-Museum
FDH	Frankfurt am Main, Freies Deutsches Hochstift
HSB	Hamburg, Staats- und Universitätsbibliothek
JUB	Jena, Universitätsbibliothek
LUB	Leipzig, Universitätsbibliothek
NGM	Nürnberg, Germanisches Nationalmuseum
SBB	Berlin, Staatsbibliothek
SMB	Schaffhausen, Ministerialbibliothek
SWK (GSA)	Stiftung Weimarer Klassik (Goethe- und Schiller-Archiv)
ThHStAW	Weimar, Thüringisches Hauptstaatsarchiv, Hausarchiv
WÖN	Wien, Österreichische Nationalbibliothek
WÖSA	Wien, Österreichisches Staatsarchiv
ZZB	Zürich, Zentralbibliothek

Verzeichnis der Briefe

Nr.	Jahr	Datum	Empfänger		Orig.	Seite
1	1774	Aug. 2.	Lavater		LUB	31
2		Okt. 26.	Lavater	(Abschrift)	SMB	31
3	1775	Juni 28.	Lavater		LUB	35
4	1776	Febr. 2.	Hans Buff			36
5		Febr. 16.	J. G. Zimmermann			37
			Celle, Privatbesitz			
6		Mai 23.?	Klinger		HSB	39
7		Juli 24.	J. D. Salzmann			40
8	1776	Juli 24.	Schönborn		SWK (GSA)	41

Nr.	Jahr	Datum	Empfänger	Orig.	Seite
9	1776	Nov. 1.	Lavater	LUB	42
10	1777	Jan. 5.	J. B. Crespel		43
11		Jan. 17.	Ph. Seidel	SWK (GSA)	44
12		Jan. 18.	J. B. Crespel		44
			Süddeutscher Privatbesitz		
13		Febr. 1.	J. B. Crespel		45
			Zuletzt Marburg, J. A. Stargardt,		
			Katalog 482/1949		
14		Febr. 10.	J. B. Crespel		47
			Zuletzt Marburg, J. A. Stargardt,		
			Katalog 482/1949		
15		März 7.	Ph. Seidel		48
16		März 7.	J. B. Crespel	FDH	48
17		März 17.	J. B. Crespel	BUB	49
18		April 16.	J. B. Crespel	DGM	51
19		Juni 13.	Lavater	LUB	52
20		Juni 23.	Lavater	LUB	53
21		Sept. 27.	Großmann	LUB	55
22		Okt. 10.	Ph. Seidel	SWK (GSA)	56
23		Nov. ?	Wieland	NGM	57
24		Dez. 19.	Caroline Großmann	LUB	58
25	1778	Jan. 2.	Ph. Seidel	SWK (GSA)	59
26		März 20.	Lavater	LUB	60
27		Juni 26.	Lavater	LUB	62
28		Aug. 17.	Herzogin Anna Amalia		
				ThHStAW	63
29		Sept. 7.	Ph. Seidel	SWK (GSA)	65
30		Sept. 11.	Anna Amalia	ThHStAW	66
31		Okt. 16.	Anna Amalia	ThHStAW	69
32		Nov. 24.	Anna Amalia	ThHStAW	71
33		Nov. 24.	Wieland		75
			Zuletzt Bukarest, Karl Teutsch		
34		Nov. 30.	Anna Amalia	ThHStAW	75

Nr.	Jahr	Datum	Empfänger	Orig.	Seite
35	1779	Jan. 4.	Herzogin Anna Amalia	ThHStAW	77
36		Januar	Louise von Göchhausen	SWK (GSA)	79
36a		Jan. 28.	?		80
			Zuletzt Berlin,Liepmannssohn, Versteigerung 56/1929		
37		Febr. 9.	Anna Amalia	ThHStAW	80
38		Februar	Ph. Seidel	SWK (GSA)	82
39		Febr. 19	Anna Amalia	ThHStAW	83
40		Febr. 19	Großmann	LUB	84
41		Febr. 23.	Lavater	LUB	86
42		März 4.	Großmann	LUB	88
43		März 8.	Großmann	FDH	89
44		März 12.	Wieland	NGM	90
45		März 25.	Anna Amalia	ThHStAW	92
46		April 3.	Ph. Seidel	SWK (GSA)	93
47		April 11.	Anna Amalia	ThHStAW	95
48		April 30.	Anna Amalia	ThHStAW	96
49		Juli 26.	Anna Amalia	ThHStAW	98
50		Sept. 3.	Anna Amalia	ThHStAW	100
51		Sept. 22	Großmann	FDH	101
52		Sept. 24.	Anna Amalia	ThHStAW	102
53		Okt. 8.	Anna Amalia	ThHStAW	104
54		Okt. 29.	Anna Amalia	ThHStAW	107
55		Nov. 5.	Anna Amalia	ThHStAW	109
56		Nov. 12.	Anna Amalia	ThHStAW	111
57		Nov. 29.	Anna Amalia	ThHStAW	113
58	1780	Jan. 18.	Anna Amalia	ThHStAW	114
59		Februar	Anna Amalia	ThHStAW	116
60		Febr. 19.	Anna Amalia	ThHStAW	118
61		März 23.	Goethe	ThHStAW	119
62		März 31.	Anna Amalia	ThHStAW	120

Nr.	Jahr	Datum	Empfänger	Orig.	Seite
63	1780	Mai 16.	Anna Amalia	ThHStAW	122
64		Mai 19.	Großmann	LUB	125
65		Juli 14.	Anna Amalia	ThHStAW	127
66		Aug. 27.	Großmann	LUB	129
67		Sept. 12.	Anna Amalia	ThHStAW	130
67a		Sept. 27.	Großmann	FDH	132
68		Okt. 30	Anna Amalia	ThHStAW	133
69		Nov. 16.	Großmann	LUB	134
70		Dez. 15.	Anna Amalia	ThHStAW	136
71		Dez. 23.	Großmann	LUB	138
72	1781	Febr. 4.	Großmann	LUB	140
73		Febr. 19.	Anna Amalia	ThHStAW	142
74		Juni 17.	Goethe	ThHStAW	143
75		Juni 29.	Anna Amalia	ThHStAW	148
76		Juli 10.	Großmann	LUB	149
77		Juli 17.	Anna Amalia	ThHStAW	151
78		Juli 19.	Großmann	SWK (GSA) (Faks.)	153
79		Aug. 20.	Lavater	LUB	155
80		Sept. 14.	Anna Amalia	ThHStAW	156
81		Sept. 28.	Anna Amalia	ThHStAW	158
82		Nov. 4.	H. P. Schlosser	FDH	160
83		Nov. 16.	Anna Amalia	ThHStAW	160
84		Nov. 30.	Anna Amalia	ThHStAW	162
85		Dez.	Louise von Göchhausen	SWK (GSA)	163
86	1782	Febr. 26.	Anna Amalia	ThHStAW	165
87		März 10.	Anna Amalia	ThHStAW	166
88		April 19.	Anna Amalia	ThHStAW	167
89		Juni 11.	Anna Amalia	ThHStAW	169
90		Okt. 22.	Anna Amalia	ThHStAW	170
91	1783	Jan. 5.	Lavater	LUB	173
92		Febr. 7.	Anna Amalia	ThHStAW	174

Nr.	Jahr	Datum	Empfänger	Orig.	Seite
93	1783	Febr. 21.	Merck (Faks.)	SWK (GSA)	175
94		März 1.	Anna Amalia	ThHStAW	175
95		März 24.	Anna Amalia	ThHStAW	177
96		Okt. 5.	Anna Amalia	ThHStAW	178
97	1784	Jan. 9.	Fritz von Stein		180
98		Febr. 12.	Fritz von Stein		182
99		März 1.	Louise von Göchhausen	SWK (GSA)	182
100		März 2.	Anna Amalia	ThHStAW	185
101		März 22.	Fritz von Stein		187
102		März 30.	Fritz von Stein		188
103		April 11.	Fritz von Stein		189
104		April 21.	Louise Schlosser	SWK (GSA)	190
105		Juni 13.	Anna Amalia	ThHStAW	190
106		Juli 2.	Fritz von Stein		192
107		Sept. 9	Fritz von Stein		192
108		Sept. 10.	Bertuch	SWK (GSA)	194
109		Nov. 13.	Anna Amalia	ThHStAW	195
110		Dez. 23.	Fritz von Stein		197
111	1785	Januar	Die Schlosserschen Kinder	SWK (GSA)	198
112		Jan. 24.	Fritz von Stein		198
113		Februar	Louise von Göchhausen	SWK (GSA)	200
114		Mai 16.	Fritz von Stein		201
115		Juli	Großmann	LUB	203
116		Juli 9.	Großmann	LUB	205
117		Sept. 14.	Louise Schlosser	SWK (GSA)	207
118		Okt. 20.	Fritz von Stein		208
119		Nov. 14.	Charlotte von Stein	Süddeutscher Privatbesitz	209

Nr.	Jahr	Datum	Empfänger		Orig.	Seite
120	1785	Dez. 10.	Fritz von Stein			210
121		Dez. 18.	Fritz von Stein			211
122	1786	Jan. 13.	Die Schlosserschen Kinder			212
123		Februar	Goethe	SWK (GSA)		213
124		Mai 25.	Fritz von Stein			213
125		Juni 18.	Lavater		LUB	215
126		Juli 24.	Anna Amalia	ThHStAW		215
127		Nov. 17.	Goethe	WÖSA		216
128		Dez. 17.	Fritz von Stein			218
129	1787	Jan. 29.	Charlotte von Stein			219
			Zuletzt Berlin, Liepmannssohn,			
			Versteigerung 64/1930			
130		März 9.	Fritz von Stein			220
131		März 9.	Anna Amalia	ThHStAW		221
132		Juni 1.	Fritz von Stein			222
133		Juli 27.	Herzog Carl August			223
			Zuletzt ThHStAW			
134	1788	Januar	Unzelmann	SWK (GSA)		224
135		Febr. 13.	Unzelmann	FDH		224
136		Febr. 22.	Fritz von Stein			225
137		März 16.	Unzelmann			225
			Zuletzt Berlin, Privatbesitz			
138		März 21.	Unzelmann			227
139		März 28.	Unzelmann	FDH		229
140		April	Unzelmann	Zuletzt SBB		229
141		April 22.	Unzelmann	LUB		230
142		April 29.	Unzelmann			231
			Zuletzt London,			
			Heinrich Eisenmann			
143		Mai 9.	Unzelmann		234	
144		Mai 12.	Unzelmann		237	
			Zuletzt Frankfurt, Max Ziegert			
145		Mai 27.	Unzelmann	FDH	241	

Nr.	Jahr	Datum	Empfänger	Orig.	Seite
146	1788	Juni 24.	Unzelmann	FDH	243
147		Juli 4.	Fritz von Stein		245
148		Juli 15.	Unzelmann	LUB	245
149		Juli 18.	Unzelmann	Zuletzt SBB	246
150		Aug. 1.	Unzelmann	WÖN	249
151		Sept. 12.	Unzelmann	DGM	251
152		Okt. 23.	Kestners	LUB	253
153		Okt. 26.	Unzelmann	FDH	255
154		Nov. 13.	Unzelmann		258
155		Dez. 19.	Unzelmann	SWK (GSA)	263
156	1789	Jan. 2.	Fritz von Stein		265
157		Jan. 7.	Die Schlosserschen Kinder	SWK (GSA)	266
158		Jan. 19.	Unzelmann	HSB	267
159		Febr. 3.	Unzelmann	LUB	268
160		Febr. 23.	Die Schlosserschen Kinder		269
161		März 9.	Unzelmann	LUB	271
162		März 12.	Unzelmann	LUB	274
163		März 30.	Fritz von Stein		275
164		April 24.	Großmann	LUB	276
165		Mai 2.	Unzelmann	LUB	278
166		Mai 15.	Unzelmann		279
167		Juni 23.	Freifrau von Knigge Zuletzt Hannover, Prof. Klencke		279
168		Sept. 1.	Friederike Unzelmann Zuletzt Berlin, Calvary		280
169		Okt. 14.	Louise Schlosser	SWK (GSA)	280
170		Dez. 27.	Unzelmann		282
171	1790	Jan. 10.	Louise Schlosser	SWK (GSA)	283
172		März 1.	Fritz von Stein		283
173		April 22.	Fritz von Stein		284

Nr.	Jahr	Datum	Empfänger		Orig. Seite
174	1790	Mai 11.	Unzelmann		285
175		Juni 12.	Fritz von Stein		287
176		Dez. 20.	Fritz von Stein		288
177	1791	März 29.	Großmann	LUB	289
178		Mai 1.	Louise Schlosser		
				SWK (GSA)	290
179		Mai 21.	Unzelmann	FDH	291
180	1792	Jan. 8.	Louise Schlosser		
				SWK (GSA)	293
181		Jan. 8.	Henriette Schlosser		294
			Zuletzt Ehringhausen,		
			H. Hasenclever		
182		Jan. 23.	Fritz von Stein		
				Zuletzt SBB	295
183		Febr. 13.	Louise Schlosser		
				SWK (GSA)	295
184		Dez. 4.	Goethe	SWK (GSA)	296
185		Dez. 14.	Goethe	SWK (GSA)	297
186		Dez. 19.	Goethe	SWK (GSA)	299
187		Dez. 31.	Die Schlosserschen Kinder		299
188	1793	Jan. 1.	Goethe	SWK (GSA)	300
189		Jan. 6.	Goethe	SWK (GSA)	303
190		Jan. 22.	Goethe	SWK (GSA)	303
191		Jan. 22.	Unzelmann		304
			Zuletzt Berlin, Henrici,		
			Versteigerung 37/1917		
192		Febr. 7.	Goethe	SWK (GSA)	305
193		März 15.	Goethe	SWK (GSA)	306
194		April 26.	Goethe	SWK (GSA)	307
195		April 27.	Großmann	LUB	308
196		Juni 14.	Goethe	SWK (GSA)	309
197		Juni 20.	Christiane Vulpius		
				SWK (GSA)	310

Nr.	Jahr	Datum	Empfänger	Orig.	Seite
198	1793	Juni 21.	Goethe	SWK (GSA)	311
199		Juni 25.	Goethe	SWK (GSA)	311
200		Juli 8.	Goethe	SWK (GSA)	312
201		Juli 10.	Goethe	SWK (GSA)	313
202		Juli 11.	Christiane Vulpius		
				SWK (GSA)	314
203		Sept. 6.	Goethe	SWK (GSA)	314
204		Sept. 10.	Goethe	SWK (GSA)	315
205		Sept. 10.	Bertuch	SWK (GSA)	315
206		Okt. 1.	Goethe	SWK (GSA)	316
207		Nov. 9.	Goethe	SWK (GSA)	316
208		Dez. 19.	Goethe	SWK (GSA)	319
209		Dez. 23.	Goethe	SWK (GSA)	320
210	1794	Jan. 7.	Goethe	SWK (GSA)	322
211		Jan. 13.	Goethe	SWK (GSA)	325
212		Jan. 21.	Goethe	SWK (GSA)	328
213		Febr. 6.	Goethe	SWK (GSA)	329
214		März 9.	Goethe	SWK (GSA)	331
215		März	J. G. Schlosser		333
216		März 24.	Louise Schlosser		
				SWK (GSA)	333
217		April 1.	Goethe	SWK (GSA)	334
218		Mai 5.	Goethe	SWK (GSA)	336
219		Mai 14.	Stock	FDH	339
220		Mai 25.	Goethe	SWK (GSA)	339
221		Juni 15.	Goethe	SWK (GSA)	342
222		Juli 26.	Goethe	SWK (GSA)	343
223		Aug. 15.	Goethe	SWK (GSA)	345
224		Augs. 29.	Goethe	SWK (GSA)	347
225		Sept. 14.	Goethe	SWK (GSA)	348
226		Sept. 20.	Louise Schlosser		
				SWK (GSA)	350
227		Okt. 5.	Goethe	SWK (GSA)	351

Nr.	Jahr	Datum	Empfänger	Orig.	Seite
228	1794	Nov. 17.	Goethe	SWK (GSA)	352
229		Dez. 8.	Goethe	SWK (GSA)	353
230	1795	Jan. 19.	Goethe	SWK (GSA)	355
231		Jan. 26.	Goethe	SWK (GSA)	357
232		März 9.	Goethe	SWK (GSA)	357
233		April 9.	Lavater	ZZB	358
234		April 10.	Goethe	SWK (GSA)	359
235		Mai 1.	Goethe	SWK (GSA)	360
236		Mai 16.	Goethe	SWK (GSA)	362
237		Juni 22.	Goethe	SWK (GSA)	366
238		Aug. 24.	Goethe	SWK (GSA)	368
239		Sept. 24.	Goethe	SWK (GSA)	370
240		Okt. 16.	Goethe	SWK (GSA)	372
241		Dez.	Goethe	SWK (GSA)	374
242	1796	Jan. 30.	Louise Nicolovius	SWK (GSA)	375
243		Febr. 1.	Ehepaar Nicolovius	SWK (GSA)	376
244		Febr. 2.	Goethe	SWK (GSA)	378
245		Febr. 28.	Goethe	SWK (GSA)	380
246		März 19.	Goethe	SWK (GSA)	381
247		April 5.	Ehepaar Nicolovius	SWK (GSA)	381
248		April 22.	Goethe	SWK (GSA)	384
249		Juni 21.	Goethe	SWK (GSA)	384
250		Juli 22.	Goethe	SWK (GSA)	386
251		Augs. 1.	Goethe	SWK (GSA)	388
252		Aug. 7.	Goethe	SWK (GSA)	391
253		Sept. 17.	Goethe	SWK (GSA)	392
254		Okt. 1.	Goethe	SWK (GSA)	394
255		Okt. 9.	Goethe	SWK (GSA)	396
256		Okt. 15.	August von Goethe	SWK (GSA)	397

Nr.	Jahr	Datum	Empfänger	Orig.	Seite
257	1796	Nov. 4.	Goethe	SWK (GSA)	397
258		Dez. 4.	Goethe	SWK (GSA)	400
259		Dez. 17.	Goethe	SWK (GSA)	401
260	1797	März 14.	Goethe	SWK (GSA)	402
261		März 24.	Goethe	SWK (GSA)	403
262		Mai 15.	Goethe	SWK (GSA)	404
263		Juni 2.	Goethe	SWK (GSA)	405
264		Juni 5.	Goethe	SWK (GSA)	407
265		Juni 17.	Goethe	SWK (GSA)	409
266		Juli 1.	Goethe	SWK (GSA)	410
267		Juli 25.	Goethe	SWK (GSA)	411
268		Aug. 24.	Christiane Vulpius	SWK (GSA)	412
269		Sept. 23.	Christiane Vulpius	SWK (GSA)	413
270		Nov. 5.	Christiane Vulpius	SWK (GSA)	414
271		Dez. 4.	Goethe	SWK (GSA)	416
272		Dez. 23.	Goethe	SWK (GSA)	418
273	1798	Jan. 12.	Christiane Vulpius	SWK (GSA)	421
274		Jan. 20.	Goethe	SWK (GSA)	423
275		Febr. 2.	Goethe	SWK (GSA)	424
276		Febr. 15.	Christiane Vulpius	SWK (GSA)	425
277		März 12.	Goethe und die Seinen	SWK (GSA)	426
278		April 2.	Christiane Vulpius	SWK (GSA)	429
279		Mai 7.	Christiane Vulpius	SWK (GSA)	429
280		Mai 22.	Goethe	SWK (GSA)	431

Nr.	Jahr	Datum	Empfänger	Orig. Seite
281	1798	Juli 21.	Christiane Vulpius	
			SWK (GSA)	432
282		Juli 21.	August von Goethe	
			SWK (GSA)	433
283		Sept. 15.	Goethe	SWK (GSA) 434
284		Oktober	Goethe	SWK (GSA) 437
285		Nov. 9.	Christiane Vulpius	
			SWK (GSA)	437
286		Nov. 23.	Goethe	SWK (GSA) 438
287		Dez. 17.	Goethe	SWK (GSA) 439
288	1799	März 15.	Goethe	SWK (GSA) 440
289		März 29.	Goethe	SWK (GSA) 441
290		Mai 10.	Goethe	SWK (GSA) 442
291		Mai 24.	Goethe	SWK (GSA) 443
292		Juli 20.	Goethe	SWK (GSA) 444
293		Okt. 20.?	Goethe	SWK (GSA) 446
294		Okt. 31.	Goethe	SWK (GSA) 448
295		Dez. 2.	Goethe	SWK (GSA) 449
296		Dez. 16.	Goethe	SWK (GSA) 450
297	1800	Jan. 29.	Goethe	SWK (GSA) 451
298		Febr. 28.	Goethe	SWK (GSA) 452
299		März 22.	Goethe	SWK (GSA) 453
300		April 13.	Goethe und die Seinen	
			SWK (GSA)	453
301		April 27.	Goethe	SWK (GSA) 455
302		Mai 16.	Goethe	SWK (GSA) 456
303		Juni 10.	Goethe und Christiane	
			SWK (GSA)	456
304		Juli 7.	Christiane Vulpius	
			SWK (GSA)	458
305		Sept.	Christiane und August	
			SWK (GSA)	458
306		Okt. 12.	Goethe	SWK (GSA) 461

Nr.	Jahr	Datum	Empfänger	Orig.	Seite
307	1800	Dez. 8.	Goethe	SWK (GSA)	462
308	1801	Jan. 19.	Christiane Vulpius		
				SWK (GSA)	465
309		Jan. 22.	Wilhelm Sömmering		
				FDH	466
311		Febr. 7.	Goethe	SWK (GSA)	468
312		März 7.	Goethe	SWK (GSA)	469
313		März 20.	Goethe	SWK (GSA)	471
314		April 13.	Goethe	SWK (GSA)	472
315		April 21.	Goethe	SWK (GSA)	472
316		Mai 7.	Goethe	SWK (GSA)	473
317		Mai 16.	Goethe	SWK (GSA)	474
318		Mai 19.	Goethe	SWK (GSA)	474
319		Juni 1.	Goethe	SWK (GSA)	476
320		Juli 10.	Christiane Vulpius		
				SWK (GSA)	477
321		Okt. 29.	Goethe	SWK (GSA)	478
322		Nov. 2.	Goethe	SWK (GSA)	479
323		Nov. 20.	Goethe	SWK (GSA)	480
324		Dez. 21.	Goethe	SWK (GSA)	481
325	1802	Jan. 18.	Goethe und die Seinen		
				SWK (GSA)	481
326		März 22.	Christiane Vulpius		
				SWK (GSA)	483
327		Mai 3.	Goethe	SWK (GSA)	485
328		Sept. 18.	Goethe	SWK (GSA)	486
329		Sept. 24.	Goethe	SWK (GSA)	487
330		Okt. 1.	Goethe	SWK (GSA)	488
331		Okt. 12.	Christiane Vulpius		
				SWK (GSA)	489
332		Nov. 5.	Goethe und Christiane		
				SWK (GSA)	490

Nr.	Jahr	Datum	Empfänger		Orig.	Seite
333	1802	Nov. 25.	Christiane Vulpius			
					SWK (GSA)	491
334		Dez. 20.	Goethe und Christiane			
					SWK (GSA)	492
335		Dez. 31.	Goethe		SWK (GSA)	493
336	1803	Jan. 7.	August von Goethe			
					SWK (GSA)	494
337		Jan. 10.	Goethe		SWK (GSA)	495
338		Febr. 18.	Goethe		SWK (GSA)	496
339		März 8.	Goethe		SWK (GSA)	496
340		April 14.	Goethe		SWK (GSA)	497
341		Mai 16.	Stock		FDH	498
342		Juni 24.	Goethe		SWK (GSA)	499
343		Sept. 24.	Christiane Vulpius			
					SWK (GSA)	501
344		Nov. 10.	Goethe und die Seinen			
					SWK (GSA)	503
345		Nov. 28.	Esther Stock		FDH	504
346		Dez. 2.	Goethe		SWK (GSA)	504
347	1804	Jan. 13.	Goethe		SWK (GSA)	506
348		Jan. 24.	Christiane Vulpius			
					SWK (GSA)	506
349		März 9.	Goethe		SWK (GSA)	508
350		April 9.	Goethe		SWK (GSA)	509
351		Juni 15.	Goethe		SWK (GSA)	510
352		Juli 20.	Goethe		SWK (GSA)	512
353		Aug. 10.	Goethe		SWK (GSA)	515
354		Okt. 11.	Goethe		SWK (GSA)	516
355		Nov. 9.	Goethe		SWK (GSA)	518
356		Nov. 30.	Goethe		SWK (GSA)	519
357		Dez. 10.	Goethe		SWK (GSA)	520
358	?	?	Stock		FDH	521
359	?	?	Stock		FDH	522

Nr.	Jahr	Datum	Empfänger	Orig.	Seite
360	?	?	Esther Stock	FDH	522
361	1805	Jan. 12.	Christiane Vulpius	SWK (GSA)	522
362		Febr. 12.	Christiane Vulpius	SWK (GSA)	523
363		Febr. 19.	Christiane Vulpius	SWK (GSA)	524
364		März 5.	Goethe	SWK (GSA)	524
365		März 5.	Esther Stock	FDH	525
366		April 8.	Goethe	SWK (GSA)	526
367		April 12.	Goethe	SWK (GSA)	526
368		April 21.	Goethe	SWK (GSA)	527
369		Mai 2.	Goethe	SWK (GSA)	528
370		Mai 11.	Goethe und sein Sohn	SWK (GSA)	528
371		Juli 13.	Esther Stock	FDH	530
372		Aug. 26.	August v. Goethe	SWK (GSA)	531
373		Okt. 10.	Goethe	SWK (GSA)	533
374		Dez. 16.	Goethe	SWK (GSA)	534
375	1806	Febr. 15.	Goethe	SWK (GSA)	535
376		April 21.	Christiane Vulpius	SWK (GSA)	536
377		Juni 3.	Goethe	SWK (GSA)	538
378		Aug. 19.	Goethe	SWK (GSA)	540
379		Okt. 18.	Goethe und Christiane	SWK (GSA)	542
380		Okt. 27.	Goethe	SWK (GSA)	543
381		Nov. 18.	Goethe	SWK (GSA)	544
382		Nov. 24.	Goethe	SWK (GSA)	545
383		Dez. 12.	Goethe	SWK (GSA)	546
384		Dez. 23.	Esther Stock	FDH	547
385	1807	April 7.	Goethe	SWK (GSA)	548

Nr.	Jahr	Datum	Empfänger	Orig.	Seite
386	1807	April 17.	Goethe	SWK (GSA)	548
387		Mai 2.	Goethe	SWK (GSA)	550
388		Mai 16.	Christiane von Goethe	SWK (GSA)	551
389		Mai 19.	Christiane von Goethe	SWK (GSA)	554
390		Mai 19.	Bettina Brentano	FDH	555
391		Juni 13.	Bettina Brentano		556
			Faksimile in der Sammlung historisch-berühmter Autographen, Stuttgart 1845, Nr. 248		
392		Juli 9.	Goethe	SWK (GSA)	558
393		Juli 9.	Christiane von Goethe	SWK (GSA)	559
394		Aug. 17.	Christiane von Goethe	SWK (GSA)	560
395		Sept. 8.	Goethe und Christiane	SWK (GSA)	562
396		Okt. 6.	Goethe	SWK (GSA)	566
397		Okt. 27.	Goethe	SWK (GSA)	569
398		Nov. 7.	Christiane von Goethe	SWK (GSA)	570
399		Nov. 21.	Christiane von Goethe	SWK (GSA)	571
400		Dez. 14.	Christiane von Goethe	SWK (GSA)	572
401		Dez. 25.	Christiane von Goethe	SWK (GSA)	575
402	1808	Jan. 15.	Goethe	SWK (GSA)	577
403		März 28.	August von Goethe	SWK (GSA)	579
404		April 2.	Christiane von Goethe	SWK (GSA)	580

Nr.	Jahr	Datum	Empfänger	Orig.	Seite
405	1808	Mai 1.	Christiane von Goethe		
				SWK (GSA)	581
406		Mai 2.	Christiane von Goethe		
				SWK (GSA)	582
407		Mai 9.	Esther Stock	JUB	583
408		Mai 17.	August von Goethe		
				SWK (GSA)	583
409		Juni 3.	Christiane von Goethe		
				SWK (GSA)	584
410		Juni 3.	Goethe	SWK (GSA)	585
411		Juli 1.	Goethe	SWK (GSA)	586
412		Juli 1.	Christiane von Goethe		
				SWK (GSA)	587
413		Juli	Bettina Brentano		588
			Zuletzt Berlin, Henrici,		
			Versteigerung 37/1917		
414		Aug. 28	Bettina Brentano		589
			Zuletzt Neustrelitz, Carl Wolff		

Editorischer Nachbericht

Wie das Literaturverzeichnis zur vorliegenden Ausgabe zeigt, erschien in den letzten 150 Jahren eine Vielzahl von Ausgaben mit Briefen von Catharina Elisabeth Goethe. Den Anfang machten Auswahlbände, die unter einem bestimmten Blickwinkel die Briefe der Frau Rath präsentierten. Frau Aja erschien in der Rolle der Mutter und Großmutter, oder die Räthin wurde im Gedankenaustausch mit mehr oder minder bedeutenden Persönlichkeiten gezeigt. So wurde 1846 unter dem Titel *Briefe von Goethe und dessen Mutter an Friedrich Stein* die Korrespondenz mit dem Sohn Charlottes von Stein bekannt gemacht. 1855 gab L. Preller die *Briefe der Frau Rath an ihre lieben Enkeleins* heraus. Bemerkenswert ist auch die Briefauswahl, die Moritz Carrière 1880 edierte: *Briefe von Beethoven und Frau Rath Goethe an Bettina Brentano*. Die Ausgabe der *Briefe von Goethes Mutter an ihren Sohn, an Christiane und August von Goethe*, die der Herder-Herausgeber Bernhard Suphan 1889 besorgte, wurde, um die editorische Kontinuität vom 19. ins 20. Jahrhundert hervorzuheben, in einer neuen Überarbeitung und mit einem informativen Nachwort von Jürgen Fackert noch 1982 wieder neu aufgelegt.

Den ersten Versuch einer Gesamtausgabe aller damals erreichbaren Briefe unternahm 1871 Robert Keil unter dem Titel *Frau Rath. Briefwechsel von Katharina Elisabeth Goethe. Nach den Originalen mitgetheilt.* Dem Herausgeber blieben freilich eine Reihe von Briefschaften verborgen, so daß sein Werk unvollständig blieb, zumal es sich aufgrund der Texteingriffe Keils philologisch als nicht haltbar erwies.

Albert Köster (1862-1924) dagegen gab 1904 die Briefe annähernd vollständig heraus. Seine sorgfältige Edition, die stets neu aufgelegt und auch als Textgrundlage von anderen Ausgaben übernommen[1] wurde, beansprucht bis heute ihre Gültigkeit und liegt auch unserer Leseausgabe in der Tradition des Insel-Verlags erneut zugrunde. Köster weist im Anhang seines zweibändigen Druckwerks auf seine Quellen hin: »Von den 407 Briefen meiner Sammlung sind 358 nach der Handschrift gedruckt, die meisten zum ersten Mal in jeder Hinsicht korrekt. Die übrigen 49 mußte ich nach vorhandenen Drucken wiedergeben; und zwar sind stets die besten erreichbaren Vorlagen zu Grunde gelegt, die übrigen aber zur Kontrolle herangezogen worden. Die Briefe an Fritz von Stein sind nach Ebers' und Kahlerts Ausgabe von 1846 wiederholt, vier von den Billetts an die Schlosserschen Kinder nach den ›Briefen der Frau Rath an ihre lieben Enkeleins‹, Annettenhöh'-Schleswig 1902, die nicht im Original zu ermittelnden Briefe an Unzelmann und Frau nach Dorows ›Reminiscenzen‹, Leipzig 1842.«[2]

In Hinsicht auf die Editionsgrundsätze hat Köster hervorgehoben, daß die Orthographie »durchaus gewahrt«, Abkürzungen nicht aufgelöst (z. B. bleibt »u« für »und« stehen) und der Wechsel von Minuskel und Majuskel nicht angeglichen worden seien. Wo Autographen nicht mehr aufgetrieben werden konnten,

---

1 Die Ausgabe von Ludwig Geiger z. B. folgt der Kösterschen Edition, ergänzt sie aber um die Gegenbriefe Goethes: Frau Rat Goethe. Gesammelte Briefe. Anhang: Goethes Briefe an seine Mutter. Hrsg. v. Ludwig Geiger. Leipzig: Hesse & Becker Verlag 1922.

2 Die Briefe der Frau Rath Goethe. Gesammelt und herausgegeben von Albert Köster. 2 Bde. Leipzig: Poeschel 1904, hier: Bd. 2, Verzeichnis sämtlicher Briefe, S. 189.

übernahm Köster die offensichtlichen Modernisierungen der genannten Druckvorlagen (ebd., S. 189 f.). Der Herausgeber war damals der Meinung, daß er die »Briefe der Frau Rat [. . .] hier zum erstenmal vollständig gedruckt« (ebd., S. 188) hätte. In öffentlichen Bibliotheken, betonte Köster, werde sich wohl kaum mehr eine unbekannte Handschrift auftreiben lassen, wobei er zugleich konzedierte, daß »manches wertvolle Blatt« jedoch noch in Privatbesitz liegen könnte (ebd., 189).

Tatsächlich hatte er, wie die weitere Editionsgeschichte erweisen sollte, die angestrebte Vollständigkeit nicht erreicht. Im Jahr 1929 erschien im *Jahrbuch der Goethe-Gesellschaft* erstmals der Brief vom 27. Juli 1787 an den Herzog Karl August von Sachsen-Weimar. Wilhelm Engel, der diesen Brief der kleinen Gemeinde der Goethe-Philologen vorstellte, schickte dem abgedruckten Brief folgende Bemerkung voraus: »Die von Albert Köster herausgegebene Sammlung der Briefe der Frau Rat Goethe (Insel-Verlag) enthält keinen Brief, den die Frau Rat unmittelbar an den Herzog Karl August gerichtet hat. In der Registratur des Departements des Großherzoglichen Hauses finden sich ›Akta betreffend ausgefertigte Dekrete über den Charakter als Hofrat 1756-1840‹. Ein Band (Signatur: Tit. 24, Nr. 1, Band I) birgt folgenden eigenhändigen Brief der Frau Rat«.[3] Der Brief braucht hier nicht eigens angeführt zu werden, weil die Herausgeber des Insel-Bandes nach dem Tod Kösters den von Engel recherchierten Brief in der siebten Auflage von 1956 neben vier weiteren Neufunden (an Ph. Seidel, 7. März 1777; J. B. Crespel,

---

3 Ein neuer Brief der Frau Rat Goethe. Mitgeteilt von Wilhelm Engel. In: Jahrbuch der Goethe-Gesellschaft 15 (1929), S. 120 f.

7. März 1777; G. F. W. Großmann, 19. Juli 1781, und
K. W. Unzelmann, 26. Okt. 1788) mit berücksichtigten.
1956 wurden diese fünf Briefe noch im *Nachtrag*[4] aufgeführt; die erneute Auflage von 1968, die im übrigen
typographisch von Fraktur in Antiqua wechselt, inte-
griert diese Briefe in das Textkorpus.

Nachdem 1960 im Rahmen der von Ernst Beutler
besorgten Goethe-Gedenkausgabe Wolfgang Pfeiffer-
Belli die *Briefe aus dem Elternhaus*[5] herausgebracht hatte, wurde die Ausgabe Kösters anläßlich der achten
Auflage von 1968 einer erneuten Revision unterzogen.
Im *Vorwort des Verlages* wird gegenüber dem von Köster zusammengetragenen Textkorpus festgehalten:
»Rund 65 Jahre sind seit dem ersten Erscheinen dieses Bandes vergangen. Die Aufbewahrungsorte der
Handschriften wurden daher sämtlich überprüft und –
sofern sie sich verbindlich ermitteln ließen – nach dem
neuesten Stand eingetragen. Die Briefe 36a und 67a
sowie die Quellenangaben dazu und zu den Briefen
Nr. 5, 12, 13, 14, 18, 33, 78, 93, 119, 129, 133, 137, 142, 167, 168,
181, 182, 191, 391 und 413 übernahmen wir mit freundlicher Genehmigung des Artemis-Verlags, Zürich,
dem Werk ›Briefe aus dem Elternhaus‹, Zürich 1960.«[6]

Einige Textänderungen wurden vom Insel-Verlag,
was für eine Leseausgabe durchaus verständlich ist,

---

4 Die Briefe der Frau Rath Goethe. Gesammelt und herausgegeben von Albert Köster. Leipzig [7]1956, S. 552-558.

5 Johann Caspar Goethe, Cornelia Goethe, Catharina Elisabeth
Goethe: Briefe aus dem Elternhaus. Hrsg. von Wolfgang Pfeiffer-
Belli. Zürich: Artemis 1960, [2]1973 (= Goethe-Gedenkausgabe. Erster Ergänzungsband.), darin die Briefe Catharina Elisabeth Goethes, S. 395-888.

6 Die Briefe der Frau Rath Goethe. Gesammelt und herausgegeben von Albert Köster. Leipzig: Insel [8]1968, Vorwort des Verlags,
S. 7f., hier: 8.

nicht übernommen: So hat der Herausgeber des Ergänzungsbandes zur Artemisausgabe den Wortlaut
der Drucke, soweit die Autographen damals nicht verschollen waren, »mit den Originalen neu verglichen«[7]
und offenbare Fehllesungen (oder stillschweigende
Eingriffe) Kösters korrigiert. Obwohl Modernisierungen und Vereinheitlichungen zum – freilich umstrittenen – Standard heutiger Klassikerausgaben gezählt
werden können, seien einige Differenzen trotzdem
angeführt:

1. Im zweiten Brief der Köster-Ausgabe, der an Lavater gerichtet ist, liest man »Fraülein Klettenberg«. In
der Artemis-Ausgabe wird dagegen die abkürzende
Schreibweise der Handschrift beibehalten; erweitert
wird diese durch den Zusatz des Herausgebers, der
durch eckige Klammern kenntlich gemacht ist: »Fräulein Kltbrg [Klettenberg]«. Solche divergierenden Lesungen (oder Eingriffe) Kösters finden sich bei einem
genauen Vergleich der beiden Textkorpora öfters; weil
sie aber für eine Leseausgabe unerheblich sind, seien
sie hier vernachlässigt.

2. Gegenüber der Artemis-Ausgabe (Brief Nr. 52,
S. 454) wird der Brief an Großmann vom 22. September 1779 in unserer Ausgabe (Nr. 51, S. 101) nur im
Auszug wiedergegeben. Der vollständige Brief lautet
wie folgt:

Franckfurth d 22ᵗᵉⁿ September 1779
Lieber Herr gevatter!
Ich will gleich mit der Hauptsache anfangen – Versäumen
Sie ja keine zeit, es haben sich schon zwey gemeldet, deren
nahmen ich vergeßen habe – noch ist nichts entschieden – Sie

---

7 Briefe aus dem Elternhaus, a.a.O., S. 1025.

lieber gevatter haben viele gute Freunde und an meinem
Eiffer sols auch nicht fehlen – Ich verstehe von der gantzen
sache nichts, aber wenns möglich wäre daß Sie einige von
der Seylerischen Truppe brauchen könnten, das würde Ihnen
das Publickum noch mehr zum Freunde machen, denn die
zurückgebliebenen Schauspieler werden durchgängig sehr
bedaurtert – Ihren Jungfern Schwägerinnen werde mit Ver-
gnügen rathen und gute Reiße Anstalten besorgen helfen.
Tausende Verhinderungen waren an meinem langen still-
schweigen schuld – und auch diesen Brief hätten Sie ehender
gekriegt, wenn ich nicht die gnade gehabt hätte, Ihro durch-
laucht den Hertzog von Weimar 5 Tage in meinem Hauße zu
bewirthen, daß mein Sohn auch dabey war versteht sich,
und da können Sie sich leicht den Jubel dencken. Leben sie
wohl! und machen Ihre sachen gut, damit wir Ihnen bald
wieder bey uns sehn – Grüßen Sie die liebe Frau gevatterin,
die goldige Lotte – den braven Hanß wolf und alles
Ich bin

Ihre wahre Freundin
C. E. Goethe

3. Dem Brief an Goethe vom 17. Juni 1797 (Nr. 265 in
unserer Ausgabe, S. 409-410; Brief Nr. 266 in der Arte-
mis-Ausgabe, S. 724-725) war eine Urkunde angelegt.
Köster hat auf den Abdruck dieser Anlage verzichtet.
Sie ist in der vorliegenden Ausgabe im ›Vorwort‹ (siehe
S. 24 f.) dokumentiert.

4. In unserer Ausgabe ist im Brief an Goethe vom
24. Nov. 1806 (Nr. 382, S. 545 f.) die Anrede »Lieber
Sohn!« fett gedruckt. In der Artemis-Ausgabe (Brief
Nr. 383, S. 847 f.) findet sich eine solche Hervorhebung
nicht.

5. Die Schreibweise des Briefdatums weicht an einigen Stellen geringfügig voneinander ab. So lautet

z. B. im Brief an Esther Stock (unsere Ausgabe Nr. 384, S. 547 f.) die Datumsangabe »v.H. am 23ten Decembr 1806«. Der Herausgeber der Artemis-Ausgabe (Brief Nr. 385, S. 849) liest hingegen »v.H. d 23ten December 1806«.

6. Bei absoluten Datierungsversuchen undatierter Briefe weichen die beiden Herausgeber in einigen Fällen voneinander ab, ohne daß davon jedoch die relative Datierung betroffen wäre. Den Brief an die Schlosserschen Kinder datiert Köster mit »[Anfang Januar 1785.]« (unsere Ausgabe Nr. 111, S. 198), Pfeiffer-Belli dagegen mit der Vermutung »[nach Weihnachten 1784?]« (Brief Nr. 112 der Artemis-Ausgabe, S. 539). An der relativen Chronologie der Briefe ändert sich durch diese divergierenden Datumsansetzungen freilich nichts.

Mario Leis, Carsten Zelle und Karl Riha

Literaturverzeichnis

I. Ausgaben der Briefe Elisabeth Catharina
Goethes in chronologischer Folge:

Reminiscenzen. Goethes Mutter, nebst Briefen und Aufzeichnungen zur Charakteristik anderer merkwürdiger Männer und Frauen. Hrsg. von Wilhelm Dorow. Leipzig: J. C. Hinrichs 1842.

Briefe von Goethe und dessen Mutter an Friedrich Stein. Nebst einigen Beilagen. Hrsg. von J. J. H. Ebers und August Kahlert. Leipzig: Weidmann 1846.

Briefe der Frau Rath an ihre lieben Enkeleins. Hrsg. von L. Preller. Leipzig [ohne Verlagsangabe] 1855.

Zwölf Briefe von Goethe's Eltern an Lavater. Als Manuscript für Freunde zur Feier des 4. Januar 1860 [Zu Jakob Grimms Geburtstag in Druck gegeben]. Leipzig: S. Hirzel 1860.

Frau Rath. Briefwechsel von Katharina Elisabeth Goethe. Nach den Originalen mitgetheilt von Robert Keil. Leipzig: F. A. Brockhaus 1871.

Briefe von Beethoven und Frau Rath Goethe an Bettina Brentano. Hrsg. von Moritz Carrière. Leipzig: [ohne Verlagsangabe] 1880.

Goethe's mother. Correspondence of Catharine Elizabeth Goethe with Goethe, Lavater, Wieland, Duchess Anna Amalia of Saxe-Weimar, Friedrich von Stein, and others. Translated from the German, with the addition of biographical sketches and notes, by Alfred S. Gibbs. With an introductory note by Clarence Cook. New York: Dodd, Mead & Company 1880.

Briefe von Goethes Mutter an die Herzogin Anna Amalia. Hrsg. von Carl August Hugo Burkhardt. Weimar: Goethe-Gesellschaft 1885.

Dasselbe. Neu hrsg. und erläutert von Karl Heinemann. Leipzig: A. Seemann 1889.

Briefe von Goethes Mutter an ihren Sohn, Christiane und August von Goethe. Hrsg. von Bernhard Suphan. Weimar: Goethe-Gesellschaft 1889 [eine von Jürgen Fackert überarbeitete Neuausgabe erschien 1982 mit einem informativen Nachwort bei Reclam in Stuttgart].

Briefe von Goethes Mutter. Mit einer Einleitung: Christiane und Goethe. Hrsg. von Philipp Stein. Leipzig: Reclam 1891 (= Universal-Bibliothek, 2786/88).

Die Briefe der Frau Rath Goethe. Hrsg. von Albert Köster. Leipzig: Poeschel 1904, ²1904, ³1905, ⁴1908 [hier erstmals: Leipzig: Insel-Verlag], ⁵1911, ⁶1923, ⁷1956, ⁸1968.

Goethes Mutter, in einer Auswahl aus ihrem Briefwechsel. Dargestellt von Eduard von der Hellen. Stuttgart: J. G. Cotta 1909 (= Cotta'sche Handbibliothek, Nr. 157).

Briefe von Goethes Eltern. Ausgewählt und eingeleitet von Karl Schüddekopf. Berlin: Deutsche Bibliothek o. J. [1912].

Frau Aja. Goethes Mutter in ihren Briefen und in den Erzählungen der Bettina Brentano. Hrsg. von Käte Tischendorf. München-Ebenhausen: Wilhelm Langewiesche-Brandt 1914 (= Die Bücher der Rose, 20).

Briefe von Goethes Mutter. Ausgewählt und erläutert von Michael Betz. Nürnberg: Koch 1921 (= Kochs deutsche Schulausgabe, Bd. 74).

Frau Rat Goethe. Gesammelte Briefe. Anhang: Goethes Briefe an seine Mutter. Hrsg. von Ludwig Geiger. Leipzig: Hesse & Becker Verlag 1922.

Briefe der Frau Rat Goethe. Auswahl. Hrsg. von

Ernst Hansen. Bielefeld: Velhagen & Klasing 1926 (= Velhagen & Klasing deutsche Lesebogen, Nr. 25).

Dasselbe. Zusammengestellt von Oskar Wahnelt. Bielefeld: Velhagen & Klasing 1928.

Briefe der Frau Rat Goethe. Ausgewählt und hrsg. von Rudolf Bach. Leipzig: Insel 1939 (= Insel-Bücherei, 544).

Goethes Mutter. Briefe. Ausgewählt von Curt Noch. Berlin: Weichert 1949.

Die Briefe der Frau Rath Goethe. Eine Auswahl. Hrsg. von Marga Anders. Frankfurt/Main: Hirschgraben-Verlag 1949.

Goethes Mutter. Kleine Chronik einer großen Lebenskünstlerin. Mit einem Anhang: Briefe der Frau Rat Goethe in Auswahl. Hrsg. von Helmut Prang. München: F. Bruckmann 1949.

Johann Caspar Goethe, Cornelia Goethe, Catharina Elisabeth Goethe: Briefe aus dem Elternhaus. Hrsg. von Wolfgang Pfeiffer-Belli. Zürich: Artemis 1960, ²1973 (= Goethe-Gedenkausgabe. Erster Ergänzungsband).

Ich bin so tintenscheu. Aus Briefen von Frau Rat Goethe zusammengestellt von Eric Benoit. München: Ars sacra 1971.

Fröhliche Feiertage: Weihnachts- und Neujahrsbriefe von Frau Rat Goethe. Gesammelt von Eric Benoit. München: Ars sacra 1972.

Correspondenzen und Spiegelungen. Catharina Elisabeth Goethe. Hrsg. von Bertold Hack. Frankfurt/Main: Weisbecker 1973.

Aus den Briefen der Frau Aja. Hrsg. von Karl Scheibenberger. Frankfurt/Main: Kramer 1982.

Briefe von Goethes Mutter an ihren Sohn Johann Wolfgang, an Christiane und August von Goethe.

Hrsg. von Jürgen Fackert. Stuttgart: Reclam 1982 (= Reclams Universal-Bibliothek, 2786) [überarbeitete Neuausgabe der 1889 von Suphan besorgten Edition].

Arnim, Bettine von: Goethes Briefwechsel mit einem Kinde. Hrsg. von Waldemar Oehlke. Frankfurt/Main: Insel 1985 [der Briefwechsel zwischen Frau Rat Goethe und Bettine von Arnim, geb. Brentano, S. 627 ff.].

II. Sekundärliteratur:

Arnim, Bettina von: Dies Buch gehört dem König. Zwei Teile [zuerst: Berlin 1843]. In: dies.: Werke und Briefe. Band 3/4. Hrsg. von Gustav Konrad. Frechen/ Köln: Bartmann-Verlag 1963, S. 5-254 [Hauptfigur der Dialoge ist Goethes Mutter].

Bacher, Otto: Goethes Mutter und das Ehepaar Unzelmann. In: Jahrbuch des Freien Deutschen Hochstifts 1927, S. 185-216.

Bastier, Paul: La mère de Goethe, d'après sa correspondance. Paris: [ohne Verlagsangabe] 1902.

Bäumer, Gertrud: Frau Rath Goethe. Die Mutter der Weisheit. Tübingen/Stuttgart: R. Wunderlich 1949.

Beutler, Ernst: Heimkehr eines Bildes. In: ders.: Essays um Goethe. Leipzig: Dieterich 1941; Bremen: Schünemann ⁶1962 (= Sammlung Dieterich, Bd. 101), S. 70-74.

Biedermann, Woldemar Frh. von: Elisabeth Goethe. In: ders.: Goethe-Forschungen. Bd. 1. Frankfurt/ Main: Literarische Anstalt 1879, S. 385-395.

Biese, Alfred: Goethe und seine Mutter. In: ders.: Pädagogik und Poesie. Vermischte Aufsätze. Bd. 3. Berlin: Weidmannsche Buchhandlung 1913, S. 133-160.

Conrady, Karl Otto: Catharina Elisabeth Textor, Tochter des Stadtschultheißen und Frau Rat Goethe. Bd. 1. In: ders.: Goethe. Leben und Werk. 2 Bde. Königstein/Ts.: Athenäum 1982, Bd. I, S. 17-21.

Craig, Charlotte M.: Heritage and elective affinity. B. A.'s surrogate mother and the eternal feminine. In: Germanic notes 16 (1985), S. 54-57.

Düntzer, Heinrich: Catharina Elisabeth Goethe, geborene Textor, Goethes Mutter. In: ders.: Frauenbilder aus Goethes Jugendzeit. Studien zum Leben des Dichters. Stuttgart: Cotta 1852, S. 406-592.

Eissler, Kurt R.: Goethe. Eine psychoanalytische Studie 1775-1786. 2 Bde. Basel, Frankfurt/Main: Stroemfeld/Roter Stern 1983/85.

Engel, Wilhelm: Ein neuer Brief der Frau Rat Goethe. Mitgeteilt von Wilhelm Engel. In: Jahrbuch der Goethe-Gesellschaft 15 (1929), S. 120 f.

Engels, Anni: Aja-Rätin Goethe (1731-1808). Iserlohn: Terraflor 1988.

Freudenthal, Margarethe: Gestaltwandel der städtischen bürgerlichen und proletarischen Hauswirtschaft unter besonderer Berücksichtigung des Typenwandels von Frau und Familie, vornehmlich in Südwest-Deutschland von 1760-1933. Würzburg: Triltsch 1934 [zugl. Phil. Diss. Frankfurt/Main 1934], S. 5-93, 39-41, 91-93 [zum Goetheschen Haushalt].

Friedenthal, Richard: Goethe. Sein Leben und seine Zeit. München: Piper 1963; ^{15}1986.

Goebel, R.: »Ich bin die Mutter Goethes.« In: Christengemeinschaft 19 (1947), S. 254-258.

Goes, Albrecht: Goethes Mutter. Rede zum 150. Todestag von Catharina Elisabeth Goethe auf Einladung des Freien Deutschen Hochstifts in der Johann Wolfgang Goethe-Universität zu Frankfurt a.M. am 13.

September 1958. Frankfurt/Main: Verlag der goldene Brunnen 1958 (= Freies Deutsches Hochstift, Frankfurt a.M., Reihe der Vorträge und Schriften, Bd. 19).

Goethe, Johann Wolfgang: Aus meinem Leben. Dichtung und Wahrheit. 3 Bde. Frankfurt/Main: Insel 1975 (= insel taschenbuch, 149-151), bes. Bd. 1, S. 15-53 und Bd. 3, S. 798-799 [Goethe berichtet, wie seine Mutter zu dem Namen »Aja« kam].

Dasselbe: Hrsg. von Peter Sprengel. München: Hanser 1985 (= Münchner Ausgabe, Bd. 16), S. 871-877 [»Aristeia der Mutter«].

Ders.: »Vom Vater hab ich die Statur [. . .]« [Gedicht]. In: ders.: Gedichte in zeitlicher Folge. Eine Lebensgeschichte Goethes in seinen Gedichten. 2 Bde. Hrsg. von Heinz Nicolai. Wiesbaden: Insel 1958; Frankfurt/Main ²1981 (= insel taschenbuch, 350), Bd. 2, S. 430.

Ders.: »An meine Mutter«. In: Goethes Briefe. Hamburger Ausgabe in 4 Bänden. Bd. 1: Briefe der Jahre 1764-1786. Hamburg: Christian Wegner 1962, ²1968, S. 46 [Gedicht in einem Brief an Cornelia Goethe vom 11. Mai 1767].

Grotefend, H.: Zur Geschichte der Familie Goethe. In: Mittheilungen des Vereins für Geschichte und Altertumskunde. Frankfurt/Main 1881, S. 225-231.

Hajek, Hans A.: Die Mythisierung der Frau Rath durch Bettina Brentano. Phil. Diss. Wien 1937 (masch.).

Hartmann, George von: Königin Luise und die Frau Rat. In: Jahrbuch des Freien Deutschen Hochstifts 1910, S. 372-384.

Heinemann, Karl: Goethes Mutter. Ein Lebensbild nach den Quellen. Leipzig: A. Seemann 1891; neunte, verb. Aufl. Stuttgart: Kröner 1921.

Hering, Robert: Das Elternhaus Goethes und das Leben in der Familie. In: Voelcker, Heinrich (Hg.): Die Stadt Goethes. Frankfurt im XVIII. Jahrhundert. Frankfurt / Main: Weidlich 1982 [unveränderter Nachdruck der Auflage von 1832].

Höffner, Johannes: Frau Rath. Elisabeth Goethe, geb. Textor. Bielefeld, Leipzig: Velhagen & Klasing 1908 (= Frauenleben. 12).

Jacobi, Karl Georg: Goethes Mutter. In: Historisches Taschenbuch N. F. 5 (1844), S. 391-480.

Krogmann, Angelica: Frau Aja ist immer noch zugegen. In: Merian. Monatshefte der Städte und Landschaften 21 (1986), H. 8, S. 84-86.

Krüger-Westend, Hermann: Goethe und seine Eltern. Weimar: Böhlau's Nachf. 1904.

Kühn, Paul: Die Frauen um Goethe. Weimarer Interieurs. Leipzig: Klinkhardt & Biermann 1911.

Leitzmann, Albert: Zu den Briefen der Frau Rat. In: Zeitschrift für deutsche Philologie 49 (1923), S. 89 bis 94.

Loiseau, Hippolyte: La mère de Goethe et sa place dans l'oeuvre de son fils. In: L'Alsace française 12 (1932), S. 207-212.

Loster-Schneider, Gudrun: Catharina Elisabeth Goethe. Wie eine Schule ihren Namen erhält. In: Mannheimer Hefte 1988, S. 85-95.

Lübbecke, Fried: Der Goldene Brunnen. In: Goethe-Kalender 36 (1943), S. 56-115 [Lebensführung und Freundeskreis der Frau Rath in dem 1795 bezogenen Haus am Roßmarkt].

Mellen, Inga: Studien über den Satzbau und Stil in den Briefen der Frau Rat. Diss. phil. Göteborg 1948.

Mentzel, Elisabeth: Frau Rat Goethe. Ein Lebensbild. Frankfurt / Main: Neuer Frankfurter Verlag 1908.

Merkel, Bertha: Die Sprache der Mutter Goethes. Ein Beitrag zur Geschichte der rheinischen Schriftsprache im 18. Jahrhundert. Frankfurt/Main: Diesterweg 1938 (= Deutsche Forschungen, 33).

Muthesius, Karl: Goethe und seine Mutter. Dresden: C. Reißner 1923.

Paque, Alfons: Frau Rat Goethe und ihre Welt. Eine Farbenskizze. Frankfurt: Englert & Schlosser 1931.

Parth, Wolfgang W.: Reise zur Mutter nach Frankfurt. In: ders.: Goethes Christiane. Ein Lebensbild. München: Kindler 1980, S. 203-218.

Petersen, Julius: Frau Rat und Bettina. In: ders.: Aus der Goethezeit. Leipzig [ohne Verlagsangabe] 1932, S. 223-241.

Pfeffer, J. Alan: The proverbs in the letters of Frau Rath Goethe. In: The Journal of English and Germanic Philology 47 (1948), S. 156-164.

Prokop, Ulrike: Weiblicher Lebensentwurf der älteren Generation: das Paar Mutter und Sohn – Catharina Elisabeth Goethe. In: dies.: Die Illusion vom großen Paar. Bd. 1: Weibliche Lebensentwürfe im deutschen Bildungsbürgertum 1750-1770. Frankfurt/Main: Fischer 1991 (= Fischer Taschenbuch, 7397), S. 200-378.

–: Die Freundschaft zwischen Katharina Elisabeth Goethe und Bettina Brentano – Aspekte weiblicher Tradition. In: Frauenfreundschaft – Männerfreundschaft. Literarische Diskurse im 18. Jahrhundert. Hrsg. von Wolfram Mauser und Barbara Becker-Cantarino. Tübingen: Max Niemeyer 1991, S. 237-277.

Ruland, Carl: Das Stammbuch der Frau Rath. In: Goethe-Jahrbuch 12 (1891), S. 175-178.

Schmidt, Alwin: Die Briefe von Goethes Mutter an ihren Sohn, als Quelle zu seinen Werken. In: Zeitschrift für deutsche Philologie 26 (1894), S. 375-399.

Schmidt, Erich: Frau Rath Goethe. In: Deutsche Rundschau 47 (1886), S. 133-147.

Tschudi, Clara: Goethes moder. Kristiania. Kopenhagen: Nordisk forlag 1916.

Weisbecker, Walter: Goethe zwischen Frankfurt und Weimar. Vorwort von Christoph Perels. Frankfurt/Main: Societäts-Verlag 1991, bes. S. 13-18 [Frau Aja als leidgeprüfte Frohnatur] und S. 34-39 [über das »Frankfurter Schandmaul« der Frau Rath Goethe].

Weise, Oskar: Der Stil der Mutter Goethes. In: Zeitschrift für Deutschkunde 35 (1921), S. 471-477.

Weißenborn, Birgit: Frau Rat Goethe. In: dies.: Bettina von Arnim und Goethe. Topographie einer Beziehung als Beispiel weiblicher Emanzipation zu Beginn des 19. Jahrhunderts. Frankfurt/Main, Bern, New York, Paris: Lang 1987 (= Europäische Hochschulschriften: Reihe 1, Deutsche Sprache und Literatur, Bd. 1004), S. 27-33.

Wirsing, Sybille: Die Erziehung eines Herzens. Catharina Elisabeth Goethe zum 250. Geburtstag. In: Frankfurter Allgemeine Zeitung, Nr. 44 vom 21. Febr. 1981.

Zeittafel zum Leben
Catharina Elisabeth Goethes

1731

Am 19. Februar 1731 wird Catharina Elisabeth in Frankfurt als Tochter des Stadt-, Reichs- und Gerichtsschultheißen Johann Wolfgang Textor (1693-1771) und der Anna Margaretha Textor (1711-1783), geb. Lindheimer, geboren.

1736-1748

Sie erhält nur die notwendigste Ausbildung im Lesen, Schreiben und Rechnen.

1748

Sie heiratet am 20. August – mit 17 Jahren – Johann Caspar Goethe (1710-1782).

1749

Ihr erstes von sieben Kindern, Johann Wolfgang (gest. 1832), wird am 28. August geboren.

1750

Ihre erste Tochter, Cornelia Friederike Christine (gest. 1777), wird geboren.

1752

Hermann Jakob (gest. 1759), ihr zweiter Sohn, kommt zur Welt.

1754

Geburt der zweiten Tochter Catharina Elisabeth, die nur knapp über ein Jahr lebt (gest. 1756).

1756

Ein totgeborenes Kind ist am 1. April zu beklagen.

1757

Geburt einer dritten Tochter, Johanna Maria (gest. 1759).

1759

Im Zuge des Siebenjährigen Krieges (1756-1763) erobern die Franzosen am 2. Januar 1759 Frankfurt. Der französische Stadtkommandant Graf Thoranc nimmt bis zum Sommer 1761 im Haus am Hirschgraben Quartier.

1760

Geburt von Georg Adolf (gest. 1761), dem letzten Kind Catharina Elisabeth Goethes.

1764

Kaiserkrönung Joseph II. in Frankfurt.

1773

Ihre Tochter, Cornelia, heiratet am 1. November den Oberamtmann Johann Georg Schlosser (1739-1799). Wielands Zeitschrift *Der Teutsche Merkur* erscheint.

1774

Am 23. Juni lernt Catharina und ihre Familie Johann Caspar Lavater (1741-1801) kennen. Am 13. Oktober stirbt Susanna Katharina von Klettenberg (geb. 1723). Ajas erste Enkeltochter, Louise Maria Anna (gest. 1811), Tochter aus der Ehe Cornelias mit Schlosser, wird geboren.

1775

Am 1. November Ankunft Goethes in Weimar auf Einladung des Herzogs Carl August von Sachsen-Weimar (1757-1828).

1777

Am 8. Juni stirbt Cornelia Schlosser nach der Geburt ihrer zweiten Tochter: Julie Katharina Elisabeth (gest. 1793). Am 17. Dezember erstmaliges Treffen mit C. M. Wieland, J. F. Kranz und J. H. Merck in der »Casa santa« (Haus am Hirschgraben).

1777-1788

Intensive Unterstützung der Frankfurter Theaterkreise.

1778-1793

Briefwechsel mit der Herzogin Anna Amalia (1739-1807). Dreimal besucht die Herzogin die Frau Rat (1778 im Juni und Juli sowie 1780 im Oktober).

1779

Am 18. September besucht Goethe mit dem Herzog Carl August von Sachsen Weimar auf dem Weg in die Schweiz für fünf Tage seine Eltern in Frankfurt.

1780

Auf der Rückreise aus der Schweiz wird Aja noch einmal von ihrem Sohn und dem Herzog Carl August besucht.

1781

Prinz Constantin, Anna Amalias zweiter Sohn, besucht am 19. Juni Goethes Mutter.

1782

Ihr Mann stirbt mit 51 Jahren am 25. Mai.

1784-1793

Briefwechsel mit dem Schauspieler Karl Wolfgang Unzelmann (1753-1832). Sie verliebt sich in ihn. Im April 1784 beginnt der Briefwechsel mit den Töchtern – Louise und Julie – der verstorbenen Cornelia. Im Mai 1783 nimmt J. W. Goethe Fritz von Stein (1772-1844) in sein Gartenhaus auf.

1786-1788

J. W. Goethes erste Reise nach Italien (3. September 1786 bis 18. Juni 1788).

1787

Herzog Carl August, der vom 7. Januar bis 18. Februar eine Reise in Sachen Fürstenbund unternahm, besucht zwischendurch die Frau Rat in Frankfurt.

1788

Goethe lernt am 12. Juli Christiane Vulpius (1765-1816) kennen.

1789

Im Mai Besuch der Freundin Frau Charlotte von Stein (1742-1827). Ihr Sohn, Fritz von Stein, führt seit dem 9. Januar 1784 einen regen Briefwechsel mit Goethes Mutter. Im Dezember bringt Christiane Vulpius den Sohn August (gest. 1830), das einzig überlebende von fünf Kindern, zur Welt.

1790

Joseph II. stirbt am 20. Februar. J. W. Goethes zweite Reise nach Italien (10. März – 20. Juni).

1791

Der Schriftsteller und Kriegsrat Johann Heinrich Merck (geb. 1741) bringt sich am 27. Juni um.

1792

Franz II. wird am 14. Juli zum Kaiser gekrönt. Im August besucht J. W. Goethe seine Mutter. Im selben Jahr veranstaltet ihr Sohn ein Autodafé: Die Briefe Catharinas, die diese ihrem Sohn während dessen Studienzeit (1762-1768) schrieb, werden vernichtet. Im Zuge des 1. Koalitionskriegs (1792-1797) wird Frankfurt am 22. Oktober von den Franzosen erobert. J. W. Goethe erhält vom Herzog Carl August das Haus am Frauenplan, das ab 1794 sein Eigentum ist. Am 24. Dezember lehnt der Dichter das Angebot einer Ratsherrenstelle in Frankfurt ab.

1793

Im Mai und Juli, vor und nach dem Fall von Mainz, weiterer Besuch ihres Sohnes. Am 20. Juni schreibt sie den ersten Brief an Christiane Vulpius. Am 5. Juli stirbt ihre Enkeltochter Julien.

1794

Am 18. August wird die ca. 1700 Bücher umfassende Bibliothek von Goethes Vater für 392 Gulden und 24 Kreuzer verkauft.

1795

Das Haus am Hirschgraben wird verkauft. Sie bezieht eine Wohnung im Haus »Zum Goldenen Brunnen«, das am Roßmarkt liegt. Am 5. Juni heiratet Louise, ihre Enkeltochter, Georg Heinrich Ludwig Nicolovius (1767-1839).

1796

Am 8. September verlassen die Franzosen Frankfurt.

1797

Am 2. und 9. Juli verbrennt J. W. Goethe den größten Teil seiner Briefe: Auch die Briefe Ajas aus den Jahren 1772 bis 1792 werden – bis auf vier – vernichtet. Der Sohn besucht mit Christiane Vulpius und dem gemeinsamen Sohn August zum letzten Mal seine Mutter (3. bis 25. August). Christiane und August reisen bereits am 9. August ab.

1799-1802

2. Koalitionskrieg.

1800

Im Frühjahr besuchen Louise und Georg Heinrich Ludwig Nicolovius mit ihren drei Kindern die Urgroßmutter Catharina Elisabeth in Frankfurt.

1801

Im Januar ist ihr Sohn lebensgefährlich erkrankt. Der am 9. Februar geschlossene Friede zu Lunéville spricht Frankreich das linke Rheinufer zu. Frankfurt bleibt freie Reichsstadt.

1805

Die Zahl der Urenkel ist inzwischen auf sechs angewachsen.

1806

Während des dritten Koalitionskrieges wird Frankfurt im Januar von französischen Truppen besetzt. Im Juni verliert Frankfurt seine Selbständigkeit. Die Niederlegung der deutschen Kaiserkrone durch Franz II. besiegelt am 6. August endgültig die Auflösung des »Heiligen Römischen Reiches Deutscher Nation«. Aja lernt Bettina Brentano (1785-1859) kennen. Am 14. Oktober wird die Schlacht bei Jena und Auerstedt ausgefochten. Weimar wird geplündert. Christiane Vulpius schützt das Haus am Frauenplan vor den Plünderern. Am 19. Oktober heiratet Goethe Christiane Vulpius.

1807

Am 23. März bricht Christiane Goethe von Weimar auf, um ihre Schwiegermutter in Frankfurt zu besuchen. Am 10. April stirbt die Herzogin Anna Amalia. Bettina Brentano besucht J. W. Goethe am 23. April zum ersten Mal.

1808

Catharina Elisabeth Goethe stirbt am 13. September in Frankfurt. Ihrem Sohn Johann Wolfgang wird die Todesnachricht am 17. September mitgeteilt.

Abbildungsnachweis

Frontispiz: Freies Deutsches Hochstift, Frankfurter Goethe-Museum, Frankfurt am Main.

Abb. 1: zwischen Seite 52/53: Freies Deutsches Hochstift, Frankfurter Goethe-Museum, Frankfurt am Main.

Abb. 2: zwischen Seite 54/55: Corpus der Goethezeichnungen VI B, Nr. 1-285. Zeichnungen außerhalb der Goethe-Institute der nationalen Forschungs- und Gedenkstätten der klassischen deutschen Literatur in Weimar. Bearbeiter der Ausgabe Gerhard Femmel. Leipzig: E. A. Seemann 1978, Nr. 229. Unbekannte Besitzer.

Abb. 3: zwischen Seite 56/57: Lavater, Johann Caspar: Physiognomische Fragmente, zur Beförderung der Menschenkenntniß und Menschenliebe. 4 Bde. Leipzig, Winterthur 1775-1778, hier: Bd. III, S. 344.

Abb. 4: zwischen Seite 60/61: Freies Deutsches Hochstift, Frankfurter Goethe-Museum, Frankfurt am Main.

Abb. 5: zwischen Seite 88/89: Stiftung Weimarer Klassik, Goethe- und Schiller-Archiv, Weimar.

Abb. 6: zwischen Seite 102/103: Badische Landesbibliothek Karlsruhe.

Abb. 7: zwischen Seite 106/107: Freies Deutsches Hochstift, Frankfurter Goethe-Museum, Frankfurt am Main.

Abb. 8: zwischen Seite 154/155: Universitätsbibliothek »Bibliotheca Albertina«, Leipzig, Sammlung Kestner.

Abb. 9: zwischen Seite 164/165: Stiftung Weimarer Klassik, Goethe- und Schiller-Archiv, Weimar.

Abb. 10: zwischen Seite 174/175: Lavater, Johann

Caspar, Physiognomische Fragmente, a.a.O., Bd. I, S. 271.

Abb. 11: zwischen Seite 182/183: Stiftung Weimarer Klassik, Goethe- und Schiller-Archiv, Weimar.

Abb. 12: zwischen Seite 210/211: Schriften der Goethe-Gesellschaft, Weimar, Bd. 37: »Goethes Gedichte an Frau von Stein«.

Abb. 13: zwischen Seite 226/227: Wolfenbüttler Porträtsammlung (A 22520).

Abb. 14: zwischen Seite 308/309: Freies Deutsches Hochstift, Frankfurter Goethe-Museum, Frankfurt am Main.

Abb. 15: zwischen Seite 322/323: Freies Deutsches Hochstift, Frankfurter Goethe-Museum, Frankfurt am Main.

Abb. 16: zwischen Seite 344/345: Institut für Stadtgeschichte der Stadt Frankfurt am Main.

Abb. 17: zwischen Seite 414/415: Bildarchiv Preußischer Kulturbesitz, Berlin.

Abb. 18: zwischen Seite 418/419: Freies Deutsches Hochstift, Frankfurter Goethe-Museum, Frankfurt am Main.

Abb. 19: zwischen Seite 548/549: Bildarchiv Preußischer Kulturbesitz, Berlin.

Abb. 20: zwischen Seite 556/557: Freies Deutsches Hochstift, Frankfurter Goethe-Museum, Frankfurt am Main.

Umschlagabbildung: Catharina Elisabeth Goethe, geb. Textor (1731-1808). Gipsrelief von Johann Peter Melchior, 1779. Goethe-Museum, Düsseldorf. Foto: Walter Klein.

Johann Wolfgang Goethe
im Insel Verlag

Werke. Insel-Goethe. Sechs Bände. Herausgegeben von Emil Staiger, Walter Höllerer, Hans-J. Weitz, Norbert Miller u.a. Leinen

Einzelausgaben

Alle Freuden, die unendlichen. Liebesgedichte und Interpretationen. Herausgegeben von Marcel Reich-Ranicki. IB 1028

Dichtung und Wahrheit. 3 Bde. in Kassette. Mit Bildmaterial. it 149-151

Elegie von Marienbad. Faksimile einer Urhandschrift. September 1823. Mit einem Kommentarband. Herausgegeben von Christoph Michel und Jürgen Behrens. Mit einem Geleitwort von Arthur Henkel. Leder

Erotische Gedichte. Gedichte, Skizzen und Fragmente. Herausgegeben von Andreas Ammer. it 1225

Faust. Gesamtausgabe. Leinen und Leder

Faust. Erster Teil. Nachwort von Jörn Göres. Illustrationen von Eugène Delacroix. it 50

Faust. Zweiter Teil. Mit Federzeichnungen von Max Beckmann. Mit einem Nachwort zum Text von Jörn Göres und zu den Zeichnungen von Friedhelm Fischer. it 100

Faust. Zweiter Teil. Faksimile der Erstausgabe. Leder

Gedichte. Sämtliche Gedichte in zeitlicher Folge. Herausgegeben von Heinz Nicolai. it 1400

Gedichte. Vier Bände in Kassette. Mit Illustrationen von Ernst Barlach, Max Liebermann, Hans Meid und Karl Walser. Vier Bände in einer Insel-Bücherei-Kassette. IB 1144-1147

Gedichte 1. Mit 31 Illustrationen von Ernst Barlach. IB 1144

Gedichte 2. Mit 15 Illustrationen von Max Liebermann. IB 1145

Gedichte 3. Mit 19 Illustrationen von Hans Meid. IB 1146

Gedichte 4. Mit 20 Illustrationen von Karl Walser. IB 1147

Gedichte in einem Band. Herausgegeben von Heinz Nicolai. Leinen

Goethes Anschauen der Welt. Schriften und Maximen zur wissenschaftlichen Methode. Herausgegeben von Ekkehart Krippendorf. Gebunden

Goethes Gedanken über Musik. Eine Sammlung aus seinen Werken, Briefen, Gesprächen und Tagebüchern. Herausgegeben von Hedwig Walwei-Wiegelmann. Mit achtundvierzig Abbildungen, erläutert von Hartmut Schmidt. it 800

Goethes Liebesgedichte. Herausgegeben von Hans Gerhard Gräf. Mit einem Nachwort von Emil Staiger. Leinen, Leder und it 275

Goethes Reden. Herausgegeben und mit einem Nachwort versehen von Gert Ueding. it 1650

54/1/3.95

Johann Wolfgang Goethe
im Insel Verlag

Goethes schönste Gedichte. Herausgegeben von Jochen Schmidt. IB 1013

Hermann und Dorothea. Mit Aufsätzen von August Wilhelm Schlegel, Wilhelm von Humboldt, Georg Wilhelm Friedrich Hegel und Hermann Hettner. Mit zehn Kupfern von Catel. it 225

Hier schicke ich einen Traum. Fünfzig Geschenk- und Stammbuchblätter gezeichnet von Johann Wolfgang Goethe. Faksimile im Lichtdruck. Herausgegeben und kommentiert von Gerhard Femmel. Kassette

Italienische Reise. Mit vierzig Zeichnungen des Autors. Herausgegeben und mit einem Nachwort versehen von Christoph Michel. it 175

Tagebuch der Italienischen Reise 1786. Notizen und Briefe aus Italien. Mit Skizzen und Zeichnungen des Autors. Herausgegeben und erläutert von Christoph Michel. it 176

Kampagne in Frankreich 1792. Belagerung von Mainz. Herausgegeben und mit einem Nachwort von Jörg Drews. Mit zeitgenössischen Abbildungen. it 1525

Die Leiden des jungen Werther. Mit einem Essay von Georg Lukács und einem Nachwort von Jörn Göres. Mit zeitgenössischen Illustrationen von Daniel Nikolaus Chodowiecki und anderen. Leinen und it 25

Lektüre für Augenblicke. Gedanken aus seinen Büchern, Briefen und Gesprächen. Auswahl und Nachwort von Gerhart Baumann. Pappband

Lektüre zwischen den Jahren. Goethe, unser Zeitgenosse. Ausgewählt von Peter Ulmer. Kartoniert

Märchen. Der neue Paris. Die neue Melusine. Das Märchen. Herausgegeben und erläutert von Katharina Mommsen. it 825

Der Mann von funfzig Jahren. Mit einem Nachwort von Adolf Muschg. it 850

Maximen und Reflexionen. Text der Ausgabe von 1907 mit den Erläuterungen und der Einleitung Max Heckers. Nachwort von Isabella Kuhn. it 200

Mit Goethe durch den Garten. Ein Abc für Gartenfreunde, aufgeblättert von Claudia Schmölders. Mit Bildern von Hans Traxler. it 1211

Novellen. Herausgegeben und mit einem Nachwort versehen von Katharina Mommsen. Mit Federzeichnungen von Max Liebermann. it 425

Pandora. Ein Festspiel. Illustriert von Johannes Grützke. Einmalige numerierte Auflage in tausend Exemplaren. Leinen im Schuber

Johann Wolfgang Goethe
im Insel Verlag

Reineke Fuchs. Mit Stahlstichen nach Zeichnungen von Wilhelm Kaulbach. it 125

Römische Elegien. Faksimile der Handschrift und Transkription. Mit einem Nachwort von Horst Rüdiger. IB 1010

Römische Elegien und Venezianische Epigramme. Herausgegeben von Regine Otto. it 1150

Sämtliche Balladen und Romanzen in zeitlicher Folge. Herausgegeben von Karl Eibl. it 1275

Skizzen zu einer Schilderung Winckelmanns. Mit einem Nachwort von Jochen Golz. Mit zahlreichen Abbildungen. IB 1149

Die Tafeln zur Farbenlehre und deren Erklärungen. Mit einem Nachwort von Jürgen Teller. Mit siebzehn Abbildungen. IB 1140

Goethe, unser Zeitgenosse. Über Fremdes und Eigenes. Herausgegeben von Siegfried Unseld. it 1425

Unterhaltungen deutscher Ausgewanderten. Mit einem Nachwort herausgegeben von Gert Ueding. it 1050

Vermischte Gedichte. Faksimile. Mit einem Kommentarband, herausgegeben von Karl-Heinz Hahn. 2 Bde. Pappband

Verweile doch. Gedichte mit Interpretationen. Herausgegeben von Marcel Reich-Ranicki. Leinen

Die Wahlverwandtschaften. Ein Roman. Erläuterungen von Hans-J. Weitz. Mit einem Essay von Walter Benjamin. Leinen, it 1 und it 1639

West-östlicher Divan. Herausgegeben und erläutert von Hans-J. Weitz. Mit Essays zum ›Divan‹ von Hugo von Hofmannsthal, Oskar Loerke und Karl Krolow. Leinen

West-östlicher Divan. Mit Essays zum ›Divan‹ von Hugo von Hofmannsthal, Oskar Loerke und Karl Krolow. Herausgegeben und mit Erläuterungen versehen von Hans-J. Weitz. it 75

Wilhelm Meisters Lehrjahre. Herausgegeben von Erich Schmidt. Mit sechs Kupferstichen von Catel, sieben Musikbeispielen und Anmerkungen. Leinen und it 475

Wilhelm Meisters Wanderjahre oder die Entsagenden. Mit einem Nachwort von Adolf Muschg. Leinen, Leder und it 575

Johann Wolfgang Goethe / Friedrich von Schiller: Sämtliche Balladen und Romanzen in zeitlicher Folge. Herausgegeben von Karl Eibl. it 1275

Johann Wolfgang Goethe
im Insel Verlag

Übersetzungen

Benvenuto Cellini: Leben des Benvenuto Cellini florentinischen Gold-
schmieds und Bildhauers. Von ihm selbst geschrieben, übersetzt und
mit einem Anhange herausgegeben von Johann Wolfgang Goethe.
Mit einem Nachwort von Harald Keller. it 525

Briefe und Gespräche

Bettine von Arnim: Goethes Briefwechsel mit einem Kinde. Herausgegeben und eingeleitet von Waldemar Oehlke. Mit zeitgenössischen
Abbildungen. it 767

Briefe an Auguste Gräfin zu Stolberg. Herausgegeben und mit einem
Nachwort versehen von Jürgen Behrens. Mit Abbildungen und Fak-
similes. IB 1015

Der Briefwechsel zwischen Schiller und Goethe. Herausgegeben von
Emil Staiger. Leinen

Der Briefwechsel zwischen Schiller und Goethe. 2 Bde. Herausgegeben von Emil Staiger. Mit Illustrationen. Bildkommentar von Hans-
Georg Dewitz. it 250

Goethes Ehe in Briefen. Der Briefwechsel zwischen Goethe und
Christiane Vulpius 1792–1816. Herausgegeben von Hans Gerhard
Gräf. it 1625

Zu Goethe

Die Erotica und Priapea aus den Kunstsammlungen Johann Wolfgang
Goethes. Herausgegeben und erläutert von Gerhard Femmel und
Christoph Michel. Mit 74, teilweise farbigen Abbildungen. Klappen-
Broschur

Goethe. Sein Leben in Bildern und Texten. Vorwort von Adolf
Muschg. Herausgegeben von Christoph Michel. Gestaltet von Willy
Fleckhaus. Leinen und it 1000

Goethe im zwanzigsten Jahrhundert. Spiegelungen und Deutungen.
Herausgegeben von Hans Mayer. Leinen

Goethe in Leipzig 1765–1768. Bruchstücke einer Konfession, dokumentiert in Briefen und Selbstzeugnissen. Zusammengestellt von
Christine Schaper. Mit 12 Holzstichen von Karl-Georg Hirsch. Pappband im Schuber

Goethe und die arabische Welt. Leinen

Goethe und die Französische Revolution. Insel-Almanach auf das Jahr
1989. Herausgegeben und erläutert von Karl Otto Conrady. Kartoniert

54/4/3.95

Johann Wolfgang Goethe
im Insel Verlag

Goethe und die Medizin. Selbstzeugnisse und Dokumente. Mit zahlreichen Abbildungen. it 1350

– Goethe, unser Zeitgenosse. Über Fremdes und Eigenes. Herausgegeben von Siegfried Unseld. it 1425

Karl Otto Conrady: Goethe was here. In den Rhein- und Main-Gegenden und der Schweiz. Parodistischer Scherz und Ernst. it 1600

Pierre Bertaux: Gar schöne Spiele spiel' ich mit dir! Zu Goethes Spieltrieb. Leinen

Anne Bohnenkamp: »... das Hauptgeschäft nicht aus den Augen lassend«. Die Paralipomena zu Goethes *Faust*. Leinen

Bernhard Buschendorf: Goethes mythische Denkform. Zur Ikonographie der ›Wahlverwandtschaften‹. Kartoniert

Hans Carossa: Wirkungen Goethes in der Gegenwart. Mit einem Porträt Goethes im Frontispiz und 2 Manuskript-Faksimiles. IB 53

Sigrid Damm: Cornelia Goethe. Leinen und it 1452

Johann Peter Eckermann: Gespräche mit Goethe in den letzten Jahren seines Lebens. Herausgegeben von Fritz Bergemann. Neuausgabe. Leinen und it 500

Dietmar Grieser: Goethe in Hessen. Auf den Spuren lebendiger Goethe-Tradition: Verehrung und Vermarktung, Verpflichtung und Kult. Zum 150. Todestag des Dichters: ein literarischer Lokalaugenschein an den hessischen Goethe-Orten Frankfurt, Wetzlar, Darmstadt, Wiesbaden und Rheingau. Gebunden

Heinrich Henel: Goethezeit. Ausgewählte Aufsätze. Leinen

– Im Namen Goethes. Der Briefwechsel Marianne von Willemer und Hermann Grimm. Herausgegeben von Hans Joachim Mey. Mit Abbildungen. Leinen

Ekkehart Krippendorff: »Wie die Großen mit den Menschen spielen.« Goethes Politik. es 1486

– Lektüre zwischen den Jahren. Goethe, unser Zeitgenosse. Ausgewählt von Peter Ulmer. Kartoniert

Jakob Michael Reinhold Lenz: Briefe zu Werthers Leiden. Mit einem Essay von Christoph Hein. IB 1120

Adolf Muschg: Goethe als Emigrant. Auf der Suche nach dem Grünen bei einem alten Dichter. st 1287

Frank Nager: Goethe. Der heilkundige Dichter. it 1672

Franz Schubert: Goethe-Lieder. Für eine Singstimme mit Klavierbegleitung. Mit einem Nachwort von Peter Horst Neumann. Die Umschreibung in Tonarten für mittlere Stimme ist von Max Friedländer. Das Nachwort erscheint erstmals in dieser Ausgabe. IB 284

54/5/3.95

Johann Wolfgang Goethe
im Insel Verlag

Franz Schubert: ›Das Tagebuch‹ Goethes und Rilkes ›Sieben Gedichte‹. Erläutert von Siegfried Unseld. IB 1000

Siegfried Unseld: Goethe und seine Verleger. Mit zahlreichen Abbildungen. Leinen

Werner Völker: Der Sohn: August von Goethe. Eine Biographie. Mit zahlreichen Abbildungen. Leinen

Martin Walser: In Goethes Hand. Szenen aus dem 19. Jahrhundert. Kartoniert

Manfred Wenzel: Goethe und die Medizin. Selbstzeugnisse und Dokumente. Mit zahlreichen Abbildungen. it 1350

.

54/6/3.95

Biographien, Leben und Werk
im insel taschenbuch

Lou Andreas-Salomé: Lebensrückblick. Grundriß einiger Lebenserinnerungen. Aus dem Nachlaß herausgegeben von Ernst Pfeiffer. Neu durchgesehene Ausgabe mit einem Nachwort des Herausgebers. it 54
– Rainer Maria Rilke. Mit acht Bildtafeln im Text. Herausgegeben von Ernst Pfeiffer. it 1044

Angelika Beck: Jane Austen. Leben und Werk in Texten und Bildern. it 1620

Bertolt Brecht. Sein Leben in Bildern und Texten. Mit einem Vorwort von Max Frisch. Herausgegeben von Werner Hecht. it 1122

Die Schwestern Brontë. Leben und Werk in Texten und Bildern. Herausgegeben von Elsemarie Maletzke und Christel Schütz. it 814

Robert de Traz: Die Familie Brontë. Eine Biographie. Aus dem Französischen von Maria Arnold. Mit einem Beitrag von Mario Praz. Mit zahlreichen Abbildungen. it 1548

Georg Büchner. Leben und Werk in Texten und Bildern. Von Reinhold Pabst. it 1626

Hans Carossa: Ungleiche Welten. Lebensbericht. it 1471

Cézanne. Leben und Werk in Texten und Bildern. Von Margret Boehm-Hunold. it 1140

George Clémenceau: Claude Monet. Betrachtungen und Erinnerungen eines Freundes. Mit farbigen Abbildungen und einem Nachwort von Gottfried Boehm. it 1152

Sigrid Damm: Cornelia Goethe. it 1452
– »Vögel, die verkünden Land.« Das Leben des Jakob Michael Reinhold Lenz. it 1399

Joseph von Eichendorff. Leben und Werk in Texten und Bildern. Herausgegeben von Wolfgang Frühwald und Franz Heiduk. it 1064

Elisabeth von Österreich. Tagebuchblätter von Constantin Christomanos. Herausgegeben von Verena von der Heyden-Rynsch. Mit Beiträgen von E. M. Cioran, Paul Morand, Maurice Barrès und Ludwig Klages. Mit zeitgenössischen Abbildungen. it 1536

Die Familie Mendelssohn. 1729 bis 1847. Nach Briefen und Tagebüchern herausgegeben von Sebastian Hensel. it 1671

Theodor Fontane: Kriegsgefangen. Erlebnisse 1870. Herausgegeben von Otto Drude. Mit zahlreichen Abbildungen. it 1437
– Meine Kinderjahre. Autobiographischer Roman. Mit einem Nachwort von Otto Drude. it 705

Theodor Fontane. Leben und Werk in Texten und Bildern. Von Otto Drude. it 1660

Biographien, Leben und Werk
im insel taschenbuch

Sigmund Freud. Sein Leben in Bildern und Texten. Herausgegeben von Ernst Freud, Lucie Freud und Ilse Grubrich-Simitis. Mit einer biographischen Skizze von K. R. Eissler. Gestaltet von Willy Fleckhaus. it 1133

Klaus Goch: Franziska Nietzsche. Eine Biographie. Mit zahlreichen Abbildungen. it 1623

Goethe. Sein Leben in Bildern und Texten. Vorwort von Adolf Muschg. Herausgegeben von Christoph Michel. Gestaltet von Willy Fleckhaus. it 1000

Manfred Wenzel: Goethe und die Medizin. Selbstzeugnisse und Dokumente. Mit zahlreichen Abbildungen. it 1350

Hermann Grimm: Das Leben Michelangelos. it 1758

Gernot Gruber: Mozart. Leben und Werk in Texten und Bildern. it 1695

Otto Hahn. Leben und Werk in Texten und Bildern. Mit einem Vorwort von Carl Friedrich von Weizsäcker. Herausgegeben von Dietrich Hahn. it 1089

Heinrich Heine. Leben und Werk in Daten und Bildern. Von Joseph A. Kruse. Mit farbigen Abbildungen. it 615

Hermann Hesse. Sein Leben in Bildern und Texten. Mit einem Vorwort von Hans Mayer. Herausgegeben von Volker Michels. it 1111

Volker Michels: Hermann Hesse. Leben und Werk im Bild. Mit dem ›kurzgefaßten Lebenslauf‹ von Hermann Hesse. it 36

Marie Hesse: Ein Lebensbild in Briefen und Tagebüchern. Mit einem Essay von Siegfried Greiner. Mit frühen Lithographien von Gunter Böhmer. it 261

Hölderlin. Chronik seines Lebens mit ausgewählten Bildnissen. Herausgegeben von Adolf Beck. it 83

Eckart Kleßmann: E.T.A. Hoffmann oder Die Tiefe zwischen Stern und Erde. Eine Biographie. Mit zahlreichen Abbildungen. it 1732

Erhart Kästner. Leben und Werk in Daten und Bildern. Herausgegeben von Anita Kästner und Reingart Kästner. it 386

Marie Luise Kaschnitz: Tage, Tage, Jahre. Aufzeichnungen. it 1453

Gisela Kleine: Gabriele Münter und Wassily Kandinsky. Biographie eines Paares. Mit farbigen Abbildungen. it 1611

Eckart Kleßmann: Die Familie Mendelssohn. Mit zahlreichen Abbildungen. it 1523

Werner Koch: Lawrence von Arabien. Leben und Werk in Texten und Bildern. it 1704

Cordula Koepcke: Lou Andreas-Salomé. Leben. Persönlichkeit. Werk. Eine Biographie. it 905